HANDBUCH
Schiffssicherheit

Erkennen, Bewerten, Entscheiden, Handeln

Herausgeber und Leiter des Autorenkollektivs:
Prof. Dr.-Ing. habil. Joachim Hahne

Autoren:
Dr. phil. Gisa Baaske, Dipl. Psych.
Dr.-Ing. Michael Baldauf
Prof. Dr.-Ing. Frank Bernhardt
Dr.-Ing. habil. Burkhard Brühe, Doz. i. R.; Kpt. auf großer Fahrt
Dr.-Ing. Dirk Dreißig
Dipl.-Ing. (FH) Ulrich Fielitz
Prof. Dr.-Ing. Wolfgang Förster, Kpt. auf großer Fahrt
Dr.-Ing. habil. Hans-Dieter Galle, Doz. i. R.; Fkpt. a.D.
Dr.-Ing. Michael Gräber, Kpt. auf großer Fahrt
Prof. Dr.-Ing. habil. Peter Ludwig
Miximo Q. Mejia jr., Lecturer
Dr.-rer. nat. Dana Meißner
Dr.-med. Eberhard Peter
Dipl.-Ing. Rajko Rothe
Dr.-Ing. Jens-Uwe Schröder, Assistant Professor
Dipl.-Ing. (FH) Dirk Sedlaček
Dr.-Ing. Horst Tober, Kpt. auf großer Fahrt

Seehafen Verlag

Bibliographische Information der Deutschen Bibliothek:
Die Deutsche Bibliothek verzeichnet diese Publikation in der Deutschen Nationalbibliographie;
Detaillierte bibliographische Daten sind im Internet unter http://dnb.ddb.de abrufbar.

1. Auflage 2006, ISBN 3-87743-815-6

© 2006 Seehafen Verlag GmbH
Postfach 10 16 09, Nordkanalstraße 36, 20097 Hamburg
Telefon: 040/2 37 14-02, Telefax: 040/2 37 14-236
E-Mail: info@seehafen-verlag.de, Internet: www.seehafen-verlag.de

Verlagsredaktion: Ulrike Schüring
Anzeigen: Jens Löffler (verantw.)
Umschlaggestaltung: Karl-Heinz Westerholt
Vertrieb und Buchservice: Riccardo di Stefano
Druck: KESSLER Druck + Medien, 86399 Bobingen
Printed in Germany

Inhaltsverzeichnis

Vorwort

Die Anforderungen auf dem Gebiet der Schiffssicherheit, insbesondere hinsichtlich Gefahrenerkennung und -abwehr sind in den letzten zehn Jahren zum Teil sprunghaft angestiegen. Mit dem vorliegenden Handbuch möchte der Herausgeber mit seinem Autorenkollektiv auf diesem speziellen maritimen Gebiet eine wichtige Informationslücke schließen.

Auch wenn moderne computerbasierte Methoden in der Wissensvermittlung sich zunehmend etablieren, ist der Wissensspeicher in Buchform nach wie vor ungebrochen gefragt und stellt eine nicht zu ersetzende Basis vor allem für das Personal an Bord von Seeschiffen und für Studierende dar. Alle Autoren haben sich bemüht, die Inhalte ihrer Kapitel methodisch orientiert und in einem ausgewogenen Verhältnis von Theorie und Praxis darzustellen. Bei der Auswahl der inhaltlichen Komplexe wurden zum einen die langjährigen Erfahrungen der Seeschifffahrt berücksichtigt und zum anderen aber auch Schwerpunkte behandelt, die zukünftig an Bedeutung gewinnen können und auf die die Seeschifffahrt vorbereitet sein sollte.

Ich danke den fachkompetenten Autoren, die sich in der Aus- und Weiterbildung sowie in der Forschung auf diesem Gebiet ausgewiesen haben, für ihre aktive Mitwirkung an diesem Vorhaben.

Alle Bemühungen eines Herausgebers und seiner Autoren sind nur dann erfolgreich, wenn das geplante Fachbuch auch in das Konzept eines Verlages passt. Hier gebührt dem Seehafen Verlag ein besonderer Dank für sein Interesse an dem Vorhaben und die konstruktive Unterstützung und Mitwirkung bei der Umsetzung des Projekts.

Es ist erklärtes Ziel aller Mitwirkenden, eine effektive Aneignung der erforderlichen Fachkompetenz auf diesem Gebiet auf möglichst breiter Basis zu unterstützen. Sie wollen die erfolgreiche Bewältigung gefährlicher Situationen unterstützen und auch Kenntnisse von Sachverhalten vermitteln, mit deren Hilfe die richtigen Schlussfolgerungen für die notwendige präventive Arbeit gezogen werden können. Die Autoren, der Herausgeber und der Verlag hoffen, dass dieses Handbuch dabei hilfreich sein wird.

Prof. Dr.-Ing. Joachim Hahne
Herausgeber

Einleitung

Prof. Dr.-Ing. Wolfgang Förster, Kapitän auf großer Fahrt

Führende Transportnationen haben generell ein überragendes Interesse an einem möglichst freien, sicheren und zuverlässigen Seeverkehr auf gesicherten Schifffahrtsrouten. Vor diesem Hintergrund konzentrieren die Internationale Schifffahrt und ihre Organisation, die IMO, ihre Arbeit auf zentrale Themen, wie Schiffssicherheit, Schutz der maritimen Umwelt, sicherer Transport der Ladung und Bedrohungsprävention.

Der Weltseehandel hat sich in den vergangenen Jahren progressiv entwickelt. Zuwachsraten von ca. 4% pro Jahr wurden von der UNCDAT prognostiziert und sind eingetreten. Nach einer Quelle von Lloyd's Register of Shipping betrug er im Jahr 1980 3.606 Mio. Tonnen und im Jahr 2004 bereits 6.542 Mio. Tonnen. Hierfür ist eine leistungsstarke Flotte an Schiffen erforderlich. Nach gleicher Quelle betrug die Weltflotte 1980 419,9 Mio. BRZ und im Jahr 2004 bereits 633,3 Mio. BRZ.

Mit Stand 31.12.2004 bestand die Welthandelsflotte aus 47.050 Handelsschiffen, davon 3.653 Schiffe zur Personenbeförderung, 31.971 Trockenfrachtschiffe und 11.426 Tankschiffe. Berücksichtigt man weiterhin Fischereifahrzeuge, Schleppfahrzeuge und sonstige Wasserfahrzeuge, umfasste die Weltflotte zum angegebenen Zeitpunkt insgesamt 89.960 Schiffe. Bei den Trockenfrachtschiffen stehen die konventionellen Stückgutschiffe mit insgesamt 15.859 Einheiten an erster Stelle, gefolgt von den Bulkcarriern mit 6.690 Schiffen. An dritter Stelle rangiert die Flotte der Containerschiffe mit insgesamt 3.238 Schiffen. In dem zuletzt genannten Segment vollzieht sich gegenwärtig die rasanteste Entwicklung. Galten noch vor 5 Jahren Containerschiffe für den Transport von 5.000 TEU geeignet als Utopie, so sind heute bereits Schiffe in Fahrt, die nahezu die doppelte Anzahl an Containern transportieren. Eine ebenso gigantische Entwicklung vollzieht sich auf dem Kreuzfahrtmarkt. Die Beförderung von 5.000 Menschen an Bord eines Schiffes ist Realität. Sie muss auch unter den Bedingungen einer Notsituation auf den Schutz des menschlichen Lebens ausgerichtet sein. Die Fragen der Führung von Prozessen, auf dieses Ziel orientiert, erfordern neue Denkweisen und Bildungsansätze.

Seeunfälle sind mit der Entwicklung der Seefahrt sehr eng verbunden. Die Frage nach den Ursachen beschäftigte die breite Öffentlichkeit erst nach dem Untergang der Titanic, da gerade dieses Ereignis als unvorstellbar galt. Ein „unsinkbares" Schiff mit einer handverlesenen Besatzung und einem Kapitän an der Spitze, dessen Kompetenz seinesgleichen suchte, konnte einfach nicht sinken.

Galt die Schifffahrt bis dahin als die weltweit wichtigste Branche aller Industrien, so wuchs die Erkenntnis, dass sie auch die gefährlichste sein kann. Vor diesem Hintergrund entwickelte sich eine gewaltige internationale Offensive für die Etablierung von Sicherheit auf See. Sie ist eng verbunden mit der Arbeit der IMO zur Entwicklung und ständigen Weiterentwicklung der SOLAS-Konvention mit anfänglichem Blick auf das Verkehrsmittel Schiff. Im Konsens technischer und gesellschaftlicher Entwicklung und vor dem Hintergrund schwerer Seeunfälle in der zweiten Hälfte des vergangenen Jahrhunderts veränderte sich auch die Sichtweise auf diese Dinge. Der Mensch als Nutzer der Technik rückte stärker in den Mittelpunkt der Betrachtungen.

Die IMO hat mit der Einführung der STCW Konvention und der Präzisierung des Kapitels IX der SOLAS-Konvention folgerichtig reagiert. Die komplexere Sichtweise, verbunden mit dem Systemgedanken wird unter anderem im ISM-Code nachhaltig sichtbar. Die Beschreibung von Prozessabläufen für den Schiffsbetrieb wird gefordert. Auf das internationale Seeunfallgeschehen reagiert die IMO mit der Einführung eines integrierten Systems zur Bewältigung von Seeunfällen. Dabei spielt das gezielte Zusammenarbeiten von Schiffsbesatzung und Landbereich eine zunehmend zentrale Rolle.

Ungeachtet dieser Entwicklung musste die breite Öffentlichkeit auch weiterhin zur Kenntnis nehmen, dass Gigantismus im Bereich der Verkehrsmittelentwicklung nicht automatisch zu einem sicheren Verkehrssystem führt. Auch hypothetisch als sicher angesehene Arbeitssysteme können versagen. Seeunfallstatistiken der jüngsten Vergangenheit beweisen das nachhaltig. Seeunfälle sind tendenziell nicht rückläufig, aber ihr Erscheinungsbild ändert sich deutlich. Bedingt durch eine Häufung von sehr teuren Schadensfällen verlieren Seeunfälle den lokalen Status der „Harmlosigkeit". Ihre Auswirkungen sind sehr global und beeinträchtigen den Lebensraum der Menschen nachhaltig.

Ohne ein gezieltes Training sowohl der Schiffsbesatzungen als auch der ISM-relevanten „Emergency Response Teams" an Land zum bestmöglichen Einsatz der vorhandenen menschlichen und technischen Ressourcen inkl. der Person des Kapitäns, bleibt der Mensch in Notsituationen unvorbereitet und überfordert.

Aus- und Fortbildung im gesamten Bereich der maritimen Wirtschaft müssen ganzheitlich dem Systemverständnis angepasst sein und den aktiven Operateur befähigen Konflikte zu managen.

Die gegenwärtige Situation in der Schifffahrt wird vor allem durch folgende entscheidende Entwicklungstendenzen bestimmt:
1. Die Container-Technologie verändert den Markt weiter rasant. Großcontainerschiffe der Postpanmax-Klasse bis 13000 TEU sind keine Utopie mehr, sie sind bereits in Planung. Diese Schiffe sind nahezu 400 m lang, 55 m breit bei einem Tiefgang von etwa 15 m.
2. Die Anzahl der Häfen, die von Großcontainerschiffen angelaufen werden können, nimmt ab, zwangsläufig erhöht sich die Verkehrsdichte in deren Ansteuerungsbereichen. Ballungsgebiete gibt es gegenwärtig in Asien (Hongkong, Singapur); USA (Long Beach, Los Angeles); Europa (Rotterdam, Hamburg, Antwerpen).
3. Die zu transportierende Menge an Gefahrstoffen nimmt tendenziell zu. Öltanker, Gastanker und Chemikalientanker haben einen Anteil von 24% an der Gesamt-Welthandelsflotte.
4. Multikulturelle und multilinguale Besatzungen mit sehr differenzierten Qualifikationsprofilen und sehr differenzierten Erfahrungs- und Verhaltensmustern bestimmen das Profil der Besatzungen moderner Schiffe.
5. Die Anzahl der Besatzungsmitglieder nimmt infolge zunehmender Automatisierung trotz steigender Schiffsgröße ab.

Der angestrebt sichere Betrieb, eine Grundvoraussetzung für eine hohe Güte in der Transporterfüllung, wird dabei zum systematischen Zusammenspiel der Komponenten Mensch, Technik und Organisation. Die permanente Einbettung aller Transportabläufe in eine gut funktionierende Organisationsumwelt wird unerlässlich. Die rasante Technik- und Technologieentwicklung im 20. Jahrhundert hat das gesamte Verkehrssystem revolutioniert und zu einer veränderten Betrachtungsweise dieses Systems und seiner komplex verknüpften Komponenten geführt. Mit technischer Zuverlässigkeit allein ist ein System nicht mehr determinierbar. Eine komplexere Sichtweise auf die Dinge wird unerlässlich. Die Frage der Arbeitsorganisation und der Führung von Prozessen wird zunehmend zu einer Schlüsselfunktion.

Gleichzeitung führt diese Technologieentwicklung zu einer radikalen Veränderung in den Anforderungen und Aufgaben des Systemelements Mensch. Hier zeigen sich Defizite sehr deutlich, da dieser Bereich bisher wissenschaftlich am wenigsten durchdrungen ist.

Die zunehmende Automatisierung beeinflusst immer mehr die Arbeitsweise des Menschen. Er verliert seine zentrale Stellung, wird zunehmend zum Kontrolleur von computergesteuerten Prozessen. Automatisierte Systeme werden für den Menschen, der sie bedienen und warten soll, zunehmend undurchsichtiger. Das Verständnis für Prozesse, die im System vorgehen, fehlt einerseits und andererseits fehlt das Verständnis für die Leistungsfähigkeit des Systems. Automatisierung führte zu

Mindestbesatzungen und damit zu einer Beeinflussung der Aufgabenbewältigung. Unter diesen Bedingungen ist die Aufrechterhaltung eines sicheren Schiffsbetriebes wahrscheinlich noch realisierbar, die Bewältigung der Aufgaben der operativen Schiffssicherheit wird aber immer fraglicher, denn mit Übergang in diese Phase der Schiffsführung wird der Mensch vom Kontrolleur zum Akteur, ohne automatisierte Technikunterstützung.

Die Erfüllung der Transportaufgabe wird zunehmend bestimmt von der Eignung der Besatzung zur Führung des Schiffes und ihrer Fähigkeit, Konflikte im System zu erkennen und zu bewerten. Unerkannte Systemkonflikte können zu einer gefahrvollen Situation führen. Somit bestimmt die Fähigkeit des Menschen, angemessen auf eine mögliche Störung im System zu reagieren zunehmend die Leistungsfähigkeit des gesamten Arbeitssystems und damit das Ergebnis des Transports. Der Mensch wird zum Wettbewerbsfaktor für das Unternehmen. Gilt diese Betrachtung für den angestrebten sicheren Transport, so hat sie gleichwertige Bedeutung für die Reaktion auf ein unerwünschtes Ereignis.

Eine absolute Sicherheit wird es nie geben. Zwischen Sicherheit und Gefahr liegt das Risiko. Ein vom Menschen gewollter und gerade noch akzeptierter Stand ist das Grenzrisiko. Es wird außerordentlich differenziert bewertet, sowohl in der Gesellschaft als auch im Einzelnen. Allgemein besteht Übereinstimmung darüber, dass Risiko gleichzeitig die Möglichkeit des Auftretens von Schäden bedeutet. Schadensanalysen erklären ursächlich den Ausfall der Technik zu 20 % und menschliches Fehlverhalten zu 80 %.

Eine größere Sicherheit, ein allgemein anerkanntes menschliches Grundbedürfnis, wird erreicht durch:
– Erhöhung der Zuverlässigkeit der Technik
– Erhöhung der Zuverlässigkeit des Menschen
– Verbesserung der Organisation
– Kenntnis des menschlichen Verhaltens in Notsituationen

Das vorliegende Handbuch sieht in der Erhöhung der Verlässlichkeit des Menschen einen deutlichen Zugewinn an Sicherheit für das gesamte System, da nach Auffassung des Autorenkollektivs die Hauptdefizite gegenwärtig in menschlichen Verhaltensweisen liegen. Der Ausschluss 'menschlicher Fehler' ist, konsequent betrachtet, das Ziel der Unfallverhütung und damit der Focus des vorliegenden Buches. Menschliche Fehler entstehen in verschiedenen Ebenen menschlicher Tätigkeit. Folgerichtig bedeutet operative Schiffssicherheit, Entwicklung und Umsetzung einer adäquaten Aus- und Fortbildung, den realen Verhältnissen angepasst, in den Trainingsflächen Wissen, Können und Verhalten.

Das Handbuch für die operative Schiffssicherheit wendet sich vornehmlich an Schiffsoffiziere und Besatzungen von Schiffen in der internationalen Fahrt, die den ständig steigenden Anforderungen an eine sichere Schiffsführung, auch unter den Bedingungen einer Notsituation, ständig gerecht werden müssen und wollen.

Ebenso angesprochen werden Ingenieure in Bereichen innerhalb der maritimen Wirtschaft, in denen Mensch, Maschine, Soziales und organisatorisches Umfeld eine untrennbare Einheit mit dem eigentlichen Transport von Personen und Gütern über See bilden. Aber auch Studierende, ingenieurwissenschaftlicher, verkehrswirtschaftlicher und -logistischer Disziplinen sollen zu interdisziplinärem Denken angeregt und aufgefordert werden.

Dieses Buch liefert Handlungsvorschläge für eine erfolgreichere Führung von Schiffen unter den Bedingungen möglicher Notfälle ohne ständig tiefgreifende theoretische Überlegungen treffen zu müssen.

Es wird gezeigt, dass gedankliche Beschäftigung mit möglichen Notfällen und praktisches Training eine notwendige Einheit und zunehmend unverzichtbares Werkzeug sowohl für Schiffsbesatzungen als auch für Spezialisten in partizipierenden Landbereichen ist. Gedankliche Vorbereitung bedeutet in diesem Fall das Verstehen der Zusammenhänge während eines Notfalls, die kognitive Auseinandersetzung mit Prozessen, die auf naturwissenschaftliche Grundlagen zurückzuführen sind und das zielgerichtete Ableiten von Handlungen zur Abwehr der sich aus dem Notfall ergebenden Wirkungen. Diesem Anspruch kann nur ein kompetentes Autorenkollektiv verschiedenster Disziplinen gerecht werden, dem die praktische Umsetzung theoretisch abgesicherter Erkenntnisse aus Forschung und Sicherheitsanalysen besonders am Herzen liegt.

Diese Publikation wurde von einem kompetenten Autorenkollektiv geschrieben mit breiter wissenschaftlicher sowie spezieller beruflicher Qualifikation als Wissenschaftler, Hochschullehrer, Kapitän, Leiter der Maschinenanlage, nautischer und technischer Schiffsoffizier in zivilen und militärischen Bereichen moderner Verkehrssysteme. Das Autorenkollektiv steht seit Jahrzehnten für interdisziplinäre Kompetenz auf dem Gebiet der Schiffssicherheit allgemein und der operativen Schiffssicherheit im speziellen. Vom Systemgedanken geprägt, betrachtet es die Reaktion auf einen Notfall als komplexes Zusammenspiel von technischen, personellen und organisatorischen Komponenten und versteht diese Maßnahmen insgesamt als operative Schiffssicherheit. Das Autorenkollektiv vertritt die Ansicht, dass Unfälle nicht entstehen, sondern Ursachen haben, die im Verkehrssystem selbst liegen. Ausgangspunkt aller Debatten in diesem Zusammenhang ist der Unfall, dessen „Verursachung" zu klären ist.

Nach dem Ursache – Wirkungsprinzip ist das richtige Erkennen von Ursache und Wirkung die Basis für eine effiziente Reaktion auf das unerwünschte Ereignis. Vor diesem Hintergrund vermittelt das Lehrbuch hierzu Grundlagenwissen. Erst dieses stabile Fundament an Basiswissen befähigt den Seemann, reale Notfallpläne auf der Grundlage einer gedanklichen Vorwegnahme eines möglichen Ereignisses zu erstellen. Operative Schiffssicherheit ist praxisorientiertes Training nach erstellten Notfallplänen. Hierdurch werden die Ebenen Wissen, Können und Erfahrung gezielt angesprochen. Erst durch diese Herangehensweise wird der Seemann auf das Bewältigen von Notsituationen zielgerichtet vorbereitet. Das Wahrnehmen und Verstehen von komplexen Situationen als Basis für eine Bewertung und Entscheidungsfindung setzt diesen Bildungseffekt unabdingbar voraus.

Das vorliegende Buch liefert durch diese komplexe Betrachtungsweise einen wichtigen Beitrag zur mentalen Vorbereitung des Menschen auf die Bewältigung von Notsituationen. Es liefert Handlungshilfen für die Schwerpunktbereiche aus dem Seeunfallgeschehen, Brandabwehr, Wassereinbruch, Grundberührung, Schutz vor Toxizität, Strahlenschutz und Überleben auf See.

Die Notwendigkeit für die operative Schiffssicherheit ergibt sich sowohl aus der gegenwärtigen Entwicklung des Seetransportes, als auch aus dem Seeunfallgeschehen selbst.

Neben den bekannten nautischen Lehrfächern sind in Zukunft vor allem Inhalte der Schiffssicherheit, des Umweltschutzes, der Personalführung und der Problematik Gefahrgüter neu zu berücksichtigen. Neben dem 'üblichen' Erfahrungswissen müssen insbesondere Führungskräfte zur Bewältigung von Notsituationen auf ein solides, anwendungsbereites Wissen in Grundlagenfächer aufbauend, die Fähigkeit besitzen,
- potenzielle Risiken mit hoher Zuverlässigkeit zu erkennen und zu bewerten sowie
- komplizierte, komplexe Vorgänge verantwortungsbewusst und mit hoher Zuverlässigkeit zu bewältigen.

Das vorliegende Buch stellt einen ersten Beitrag in dieser Richtung dar.

Spektrum Psychologie, Menschliches Versagen, James Reason, Spektrum Akademischer Verlag (ISBN 3-86025-098-1)

United Nation Conference on Trade and Development, New York and Geneva 2004, United Nation Publication; ISBN 92-1-112623-1

Lloyd's Register, World Fleet Statistics 2004; Stand: 31.Dezember 2004. Schiffe über 100 BRZ

Causality Statistics and Investigations for the Year 2003; International Maritime Organization Publication, 23. February 2005

1 Grundlagen

Prof. Dr.-Ing. habil. Joachim Hahne; Dr. phil. Gisa Baaske, Dipl.-Psych.; Dr.-Ing. Dirk Dreißig; Maximo Q. Mejia jr.; Dr.-Ing. Jens-Uwe Schröder, Assistant Professor; Dipl.-Ing. (FH) Dirk Sedlaček

1.1 Schiffssicherheit als gesellschaftliches Erfordernis

Eine sichere Schifffahrt liegt grundsätzlich im Interesse aller Mitgliedsländer der **International Maritime Organisation (IMO)**. Seeunfälle, insbesondere aber Schiffskatastrophen, verursachen immer wieder ökonomische Verluste z. T. von beträchtlicher Höhe. Nicht zu bewerten sind die ideellen Folgen für den Seeverkehr, z. B. durch Einbußen an öffentlicher Akzeptanz. Schiffsunglücke bedeuten aber auch moralische Wertverluste durch menschliches Leid, z. B. aus dauerhaftem Körperschaden Verunglückter, vor allem aber durch den Tod von Passagieren und Seeleuten.

Die technische Weiterentwicklung der Schiffstechnik, moderne Schiffsführungs- und Kommunikationsanlagen, ständig verbesserte nautische Einrichtungen der Schifffahrtswege und Häfen sowie neuartige Umschlagtechnologien brachten die Effizienz der Schifffahrt enorm voran, und dennoch gab es bisher keinen zufrieden stellenden Rückgang im Seeunfallgeschehen, der doch mit der zunehmenden technischen Vervollkommnung erwartet wurde. Allerdings muss hier eingeräumt werden, dass es eben dieser technische Fortschritt in einem bisher nie da gewesenen Umfang ermöglichte, gefährliche Güter zu verschiffen, wie explosive, leicht entzündliche, toxische, radioaktive und andere Stoffe, wodurch die Seeunfallstatistiken ungünstig beeinflusst wurden.

In den letzten Jahrzehnten ist die Öffentlichkeit sensibilisiert in Bezug auf schädigende Einflüsse von Industrie und Verkehrswesen auf die Umwelt. Bedingt durch den wachsenden Gefahrguttransport erlangte die Schiffssicherheit international einen völlig neuen, nicht weniger bedeutsamen Aspekt: Die Verhinderung von Umweltkatastrophen. Aber auch einige Produktions- und Transportprozesse der Offshore-Industrie sowie der chemischen und nuklearen Industrie an der Küste übertreffen Gefahrenpotenziale traditioneller Produktionszweige beträchtlich und können im Falle von Havarien zu erheblichen Gefährdungen der Schifffahrt führen.

Umweltkatastrophen durch Rohöl mit dramatischen Ausmaßen lösten z. B. die Tanker „Amoco Cadiz" 1978 vor der bretonischen Küste und „Exxon Valdez" 1989 vor der Südküste von Alaska aus. Eine in ihren Folgen nicht abzusehende Katastrophe durch hochtoxisches, radioaktives Uran-Hexafluorid bedrohte 1984 unmittelbar ca. 1000 Besatzungsmitglieder und Passagiere sowie die Meeresumwelt, als im englischen Kanal das französische Transportschiff für radioaktive Stoffe „Mont Louis" mit der britischen Fähre „Oleau Britannia" kollidierte und sank. Alle drei Seeunfälle waren auf Verletzungen von Sicherheitsvorschriften zurückzuführen. Im dritten Falle war es der sicherheitstechnischen Auslegung der Uran-Hexafluorid-Transportbehälter und einigen zufälligen Glücksumständen zuzuschreiben, dass es beim Untergang der „Mont Louis" nicht zur Freisetzung radioaktiver Stoffe kam.

Schiffsunfälle, Schiffskatastrophen im Besonderen, stehen fast immer im Kritikfeld der Öffentlichkeit. Sicherheit wird zunehmend ein Qualitätsmerkmal für die Schifffahrt im Allgemeinen und für jedes Erzeugnis „Schiff" im Einzelnen. Daher sind Betreiber und Konstrukteure von Schiffen sowie staatliche Organe aus unterschiedlichen ökonomischen, politischen, humanitären und ökologischen Aspekten zunehmend an einem Nachweis angemessener Sicherheit ihrer Erzeugnisse interessiert. Über viele Jahrzehnte wurden in erster Linie Forderungen an die Weiterentwicklung und Vervollkommnung sicherheitstechnischer Lösungen gestellt. Wie Analysen des Seeunfallgeschehens der letzten 30 Jahre zeigen, brachten die zum Teil hohen ökonomischen Aufwendungen für Sicherheitsforderungen in der Schifffahrtspraxis nicht die erhofften Erfolge. Es setzten sich folgende zwei Erkenntnisse durch:

– Nicht im Ausfall von Schiffstechnik, sondern in verschiedenen Erscheinungsformen menschlichen Versagens liegen die Hauptursachen für Seeunfälle.
– Die Forderung höchste Sicherheit primär durch Technikentwicklungen zu erreichen, ist unrealistisch.

Vor diesem Hintergrund sind auch die Forderungen der IMO zu sehen, die Sicherheitsstandards nicht noch schneller hochzutreiben, sondern die gültigen Regelungen umfassend durchzusetzen. Die logische Konsequenz der ersten Erkenntnis bestand darin, in einer gesonderten internationalen Konvention (STCW) die Forderungen an die Aus- und Weiterbildung der Seeleute unter dem Aspekt der Schiffssicherheit festzuschreiben. Eine Mindestqualifikation der Seeleute wurde postuliert nach
– hoher Zuverlässigkeit in der Dienstdurchführung an Bord und
– angemessenen Fähigkeiten und Fertigkeiten in der Abwehr von Gefahren sowie
– zur Eigen- und Fremdrettung.

Viele Mitgliedstaaten der IMO sahen sich veranlasst, zur Verwirklichung der zweiten Aufgabe spezielle Zentren für die Aus- und Weiterbildung von Seeleuten und Offshore- Personal zu errichten. Der Druck der Öffentlichkeit infolge schwerer Katastrophen in der Schiffahrt und Offshore-Industrie (z. B. Kentern der Bohrinsel „Alexander Kjelland": 91 Tote, Bohrinsel „Piper Alpha" 1988: 160 Tote) beschleunigten diese Entwicklung.

Die zweite Forderung nach höchst möglicher Sicherheit durch technische Vervollkommnungen ist widersprüchlich und nur in Grenzen realistisch. Durch den technischen Fortschritt können zwar immer vollendeter Sicherheitslösungen geschaffen werden, jedoch ist ein absolut störungsfrei arbeitendes technisches System, wie dies ein Schiff darstellt, nicht denkbar. Durch Einsatz von Werkstoffen hoher Güte und Mehrfachauslegung lebenswichtiger Elemente oder Teilsysteme kann das Risiko eines Ausfalls einer Anlage wesentlich herabgesetzt, aber nicht ausgeschlossen werden. Sicherheit und Ökonomie bilden eine Einheit, sie sind durch das Rechtfertigungsprinzip verbunden. Der ökonomische Aufwand für eine Sicherheitslösung muss ausgewogen sein, das Risiko muss vor der Gesellschaft gerechtfertigt und verantwortbar sein.

Der Sicherheitsaufwand wird sich nach dem Gefahrenpotenzial richten, das das betreffende Schiff darstellt. Er wird für den Transport gefährlicher Güter größer sein, als für risikoarme Ladungen. Der Sicherheitsaufwand bedarf oft bestimmter Korrekturen, vor allem, wenn die schnelle Durchsetzung ökonomischer Interessen eine Vorzugsrolle gegenüber der Sicherheit besitzt. Ebenso erzeugen fehlende, wissenschaftlich begründete Erkenntnisse über mögliche Havarieprozesse ein Sicherheitsdefizit. Bei der Einführung neuer Technik ergeben sich ergänzende Sicherheitserkenntnisse in der Regel erst nach längerem Praxiseinsatz.

Weiterhin sieht sich die Schifffahrt militärischen Konflikten, Aktionen von Piraten und terroristischen Bedrohungen ausgesetzt. Insbesondere auf mögliche terroristische Bedrohungen und Anschläge hat sich die Seeschifffahrt einzustellen und damit vorsorglich Maßnahmen vor allem zum Schutze der Menschen zu treffen. Da auf diesem Teilgebiet der Schiffssicherheit relativ wenige Erfahrungen vorliegen, sind die nunmehr von der IMO an die Schifffahrtsunternehmen gestellten Aufgaben sehr anspruchsvoll und auch mit erheblichen Aufwendungen verbunden.

Sichere Schifffahrt ist ein gesellschaftliches Bedürfnis und Erfordernis zugleich. Die neuartigen Risiken, die unter Umständen überregionale Folgen und Nachwirkungen über mehrere Menschengenerationen besitzen können, führen dazu, dass sich weltweit ein neues Sicherheitsbewusstsein entwickelt. Die bisherigen Erfahrungen aus Schiffskatastrophen und die Einsicht, dass nach gegenwärtigen Erkenntnissen auch noch größere Desaster denkbar sind, unterstützen diese Entwicklung. Allerdings haben gering wahrscheinliche Unglücksfälle auch gegenläufige Wirkungen, da der Ereigniseintritt für unrealistisch gehalten wird.

Der Druck der Öffentlichkeit, ökonomische Interessen sowie Forderungen verantwortungsbewusster Wissenschaftler und Politiker führten zur Ausarbeitung neuer internationaler Vereinbarungen, die zur Erhöhung der Sicherheit der Schifffahrt, zu Verbesserungen in der Suche und Rettung Schiffbrüchiger sowie zur Senkung der Verseuchung und Verschmutzung der maritimen Umwelt führen sollen. Dazu gehört vor allem die „Internationale Konvention zum Schutz des menschlichen Lebens auf See".

Zusammenfassend können aus gesellschaftlicher Sicht folgende Hauptaufgaben der Schiffssicherheit abgeleitet werden:
– die Erhaltung von Leben und Gesundheit von Seeleuten und Passagieren
– die Verhütung von Verseuchungen und Verschmutzung der maritimen Umwelt durch Betriebsstoffe und gefährliche Ladungsgüter
– die Bewahrung des Schiffes, seiner Ladung vor Schäden und Verlusten

1.2 Beherrschen des technischen Fortschritts zur Verhütung von Seeunfällen

Unter einem Seeunfall soll Folgendes verstanden werden:

Ein Seeunfall ist ein plötzliches, zeitlich begrenztes Ereignis, das die Sicherheit des Schiffes und damit unmittelbar Leben und Gesundheit von Seeleuten und Passagieren gefährdet und mögliche vom Schiff verursachte Gefährdungen der Schifffahrt und der Meeresumwelt einschließt.

In der Schifffahrt wird häufig der Begriff „Havarie" für den umfassenden Begriff „Seeunfall" verwendet. Wenn Missdeutungen ausgeschlossen sind, wird in diesem Buch mit Rücksicht auf den traditionellen seemännischen Sprachgebrauch noch gelegentlich der Begriff „Havarie" mit seinen Wortverbindungen verwendet.

Die progressive Entwicklung der Technik in der Seeschifffahrt zielt auf die Schaffung besserer Voraussetzungen, die Anzahl und Schwere von Seeunfällen zurückzudrängen.

Diese Entwicklung erzeugt objektiv auch in der Seeverkehrswirtschaft eine höhere Sicherheitsqualität. Kann sie durch eine fallende Seeunfallrate auch realisiert werden, bedeutet dies einen Gewinn an Effektivität des Schiffsbetriebes und an Lebensqualität für die Seeleute. Damit solche Wirkungen eintreten, erfordert die Beherrschung des technischen Fortschritts in diesem Verkehrszweig
- die vollständige und zuverlässige Meisterung der technischen Systeme des Schiffes und
- die effektive Führung des Schiffsbetriebes auch unter der Einwirkung gefahrvoller Vorgänge wie z. B. extremer Naturereignisse oder Ausfall von Systemen.

Die Lösung des ersten Problems beginnt bereits mit dem Schiffsentwurf, findet seine Fortsetzung in der Konstruktion, der Fertigung und schließlich in dem realen Schiffsbetrieb. Die uneingeschränkte und sichere Nutzung des Schiffes erfordert ausgeprägten Sachverstand und perfekte Handlungssicherheit in der Bedienung und Handhabung der Systeme, auch dann, wenn durch Störfälle und Havarien normale Betriebsabläufe unterbrochen werden (Bild 1.1).

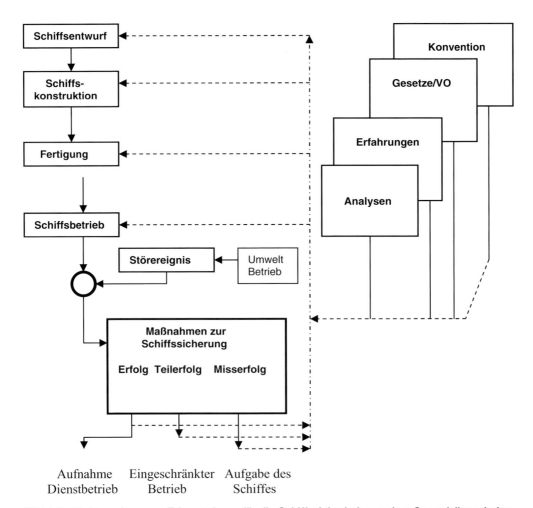

Bild 1.1: Rückkopplung von Erkenntnissen für die Schiffssicherheit aus dem Seeunfallgeschehen

Die Schwierigkeiten bei der Beherrschung des technischen Fortschritts im Seeverkehr liegen in der begrenzten Vorhersehbarkeit gefährlicher Naturereignisse begründet. Die Bedeutung dieses Problems nimmt zu, weil die möglichen Unfallfolgen nach Einwirkung von Elementarereignissen beim heutigen Entwicklungsstand der Schifffahrt neuartige Dimensionen annehmen können, z. B. durch hohe materielle Verluste oder durch verheerende Folgen für die Umwelt.

Dies verlangt, die Sicherheit und Zuverlässigkeit technischer Systeme ständig zu erhöhen, etwa durch strenge Bau- und Transportvorschriften, durch moderne technische Diagnostik, realistische Risikoabschätzungen und systematische Entwicklung der Sicherheitsforschung. Eine wichtige Quelle für Sicherheitsfortschritte bleibt auch weiterhin die Erfahrung aus dem praktischen Schiffsbetrieb der im Einsatz befindlichen Tonnage. Bei allen Anstrengungen zur Erhöhung der Zuverlässigkeit technischer Systeme verbleibt ein zwar geringeres aber unvermeidbares Risiko.

Das Wissen darüber erhöht die Rolle und Verantwortung des Menschen im Prozess der Schifffahrt. Der erwartete Zuwachs an Sicherheit durch die Beherrschung des technischen Fortschritts und die damit verbundene Senkung der Risiken von Störfällen verführt oft zu schwerwiegenden Fehleinschätzungen hinsichtlich des Eintritts von Seeunfällen überhaupt. Ihre geringe theoretische Eintrittswahrscheinlichkeit wird oft genug damit gleichgesetzt, ihr Eintritt sei auch praktisch unmöglich. Vernachlässigungen in der Sicherheitsausbildung, z. B. im operativen Training, sind praktische Folgen derartiger Fehleinschätzungen.

Analysen vieler Seeunfälle lassen folgende Grundtendenzen erkennen:
1. Die durch die Besatzung eingeleiteten Maßnahmen zur Abwehr der Gefahrensituationen waren prinzipiell richtig, brachten aber oft nicht den erhofften Erfolg.
2. Die durch die Besatzung eingeleiteten Maßnahmen zur Abwehr der Gefahrensituation entsprachen nicht den anerkannten vorgegebenen Handlungsalgorithmen. Es wurde von optimalen Handlungsstrategien abgewichen, wodurch Schäden entstanden, die objektiv vermeidbar waren.

Es besteht ein hohes Interesse, beiden Tendenzen zielstrebig zu begegnen, sowie die Ursachen der Seeunfallentwicklung und die sie begleitenden begünstigenden Umstände zu analysieren. Um der ersten Tendenz entgegenzuwirken ist es notwendig, das Wissen über Ursachen und Verlauf von Seeunfallprozessen durch systematische Forschungen zu vertiefen. So ist z. B. nicht nur die richtige Reihenfolge der Abwehrhandlungen für den Bekämpfungserfolg wichtig, sondern auch die Wahl des Zeitpunktes für Beginn und Ende der betreffenden Abwehraktivitäten.

Die vielfach vertretene Meinung, man könne bei Seeunfällen nach Erfahrungswerten handeln, muss mit Abstand gesehen werden, weil niemand derartige Ereignisse, wie z. B. Schiffsuntergänge oder Brände in solcher Anzahl und Variationsbreite erlebt hat, dass er daraus für sich verallgemeinernde und übertragbare Erfahrungen ableiten könnte. Dagegen können aus dem allgemeinen Seeunfallgeschehen durchaus Erfahrungen gesammelt und verallgemeinert werden. Sie müssen wissenschaftliche Erkenntnisse ergänzen, bestätigen und neue Fragestellungen an die Sicherheitsforschung initiieren.

Die zweite Tendenz beruht auf Mängeln in der Fachkompetenz der Besatzung, in Unzulänglichkeiten im Ausbildungsstand, im Trainingszustand, und vor allem in der Qualität des Safety Managements. Auch das Fehlen erforderlicher Persönlichkeitseigenschaften und Motivationen bildet Ursachen für Misserfolge in der Abwehr der Auswirkungen von Seeunfällen. Fehlentscheidungen im Führungsprozess haben schwerwiegende Folgen, weil sie mit Fortschreiten des Unfallgeschehens und zunehmender Ereignisdichte nicht mehr oder nur sehr schwer korrigierbar sind.

Die komplexe Automatisierung als einer der Hauptwege zum Effektivitätszuwachs in der Schifffahrt verändert zunehmend die Strukturen der Bemannung auf Seeschiffen und in Richtung Verringerung der Besatzung. Das Unterschreiten einer für die Aufrechterhaltung des Schiffsbetriebes in einer Notsituation erforderlichen Mindestanzahl von Besatzungsmitgliedern stellt ein nicht zu rechtfertigendes

Sicherheitsrisiko dar. Eine der Ursachen der Katastrophe durch den Tanker „Exxon Valdez" liegt nach Meinung von Schifffahrtsexperten in der auf sechs Mann reduzierten Besatzung des Schiffes.

Die verschiedenen Wege zum Effektivitätszuwachs in der Schifffahrt erfordern nicht nur eine allgemeine Weiterentwicklung der Schiffssicherheit, sondern auch eine Konzentration auf Schwerpunkte. Die Containerschifffahrt verkörpert zum Beispiel höchste Technologie im Seetransport. Die an Oberdeck gestauten Container können aber die Stabilität des Schiffes ungünstig beeinflussen, insbesondere bei schwerem Wetter. Ein Schwerpunkt der Schiffssicherheit besteht bei dieser Transportart darin, Stabilitätsverluste zu verhindern.

Demgegenüber stellt das Aufrechterhalten von Sicherheitsbarrieren gegen explosive, toxische oder radioaktive Stoffe ein Schwerpunkt des Sicherheitsgeschehens beim Gefahrguttransport dar. Qualitativ andere Schwerpunkte für die Schiffssicherheit setzt der maritime Tourismus. Auf einem Passagierschiff werden im Notfall höchste Forderungen an das Safety Management gestellt, denn die Anzahl der mit den Bedingungen der Schifffahrt nicht vertrauten Passagieren übertrifft die Anzahl der Besatzungsmitglieder um ein Mehrfaches.

1.3 Die Struktur der Schiffssicherheit

Schiffsicherheit ist ein Teilgebiet innerhalb der Sicherheitswissenschaft und hat demzufolge einen interdisziplinären Charakter. Das Profil wird wesentlich durch Technikwissenschaften bestimmt. Bedeutende Beiträge zur Erforschung der Vorgänge bei Störfällen liefern die Naturwissenschaften. Zum Auffinden zweckmäßiger Verhaltensweisen der Menschen bei der Bewältigung der gefahrvollen Situation dienen Medizin und Psychologie, sowie Leitungs- und Arbeitswissenschaften. Schiffssicherheit ist ein komplexes Wissensgebiet, das objektive und subjektive Komponenten besitzt und mehrere Bestandteile und Teilbereiche umfasst.

Umfang und Auslegung des Begriffes „Schiffssicherheit" werden von verschiedenen wissenschaftlichen und praktischen Ausgangspunkten auch unterschiedlich interpretiert und gehandhabt. Eine internationale Legaldefinition liegt nicht vor. Der Leser eines Lehrbuches „Schiffssicherheit" wird eine Definition dieses Begriffes erwarten. Dieser Erwartung folgen die Autoren ohne den Anspruch auf Allgemeinverbindlichkeit zu erheben.

„Schiffssicherheit" wird definiert als ein Schutzzustand von Wasserfahrzeugen und Geräten, durch den Gefahren und Schäden von Personen, Umwelt und Sachwerten bei Störung der Betriebsabläufe abgewendet oder begrenzt werden können.

Das Ziel der Schiffssicherheit ist somit die Erhaltung von Leben und Gesundheit von Personen sowie die Schadensverhütung und Schadensbegrenzung bei Störung der Schiffsbetriebsprozesse nicht nur das unmittelbare Geschehen an Bord betreffend, sondern auch vom Schiff ausgehende Umweltschäden und Gefährdungen der Schifffahrt in der Umgebung von Havaristen.

Schiffssicherheit repräsentiert einen Schutzzustand, der bewertbar ist über den Vergleich des real vorhandenen Sicherheitspotenzials mit dem voraussehbaren erforderlichen. Bestenfalls stellt dieser Zustand ein relatives Optimum dar. Bewertungsmöglichkeiten liefern technikwissenschaftliche und biomedizinische Parameter sowie verbale Aussagen der Psychologie und Arbeitswissenschaften. Aus der Analyse des momentanen Schutzzustandes leiten sich die notwendigen Maßnahmen zur Abwendung einer gefahrvollen Situation ab (Bild 1.2).

Die sicherheitstechnische Einrichtung eines Schiffes kennzeichnet die objektive Komponente der Schiffssicherheit. Die Fachkompetenz der Besatzung, ihr organisatorisches und Führungsverhalten charakterisieren dagegen die subjektive Komponente. Die drei Komponenten Technik, Fachkompetenz und Organisation bzw. Management bilden eine Einheit.

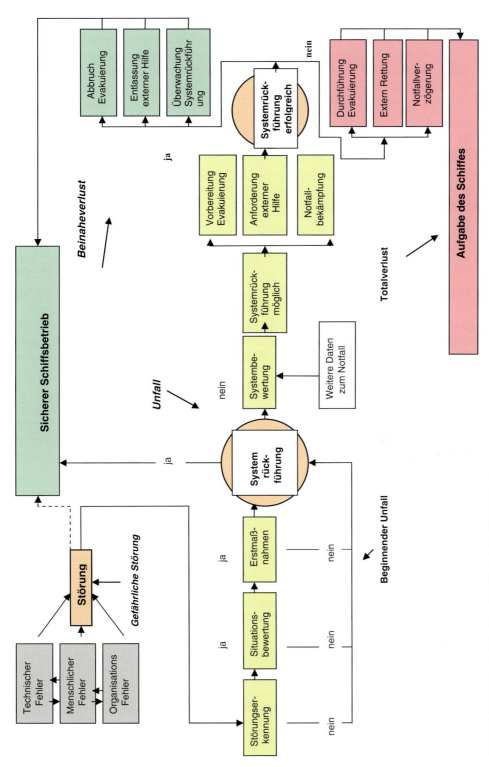

Bild 1.2: Prozessmodell eines Schiffsunfalls /Schröder/

Dies muss aber nicht für jedes Schiff und zu jedem beliebigen Zeitpunkt gleichermaßen zutreffen. Für ein gegebenes Schiff, das nach entsprechenden Standards sicherheitstechnisch ausgerüstet ist, kann z. B. der Wechsel von Besatzungsmitgliedern oder das Vernachlässigen des Sicherheitstrainings zu einer konkreten Reduzierung des Zustandes Schiffssicherheit führen. Eine konkrete Bewertung hinsichtlich der Einhaltung der Forderungen zur Gewährleistung der Schiffssicherheit liefert demzufolge nur eine Aussage für den Zeitpunkt der Überprüfung.

Die Schiffssicherheit wird im Wesentlichen durch drei Bereiche geprägt, den Bereich der Anlagensicherheit, der Bedienungssicherheit und der Sicherheit und Zuverlässigkeit der Führung (Führungssicherheit) (s. Tab. 1.1).

In der *Anlagensicherheit* drückt sich die Sicherheit des Erzeugnisses Schiff aus. Sie wird durch Erfüllung technischer Güteforderungen der Klassifikationsgesellschaft realisiert und durch entsprechende Vorschriften festgeschrieben.

Die *Bedienungssicherheit* ist die fachgerechte Ausführung der Arbeitsaufgabe in den entsprechenden Bordfunktionen und Betriebsvorschriften nach geltenden Rechtsvorschriften. Dieser Bereich weist den Ausbildungsstand des Personals zur Erfüllung seiner Aufgaben aus. „Ausbildungsstand" wird hier weit gefasst, er umfasst die soziale und Fachkompetenz sowie die psychischen und physischen Möglichkeiten der Besatzungsmitglieder im Transport- und Arbeitsprozess auf einem Schiff. Bedienungssicherheit setzt grundsätzlich einen Befähigungsnachweis voraus.

Die *Führungssicherheit* drückt sich vor allem in der an Bord aufgebauten Organisations- und Leitungsstruktur zur Gewährleistung des Sicherheitsprozesses unter verschiedenen Lagebedingungen aus. Sie ist hierarchisch aufgebaut. Analog ist die Verantwortlichkeit in den Organisationsstrukturen von unten nach oben zunehmend.

Damit trägt der Kapitän die Verantwortung für die Gesamtorganisation und Leitung des Schiffssicherheitsgeschehens an Bord. Der Eintritt eines Seeunfalls erfordert die Mobilisierung aller subjektiven Potenzen der Schiffsbesatzung. Es müssen Notfallmaßnahmen einsetzen, die unter straffer Führung alle technischen und personellen Möglichkeiten zur Abwehr der gefahrvollen Störung bei höchstem persönlichem Einsatz ausschöpfen. Tiefe Sachkenntnisse über den Unfallablauf, gepaart mit Initiative, Handlungssicherheit und Erfahrung sind wichtige Quellen erfolgreichen Vorgehens.

Es soll das Sicherheitsgeschehen, das unmittelbar nach dem Eintritt von gefahrvollen Störungen im Schiffsbetrieb zur Abwehr entstandener Gefahrensituationen wirksam wird, *„operative Schiffssicherheit"* genannt werden. Die Einordnung und Abgrenzung sind schematisch in Tab. 1.1 dargestellt.

Bereich Betriebszustand	Anlagensicherheit	Bedienungssicherheit	Führungssicherheit	Bemerkungen
Normalbetrieb	Ablauf der Betriebsprozesse nach konzipierten Parametern	Dienst nach erworbener Qualifikation	Dienstdurchführung nach Instruktionen und Vorschrift	
Gefahrvolle Störung	Nutzung von Sicherheitsreserven	Gegenwirkung mit geringem Risiko für Leben	Einleiten von Gegenmaßnahmen routinemäßig	
Seeunfall	Überschreitung technischer Reserven	volle Ausschöpfung subjektiver Möglichkeiten bei hohem Risiko	komplexes Handeln nach Notfallmaßnahmen	Operative Schiffssicherheit

Tab. 1.1: Bereiche der Schiffssicherheit

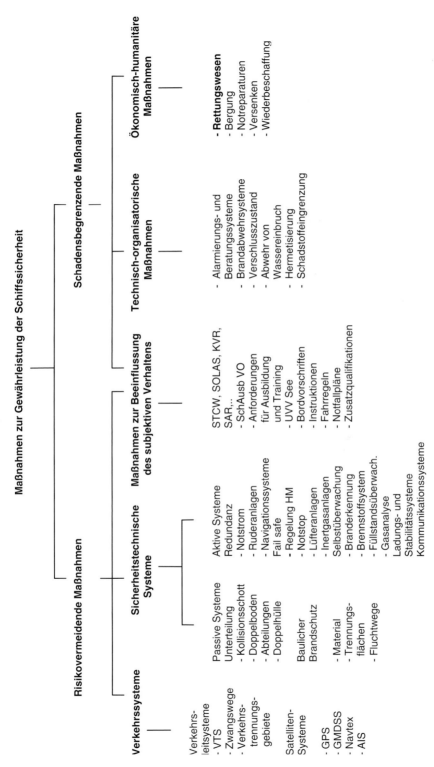

Bild 1.3: Übersicht wichtiger Maßnahmen zur Gewährleistung der geforderten Schiffssicherheit

Operative Schiffssicherheit schließt Gebiete der sicherheitstechnischen Auslegung des Schiffes und der vorhandenen Sicherheitstechnik ebenso ein, wie qualifiziertes Notfalltraining und die Führung von Kollektiven auf verschiedenen Leitungsebenen nach vorausschauend erstellten Organisations- und Führungsstrukturen. Operative Schiffssicherheit umfasst also – beginnend mit einem bestimmten Entwicklungsstadium des Störereignisses „Störung im Schiffsbetrieb", alle drei angeführten Teilbereiche. Die dargestellte Gliederung der Schiffssicherheit besitzt Bedeutung für das Erkennen von Zusammenhängen und Rückwirkungen der Bereiche untereinander (s. Bild 1.1).

Diese Betrachtungsweise schafft die Voraussetzung für eine komplexe, prozessorientierte Durchdringung von Sicherheitsproblemen im Seeverkehr. Die Gliederung der Hauptkomplexe der Schiffssicherheit erfolgt nach der Art und Weise des methodischen Herangehens unterschiedlich. Die Darstellung in Bild 1.3 vermittelt wichtige Teilgebiete und Inhalte.

Klassifiziert man nach der Art des Ereignisses, ergeben sich die Komplexe Kollision, Grundberührung, Feuer an Bord, übergehende Ladung, Untergang, Kentern, Verlassen des Schiffes (Bild 1.4). Zweckmäßig erscheint eine Modellierung nach der Ursachen-Wirkungs-Kette. Störungen des Schiffsbetriebes lassen sich auf physikalische, chemische, biologische Ursachen reduzieren, auf Wärme, Stabilität, Gewicht, Auftrieb, Toxizität, ionisierende Strahlung, Erkrankungen. Dementsprechend sind auch die Wirkungen physikalischer, chemischer und biologischer Natur.

Das richtige Erkennen von Ursachen und Wirkungen, die dem Störungsprozess zugrunde liegen, ist die Grundvoraussetzung für zweckmäßige, zielstrebige Maßnahmen und Handlungen zum Erreichen angemessener, realer Ziele. Aus den Ursache-Wirkungsbeziehungen des konkret eingetretenen Seeunfalls kann die Wirksamkeit des Abwehrprozesses beurteilt und bewertet werden. Ausgehend von der dargestellten Betrachtungsmethode

EREIGNIS – WIRKUNGEN – MASSNAHME – ERGEBNIS

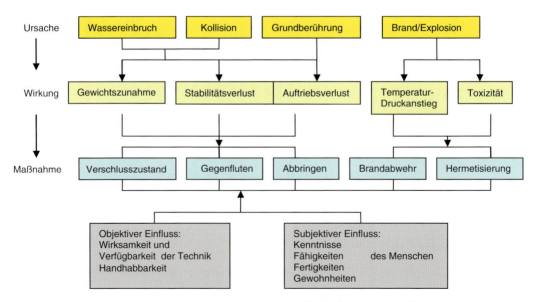

Bild 1.4: Vereinfachte Darstellung der Ursache-Wirkungs-Kette für vorrangige Ereignisse

lassen sich für die Praxis, Lehre und Forschung Hauptkomplexe für die operative Schiffssicherheit ableiten wie:
– Brandschutz/Brandabwehr
– Wassereinbruch/Leckwehr
– Grundberührung
– Schutz vor Toxizität/Giftschutz
– Strahlenschutz
– Überleben auf See

1.4 Konzeptionelle Aspekte der Schiffssicherheit

Die Gefahren für die Schifffahrt aus Naturereignissen, technischen Störungen und menschlichem Fehlverhalten bleiben trotz fortschreitender wissenschaftlicher Erkenntnisse eine unvermeidliche Begleiterscheinung des Seeverkehrs. Neuartige Gefahrenpotenziale durch neuartige Ladungsgüter und Transporttechnologien stellen zusätzlich qualitativ höhere Forderungen an die Gefahrenabwehr. Dieser Gegenwirkung sind auf einem Schiff im Vergleich zu den Möglichkeiten in einer Produktionsanlage an Land meist Grenzen gesetzt. Um so mehr erweist sich das volle Ausschöpfen aller Möglichkeiten der Schiffssicherheit als zwingende Forderung an Gegenwart und Zukunft.

Es ergeben sich folgende Hauptwege zur Gewährleistung hoher Schiffssicherheit:
1. Weitgehendes Ausschließen absehbarer Gefahren für den Menschen durch Realisierung von Sicherheitskonzeptionen beim Schiffsentwurf und der technologischen Vorbereitung für den Bau des Schiffes (Inhärente Sicherheit)
2. Konzeption wirksamer und möglichst variabel einsetzbarer Sicherheitstechnik zum Einsatz gegen nicht konkret prognostizierbare, aber aus den Schifffahrtserfahrungen zu erwartende Gefahren (Adhärente Sicherheit)
3. Hohe Fachkompetenz und Handlungszuverlässigkeit der Schiffsbesatzungen im Dienstbetrieb zur Beherrschung der Bordsysteme und Anlagen, einschließlich der Sicherheitstechnik in Notfällen

An der Realisierung sind Betreiber, Werften, Aufsichtsorgane, Forschungs-, Entwicklungs- und Ausbildungseinrichtungen beteiligt, wenn auch in unterschiedlichem Umfang und mit unterschiedlichen Verantwortlichkeiten. Langfristig gesehen vollzieht sich die Profilierung der Schiffssicherheit über verschiedene Entwicklungsstadien, über das Stadium der Konzipierung von Sicherheitssystemen, das Stadium ihrer Realisierung bis hin zur analytischen Bewertung der erreichten Ergebnisse durch die Schifffahrtspraxis. Das Letztere gibt Impulse für neue Entwicklungszyklen.

Zur Verwirklichung von Sicherheitskonzeptionen werden u. a. folgende Forderungen an die angeführten Aufsichtsorgane, Schifffahrtsbetriebe, Forschungs- und Bildungseinrichtungen gestellt:
1. Prognose möglicher Gefahrensituationen für die Betriebszustände der Schiffstechnik über ihre gesamte Nutzungsdauer
2. Qualitative und quantitative Beschreibung der in Gefahrensituationen ablaufenden Prozesse mit den Mitteln der Natur-, Technik- und Sozialwissenschaften
3. Auffinden technisch-technologischer Lösungen zur Gefahrenabwehr mit gesellschaftlich vertretbaren Kompromissen zwischen ökonomischen Aufwand und erreichbarer Sicherheit
4. Erarbeiten von Verhaltensstrategien für optimale Abwehrmaßnahmen
5. Erarbeiten von Organisations- und Leitungsstrukturen für Maßnahmen zum Schutz des menschlichen Lebens und des Eigentums in Notfallsituationen

Die Konzeption zur Führung der Schiffssicherheit an Bord stützt sich auf die in Kapitel 1.3 beschriebenen Grundsätze. Bei Eintritt eines Seeunfalls setzt der Führungsprozess zur Bewältigung der plötzlich eingetretenen unmittelbaren Gefahr ein. Es erfolgt eine grundsätzliche und kurzfristige Umstellung im Safety Management. Die Einleitung zur Änderung des Managements vom Normal- auf Notbetrieb wird im Allgemeinen durch das jeweilige Alarmsignal vorgenommen. In Abhängigkeit von der Schwere des Seeunfalls und dem Ausweitungsgrad seiner Entwicklung kann die operative Schiffssicherheit dominierende Rolle erlangen und alle anderen Abläufe an Bord reglementieren.

Allgemeingültig sind wesentliche Bestandteile eines Sicherheitsmanagements:
– eine Sicherheitsordnung, vom Unternehmer genehmigt
– Verfahren für die Durchführung von Risikobewertungen und Anwendung von Maßnahmen zur Risikokontrolle
– Schulungsprogramme für Personal und Verfahren
– Kontrollverfahren

Für die Seeschifffahrt gilt das sinngemäß und ist grundsätzlich in der *SOLAS Kapitel IX* und detailliert im Internationalen Safety Management Code (ISM-Code) festgeschrieben. Die Grundsätze für die Erarbeitung eines effektiven Safety Managements werden durch das *Formal Safety Assessment (FSA)* geliefert.

Nach dem Unfall auf der Bohrinsel „Piper Alpha" wurde erstmals auch für den maritimen Bereich von der IMO die Durchführung der Risikoanalyse in Anlehnung an die Erkenntnisse und Erfahrungen in der Atomindustrie und petrochemischen Industrie vorgeschlagen. Daraus ergibt sich in Ableitung der o.g. allgemein gültigen Grundsätze folgende Vorgehensweise:
– Identifikation von Gefahren
– Risikobewertung
– Risikokontrollmöglichkeiten
– Kosten-Nutzen-Betrachtung
– Abgeleitete Empfehlungen

Auf der Grundlage durchgeführter Risiko-/Gefährdungsanalysen ist die Schiffsbesatzung vorsorglich auf denkbare Notfälle vorzubereiten. Die Voraussetzung hierfür ist die fachliche und mentale Einstellung der Schiffsbesatzung auf die damit verbundenen Aufgaben.

Die Gestaltung eines ganzheitlichen Notfallmanagements ist auf Grund der weitgehenden Übereinstimmung der ausgelösten Wirkungen bei terroristischen Anschlägen durch ein integriertes Ursache-Wirkungs-Modell gegeben (s. Bild 1.5).

Damit ist es möglich, die neuen Bedrohungen methodisch in das bisher vorhandene Modell zu integrieren und sich auf die bisherigen Erfahrungen der Seeschifffahrt bei der Bewältigung gefahrvoller Situationen zu stützen.

Der Notfall bzw. Anschlag stellt für jede Besatzung eine unmittelbare Gefahr dar. Die schnelle und erfolgreiche Abwehr dieser unmittelbaren Gefahr/Gefährdung ist bei Eintritt eines Notfalls die Hauptaufgabe. Die Organisation an Bord muss in sehr kurzer Zeit zur Erfüllung dieser Hauptaufgabe umgestellt werden! Ein wesentlicher Einflussfaktor auf die Schiffssicherheit, besonders in Notfallsituationen, ist der menschliche Faktor.

1.5 Die Erfassung des Human Element (HE) Einflusses auf die Schiffssicherheit

Der Einfluss des Menschen auf operative Prozesse der Schiffsführung, das so genannte Human Element (in diesem Abschnitt wird ausschließlich die etablierte englische Form des Begriffes – Human Element – verwendet), bedarf der ausführlichen Untersuchung und Bewertung, wenn Fragen der operativen Schiffssicherheit auf der Tagesordnung stehen. Dies gilt besonders für die negativste Erscheinungsform, das menschliche Fehlverhalten (den Human Error oder Human Failure). Menschliches Fehlverhalten ist eine der Hauptursachen von Unfällen in der Schifffahrt. Es wird durch ein

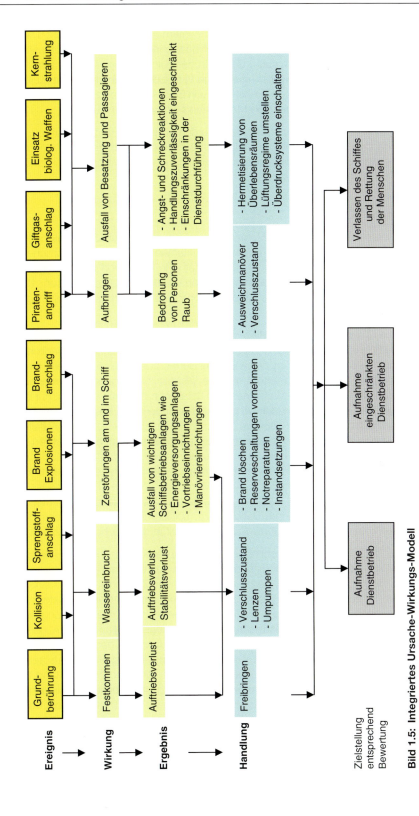

Bild 1.5: Integriertes Ursache-Wirkungs-Modell

komplexes Zusammenspiel verschiedener externer und interner Faktoren verursacht. Diese Faktoren werden häufig als Performance Shaping Factors (PSF) bezeichnet. Eine intensive Erfassung und Auswertung dieser PSF ist ein direkter Versuch, Unfälle in der Zukunft zu vermeiden. Eine Reduzierung auf ein Minimum ist erstrebenswert, wobei eine völlige Vermeidung sicherlich nicht realistisch ist. Es kommt aber darauf an, eine bestimmte Kombination von Einflussfaktoren zu verhindern, die schwere Unfälle mit bedeutenden Schädigungen von Mensch und Umwelt hervorruft.

In diesem Kapitel sollen Maßnahmen diskutiert werden, wie das HE systematisch erfasst und ausgewertet werden kann. Dabei geht es hauptsächlich um das Verhalten in Notfällen. In diesem Zusammenhang soll auf grundlegende Definitionen eingegangen und Verbindungen zu anderen wissenschaftlichen Disziplinen erläutert werden.

1.5.1 Grundlagen

Neben HE wird international auch von Human Factors (dem menschlichen Faktor) gesprochen. Außerdem ist auch von menschlichem Fehlverhalten (Human Error) und menschlichem Versagen (Human Failure) die Rede. Eine Anzahl von Autoren hat eine Reihe von Darstellungen zum Stand und der Entwicklung der Forschung auf diesen Gebieten veröffentlicht (z. B. Reason, 1990; Kirwan, 1994; Hollnagel, 1998; Kuo, 1998). Diese Studien können, soweit es die Schlüsselbegriffe angeht, wie folgt zusammengefasst werden.

Die technologische Entwicklung ab der Mitte des 20. Jahrhunderts brachte es mit sich, dass eine Reihe wissenschaftlicher Disziplinen auf den Einfluss des Menschen aus unterschiedlichen Blickwinkeln schauen. Kuo (1998) unterscheidet zwischen drei Betrachtungsweisen bei den Human Factors. Er führt Definitionen an, die Human Factors als eine Disziplin der Ergonomie betrachten oder auf deren Schlüsselrolle bei der Mensch-Maschine-Schnittstellenproblematik abzielen. Für die operative Schiffssicherheit ist die Sicherheitsperspektive von größter Bedeutung. Hier führt er z. B. die Definition des britischen Health and Safety Executive (HSE, 1989) an. Um genau diese Vielfalt bei der Verwendung des Begriffes Human Factors zu vermeiden, hat man sich nach Alternativen umgesehen, um speziell den Sicherheitsaspekt zu betonen (Nautical Institute, 2003). Die Weltschifffahrtsorganisation (IMO) teilt diese Auffassung und verwendet deshalb in der Schifffahrt den Begriff HE, der nach Auffassung der US Küstenwache *den Einfluss des Menschen und von Organisationsstrukturen auf die maritime Sicherheit und Leistung maritimer Systeme beschreibt* (Nautical Institute, 2003). Auch wenn das keine international anerkannte Definition ist, soll der Begriff HE in diesem Sinne für alle Fragen des menschlichen Einflusses auf die Schiffssicherheit in diesem Kapitel verwendet werden.

Während HE bei der allgemeinen Beschreibung von Aspekten menschlicher Leistungsfähigkeit benutzt wird, zielt der Begriff Human Error oder Failure auf das ungewollte Scheitern menschlicher Bemühungen ab. Hollnagel (1998) führt hierbei drei Kriterien an. Zunächst muss es einen Leistungsstandard in einem System geben, mit dessen Hilfe Aktionen von in diesem System Handelnden geprüft werden können. Weiterhin muss die Handlung einen messbaren Leistungsabfall in dem System hervorrufen, der zu einem unbeabsichtigten Ergebnis der Handlung führt. Außerdem musste der Handelnde den Willen zur korrekten Ausführung seiner Handlung haben. Ein Beispiel wäre die Frage, ob ein Rudergänger in der Lage ist, auf eine Anforderung hin, das Ruder entsprechend dieser Anforderung zu bedienen. Wenn er das Ruder in die falsche Richtung bewegt, führt das zu einer messbaren Beeinflussung der Navigation des Schiffes. Wichtig ist dabei herauszufinden, ob der Rudergänger, das Ruder unabsichtlich in die falsche Richtung bewegt hat. Ist das nicht der Fall, würde man nämlich nicht von einem Fehler, sondern von Sabotage sprechen.

Es muss auch erwähnt werden, dass einige Autoren (z. B. Woods u. a., 1994; Senders & Morray, 1991; Hollnagel, 1993) die Verwendung des Begriffes Fehler als unangebracht empfinden, da es

First Class: GL

Innovativ, hochwertig, kundenorientiert!
Dafür steht der GL, Ihr First-Class-Partner.
Mit erstklassigen Services unterstützen wir Ihren Erfolg.

Willkommen an Bord.

Germanischer Lloyd Aktiengesellschaft
Vorsetzen 35 · 20459 Hamburg
Telefon +49 40 36149-0 · Fax +49 40 36149-200
headoffice@gl-group.com · www.gl-group.com

Germanischer Lloyd
OPERATING 24/7

sich hierbei oft um eine Wertung handelt. Außerdem kann auf diese Weise sowohl das Ereignis, die Ursache oder die Wirkung einer Handlung gemeint sein. Hollnagel (1998) schlägt deshalb den Begriff Human Erroneous Action vor. In diesem Kapitel soll jedoch der nach wie vor häufiger verwendete Begriff Human Error verwandt werden.

1.5.2   HE in Notfallsituationen

Nachdem die grundlegenden Begriffe erklärt wurden, soll an dieser Stelle eine genauere Betrachtung des menschlichen Fehlverhaltens in Notsituation erfolgen. Allgemein wird häufig davon ausgegangen, dass menschliches Fehlverhalten zu 80 % am Unfallgeschehen beteiligt ist. Die Frage ist jedoch, ob diese Aussage wirklich zutrifft. Nach Hollnagel (1998) hat die Berücksichtigung menschlichen Fehlverhaltens als Unfallursache in den letzten 40 Jahren beständig zugenommen. Während man früher nach ausschließlich technischen Ursachen bei Unfällen suchte, ist heute allgemein akzeptiert, dass der Mensch als Konstrukteur und Nutzer technischer Systeme auch für die Unfallursachen verantwortlich ist. Insofern verwundert es nicht, dass Hollnagel (1998) auf einige Studien verweist, bei denen man, wenn man wirklich alle Ursachen bis ins letzte Detail zurückverfolgen könnte, unter Umständen auf einem Anteil von 100 % beim menschlichen Fehlverhalten als Unfallursache schließen kann. Das erscheint möglich, da der Mensch, wie bereits erwähnt, Systeme nicht nur nutzt, sondern auch konstruiert. Menschen sind auch in großem Maße an den Rahmenbedingungen für die Nutzung dieser Systeme beteiligt. Insofern scheint der Einwand berechtigt, dass es kaum eine andere Quelle für Schuldzuweisungen bei Unfällen gibt, als menschliches Fehlverhalten.

Es hängt sicherlich davon ab, wie weit man den Begriff menschliches Fehlverhalten fasst und wie weit man Unfallursachen zurückverfolgen kann und möchte. Auf der anderen Seite stellt sich natürlich die Frage nach den Ursachen für den verbleibenden Anteil von 20 % am Gesamtunfallgeschehen, wenn man die 80%-Regel für das menschliche Fehlverhalten nicht anzweifeln will. Technische Ausfälle können auch durch Menschen hervorgerufen werden, nicht nur im direkten Betrieb, sondern auch während der Konstruktionsphase, wenn man z. B. die Rahmenbedingungen für die Nutzung falsch abschätzt oder wenn man unzureichende Wartungsintervalle spezifiziert.

Menschliches Fehlverhalten ist hier nicht immer gleich offensichtlich. Werden jedoch alle Umstände analysiert und hinterfragt, findet sich häufig eine Ursache in diesem Bereich. Die Frage ist deshalb, wie man den HE Einfluss auf technische Systeme systematisch erfassen kann, um menschliches Fehlverhalten als Unfallursache zu reduzieren. In diesem Zusammenhang sind Modelle zur Erklärung von Unfallursachen von großer Bedeutung. Aus diesem Grunde soll deshalb im nachfolgenden Kapitel auf einige Erklärungen zur Verursachung menschlichen Fehlverhaltens näher eingegangen werden.

1.5.3   Notwendigkeit der Unfallursachenermittlung

Die Unfallursachenermittlung zielt nicht nur auf die Klärung der Schuldfrage ab. Sie hat vom Standpunkt der Sicherheitswissenschaften in erster Linie die Aufgabe, dazu beizutragen, dass ähnliche Unfälle in Zukunft vermieden werden können (s. Bild 1.1). Heinrich (1931) hat in den dreißiger Jahren des letzten Jahrhunderts bereits herausgefunden, dass Unfälle zwar durch einzelne Vorfälle oder risikobehaftete Aktionen verursacht werden können. Diese einzelnen Vorfälle oder risikobehafteten Aktionen haben jedoch eine Vorgeschichte und wirken sich in unterschiedlichen Situationen unterschiedlich stark aus. Es bedarf eines komplexen Zusammenspiels von externen und internen Faktoren, um schwerwiegende Unfälle zu verursachen. Wichtig ist in diesem Zusammenhang die Erkenntnis, dass einem schwerwiegenden Unfall eine Reihe von weniger schwerwiegenden Unfällen und Beinaheunfällen vorausgeht. Das bedeutet, dass durch eine sorgfältige Unfallanalyse die Möglichkeit besteht, das Risiko ähnlich verursachter Unfälle zu verringern.

Das bedeutet aber auch, dass es in technischen Systemen eine gewisse Sicherheitsreserve gibt. Diese Sicherheitsreserve sorgt dafür, dass einzelne Störungen in der Regel keinen schwerwiegenden Unfall verursachen. Dieses Prinzip wird auch gern als Sicherheitsbarrierenprinzip dargestellt. Allgemein wird zwischen einer möglichen Gefahr (einer Störungsquelle) und einem technischen System, einem Ausrüstungsgegenstand oder einer Funktion/Handlung, die störungsfrei ausgeführt werden soll, eine Sicherheitsbarriere errichtet. Je nach Bedeutung des technischen Systems oder der zu schützenden Handlung/Funktion für die Sicherheit des Gesamtsystems können dabei auch mehrere Sicherheitsbarrieren errichtet werden. Sicherheitsbarrieren muss man sich in diesem Zusammenhang nicht unbedingt als eine physische Einrichtung vorstellen.

Im Bezug auf HE kann man unter Ausbildung und Erfahrung ebenfalls eine Sicherheitsbarriere verstehen. Wenn man einen Schiffsoffizier befähigt, in einer komplexen Notsituation folgerichtig zu handeln, reduziert man unter Umständen die möglichen Konsequenzen. Sicherheitsbarrieren zielen entweder auf die Verringerung des Risikos einer Notfallverursachung ab oder auf die Reduzierung möglicher Auswirkungen. Die systematische Unfallursachenanalyse kann in diesem Zusammenhang z. B. als eine solche Sicherheitsbarriere zur Verringerung des Risikos weiterer ähnlich verursachter Unfälle verstanden werden. Gerade im Hinblick auf das HE spielen hier natürlich Fragen der Ausbildung und des Einflusses der Rahmenbedingungen bei sicherheitsrelevanten Tätigkeiten eine Rolle.

1.5.4 Organisatorische Einflussfaktoren

Wichtig ist im Zusammenhang mit Sicherheitsbarrieren natürlich die Frage nach den Ursachen für die mangelnde Funktion dieser Barriere, wenn sie umgangen wurde und ein Unfall dadurch verursacht werden konnte. Hierbei sind natürlich auch organisatorische Einflussfaktoren von Bedeutung. Der Einfluss von Managemententscheidungen und Rahmenvorgaben für die Sicherheit ist in der Schifffahrt lange unterschätzt worden. Vor den Unfällen auf der „Herald of Free Enterprise" im Jahre 1987 oder der „Scandinavian Star" im Jahre 1990 haben Schifffahrtsverwaltungen in der Regel mit verschärften, hauptsächlich technischen Vorgaben für die Sicherheit in der Schifffahrt auf Unfälle reagiert. Nicht nur die beiden genannten Fälle haben jedoch gezeigt, dass technische Anforderungen ohne ein dazugehöriges Maß an Unterstützung auf allen Managementebenen die Sicherheit auf Seeschiffen nicht nachhaltig erhöhen können.

Reason (1990) schlägt ein Modell vor, in dem er verschiedene Managementebenen und deren Entscheidungen betrachtet, sowie den Einfluss, den diese Entscheidungen auf die Begünstigung von Unfällen haben. Er demonstriert dies an einem Modell der Produktion und unterscheidet dabei die folgenden Ebenen: die Führungsebene, die Bereichsführung, Voraussetzungen für die Produktion, Produktion und Sicherheitsbarrieren. Die Führungsebene definiert die Zielsetzungen für das Unternehmen. Diese allgemeinen Zielsetzungen werden durch die Bereichsleitungen interpretiert und konkretisiert. Auf der Grundlage dieser Interpretationen wird die Voraussetzung für die Produktion geschaffen: Motivierte Arbeitskräfte und effektive Arbeitsmittel. Diese wiederum führen die Produktion durch. Sicherheitsbarrieren sorgen dafür, dass kleinere Abweichungen im System keine Unfälle verursachen können. Zusätzlich gibt es Regelschleifen im System. Das heißt, jede Ebene kann Rückmeldungen an die Führungsebene geben, um diese so in die Lage zu versetzen, notwendige Anpassungen und Verbesserungen des Produktionssystems kontinuierlich vorzunehmen.

Reason (1990) beschreibt Unfälle in seinem Modell als das Resultat fehlerbehafteter Entscheidungen oder ungenügender Voraussetzungen auf den unterschiedlichen Ebenen. Überspitzt ausgedrückt bedeutet das, dass fehlerhafte Vorgaben auf der Führungsebene, fehlerhafte Interpretationen und Konkretisierungen auf der Bereichsebene hervorrufen. Diese wiederum haben einen entscheidenden Einfluss auf die Vorraussetzungen der Produktion und sind damit Vorläufer von risikobehafteten Aktionen, die im Verlaufe der Produktion vorgenommen werden. Wenn die Sicherheitsbarrieren als Folge dieser Entwicklung keinen ausreichenden Schutz mehr gewähren, eröffnet sich die Möglichkeit eines Unfalls.

Dieses Modell kann auch in der Schifffahrt angewendet werden. Die Führungsebene setzt auch hier die Unternehmensziele. Dadurch wird der Rahmen für Sicherheit und Qualität vorgegeben. Die Bereichsleitung konkretisiert die allgemeinen Vorgaben und bereitet Entscheidungen vor, wie Schiffe eingesetzt werden, welcher Flaggenstaat für die Registrierung der Schiffe verwendet wird, welche Klassifikationsgesellschaft das Schiff betreuen wird, welche Besatzung angeheuert wird usw. Diese Entscheidungen der unterschiedlichen Bereichsleitungen haben einen direkten Einfluss auf die Voraussetzungen für die Produktion – die Besatzung, das Schiff und die Ausrüstung. Außerdem wird so die Effektivität der Sicherheitsbarrieren beeinflusst.

Alle diese Faktoren sind bereits im System vorhanden, bevor ein Offizier auf der Brücke oder ein Ingenieur in der Maschine auch nur eine aktive Handlung im Rahmen seiner Aufgaben vornimmt. Das Besatzungsmitglied selbst hat nur eine sehr eingeschränkte Möglichkeit, diese Rahmenbedingungen zu verändern. Das betrifft nicht nur die Beeinflussung durch die Organisation. Es geht hierbei auch um persönliche Einflussfaktoren, wie Alter, physische Belastbarkeit usw. Diese permanenten Einflussfaktoren werden von Reason (1990) als latent bezeichnet. Die aktive Einflussnahme auf die Sicherheit im System resultiert aus den Reaktionen auf Ereignisse im Wach-/Bordbetrieb, z. B. auf eine mögliche Kollisionssituation.

Auf der Grundlage solcher Erwägungen sind Qualitätssicherungssysteme entwickelt worden. Für die Schifffahrt ist hierbei der International Safety Management (ISM) Code von Bedeutung. Die 13 Elemente des ISM Codes beschäftigen sich insbesondere mit der Verantwortung von Personen, die Schiffe einsetzen und bedienen und bilden so einen Rahmen für den sicheren Betrieb von Schiffen zur Vermeidung von Unfällen und Umweltverschmutzungen. Schlüsselelemente sind dabei die Involvierung des Managements durch die direkte Ansprechmöglichkeit einer so genannten Designated Person und die Stärkung der Zuständigkeiten und Befugnisse des Kapitäns. Der ISM Code enthält auch Vorschriften zur Untersuchung von Unfällen und zur Notfallplanung, wobei hier sicherlich Unfallanalysen eine wichtige Rolle spielen. Fragen der Ausbildung, Wartung usw. spielen in diese Thematik auch mit hinein. Obwohl die Einführung des Codes nicht frei von Kritik und Widerstand aus Schifffahrtskreisen war (vgl. Hahne u. a., 1999), hilft er doch bei einem HE Schwerpunkt, dem Einfluss von Managemententscheidungen.

Über den Rahmen des ISM Codes hinaus gibt es jedoch einen weiteren wichtigen Aspekt zu berücksichtigen. In der Schifffahrt hat es lange eine Tendenz gegeben, die vorgegebenen Sicherheitsstandards gerade so zu erfüllen (compliance culture). Oft konnte man den Eindruck gewinnen, dass die Erfüllung der Anforderungen dieser Standards als notwendiges Übel akzeptiert wurde, als eine Art Eintrittskarte für den Markt. Es hat sehr lange gedauert, bis Schifffahrtsunternehmen erkannt haben, dass gerade im Sicherheitsbereich ein zusätzliches Potenzial für das Unternehmen liegt. Intensivere Beschäftigung mit dem Bereich Sicherheit kann sich für ein Unternehmen lohnen. Insofern hat eine Entwicklung stattgefunden, bei der der Begriff Sicherheitskultur (safety culture) häufig benutzt wird. Was versteht man eigentlich darunter?

Die britische Health und Safety Commission (HSE, 1993) definiert Sicherheitskultur einer Organisationsstruktur als Produkt aus individuellen Werten und Werten der Gemeinschaft, als Gesamtheit der Einstellungen, Kompetenzen und Verhaltensmustern, die das Engagement, den Stil und die Leistung für die Gesundheits- und Sicherheitsprogramme dieser Organisationsstruktur kennzeichnen. Organisationsstrukturen mit einer positiven Sicherheitskultur sind durch eine Atmosphäre gekennzeichnet, die auf gegenseitigem Vertrauen und gemeinsamen Auffassungen über den Stellenwert der Sicherheit beruhen. Das schließt die Bewertung der Effektivität von vorbeugenden Maßnahmen mit ein. Das bedeutet, dass die Reduzierung menschlichen Fehlverhaltens als Unfallursache konzentrierte Anstrengungen auf allen Ebenen verlangt, Engagement des Managements, aber auch die Involvierung aller Beschäftigten. In diesem Sinne geht es darum, eine Fehlerzuweisungsmentalität (blame culture) zu vermeiden und eine positive Einstellung zum Lernen aus Fehlern zu entwickeln.

1.5.5 Maßnahmen zur Erfassung und Auswertung des HE Einflusses

Die Reduzierung menschlichen Fehlverhaltens als Unfallursache ist ein fortlaufender Prozess, der durch eine ständige Sensibilisierung aller Betroffenen erreicht wird. Dabei können Werkzeuge, wie der ISM Code, helfen. Sie können jedoch die Einstellung zu Fragen des Engagements im Sicherheitsbereich nur bedingt ändern. Von daher soll im Nachfolgenden diskutiert werden, welche Maßnahmen sich im Hinblick auf die bessere Erfassung des HE Einflusses auf die Sicherheit in der Schifffahrt anbieten. In diesem Zusammenhang soll hier nur auf vier Aspekte eingegangen werden: Unfallursachenerfassung, Hafenstaatenkontrolle (PSC), Risikobewertung und Ausbildung. Diese Aspekte wurden ausgewählt, um zu verdeutlichen, wie man grundsätzlich vorgehen sollte, um den HE Einfluss besser zu kontrollieren. Unfallanalysen und PSC können wichtige Daten liefern, die bei der Risikobewertung von entscheidender Rolle sind. Auf Grundlage der Risikobewertung sind Ausbildungsinhalte zu definieren, die den Schiffsoffizier oder -ingenieur befähigen, riskante Aktivitäten zu vermeiden oder, wenn dies nicht möglich ist, in einer komplexen Notsituation folgerichtig zu handeln.

1.5.6 Unfallursachenermittlung

Unfallursachenermittlung ist die Hauptquelle für Daten über menschliches Versagen oder den Einfluss des HE im Schiffsbetrieb allgemein. Wie bereits in Kapitel 1.5.5 angedeutet, besteht die Notwendigkeit, Daten über HE Einflüsse im Schiffsbetrieb zu sammeln. So können Aufschlüsse zur sicheren Gewährleistung des Schiffsbetriebes gewonnen werden. Es heißt ja immer, dass man aus Fehlern nur lernen kann. Durch Unfalluntersuchungen werden eine große Menge Daten über Störungen im Schiffsbetrieb, die durch HE hervorgerufen wurden, zusammengetragen. Es sollte daher nicht schwierig sein, diese Daten in einer Datenbank zusammenzufassen. Die tatsächliche Datenlage sieht jedoch anders aus. Schröder (2004) kam zu dem Ergebnis, dass detaillierte Datenbanken in vielen europäischen Ländern nicht verfügbar sind. Das bedeutet, dass wichtige Daten für die Risikobewertung auch nicht zur Verfügung stehen. Wie schon erwähnt, haben Schifffahrtsverwaltungen eine lange Zeit hauptsächlich auf technische Maßnahmen gesetzt, wenn sie auf Unfälle reagiert haben. Deshalb existieren heute, mit Ausnahme einiger wichtiger Schifffahrtsstaaten, in vielen Verwaltungen Wissensdefizite über den HE Einfluss im Schiffsbetrieb, verglichen mit dem Wissensstand in anderen Transportdisziplinen, wo man schon seit Mitte der siebziger Jahre Unfalldaten sammelt. Es wäre jedoch möglich, die dort genutzten Ansätze in die Schifffahrt zu transformieren und so die Datendefizite schneller zu schließen (die Einführung von Fahrtenschreibern ist in diesem Zusammenhang ein wichtiger Schritt in diese Richtung).

Schröder (2004) ging weiterhin der Fragestellung nach, ob sich aus Unfallberichten Rückschlüsse zum HE Einfluss bei Unfällen ziehen lassen. Die Ergebnisse dieser Untersuchung waren ebenfalls nicht zufrieden stellend. Unfalluntersuchungsberichte geben nur einen geringen Ausschnitt der gesamten Untersuchung wieder. Das ist auch nicht anders machbar. Allerdings werden so HE Einfluss oder menschliches Versagen nur geschildert, wenn sie unmittelbar mit der Unfallsituation zu tun hatten. Wichtige Rahmenbedingen werden jedoch schon vor der Unfallsituation im System verankert. Eine vollständige Rekonstruktion aller Faktoren erfolgt in Unfalluntersuchungsberichten nicht. Dieser Tatbestand wäre im Prinzip auch kein Problem, wenn die während der Unfalluntersuchung gesammelten Hintergrundinformationen in einer Datenbank erfasst würden. Das ist jedoch nicht immer der Fall. Viele Daten zur Beschreibung der Einflussfaktoren der menschlichen Leistungsfähigkeit, die PSF, werden so jedenfalls nicht systematisch analysiert. In der Studie wurde deutlich, dass technische Daten zu einem großen Teil in den Berichten vorhanden waren. Von den PSF relevanten Daten konnten jedoch gerade einmal 2 % ermittelt werden.

Eine Ursache für dieses Problem ist sicherlich die unterschiedliche Herangehensweise an Unfalluntersuchungen. Nach Hollnagel (1998) benötigt man für die Unfallanalyse ein Modell des Untersuchungsgegenstandes, ein aus dem Modell abgeleitetes Datenschema und eine Methode für das Zusammentragen der Daten. Speziell beim HE gibt es jedoch, wie bereits erwähnt, keine international verbindlichen Definitionen und Verfahren für die Untersuchung des HE Einflusses bei Unfällen. Hollnagel (2002) verweist in diesem Zusammenhang auf drei verschiedene Arten von Modellen für Unfallursachen: sequentielle Modelle, epidemiologische Modelle und systematische Modelle.

Sequentielle Modelle unterteilen den Unfallprozess in eine Reihe von Ereignissen, die in einer bestimmten Reihenfolge abgelaufen sind. Epidemiologische Modelle beurteilen Unfälle wie Krankheiten, als das Ergebnis einer bestimmten Kombination von Faktoren im System. Systematische Modelle betrachten die funktionellen Eigenschaften des Systems und ergehen sich nicht in Annahmen und Hypothesen über interne Interaktionen, wie sie häufig in Standardauswertungen gemacht werden. Den unterschiedlichen Ansätzen in der Unfallauswertung liegen natürlich auch unterschiedliche Modelle menschlicher Handlungsfähigkeit zugrunde.

Die Vielfalt der Modellbildung bei der Unfallursachenanalyse wird auch in Zukunft nicht abnehmen. Unfallprozesse sind komplex und unterschiedliche Aspekte werden bei verschiedenen sicherheitsrelevanten Fragestellungen im Vordergrund stehen. Die verschiedenen Modelle der Unfallursachenerklärung schließen sich nicht gegenseitig aus. Sie können ganz im Gegenteil Schifffahrtsverwaltungen mit wichtigen Daten bei der Risikobewertung unterstützen. Hier besteht jedoch Nachholbedarf und es bleibt zu hoffen, dass in der Zukunft das vorhandene Potenzial stärker ausgeschöpft wird um so eine bessere Grundlage zu bilden, nicht nur für Risikobewertungen in verschiedenen Bereichen der operativen Schiffssicherheit, sondern auch für anderen Studien von Bedeutung, wie z. B. Studien mit Bezug auf Betrachtungspunkten aus der Ergonomie.

1.5.7 Hafenstaatenkontrolle (PSC)

PSC ist die zweite Möglichkeit der Datengewinnung über den Einfluss des HE auf die Schiffssicherheit. Sie ist insbesondere von Bedeutung, wenn man sich die Aussagen von Heinrich (1931) noch einmal vor Augen führt. Jedem schwerwiegenden Unfall gehen in der Regel eine Reihe weniger schwerwiegender Ereignisse voraus. Gelingt es, diese riskanten Arbeitsbedingungen im Vorfeld eines Unfalls zu erfassen, lässt sich der schwerwiegende Unfall unter Umständen vermeiden. Da PSC Inspektionen nach dem Zufallsprinzip ablaufen, ergeben sie ein gutes Situationsbild über den Status der operativen Sicherheit an Bord des betreffenden Schiffes. Das Zufallsmoment der PSC unterscheidet sich signifikant von dem Regime der flaggenstaatlichen Besichtigungen, über deren Fälligkeit das Schiff im Voraus informiert wird, wenn die entsprechenden Sicherheitszeugnisse an Bord erneuert werden müssen. Diese Vorabinformation ermöglicht die entsprechend gründliche Vorbereitung des Schiffes und der Besatzung auf die Besichtigung. PSC, im Gegensatz dazu, erfolgt ohne Voranmeldung. Insofern kann hier von den normalen Alltagsbedingungen an Bord ausgegangen werden. Deshalb ermöglicht PSC die ungeschönte Begutachtung der Arbeits- und Lebensbedingungen an Bord des betreffenden Schiffes.

Der HE Einfluss im Schiffsbetrieb kann hier auf zwei Arten festgestellt werden – entweder durch eine quantitative Auswertung der PSC Statistiken oder durch eine Auswertung der qualitativen Beobachtungen durch die PSC Kontrolleure. Eine solche Studie könnte z. B. die Verbindungen des HE mit den folgenden Punkten beinhalten: Anzahl der Mängelpunkte, die pro Schiff aufgefallen waren, Anzahl der Besichtigungen, die zum Festhalten des Schiffes führten, Besichtigungen, die die Demonstration von Fähigkeiten und Fertigkeiten von Besatzungsmitgliedern einschlossen, Feststellung von Mängelpunkten, die Nachbesichtigungen erforderten.

Mejia (2005) wollte Rückschlüsse auf das HE durch eine Bewertung der Umsetzung des ISM Codes ziehen. Zu diesem Zweck wurden PSC Statistiken ausgewertet. Die Hypothese war, dass, wenn die Safety Management Systeme gründlich eingeführt wurden, bessere Sicherheitsbedingungen an Bord herrschen sollten und insgesamt weniger Auffälligkeiten bei PSC festgestellt werden müssten. Anderson (2003) kam bereits zu dem Schluss, dass die meisten, wenn nicht gar alle, Mängelpunkte während PSC auf ein Versagen der ISM Systeme in der jeweiligen Reederei zurückzuführen sind. In diesem Sinne äußert sich auch Sagen (2004), der davon ausgeht, das PSC Statistiken als relevantester Faktor bei der Bewertung der Effektivität des ISM Codes zu berücksichtigen sind.

Es gibt vermutlich eine Reihe von Modellen, die Wissenschaftler entwickeln könnten, um den Einfluss des HE auf die operative Schiffssicherheit zu studieren und sich dabei der Hilfe von PSC Statistiken zu bedienen. Diese Methode hat jedoch Grenzen, die sich aus der Datenlage ergeben. Rohdaten sind ausreichend vorhanden. Sie finden sich in den Berichten der PSC Besichtigungen. Leider werden sie nur sehr selten in Datenbanken eingegeben. Dort finden sich Mängelkategorien, nicht aber detaillierte Beschreibungen des jeweiligen Mängelpunktes und seines Umfeldes. PSC hat natürlich auch einen weiteren Nachteil, der in der Subjektivität des Besichtigers besteht.

Besichtiger haben unterschiedliche berufliche Hintergründe, Erfahrungen und Einstellungen. Außerdem liefern PSC Statistiken nicht immer alle Informationen bezüglich der Besichtigung. Handelte es sich bei der Besichtigung um eine Erst- oder eine Nachbesichtigung? Wurde ein Mängelpunkt als schwerwiegend oder weniger schwerwiegend eingeschätzt? Welche Anzahl von Mängelpunkten gilt als schwerwiegend oder unakzeptabel? Diese und ähnliche Fragen lassen sich mit PSC Statistiken nicht beantworten.

Insofern bleibt auch hier das Fazit, dass theoretisch PSC Besichtigungen sehr gut dazu angetan sind, Hintergrundmaterial zum Einfluss des HE auf die operative Schiffssicherheit zu sammeln. Leider wird das Potenzial dieser Möglichkeit aufgrund von Problemen bei der detaillierten Datenerfassung noch nicht vollständig ausgeschöpft.

1.5.8   Risikobewertung

Unfallursachenerfassung oder das Sammeln von Daten aus dem Schiffsbetrieb dient nicht einem Selbstzweck. Es bildet, wie schon gesagt, vielmehr eine Grundlage für Risikobetrachtungen und -bewertungen. Entsprechend dem Anliegen der jeweiligen Fragestellung bieten sich dafür unterschiedliche Verfahren an. Speziell bei Fragen des HE Einflusses stehen aus der Sicht der Schifffahrtsverwaltungen Fragen der Ausbildung, der Besatzungsstärke, Verweildauer an Bord und nach anderen Aspekten, wie z. B. die Frage nach den Sicherheitsrisiken, die durch den Ein-Personen-Wachdienst hervorgerufen werden, im Vordergrund. Insofern ist hier nicht nur die Frage nach den Daten, sondern auch die Frage nach den Bewertungsverfahren von Belang.

Einfachste Methoden der Risikobewertung sind sicherlich die individuellen Interpretationen von Unfallstatistiken. Das ist jedoch für eine Bewertung der komplexen Tätigkeit in der Schifffahrt nicht genug. Insofern sind eine Reihe von Verfahren entwickelt worden, die die menschliche Leistungsfähigkeit bewerten sollen. Hierbei nehmen die Verfahren der Personenzuverlässigkeitsanalyse (Human Reliability Analysis – HRA) eine herausragende Rolle ein. Die Verschiedenartigkeit der unterschiedlichen Ansätze der HRA erlaubt keine detaillierte Darstellung an dieser Stelle. Insofern wird auf die Arbeiten von Kirwan (1994) und Hollnagel (1998) verwiesen.

Allgemein haben die Verfahren jedoch eine gemeinsame Herangehensweise. Ausgehend von einer Problemdefinition, die der Abgrenzung des Betrachtungsgegenstandes dient, wird eine Aufgabenanalyse der an der Problematik Beteiligten durchgeführt. Aufbauend auf diese Analyse werden mögliche Einflüsse durch HE bestimmt. Dabei soll die Verhältnismäßigkeit durch eine Quantifizierung (soweit möglich) erreicht werden. Abschließend werden eine Systembewertung sowie eine Fehlervermeidungsanalyse vorgenommen. Wichtig in diesem Zusammenhang ist auch die Dokumentation und Qualitätssicherung. So entstehenden „lebende" Dokumente, die zur fortlaufenden Überwachung und Verbesserung der Systeme herangezogen werden können. HRA ist unter anderem durch die IMO als ein Bestandteil des Formal Safety Assessment (FSA) vorgesehen, das von Schifffahrtsverwaltungen angewendet werden soll, wenn der Einfluss neuer oder geänderter Sicherheitsstandards auf die Schifffahrt bewertet werden soll.

Eine andere Methode, die sich stärker auf die Sicherheitsbarrieren im System konzentriert, die TRIPOD Methode, wurde von Hudson u. a. (1994) entwickelt. Es handelt sich dabei um ein System mit einer Sicherheitsphilosophie und einem integrierten System, das die Störungen bei den verschiedenen Produktionsaktivitäten identifizieren kann. Zusätzlich gibt es die Möglichkeit, den Einfluss der Störgrößen zu messen. Die Störgrößen werden Allgemeine Risikofaktoren (Basic Risk Factors – BRF) genannt. Es werden hier 11 BRF aufgeführt: Design, Ausrüstung, Wartung, Reinigung, fehlerunterstützende Bedingungen, Prozeduren, Training, Kommunikation, unvereinbare Zielsetzungen, Organisation und Sicherheitsbarrieren (Reason, 1997).

TRIPOD geht davon aus, dass man sich auf das konzentrieren sollte, was kontrollierbar ist. Voraussagen über die individuelle Leistungsfähigkeit eines Besatzungsmitgliedes sind sehr schwierig. Insofern macht es wenig Sinn, sich vollständig auf dieses Besatzungsmitglied zu konzentrieren. Stattdessen sollte man versuchen, Arbeitsbedingungen zu schaffen, die Unfälle nicht fördern. Wenn das Besatzungsmitglied gut ausgebildet, ausgeruht und motiviert ist, sinkt dann auch die Wahrscheinlichkeit eines Unfalls in einem solchen Umfeld. TRIPOD greift an zwei Seiten an. Zunächst kann die Bewertung auf Unfalldaten beruhen. Darüber hinaus gibt es eine Analyse der Arbeitsbedingungen, die sich auf Fragebögen stützt und die im Vorfeld von Unfällen bereits Verbesserungsbedarf im Arbeitsumfeld aufzeigen kann. Insofern hat TRIPOD nicht unbedingt das Problem fehlender Daten.

1.5.9   Datenerhebungen im Bereich Ausbildung

Ein Bereich, der auf Datenerhebungen und Bewertungen im Bereich des HE und seines Einflusses auf die Sicherheit des Schiffsbetriebs angewiesen ist, ist die Ausbildung. Ausbildungsinhalte im Bereich der operativen Schiffssicherheit müssen sich an der Risikolage in der Schifffahrt orientieren. Kleinere Besatzungen stehen heute immer komplexeren Aufgaben im Schiffsbetrieb gegenüber. Das bedeutet nicht automatisch, dass eine kleinere Besatzung ein höheres Risiko darstellt. Moderne Technologie macht es möglich, dass umfangreiche Mess- und Steuerungsprozesse heute automatisch ablaufen. Damit ist es möglich, Personal ohne eine damit verbundene Gefährdung des Schiffsbetriebs zu reduzieren.

Was jedoch häufig nicht beachtet wird, ist, dass durch den hohen Grad der Technologisierung das Risikoprofil in der Schifffahrt verändert wurde. Simulatoren haben inzwischen an Ausbildungsstätten weltweit Einzug gehalten. Einzelne Ausbildungsinhalte wurden auch entsprechend verändert (z. B. der korrekte Umgang mit ARPA Geräten muss nun gesondert ausgewiesen werden). In vielen Bereichen findet jedoch eine komplexe Ausbildung in Fragen der Sicherheit nicht statt. Das wird sicherlich durch die mangelnde Datenlage, die in den vorherigen Kapiteln erläutert wurde, unterstützt. Insofern

Für mehr Sicherheit auf See

fehlt hier ein wichtiger Anstoß für die Konzeption der Ausbildung. Das kann auch an folgendem Beispiel verdeutlicht werden.

Brände an Bord gehören zu den riskanten Unfallursachen, da sich hier leicht eine gefährliche Situation entwickeln kann, die zum Totalverlust des Schiffes, zum Verlust von Menschenleben und zur Verschmutzung der Umwelt führen kann. Obwohl die Beispiele aus der jüngeren Vergangenheit nicht mehr so schwerwiegend sind, wie in den achtziger und neunziger Jahren, treten Schiffsbrände nach wie vor auf. Häufige Ursache ist hier der Maschinenraumbrand. Aus diesem Grunde gibt es in der STCW Konvention auch Forderungen nach Ausbildung in diesem Bereich. Dass es sich dabei um eine sinnvolle Forderung handelt, kann aus einer Studie von Hahne u. a. (1999) geschlossen werden. In dieser Studie wurden eine Reihe von Ingenieuren zu Fragen des Brandschutzes und der Brandabwehr befragt.

Von diesen Ingenieuren hatte eine Reihe bereits einen oder mehrere Brände an Bord erlebt. In den Antworten zeigte sich allerdings nicht etwa, dass das Erleben einer komplexen Notsituation Brand als solches bereits ausreicht, um die Fragen des Testes richtig zu beantworten. Es wurde festgestellt, dass die Anzahl der richtigen und der falschen Antworten mit der höheren Zahl der erlebten Brände zunahm. Lediglich die Anzahl der ausgelassenen und unvollständig beantworteten Fragen nahm mit steigender Anzahl der erlebten Brände ab. Zusammenfassend zeigt diese Studie also, dass das Erleben einer Notsituation natürlich hilft, ein Konzept für das Handeln in zukünftigen Notlagen zu entwickeln. Dieses Konzept muss aber nicht richtig sein. Insofern handelt es sich bei der Ausbildung um ein Gebiet, das in hohem Maße von der Datengewinnung bzgl. des HE Einflusses abhängig ist. Daher besteht ein berechtigtes Interesse an Datenerhebungen, die die Verbesserung der Ausbildungssituation zur Folge haben.

1.6 Methodische Aspekte der Aus- und Weiterbildung

1.6.1 Allgemeine Aspekte

Bei der Konzipierung der Aus- und Weiterbildung auf dem Gebiet der operativen Schiffsicherheit ist das Wesen des Notfalls zu Grunde zu legen. Notfälle sind gering wahrscheinliche Ereignisse. Wenn sie aber auftreten, dann
– spontan,
– für die Besatzung unvorbereitet,
– mit schnellen Veränderungen der Bedingungen und
– mit komplexen Wirkungen.

Die Bewältigung eines Notfalls stellt immer eine sehr hohe Belastung und Beanspruchung für jeden Menschen dar, weil fast immer
– ungewohnte,
– völlig abweichende und zum Teil
– nicht vorstellbare Aufgaben

sehr schnell und zuverlässig zu erfüllen sind. Im Rahmen der Aus- und Weiterbildung sind die Schiffsbesatzungen auf diese Situationen vorzubereiten. Die Erfahrung hat gezeigt, dass in solchen Situationen das Verhalten der Menschen sehr unterschiedlich sein kann. Die Organisation eines effektiven Notfallmanagements an Bord von Seeschiffen ohne Berücksichtigung wichtiger subjektiver Aspekte wird nicht gelingen (s. Kapitel 1.5)!

Für die Schiffssicherheitsausbildung ist charakteristisch, dass sie neben der naturwissenschaftlichen – technischen Fachausbildung noch weltanschauliche, physische, psychische und handwerkliche Komponenten besitzt. Eine solide Fachkompetenz für die sichere Bewertung von Risikosituationen ist eine unabdingbare Voraussetzung für die so dringend notwendige Entscheidungsfähigkeit in den Prozessabläufen. Je komplexer und sensibler die technischen Systeme an Bord sind, umso höher wird der Anspruch hinsichtlich der erforderlichen Prozesskenntnisse zum Erkennen und Bewerten einer eingetretenen Risikosituation.

Schnelle und richtige Entscheidungen nach Eintritt eines Seeunfalles treffen zu können, hängt wesentlich von umfassenden und rechtzeitigen Informationen über das Unfallgeschehen ab, die in kürzester Zeit zu analysieren sind und zu zweckmäßigsten Handlungsweisen führen sollen.

Der anfallende Informationsumfang steigt durch die wachsenden Möglichkeiten technischer Überwachungssysteme. Viele Prozesse der Störung bleiben trotzdem teilweise oder vollständig der Beobachtung verborgen. Vorhandene Kenntnislücken über das tatsächliche Geschehen müssen durch logische Schritte, Erfahrungen, Vergleiche u. a. m. verständlich werden. Der Schiffsoffizier steht als Praktiker hier häufig vor Schwierigkeiten, fundierte und begründete Handlungsrichtlinien auszuarbeiten. In dieser Situation sind die Entscheidungsträger nicht selten überfordert, außerdem stehen sie unter Zeitdruck und erleben ein reales Risiko für Leben und Gesundheit.

In der Sicherheitsausbildung werden in den letzten Jahren vor allem folgende methodische Wege eingeschlagen, um die geforderten Standards in der Aus- und Weiterbildung zu gewährleisten:
– Die Erklärung von Zusammenhängen am theoretischen Modell unter Nutzung praktischer Beispiele z. B. Fallmethode
– Die Simulation an realen Trainingsarbeitsplätzen mit rechnergestützter Prozesssimulation
– Das Training an realen Arbeitsplätzen im realen Prozess

Jede aufgeführte Methode leistet in spezifischer Weise einen Beitrag zur Gewährleistung einer hohen Handlungszuverlässigkeit bei der Bewältigung von gefahrvollen Situationen. Für Schiffsoffiziere liegt ein Schwerpunkt der Sicherheitsausbildung in der Führung von Abläufen zur Abwehr von Gefahren nach Störfällen, also auch in der Anleitung nachgeordneter Personen zur Durchführung aktiver Handlungen unter extremen Bedingungen. Das erfordert besonders die Ausbildung des Führungspersonals in der Methodik zur Entscheidungsfindung (Entschlussfassung) für eine aussichtsreiche Handlungsstrategie für Personengruppen, auch für Einzelpersonen, zum Abwenden einer sich entwickelnden Risikosituation.

Der Umfang der Schritte zur Entscheidungsfindung wird von den Problematiken des gegebenen Seeunfalls abhängig sein, aber in jedem Fall komplexe Überlegungen erfordern. Unabhängig davon, ob viel oder wenig Zeit für das Fassen eines Entschlusses zur Verfügung steht, ob die Entscheidungsfindung einen großen oder geringen Informationsbedarf verlangt, sollte nach dem in Bild 1.2 dargestellten Prozessablauf gearbeitet werden.

1.6.2 Fallmethode

Das Erlernen dieser Vorgehensweise erfordert Übung. Als besonders geeignet zum Üben erweist sich die Fallmethode. Durch diese werden Wissen und Können für eine Entscheidungsfindung optimal entwickelt und vervollkommnet. Die Anwendung dieser Methode empfiehlt sich besonders für das kognitive Training. Hierbei werden die Auszubildenden in eine konkrete Problemsituation – einen Fall (auch „Fallbeispiel") eingeführt. Fallbeispiele sind didaktisch aufbereitete, wirklichkeitsnahe, problembehaftete und prägnante Ereignisbeschreibungen zum lehrhaften Erarbeiten von Ereignisbeschreibungen (s. Fallbeispiele in den Kapiteln).

Das Ziel der Arbeit mit der Fallmethode besteht darin, bei den Auszubildenden die Fähigkeit auszuprägen, in einer derartigen Situation schnell ein fundiertes Gedankenmodell für notwendige Entscheidungen zu entwickeln. Dieses muss erforderliche Entschlüsse, in diesem Sinne auch Handlungen, zeitlich richtig geordnet enthalten. Eine wichtige Voraussetzung für die Anwendung der Fallmethode besteht darin, dass die Auszubildenden bereits solide fachliche Kenntnisse über Ursachen und Wirkungen von Störungssituationen besitzen. Ohne diese Voraussetzung werden die Auszubildenden nicht in der Lage sein, selbständig zu akzeptablen Entscheidungen zu finden.

Fallbeispiele sollen wirklichkeitsnah sein und für die Auszubildenden die gegebene Situation nacherlebbar als gefährlich und angespannt gestalten. Der Fall muss überschaubar sein und mehrere Lösungsmöglichkeiten offen lassen. Der Zeitdruck muss deutlich werden, unter dem in der Realität Entscheidungen zu fällen sind, ebenso die äußerst begrenzten Möglichkeiten ihrer Rücknahme, z. B. um einen Fehler zu korrigieren. Die Motivierung der Auszubildenden wächst umso mehr, je realistischer die Problemsituation gestaltet wird.

Während der Auseinandersetzung mit der Problemsituation verläuft ein aktiver Erkenntnisprozess. Darin vor allem liegt der besondere Wert der Fallmethode begründet. Die Erarbeitung von Entscheidungen nach der Fallmethode beinhaltet:
1. Das Aufwerfen des Problems durch den Ausbilder
   – Verbale Erläuterung der Situation
   – Verwendung von Anschauungsmaterial zur Verdeutlichung des Problems
2. Beurteilen der Lage durch den Auszubildenden
   – Analyse des Problems: Ermittlung der Ursachen und Bedingungen für die entstandene Lage, Auffinden der Gesetzmäßigkeiten, die zum gegebenen Sachverhalt führten, Herausarbeiten von Kernproblemen, Bestimmung von Prioritäten für die Lösung
   – Aufstellen von Lösungshypothesen, Ermittlung von Lösungsvarianten, Abwägen der Folgen bei mehreren Entscheidungsmöglichkeiten
3. Treffen einer Entscheidung durch den Auszubildenden
   – Verbale Formulierung der Lösung des Problems
   – Darstellung der Reihenfolge der Handlungen
4. Diskussion der Entscheidung im Ausbildungskollektiv
   – Begründung der Entscheidung
   – Nachweis der Überlegenheit der gefassten Entscheidung über alternative Lösungen

Nach dem Entscheidungsvortrag ist die Problemsituation durch weitere Angaben so zu erweitern und zu präzisieren, dass die Zweckmäßigkeit des Entschlusses an der Entwicklung der Ereignisse überprüfbar wird. Die getroffene Entscheidung sollte verteidigt werden. Das Ziel der Verteidigung der Entscheidung besteht darin, die Plausibilität und Zweckmäßigkeit der Lösungsvariante darzustellen. Mit dieser problemorientierten Lehrmethode kann vor allem in der Weiterbildung erreicht werden, dass sich bei den Teilnehmern, insbesondere beim Führungspersonal, weitgehend übereinstimmende Auffassungen für die Bewältigung von speziellen Notsituationen entwickeln und festigen kann.

1.6.3 Realitätsbezogene Ausbildung

Die Anwendung der Kenntnisse und Fertigkeiten der Schiffssicherheitsausbildung unterscheidet sich gegenüber anderen Fachgebieten dadurch, dass die Kenntnisse und Fertigkeiten für Handlungen im Seeunfallgeschehen in der Regel unvorhergesehen, relativ selten, oft sehr lange nach ihrer Vermittlung und Aneignung sowie unter hohen physischen und psychischen Belastungen abgefordert werden.

Die täglichen Arbeitsaufgaben des normalen Schiffsbetriebes entwickeln die Bedienungssicherheit bei normalen Arbeitsabläufen, dagegen besteht die Tendenz, dass Kenntnisse und Fertigkeiten zur Abwehr von Notfällen infolge fehlenden Gebrauchs verloren gehen. Vom Milieu der täglichen Arbeitsbelastung unterscheidet sich die Situation bei Eintritt eines Seeunfalls auch qualitativ. Es besteht ein reales Risiko für Leben und Gesundheit. Für den Betroffenen können das Wahrnehmen dieser Situation und das Erkennen der Erreichung eigener Leistungsgrenzen furchterzeugend sein. Die Furcht zu versagen, ist eine Tendenz, die sowohl das Handeln als auch die Wahl von Leistungszielen hemmt (s. Kapitel 1.8).

Für die Schiffssicherheitsausbildung folgt daraus, die Schwierigkeitsgrade der Übungen und Trainings so hoch wie praktisch möglich zu setzen, um die Grenzen des Könnens jedes Einzelnen so weit wie möglich nach oben zu verschieben. Das betrifft auch die physische Leistungsfähigkeit. Die Schwierigkeitsgrade der praktischen Ausbildung müssen aus Gründen des Arbeitsschutzes in vernünftigen Grenzen gehalten werden. Das ist im dargelegten Sinne zwar widersprüchlich, aber im Interesse der Gesunderhaltung der Menschen geboten.

Die Ausschöpfung der Bestimmungen des Arbeitsschutzes erlaubt trotzdem eine anspruchsvolle praktische Schiffssicherheitsausbildung, die eine ernsthafte, angespannte schöpferische und motivierende Auseinandersetzung der Auszubildenden mit den verschiedenen und komplexen Wirkungsfaktoren eines Seeunfalles ermöglicht. Eine weitere Schlussfolgerung für die Schiffssicherheitsausbildung besteht im regelmäßigen Wiederholen und Üben der Abwehrhandlungen. Dabei sind in einer bestimmten Reihenfolge, die der Ausbilder festgelegt, inhaltliche Schwerpunkte zu setzen. Unfallabläufe mit vorwiegend mechanischem Charakter verlangen z. T. ausgeprägte handwerkliche Gegenwirkungen. Bei der Bewertung der aktuellen Gefährdung ist unter Umständen das Gefährdungspotential nur mit Messgeräten zu ermitteln. Hohe Zuverlässigkeit im Umgang mit diesen Messgeräten kann lebensrettend sein (s. z. B. Kapitel 2, 6, 7).

Die Auseinandersetzung mit thermischen, chemischen und strahlenphysikalischen Wirkungen erfordert in der Regel das Arbeiten mit Schutzbekleidung, z. B. Wärme- und Kälteschutzanzügen, wodurch zusätzliche Erschwernisse entstehen. Die Kombination qualitativ unterschiedlicher Übungselemente ergibt sich daher aus praktischen Erfordernissen. Ohne vorsorgliches und regelmäßiges Training sind Besatzungen beim realen Seeunfall überfordert.

Zur Annäherung der Übungen an reale Bedingungen sollten die Schwierigkeitsgrade schrittweise erhöht werden. Durch folgende Übungselemente kann eine gewisse Annäherung an tatsächliche Verhältnisse erreicht werden:
– Dunkelheit bzw. schlechte Sicht
– hohe Lärmeinwirkung und extreme Stille
– Wärme bzw. Kälte
– Erleben eines vertretbaren Risikos
– Erzeugter Zeitdruck
– Einwirkungen chemischer und physikalischer Umgebungsfaktoren
– realistische Wunddarstellung bei scheinbar Verunfallten
– Schaffen von Hindernissen auf Angriffs- und Fluchtwegen

Erfahrungen zeigen, dass solche Realitätselemente zu dauerhaften erlebnisbedingten Erkenntnissen und Schlussfolgerungen führen.

1.6.4   Simulator-Training

Eine weitere Methode für das Trainieren komplexer Notsituationen ist das Training im Simulator. Es kommt hier allerdings darauf an, realistische Szenarien zu entwickeln. Der Vorteil gegenüber der unkritischen Wissensansammlung in einer wirklichen Notsituation ist der, dass es in einem Simulator beliebig oft möglich ist, die entsprechende Situation zu wiederholen. Die Auszubildenden können außerdem ihre eigenen Handlungen beliebig oft einsehen und mit anderen Teilnehmern des Trainingskurses und den Trainern besprechen. Auf diese Art und Weise lässt sich effektiv eine gute Wissensbasis aufbauen, die den Trainee auf komplexe Notsituationen vorbereitet. Um diese Effektivität zu sichern, gilt es Fragen zu beantworten, wie etwa nach dem Intervall für die Wiederholungen solcher komplexen Trainingsmaßnahmen.

Für den Teilbereich Notfalltraining hat sich das Training am Simulator noch nicht umfassend durchgesetzt, weil die dafür notwendigen Prozessbeschreibungen für diese komplexen Vorgänge noch fehlen bzw. hierfür noch keine hinreichende Datenbank besteht (s. Kapitel 1.5). Die bereits bestehenden modularen Lösungen berechtigen zu der Annahme, dass auch im Bereich der Seeschifffahrt demnächst wesentliche Fortschritte erzielt werden. Dass das Training am Simulator insbesondere von Teilnehmern der Weiterbildung angenommen wird, hängt maßgeblich auch von der Komplexität der Simulation ab.

1.6.5 On board Training

Das Sicherheitstraining an Bord von Seeschiffen beruht auf umfangreichen Erfahrungen. Hier wird es zukünftig darum gehen, die Durchgängigkeit in der Fachaus- und weiterbildung zu gewährleisten. Im Rahmen der theoretischen Ausbildung an Bord sind vor allem die Kenntnisse hinsichtlich Erkennung und Bewertung von Gefahren zu festigen und eine gedankliche Auseinandersetzung hinsichtlich denkbarer Notfälle durchzuführen als Voraussetzung für die Erarbeitung wirksamer Notfallpläne.

Die Hauptaufgabe des praktischen Trainings wird die Überprüfung der ganzheitlichen Leistungsfähigkeit der Schiffsbesatzung hinsichtlich der Bewältigung von Notfallsituationen sein. Dabei kommt dem Zeitfaktor eine herausragende Bedeutung zu. Die zeitlichen Vorgaben hinsichtlich der Verfügbarkeit der subjektiven Abwehrfähigkeit müssen der zeitlichen Entwicklung der Gefahr entsprechen. Wenn z. B. die Brandabwehr im Maschinenraum erst nach 5 Minuten gegeben ist, so muss damit gerechnet werden, dass insbesondere elektronische und elektrische Systemelemente zerstört sind und sich damit ein Ausfall ganzer Anlagen ergibt.

1.7 Erstellung von Notfallplänen

Über viele Jahrzehnte hat die Seeschifffahrt sich auf Notfälle mit Hilfe von Checklisten eingestellt und dementsprechend trainiert. Nunmehr fordert die IMO von den Schifffahrtsunternehmen, einheitlich strukturierte Notfallpläne aufzustellen und danach zu trainieren. Dieses stellt eine qualitativ höhere Anforderung dar /IMO-Res. 852 /. Wichtige Voraussetzung für die Erarbeitung von Notfallplänen ist die Analyse hinsichtlich denkbarer Risiken und Bewertung dieser Risiken für das jeweilige konkrete Schiff. Dabei sind sicherlich die umfangreichen Erfahrungen im Seeunfallgeschehen zu berücksichtigen. Die im Bild 1.5 dargestellten Notfallgruppen sind zweifellos eine Basis.

Grundlage und Ausgangspunkt für die Erarbeitung der geforderten Notfallpläne ist stets eine konkrete vorgedachte Notsituation. Aus der Natur des möglichen Notfalles ist der wahrscheinliche Unfallablauf relativ genau zu beschreiben. Bewährt hat sich in der Wirtschaft die Darstellung des Ablaufes in Form von Ereignisablaufplänen.

Für die jeweilige Situation ist eine entsprechende Gefahrenbewertung vorzunehmen (Definition des Gefahrenpotenzials für Personen, Umwelt Schiff, Ladung). Aus der Gefahrenbewertung sind entsprechende Abwehr- und Schutzmaßnahmen abzuleiten und als solche zu definieren. Anschließend erfolgt die Bewertung aller Möglichkeiten, Mittel und Bedingungen des Abwehr- und Schutzkonzeptes mit den Komponenten (Bild 1.6):
– Bewertung der Technik einschließlich Leistungsgrenzen
– Bewertung der Technologie

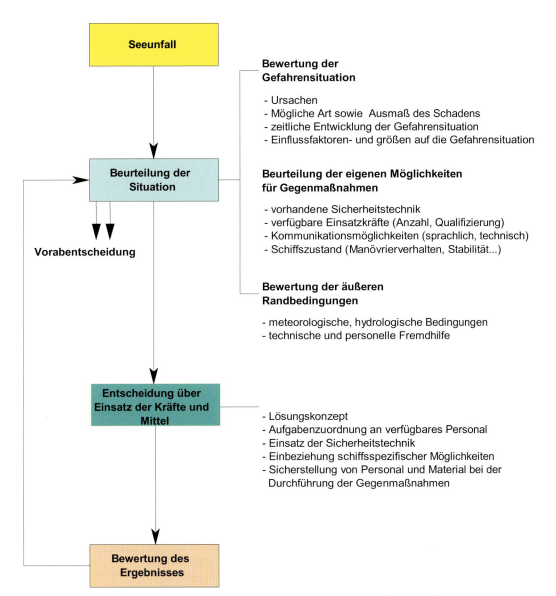

Bild 1.6: Grundsätzliches Modell für den Ablauf Erkennen – Bewerten – Entscheiden

– Bewertung der personellen Komponente (aktiv/passiv und Schnittstellen zur Technik und Technologie)
– Leistungsfähigkeit, Leistungsgrenzen oder Verhaltensmuster von Personen (aktiv und passiv)

Es ist offensichtlich, dass nur fundierte und umfangreiche Kenntnisse zu allen genannten Aspekten
(Technik, Technologie und Mensch) zu Lösungen führen können, die sich dem Optimum eines Safety
Managements annähern. Mit solchen Notfallplänen sind die wesentlichen Grundlagen für ein qualita-
tiv anspruchsvolles Safety Management geschaffen.

An dieser Stelle soll deutlich vermerkt werden, dass die dokumentarische Darstellung der Notfallpläne im realen Fall eine untergeordnete Bedeutung besitzt. Entscheidend bleiben immer die kognitive Vorwegnahme denkbarer Fälle und die Speicherung im Langzeitgedächtnis. Ein Rückgriff auf Dokumente im realen Fall ist nur bei wenigen Situationen realistisch. In den einzelnen Kapiteln sind grundsätzliche Modelle für Notfallpläne vorgestellt.

Die neueste Entwicklungsrichtung ist die Unterstützung der Schiffsführung in der Kette Beurteilung–Entscheidung–Bewertung durch so genannte „Safety Management Systeme" oder „Decision Support Systems". Hier werden die schon länger propagierten und im ISM-Code fixierten „Contingency Plans" (Notfallpläne) umgesetzt. Für die Passagierschifffahrt gelten gemäß SOLAS (Chap. III, Reg. 29) darüber hinaus noch Bestimmungen für die Umsetzung dieser Decision Support Systeme. Betrachtet man die Anforderungen in der heutigen Schifffahrt (Besatzungsreduzierung, komplexe Technik, kurze Einarbeitungsphasen, Kommunikationsanforderungen) und bezieht die Frage einer möglichen Kombination von Notfällen ein, wird schnell klar, dass diese Anforderungen durch administrative Unterlagen oder Checklisten oftmals nicht mehr zu bewältigen sind, sondern durch Systeme auf der Basis eines Computersystems umgesetzt werden müssen.

Diese computerunterstützten Assistenzsysteme oder auch Beratungssysteme sind als integrierter Bestandteil von komplexen Systemen zu sehen, wobei sie dem Menschen beim Beherrschen eben dieser Systemen zur Seite stehen, indem sie beim Auftreten von Notfällen Handlungsvorschläge und Alternativen unterbreiten.

Informationssysteme hingegen unterstützen den Menschen bei seiner Entscheidung nur indirekt, da sie keine Vorschläge zur konkreten Situation unterbreiten. Somit unterscheiden sich Assistenzsysteme von reinen Informationssystemen, wie man sie an Bord von Schiffen oft findet, durch vordefinierte oder durch Regeln beschriebene Angaben wie „Alternative", „Vorschlag" oder „Information an Benutzer".

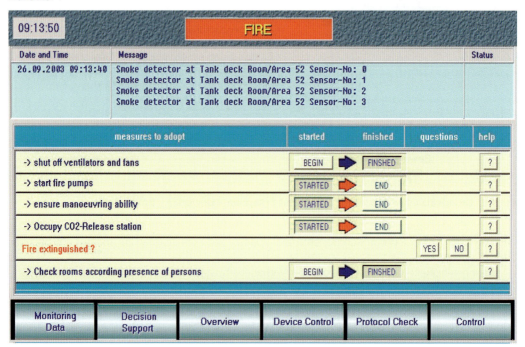

Bild 1.7: Display eines prozessbezogenen Beratungs- und Entscheidungssystems

Auf der anderen Seite wiederum muss man Assistenzsysteme von rein automatischen Systemen abgrenzen, die von sich aus in die Prozesse eingreifen. Assistenzsysteme liegen genau zwischen diesen Stufen und vereinen Teilbereiche beider in sich. Sie können Informationen aus der Schiffsautomation verarbeiten und daraus eine oder einen Katalog von handlungsbezogenen Aussagen ableiten und dem Benutzer anbieten. Gleichzeitig können gewisse automatische Komponenten mit einbezogen werden, die sich im Falle von vordefinierten Situationen aktivieren, z. B. für Kommunikationsaufgaben oder die Einhaltung von Verschlusszuständen.

Idealerweise ist also ein Assistenzsystem mit Teilen der Sicherheitstechnik des Schiffes verbunden (Branderkennungsanlage, Türen- und Klappensysteme, Verschlusssysteme, Löscheinrichtungen, CCTV- Systeme…). Bei Auslösung eines Alarms oder bei manueller Aktivierung errechnet das Assistenzsystem auf der Grundlage der anliegenden Prozessdaten bestimmte Abwehrstrategien. Wichtig bei der Umsetzung von Assistenzsystemen sind die Fragen der zeitlichen Einflussnahme (Notfallablauf bzw. -vorhersage), die Rückinformation zu erfolgten Handlungen (Feedback des Systems) und die Möglichkeiten der Schiffsbesatzung zur ergänzenden Eingabe von Informationen. Die Arbeit mit dem Assistenzsystem wird unterstützt durch eine ergonomische Darstellung von Schiffsplänen oder anderer ausgewählter Zusatzinformationen.

Je komplexer die Verknüpfung der Assistenzkomponente mit den Prozessdaten des Schiffes und die Detailliertheit der Handlungsvorschläge, desto anspruchsvoller ist natürlich die Vorarbeit für die Experten und Sicherheitsbeauftragten der Schiffes bzw. der Reederei bei der Erstellung eines solchen Assistenzsystems.

1.8 Menschliches Verhalten in Notfällen

In diesem Kapitel wird speziell auf das menschliche Verhalten in Notsituationen eingegangen. Das Verständnis für das mögliche Verhalten von Personen in solchen Situationen ist deshalb wichtig, weil auch damit gerechnet werden muss, das eintrainierte Verfahren bei Ausfall von Personen nur durch schnelles Reagieren auf diese Veränderungen gewährleistet werden können. Grundlegende Erkenntnisse zum menschlichen Verhalten in Notsituationen können mit Hilfe von Phasen beschrieben werden. Diese Phasen umschreiben allgemeine menschliche Verhaltensweisen (Grundverhalten), die in allen Notfällen beobachtet werden können, nicht nur in der Schifffahrt.

1.8.1 Warnphase (Warning phase)

Das Wesen der Warnphase ist dadurch gekennzeichnet, dass Signale, Anzeichen oder Meldungen einer kritischen Situation nicht ernst genommen werden, z. B. durch Ignorieren der Signale, da häufig Fehlalarme auftreten oder Nichtbeachtung der Beobachtung eines Passagiers, der sich ohnehin häufig beschwert.
– Die Signale werden nicht als Warnung wahrgenommen und verstanden.
– Die Informationsquelle ist nicht glaubwürdig.
– Die Signale werden als Anzeichen für etwas anderes gesehen.
– Die Signale werden eher als natürlich, denn als gefährlich eingestuft.

Erst durch weitere Warnsignale aus anderen Quellen verdichtet sich die Wirksamkeit der Warnung, bis sie schließlich ernst genommen wird.

Für Passagiere und für Crewmitglieder gilt in der Warnphase:

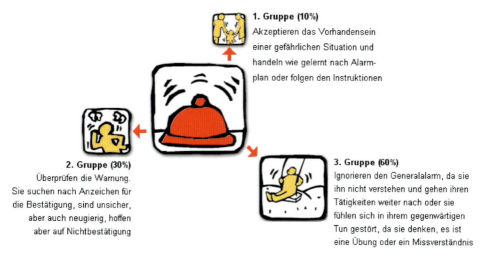

1. Gruppe (10%)

Akzeptieren das Vorhandensein einer gefährlichen Situation und handeln wie gelernt nach Alarmplan oder folgen den Instruktionen

2. Gruppe (30%)
Überprüfen die Warnung. Sie suchen nach Anzeichen für die Bestätigung, sind unsicher, aber auch neugierig, hoffen aber auf Nichtbestätigung

3. Gruppe (60%)
Ignorieren den Generalalarm, da sie ihn nicht verstehen und gehen ihren Tätigkeiten weiter nach oder sie fühlen sich in ihrem gegenwärtigen Tun gestört, da sie denken, es ist eine Übung oder ein Missverständnis

Bild 1.8: Informationen über das Verhalten in der Warnphase

1.8.2 Akzeptanzphase (Impact phase)

Die Akzeptanzphase ist die Zeit vom objektiven Beginn des Ereignisses bis zu seiner Akzeptanz als Notfall (umfasst also auch die Warnphase). Im Bewusstsein verdichten sich die Informationen zur Gewissheit, dass ein Notfall besteht (Augenblickserlebnis/psychologischer Moment).

Es ist zu beachten:
– 10 % der Menschen akzeptieren das Vorliegen einer gefährlichen Situation. Sie beginnen zu handeln, so wie sie es in den Notfallübungen gelernt haben oder beginnen auf die Instruktionen zu achten und ihnen zu folgen,
– 30 % halten die Warnung für einen zu überprüfenden Zufall und suchen nach anderen ungewöhnlichen Anzeichen oder befragen andere Menschen, da sie unsicher oder auch neugierig sind,
– 60 % ignorieren den Generalalarm, weil sie ihn nicht verstehen, gehen weiter den Dingen nach, die sie täglich tun, denken es sei eine Übung oder ein Missverständnis, fühlen sich in ihrem gegenwärtigen Tun und Handeln gestört.

1.8.3 Aktionsphase (Evacuation phase)

Die Aktionsphase umfasst die Zeit von der Akzeptanz des Notfalls, bis zum objektiven Ende des Notfalls. Nach der Akzeptanz eines Notfalles wird das menschliche Verhalten vom individuellen Erleben der Gefahr, von dem Gefühl der eigenen Gefährdung, beeinflusst. Dieses Erleben muss nicht mit der objektiv bestehenden Gefährdung übereinstimmen, es beeinflusst aber die Reaktionen der Menschen bei der Durchführung erforderlicher Maßnahmen. Etwa
– 25 % handeln rational,
– 60 % warten auf die Initiativen anderer und etwa
– 15 % sind handlungsunfähig.

Bild 1.9: Ausdruck von Angst

Bild 1.10: Typischer Ausdruck für Freeze

Bild 1.11: Typischer Ausdruck für Fight

Ursachen für diese menschlichen Verhaltensweisen sind Angst, Schreck, Reaktionen aus Angst und Schreck und auch, aber sehr selten, panische Reaktionen. Rational handelnde Menschen sind psychisch relativ stabil. Sie sind in der Lage klare Gedanken zu fassen. Sie erleben Angst wie jeder andere in einer solchen Situation, sind aber fähig, mit ihrer Angst umzugehen. Ihre Angst wird nicht so groß und sie kann dadurch Handeln motivieren, um eine gefährliche Situation zu bewältigen.

Menschen, die auf die Initiative anderer warten, sind bestürzt und hilflos und können sich selbst nicht aus diesem Zustand lösen. Ihr Denk- und Urteilsvermögen ist gestört, Aufmerksamkeit und Wahrnehmung sind eingeschränkt und dadurch sind sie unfähig selbständig zu handeln. Sie können herumstehen oder herumsitzen, ruhig wirken oder irgend etwas tun, das mit dem Notfall nicht in Beziehung steht oder auch in ihren Kabinen warten, wenn sich die Gefahr außerhalb befindet. Sie erwarten, dass andere die Initiative ergreifen.

Menschen dieser Gruppe müssen angehalten werden, sich zu orientieren, bewusst auf Informationen und Instruktionen zu achten und sie zu befolgen, damit sie die eigene Selbstbeherrschung wieder gewinnen können.

Vollständig auf Hilfe angewiesen sind die Menschen, denen es nicht gelungen ist, die Kontrolle über ihre Angst- und Schreckreaktionen wiederzugewinnen. Sie wurden von Angst und Schreck überwältigt. Sie sind handlungsunfähig, in ihrer Seele erschüttert, verängstigt und erschreckt, physisch und psychisch wie gelähmt. Sie sind teilnahmslos, gleichgültig, in ihr Schicksal ergeben. Der Zustand wird als Erstarren (Freeze) bezeichnet. Der Betroffene zeigt keinerlei Reaktionen, bleibt regungslos stehen, hocken oder sitzen, ist vollständig auf Hilfe angewiesen. Er muss getragen werden.

Handlungsunfähigkeit kann aber auch dadurch entstehen, dass die Menschen durch die Situation psychisch völlig zusammengebrochen sind, ihrer Sinne nicht mehr mächtig sind. Ihr Handeln und Verhalten ist ohne Sinn, nur durch übergroße Angst getrieben. Sie rennen sinnlos umher oder weg, verstecken sich oder kehren ins Gefahrengebiet zurück. Der Zustand wird als Flucht (Flight) bezeichnet.

Aber auch Angriffsverhalten ist möglich. Dann wird von Kampf (Fight) gesprochen. Ein Betroffener rennt sinnlos gegen vermeintliche Hindernisse an oder andere Menschen werden mit Worten oder körperlich angegriffen. Solche Angriffe sind nicht persönlich gemeint, sondern sie sind Instinkt- und Reflexhandlungen in Todesangst. In beiden Fällen muss der Betroffene vor sich selbst geschützt werden.

Bild 1.12: Typischer Ausdruck für Flight

Im Extremfall von Flucht oder auch Kampf spricht man davon, dass der betroffene Mensch panisch reagiert, weil er die Kontrolle über sich vollständig verloren hat. Solche Reaktionen treten aber nur sehr selten auf. Das Problem besteht dann darin, dass er andere Menschen mit seinem Verhalten beeinflussen und in sein Handeln hineinziehen kann. Ein so stark betroffener Mensch muss von den anderen getrennt werden bzw. es ist dafür zu sorgen, dass andere sich nicht beeinflussen lassen (Panikvorbeugung).

Möglichkeiten zum Helfen ergeben sich aus einer sinnvollen Vermittlung von Informationen. Kurze, klare Mitteilungen über die anstehenden Maßnahmen, die nachdrücklich vorgebracht werden, aber mit Verständnis und Wärme und dem ermutigenden Hinweis darauf, dass sie bewältigt werden können, schaffen eine gute Voraussetzung. Ausübungen von Druck auf die Menschen in Angst und Ermahnungen helfen hier nicht, weil dadurch nur ihre Erregung größer wird, dagegen können Bitten um kleine Hilfeleistungen ihr Eigenvertrauen wieder stärken.

Bei der Fortbewegung großer Menschenmengen ist zu beachten:
- Je größer die Anzahl der Passagiere wird, die sich in gleicher Richtung fortbewegen, umso langsamer bewegen sie sich und umso schwieriger wird es, dass sie ihre Richtung bei Aufforderung ändern, wenn sich auf dem betretenen Weg Hindernisse auftun.
- Die Menschen wählen den Ausgang, den sie täglich nutzen oder durch den sie hereingekommen sind, unabhängig davon, ob Hindernisse diesen Weg versperren oder andere Ausgänge näher und sicherer sind.
- Aufgeregte und ängstliche Menschen nehmen kleinere Details in ihrer Umgebung nicht wahr oder verstehen ihre Bedeutung nicht, so auch nicht die Sicherheitskennzeichen oder Hinweise zum Öffnen von Schotts oder Feuertüren.
- Die Bewegungsgeschwindigkeiten der Menschen unterscheiden sich stark voneinander (abhängig z. B. von Alter, Fitness, Behinderungen, Trunkenheit). Hinzu kommen äußere Bedingungen. Bereits bei geringer Schlagseite durch Wassereinbruch erfolgt die Bewegung nur noch nacheinander, nicht mehr entsprechend der Breite des Weges. Schiffsbewegungen durch Seegang stören die Fortbewegung. Andere Passagiere erinnern sich nur schwer an die Instruktionen und finden sich nicht zurecht, Kinder können sich aus Angst verstecken.
- Bei einer Gefahr bewegen sich die Menschen schneller und fangen an zu drängeln. Dadurch werden Körper- und Reibungskräfte erzeugt, die die Bewegung der Menschenmenge verlangsamen und Ausgänge blockieren können (Flaschenhalssituation).
- Passagiere helfen einander, sie begeben sich auch erneut in Gefahr, um Familienmitglieder oder Freunde zu suchen. Andere Passagiere verlassen die sichere Musterstation und gehen zurück in die Kabinen, um ihre Habe zu sichern.
- Passagiere die ihre Kabinentür auf einen raucherfüllten Korridor öffnen, schließen sie instinktiv wieder, weil sie sich bedroht fühlen. Ein Teil der Passagiere wird versuchen, trotz des Rauches an Deck zu gelangen. Andere Passagiere bleiben lieber in ihren Kabinen und warten auf Hilfe und bringen dadurch sich selbst und die Helfer in unnötige Gefahr.

1.8.4 Endphase (Recoil phase)

Die Endphase ist die Zeit vom objektiven Ende des Notfalls bis zur Wahrnehmung der Tatsache, dass die Gefahr beseitigt oder unter Kontrolle gebracht wurde. Es fehlen noch die relevanten Informationen über diesen Sachverhalt. Die Menschen bemühen sich um adäquate Informationen über die aktuelle Situation an verschiedenen Orten des Schiffes, bis zur subjektiven Gewissheit darüber, dass der Notfall zu Ende, die Gefahr beseitigt bzw. unter Kontrolle ist, die Situation sich nicht mehr verschlechtern kann. Dieser Augenblick, in dem bewusst wird: „ wir haben es geschafft" beendet die Endphase einer Notsituation. Der Manöverzustand wird schrittweise durch Informationsgebung des Kapitäns aufgehoben, der Normalbetrieb wieder aufgenommen.

Passagiere befinden sich während dieser Zeit noch auf der Musterstation oder an einem anderen sicheren Ort, das kann auch im Rettungsboot sein. Einige werden froh sein, dass sie überlebt haben, andere sind in ihrer Seele noch tief erschüttert und fühlen sich sehr allein oder sie schlafen, sind tief erschöpft oder ziehen sich auf sich selbst zurück. Einzelne könnten ihren Willen zum Überleben aufgegeben haben, weil sie über das Verbleiben einer vertrauten Person keine Auskunft haben, oder sie haben nach allem was sie bisher bewältigt haben keine innere Widerstandskraft mehr, um z. B. mit Seekrankheit oder Unterkühlung fertig zu werden.

In diese Situation gelangt die Information, dass der Notfall beendet ist. Die Menschen werden diese Information sehr unterschiedlich aufnehmen. Unter Umständen akzeptieren sie das Ende der Gefahr erst nach dem Verlassen des Schiffes.

Mit Fortschreiten der Endphase gewinnen die Menschen allmählich die Kontrolle über sich zurück, können allmählich wieder klarer denken, beginnen zu begreifen, was mit ihnen selbst geschehen ist, erkennen das Ausmaß des Schadens und sind aus einem inneren Drang heraus bemüht, sich und anderen zu helfen. Erklärt wird dieses Verhalten dahingehend, dass in dieser Zeit des Überganges vom unbewussten reflexhaften Handeln zum bewussten rationalen Handeln das Verhalten oft durch einen moralischen Übereifer charakterisiert ist, der sich in Richtung der erlernten gesellschaftlichen Normen bewegt (kollektive Hilfsbereitschaft bis zur Erschöpfung Einzelner).

Mit dem sich einstellenden bewussten Wahrnehmen der Situation kehrt auch die Fähigkeit zurück, sie zu beurteilen. Die betroffenen Menschen entwickeln ein großes Bedürfnis sich auszusprechen, ihre Erlebnisse zu beschreiben und ihr Verhalten zu erklären. Die Akzeptanz des Notfallendes entsteht also über die beginnende Verarbeitung des Erlebten. Der Mensch gewinnt die Kontrolle über sich zurück, kann wieder normal denken, er ist in die Normalität zurückgekehrt.

1.8.5 Phase der Rückbesinnung (Recollection phase)

Die Phase der Rückbesinnung ist gekennzeichnet durch die Verarbeitung der Erlebnisse während des Notfalls, nach der Rettung und lange nachdem die Gefahr vorüber ist. In der Phase der Rückbesinnung können mehr oder weniger starke emotionale Reaktionen und psychische Störungen bei einzelnen Menschen entstehen (Traumata). Sie beeinflussen den Verlauf der Heilung von körperlichen Verletzungen und können das Leben des Betroffenen und der Angehörigen über lange Jahre beeinflussen.

Die Symptome der emotionalen und psychischen Störungen können von körperlichen Symptomen und Auffälligkeiten im Verhalten begleitet sein. Sie können geringfügig sein und nach einigen Wochen von selbst abklingen. Sie können aber auch zu schweren Beeinträchtigungen führen und sehr langwierig sein. Symptome, die auftreten können, sind z. B.
– Niedergeschlagenheit,
– Schlafstörungen,
– Angstattacken,

- Reizbarkeit,
- Rückzug in die Isolation,
- Inaktivität im Beruf,
- Abfall der Leistungsfähigkeit,
- körperliches Unwohlsein,
- Persönlichkeitsveränderungen und
- Schuldgefühle.

Eine psychosoziale Betreuung der Betroffenen ist oft über lange Zeit erforderlich, sei es an Bord, oder an Land, damit die psychischen Probleme besser bewältigt werden können und sich möglichst nicht zu langfristigen psychischen Störungen entwickeln.

Nach dem Notfall können Gefühle der Besorgnis in der gesamten Mannschaft bestehen bleiben. Bei einzelnen Mannschaftsmitgliedern können sich aber auch Ängste vor erneuter Gefahr entwickeln oder es können sich Erinnerungen an das Erlebte aufdrängen oder auch Schuldgefühle. Auch das Erleben der Machtlosigkeit gegenüber der bestandenen Gefahr kann sehr nachhaltig sein. Findet eine Aufarbeitung der Erfahrungen und Erlebnisse eines Crewmitgliedes, aus welchen Gründen auch immer nicht statt, so besteht die Gefahr, dass es bei zukünftigen kritischen Ereignissen versagt, weil es von vornherein Angst hat zu versagen.

Vorausschauendes Bedenken eines Sachverhaltes ermöglicht im Notfall die Aktivierung rationaler Überlegungen. Das gilt auch für die Vorbereitung des Einzelnen auf einen Notfall, um mit belastenden Ereignissen besser umgehen zu können, um medizinische Erste Hilfe und psychische Hilfen geben zu können.

Literaturververzeichnis

Anderson, P.: Cracking the Code: the relevance of the ISM Code and its impact on shipping practices, London: The Nautical Institute, 2003.

Bochnik, Hans-J.; Richtberg, Werner: Panik – Verhütung und Bekämpfung. Panikvorsorge durch Besinnung auf Vorrat. Psycho 15 (9/1989) 642–656. Stuttgart: Demeter Verlag

Brickenstein, R.: Entstehung, Verhütung und Bekämpfung von Fehlreaktionen bei Katastrophen. In: Ärztekammer Niedersachsen (Hrsg.): Wegweiser Medizinischer Katastrophenhilfe. Hannover: Schlütersche Verlagsanstalt 1982

Brickenstein, R.: Psychiatrische Maßnahmen zur Verhütung und Bewältigung panischer Reaktionen In: Deutsches Ärzteblatt: ärztliche Mitteilungen Bundesärztekammer. 25 (1982) 41–44. Köln: Dt. Ärzte-Verlag

Deutsche Seemannsmission: Crisis Preparedness: www.icma-cpc.as

Dreißig, D. Hahne, J.: Beitrag zur Bewältigung von Notsituationen bei Seeunfällen; Vortrag auf dem 1. Workshop „Methoden zur Entwicklung und Bewertung des Seeverkehrs" in Warnemünde Nov. 1995;

Faust, Volker (Hrsg.): Angst – Furcht – Panik. Compendium Psychiatricum. Stuttgart: Hippokrates Verlag 1986

Gasch, B.; Lasogga, F.: Regeln zur psychischen ersten Hilfe. Fassung für Profihelfer. Universität Dortmund, 31. 3. 1996

Greis, J.: Psychische Erste Hilfe. Laienhelfer – Ausbildung. In: Rettungsdienst, 17 (1994) 5

Guggenbühl, D.: Angst- und Schreckreaktionen in der Katastrophe. In: Faust,Volker (Hrsg.): Angst – Furcht – Panik. Compendium Psychiatricum. Stuttgart: Hippokrates Verlag 1986, 218–224

Hahne, J.: Schiffssicherheit; Manuskript Lehrbuch; 1990, unveröffentlicht;

Hahne, J.: Angewandte Sicherheitswissenschaft auf See- Lehre und Forschung, bisher und künftig; Vortrag auf XII. Internationalen Sommer-Symposium in Dresden; BAU/GfS; Juni 1991;

Hahne, J.: USE of Role- Based Advice System for Shipboard Safety Emergency Management; 2. Weltkongress für Sicherheitswissenschaft; Budapest Nov.1993

Hahne, J.: Beratungssystem Schiffssicherheit – Ein Beitrag zur Umsetzung eines umfassenden Sicherheitskonzeptes; Vortrag auf dem 2. Workshop „Maritime Kompetenz durch Ausbildung und Technik" in Warnemünde Nov. 1996;

Hahne, J.; Baaske, G.; Sedlacek, D.; Schubert, J. F.: Risikomanagement in Notfallsituationen an Bord von Seeschiffen. Schriftenreihe der Bundesanstalt für Arbeitsschutz und Arbeitsmedizin. Fb 971. Wirtschaftsverlag NW. Dortmund/Berlin/Dresden 2002

Hahne, J., Baaske, G., Rothe, R., Schulte-Strathaus, R., Quas, O.: Bilanzierung arbeitsorganisatorischer Defizite in der Seeschiffahrt. Schriftenreihe der Bundesanstalt für Arbeitsschutz und Arbeitsmedizin. Bremerhaven: Wirtschaftsverlag NW, 1999

Harbst, J.; Madsen, F.: The Behaviour of Passengers in a Critical Situation on Board a Passenger Vessel or Ferry. Prize Dissertation given by The Danish Investment Foundation of July 1, 1976;

Heinrich, H. W.: Industrial accident prevention – a scientific approach, New York, London: McGraw-Hill Insurance Series, 1931

Hollnagel, E.: Human reliability analysis: Context and control, London: Academic Press, 1993

Hollnagel, E.: Cognitive reliability and error analysis method CREAM, Oxford: Elsevier, 1998

Hollnagel, E.: Accident Models and Accident Analysis, http://www.ida.liu.se/~eriho/AccidentModels_M.htm, 2002 (im Internet am 10.02.2004)

HSE: Human factors in industrial safety, London: HMSO, 1989

HSE: ACSINI Human Factors Study Group, Third Report: Organising for safety. Health and Safety Commission, London: HMSO, 1993

Hudson, P., Reason, J., Wagenaar, W., Bentley, P., Primrose, M., Visser, J.: Tripod-Delta: Proactive approach to enhanced safety, in: Journal of Petroleum Technology, 40, 1994, pp. 58–62

Journal: Safety at Sea: Crew and Passenger Behaviour. Redhill, Surrey: International Trade Publ. Ltd. 1994

Journal: Safety at Sea: Human Behaviour. Redhill, Surrey: International Trade Publ. Ltd. April 1999

Kirwan, B.: A guide to practical human reliability assessment, Boca Raton: CRC Press, 1994

Kuo, C.: Managing ship safety, London: LLP, 1998

Mejia, M. Q.: Evaluating the ISM Code using port state control statistics, Lund, Sweden: Department of Design Sciences, Lund University, 2005.

Nautical Institute: Exploring the Human Element, in: ALERT! The International Maritime Human Element Bulletin, 1, 2003, pp. 4–5

Ploog, Detlev: Psychobiologie – Verhalten in Belastungssituationen. In: Bundesamt für Zivilschutz, Zivilschutz – Forschung: Bd. 1, Schriftenreihe der Schutzkommission beim Bundesministerium des Innern., Bonn 1975, 81–89

Poole, Thelma; Springett, Peter: Practical Crowd Management. A Handbook for the Cruise and Ferry Sector. Hampshire: Bishops Printers Ltd. 2000

Reason, J.: Human error, Cambridge: Cambridge University Press, 1990

Reason, J.: Managing the risks of organizational accidents, Aldershot: Ashgate, 1997

Remke, S.: Psychische erste Hilfe bei Unfallopfern. In: Reassistent 2(1993) 107–117

Ruhrmann, G.; Kohring, M.: Staatliche Risikokommunikation bei Katastrophen. Informationspolitik und Akzeptanz. In: Schriftenreihe der Schutzkommission beim Bundesministerium des Innern. Bonn: Bundesamt für Zivilschutz 1996. Neue Folge Band 27

Safety at Sea: Human Behaviour. Redhill, Surrey: International Trade Publ. Ltd., April 1999, 13–17

Sagen, A.: The ISM Code needs revitalising, in: Lloyd's List, 2 December 2004.

Schröder, J.-U.: Datenerfassung bei Unfallursachen und begünstigenden Faktoren für Unfälle in der Seeschifffahrt, Schriftenreihe der Bundesanstalt für Arbeitsschutz und Arbeitsmedizin, Sonderschrift S 81, Bremerhaven: Wirtschaftsverlag NW, 2004

Senders, J. W., & Moray, N. P.: Human error: Cause, prediction and reduction, Hillsdale: Erlbaum, 1991

Shaw, Richard: Don't panic: behaviour in major incidents. In: Disaster Prevention and Management 10 (2001) 1, 5–10. MCB University Press

Strian, F.; Ploog, D: Angst und Katastrophenreaktion. In: : Faust, Volker (Hrsg.): Angst – Furcht – Panik. Compendium Psychiatricum. Stuttgart: Hippokrates Verlag 1986, 213–217

Woods, D.D., Johannesen, L.J., Cook, R.I. & Sarter, N.B.: Behind human error: Cognitive systems, computers and hindsight, Columbus: CSERIAC, 1994

2 Brandschutz auf Seeschiffen

Dipl.-Ing. Rajko Rothe; Prof. Dr.-Ing. Frank Bernhardt; Dipl.-Ing. (FH) Ulrich Fielitz; Prof. Dr.-Ing. habil. Joachim Hahne; Prof. Dr.-Ing. habil. Peter Ludwig; Dipl.-Ing. (FH) Dirk Sedlaček

Formelzeichen/Abkürzungen

A	Brandfläche	nm	Nanometer
BWA	Brandwarnanlage	O_2	Sauerstoff
BMA	Brandmeldeanlagen	p	Druck
C	Gemischkonzentration	P_{Ansp}	Ansprechwahrscheinlichkeit
CO	Kohlenmonoxid	ppm	part per million
CO_2	Kohlendioxid	Q_{str}	Wärme infolge Strahlung
ETK	Einheitstemperaturkurve	Q_{konv}	Wärme infolge Konvektion
Exo	Obere Explosionsgrenze	SKZ	sicherheitstechnischen Kenn-
Ex_u	Untere Explosionsgrenze		zahlen
f	Frequenz	T	Brandraumtemperatur
H	Heizwert	TS	Temperatursensor
HDWN	Hochdruckwassernebel	t_A	Ansprechzeit
IR	Infrarot	t_{FL}	Flammentemperaturen
kJ	Kilojoule	t′; t″	Wandtemperatur
kg	Kilogramm	t	Zeit
KW	Leistung	U	Spannung
LED	Leuchtdiode	UV	Ultraviolett
M	Melder	v_{Abbr}	Abbrandgeschwindigkeit
m	Meter	v_W	Windgeschwindigkeit
m_{DK}	Brandstoffmenge	V_R	Versuchsraum
mm	Millimeter	VZ	Verschäumungszahl
m_B	Masse Brandstoff	W	Watt
m_{Rauch}	Masse Rauch	WZÜ	Mindestzündenergie
m_{Gas}	Masse Gas	°C	Grad Celsius
$n_Ö$	Öffnungsgrad	λ	Wellenlänge
N_2	Stickstoff	φ	Wärmestrom

2.1 Grundlagen

Der Brandschutz auf Seeschiffen beinhaltet alle Maßnahmen, Mittel und Methoden, die dazu dienen, das menschliche Leben, die Umwelt und die Sachwerte vor Bränden und davon ausgehenden Gefahren zu schützen. Während im Landbereich für die Brandabwehr als ein Element des Brandschutzes ein ganzes System von Maßnahmen einschließlich gut ausgebildeter und meist ständig einsatzbereiter Kräfte zur Verfügung steht, muss diese Aufgabe auf Seeschiffen unter völlig anderen Bedingungen und auch vielfach mit wesentlich anderen Mitteln und Methoden erfüllt werden. Dabei ist hervorzuheben, dass hierfür keine gesonderten Kräfte zur Verfügung stehen, sondern die Besatzung muss sowohl die Rettung von in Gefahr befindlichen Menschen bzw. verletzten Personen als auch die Brandabwehr übernehmen und das alles oft unter Beachtung des aufrechtzuerhaltenden Schiffsbetriebes.

Der Brandschutz auf Seeschiffen ist grundsätzlich geregelt durch Gesetze, Verordnungen, Vorschriften und Regeln, die im Wesentlichen auf Empfehlungen der IMO (SOLAS, STCW, MARPOL) und nationalen Vorgaben basieren. Hierauf wird später näher einzugehen sein.

2.1.1 Ursachen für Schiffsbrände

Brand- und Explosionsgefährdung

In vielen Bereichen eines Schiffes ist, aufgrund der objektiven Gegebenheiten, die Gefahr von Bränden und Explosionen gegeben. Dabei ist unter Brand und Explosionsgefahr die Möglichkeit der Entstehung und bzw. oder Ausbreitung eines Brandes bzw. einer Explosion zu verstehen. Im Unterschied dazu ist die Brand- und Explosionsgefährdung ein Zustand, bei dem ein aktuelles Brandrisiko besteht, das nur durch gezielte vorbeugende Maßnahmen verhindert werden kann. Die Brandgefahr wird vor allem durch folgende Größen gekennzeichnet:
– Brandausbreitungsgeschwindigkeit
– Flammen- bzw. Brandraumtemperatur
– Rauchdichte
– Toxizität der Brand- und Pyrolysegase

Die Wahrscheinlichkeit der Entstehung von Bränden und Explosionen ist von der Höhe der einzelnen Gefährdungspotenziale abhängig wie, z. B.
– von den Eigenschaften und der Menge der vorhandenen brennbaren Stoffe,
– vom Betriebszustand des Schiffes und seiner Anlagen,
– von Art und Energiegehalt der Zündquellen und
– vom Verhalten der im Schiffsbetrieb beteiligten Personen.

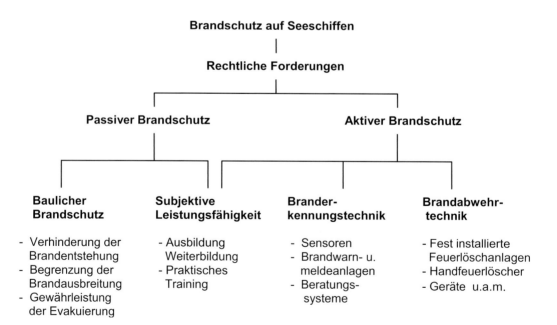

Bild 2.1: Grundsätzliche Systematik des Brandschutzes auf Seeschiffen

Daraus ergibt sich, dass Gefährdungen sowohl durch objektive als auch durch subjektiv gebundene Gefährdungsquellen entstehen können. Letztere resultieren prinzipiell aus Handlungen von Personen. Mögliche Gefährdungsquellen können bereits bei der Projektierung und Konstruktion, beim Aufbau von Aggregaten und technischen Anlagen, bei der technologischen Planung und bei der Bedienung von Anlagen und Aggregaten entstehen.

Bezogen auf die einzelnen Bereiche eines Schiffes ergeben sich aus den vorhandenen Gefährdungsquellen unterschiedlich zu bewertende Gefährdungsbereiche. Nach der für Seeschiffe meist gewählten Einteilung sind das die Maschinenräume, Aufbauten und Laderäume. Maschinenräume sind im Allgemeinen die Bereiche mit der höchsten Brand- und Explosionsgefährdung. In den Aufbauten und besonders in den Laderäumen sind die Gefährdungspotenziale sehr schiffsspezifisch, so dass eine allgemeine Bewertung kaum zu brauchbaren Aussagen führt. Hinsichtlich der Laderäume sind sie bei gleichen Schiffstypen in der Regel ladungsabhängig.

Schiffsverluste und ihre Ursachen

Analysen belegen, dass Brände auf Seeschiffen nach wie vor eine der Hauptursachen für Schiffsverluste bzw. für große Schäden sind. Eine Zuweisung auf einzelne Schiffstypen gelingt kaum. Es sind Passagier- oder Fährschiffe genau so beteiligt wie Container- oder Tankschiffe. Ein Durchschnittswert über Jahre ergab, dass ca. 25 % der Verlusttonnage auf Brände zurückzuführen sind, wobei unter Verlust nicht nur das Sinken verstanden werden soll, sondern ebenso das „Ausbrennen" bei Erhaltung der Schwimmfähigkeit. Die meisten Brände entstehen auf See.

In der Mehrzahl sind Schiffsbrände auf einen unmittelbaren Zusammenhang mit menschlicher Tätigkeit zurückzuführen, wenn man auch die menschliche Tätigkeit auf solche Handlungen ausdehnt, die im Vorfeld der Ereignisse Brände bzw. Explosionen vollzogen wurden, wie z. B. Projektierung und Konstruktion (s. Kap. 1.5). Die Eintrittswahrscheinlichkeit eines Brandes bzw. einer Explosion ist zwar gering, aber es muss im realen Schiffsbetrieb zu jedem Zeitpunkt damit gerechnet werden. Wesentliche und immer wiederkehrende Ursachen für die Brandentstehung sind:
– Technisches Versagen, wie Bruch von Kraftstoffleitungen
– Kurzschlüsse in elektrischen Systemen oder Schäden an Maschinen
– Unsachgemäße Ausführung von Reparaturarbeiten
– Nichteinhaltung von Vorschriften bei Schweiß- und Schneidarbeiten
– Selbstentzündung von Ladung
– Funkenflug sowie elektrostatische Entladung

2.1.2 Merkmale von Schiffsbränden

Begriffsbestimmung Brand – Feuer

Trotz gleicher physikalischer und chemischer Prozesse wird üblicherweise zwischen einem Brand und einem Feuer unterschieden. Unter Brand soll eine unkontrollierte und ungewollte Verbrennung verstanden werden, die menschliches Leben und die Umwelt gefährdet und Sachwerte schädigt. Im Gegensatz dazu wird von einem Feuer gesprochen, wenn der Brandvorgang von Menschen willkürlich ausgelöst wurde, dieser auf einen bestimmten Raum begrenzt ist und normalerweise über diesen nicht hinausgeht. Die gesteuerte Wärmeabgabe wird in der Regel genutzt.

Beide Begriffe werden gegenwärtig international nicht einheitlich definiert. Hinzu kommt, dass aus historischer Sicht zahlreiche Formulierungen vorhanden sind, deren Verwendung im allgemeinen Sprachgebrauch zugelassen ist, aber oftmals zu den oben genannten Begriffsbestimmungen im Widerspruch stehen. Obwohl erkennbar ist, dass Ansätze bestehen, um diesen Zustand zu verändern, wird man wohl auch in Zukunft oftmals noch mit „falschen" Begriffen umgehen müssen.

Sicherheitstechnische Kennzahlen sind die Grundlage für die Bewertung von Brandrisiken. Die Kennzahlen dienen der Einschätzung und Quantifizierung von Gefährdungen. Sie geben an, ob und in welchen Ausmaß Gefährdungen oder Voraussetzungen für ihre Entstehung vorliegen. Aus der Sicht der Brand- und Explosionsgefährdung stellen sie sich vor allem als Stoffkennwerte dar, die den jeweiligen Brandstoff innerhalb eines brennbaren Systems diesbezüglich qualitativ und quantitativ charakterisieren. Die sicherheitstechnischen Kennzahlen gelten immer nur für einen bestimmten Stoffzustand, also für Gase, Nebel, aufgewirbelte und abgelagerte Stäube, für Flüssigkeiten und deren Dämpfe, kompakte feste Stoffe und Explosivstoffe. Auf diese Kennzahlen wird jeweils in den nachfolgenden Kapiteln bei den entsprechenden Inhalten eingegangen.

Schiffsbrände als Spezialbrände

Im Vergleich zu Bränden in Landbereichen können Brände auf Seeschiffen wegen der Art ihrer Entstehung und Ausbreitung, wegen ihrer Intensität und Größe und insbesondere wegen der speziellen Anforderungen an ihre Abwehr als Spezialbrände bezeichnet werden. Das ist vor allem in Folgendem begründet:

Seeschiffe können im weitesten Sinne als autonome Systeme bezeichnet werden. Die Besatzungen sind im Falle eines Brandes während der gesamten Branddauer meistens auf sich alleine gestellt. Eine Hilfe von Land oder anderen Schiffen ist selten möglich. Die zur Abwehr eines Brandes erforderliche Technik befindet sich auf dem betroffenen Objekt und ist vielfach bereits durch den Brand beschädigt oder die Verfügbarkeit ist stark eingeschränkt. Die Besatzungen müssen sich während der Brandabwehr auf dem Schiff aufhalten.

Der Brandort „Schiff" stellt in seiner Gesamtheit und in Bezug auf die Merkmale der einzelnen Bereiche einen besonderen Gefährdungsbereich dar. Die Brandlast wird durch große Mengen unterschiedlicher Brandstoffe mit meist hohen Heizwerten auf relativ kleinem Raum charakterisiert. Diese Brandstoffe setzen sich im Durchschnitt folgendermaßen zusammen: Treib- und Schmierstoffe sowie Hydrauliköle mit nahezu gleichen Brandkennzahlen, die Ladung des Schiffes mit z. T. sehr unterschiedlichen Brandkennzahlen, die Baumaterialien des Schiffes sowie dessen Ausrüstung. Die Kennzahlen sind zwar im Wesentlichen konstant. Bei Fahrgastschiffen stellt die Bekleidung und Ausrüstung (Gepäck) der in großer Anzahl vorhandenen Besatzungsmitglieder und Passagiere eine wesentliche Vergrößerung der Brandlast dar.

Wegen der meist günstigen Bedingungen ist eine schnelle Brandausbreitung möglich. Sie ergeben sich insbesondere aus
– der Art und Lagerung der Brandstoffe,
– der vielfach vorhandenen Zugluft,
– bestehenden Übertragungskanälen (Lüftungssysteme),
– der hohen Wärmeleitfähigkeit der im Schiffbau üblichen Materialien und
– der schnellen Entwicklung der Schiffsbrände, die oft in kurzer Zeit ihre maximale Größe erreichen.

Wegen der für Brände typischen unvollkommenen Verbrennung enthalten die Rauchgase stets einen hohen CO-Anteil. Außer diesem sehr giftigen Gas sind in den Verbrennungsprodukten weitere toxische Gase enthalten, die für den Menschen sehr gefährlich werden können.

An die Besatzungen werden zur Abwehr eines Brandes und zur Lösung der damit verbundenen Probleme höchste Anforderungen gestellt. In erster Linie müssen bei allen Mitgliedern der Besatzung, wenn auch in unterschiedlichem Maße, die für die Tätigkeit im Falle eines Brandes relevanten theoretischen und praktischen Kenntnisse vorhanden sein. Hinzu kommen umfassende Fertigkeiten und Fähigkeiten.

2.1.3 Entstehung, Entwicklung und Ausbreitung eines Brandes

Zur Entstehung von Bränden

Die Grundlage für alle Erscheinungen, die während eines Brandes auftreten, bildet die Verbrennung. Verbrennungsreaktionen sind Redoxreaktionen, und laufen im Fall von Bränden meistens unter starker Rauchbildung ab. Vorraussetzung für solche Reaktionen sind:
– ein brennbarer Stoff
– ein Oxidationsmittel
– eine geeignete Zündquelle
– ein entsprechendes Bedingungsgefüge

In den meisten Fällen dient als Oxidationsmittel der in der atmosphärischen Luft enthaltene Sauerstoff. Die notwendige Konzentration von Sauerstoff für die Verbrennung ist brandstoffabhängig. Der brennbare Stoff und das Oxidationsmittel werden auch als brennbares System bezeichnet. In Abhängigkeit von den Brandstoffen wird in heterogene und homogene Systeme unterschieden.

Zu den homogenen Systemen gehören Gemische bzw. Dämpfe mit Luft. Um heterogene Systeme handelt es sich dann, wenn sich brennbare Stoffe und das Oxidationsmittel in verschiedenen Phasen befinden (flüssige und feste Stoffe). Im Bild 2.2 sind die Voraussetzungen für die Entstehung eines Brandes sowie vorhandene Einflussfaktoren auf Verbrennungsvorgänge vereinfacht dargestellt. Flüssige Brandstoffe sind demnach immer erst in den dampfförmigen Zustand zu überführen. Bei einer bestimmten Temperatur, dem Flammpunkt, können diese Dämpfe an der atmosphärischen Luft entzündet werden. Nach Wegnahme der Zündquelle brennt das Gemisch nicht mehr weiter. Wird die Temperatur erhöht, so dass die Verdampfungsgeschwindigkeit und der Transport der Flüssigkeitsdämpfe sowie des Luftsauerstoffs genügend groß sind, wird die Verbrennungstemperatur der Flüssigkeitsdämpfe erreicht. Diese Temperatur ist der Brennpunkt. Die Flammen können sich über die gesamte Flüssigkeitsoberfläche ausbreiten. Dieselkraftstoff kann bekanntlich in einem offenen Behälter bei normaler Temperatur z. B. mit einem brennenden Streichholz nicht entzündet werden. Taucht man ein brennendes Zündholz in die Flüssigkeit, verlischt sogar die Flamme.

Der Grund ist eben, dass die Flüssigkeit an sich nicht brennt, sondern erst deren Dämpfe. Für Diesel gilt, dass Dampfbildung erst oberhalb von $T \approx 50\,°C$ einsetzt. Je nach der Zusammensetzung kann

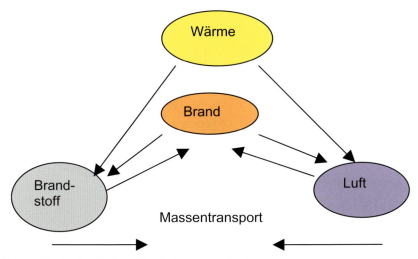

Bild 2.2: Schematische Darstellung der Verbrennungsbedingungen

das bei T ≈ 80–90 °C sein, so dass erst jetzt im Gemisch mit Luft eine Entflammung z. B. durch ein Streichholz möglich ist. Die Verdampfungsgeschwindigkeit ist aber noch zu gering, so dass auch bei Vorhandensein der Flamme wegen fehlender Dieseldämpfe zunächst keine weitere Flammenbildung erfolgt. Das selbständige Weiterbrennen ist erst oberhalb des Brennpunktes möglich, in diesem Beispiel oberhalb T ≈ 80 °C. Weil bisher nur für relativ wenige Stoffe die Brennpunkte ermittelt worden sind, wird meistens die Zündtemperatur angegeben. Das ist jene Temperatur, bei der die frei werdenden brennbaren Stoffe sich entzünden und die Verbrennung sich selbständig fortsetzt.

Feste Brandstoffe müssen vor Beginn der eigentlichen Verbrennung so lange an der Oberfläche erwärmt werden, bis sich flüchtige Stoffe in ausreichender Menge und mit entsprechender Menge pro Zeiteinheit bilden. Einige feste Stoffe schmelzen und verdampfen dabei und werden zersetzt wie z. B. Paraffin, Schwefel, Phosphor, Polyäthylen. Andere Stoffe zersetzen sich unter Bildung eines festen Kohlenstoffrestes und flüchtiger Stoffe wie z. B. Holz, Kohle, Torf, Baumwolle und Papier.

Die Zersetzungstemperaturen sind stoffabhängig, die Zersetzungsprodukte werden von der Höhe der Temperaturen bestimmt. Bei Holz z. B. beginnt die Zersetzung zwischen T ≈ 160 bis 270 °C, die meisten brennbaren gasförmigen Zersetzungsprodukte bilden sich jedoch erst bei höheren Temperaturen, wie z. B. bei Schweröl größer T ≈ 450 °C. Das Einwirken einer entsprechenden starken Zündquelle auf die flüchtigen Stoffe führt zu deren Entflammung und zur Bildung einer Flamme. Der eigentliche Verbrennungsprozess von Dämpfen und Gasen fester Stoffe unterscheidet sich nicht von

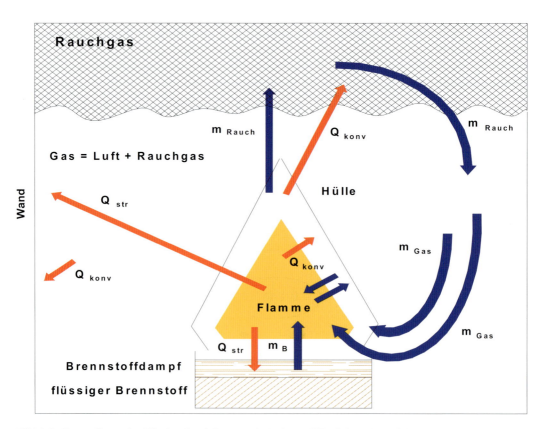

Bild 2.3: Darstellung der Wechselbeziehungen bei einem Flüssigkeitsbrand in einem geschlossenen System

dem flüssiger Stoffe. Die Verbrennung verläuft ebenfalls im Diffusionsbereich und wird darum auch Diffusionsverbrennung genannt. Die zu beobachtende Geschwindigkeit der Reaktion in diesem Bereich wird durch die Diffusionsgeschwindigkeit des Sauerstoffs zur Reaktionszone bestimmt.

Bei der Verbrennung homogener Systeme, bei denen der brennbare Stoff und das Oxidationsmittel in der gleichen Phase und in bestimmten Konzentrationen vorliegen und eine Zündquelle vorhanden ist, kann es zu einer Explosion kommen, d. h. das brennbare Gemisch verbrennt mit hoher Geschwindigkeit. Es handelt sich nun um eine kinetische Verbrennung. Dieser Vorgang ist nur von der Geschwindigkeit der chemischen Reaktion zwischen dem Sauerstoff und dem brennbaren Stoff abhängig.

Die Geschwindigkeit des bei der Verbrennung vorherrschenden Reaktionsprozesses ist in erster Linie von des Temperatur abhängig und ihr direkt proportional. Außerdem besteht eine ähnliche Beziehung zum in der Verbrennungsluft enthaltenen Sauerstoffanteil. Beide Aspekte haben große Bedeutung für die Entwicklung und Anwendung von Löschmitteln.

Bild 2.4: Foto einer typischen Diffusionsflamme in einem geschlossenen System

Da der für die Aufrechterhaltung der Verbrennungsreaktion notwendige Sauerstoff meistens aus der Luft entnommen wird, ist eine Mindest-Sauerstoffkonzentration notwendig (s. Kapitel 2.3 Tab. 2.3).

Zündquellen

Zündquellen können in vielfältiger Form auftreten. Die Zündenergie wird durch unmittelbaren Kontakt mit dem brennbaren System oder durch Strahlung übertragen. Die Zündung eines Brandstoffes wird von mehreren Faktoren maßgeblich bestimmt, wie z. B. von
– der notwendigen Zündenergie,
– der Konzentration des Oxidationsmittels im Gemisch,
– dem Brandstoff,
– der Anfangstemperatur des Gemisches,
– Temperaturleitfähigkeit und der spezifischen Wärmekapazität des Gemisches und
– der Kontaktzeit mit dem brennbaren Gemisch.

Die Mindestzündenergie ist diejenige Energiemenge, die einem Brandstoff zugeführt werden muss, damit es sich an der Luft entzündet. Außerdem ist erforderlich, dass bei ausreichendem Energiegehalt der Zündquelle die Zündtemperatur des jeweiligen Stoffes überschritten wird. Die Mindestzündenergie ist bei Gasen, Dämpfen, Stäuben und Nebeln unterschiedlich. So ist diese Energie z. B. bei einem Benzindampf-Luftgemisch erheblich niedriger als bei einem Gemisch mit Diesel. Während Benzin-Luftdämpfe bekanntlich mit einem elektrischen Funken einer Zündkerze sicher gezündet werden können, gelingt dieses bei Diesel-Luft Gemischen nur mit wesentlich energiereicheren Funken. In der folgenden tabellarischen Übersicht Tab. 2.1 sind Erscheinungsformen einzelner Zündquellen dargestellt.

Erscheinungsform	Beispiele
Offene Flammen	Schweiß- bzw. Schneidflammen; Kerzen- und Zündholzflammen; Flamme der Lötlampe; Flammen in Kesselanlagen
Warme Oberfläche	unisolierte Abgasleitungen, warme Aggregate, warm gelaufene Lager und Wellen, Heiz- und Kochgeräte; Beleuchtungskörper, Lötkolben, durch Kurzschluss erwärmte elektrische Leiter, durch offene Brände erwärmte Teile
Stoffliche Funken	Funkenbildung durch Schleifen, Drehen und Bohren
Elektrische Funken und elektrostatische Entladung	Lichtbogenfunken durch Ladungsausgleich z. B. Funken bei Schaltvorgängen und schlechten Kontakten
Wärmestrahlungsquellen	Flammen; Heizsonnen; glühende Metallflächen; glühende Feststoffe; Kohle; Glutteilchen nach Bränden; Zigarettenglut
Selbstentzündung	Öle; Fette; Eisensulfide; pflanzliche Produkte wie Getreide, Eiweißstoffe wie Fischmehl; Expeller; Kohle; Torf

Tab. 2.1: Zündquellen

Abbrandgeschwindigkeit

Für die Beurteilung von Bränden ist die Abbrandgeschwindigkeit des jeweiligen Brandstoffes eine wichtige Größe. Sie ist die Geschwindigkeit, mit der eine bestimmte Brandstoffmenge in einer Zeiteinheit verbrennt. Damit stellt sie ein wichtiges, quantitatives Charakteristikum des Brandverhaltens eines Stoffes dar und beeinflusst maßgeblich die Wärmeentwicklung während eines Brandes.

Die Abbrandgeschwindigkeit ist vor allem abhängig von
- der Brandstofftemperatur,
- dem Feuchtigkeitsgehalt,
- den Bedingungen des Gasaustausches,
- der Zusammensetzung des Brandstoffes,
- der physikalischen und chemischen Aufbereitung des Brandstoffes und
- den Bedingungen des Wärme- und Massenaustausches in der Brandzone.

Diese für alle Brandstoffe geltenden Aspekte sind in Bezug auf ihren Aggregatzustand weiter zu untersetzen. Bei Flüssigkeiten versteht man unter Abbrandgeschwindigkeit die in der Zeiteinheit pro Brandfläche verbrannte Flüssigkeitsmasse oder die Senkung des Flüssigkeitsspiegels pro Zeiteinheit. Die Abbrandgeschwindigkeit wird meist experimentell bestimmt. Dazu wird in der Regel ein Öffnungsverhältnis von 0,1 zu Grunde gelegt, weil dieser Wert den praktisch vorhandenen Bedingungen sehr nahe kommt. Unter Öffnungsverhältnis wird der Quotient aus der Summe der Flächen aller im Brandraum vorhandenen Öffnungen zur Grundfläche des Raumes verstanden. In Tabelle 2.2 sind für einige flüssige Brandstoffe die Abbrandgeschwindigkeiten dargestellt.

Brennbare Flüssigkeit	Abbrandgeschwindigkeit kg/(m² min)
Autobenzin	1,53
Erdöl	1,20
Dieselkraftstoff	1,10
Heizöl	0,92
Kerosin	0,82
Maschinenöl	0,67
Motorenöl	0,55
Petroleum	2,90
Spiritus	2,07

Tab. 2.2: Abbrandgeschwindigkeiten einiger brennbarer Flüssigkeiten bei Öffnungsverhältnissen $n_ö = 0,16$

Von besonderem Einfluss auf die Abbrandgeschwindigkeit ist die Geschwindigkeit, mit der die Verbrennungsluft zugeführt wird. Wird diese Geschwindigkeit erhöht, verbessert sich die Mischung zwischen Brandstoff und Luft. Die Verbrennung wird vollkommener. Es wird weniger Ruß gebildet. Das Emmissionsvermögen der Flamme wird kleiner. Dadurch vermindert sich die Wärmeabgabe durch Strahlung, die Flamme bleibt heißer. Dieses wiederum verursacht eine Erhöhung der Abbrandgeschwindigkeit, weil der Brandstoff schneller verdampft. In Bild 2.5 ist als Beispiel die Änderung der Abbrandgeschwindigkeit von Benzin und Diesel in Abhängigkeit von der Windgeschwindigkeit dargestellt.

Auch bei festen Brandstoffen wird die Abbrandgeschwindigkeit maßgeblich durch den Gasaustausch beeinflusst. Hier wirken sich besonders
- die geometrische Zuordnung aller Oberflächen zueinander,
- die Packungsdichte und
- die Anzahl und die Form der Zwischenräume aus.

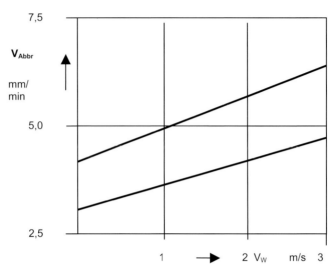

**Bild 2.5: Die Abbrandgeschwindigkeit v_{Abbr} von Benzin und Diesel in Abhängigkeit von der Windge-
schwindigkeit v_W**

Weil die Größe der Abbrandgeschwindigkeit stark von der zu ihrer Bestimmung angewandten Methode abhängt, stehen gerade für feste Brennstoffe oftmals voneinander abweichende Werte zu
Verfügung.

Ergebnisse der Verbrennung

Die Flamme ist der Teil des Stoffstromes aus Brennstoff, Oxidationsmittel und Rauchgas, in dem
Verbrennungsreaktionen stattfinden. Bei Bränden treten nur Diffusionsflammen auf. Sie sind im Prinzip dadurch gekennzeichnet, dass die Vermischung von Brandstoffdämpfen, bzw. -gasen mit dem
Oxidationsmittel durch Diffusion des Oxidationsmittels in der Brandstoffzone erfolgt. Im Gegensatz
dazu treten kinetische Flammen immer dann auf, wenn sich Brennstoffdämpfe vor der Verbrennung
mit dem Oxidationsmittel vermischen. Man trifft sie deshalb bei schnellen Verbrennungen, Explosionen und Detonationen sowie bei verschiedenen technischen Feuerungssystemen. Auf kinetische
Flammen soll im Weiteren nicht eingegangen werden.

In Abhängigkeit von den in den Flammen herrschenden Strömungsverhältnissen werden die Flammen in laminare und turbulente Flammen eingeteilt. Außerdem unterscheidet man in Freistrahl- und
frei brennende sowie in leuchtende und nicht leuchtende Flammen. Im Mittelpunkt des Interesses
stehen frei brennende turbulente Diffusionsflammen. Ihre Beschreibung ist jedoch sehr schwierig und
wird deshalb meistens an Modellvorstellungen laminarer Flammen vorgenommen.

Im Bild 2.7 ist die laminare Diffusionsflamme schematisch dargestellt. Die eigentliche Verbrennung
verläuft in der Verbrennungszone, der Flammenfront. Sie stellt sich als eine sehr dünne Schicht dar
und kann leuchtend oder auch nicht leuchtend sein. Ursache für die Leuchterscheinung ist der in
der Flamme enthaltene Ruß. Die Formen der Verbrennungszonen sind unterschiedlich. Bei laminaren
Flammen ähneln sie einer Glocke z. B. bei einer Kerze oder bei einem Streichholz, bei turbulenten
Flammen sind sie aufgerissen. Ihre Dicke ist unterschiedlich und schwankt zwischen 1 µm und
10 µm.

Die sich in der Verbrennungszone bildenden Verbrennungsprodukte diffundieren sowohl an die Luft
als auch in den Bereich der brennbaren Gase und Dämpfe. In der Dampfzone oder Mischzone erfolgt
keine Verbrennung. Der erforderliche Sauerstoff dringt als Bestandteil der Luft in die Verbrennungszo-

Bild 2.6: Foto einer Sprayfeuerflamme mit turbulenten und laminaren Flammenbereichen

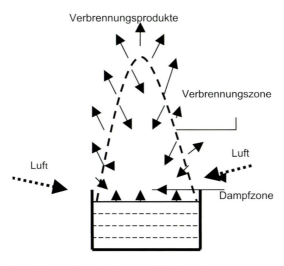

Bild 2.7: Schematische Darstellung einer laminaren Diffusionsflamme

ne ein und bildet mit dem Dampf ein Gemisch, das in Bruchteilen von Sekunden verbrennt. Zu einer starken Rußabsonderung kommt es bei Verringerung des Sauerstoffanteils. Die Rußteilchen glühen infolge ihrer hohen Temperatur und geben der Flamme ihre Leuchtkraft. Damit verbunden ist eine beachtliche Wärmestrahlung.

Die Temperaturen in der Flamme sind brandstoffabhängig und werden darüber hinaus, wie bereits aufgezeigt, von der Luftgeschwindigkeit und dem Sauerstoffangebot beeinflusst. Sie lassen sich berechnen und stellen dann die so genannte theoretische Verbrennungstemperatur dar, die zu Vergleichszwecken benötigt wird. Ihr tatsächlicher Wert liegt wegen der immer vorhandenen Verluste durch Dissoziation oftmals weit darunter (vergl. Tab. 2.3). In Bild 2.8 sind die Temperaturwerte einer Dieselflamme dargestellt.

Die Höhe frei brennender turbulenter Diffusionsflammen, insbesondere von Flüssigkeitsbränden, ist in erster Linie von der Größe der Brandfläche abhängig, darüber hinaus auch von der Art des Brandstoffes und der Abbrandgeschwindigkeit.

Bei Behälterbränden, einem häufigen Ereignis auch in der Seewirtschaft, wird die Abbrandgeschwindigkeit außerdem noch von der Größe des Behälters beeinflusst.

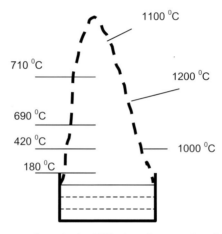

Bild 2.8: Typische Temperaturverteilung in der Diffusionsflamme einer brennenden Flüssigkeit

Die Höhe der Flamme ist für die Bewertung eines Brandes eine wichtige Größe. Vorausgesetzt wird der normale in der Verbrennungsluft enthaltene Sauerstoffanteil. Verringert sich dieser, wird auch die Flammenhöhe kleiner. Das ist z. B. sehr gut beim Einsatz verdünnender Löschmittel, wie Kohlendioxid in höheren Konzentrationen, zu beobachten. Überschläglich kann die Flammenhöhe bei normaler Sauerstoffkonzentration auch aus dem sich naturgemäß einstellenden Verhältnis von

Brandstoff	ca. t_{FL} in °C
Benzin	1170
Diesel	1100
Petroleum	1100
Gummi	1200
Verflüssigte Gase	1500
Schnittholz im Freien	1250
Textilien Baumwolle	1000

Tab. 2.3: Flammentemperaturen t_{FL} von ausgewählten Brandstoffen

Flammenhöhe h und dem Durchmesser des Flammenbodens D bestimmt werden. Dabei spielt die Art des Brandstoffes auch noch eine große Rolle. So sind z. B. Benzinflammen höher als Dieselflammen. In Räumen kann bei DK-Bränden mit einem Wert zwischen 3 und 5 gerechnet werden.

Das Verhältnis verringert sich mit zunehmender Flammengröße. Bei Bränden im Freien nähert es sich dem Wert 2. Die frei werdende Wärmemenge eines Brandes in der Zeiteinheit wird als Wärmestrom ϕ bezeichnet und ist eine wichtige Größe zur Bewertung des sich einstellenden Temperaturregimes.

Dieser Wärmestrom ϕ wird hauptsächlich durch die Größe der Brandfläche A, den Heizwert H und die Abbrandgeschwindigkeit $v_{Abbrand}$ bestimmt und lässt sich nach Gleichung 2.1 bestimmen:

$$\phi = k \, (A \times H \times v_{Abbrand}) \hspace{3cm} [\,2.1\,]$$

Die im Brandstoff enthaltene Energiemenge, charakterisiert durch den Heizwert H, wird bei Bränden wegen der immer unvollständigen und unvollkommenen Verbrennung nur zu einem Teil freigesetzt. In Gleichung [2.1] kennzeichnet der Faktor k diese Situation. Für die Erdölprodukte z. B. beträgt k = 0,75...0,9 des Kennwertes.

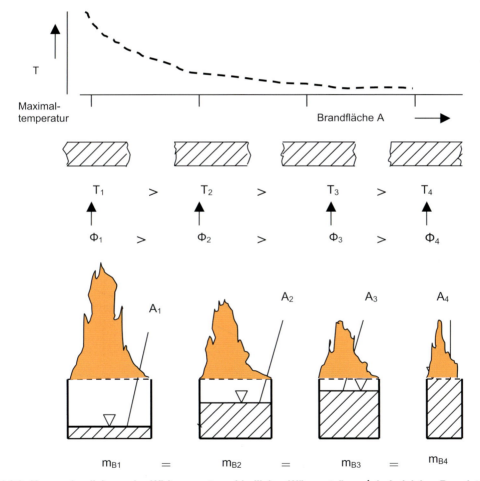

Bild 2.9: Veranschaulichung der Wirkung unterschiedlicher Wärmeströme ϕ bei gleicher Brandstoffmasse und verschiedenen Brandflächen in Bezug auf die Maximaltemperaturen nach Abbrand unter einer Raumdecke

Bild 2.10: Flüssigkeitsbrände mit 2 m² und 4 m² Fläche

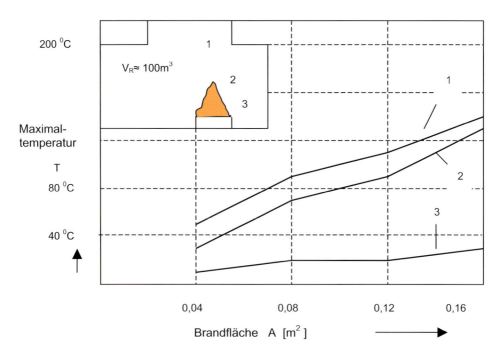

Bild 2.11: Darstellung von erreichten Maximaltemperaturen in Abhängigkeit von der Brandfläche bei gleicher Brandstoffmenge (Versuchsergebnisse im Brandlabor)

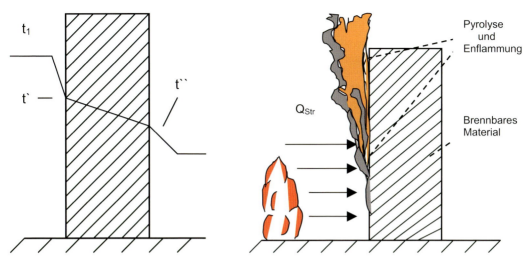

**Bild 2.12: Prinzipieller Temperaturver-
lauf beim Wärmedurchgang
durch eine Wand**

Bild 2.13: Brandausbreitung durch Wärmestrahlung

Die durch die Verbrennung erzeugte Wärme verlässt die Flamme durch Strahlung der vor allem in der Flamme enthaltenen Festkörper, insbesondere Ruß, gegebenenfalls durch Wärmeleitung von der Flamme an berührende Wände und dadurch, dass die frei werdenden Rauchgase entsprechende Wärmemengen (Konvektion) mitführen (s. Bild 2.14). Die durch die Strahlung abgegebene Wärme Q wird in erster Linie durch die Temperatur der Flamme und deren Strahlungsfläche bestimmt. Die Temperatur geht dabei mit der vierten Potenz in die Rechnung ein und verdient darum besondere Aufmerksamkeit auch in des Praxis, weil bereits geringe Temperaturänderungen erhebliche Änderungen der Strahlungswärme bewirken.

Die durch Strahlung abgegebene Wärmemenge beträgt ca. 50 % der gesamten Wärmemenge. Die auf ein Objekt auftreffende Wärme nimmt, entsprechend den Strahlungsgesetzen, mit dem reziproken Wert des Quadrats der Entfernung ab.

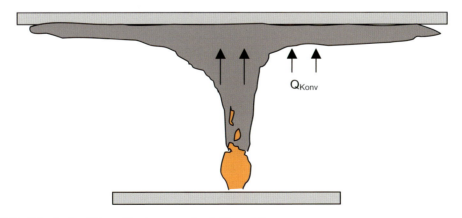

Bild 2.14: Prinzip der Wärmeübertragung durch Konvektion

Verbrennungsprodukte

Das Rauchgasvolumen, welches sich während eines Brandes bildet, ist in erster Linie von der Brandfläche, von des Art des brennbaren Stoffes und damit von der Abbrandgeschwindigkeit, der Vollständigkeit der Verbrennung sowie der Verdünnung der Verbrennungsprodukte abhängig. Außer der Brandgefährlichkeit und den vielfach hohen Temperaturen bewirken die Verbrennungsprodukte stets die Gefahr einer erheblichen Verschlechterung der Atembedingungen für die Menschen an Bord.

Die eigentlichen Verbrennungsprodukte sind alle gasförmigen, flüssigen und festen Stoffe, die sich bei der Verbrennung in Luft bilden. Bei einer vollkommenen Verbrennung entstehen immer Kohlendioxid und Wasser. Bei der Verbrennung stickstoffhaltiger Verbindungen kommt außerdem noch Stickstoff, meist in molekularer Form, hinzu.

Bei einer unvollkommenen Verbrennung, d. h. bei begrenztem Luftzutritt unter Sauerstoffmangel, oder auch bei zu niedriger Temperatur, entstehen neben Kohlenmonoxid und Ruß auch andere unvollständig verbrannte Pyrolysegase, wie z. B. Schwefelwasserstoff, Zyanwasserstoff, Alkohole und komplizierte organische Verbindungen, die bereits bei geringen Konzentrationen für den Menschen sehr gefährlich sind.

Der Einfluss der Zersetzungstemperaturen auf die sich bildenden Verbrennungsprodukte ist beachtlich. So spaltet sich z. B. Chlorwasserstoff bereits bei einer Temperatur von $T = 570\,°C$ von PVC-Platten vollständig ab, während sich andere mögliche Produkte noch nicht bilden. Mit steigender Temperatur kommen neue Zersetzungsprodukte hinzu. Die anteiligen Mengen verändern sich laufend. In Kapitel 6 wird näher auf solche Produkte und vor allem auf ihre Wirkungen auf den Menschen eingegangen.

Die meisten Produkte des thermooxidativen Abbaus sowie auch die der unvollständigen Verbrennung sind gut brennbar. Wenn nun zum Brandherd ausreichend Luft zugeführt wird, vermischen sich diese Stoffe im Rauch, sie brennen ab oder werden abtransportiert. Ist die Luftzufuhr jedoch nicht ausreichend, z. B. in geschlossenen Räumen, erhöht sich die Konzentration der Produkte der unvollständigen Verbrennung und des thermooxidativen Abbaus. Das Abbrennen dieser Stoffe wird auf Grund fehlender Luft unterdrückt oder verhindert. Bei Luftzutritt entstehen dann zündfähige Gemische, die auch Bedingungen für Explosionen oder Verpuffungen erfüllen können. Erfahrungen zeigen deshalb immer wieder, dass oftmals nach Öffnen eines Raumes, in dem es brannte, Explosionen bzw. Verpuffungen stattfanden, besonders dann, wenn sich das Öffnen schnell vollzog. Das plötzliche Durchzünden der Rauchgase wird auch *flash over* bezeichnet.

Ebenso ist die Verschlechterung der Sichtverhältnisse durch die Rauchbildung für die in einem solchen Raum handelnden Personen von großer Tragweite. Diese Sichtverminderung ist vor allem auf den Ruß, die Ascheteilchen und Wassertröpfchen (Wassernebel) zurückzuführen. Auch die Färbung der Rauchgase trägt dazu bei. Da dieser Aspekt besondere Bedeutung bei der Organisation der Brandabwehr besitzt, wird an dieser Stelle noch ausführlicher auf den Einfluss des Rauches einzugehen sein. Zur Charakterisierung der Toxizität und Sichtverminderung werden Rauchtoxizitätskennwerte und Rauchbildungskoeffizienten verwendet.

Ein weiterer Aspekt der Gefährlichkeit der Rauchgase ist ihre chemische Aggressivität. Neben der Reizwirkung auf den menschlichen Organismus verursachen die Gase auch Zerstörungen an Anlagen und Konstruktionen durch Korrosion. Farbe und Geruch der Verbrennungsprodukte sind abhängig von der Zusammensetzung der Brandstoffe und den Verbrennungsbedingungen. Vielfach kann durch sie auch auf die Art des Brandstoffes geschlossen werden. Um Rauchgas handelt es sich dann, wenn im gasförmigen Medium, dem Dispersionsmittel, welches auch als Brandgas bezeichnet wird, Ruß und weitere kleine feste Teilchen enthalten sind. Diese werden zusammengefasst auch als

Bild 2.15: Ein Flash-Over

Rauch bezeichnet. Die Größe dieser Teilchen liegt im Bereich zwischen 10 und 1 µm. Sie sind auch die Ursache dafür, dass sich bei Abkühlung des im Rauchgas enthaltenen Wasserdampfes Nebel bildet.

Die Partikel wirken dann als Kondensationskerne. Den größten Anteil der festen Teilchen stellt Ruß dar. Es ist ein Zwischenprodukt der Verbrennung und besteht aus kugelförmigen Einzelelementen, die nach Art einer Perlenkette lose aneinander lagern. Die Menge des entstehenden Rußes hängt von der Temperatur und den Eigenschaften des Brandstoffes, insbesondere vom C/H-Verhältnis, und dem Molekülaufbau sowie vom Sauerstoffanteil ab.

Explosionen und Detonationen

In diesem Kapitel werden nur Explosionen behandelt, die auf chemischer Reaktion beruhen. Das sind Gas-, Dampf-, Nebel- und Staubexplosionen. Sie entstehen durch eine sehr schnell ablaufende Verbrennung von brennbaren
- Dämpfen und Gasen, wie z. B. Benzin, Propan, Azetylen, Lösungsmitteldämpfe,

– Nebeln, wie fein versprühte Flüssigkeiten: Diesel, Motoren- und Getriebeöle, Hydrauliköl, Schmieröl und
– Stäuben, z. B. Kohlenstaub, Metallstaub, Mehl, Getreide, Heu und Stroh, Zucker und Stärke, Holzstaub,

die in einem bestimmten Mischungsverhältnis mit Luft und Sauerstoff vorliegen. Eine Explosion stellt damit ein System von chemischen und gasdynamischen Prozessen dar, bei denen eine dünne Flammenfront schnell und beschleunigt durch das explosible Gemisch läuft. Die frei werdende Energie wird hauptsächlich als Druckstoß, aber auch als Wärmestrom und als Strahlung an die Umgebung abgegeben. Solche Explosionen werden auch als Raumexplosionen bezeichnet.

Die Zündung explosiver Gemische kann nach drei charakteristischen Gesichtspunkten unterteilt werden:
1. Die Zündung erfolgt dadurch, dass das gesamte Gas-Luft-Gemisch gleichmäßig auf eine bestimmte Temperatur erwärmt wird, bei der dann die Reaktion beginnt, deren Geschwindigkeit ständig wächst. Dieser Vorgang ist temperaturabhängig. Ebenso spielt die Konzentration des Gemisches eine Rolle.
2. Die Zündung erfolgt an stark erwärmten Flächen. Die in Frage kommenden Gasmengen werden dazu vergleichsweise stark erwärmt.
3. Die Zündung beginnt an bestimmten Punkten innerhalb des Gemisches, verursacht durch Funken, Flammen u. a., die von außen zugeführt werden. Die in jedem Fall für eine Zündung benötigte Mindestzündenergie ist eine Funktion folgender Größen:
   – unterer Heizwert des brennbaren Stoffes
   – Flammenfortpflanzungsgeschwindigkeit im Gemisch
   – Dichte, Temperaturleitfähigkeit und spezifische Wärmekapazität des Gemisches sowie die
   – Reaktionstemperatur

Die geringste Zündenergie ist dann erforderlich, wenn ein stöchiometrisches Gemisch vorliegt. In der Nähe der Explosionsgrenzen sind die Werte für die benötigte Zündenergie am höchsten (Bild 2.16). Auch die Höhe des Explosionsdruckes ist von der Gemischkonzentration abhängig. Beim stöchiometrischen Gemisch ist der Explosionsdruck am höchsten (Bild 2.17). Er verringert sich jeweils in Richtung der Explosionsgrenzen.

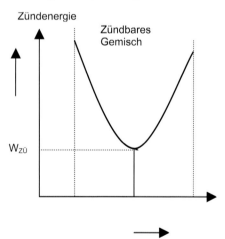

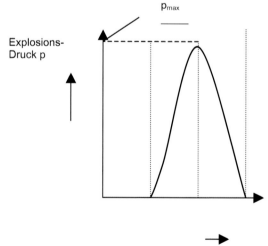

Bild 2.16: Mindestzündenergie WZÜ in Abhängigkeit von der Gemischkonzentration C

Bild 2.17: Explosionsdruck p in Abhängigkeit von der Gemischkonzentration C

Bei Explosionen werden in sehr kurzer Zeit große Wärmemengen freigesetzt. Sie bewirken gleichzeitig eine große Volumenausdehnung der beteiligten Gasmassen. Die Ausdehnungsgeschwindigkeit ist dabei von der Flammenausbreitungsgeschwindigkeit abhängig. Letztere beträgt 10 bis ca. 100 m/s. Der schnell ansteigende Druck erreicht Werte bis 1 MPa. Explosionen sind deswegen für Menschen und Anlagen sehr gefährlich. Der Explosionsdruck ist eine Kennzahl zur Bewertung der Explosionsgefährdung und praktisch der Effekt einer Explosion, der die typischen Wirkungen verursacht. Bezogen auf das Volumen des Explosionsraumes charakterisiert es das Arbeitsvermögen der Explosion. Der bestimmbare maximale Explosionsdruck stellt einen Idealwert dar.

Die in der Praxis auftretenden Drücke sind meist erheblich niedriger. Verursacht wird dieser Umstand dadurch, dass bei Auslösung der Explosion das stöchiometrische Gemisch meist nicht vorliegt, dass der brennbare Stoff im Explosionsraum nicht homogen verteilt ist und dass Verstellelemente wie Motore und Ausrüstungsgegenstände, u. a. wärmeverzehrend wirken. Letztlich wirken sich auch vorhandene Öffnungen mindernd auf den theoretisch erreichbaren maximalen Explosionsdruck aus.

Neben der Höhe des Druckes spielt für die zerstörende Wirkung die Druckanstieggeschwindigkeit eine entscheidende Rolle. Diese Druckanstieggeschwindigkeit ist vom Medium, von der Größe und von der Form des Explosionsraumes abhängig. Darum ist es auch sehr schwierig, eine allgemeine Gleichung für den Druckanstieg in beliebigen Gefäßen bzw. Räumen zu finden. Um die Explosionswirkungen möglichst gering zu halten, bzw. gar nicht erst entstehen zu lassen, werden Maßnahmen zur Explosionsdruckentlastung bzw. -unterdrückung geplant. Bei der Explosionsdruckentlastung werden Berst- oder Bruchscheiben oder auch Explosionsklappen verwendet, die bei Erreichen eines vorgegebenen Druckes ansprechen.

Bei der Explosionsunterdrückung werden die sich bei einer Explosion zeigenden Größen Licht, Druck und Wärme genutzt, um den Anlauf einer Explosion zu erkennen. Zu diesem Zeitpunkt wird ein Löschmittel in den Explosionsraum gegeben. Die hohen Temperaturen wirken sich wegen ihrer kurzen Einwirkungsdauer vergleichsweise gering aus. Für Menschen stellen sie allerdings eine große Gefahr dar. Als eine Folge von Explosionen ist außerdem immer mit Nachfolgebränden zu rechnen. Explosionen entstehen nur dann, wenn die Konzentration des Brandstoffes im explosiven Gemisch innerhalb der unteren und oberen Explosionsgrenzen, also im Explosionsbereich liegt. Diese Grenzen werden in Vol.-%, g/cm oder in Mol angegeben. Eine Umrechnung ist möglich.

Praktisch kommt es dann zu Explosionen, wenn einem vorhandenen explosiven Gemisch die notwendige Zündenergie zugeführt wird, wie z. B. bei Tankexplosionen durch einen Funken infolge elektrostatischer Aufladung bzw. wenn sich in Gegenwart einer Zündquelle das entsprechende Gemisch durch Austritt von Gasen und Dämpfen in Räumen gebildet hat. In den Bildern 2.18 und 2.19. sind beide Varianten dargestellt. Bei Überschreitung der oberen Explosionsgrenze herrscht Brandstoffüberschuss. Ein solches zu „fettes" Gemisch ist nicht mehr explosiv, kann aber bei Luftzutritt abbrennen. Bei Unterschreitung der unteren Explosionsgrenze ist dieses Gemisch dann nicht explosiv, aber unter bestimmten Voraussetzungen brennbar.

Wird z. B. ein Tagestank infolge eines Maschinenraumbrandes stark erwärmt, so befinden sich im Tank oberhalb des Flüssigkeitsspiegels nur Kraftstoffdämpfe. Der Anteil Sauerstoff ist praktisch Null. Damit sind weder die Bedingungen für eine Brandentstehung noch für eine Explosion im Tagestank vorhanden.

Die Explosionsgrenzen stellen wichtige sicherheitstechnische Kennzahlen von brennbaren Gasen, Dämpfen, Nebeln und Stäuben dar. Sie werden durch Berechnungen und experimentell bestimmt.

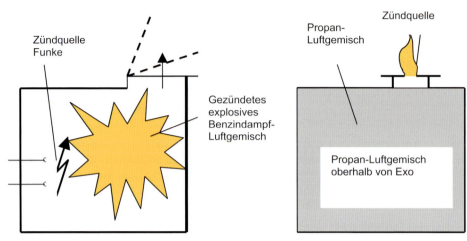

Bild 2.18: Explosion durch Zufuhr der Zündenergie in das explosive Gemisch

Bild 2.19: Explosion durch Veränderung der Konzentration im Raum infolge Abbrand – Annäherung an die obere Explosionsgrenze

Sie beziehen sich auf die Normbedingungen und sind von folgenden Ausgangsbedingungen abhängig:
- von der Temperatur des Ausgangsgemisches
- vom Strömungszustand des brennbaren Gemisches: mit wachsender Strömungsgeschwindigkeit verringern sich die Explosionsgrenzen
- vom Ausgangsdruck: mit seiner Verringerung verkleinert sich der Explosionsbereich
- vom Sauerstoffanteil des Gemisches: wird er auf über 21 % erhöht, erweitert sich der Explosionsbereich. Beim Zusatz inerter Gase wird er eingeengt
- von des Zündenergie: mit wachsender Zündenergie erweitert sich der Bereich

Bei Nebeln hängt das Explosionsverhalten vor allem von der Tropfengröße ab. Bei einer Teilchengröße von 1 μm fällt die untere Explosionsgrenze mit der des Dampfes des gegebenen Stoffes zusammen. Bei Vergrößerung des Teilchendurchmessers auf Werte zwischen 1 bis 5 μm verringert sich die untere Explosionsgrenze um das ca. 2,5-fache. In den Tabellen 2.4 und 2.5 sind für verschiedene Stoffe die Explosionsgrenzen in Luft dargestellt.

Stoff	Ex_u untere Explosionsgrenze [Vol%]	Ex_o obere Explosionsgrenze [Vol%]	Mindestzündenergie [mJ]
Wasserstoff	4	76,6	0,019
Acetylen (Ethin)	2,5	80	0,019
Diethylether	1,8	36,5	0,25
Propan	2,1	9,6	0,26
Methan	5,0	15,0	0,28

Tab. 2.4: Explosionsgrenzen und Mindestzündenergien für Gase

Stoff	Ex$_u$ untere Explosions-grenze [Vol%]	Exo obere Explosions-grenze [Vol%]	Mindestzündenergie [mJ]
Schwefelkohlenstoff	1	60	0,009
Methanol	5,5	36	0,14
Ethanol	3,3	19	0,14
Hexan	1,2	7,4	0,24
Benzin	0,6	8	0,28

Tab. 2.5: Explosionsgrenzen und Mindestzündenergien für Flüssigkeiten

Bei Stäuben wird nur die untere Explosionsgrenze bestimmt. Sie stellt die minimale Brennstaubkonzentration einer Brennstaub-Luftwolke dar, bei der noch eine selbständige Flammenfortpflanzung möglich ist. Zahlenwerte können für die Staubgröße zwischen 3 und 30 μm liegen.

Es gibt aber auch davon abweichende Angaben. Staubexplosionen sind die gefährlichste Form der Reaktionsmöglichkeit brennbarer Stäube. Sie entstehen, wenn – ähnlich den Explosionen von Dampf-, Gas- und Nebelgemischen – die Voraussetzungen brennbarer Staub, Oxidationsmittel in entsprechender Konzentration und eine wirksame Zündquelle räumlich und zeitlich zusammentreffen. Wesentliche Kenngröße für ihr Explosionsverhalten ist die Korngröße. Mit ihrer Verringerung wird die untere Explosionsgrenze niedriger und die Druckanstiegsgeschwindigkeit erhöht sich. Ihr Betrag kann wegen Turbulenzbildung über dem liegen, der bei der Explosion von Gasen und Dämpfen eintritt.

Der maximale Druck erreicht jedoch Werte in gleicher Höhe. Die besondere Gefährlichkeit der Staubexplosionen ergibt sich vor allem daraus, dass sie sehr selten sind und die gegebenen Bedingungen oft unterschätzt werden, dass Staubablagerungen in entsprechender Schichtdicke meist lange und bzw. oder unbegrenzt existenzfähig sind und dass auch Selbstentzündung möglich ist. Zündquellen für Staubexplosionen können sein: Selbstentzündungen, Flammen, Funken, elektrostatische Entladungen, heiße Flächen, Brände, Schweißarbeiten. Aus Untersuchungen ergibt sich, dass etwa 25 % aller Staubexplosionen auf landwirtschaftliche Stäube einschließlich Mehl, Zucker und Stärke zurückzuführen sind. Außerdem stellen Kohlenstaub-, Holzstaub-, Metallstaub- und Textilstaubexplosionen ebenfalls einen erheblichen Anteil dar.

Eine Verpuffung ist eine besondere Art der Raumexplosion. Sie unterscheidet sich vom Brand durch das stark instationäre Verhalten und von der Explosion und Detonation durch den auftretenden Druck. Seine Anstiegsgeschwindigkeit und die Flammenausbreitungsgeschwindigkeit ist geringer. Letztere erreicht Werte bis zu 10 m/s. Die Drücke liegen unter 0,1 MPa. Eine Detonation ist eine auf das höchste gesteigerte Explosion. Die Zündung erfolgt durch Übertragung des Druckimpulses. Die Geschwindigkeit der Flammenausbreitung kann bis zu 4000 m/s und der Druck bis zu 10 MPa betragen.

Phasen im Brandablauf

Brände werden im Allgemeinen nach ihrer Erscheinungsform eingeteilt und zwar in Flammen-, Glut- und Glimmbrände. Bei festen Brandstoffen, wie z. B. Holz und Steinkohle, folgt dem Flammenbrand meist der Glutbrand. Er ist dadurch gekennzeichnet, dass die langsam verlaufende Verbrennung von der Geschwindigkeit einer heterogenen Reaktion der Sauerstoffanlagerung an die Glut bestimmt wird. Die Temperaturen des Glutbrandes sind gegenüber denen bei Flammenbränden vergleichsweise niedrig. Die Ausbreitungsgeschwindigkeit ist gering. Geeignet für Glutbrände sind Kohlenstaub, Ruß, pyrophore Metalle, außerdem, nach der Flammenbrandphase, alle zellulosehaltigen Stoffe. Glutbrände sind schwer zu liquidieren.

Eine besondere Form des Glutbrandes ist der Glimmbrand. Hier entstehen die flüchtigen Pyrolyse-produkte unterhalb der Zündtemperatur bzw. sie werden mit so geringer Geschwindigkeit aus dem Brandstoff ausgetrieben, dass die untere Explosionsgrenze im entstehenden Gemisch nicht erreicht wird. Der Glimmbrand ist eine Phase bei der Zündung fester Brandstoffe. Die Glimmtemperatur ist die Temperatur eines festen Stoffes, bei der sich die Geschwindigkeit von exothermen Oxidationsreakti-onen vergrößert, wobei ein Glimmherd entsteht. Diese Temperatur charakterisiert die Bedingungen, unter denen in einer entsprechenden Probe eine flammenlose Verbrennung erfolgt.

Schwelbrände sind Brände mit einem spezifischen Erscheinungsbild und der Charakteristik eines Glutbrandes. Es treten nahezu keine Flammen auf. Möglich ist aber die Entwicklung großer Mengen flüchtiger, unverbrannter Zersetzungsprodukte, die bei Vermischung mit Luft explosive Gemische bilden und dann zu einer schnellen Brandausbreitung durch Verpuffung oder Explosionen führen können. Bei langsamer Luftzufuhr geht der Schwelbrand in einen Flammenbrand über. Der Zustand in einem Raum während eines Flammenbrandes wird im Allgemeinen bestimmt durch die Größe und Gestalt des Brandraumes, durch die Dauer des Brandes und maßgeblich durch Öffnungen im Brandraum. Die Strömungen im Brandraum sind turbulent, instationär und dreidimensional.

Für die Beschreibung des Verlaufes dieses Brandtyps ist die Temperatur die wichtigste Größe. Auf dieser Grundlage können natürliche und auch Versuchsbrände hinsichtlich ihres Temperaturverlaufs in Abhängigkeit von der Branddauer in charakteristische Zeitperioden eingeteilt werden. Häufig wird die Einteilung in drei Phasen gewählt. Die erste Phase wird meistens als Entstehungsbrandphase bezeichnet. Sie ist gekennzeichnet durch eine relativ geringe Wärmefreisetzung pro Zeiteinheit.

Sie ist dann beendet, wenn alle Brandstoffe im Raum vom Brand nahezu erfasst sind. Wegen der sich im Durchschnitt vergrößernden Brandfläche wird zwar der Wärmestrom ebenfalls größer, aber die Temperaturanstiegsgeschwindigkeit bleibt trotzdem noch gering. Vielfach wird für die Entste-hungsbrandphase kein genau definiertes Ende angegeben, so dass ein Brand in dieser Phase vor allem durch seine relativ geringe Größe und den relativ geringen Löschaufwand charakterisiert wird.

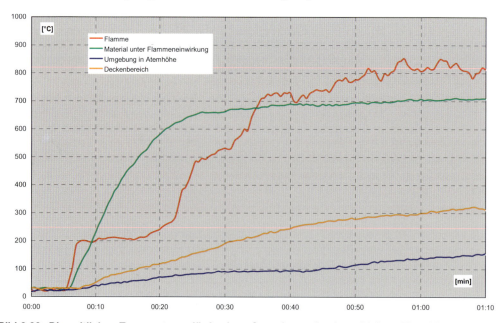

Bild 2.20: Die zeitlichen Temperaturverläufe eines Sprayfeuers in einem kleinen Maschinenraum

Die Dauer dieser Phase wird hauptsächlich von den physikalischen Eigenschaften des Brandstoffes, von seiner Verteilung im Brandraum, von der Gestalt und Größe dieses Raumes, von der Temperatur und Feuchtigkeit des umgebenden Mediums sowie von den Bedingungen der Zufuhr der Verbrennungsluft bestimmt. Diese Bedingungen können außerordentlich vielfältig sein. Vor allem sind es Größe und Ort der Öffnungen sowie die Stärke der Luftströmungen, die als Einflussgrößen eine große Rolle spielen. Die Schäden infolge der Temperaturen in dieser Phase sind relativ gering und ein Löscherfolg ist meistens gegeben. Die Rauchgasentwicklung in dieser Phase erreicht schon beträchtliche Ausmaße, so dass Toxizität und Rauchdichte gefährliche Werte für den Menschen annehmen können.

Innerhalb dieser Entstehungsbrandphase kann es zu einer Besonderheit kommen, die jedoch nur für geschlossene Räume gilt, aber hierfür typisch sein kann. Bei etwa $T \approx 400\,°C$ kommt es infolge von Sauerstoffmangel zu einem Absinken der Temperatur. Es bilden sich aber weiterhin reichliche Mengen brennbarer Gase durch thermische Aufbereitung der brennbaren Stoffe. Wird diesem Raum z. B. durch Öffnen von Türen ausreichend Sauerstoff zugeführt, kann nach entsprechender Durchmischung eine schlagartige Verbrennung erfolgen, die auch als flash over bezeichnet wird. Die Ausbreitung der Flammenfront vollzieht sich mit hoher Geschwindigkeit.

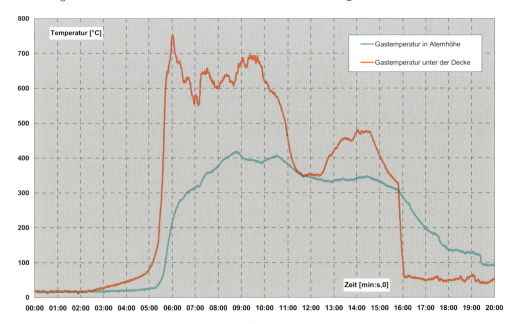

Bild 2.21: Temperaturverläufe bei einem Feststoffbrand in einer Kammer

Unter Beachtung des Charakters der ersten Phase beginnt der zweite Abschnitt also dann, wenn die maximale Brandfläche erreicht ist. Damit wächst der Wärmestrom erheblich an und dem zufolge auch die Temperatur. Es wird die Masse des brennbaren Materials vernichtet.

Die zweite Phase bestimmt im Wesentlichen auch die Branddauer. Der Wärmestrom ist wegen der nahezu konstanten Brandfläche und der sich wenig verändernden Abbrandgeschwindigkeit im Durchschnitt konstant. Die Temperaturen nehmen dementsprechend zu und erreichen ihr Maximum, ebenso alle anderen Parameter. Größe und Gestalt des Brandraumes spielen hierbei eine wesentliche Rolle. Die hohen Temperaturen stellen nun auch für die Schiffskonstruktion eine große Gefahr dar.

Die Branddauer als eine wichtige Größe kann, wenn auch nur überschläglich, berechnet werden. Grundlage sind die im Brandraum vorhandenen Massen des Brandstoffes sowie dessen Abbrandgeschwindigkeit.

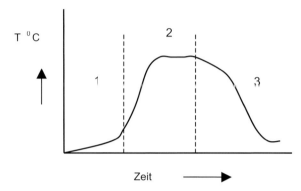

T °C

Zeit

Bild 2.22: Typische Phasen im Brandverlauf
      1. Entstehungsphase
      2. Vollbrandphase
      3. Abkühlungsphase

Vergrößert man bei gleich bleibender Brandstoffmenge und Abbrandgeschwindigkeit die Brandfläche, so verringert sich verständlicherweise die Branddauer. Dafür nimmt aber der Wärmestrom erheblich zu und folglich steigt die Temperatur schneller und führt zu höheren Maximaltemperaturen. Das hat besondere Bedeutung bei niedrigen Räumen.

Die dritte Phase, die Phase des abklingenden Brandes, wird vor allem dadurch charakterisiert, dass der größte Teil des brennbaren Stoffes verbrannt ist, die Brandfläche kleiner wird und die Abbrandgeschwindigkeit sinkt. Die Brandraumtemperaturen nehmen ebenfalls ab. Die Geschwindigkeit der Abnahme ist zunächst groß, wird dann kleiner, so dass sich die Temperaturen zum Ende dieser Phase dann nur noch sehr langsam verringern. Der Brand kommt in den meisten Fällen zum Erlöschen. Trotzdem können in dieser Phase die Temperaturen noch Werte annehmen, die sowohl für Personen als auch für Sachwerte eine Gefahr darstellen.

Es kann zu erneuten Zündungen kommen. Nach dem Verlöschen des Brandes verringern sich die Temperaturen im geschlossenen Brandraum nur durch Abkühlung, also durch Wärmeübertragung nach außen. Durch Abführung warmer Raumluft kann der Abkühlungsprozess unterstützt werden.

Der in Bild 2.22 dargestellte zeitliche Temperaturverlauf gibt natürlich keine Auskunft über die Temperaturen während eines Brandes an den einzelnen Orten im Brandraum. Um die entsprechenden Werte zu erhalten, sind im Allgemeinen Messungen erforderlich, denn auf rechnerischem Wege kommt man gegenwärtig nicht zu befriedigenden Ergebnissen, weil die physikalischen Vorgänge und deren geeignete mathematische Beschreibung bisher ungenügend geklärt sind.

In Bild 2.23 ist die Temperaturentwicklung an ausgewählten Orten in einem nahezu geschlossenen Brandraum während eines Versuchsbrandes dargestellt. Es ist erkennbar, dass die Temperaturverläufe an den einzelnen Messpunkten voneinander abweichen. Über den Flammen sind die Maximaltemperaturen am größten, ebenso deren Anstieg. Auf gleichem Niveau mit dem Brandherd sind die Temperaturen am geringsten. In zeitlicher Abhängigkeit dehnt sich die Warmluftschicht nach unten aus. Erfahrungen zeigen, dass an Bereichen unterhalb des Brandherdes selten Schäden festgestellt

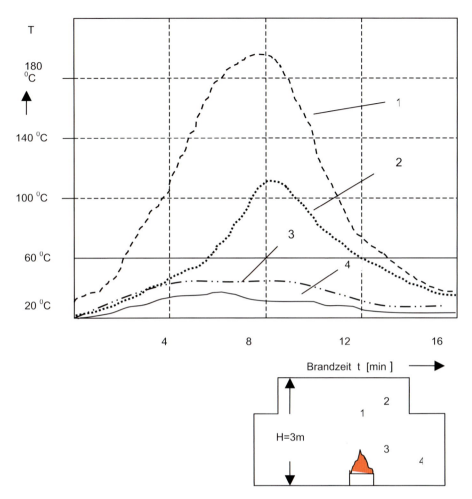

Bild 2.23: Darstellung von Maximaltemperaturen T in Abhängigkeit von der Brandzeit und den Parametern Brandfläche A = 0,12 m² und Brandstoffmenge m_{DK} = 2,64 kg (Versuchsraum V_R= 100 m²)

werden können. Für den Temperaturanstieg und die Maximaltemperatur ist vor allem das Verhältnis Brandfläche zur Raumgröße von Bedeutung. Dabei spielt die Raumhöhe eine besondere Rolle: Je niedriger die Raumdecke ist, desto schneller und höher steigen die Temperaturen. Sind Grundfläche des Raumes und Brandfläche gleich groß, bestehen praktisch keine Temperaturunterschiede.

Die während eines Brandes in einem Raum entstehenden Temperaturen sind in erster Linie auf die aus der Flamme austretenden Gase zurückzuführen. Die Strahlung der Flamme trägt hierzu nur unwesentlich bei. Sie wirken sich vor allem im Strahlungsaustausch zwischen Flammen und den Flächen fester Körper aus. Die durch Strahlung übergehende Wärmemenge wird verringert, wenn sich zwischen der Flamme und der absorbierenden Wand Schutzelemente befinden. Solche Schutzelemente sind in der Praxis in vielfältiger Weise darstellbar und auch oftmals vorhanden. Ihre Schutzwirkung für den Menschen besteht im Allgemeinen so lange, wie keine Rauchgase mit für den Menschen unerträglichen Temperaturen den betreffenden Ort erreichen bzw. diese Wände selbst nicht strahlen.

In Brandräumen mit einer von vornherein vorhandenen Öffnung ist zwar mit einer ähnlichen Temperaturentwicklung wie in einem geschlossenen Raum zu rechnen, jedoch sind die Werte im Durchschnitt niedriger, obwohl ein verbesserter Brandablauf zu erwarten ist. Dafür ist mit abströmenden Rauchgasmengen und austretender Strahlung zu rechnen, die jeweils zur Reduzierung der mittleren Temperatur im Brandraum führen.

Die Rauchgastemperatur ist zeitlich veränderlich und während eines Brandes im Prinzip unbekannt. Überwiegend steigt sie jedoch bereits in 5 bis 10 Minuten nach Brandbeginn auf $T \approx 600\ °C$ und erreicht im Verlaufe des Brandes Werte zwischen 700 Grad C und 1000 Grad C. Es sind aber auch höhere Temperaturen möglich (s. Dilder 2.20 bis 2.25).

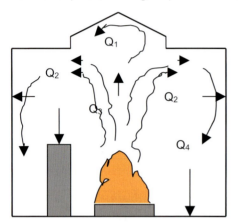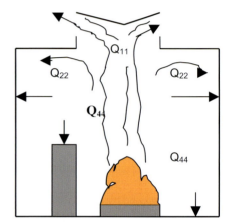

Bild 2.24: Schematisches Darstellung zum Wärmetransport in einem geschlossenen und geöffneten Maschinenraum

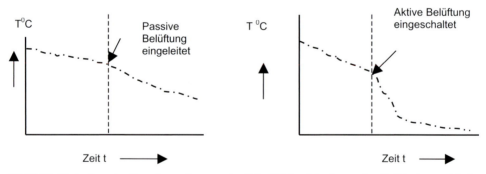

Bild 2.25: Verhalten der Brandraumtemperatur T in Abhängigkeit von der Zeit bei verschiedenen Lüftungsregimen

Brandausbreitung auf Seeschiffen

Die Ausbreitung eines Brandes ist ein komplizierter Prozess, dessen Verlauf durch zahlreiche Einflussgrößen bestimmt wird, die zum großen Teil gegenwärtig nur qualitativ beschrieben werden können. Es kann unterschieden werden in
– Ausbreitung eines Brandes innerhalb eines Raumes bzw. eines Brandabschnittes,
– Übergreifen eines Brandes von einem Raum aus in benachbarte Räume und
– Übergreifen eines Brandes von einem Raum aus in nicht benachbarte Bereiche.

In den meisten Fällen erfolgt die Brandausbreitung durch die Bewegung der Flammenfront. Bei festen und flüssigen Brandstoffen geschieht das auf deren Oberfläche in homogenen Gas- bzw. Dampfluftgemischen, in Staub-Luft-Gemischen sowie Nebel-Luft-Gemischen senkrecht zur Flammenfront in das unverbrannte Gemisch hinein. Die Geschwindigkeit der Brandausbreitung, auch als Flammenausbreitungsgeschwindigkeit bezeichnet, wird vor allem durch den brennbaren Stoff selbst bestimmt, im Weiteren durch die Ausgangstemperaturen, bei festen Stoffen durch deren Zerkleinerungsgrad und die Oberflächenbeschaffenheit, durch die Lage im Raum (senkrechte oder waagerechte Ausbreitung) und durch die räumlichen Bedingungen.

Bei brennbaren Flüssigkeiten sind Ausbreitungsgeschwindigkeiten von 25 bis 30 m/min möglich. Großen Einfluss üben die Bedingungen der Luftzufuhr aus, insbesondere Richtung, Geschwindigkeit und Menge. Bei Gasen und Dämpfen, Stäuben und Nebeln spielt außerdem der Druck eine wesentliche Rolle. In Tabelle 2.6 sind für verschiedene Brandstoffe die Flammenausbreitungsgeschwindigkeiten bei Flammenbränden dargestellt. Eine weitere Möglichkeit der Brandausbreitung besteht wie bereits dargestellt darin, dass die Zündung von Brandstoffen durch Wärmeleitung von der Flamme an den Brandstoff, durch die Strahlung der Flamme und durch die in den Rauchgasen enthaltene Wärme erfolgt.

Stoffe	Mittelwert der linearen Flammenausbreitungsgeschwindigkeit in m/min
Holz	1....2
Papierballen	0,3
Textilien	0,33
Kautschuk (synt.)	0,4
Azeton (bei 10 °C)	19,0
Äthylalkohol	7,8
Toluol	10,2
Wasserstoff	160,0
Methan	22,2
Azetylen	81,0
Kohlenmonoxid	18,0

Tab. 2.6: Flammenausbreitungsgeschwindigkeiten für Flammenbrände einiger fester, flüssiger und gasförmiger Brandstoffe

Die Ausbreitung eine Brandes von einem Raum in benachbarte Bereiche erfolgt durch den Wärmeübergang durch die umschließenden Wände, durch Bewegung der Flammenfront bei Vorhandensein von Öffnungen wie Luken, Lüftungsschächte u. a. und durch das Herausschlagen von Flammen aus Öffnungen. Außerdem ist die Brandausbreitung in andere Räume dadurch möglich, dass dorthin übertragene Rauchgase als Zündquelle wirken oder infolge ihres CO-Gehaltes oder anderer brennbarer Gase durch vorhandene Zündquellen entflammen. Am überschaubarsten ist gegenwärtig die Wärmeübertragung durch die umschließenden Wände. Sie setzt sich aus drei Vorgängen zusammen:
– dem Übergang der im Brandraum vorhandenen Wärme an die umschließende Wände durch Berührung oder/und Strahlung (s. Bild 2.3)
– dem Wärmefluss durch die Wände hindurch (Wärmeleitung) und
– dem Wärmeübergang von den Wänden an die benachbarten Bereiche, (Berührung, Strahlung), s. Bilder 2.12 bis 2.14

Zu jedem Vorgang gehört als treibende Kraft eine Temperaturdifferenz, so dass sich an den Wandoberflächen Zwischentemperaturen einstellen müssen. Als entscheidende Ausgangsgröße erweist sich immer die Brandraumtemperatur. Jedoch gerade ihre Bestimmung ist im Allgemeinen problematisch, weil die Vielfalt der Erscheinungen, wie Temperatur-Zeit-Verlauf, Flammenentwicklung, Raumgröße, Raumgestaltung u. a., groß ist. Rein physikalisch gesehen, können alle Formen der Wärmeübertragung in einem Raum auftreten, in dem der Brand stattfindet. Die genaue Bestimmung der Anteile ist sehr aufwendig und mit Unsicherheiten verbunden. In Auswertung realer Schiffsbrände muss festgehalten werden, dass die Wärmeübertragung in vielen Fällen zusätzlich die Brandabwehr erheblich erschwert hat.

2.1.4 Baulicher Brandschutz auf Seeschiffen

Begriffsbestimmungen, Aufgaben des baulichen Brandsschutzes

Der bauliche Brandschutz – vielfach wird auch vom bautechnischen Brandschutz gesprochen – ist ein Teil des vorbeugenden Brandschutzes und beinhaltet die Gesamtheit aller bautechnischen, baugestalterischen und funktionsplanerischen Maßnahmen, mit denen die Brandentstehung, die Brandausbreitung und -übertragung auf ein Mindestmaß reduziert oder vollständig verhindert werden, die gefahrlose Evakuierung von Menschen gewährleistet, die Tätigkeit der Brandabwehrkräfte für eine bestimmte Zeit garantiert und der Zerstörungsgrad so gering wie möglich gehalten wird.

Aus diesen allgemein gültigen Aufgaben des baulichen Brandschutzes leiten sich, unter Berücksichtigung der in der SOLAS Kapitel II-2 enthaltenen Empfehlungen und jeweiligen Vorschriften, die speziellen Aufgaben für den Bau und die Klassifikation von Seeschiffen ab.

In den anschließenden Kapiteln werden vor allem solche Inhalte besprochen, die für den eigentlichen Nutzer der Schiffe, also für die Besatzungen und hiervon in erster Linie für das Führungspersonal, im Zusammenhang mit den notwendigen Maßnahmen zur Brandabwehr von Bedeutung sind.

Werkstoff- und Bauteiltests

Die Forderungen an die im Schiffbau verwendeten Werkstoffe sind aus der Sicht des baulichen Brandschutzes relativ hoch. Der Grund ist vor allem in der Spezifik des Brandschutzes auf Seeschiffen zu sehen. Die Vielfalt an Werkstoffen, insbesondere bei den neuartigen Verbundwerkstoffen, ist in den letzten Jahren erheblich gestiegen. Verbunden ist hiermit eine nennenswerte Erweiterung bei der Gestaltung moderner Schiffe, vor allem im Bereich der Passagierschifffahrt.

Durch Vorschriften für die Zulassung von Werkstoffen im Schiffbau besteht die Möglichkeit, die eventuelle Freisetzung toxischer Stoffe und Gase zu beeinflussen. Darum werden alle im Schiffbau verwendeten nichtmetallischen Werkstoffe nach speziellen brandschutzrelevanten Prüfverfahren getestet.

Wichtige Tests lt. FTP-Code sind:
1. Nichtbrennbarkeit
2. Rauch und Toxizität
3. Tests für A, B und C Trennflächen
4. Tests für Feuertüren und Schließananlagen
5. Oberflächenentflammbarkeit
6. Tests für Decksgrundbeschichtungen
7. Tests für vertikal angeordnete Textilien
8. Tests für Polstermöbel
9. Tests für Betttextilien

Die Prüfung erfolgt in zugelassenen Laboratorien nach bestätigten Methoden.

Aus der Sicht des Brandprozesses im Schiffsbetrieb sind besonders bedeutsam:
– Entzündbarkeit
– Brennbarkeit
– Geschwindigkeit der Flammenausbreitung

Entzündlichkeit von Werkstoffen

Die Entzündlichkeit, auch als Zündbereitschaft bzw. Entzündbarkeit bezeichnet, ist eine Eigenschaft von Stoffen, die sich bei Einwirkung einer Zündquelle entzünden. Sie wird häufig nach dem Energiegehalt der Zündquelle und der Einwirkungszeit klassifiziert.

Stoffe mit geringer Zündbereitschaft werden erst durch energiereiche bzw. länger wirkende Zündquellen gezündet, z. B. Schmieröle und Ammoniak. Stoffe mit hoher Zündbereitschaft sind demgegenüber solche Stoffe, die bereits durch energiearme bzw. kurzzeitig wirkende Zündquellen gezündet werden können, z. B. Benzin. Man unterscheidet in schwer entzündbare und leicht entzündbare Erzeugnisse.

Brennbarkeit

Die Brennbarkeit ist eine typische Stoffeigenschaft und gehört zu den Kennwerten, die im Komplex mit anderen die Brandgefährlichkeit von Stoffen charakterisieren. Sie bestimmt neben der Zündbereitschaft die von den Stoffen ausgehende Brandgefährlichkeit sowie den Stoffanteil am Brandgefährdungspotenzial. Damit können Aussagen zur Möglichkeit der Brandentstehung gemacht werden.

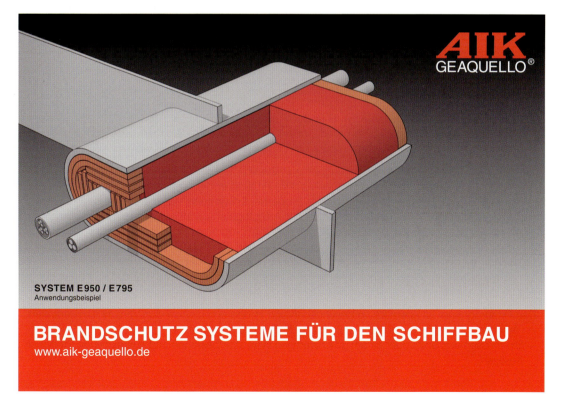

Unter der Brennbarkeit versteht man im Allgemeinen die Fähigkeit eines Stoffes, mit Oxidationsmitteln, in der Regel ist es der Sauerstoff in der Luft, nach Einwirkung einer Zündquelle unter so starker Wärmefreisetzung zu reagieren, dass es zu den Erscheinungen eines Flammen- oder Glutbrandes kommt. Damit ist die Brennbarkeit ein Kennzeichen für das Verhalten eines Werkstoffes unter definierter Brandeinwirkung. Im Allgemeinen wird in brennbare, schwerbrennbare und unbrennbare Stoffe unterschieden. Zur Beurteilung der Brennbarkeit der Stoffe werden unterschiedliche Methoden angewendet. Ein nichtmetallischer Werkstoff ist dann unbrennbar, wenn er bei Erwärmung auf $T \approx 750\,°C$ nicht brennt und keine brennbaren Gase in einer Menge abgibt, die zur Selbstentzündung ausreicht, andernfalls ist er brennbar.

Flammenausbreitung

Brennbare Werkstoffe und Verbundstoffe und Bauteile lassen sich auch hinsichtlich ihrer Flammenausbreitungscharakteristik bewerten. Dabei handelt es sich um eine Möglichkeit, die Flammenausbreitungsgeschwindigkeit von Werkstoffen, Lacken und Farben, Geweben und Folien sowie Bauteilen mit verschiedenen Materialien unter Brandbedingungen an der Oberfläche, zu ermitteln.

Begrenzung der Ausbreitung von Feuer und Rauch

Die Erfahrung zeigt, dass die Entstehung von Bränden nie gänzlich ausgeschlossen werden kann. Deshalb ist es von erstrangiger Bedeutung, die Ausbreitung eines Brandes auf benachbarte Räume zu verhindern. Das schließt die Lokalisierung eines Brandes für den Fall ein, wenn eine Brandliquidierung nicht möglich ist.

Zur Verhinderung des Übergreifens eines Brandes auf benachbarte Bereiche und zur Verhinderung der Ausbreitung von Rauch werden unterschiedliche und genormte Trennflächen für Decks und Wände entsprechend den Forderungen der Aufsichtsbehörden verwendet. Die Unterschiede zwischen Trennflächen ergeben sich aus den Aufgaben, die sie zu erfüllen haben. Sie werden aus der funktionellen Bedeutung der einzelnen Räume abgeleitet. Danach ist vorgeschrieben, wie die umschließenden Wände gestaltet sein müssen.

Es wird unterschieden in
- feuerfeste Trennflächen – Typ A,
- feuerhemmende Trennflächen – Typ B und
- Trennflächen aus nichtbrennbaren Werkstoffen, an die keine Forderungen bezüglich des Durchdringens von Rauch und Flammen sowie des Temperaturabfalls gestellt werden – Typ C.

Die einzelnen Trennflächen werden durch eine Reihe von Eigenschaften charakterisiert, die insgesamt die Feuerwiderstandsfähigkeit darstellen. Ihre Prüfung erfolgt im Normbrandversuch. Darunter ist die Prüfung der Feuerbeständigkeit einer Probe bei Erwärmung von der betreffenden Seite bis auf vorgeschriebene Temperaturen oberhalb der Ausgangstemperaturen des Brandversuchsofens, in Abhängigkeit von der Zeit, bezeichnet. Das Prüfungsprogramm ist vorgeschrieben und international weitestgehend übereinstimmend. Der sich aus den Temperaturen auf der Befeuerungsseite ergebende Kurvenverlauf wird als Normbrandkurve oder Einheitstemperaturkurve ETK bezeichnet. Sie ist gesetzlich verankert vorgeschrieben und lautet: $T = 345 \log_{10}(8t+1)+20$; T = Temperatur in °C, t = Zeit in min.

Das Prüfprogramm ist ebenfalls vorgeschrieben und in den entsprechenden Vorschriften verankert. An feuerfeste Trennflächen werden z. B. folgende Forderungen gestellt:
- Sie müssen aus Stahl oder einem gleichwertigen Werkstoff bestehen und ausreichende Steifigkeit besitzen.

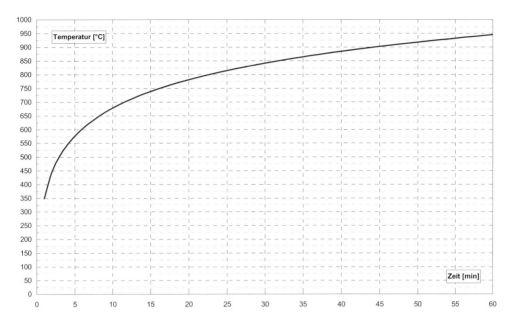

Bild 2.26: Einheitstemperaturkurve

– Sie müssen so beschaffen sein, dass der Durchgang von Rauch und Flammen während des einstündigen Normbrandversuchs verhindert wird.
– Sie müssen mit nichtbrennbaren Werkstoffen so isoliert sein, dass die Durchschnittstemperatur während des Normbrandversuches auf der dem Feuer abgewandten Seite nicht um mehr als T = 139 °C über die Ausgangstemperatur ansteigt und an keiner Stelle, einschließlich der Stöße, eine Temperaturerhöhung von mehr als T = 189 °C gegenüber der Ausgangstemperatur auftritt.

Werden die in einem einstündigen Normbrandversuch geforderten Temperaturen erreicht, handelt es sich um eine Trennfläche vom Typ A 60. Liegen die Zeiten darunter, ist die Qualität geringer. Solche Trennflächen werden dann als A -30, A -15 und A -O Trennflächen bezeichnet. Die Zahlen geben jeweils die Minuten an, bei denen die Temperatur im Normbrandversuch erreicht wird. Konstruktive Forderungen werden durch die Aufsichtsorgane im Allgemeinen nicht gestellt. In den letzten Jahren wurden im Prinzip alle Arten von Trennflächen gestaltet.

Ausschlaggebend für konstruktive Veränderungen bei gleichbleibenden Forderungen sind in erster Linie neue Erkenntnisse hinsichtlich der Eigenschaften der verwendeten Werkstoffe. Erkennbar ist insgesamt, dass der Umfang der eingesetzten Brandschutzisolierungen ständig zunimmt. Diese schiffbaulichen Brandschutzkonstruktionen bestehen in der Regel aus mehreren hintereinanderliegenden Materialien, deren Stoffeigenschaften meistens temperaturabhängig sind.

Von besonderem Wert ist wegen der geringen Wärmeleitfähigkeit der Luft die Anordnung von Luftschichten. Sie sind am wirkungsvollsten, wenn sie auf der kälteren Seite der Konstruktion liegen. Eine Verbesserung der Eigenschaften ist auch durch die Verwendung von Wärmeschutzfolien zur Verminderung der Strahlungswärmeaufnahme möglich.

Als geeignete Isolierungen für den Brandschutz steht nur eine vergleichsweise geringe Anzahl von nichtbrennbaren Isolierstoffen zur Verfügung. Zurzeit werden vorrangig Mineralwollplatten für Wandtrennflächen und Deckentrennflächen eingesetzt. Letztere enthalten außerdem noch Leichtbeton. An

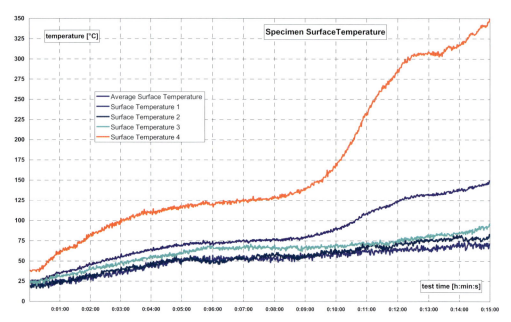

Bild 2.27: Diagramm der Temperaturen auf der feuerabgewandten Seite bei einem B15-Versuch (Test nicht bestanden)

Trennflächen vom Typ B werden geringere Forderungen gestellt. Sie sind ebenfalls in den Vorschriften formuliert. Es wird nur ein halbstündiger Normbrandversuch gefordert.

Trennflächen vom Typ C bestehen aus nichtbrennbaren Werkstoffen, an die keine Forderungen bezüglich des Durchdringens von Rauchgasen und Flammen sowie des Temperaturabfalls gestellt werden. Zur Festlegung des Typs der Trennflächen zwischen benachbarten Räumen werden diese in Kategorien eingeteilt. Grundlage hierfür ist die Bewertung der vorhandenen Brandgefährdung. So werden z. B. feuerfeste Trennflächen vom Typ A insbesondere eingesetzt
– als Trennwände zwischen Bedienungsständen und angrenzenden Räumen,
– zwischen Maschinenräumen und angrenzenden Räumen,
– als Trennwände zwischen Brandschutzzonen und
– als Umhausung von bestimmten Evakuierungswegen.

2.2 Branderkennung und Meldung

2.2.1 Brandkenngrößen

Jeder Brand hat messbare Begleiterscheinungen, die als so genannte Brandkenngrößen bezeichnet werden. Sie entstehen durch die stoffliche Umsetzung und energetische Umwandlung der an der Verbrennung beteiligten Stoffe und Oxidationsmittel. In den Bildern 2.28 und 2.29 ist dieser Vorgang dargestellt. Die hier aufgeführten Brandkenngrößen entstehen in mehr oder weniger ausgeprägter Form bei jedem Brand in Abhängigkeit von den Ausgangsgrößen. Die verschiedenen Stadien der Brandentwicklung sind in der Entstehungsphase wie folgt charakterisiert:
1. Phase – Anfangsstadium, bei dem noch kein sichtbarer Rauchaustritt, aber unsichtbare Verbrennungsprodukte „Aerosole" (kleinste Partikel mit einem Durchmesser von 10 μm) gebildet werden

Sicherheit ist unsere Aufgabe

Forschung und Entwicklung

- Risiko-/Sicherheitsanalysen
- Sicherheitstechnik
- Maritime Sicherheit
- Security
- Safety Management
- Operative Schiffssicherheit

Aus- und Fortbildung

- Organisation und Durchführung von Sicherheitslehrgängen
- Entwicklung computerbasierter Trainingssysteme
- blended learning

Dienstleistungen

- Testversuche, Unterstützung bei Zulassungstests
  (Löschanlagen, Branderkennungssysteme, Materialien)
- Unfalluntersuchungen, Beratungen

Erkennen - Bewerten - Handeln

Institut für Sicherheitstechnik/Schiffssicherheit e.V.
Friedrich-Barnewitz-Str. 3, 18119 Rostock-Warnemünde
Tel. +49 (0)381 5196202
www.schiffssicherheit.de

2. Phase – Zunahme der Aerosolbildung bis zur Sichtbarwerdung des Rauches
3. Phase – Auftreten von Flammen und damit verbundene Strahlung im sichtbaren und unsichtbaren (infraroten) Bereich, die sich in einem bestimmten Frequenzbereich bewegt
4. Phase – Bildung großer Wärmemengen, die durch Strahlung, Konvektion und Wärmeleitung an die Umgebung abgegeben werden sowie Zunahme der Flammenbildung und Freiwerden großer Menge Rauch und toxischer Brandgase (Übergang von Entstehungsbrand zum Vollbrand)

Die Zeit der ungehinderten Entwicklung eines Brandes hängt davon ab, wie schnell er bemerkt wird, wie schnell Alarm gegeben und in welcher Zeitdauer die Brandabwehr aufgenommen wird. Dieser Zeitraum ist ein entscheidender Faktor. Die eigentliche Abwehr beginnt erst dann, wenn durch den Einsatz von Löschmitteln oder anderer eingeleiteter Maßnahmen unmittelbar in den Verbrennungs-

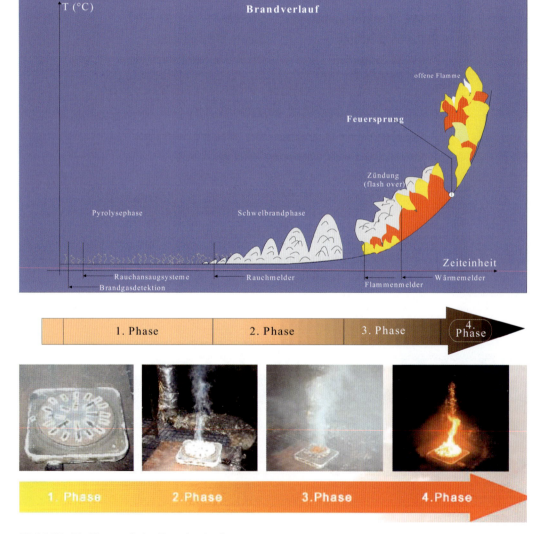

Bild 2.28: Die Phasen beim Brandverlauf

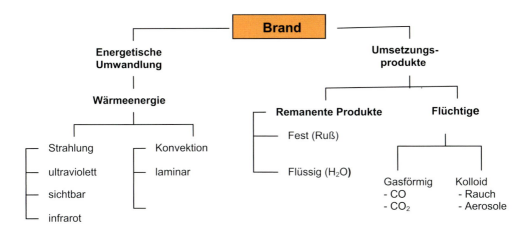

Bild 2.29: Darstellung wichtiger Brandkenngrößen

vorgang eingegriffen werden kann. Aus der Sicht der Brandabwehr läuft ein Brand in zwei charakteristischen Phasen ab:
– Ungehinderte Brandentwicklung und Brandausbreitung entsprechend den vorhandenen brennbaren Systemen, den Einflussfaktoren und der baulichen Charakteristik der Brandstelle
– Beeinflussung des Verbrennungsvorganges durch Wirkung des Löschmittels oder anderer Maßnahmen mit dem Ziel seiner Unterbrechung

Es ist brandschutztechnisch von entscheidender Bedeutung, besonders den Abschnitt der Erkennungsfrist zu verkürzen, denn im Fall eines Brandes werden die Gefährdungen der in einem Objekt befindlichen Menschen und die Höhe der Schäden an Sachwerten weitestgehend davon abhängig sein, wie schnell sich der Brand ausbreiten kann.

Zur Verbesserung des aktiven Brandschutzes gilt es im Weiteren festzustellen, welche optimalen technischen Lösungsvarianten es gibt, um einen an Bord auftretenden Brand in kürzester Zeit zu erfassen und zu melden sowie Schritte seiner schnellstmöglichen Liquidierung mit einem hochwirksamen Löschmittel einzuleiten. Die Qualitätsmerkmale bei der Branderkennungstechnik sind die Ansprechwahrscheinlichkeit und die Ansprechzeit. Die Anforderungen laut SOLAS Kapitel II/2 hinsichtlich der Branderkennung sind bezüglich der genannten Qualitätskriterien nur qualitativ vorgegeben. Dagegen gibt es für die bautechnische Ausführung der Brandmeldeanlage sehr konkrete Festlegungen.

Brandmeldung

Die an Bord von Seeschiffen installierten Brandmeldeanlagen sind in der Lage, die infolge eines Brandes entstandenen Brandkenngrößen mit den als Normalwert zugrunde gelegten Kenngrößen zu vergleichen und beim Überschreiten von Grenzwerten eine Gefahrenmeldung auszulösen. In einer Empfangseinrichtung werden diese Informationen ausgewertet und der Gefahr entsprechende optische und akustische Signale gegeben. Die Gefahrenmeldung kann auch bei Erkennung des Brandes durch Personen manuell ausgelöst werden. Bild 2.30 zeigt das Schema einer Brandmeldeanlage mit gekoppelten Folgeeinrichtungen.

Die Brandkenngrößen entstehen durch die stoffliche Umsetzung und die energetische Umwandlung der an der Verbrennung beteiligten Stoffe und Oxydationsmittel (s. Bild 2.29). Während in den zurückliegenden Jahren vorrangig physikalische Kennwerte für die Branderkennung genutzt wurden, setzt sich zunehmend eine neue Generation an Sensoren durch, die mehr auf chemischer Grundlage basieren und moderne Möglichkeiten der Aus- und Bewertung der Verbrennungsprodukte ermöglichen.

Rauchausbreitung und Erfassungsmethoden

Die flüchtigen kolloiden Brandumsetzungsprodukte werden vielfach, sofern sie sich im sichtbaren Bereich befinden, als Rauch bezeichnet. Rauch besteht aus kleinsten festen Teilchen, die im gasförmigen Dispersionsmittel schweben. Die Konzentration der festen Teilchen in den Rauchgasen wird durch die Anzahl der Teilchen pro Volumeneinheit angegeben.

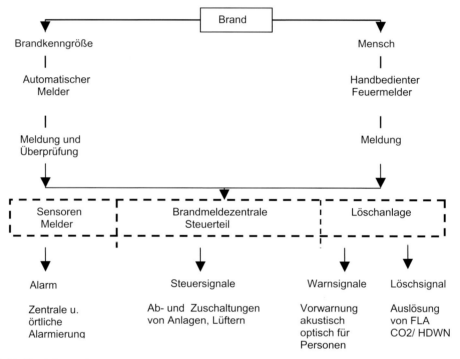

Bild 2.30: Funktionsschema einer Brandmeldeanlage mit gekoppelten Folgeeinrichtungen

Durch unterschiedliche Temperaturen im Raum, die schon in der Anfangsphase eines Brandes entstehen, kommt es zur Ausbreitung der Rauchgase. Ursache für die Rauchbewegung sind die durch unterschiedliche Temperaturen verursachten Druckdifferenzen und Dichteunterschiede. Die Mechanismen, die vorrangig die Rauchbewegung beeinflussen, sind
– der Konvektionsstrom und
– natürliche oder künstliche Luftströmungen.

Durch die geringe Masse der Rauchpartikel können diese leicht durch den Konvektionsstrom der Verbrennungsgase transportiert werden. Rauch, aber auch Wärme breitet sich in vertikaler Richtung in Form eines auf die Spitze gestellten Kegels aus (Bild 2.31). Der warme Strom der Verbrennungsgase steigt in einer turbulenten Rauchfahne auf und breitet sich radial an der Decke aus. Bei Aufsteigen des Rauches zur Decke vergrößern sich die Teilchendurchmesser durch Koagulation und Kondensation, wobei die Konzentration abnimmt.

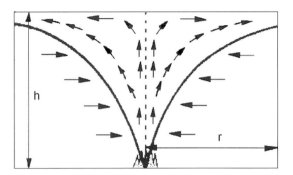

Bild 2.31: Konvektive Wärme- und Rauchausbreitung infolge eines Brandes, h – Höhe des Raumes; r – horizontale Ausbreitung

Für die Rauch- und Wärmeausbreitung, die Konzentration der Verbrennungsprodukte sowie deren Ausbreitungsgeschwindigkeit ist die Raumgeometrie von große Bedeutung. Sie wird durch die Raumhöhe, die Grundfläche des Raumes und dessen Verstellungsgrad charakterisiert. Die Raumhöhe hat keinen direkten Einfluss auf die Bildung der Brandkenngrößen, wohl aber auf deren Ausbreitung. Wenn auch am Brandherd entsprechende Brandkenngrößen entstehen, die im Bereich des jeweiligen Melderschwellwertes liegen, ist das jedoch kein Kriterium dafür, dass ein Brandmelder auch in einer bestimmten Höhe und Entfernung vom Brandherd anspricht. Die Entfernung des Melders von der Brandachse, seine Höhe (h) über dem Brandherd und die örtlichen Strömungsgeschwindigkeiten sind für das Erreichen seines Schwellwertes von entscheidender Bedeutung. In Bild 2.32 ist die Geschwindigkeitsverteilung der Aerosole und Rauchpartikel in vertikaler und horizontaler Ausbreitungsrichtung dargestellt. Ihre Aufstiegsgeschwindigkeit wird durch die Intensität der Konvektionsströmung bestimmt. Demzufolge ist die Geschwindigkeit in der Brandachse am größten und nimmt in radialer Ausbreitungsrichtung vom Brandherd ab. Dabei ist ersichtlich, dass sich mit zunehmender Höhe über dem Brandherd ihre Geschwindigkeit in der Brandachse verringert.

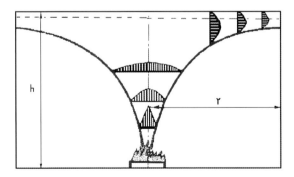

Bild 2.32: Geschwindigkeitsverteilung der Aerosole und Rauchpartikel in der Brandachse und in radialer Ausbreitungsrichtung

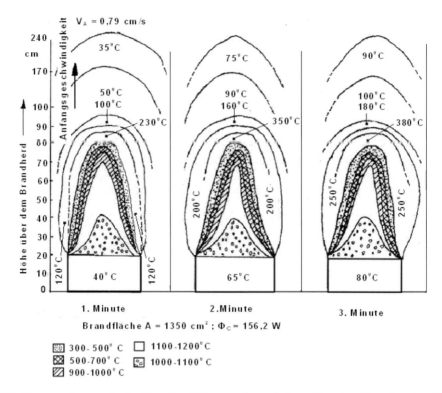

**Bild 2.33: Flammentemperatur im Brandherd, Temperaturverteilung über dem Brandherd und Aerosol-
geschwindigkeit in der Brandachse**

Des Weiteren sind die Strömungsverhältnisse im Raum für die Rauch- aber auch für die Wärmeausbreitung von entscheidender Bedeutung. Dabei kommt es zu einer Wechselwirkung zwischen
der vorhandenen Raumströmung und der vom Brandherd verursachten Auftriebsströmung. Die
Beeinflussung der freien Konvektion kann je nach deren Stärke zu einer Ablenkung des Konvektionsstromes bzw. zu einer Vermischung beider Strömungen führen. Besonders Letzteres bedeutet eine
Verringerung der Rauchkonzentration bzw. des mitgeführten Wärmeinhaltes.

2.2.2 Aufbau, Wirkungsweise und Ansprechverhalten von Branddetektoren

Der Ionisationsmelder

Ionisationsrauchmelder bestehen aus zwei getrennten Kammern, der offenen Messkammer und
der geschlossenen Referenzkammer. Die Luft in den Kammern wird durch eine ß-Strahlungsquelle
ionisiert (Bild 2.34).

In den Kammern befinden sich Elektroden, an die eine Spannung angelegt wird. Die Ionen werden
im entstandenen elektrischen Feld beschleunigt, und es stellt sich ein Stromfluss ein. Wenn durch
einen Brand Aerosole oder Partikel in die Messkammer gelangen, lagern sich die Ionen an diese
und werden somit träger. Der Stromfluss in der Messzelle verringert sich deshalb gegenüber dem
Stromfluss in der Referenzzelle. Es kommt zur Alarmauslösung. Im Schiffsbetrieb sind Fehlalarme
möglich, wenn durch die zeitliche Änderung des Untergrundes die Anpassung gestört wird. Häufige

Ursachen für Fehlalarme sind z. B. sehr feuchte Luft, Staubpartikel in der Luft, hohe Luftgeschwindigkeiten. Ausfälle der Funktion durch Betauung, Bereifung oder Verschmutzung der Isolation bzw. der Strahlenquelle sowie Zerstörung der Strahlenquelle, werden vom Melder automatisch an die Brandwarnanlage signalisiert und das Signal „Kurzschluss der Meldelinie" ausgelöst. Hervorzuheben ist, dass die Ansprechempfindlichkeit in einem großen Temperaturbereich im Wesentlichen gleich bleibt. Für den Anwender weiterhin von Bedeutung sind der geringe Ruhestromverbrauch, die Verlegung von nur zwei Leitern und die lange wartungsfreie Betriebszeit.

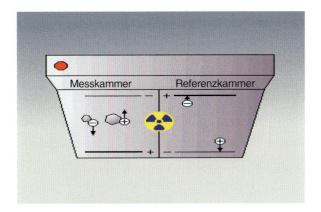

Bild 2.34: Prinzipieller Aufbau eines Ionisationsmelders

Der Durchlichtmelder

Beim Durchlichtmelder befinden sich in einer vom Tageslicht abgedunkelten Labyrinthkammer eine LED und ein lichtempfindliches Bauelement. Die LED bestrahlt dieses Bauelement direkt. Kommt im Brandfall Rauch in die Kammer, wird der Lichtstrahl durch die Rauchpartikel abgeschwächt. Die entsprechend entstehende Strom- bzw. Spannungsänderung am lichtempfindlichen Bauelement wird ausgewertet. Auch bei diesem Melder kann es zu Falschalarmen kommen, wenn Staub oder Flüssigkeitströpfchen in die Melderkammer gelangen. Weiterhin stellen die möglicherweise ausbleibenden Meldungen im Brandfall bei diesem Melder aufgrund der Kammerstruktur ein Problem dar.

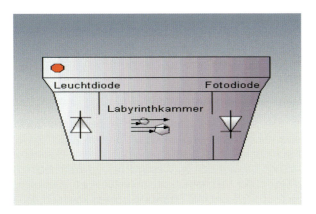

Bild 2.35: Prinzipieller Aufbau eines Durchlichtmelders

Der Streulichtmelder

Beim Streulichtmelder sind die LED und die Photodiode so voneinander getrennt, dass das Licht der LED nicht direkt auf die Photodiode fallen kann. Die Wände der Labyrinthkammer sind lichtabsorbierend gestaltet. Im Melder ist somit ein bestimmter Beleuchtungszustand vorhanden, der mit Null angenommen wird. Gelangt Rauch in die Labyrinthkammer, so wird das Licht an den Rauchpartikeln reflektiert und gelangt so zum Empfängerelement. Die Helligkeitsänderung wird durch die Photodiode registriert und die entsprechende Strom-/Spannungsänderung kann ausgewertet werden. Das Detektionsverhalten hängt auch wesentlich von den Reflexionseigenschaften des Rauches ab. Nachteilig ist vor allem, dass durch eindringenden Staub und Luftfeuchtigkeit Falschalarme ausgelöst werden können.

Durch den Kammeraufbau kann es zum Ausbleiben von Meldungen im Alarmfall kommen.

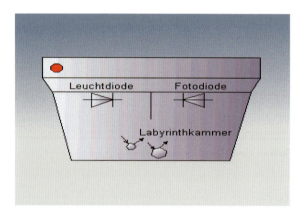

Bild 2.36: Prinzipieller Aufbau eines Streulichtmelders

Temperaturausbreitung und -erfassungsmethode

Die Brandkenngröße „Temperatur" war einer der ersten Brandeffekte, die zur selbständigen Branderkennung nutzbar gemacht wurden. Ein ausbrechender Brand verursacht immer eine zeitabhängige Temperaturveränderung in einem gefährdeten Raum. Aus dieser Tatsache heraus wurden auf der Basis verschiedener physikalischer Effekte Sensoren entwickelt. Der Temperaturmelder hat auf Grund seiner geringen Ansprechwahrscheinlichkeit in der Seeschifffahrt weitgehend seine Bedeutung verloren und wird deshalb nicht weiterbehandelt. Gegenwärtig ist sein Einsatz nur noch im Kombüsenbereich zugelassen. Umfangreiche Untersuchungen haben gezeigt, dass diese Entscheidung richtig ist (s. Kapitel Eignung).

Strahlungsemission und -erfassungsmethoden

Wärmestrahlung nennt man jede elektromagnetische Strahlung, die thermisch angeregt ist. Sie wird allein von der Temperatur des strahlenden Körpers bestimmt. Bei Verwendung entsprechender Messverfahren erweist sich der infrarote Strahlungsbereich für eine Branderkennung als sehr geeignet. Die Temperaturstrahlung bewegt sich im Wesentlichen im Wellenbereich von $\lambda = 1..3$ µm. Ein Flammenbrand hat auf Grund der Verbrennungstemperaturen ein absolutes, wenn auch schmales Maximum zwischen $\lambda = 2$ und 3,5 µm. Als Strahlungsquellen kommen das erhitzte Brennmaterial, die heißen Verbrennungsgase und, bei unvollständiger Verbrennung, glühende Rußpartikel in den Flammen in Betracht.

Ein Nachteil ist, dass Infrarotstrahlung durch Rauchpartikel im gesamten Spektrum absorbiert wird. Die Stärke der Absorption ist abhängig von der Partikelzahl und -größe sowie von der vorhandenen Strahlungsintensität. Zur Branderkennung entwickelte Infrarot-Flammenmelder sprechen auf die von leuchtenden Flammen ausgehende intermittierende Strahlung im Bereich von λ = 1...4,7 μm Wellenlänge an. Die Frequenz der intermittierenden Strahlung von Flammen liegt in der Regel im Bereich von f = 2...20 Hz.

Da der Branddetektor selektiv auf diese Art von Strahlung reagiert, ist er zur Überwachung künstlich oder natürlich beleuchteter Räume, in denen unter normalen Bedingungen keine mit einer Frequenz von etwa f = 2...20 Hz veränderliche Infrarotstrahlung vorhanden ist, geeignet. Das Messteil einer Brandmeldeanlage mit Temperaturstrahlungsdetektoren besteht, wie in der Nachrichtentechnik, aus zwei in Reihe geschalteten Übertragungssystemen, einem optischen und einem elektrischen System. Beide Kriterien der Brandkenngröße „Strahlung" (Infrarotstrahlungsintensität und Flackerfrequenz der Flammen) werden in einer UND-Verknüpfung benutzt, um einen möglichen Brandherd zu erkennen. Zur Vermeidung von Fehlalarmen wird zusätzlich ein Zeitkriterium für die Dauer der Infrarotstrahlung gebildet.

Infrarot-Flammenmelder

In Bild 2.37 ist das Prinzipschaltbild eines Flammenmelders dargestellt. Die vom Brandherd ausgehende Infrarotstrahlung wirkt über eine Farbglaskombination von λ = 1...4,7 μm. Die Widerstandsänderung bei Infrarotstrahlungseinfall wird in eine Spannungsänderung gewandelt. Mittels kapazitiver Kopplung an einen nachgeschalteten dreistufigen Wechselspannungsverstärker wird ein Hochpassverhalten realisiert, nur Infrarotstrahlungsänderungen werden weiterverarbeitet. Es folgen zwei Tiefpassfilter zweiter Ordnung, die durch einen zweistufigen Verstärker gegeneinander entkoppelt sind.

Die Grenzfrequenz liegt bei f = 30 Hz. Damit wird das Glühlampen- und Leuchtstofflampenlicht von f = 10 Hz Flackerfrequenz sicher ausgefiltert.

Auf Grund des Funkprinzips sollen Infrarot-Flammenmelder so angebracht sein, dass sie im direkten Einfallsbereich der Strahlung eines eventuellen Brandherdes liegen. Dabei ist zu beachten, dass auch die von Wänden und Decken reflektierte Flammenstrahlung auf den Melder einwirkt. Weiterhin ist eine eventuelle Strahlungsabsorption durch Rauch im Einfallsbereich der Strahlung zu berücksichtigen.

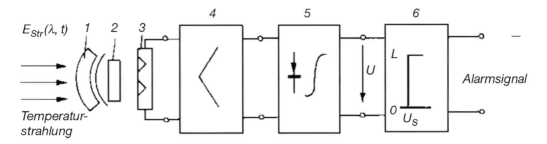

Bild 2.37: Prinzipschaltbild eines Flammenmelders
1 Infrarotlinse, 2 optischer Filter, 3 Fotoempfänger, 4 selektiver Verstärker, 5 Gleichrichter und Integrator, 6 Schwellwertvergleich für $U \geq U_s$ Alarm

Das Ansprechverhalten dieses Meldertyps ist stark differenziert zu betrachten. Diesbezügliche Untersuchungen eines Infrarot-Flammenmelders bei ungestörter Konvektion zeigten, dass z. B. bei seiner Anbringung direkt über einem Brandherd kein Alarm ausgelöst wurde. Mit zunehmender radialer Entfernung vom Brandherd verbesserte sich das Ansprechverhalten zusehends. Der dazu notwendige Abstand zwischen Brandherd und Melder war vom jeweiligen Brandstadium abhängig. Im Entstehungsstadium wurde schon in relativ geringer Entfernung vom Brandherd frühzeitig Alarm ausgelöst.

Intensivere Brandstadien wurden bei gleicher Entfernung erst in einem viel größeren Zeitraum gemeldet. Ein derartiges Ansprechverhalten erklärt sich mit dem Funktionsprinzip des Melders. Im Brandfrühstadium findet in geringer Entfernung Brandherd – Melder schnell ein grenzwertüberschreitender Strahlungseinfall mit zusätzlicher Wahrnehmung des Flammenflackerns statt. Bei einem größeren Brandstadium wird in gleicher Entfernung der Flackereffekt für den optischen Sensor nicht wahrnehmbar, da dieser Effekt durch den starken Strahlungseinfall unterdrückt ist.

Im Rahmen der Versuchsdurchführung verbesserte sich mit zunehmender Entfernung des Infrarot-Flammenmelders vom Brandherd das zeitliche Ansprechverhalten bei größerem Brandstadium, da dann das Pulsieren der Flammen nicht mehr vom starken Strahlungseinfall überlagert wurde. Wirkte eine Querströmung, hervorgerufen durch lufttechnische Anlagen im Überwachungsraum auf den Brandherd ein, änderte sich das Ansprechverhalten des Melders. Der Querströmungseinfluss im Brandfrühstadium hatte eine Unterdrückung des Flammenflackerns zur Folge. Die pulsierenden Flammenspitzen verschwanden und der Melder reagierte auch bei größerer Entfernung vom Brand-

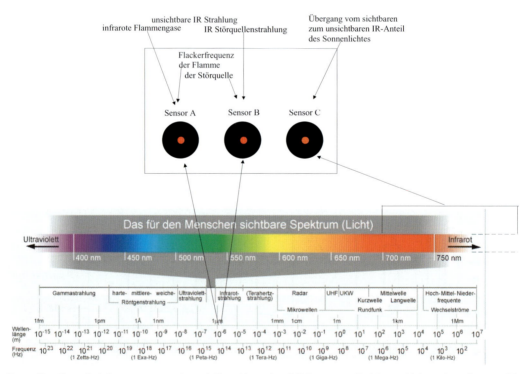

Er verfügt über drei Sensoren, um eine erhöhte Alarmplausibilität zu gewährleisten. Neben dem Sensor (A), der die Infrarotenergie der Brandprodukte erfasst, wird ein zweiter Sensor (B) zur Erfassung von Wärmequellen wie Maschinen, Heizungen etc. angeordnet. Weiterhin ist ein Sensor C für die Erzeugung einer so genannten „Sonnenblindheit" vorhanden. Die interne Signalauswertung erfolgt in einem programmierbaren neuronalen Netz. Damit werden Falschalarme auf ein Minimum reduziert.

Bild 2.38: Skizze eines Flammenmelders

herd nur noch unregelmäßig. Die Einwirkung der Querströmung bei größer werdendem Brandstadium verursachte ein Abreißen von Flammenspitzen aus dem Brandherd. Dieser pulsierende Effekt und der zusätzlich starke Strahlungseinfall bewirkten besonders bei größerer Entfernung vom Brandherd ein zuverlässiges Ansprechen des Infrarot-Flammenmelders.

Aus diesen bei experimentellen Untersuchungen gewonnenen Erkenntnissen lässt sich schlussfolgern, dass Infrarot-Flammenmelder bei ungestörter Konvektion Brände im Frühstadium in entsprechender Entfernung Brandherd – Melder zuverlässig melden können. Bei Strömungseinfluss im Überwachungsgebiet, z. B. durch die Maschinenraumlüftung, löst oft erst ein größeres Brandstadium mit hoher Zuverlässigkeit Alarm aus. Derartige Abhängigkeiten des Ansprechverhaltens lassen diesen Meldertyp oft nur für ganz spezielle Anwendungsfälle günstig erscheinen.

Gegenwärtig wird Sensoren zur Messung der elektromagnetischen Strahlungsemission von Bränden für ein breites Anwendungsfeld international große Aufmerksamkeit gewidmet. Spezielle Entwicklungen für den Einsatz in der Militärtechnik sowie in der Luft und Raumfahrt zeigen, dass derartige Brandmelder eine hohe Zuverlässigkeit besitzen können.

2.2.3 Branderkennungs- und -meldeanlagen

Wesentliche Hilfsmittel zur schnellen Erkennung sowie Meldung von Bränden und zugleich eine wesentliche Voraussetzung zur Verminderung der Brandschäden und ihrer Folgen sind Brandwarn- (BWA) und Brandmeldeanlagen (BMA). Sie werden folgendermaßen charakterisiert:
- Brandwarnanlagen überwachen die Einhaltung eines oder mehrerer Parameter, deren Veränderungen eine akute Brandgefahr signalisiert, ohne dass es zur Zündung kommt
- Brandmeldeanlagen überwachen die Einhaltung eines oder mehrerer Parameter, deren Veränderung den Ausbruch eines Brandes signalisiert

An Bord von Seeschiffen werden zum aktiven Brandschutz vorrangig Brandmeldeanlagen eingesetzt. Es ist die Aufgabe der modernen Brandmeldetechnik, einen Brand schon in seiner Entstehungsphase zu erkennen und automatisch zu melden sowie durch Ansteuerung von Brandschutz- und Betriebsmitteln den Brandherd einzugrenzen. Eine schnelle und zuverlässige automatische Alarmierung hängt von jedem einzelnen Glied einer Brandmeldeanlage, insbesondere aber vom Branderkennungselement, dem automatischen Brandmelder, ab. Er ist Auslöser für alle weiteren Abläufe.

Auf die Ausbreitung der Brandkenngrößen wirken neben brandstoffabhängigen Größen folgende Haupteinflüsse:
- Raumgeometrie
- die Lage des Brandherdes
- die klimatischen Verhältnisse
- die vorhandenen Luftströmungen

Diese Haupteinflüsse und die Melderempfindlichkeit sind ausschlaggebend dafür, ob die Brandkenngrößen zur Auswertekenngröße im Melder modifiziert werden. Ein Abweichen von der als Normalwert zugrunde gelegten Kenngröße löst bei Überschreiten eines dem Meldungsgeber eigenen Schwellwertes in der Empfangseinrichtung (Brandwarnzentrale) eine Gefahrenmeldung aus, die dort ausgewertet und akustisch und optisch signalisiert wird. Von der Empfangseinrichtung können dann Folgeeinrichtungen, z. B. zur automatischen Brandabwehr, eingeschaltet werden. Zusätzlich besteht die Möglichkeit einer manuellen Auslösung der Gefahrenmeldung bei Erkennung durch Personen. In Bild 2.30 ist ein Funktionsschema einer Brandmeldeanlage mit gekoppelter Folgeeinrichtung dargestellt.

2.2.4 Untersuchungen zur Ansprechwahrscheinlichkeit von Branderkennungsanlagen

Automatische Brandmeldeanlagen reagieren, sobald ein oder mehrere vorbestimmte Kriterien überschritten werden. Eine Brandfrühwarnanlage muss stets einen Kompromiss finden zwischen den Forderungen nach höchster Ansprechempfindlichkeit und nach geringer Fehl- bzw. Falschalarmrate. Treten Fehl- oder Falschalarme häufiger auf, gerät die Zuverlässigkeit der Sicherheitsanlage in Zweifel. Fehlalarme erzeugen Misstrauen, verleiten zu Routine bis hin zur Gleichgültigkeit und verursachen mitunter auch erhebliche Kosten. Nur eine genaue Analyse der Ursachen von Fehlalarmen hilft Schwerpunkte für gezielte Maßnahmen festzulegen. Zur Reduzierung von Falsch- bzw. Fehlalarmen in automatischen Brandmeldeanlagen ergeben sich folgende Möglichkeiten:
– die sorgfältige Analyse ihrer tatsächlichen Ursachen
– die Anpassung der Anlage bzw. der Melder an die Umgebungsbedingungen
– die Einführung einer speziellen, überwachten Alarmorganisation mit Zeitspeicher
– die Überprüfung der Alarmplausibilität nach mehreren Kriterien
– die Verwendung einer höheren System-Intelligenz

Hierbei sollen spezielle Alarmorganisationsverfahren, integrierende Melder, Prüfung der Alarmplausibilität und Maßnahmen, die alle im starken Maße zur Bewältigung des Fehlalarmproblems beitragen, technische Unterstützung geben. Auf Grund der Tatsache, dass im realen Schiffsbetrieb sehr häufig Falschalarme registriert werden, wurden umfangreiche systematische Untersuchungen zur Ermittlung der Ursachen durchgeführt. Dabei sollte vor allem auch die Eignung der verschiedenen Melder für die unterschiedlichen Betriebsbedingungen im Schiffsbetrieb ermittelt werden.

Als entscheidende Kriterien für die Eignung im Schiffsbetrieb wurden die Ansprechwahrscheinlichkeit und die Ansprechzeit für Ionisationsmelder, optische Rauchmelder, Temperaturdifferenzialmelder und UV-Melder experimentell ermittelt. Zusätzlich sind die Konzentrationsverläufe von CO und CO_2 festgehalten worden. Die prinzipielle Anordnung ist im Bild 2.39 dargestellt. Bei der Raumkonfiguration ist die typische Struktur eines Maschinen- und eines Laderaumes ausgewählt. Das System Sender – Übertragungsstrecke – Empfänger wurde durch eine Vielzahl von Parametern bestimmt.

In dem Basissystem wurden folgende Parameter variiert:
– Brandstoff: Diesel, Textilien, Kunststoff, Holzspäne
– Brandart: offene Flamme, Schwelbrand
– Brandort: zentral, dezentral im Raum
– Brandfläche: verschiedene Brandflächen
– Störeinflüsse bezüglich Übertragungsstrecke:
  – Luftwechsel und Verschlusszustand
  – Skylight offen bzw. geschlossen
  – Lüfter zugeschaltet bzw. abgeschaltet
– Positionierung Melder: unterschiedliche Höhen, Verteilung in einer Ebene und in mehreren Ebenen

Diese Parameter waren Eingangsgrößen und z. T. auch Störeinflüsse. Die Zahl der Parameter und die Varianz der Parameter führten zwangsläufig zu einer hohen Anzahl von Versuchen.

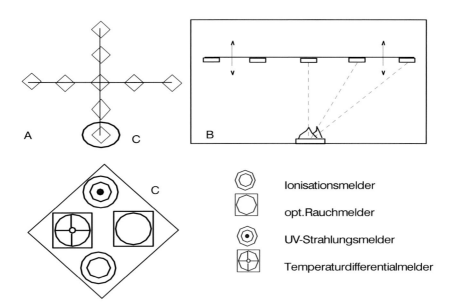

Bild 2.39: Grundsätzliche Anordnung der Melder in den Versuchsständen „Maschinenraum" und „Laderaum"; A: Draufsicht, B: Seitenansicht, C: Teilansicht Sensoren

Grundsätzliche Erkenntnisse aus den Untersuchungen

Mit der gewählten Methode zur Ermittlung der Ansprechwahrscheinlichkeit P_{Anspr} und Ansprechzeit t_A von Branddetektoren wurden wichtige reproduzierbare Ergebnisse für die Bewertung der Zuverlässigkeit in der Branderkennung in der Seeschifffahrt gewonnen.

Nachweislich besitzen einen wesentlichen Einfluss auf die Ansprechwahrscheinlichkeit und Ansprechzeit:
– Strömungsverhältnisse im Raum. Dabei ist zu beachten, dass die resultierende Strömung (Richtung und Betrag) aus Lüftung und thermodynamischem Auftrieb infolge von Wärmequellen zum Sensor von besonderer Bedeutung für die schnelle Entdeckung ist
– Art des Brandstoffes, z. B. Textilien, Kunststoff, Diesel, Holz
– Brandfläche
– Anbringungsebene der Sensoren
– Raumgeometrie/-struktur

Aus den umfangreichen Versuchsreihen wurden z. B. die konkreten Werte für P_{Anspr} und t_A ermittelt. Im Versuch mit dem Brandstoff Diesel im geschlossenen Raum ohne Lüftung und einer mittigen Brandfläche wird eine Signalisierung unter 3 Minuten nur beim Sensor direkt über dem Brand festgestellt. Die übrigen im Raum verteilten Ionisationsmelder signalisieren erst erheblich später das Ereignis „Brand", wobei Sensoren mit dem kürzeren Abstand zum Brand keine kürzeren Ansprechzeiten besitzen als die weiter entfernten! Bei Veränderung der Bedingungen wie z. B. Skylight offen oder geschlossen mit Lüfter ergibt sich eine erhebliche Reduzierung der Ansprechzeit.

In der nachfolgenden Tabelle 2.7 sind zusammenfassend die ermittelten Ansprechwahrscheinlichkeiten P_{Anspr} für drei Zeitintervalle dargestellt.

Versuchsstand	Melderart	Brandstoffe	P_{Ansp} in Min.		
			0–3	3–15	>15
Maschinenraum	Ionisationsmelder	Diesel	0,35	0,65	0
		Holz	0,02	0,09	0,89
		Textilien	0,28	0,59	0,13
		Kunststoffe	0,13	0,56	0,31
	Opt. RM	Diesel	0,19	0,52	0,29
		Holz	0,04	0,09	0,87
		Textilien	0,05	0,50	0,45
		Kunststoff	0,04	0,39	0,58
Laderaum	Ionisationsmelder	Diesel	0,44	0,56	0
	Opt. RM	Diesel	0,72	0,28	0

Tabelle 2.7: Ansprechwahrscheinlichkeit P_{Ansp} für die Ionisations- und optischen Rauchmelder für verschiedene Brandstoffe

Die ständige technische Weiterentwicklung der vorhandenen Branderkennungssensoren hat bisher nicht den gewünschten Fortschritt hinsichtlich der Erhöhung der Ansprechwahrscheinlichkeit innerhalb einer für den Brandschutz bedeutsamen Ansprechzeit von t = 0...3 Minuten erbracht! Es gibt offensichtlich einen Widerspruch, der sich weiter verschärft, wenn eine technische Perfektion von Systemelementen im Sensor erfolgt, ohne dass die Systemzuverlässigkeit, die vor allem vom Übertragungsverhalten der Brandgrößen bestimmt wird, als vorrangiges zu lösendes Problem beachtet wird.

Eine entsprechende Verbesserung hinsichtlich Ansprechwahrscheinlichkeit ist sicherlich erreichbar, wenn dieses komplexe Problem auch komplex behandelt wird, d. h. die verschiedenen Disziplinen der Ingenieur- und Naturwissenschaften gemeinsam optimale Lösungen für den jeweiligen Anwendungsfall erarbeiten. Diese an Bedeutung gewinnende Sicherheitstechnik für die Schifffahrt muss bereits beim Schiffsentwurf als integrierte Aufgabe berücksichtigt werden. Prüfkriterien für den Test im realen Einsatzgebiet sind unabdingbare Voraussetzung für den Nachweis der erreichten Zuverlässigkeit.

Zusammenfassende Bewertung der Ergebnisse über die untersuchten Sensoren

1. Die Ursache für die zum Teil niedrige Ansprechwahrscheinlichkeit bei den eingesetzten Meldern innerhalb der ersten drei Minuten ist auf eine Summe unterschiedlicher Einflussfaktoren zurückzuführen. Eine qualitative Zuweisung der Verzögerungszeiten ist trotz der umfangreichen Untersuchungen nicht möglich. So ist der Einfluss der Raumströmung, die durch die Strömung infolge des Brandes überlagert wird, noch näher zu bestimmen. Aus umfangreichen Untersuchungen zur Branderkennung unter möglichst realen Schiffsbetriebsbedingungen wird abgeleitet, dass das Übertragungsverhalten der Brandkenngrößen im Raum unter den stark veränderlichen Bedingungen das Ansprechverhalten der Sensoren bestimmt. Schon geringe Störungen in der Ausbreitung des Konvektionsstromes im Brandfrühstadium infolge von Lüftung können nennenswerte Änderungen der Zustände im Brandraum im Vergleich zur ungestörten Konvektion herbeiführen. Branddetektoren, die in der Nähe von Zulüftern installiert werden, müssen immer zu einer erheblichen Verfälschung in der Branderkennung führen! Da das Ausbreitungsverhalten der Brandkenngrößen trotz dieser durchgeführten umfangreichen Untersuchungen nicht hinreichend

genau vorausbestimmt werden kann, sind zurzeit nur grundsätzliche Aussagen zur Installation der Sensoren in den jeweiligen Schiffsräumen möglich.

2. Aus den Untersuchungen geht hervor, dass für die Branderkennung in der vorgegebenen Zeit unter den speziellen Bedingungen des Schiffsbetriebes Temperaturdifferenzialmelder nicht geeignet sind.
3. Unter Beachtung der bekannten eingeschränkten Einsatzbedingungen hat der UV-Melder Ansprechzeiten, die zum Teil im Sekundenbereich liegen.
4. Bezüglich der Brandstoffe Dieselkraftstoff, Textilien und Kunststoffe benötigen optische Rauchmelder eine längere Erkennungszeit als Ionisationsmelder.
5. Holzschwelbrände haben außerordentlich lange Ansprechzeiten.
6. Die Installation von Ionisationsmeldern und optischen Rauchmeldern an Orten mit zu geringer Luftströmung führt nur in wenigen Fällen zu einer Signalisierung im Brandfall. In vielen Fällen wurde festgestellt, dass, obwohl keine optische Sicht mehr gegeben war, keine Signal erfolgte!
7. Durch eine UND-Verknüpfung der untersuchten Melder ist eine Erhöhung der Ansprechwahrscheinlichkeit möglich. Dabei ergibt sich aber eine zum Teil erhebliche Verlängerung der Ansprechzeit.
8. Im Ergebnis der Untersuchungen ist u. a. auch die Eignung von CO als Brandkenngröße im Schiffsbetrieb bewiesen worden. Bei Beachtung einer entsprechenden Raumgestaltung mit sinnvoller Integration von CO-Sensoren ist eine nennenswerte Erhöhung der Ansprechwahrscheinlichkeit innerhalb der Zeit von $t = 0...3$ Minuten erreichbar, wobei das Problem der Querempfindlichkeit zu beachten ist.

Aus den bisherigen Ergebnissen leitet sich die wesentliche Erkenntnis ab, dass eine entscheidende Verbesserung der Zuverlässigkeit in der Branderkennung durch entsprechende Prüfkriterien für den Test im realen Wirkungsfeld erreicht werden kann.

Praktischer Ablauf bei der Alarmierung im realen Schiffsbetrieb

Bei diesen, den speziellen Bedingungen des Überwachungsobjektes angepassten Verfahren zur Überprüfung der Echtheit des Alarms, soll der automatisierte Meldeablauf unter Einbeziehung des menschlichen Beurteilungsvermögens zu einer optimalen Kombination Mensch – Technik führen. Nach Alarmauslösung entscheidet das wachhabende Personal anhand zusätzlicher Kontrollverfahren, ob ein weiterer Ablauf hinsichtlich der Einleitung von Brandabwehrmaßnahmen erfolgt.

Signalintegration in automatischen Meldern

Durch einfache Integrationsschaltung im Melder lassen sich kurzzeitig auftretende Täuschungsgrößen in den meisten Fällen ausschalten. Integrierende Rauchmelder lösen z. B. erst Alarm aus, wenn die registrierten Brandkenngrößen während der festgelegten Integrationszeit ständig über der Alarmschwelle liegt oder sich während eines bestimmten Intervalls mehrmals wiederholen.

Überprüfung der Alarmplausibilität

Sind in einer automatischen Brandmeldeanlage herkömmliche und integrierende Melder angeschlossen oder ist die Anlage elektromagnetischen Störeinflüssen unterworfen, kann mit Hilfe einer Einrichtung zur automatischen Überprüfung der Alarmplausibilität eine weitere Reduktion der Fehlalarme erreicht werden. Bei dieser Schaltungsanordnung setzt ein „Selektor" die Alarmmeldungen von herkömmlichen Meldern in solche von integrierenden um und überprüft durch einen logischen Abfragezyklus die Plausibilität der Meldung zusätzlich zur Integration des Signals. Der Zeitverzug beträgt im Extremfall wenige Sekunden. Der zusätzliche Einsatz von „adressierbaren Meldersystemen" erlaubt eine noch schnellere Lokalisierung von Gefahren. Gleichzeitig gestattet diese Methode,

Ort und Ursache von Fehlalarmen noch zuverlässiger zu erkennen und damit das Fehlalarmproblem noch schneller zu lösen.

2.2.5 Entwicklungstendenzen in der Brandmeldetechnik

International verläuft die Weiterentwicklung von Brandmeldeanlagen in Richtung einer „intelligenten" Auswertung der gemessenen Brandkenngrößen. Diese Entwicklung stellt den wirksamsten Ansatzpunkt dar, über die Verbesserung von Einzelkomponenten herkömmlicher Systeme hinaus, grundsätzlich neue und leistungsfähige Generationen von Brandschutzsystemen mit höchster Zuverlässigkeit zu schaffen.

Der Trend geht hierbei zu mikroprozessorgesteuerten Brandmeldezentralen, die den Vorteil haben, einen Teil des menschlichen Bewertungsvermögens zu ersetzen, flexibel zu sein und für die Auswertung und Bewertung der Signale unterschiedlichster Meldertypen herangezogen werden zu können. Als Beispiel gilt die Auswertung von Analogwertsignalen der Gefahrensensoren, die Zustandsänderungen in Form von analogen Signalen an einen oder mehrere periphere Mikrorechner (verteilte Intelligenz) weitergeben. Hier wird das Signal mit vorprogrammierten Algorithmen typischer Brandabläufe verglichen. Das erlaubt eine fast zweifelsfreie Beurteilung des Signals vor Einleitung weiterer Schritte.

Eine wichtige Voraussetzung für die logische Bewertung der Eingangssignale in mikroprozessorgesteuerten Brandmeldezentralen ist ihre individuelle Adressierung durch den Einzelmelder. Bei adressierbaren Systemen wird jeder Melder einzeln erkannt und auch angezeigt. Somit können Ereignisse durch Angabe der Adresse wesentlich genauer als in Linienmeldesystemen lokalisiert werden.

Die am häufigsten angewendete Technik der Adressierung ist die Pulsmeldetechnik. Dieses Verfahren ermöglicht in kurzen Zeitabständen die Einholung von Informationen direkt vom Standort des Melders und sichert dabei gleichzeitig die laufende Überwachung der Betriebsbereitschaft. Mit ihm können beliebige Mehrmelderverknüpfungen (Und-Und-Verknüpfung) ohne zusätzlichen Aufwand in der Zentrale vorgenommen werden, so dass beispielsweise nur dann Alarm ausgelöst wird, wenn eine bestimmte Melderkonfiguration anspricht. Als einziges Übertragungssystem erlaubt dieses Prinzip auch den Weiterbetrieb der Anlage im Falle einer Leitungsunterbrechung oder eines Kurzschlusses.

Pulsmeldesysteme können rein nach baulichen Gegebenheiten des Überwachungsobjektes auf kürzestem Wege mit einer Zweidrahtleitung oder sogar mit einem Lichtleitkabel verbunden und anschließend in der Zentrale entsprechend zugeordnet werden, wodurch der Montageaufwand erheblich verringert wird. Der Brandmelder hat in derartigen Systemen „nur" noch die Funktion eines Sensors, der Brandkenngrößen wie Rauch, Temperatur, Flammenflackern usw. misst. Erst die Zentrale untersucht die Messwerte und stellt Veränderungen gegenüber dem Ruhezustand fest, die dann als Alarm, als Störung oder als Täuschung interpretiert werden. Änderungen der Melderempfindlichkeit werden bei Pulsmeldern dadurch vermieden, dass die Ansprechwelle gleitend ist, d. h. sie wird bei langzeitigen Änderungen des Ruhewertes ebenfalls mitgeführt.

Abschließend sollen noch einmal die Unterschiede und Vorteile von Pulsmeldesystemen im Vergleich zur bisherigen Technik zusammengefasst werden.

Wesentliche Unterschiede zur bisherigen Technik sind:
– der Melder ist „nur" ein Sensor"
– ständiger Datenausgleich zwischen Melder und Zentrale
– zentrale Messwertverarbeitung und Alarmerkennung

Vorteile gegenüber bisheriger Technik sind:
– hohe Betriebsbereitschaft durch aktive Überwachung der Melderfunktion, von Bauteilausfällen und Kurzschlusssicherheit, des ordnungsgemäßen Ablaufs der Software sowie von kritischen Veränderungen, ausgelöst durch Verschmutzung oder Korrosion
– konstante Ansprechempfindlichkeit durch Ruhewertnachführung zur Kompensation von Verschmutzung und Umwelteinflüssen
– Unterdrückung von Täuschungsgrößen und Fehlalarmen durch melderindividuelle Signalverarbeitung
– Gewährleistung einer leistungsfähigeren Alarmorganisation durch genaue Lokalisierungsmöglichkeit des Brand- bzw. Störungsorte sowie erweiterte Anzeige- und Steuermöglichkeiten
– Einsparung an Installationsaufwand, einfache Montage und Wartung
– Zukunftssicheres System, da lernfähig durch erweiterungsfähige Software

Derzeit in der Schifffahrt gebräuchliche Brandmeldeanlagen sind:

Linienanlagen

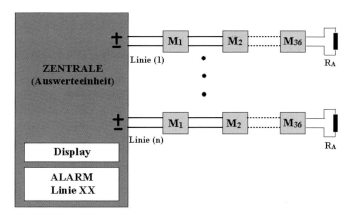

Bild 2.40: Schema einer Linienanlage

Auf einer Melderlinie lassen sich bis zu 32 Melder gleicher Funktion anordnen (Streulicht oder Handmelder oder ..). Demzufolge muss für jede Melderart eine neue Linie errichtet werden. Geht einer der Melder in Alarm, so wird die gesamte Linie als Alarm ausgewiesen. Anschließend muss die aufwendige Alarmortung durchgeführt werden, um das Ereignis zu lokalisieren. Der Abschlusswiderstand dient der Leitungsüberwachung. Signal- und Versorgungsleitungen sind grundsätzlich Primärleitungen (ruhestromüberwacht).

BUS-Anlagen

Die BUS-Anlage zeichnet sich durch folgende Merkmale aus:
– bis 128 Melderadressen pro Loop, freie loopübergreifende Adressenverteilung, jede Adresse anwähl- und identifizierbar
– beliebige Auswahl von Melderarten auf einem Loop (Streulicht und Handmelder)
– integrierte Kurzschlusstrenner
– Möglichkeit der Einbringung von Funktionselementen auf dem BUS über adressierbare potenzialfreie Kontakte
– bei Leitungsbruch Weiterbetrieb als Linienanlage, da Versorgung beidseitig

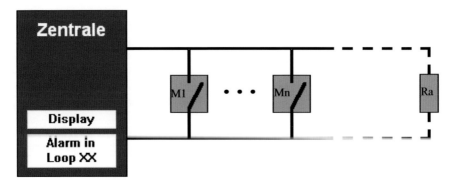

Bild 2.41: Schema einer BUS-Anlage

BUS-Anlagen sind geeignet für „herkömmliche" Schwellwertmelder sowie für „intelligente" Sensoren. Die „Intelligenz" eines Melders zeichnet sich durch eine Mehrfachanalyse der Brandkenngrößen aus.

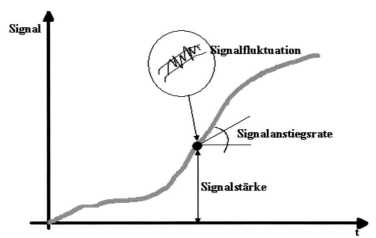

Bild 2.42: Signalanalyse bei Mehrfachmeldern

Diese Signalanalyse erfolgt permanent über die Zeit und wird gleichzeitig mit aus Versuchen ermittelten Algorithmen verglichen. Diese Algorithmen bezeichnet man auch als „Fingerabdruck" des Feuers. Somit lassen sich die Falschalarmraten auf ein Minimum zurückdrängen. Die Signalcharakteristiken zum Beispiel von einem echten Zelluloseschwelbrand unterscheiden sich signifikant von dem des Zigarettenrauches.

Eine Signalauswertung mit Hilfe der fuzzy-logic, auch unscharfe Logik, lässt sich auf sehr viele Umgebungsbedingungen einrichten.

Nachfolgend werden einige hocheffektive Branderkennungssysteme, die bislang keine bzw. sehr wenig Anwendung in der Seeschifffahrt finden, vorgestellt.

Fibrolaser

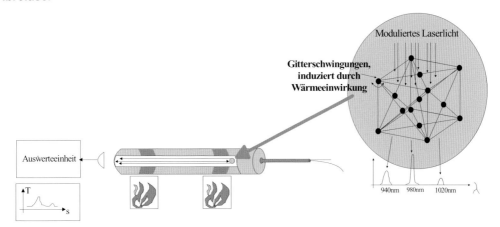

Bild 2.43: Skizzenhafte Prinzipdarstellung der Wirkungsweise eines Fibrolasers in Anlehnung an „Siemens Building Technologies"

Über einen Lichtwellenleiter lassen sich unzugängliche Orte wie z. B. Kabeltunnelsysteme über große Entfernungen auf Temperaturveränderungen überwachen. Bei diesem Verfahren wird die durch Temperatur veränderte Kristallgitterschwingung ausgenutzt, die das gepulste Laserlicht streut. Eine Auswerteeinheit stellt den Grad der Lichtveränderung und die entsprechende Laufzeit fest. Somit ist der Ort der Erwärmung feststellbar.

Temperatursensorkabel – adressierbarer, linienförmiger Wärmemelder

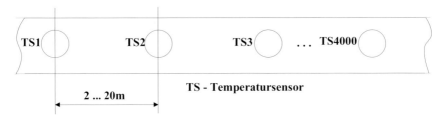

Bild 2.44: Prinzip des Kabelaufbaus

Das System beruht auf der Datenerfassung mittels einer Vielzahl von einzeladressierbaren Temperatursensoren. Das System misst sowohl die Umgebungswärme als auch den Anteil der Infrarotstrahlung. Die Auswertung der Signale erfolgt sowohl im Echtzeitbetrieb als auch über Schwellwerteinstellungen als Alarm.

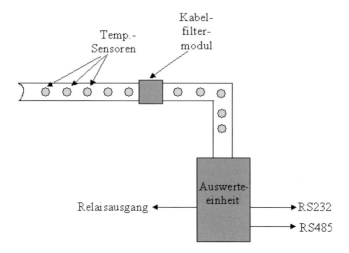

Bild 2.45: Auswerte- und Funktionsprinzip nach SECURITON (SecuriSens®)

Chemische Sensoren zur Erkennung toxischer und explosibler Gase

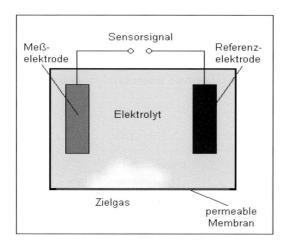

Bild 2.46: Prinzipdarstellung eines chemischen Sensors

Eine elektrochemische Zelle besteht aus zwei oder drei Elektroden und einem ionenleitenden Elektrolyten. Zum Messgas hin ist die Zelle mit einer Membrane, z. B. einer PTFE-Folie, gegen das Austreten des Elektrolyten abgedichtet. Die Elektroden bestehen meistens aus Membranen mit aufgebrachtem Platin oder Gold.

Das Gas mit zu seiner messenden Komponente diffundiert durch die Barriere zu der Arbeitselektrode. In der Arbeitselektrode wird die zu messende Komponente elektrochemisch umgesetzt. Dabei werden Elektroden frei, die zur Gegenelektrode diffundieren. Zwischen Arbeits- und Gegenelektrode fließt somit ein Strom, der proportional der an der Arbeitselektrode umgesetzten Gasmenge ist.

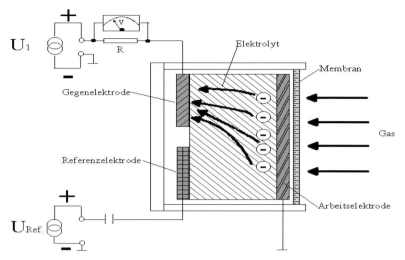

Bild 2.47: Prinzipschaltbild einer elektrochemischen Messzelle

Die Referenzelektrode wird benötigt, um eine konstante Spannung zwischen der Arbeits- und Gegenelektrode aufrechtzuerhalten. Viele Gase reagieren nur bei einer ganz bestimmten Referenzspannung. Für jede Zielgasart gibt es unterschiedliche Konstruktionen, Elektrolyt- und Elektrodenzusammensetzungen. Die in der Seeschifffahrt am häufigsten eingesetzten elektrochemischen Sensoren, insbesondere auf Tankschiffen, sind Prüfröhrchen bzw. Wärmetönungssensoren.

Halbleitersensoren

In der zweiten Hälfte der 90er Jahre des 20. Jahrhunderts wurde mit der Entwicklung und Erprobung von Halbleitergassensoren begonnen, die künftig auch in der Schifffahrt zur Branderkennung im Frühstadium eine Rolle spielen werden.

Im Gegensatz zu den herkömmlichen o. g. Brandmeldern erkennen diese keine Partikel und Aerosole, sondern sowohl die bei der Verbrennung entstehenden Gase wie CO, CO_2, HCL, NO, NO_x ..., als auch explosible Gase. Somit ist bereits eine Gefahrenerkennung in der ersten Phase bei der Entstehung eines Brandes gegeben. Die Empfindlichkeit der Halbleitersensoren lässt bereits eine Detektion im ppm-Bereich zu.

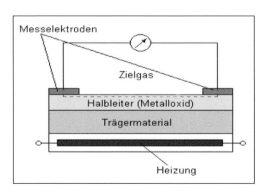

Bild 2.48: Skizze des prinzipiellen Aufbaus eines Halbleitersensors

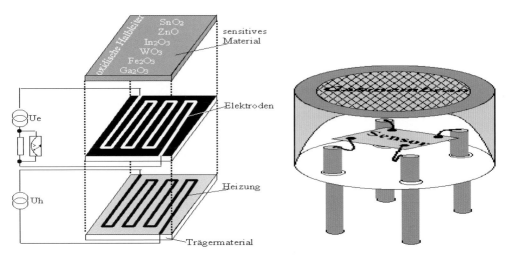

Bild 2.49: Prinzipieller technologischer Aufbau eines Halbleitersensors, Wirkungsweise

Bild 2.50: Prinzipieller praktischer Aufbau eines Halbleitersensors

Neben der hohen Empfindlichkeit verfügt der Sensor über eine sehr lange Standzeit und er ist resistent gegen Verschmutzung. Jedes aufgebrachte Metalloxid besitzt gegenüber den Gasen unterschiedliche Empfindlichkeiten. Diesen Umstand kann man sich mit Hilfe eines Mehrsensorsystems zu Nutze machen, indem die Kurven aller Einzelsensoren ausgewertet und bewertet werden.

Für eine automatische Brandabwehr in bestimmten Teilbereichen an Bord von Seeschiffen ist die zuverlässige Branderkennung eine unabdingbare Voraussetzung.

2.3 Löschmittel

2.3.1 Löscheffekte

Die Suche nach Methoden zur Abwehr von Bränden lassen sich bis zum Beginn unserer Zeitrechnung zurückverfolgen. So gab es vor rund zwei Jahrtausenden bereits Berufsfeuerwehren. Löschmittel war Wasser. Jedoch schon 83 v. d. Z. wurden Alaunlösungen verwendet.

Aber erst mit zunehmender Kenntnis von den Voraussetzungen der Verbrennung und den chemisch-physikalischen Vorgängen wurde es möglich, die Verbrennungsvorgänge zu steuern bzw. ganz zu unterbinden. Dazu wurden in den letzten Jahren verschiedene Löschmittel und Löschverfahren entwickelt. Die Forschung ist auf diesem Gebiet sicher noch nicht abgeschlossen. In den folgenden Abschnitten werden die gebräuchlichsten Löschmittel, vorrangig aus der Sicht des Brandschutzes auf Seeschiffen, näher vorgestellt. Es handelt sich um Wasser, Schaum, Kohlendioxid, Stickstoff, Pulver und Ersatzstoffe für die Halone.

Die sich beim Einsatz dieser Löschmittel zeigenden Löscheffekte beruhen auf physikalischen und chemischen Vorgängen. Dementsprechend kann man nach dem heutigen Kenntnisstand folgende Löscheffekte unterscheiden:
– Kühleffekt
– Isoliereffekt
– Verdünnungseffekt
– Inhibitionseffekt
– Wandeffekt

Jedoch treten bei Löschung eines Brandes durch ein Löschmittel meistens mehrere Löscheffekte gleichzeitig in Erscheinung, deren konkrete Anteile gegenwärtig meist nicht genau ermittelt werden können.

2.3.2 Wasser

Wegen seiner weiten Verbreitung, der besonders vorteilhaften physikalischen Eigenschaften und der guten praktischen Handhabung ist Wasser seit jeher das gebräuchlichste Löschmittel. Daran hat sich auch bis heute wenig geändert. Geändert haben sich aber die Verfahren der Aufbereitung des Wassers für den jeweiligen Einsatz.

In der Natur kommt Wasser nur unter Zusatz von Salzen und auch in gelösten Gasen vor. Chemisch reines Wasser leitet den elektrischen Strom nur sehr schlecht und kann darum auch praktisch als Nichtleiter betrachtet werden. Geringe Zusätze wie Salze, Säuren, Basen verändern die elektrische Leitfähigkeit, so dass Wasser im Allgemeinen ein guter elektrischer Leiter ist. Daraus ergibt sich auch die Notwendigkeit entsprechender Sicherheitsmaßnahmen beim Umgang mit diesem Löschmittel.

Der Hauptlöscheffekt des flüssigen Wassers ist der Kühleffekt, d. h. der Brandstoff wird unter den Zündpunkt abgekühlt. Die dem Brandherd entzogene Wärme wird vom Wasser aufgenommen. Das Wärmeaufnahmevermögen ist beachtlich. Wasser wird in dieser Beziehung nur noch von Wasserstoff und Helium übertroffen. Danach sind zur Umwandlung von 1 kg Eis von 0 °C in Wasser von 0 °C rund 333 kJ erforderlich. Diese Schmelzwärme wird auch als latente Wärme bezeichnet. Zur weiteren Erwärmung dieser Wassermenge auf 100 °C werden 411 kJ benötigt. Für die Umwandlung von Wasser mit einer Temperatur von 100 Grad C in Wasserdampf von 100 Grad C wird eine vergleichsweise große Wärmemenge benötigt. Sie beträgt 2251 kJ, wird als Verdampfungswärme bezeichnet und ist auch latent, weil keine Temperaturerhöhung eintritt.

Wasser kann als Voll- bzw. Sprühstrahl, als Nebel und als Dampf eingesetzt werden. Der Vollstrahl als die klassische Anwendungsform des Wassers in der Brandabwehr von Objekten mit großen Brandlasten ist auch heute noch unentbehrlich.

Er eignet sich besonders zur Verlöschung von Flammenbränden fester Brandstoffe. Die Anwendung des Vollstrahls besitzt den Vorteil, dass die abkühlende Wirkung des Wassers durch die mechanische Energie des Wassers unterstützt wird. Der löschtechnische Wirkungsgrad des Vollstrahls ist allerdings gering. Ein großer Teil des Wassers bleibt unausgenutzt und verursacht häufig Wasserschäden. Die abkühlende Wirkung des Wassers vollzieht sich dann am intensivsten, wenn dieser Vorgang möglichst schnell vor sich geht. Ein Maximum der Wärmebindung je Zeiteinheit wird erreicht, wenn das Wasser dem Brandherd als Sprühstrahl oder als Nebel zugeführt wird. Ausschlaggebend für seine Wirkung ist dann die Tropfengröße.

Im Falle eines Sprühstrahls mit Tropfengröße im Bereich von 0,1 ...1,0 mm wird zusätzlich zu dem Löscheffekt „Kühlen" auf Grund der stärkeren Verdampfung des eingesetzten Wassers der Löscheffekt „Verdünnung" anteilig zunehmen. Wasser besitzt neben dem großen Wärmeaufnahmevermögen eine Reihe weiterer Vorteile.

Das sind in erster Linie:
– Die große Verfügbarkeit, der relativ unkomplizierte Transport über große Entfernungen
– Der gezielte Einsatz des Vollstrahls gewährleistet eine hohe Zuverlässigkeit bei der Brandabwehr, in Abhängigkeit von den technischen Randbedingungen können so größere Entfernungen überwunden und schwer zugängliche Brandherde erreicht werden
– Wasser reagiert chemisch neutral und ist ungiftig

- Wegen seiner großen mechanischen Energie ist der kompakte Wasserstrahl geeignet zum Aufreißen von Brandnestern und auch zum mechanischen Abschlagen eines Strahlkegels brennender Gase und Dämpfe
- Eine weitere Verbesserung der Löschwirkung des Wassers kann durch den Zusatz von Netzmitteln bewirkt werden. Die Netzmittel verringern die Grenzflächen- oder auch Oberflächenspannung des Wassers
- Wasser wird vorwiegend eingesetzt bei Bränden
    - glutbildender Stoffe wie Holz, Papier, Gewebe, Stroh, Kohle, Torf, als Voll- oder Sprühstrahl,
    - von Heizölen und anderen brennbaren Kohlenwasserstoffen als Sprühstrahl; in elektrischen Anlagen unter Beachtung der Sicherheitsvorschriften, vorwiegend als Sprühstrahl.

Neben den genannten Vorteilen besitzt Wasser aber auch eine Reihe von wesentlichen Nachteilen, wie z. B.:
- Bei Temperaturen unter 0 Grad C besteht die Gefahr des Gefrierens
- Die Sekundärschäden durch das Löschwasser können erheblich sein
- Durch große Wassermassen können Stabilitätsprobleme auftreten
- Bei staubförmigen Brandstoffen wie Gummi, Kohle ist eine Löschwirkung ohne Netzmittelzusätze oft nur durch großen Wasserüberschuss zu erreichen
- Bei Bränden an elektrischen Anlagen darf Wasser nur unter Beachtung der geltenden Sicherheitsbestimmungen eingesetzt werden
- Die große Quellwirkung des Wassers, z. B. bei Hülsenfrüchten, kann zu Zerstörungen der umschließenden Wände führen

Wasser und andere auf Wasserbasis beruhende Löschmittel dürfen in der Brandabwehr nicht eingesetzt werden bei Bränden von Stoffen,
- die bei Kontakt mit Wasser explodieren oder sich entzünden,
- die heftig mit Wasser reagieren und dabei selbst entflammbare, explosionsgefährliche oder brennbare, toxische oder extrem korrosive Gase oder Dämpfe abgeben,
- die auf Wasser und auf Wasserbasis beruhende Mittel durch starkes Aufwallen und heftige Wärmeabgabe reagieren.

Weiter darf Wasser im kompakten oder grob verteilten Vollstrahl nicht eingesetzt werden bei Bränden von
- in Wasser nicht löslichen Flüssigkeiten mit einer Dichte, die unter der des Wassers liegt. Das gilt besonders dann, wenn sie während des Brandes auf eine Temperatur von über 100 °C erwärmt werden und sich in Behältern befinden.
- staub- und pulverförmigen Stoffen.

Obwohl Wasser vor allem bei Bränden fester Brandstoffe eingesetzt wird, besteht bei Berührung des Löschwassers mit glühenden Brandstoffen die Möglichkeit der thermischen Dissoziation. In der Praxis wird die Knallgasbildung oftmals nicht richtig bewertet, denn dieser Vorgang ist z. B. im Fall von Wasser von relativ hohen Temperaturen abhängig (größer 1700 °C).

Wassernebel

Bei Einsatz von Wassernebel als Löschmittel verschieben sich die Verhältnisse zugunsten des Löscheffektes „Verdünnen". Nebel bedeutet, dass die Wassertröpfchen im Mittel einen Durchmesser in der Größenordnung von ca. 50 µm haben. Viele Tröpfchen haben unter ruhigen Strömungsverhältnissen eine sehr geringe Sinkgeschwindigkeit. Durch die Wärme infolge des Brandes wird zum überwiegenden Teil dieser Nebel in Wasserdampf umgewandelt. Die Verdampfung des Wassers zu Wasserdampf führt zu einer Volumenzunahme auf das 1700-fache. Damit verändern sich die Bedingungen vor allem in geschlossenen Räumen dahingehend, dass der entstandene Wasserdampf, in analoger

Weise wie auch Kohlendioxid, den Anteil von Sauerstoff – natürlich auch Stickstoff – reduziert. Bei richtigem Einsatz des Systems und entsprechender Qualität des Nebels kann so die erforderliche Verlöschungskonzentration in der Brennebene erreicht werden. Eng verbunden mit dem Löscheffekt „Verdünnen" tritt auch anteilig der Effekt „Kühlen" auf. Eine genaue Angabe hinsichtlich der Größenanteile beider Effekte ist auf Grund der komplizierten und komplexen Vorgänge nicht möglich.

Der Löscheffekt ist auch wesentlich davon abhängig, wie groß die vom Brand produzierte Wärme ist. Eine kleine Flamme in einem größeren Raum wird kaum durch „Verdünnen" zu löschen sein, weil der Verdünnungseffekt nicht entsteht. Wird Wasser als Dampf eingesetzt, wirkt es nur verdünnend, analog anderen inerten Gase.

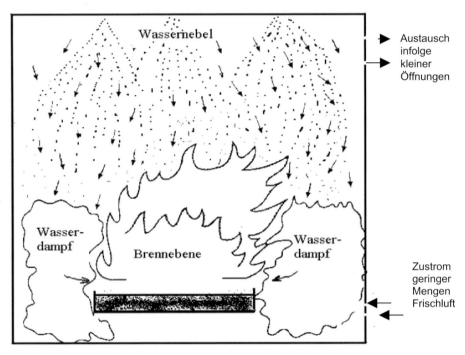

Bild 2.51: Prinzipielle Wirkungsweise des Löschmittels Wassernebel

2.3.3 Schaum

Schaum ist die Dispersion eines Gases in einer Flüssigkeit und zählt zu den Dispersionskolloiden. Entsprechend seiner Struktur kann er als Kugel- bzw. Polyederschaum vorliegen. Die Löschschäume stellen im Moment ihrer Erzeugung meist Kugelschäume dar, die aus selbständigen Lamellenblasen bestehen und sich in Abhängigkeit von der Zeit in Polyederschäume umwandeln. Dieser Schaum ist dadurch gekennzeichnet, dass die im Polyederschaum enthaltenen Blasen wegen der gemeinsamen Berührungsfläche nicht selbständig bestehen.

Die Löschwirkung der Schäume ist auf Grund des komplexen Charakters der Verbrennung in unterschiedlichen Ursachen zu sehen: Die Hauptwirkung Isoliereffekt ergibt sich daraus, dass die Zufuhr von brennbaren Dämpfen und Gasen in die Reaktionszone durch die Schaumschicht unterbunden wird. Außerdem kühlt das aus dem Schaum austretende Wasser die oberste Schicht der brennenden Flüssigkeit.

Aus der Kenntnis der Löschwirkung ergeben sich die Anforderungen an die Schäume: Stabilität und Elastizität der Schaumblasen, ihre geringe Verschiebbarkeit, genügend hohe Fließfähigkeit, geringe Durchlassfähigkeit der Dämpfe brennender Stoffe, gleichmäßige Blasenbildung, hoher Widerstand gegenüber Wärmeeinwirkung.

In Abhängigkeit von den zu löschenden Bränden werden unterschiedliche Schaumarten verwendet. Unterscheidungsgröße ist ihre Verschäumungszahl VZ. Sie gibt an, welches Schaumvolumen aus einer Volumeneinheit Schaumbildnerlösung gebildet werden kann. Die Schaumbildnerlösung besteht aus dem Schaumbildner und einer vom Hersteller vorgeschriebenen Wassermenge. Im Durchschnitt beträgt der Anteil des Schaumbildners 2..10 %. Als Schaumbildner werden z. B. gegenwärtig verwendet:
– Emulgator E 30 (ohne Stabilisator)
– Emulgator E 30 (mit Stabilisator)
– Finiflam – Allround
– Neopermin SPR 15

Es wird in Schwer-, Mittel- und Leichtschaum unterschieden. Die Zuordnung der Verschäumungszahlen ist international nicht einheitlich geregelt, so dass in der Literatur unterschiedliche Angaben gefunden werden. Vielfach gilt für
– Schwerschaum VZ 10 ... 20
– Mittelschaum VZ 60 ... 90
– Leichtschaum VZ 200 und darüber

Für den Einsatz auf Seeschiffen ergeben sich oftmals besondere Forderungen. So muss z. B. der Schaumbildner für die Bildung von Schwer- und Mittelschaum sowohl für See- als auch für Trinkwasser geeignet sein. Die Effektivität der Schäume steigt mit ihrer Verschäumungszahl. Da jedoch die Handhabbarkeit der Schäume wesentlich durch die Wurfweite und Fließfähigkeit beeinflusst wird, liegt das Effektivitätsoptimum im Bereich mittlerer Verschäumungszahlen. Die Schaumerzeugung kann auf zwei wesentliche, zeitlich nacheinander ablaufende Vorgänge zurückgeführt werden:
1. Die Bildung von Lamellen und Blasen an den Verschäumungsvorrichtungen (meistens Siebe) erfolgt in Abhängigkeit vom Mischungsverhältnis Luft -Schaumbildnerlösung, von der Geschwindigkeit der Luft an der Vorrichtung, von ihrer geometrischen Form sowie von der spezifischen Verschäumbarkeit des Schaumbildners.
2. Die nachfolgende Stabilisierung und Strukturierung der Lamellen und Blasen für eine ganz konkrete Zeit.

Während es sich in der ersten Phase um ein rein technisches Problem handelt (bei gegebener Schaumbildnerart), spielen in der Zeit danach Einflüsse des Wassers und in der Luft enthaltene Rauchmengen und Kohlendioxid sowie die Temperatur der Verschäumungsluft eine Rolle. Sie üben den wesentlichsten Einfluss auf die Senkung der Verschäumungszahl aus. Der Schaumzerfall dagegen wird, außer durch Faktoren, die den natürlichen Zerfall bewirken, im Brandfall erheblich durch die erhöhten Temperaturen beschleunigt. Dabei ist insbesondere die Berührungsfläche Schaum-Flammenfront dem Zerfall ausgesetzt, der wiederum von der Zeitdauer der Berührung abhängt.

Die Eigenschaften der Löschschäume werden wesentlich durch ihre Verschäumungszahl bestimmt. Daraus ergeben sich Vor- und Nachteile in der Anwendung. Schwerschaum besitzt den größten Wassergehalt. Es können demzufolge große Wurfweiten erreicht werden. Die Fließfähigkeit ist gut. Schwerschaum wird vor allem bei Bränden mit intensiver Flammenstrahlung (Diesel-, Benzinbrände) sowie bei Bränden flammen- und glutbildender fester Stoffe eingesetzt. Nachteilig ist, dass Schwerschaum eine größere Durchlassfähigkeit gegenüber den Dämpfen des Brandstoffes hat. Außerdem ist bei Anwendung von Schwerschaum mit Wasserschäden zu rechnen. An elektrischen Anlagen darf dieser Schaum wegen seiner guten Leitfähigkeit nicht eingesetzt werden. Bei Leichtmetallbränden tritt mit dem im Schaum enthaltenen Wasser eine chemische Reaktion ein, so dass auch hier die Anwendung nicht möglich ist.

Mittelschaum besitzt eine günstigere Löscheffektivität. Die Verschäumung ist höher. Die Schaumdecke, die während der Brandbekämpfung aufgebaut werden kann, ist erheblich höher als bei Schwerschaum. Die Verschiebbarkeit der Schaumblasen ist wesentlich geringer. Dadurch wird den Brandstoffdämpfen der Durchtritt durch die Schaumdecke erschwert. Die hierfür benötigte Zeit wird länger. Nachteilig wirkt sich die geringere Wurfweite aus. Das hat zur Folge, dass Abwehrkräfte näher als bei Schwerschaum an den Brandherd heran müssen.

Leichtschaum, vielfach auch als hochverschäumter Schaum bezeichnet, wird nicht mehr nach dem Ejektorprinzip hergestellt, sondern wegen der zu geringen Luftmenge, die dadurch bereitgestellt wird, muss zusätzlich Luft zugeführt werden. Dazu werden motorgetriebene Hochverschäumungsgeneratoren verwendet. Leichtschaum besitzt eine Reihe positiver Eigenschaften:
– Die Überflutung bzw. vollständige Füllung von Räumen erfolgt wegen der großen Schaumleistung vergleichsweise schneller als bei Mittel- und Schwerschaum. Dieser Schaum ist sehr beweglich und fließt überall hin
– Die Wasserschäden sind gering
– Die Reinigung von mit Leichtschaum überfluteten Räumen ist unkompliziert
– Die Schaumbildner sind im Allgemeinen physiologisch unbedenklich

Nachteilig wirkt sich aus, dass der Leichtschaum im Freien durch Wind und Brandauftrieb leicht weggetrieben wird und dass der Schaum leicht an trockenen Gegenständen zerfällt, so dass die Anwendungsrate höher als die Zerfallsrate sein muss.

Der Einfluss von Rauch bewirkt u. U. eine größere Zerstörung des Schaumes. In geschlossenen Räumen ist bei Schaumflutung für eine entsprechende Entlüftung zu sorgen.

Für die Bewertung der Schäume insgesamt sind Löschintensität und Löschzeit wichtige Kenngrößen. Unter Löschintensität wird das Volumen der Schaumbildnerlösung verstanden, welches zum Löschen von 1 m² Brandfläche je Minute eingesetzt werden muss. Löschversuche haben ergeben, dass zwischen Löschintensität und Löschzeit ein Zusammenhang besteht. Danach wird bei Steigerung der Löschintensität die Löschzeit kürzer. In beiden Fällen sind jedoch Grenzen gesetzt. Für die Schaumbildner E 30 und Neomerpin z. B. wurde festgestellt, dass Löschzeiten über 10 Minuten keinen Löscherfolg garantieren.

2.3.4 Kohlendioxid

Kohlendioxid, fälschlicherweise oft auch als Kohlensäure bezeichnet, ist ein reales dreiatomiges inertes Gas (CO_2) und zu etwa 0,3 Vol.-% in der Atmosphäre enthalten. Außerdem findet man Kohlendioxid in Mineralquellen und in der Nähe von Vulkanen. Dort entsteht es durch Metamorphose (Einwirkung höherer Drücke und Temperaturen auf die Gesteine in der Tiefe) und vulkanische Erscheinungen.

Kohlendioxid bildet sich aber auch durch natürliche chemische Reaktionen bei normalen Drücken und Temperaturen. Industriell wird CO_2 durch die Verbrennung von Kalk gewonnen. Kohlendioxid wurde zu Beginn des 17. Jahrhunderts durch den niederländischen Naturwissenschaftler J. BLACH als besonderes Gas erkannt. Als Löschmittel wird CO_2 seit über 100 Jahren verwendet.

Das inerte (reaktionsträge) Gas CO_2 ist farb- und geruchlos. Seine Dichte beträgt im Normalzustand 1,917 kg/m³ und ist damit rund 1,5-mal schwerer als Luft. Es sammelt sich deshalb bei einem thermisch stabilen Zustand in einem Raum in den unteren Bereichen an. Beim Einsatz in einem brennenden Raum ergibt sich sehr schnell eine homogene Verteilung des CO_2 im Raum. Für Lebewesen, insbesondere für den Menschen, stellt es wegen einer Veränderung der Stoffwechselvorgänge ab 3–5 Vol.-% über einen längeren Zeitraum in der Atemluft eine Gefahr dar. Es kommt zu Kopfschmerzen, Apathie, Krämpfen, Schnappatmung, schließlich zur Narkose, zu Atemstillstand und Tod. Eine sehr schnelle letale Wirkung liegt bei Konzentrationen von ca. 15 Vol.-% vor.

Das Phasengleichgewicht des Kohlendioxids ist in Bild 2.52 dargestellt. Die kritische Temperatur liegt bei 31,1 °C, der Schmelzpunkt bei –57 °C. CO_2 sublimiert bei –78,5 °C. Es ist in Wasser löslich. Mit steigender Temperatur verringern sich die lösbaren CO_2-Mengen. Ab 2000 Grad C beginnt die Zersetzung in O_2 und CO. Der Löscheffekt des in fest installierten Feuerlöschanlagen eingesetzten CO_2 besteht darin, dass in einem geschlossenen Raum die Verbrennungsluft durch die Zufuhr dieses Gases so weit durch Mischung verdünnt wird, bis der zur Verbrennung erforderliche O_2-Anteil in der Verbrennungsluft unterschritten wird. Die zur Verlöschung eines Brandes erforderliche CO_2-Menge wird im Wesentlichen durch die Brandstoffart bestimmt und kann überschläglich nach Gleichung 2.3.1 berechnen werden:

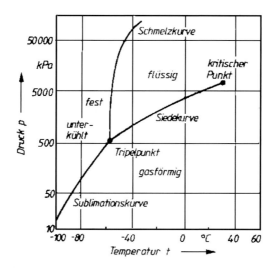

Bild 2.52: Physikalische Eigenschaften von CO_2 in Abhängigkeit von Druck und Temperatur

Für O_2 ist der für die Verbrennung benötigte Wert einzusetzen. Das Ergebnis erscheint in Vol- %. In Tab. 2.8 sind für einige Brandstoffe die theoretisch und praktisch benötigten CO_2-Konzentrationen angegeben.

$$C_{CO_2} = \frac{21 \cdot O_2}{21} \quad 100 \quad \text{in \%} \qquad [2.3.1]$$

Verändern sich Luftfeuchtigkeit und Ausgangstemperatur des Gemisches, verändert sich auch die entsprechende Löschgaskonzentration. Sie verringert sich mit Zunahme der Luftfeuchtigkeit und durch Temperaturerhöhung wird ihr Anteil größer. Die jeweiligen Anteile lassen sich überschläglich berechnen. Exakte Berechnungsmethoden zur Bestimmung der Mindestlöschkonzentration für unterschiedliche Bedingungen liegen jedoch noch nicht vor, so dass gesicherte Ergebnisse gegenwärtig nur durch das Experiment ermittelt werden können. Praktisch interessiert jedoch nur der Bereich bis zur Mindestsauerstoffkonzentration.

Brennbares Gas	N$_2$-Luft	CO$_2$-Luft
	O$_2$ % Oberhalb Entflammung möglich	O$_2$ Oberhalb Entflammung möglich
Acetone	13,5	15,5
Benzene (Benzol)	11	14
Butane	12	13
Ethane	11	13,5
Gasoline	11,5	14
Methane	12	14,5
Methylalkohol	10	13,5
Natural Gas	12	14

Tab. 2.8: Maximal zulässige Sauerstoffkonzentration für die Verhinderung der Entflammung von Gasen und Dämpfen bei Inertisierung mit CO$_2$ und Stickstoff N$_2$ /U.S. Bureau of Mines, Fire Protection Handbook 18. Ausgabe S. 4–165/

Die dafür erforderliche Zeit kann bei konstantem Raumvolumen nur durch Erhöhung des CO$_2$-Volumenstroms verkürzt werden. Die kühlende Wirkung des Kohlendioxids kann wegen ihres geringen Anteils praktisch vernachlässigt werden. Nicht zu unterschätzende Bedeutung besitzt der Effekt, der durch die hohen Austrittsgeschwindigkeiten des Löschgases entsteht.

Die Flammen können auch einfach ausgeblasen werden. Das ist dann möglich, wenn die Auftriebsströmung in der Flamme kleiner ist als die Strömungsgeschwindigkeit des austretenden Löschmittels.

Brennbares Gas	theoretisch Vol.-%	praktisch Vol.-%
Azetylen	55	66
Azeton	26	31
Kohlenmonoxid	53	64
Wasserstoff	62	74
Yethan	25	30
Petroleum	28	34
Benzin	28	34

Tab. 2.9: Mindestmenge CO$_2$ zum Löschen brennbarer Gase

Die Deponie des Löschmittels erfolgt im Allgemeinen in genormten Druckgasstahlflaschen und Niederdruckdeponieanlagen. Der Druck in den Flaschen wird durch den Füllfaktor und die Umgebungstemperaturen bestimmt. Der Füllfaktor bestimmt das Verhältnis, welches gebildet wird aus der in einer Flasche enthaltenen CO$_2$-Menge und dem Flaschenvolumen. Tritt CO$_2$ aus einer Düse bzw. Austrittsvorrichtung in einen Raum, vollzieht sich dieser Vorgang bei hoher Geschwindigkeit, mit großer Lautstärke und hoher Frequenz unter Nebelbildung. Dieser Nebel verhindert in Abhängigkeit

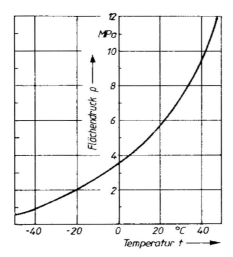

Bild 2.53: Druck in der CO$_2$-Flasche in Abhängigkeit von der Temperatur

von der herrschenden Raumtemperatur für eine bestimmte Zeit im Flutungsraum die Sicht, so dass eine Orientierung durch Beobachtung zunächst erschwert ist.

Vorteile von Kohlendioxid sind:
- Es ist nicht leitend und hinterlässt keine Rückstände
- Es lässt sich relativ einfach beschaffen, ist vergleichsweise billig und lässt sich relativ leicht nachfüllen
- Kohlendioxid ist nur in geringem Maße korrosiv und auch bei Frost einsetzbar

Nachteile sind:
- Kohlendioxid ist bei Glutbränden nicht löschwirksam
- Im Freien ist es praktisch löschunwirksam
- Durch elektrostatische Entladung kann es zu Funkenbildung kommen
- Es besteht die Gefahr des Einfrierens von Elementen des Rohrleitungssystems
- Aufbewahrung ist nur in Druckgefäßen möglich
- Ungünstiges Verhältnis zwischen Löschmittel und Behältergewicht
- Der Aufenthalt in mit CO$_2$ gefluteten Räumen ist für Personen lebensgefährlich

2.3.5 Halogenkohlenwasserstoffe

Nachfolgen soll auf die seit Jahren verbotenen Halone nur vergleichend mit den inzwischen entwickelten Alternativen, die die Umwelt nicht schädlich belasten, eingegangen werden.

Die Suche nach geeigneten Mitteln begründet sich vor allem aus der Notwendigkeit, für den Brandschutz auf Seeschiffen ein Löschmittel zur Verfügung zu haben, dass auf die Masse- und Volumeneinheit bezogen, eine hohe Löschfähigkeit besitzt. Das Löschmittel muss außerdem so wirken, dass in kürzester Zeit nach seinem Auftreffen auf den Brandherd die Verbrennungsreaktion beendet wird. Weiterhin sollte das Löschmittel von solcher Beschaffenheit sein, dass nach erfolgter Verlöschung vorübergehend stillgelegte Anlagenteile wieder in Betrieb genommen werden können.

Diese hohen Anforderungen konnten die nach 1945 entwickelten fluorierten Kohlenwasserstoffe erfüllen, sie zeigten deutliche Vorteile in Fragen der Löschwirkung, aber auch Nachteile hinsichtlich der Toxizität und der korrosiven Wirkung von Löschmittelrückständen. Obwohl eine sehr große Anzahl von Halogenkohlenwasserstoffverbindungen existierte, hatten nur die folgenden Mittel Bedeutung für die Seeschifffahrt bei der Anwendung in der Brandschutztechnik:

Brommethantrifluorid	CF_3Br – Halon 1301
Difluormonochlorbrommethan	CF_2ClBr – Halon 1211
Triflourdibrommethan	CF_3Br_2 – Halon 2402

Neben günstigen physikalischen Eigenschaften, wie niedriger Gefrierpunkt, geringe Viskosität und günstigen chemischen Eigenschaften, wie Korrosionsunbedenklichkeit und geringe elektrische Leitfähigkeit, waren die Toxizität, die Löschwirkung, der Masse-Raum-Bedarf und die Verfügbarkeit von großer Bedeutung für die Seeschifffahrt.

Wichtige Vorteile dieser Löschmittel waren vor allem:
1. Durch den Inhibitionseffekt des Halons sind Konzentrationen des Löschmittels von 3–7 Vol.-%, d. h. ca. 1/10 der CO_2-Konzentration erforderlich
2. Die geringe Löschkonzentration, mit der eine sofortige Verlöschung der offenen Flammen verbunden ist, ermöglicht wesentlich kürzere Löschzeiten (im Sekundenbereich)
3. Die zum Löschen mit vorher genannten Halonen erforderliche Raumkonzentration liegt unterhalb der Konzentration, die für den Menschen gefährlich ist
4. Die hohe Dichte der Halone erlaubt in Verbindung mit der niedrigen Löschkonzentration relativ kleine Löschmittelbehälter
5. Durch die geringe Verdampfungswärme beim Übergang vom flüssigen in den gasförmigen Zustand ist die Gefahr der Unterkühlung temperaturempfindlicher Anlagenteile gering
6. Der Wartungsaufwand von Halon-Feuerlöschanlagen liegt um ein Vielfaches unter dem der CO_2-Anlagen
7. Beim Einbau von Halonanlagen können Rohrleitungen und Armaturen in dem direkt zu schützenden Raum entfallen, wenn das Prinzip des Freistrahls angewandt wird

Wesentliche Nachteile:
1. Die Anwendung bei Feststoffbränden führt nur zur Flammenverlöschung und nicht zur Glutbrandliquidierung
2. Diese Halone haben einen negativen Einfluss auf die Ozonschicht
3. Die Kosten für diese Löschmittel sind im Vergleich zu CO_2 erheblich höher

Aus Experimenten mit dem Löschmittel 2402 konnte z. B. ermittelt werden, dass Löschzeiten im Sekundenbereich mit Konzentrationen von 3–4 Vol.-% unter Bedingungen eines Maschinenraumbrandes erreicht wurden.

Diese hohe Löschwirksamkeit ist darauf zurückzuführen, dass bei einer Zufuhr von Energie, hervorgerufen durch die Flamme, die halogenierten Kohlenwasserstoff-Ketten aufbrechen und sehr reaktionsfähige Radikale entstehen. Diese Löschmittelradikale gehen dann eine Bindung mit den aus dem Brandprozess abgespalteten Radikalen ein, wobei erneut Halogenradikale freigesetzt werden. Diese Rekombination führt dazu, dass alle Brandstoffradikale „aufgebraucht" werden und somit die Kettenreaktion zum Abbruch gebracht wird. Dieser Vorgang wird auch Inhibitionseffekt genannt.

Der Tatbestand, dass diese bisher eingesetzten Halone die Ozonschicht erheblich schädigen, war Anlass dafür, durch intensive Forschung Alternativlösungen zu ermitteln, die möglichst die bisherigen Vorteile wieder erreichen. Ersatzlösungen müssen sich an den o. g. Kriterien messen lassen.

Nachfolgend einige alternative Löschmittel:

Chemischer Name	Mittel	Handelsname
Octafluoropropane	FC-218	bekannt als FE-38
Trifluoromethane	HFC-23	bekannt als FE-13
Heptafluoropropane	HFC-227ea	bekannt als FM- 200
Pentafluoroethane	HFC-125	bekannt als FE-25
C6 – Fluorketon	CF3CF2C(O)CF(CF3)2	bekannt als NOVEC 1230

Beim Einsatz des Löschmittels FM 200 ist zwar eine im Vergleich zu 1301 nahezu doppelte löschwirksame Konzentration erforderlich, dafür ist aber der OPD-Wert (Ozon Depletion Potential) gleich Null. Der Löscheffekt beruht auf einem chemischen und physikalischen Vorgang. Ausschlaggebend wird die Bildung von Radikalen sein, die mit dem verfügbaren Sauerstoff in der Mischzone eine Bindung eingehen und damit zu neuen chemischen Verbindungen führen, die unbrennbar sind. Gesicherte Erkenntnisse über die Wirksamkeit dieser Mittel liegen nur in begrenzter Form vor, so dass hierzu an dieser Stelle noch keine weiteren Aussagen getroffen werden können, vor allem hinsichtlich schädlicher Wirkungen auf sensible Anlagen.

2.3.6 Löschpulver

Löschpulver besteht aus Chemikalien, die in möglichst feiner Verteilung als Pulverwolke in die Flamme gebracht werden und diese schlagartig löschen. Wichtig hierbei ist, dass der gesamte Brandherd erfasst wird und die Anzahl der Pulverteilchen eine kritische Menge übersteigt. Der Hauptlöscheffekt der Pulver besteht darin, dass die bei der Verbrennung entstehenden kurzlebigen Radikale, aktiven Molekühle und Atome Energie an die Pulverteilchen abgeben, so dass der eigene Energiegehalt dann zu gering ist, um die Kettenreaktionen weiterzuführen. Es kommt zum Abbruch der Reaktion und die Flamme erlischt.

Dieser Effekt wird auch als Wandeffekt bezeichnet. Außerdem gibt es zahlreiche, von den einzelnen Pulverarten abhängige Nebeneffekte, die in unterschiedlicher, nicht genau zu bestimmender Intensität, am Löschprozess beteiligt sind. Weltweit sind Patente zur Herstellung von Feuerlöschpulvern angemeldet. Am bekanntesten sind die auf der Basis von Natriumhydrogenkarbonat sowie Ammonsulfate und 0phosphaten.

Außerdem gibt es Löschpulver auf der Basis von Kaliumhydrogenkarbonat, Kaliumsulfat, Kaliumchlorid, Harnstoff und Natriumkryolith und anderen Chemikalien. Neben einer guten Löschwirkung müssen Löschpulver eine gute Förder- und Rieselfähigkeit sowie Schaumverträglichkeit besitzen und dürfen elektrisch nicht leitend sein. Wesentlich ist eine lange Lagerfähigkeit. Der Hauptanteil der Pulverteilchen (6–7 %) besitzt einen Korndurchmesser von 0,01...0,05 mm, beim Rest beträgt er 0,05...1,0 mm. Wegen der Verstaubungsgefahr dürfen Brände in empfindlichen technischen Anlagen nicht mit Löschpulver abgewehrt werden. Da Pulver keine Kühlwirkung zeigt, besteht bei Flüssigkeitsbränden die Gefahr der Rückzündung. Trockenlöschpulver sind nicht toxisch.

Brennende Flüssigkeitsoberflächen in der Größenordnung von ca. 4 m^2 können bei richtiger Handhabung mit einem 12 kg-Pulverlöscher gelöscht werden!

Bei der Anwendung dieses Löschmittels ist zu beachten, dass zwar das Pulver im gelagerten Zustand elektrisch nicht leitend ist, die beim Auftrag auf heiße Oberflächen entstehenden Schmelzen den elektrischen Strom aber sehr wohl leiten können.

2.4 Feuerlöschanlagen

2.4.1 Wirksamkeit von Feuerlöschanlagen

Feuerlöschanlagen auf Seeschiffen sind Bestandteil der Sicherheitstechnik. Sie haben die Aufgabe, das jeweilige Löschmittel möglichst nahe an den Brandherd heranzubringen, die Brandausbreitung einzuschränken und die Verbrennung zu unterbrechen. Im Allgemeinen werden Feuerlöschanlagen nach der Art der verwendeten Löschmittel unterschieden. Auf Seeschiffen sind das vor allem Wasser-, Kohlendioxid-, Schaum- und Pulverfeuerlöschanlagen.

Im Zusammenhang mit der Branderkennung und der Inbetriebnahme kann auch in manuell gesteuerte, halbautomatisch und automatisch gesteuerte Anlagen unterschieden werden, wobei die weitere Einteilung nach der Art der verwendeten Löschmittel natürlich möglich ist.

Von den für alle sicherheitstechnischen Mittel gültigen Auswahlkriterien sind deren Wirksamkeit und zuverlässige Verfügbarkeit die wichtigsten. In vielen Fällen kann die Wirksamkeit an Hand konkreter Werte nachgewiesen werden. Dagegen ist die Bestimmung der Zuverlässigkeit von Feuerlöschanlagen gegenwärtig noch mit zahlreichen Unsicherheiten verbunden. Ausschlaggebend hierfür ist wohl, dass Feuerlöschanlagen vergleichsweise selten eingesetzt werden und dadurch umfangreiche Daten nicht zur Verfügung stehen. Im Rahmen von Zulassungsverfahren werden Erfahrungswerte ermittelt, die auch für die Ermittlung quantitativer Aussagen genutzt werden.

Die Wirksamkeit in der Brandabwehr bei manuell gesteuerten Feuerlöschanlagen hängt vor allem von folgenden Bedingungen ab:
- von im Brandraum handelnden Personen in Bezug auf die Branderkennung und Information
- vom Verstellungsgrad der Räume
- von der technischen Zuverlässigkeit der Mittel, der Informationsübertragung und den Feuerlöschanlagen
- von der Handlungszuverlässigkeit aller darüber hinaus am Prozess Mitwirkenden Personen

Halbautomatisch gesteuerte Feuerlöschanlagen auf Seeschiffen sind dadurch gekennzeichnet, dass die Branderkennung nicht mehr durch Personen, sondern durch technische Einrichtungen automatisch erfolgt und die entsprechenden Informationen in Signale umgewandelt und von Personen aufgenommen und verarbeitet werden. Auch bei solchen Anlagen zeigt sich, dass das Kernproblem in der Zuverlässigkeit der Branderkennung liegt (s. Kapitel 2.3).

Erst bei hoher Zuverlässigkeit und Eindeutigkeit des Signals „Brand" ist die automatisierte Steuerung von Feuerlöschanlagen auch auf Seeschiffen möglich. In Abhängigkeit von den charakteristischen Merkmalen der zu schützenden Räume, der Art der Löschmittel sowie vom Schutzprinzip (Raum- oder Objektschutz) ergeben sich besondere Aspekte und Bedingungen. Feuerlöschanlagen auf Seeschiffen unterliegen der Aufsichtspflicht. Ebenso ist die Ausrüstung der Seeschiffe mit Feuerlöschanlagen durch Vorschriften geregelt, so dass darauf hier nicht weiter eingegangen wird.

2.4.2 Wasserfeuerlöschanlagen

Die traditionelle „Wasserfeuerlöschanlage" eines Seeschiffes besteht aus den Hauptelementen Pumpen, Hauptfeuerlöschleitung, Armaturen und Schläuchen mit den dazu gehörenden Geräten und ist so installiert, dass in allen wichtigen Bereichen des Schiffes eine Wasserentnahme möglich ist. Entsprechend den Betriebsbedingungen der Anlage und ihren Parametern transportieren fest verlegte Rohre das Wasser zu den Wasserentnahmestellen mit einem Druck bis zu 6 bar, von wo es dann mit Schläuchen und Strahlrohren an den Brandherd gelangt. Die hierzu notwendigen Feuerlöschpumpen sind in ihrer Leistung meist so ausgelegt, dass mehrere Feuerlöschanlagen damit gleichzeitig

betrieben werden können. An den mobilen Strahlrohren steht das Löschwasser als Voll- bzw. als Sprühstrahl zur Verfügung. Weitere Arten von Feuerlöschanlagen, die ebenfalls mit dem Löschmittel Wasser betrieben werden, sind:

– selbsttätige Wasserberieselungsanlagen, die sich selbsttätig dann einschalten, wenn die Temperaturen im zu schützenden Raum einen vorgegebenen Grenzwert erreicht haben
– Sprühwasserfeuerlöschanlagen, die sich bei Druckabfall in der Anlage automatisch einschalten
– Wasservorhänge schaffende Anlagen
– Wasserberieselungsanlagen

Bei den Glasfass-Auslösern handelt es sich um Glashohlkörper, die mit einer Flüssigkeit gefüllt sind, welche sich bei Erwärmung stark ausdehnt. Dadurch werden bei Erreichen der kritischen Temperaturen die Körper zerstört und die Öffnung freigegeben. Um eine möglichst effektive Nutzung des nach Auslösen des Sprinklers bereitgestellten Wassers zu erreichen, gibt es unterschiedliche Ausführungen, die durch den konkreten Verwendungszweck bestimmt werden.

2.4.3 Sprinkleranlagen

Am weitesten verbreitet sind selbsttätige Wasserberieselungsanlagen, auch Sprinkleranlagen genannt. Das System steht unter einem gewissen Vordruck und verfügt über eine laufende Wasserversorgung (Bild 2.54). Ein Drucktank sorgt dafür, dass das System ohne die Pumpe über eine Minute lang mit Frischwasser versorgt wird. Die Pumpe hat einen unabhängigen Antrieb und ist ausschließlich für die selbsttätige Abgabe von Wasser aus den Sprinklern vorgesehen. Bei einem Druckabfall im System muss sie automatisch anlaufen, bevor die Frischwasserfüllung im Drucktank verbraucht ist.

Die Anlage wird mittels Glasfass-Auslösung aktiviert. Die Sprinkler sind mit einem Glasfass verschlossen, in dem sich eine spezielle Flüssigkeit befindet. Bei einer spezifischen Umgebungstemperatur dehnt sich die Flüssigkeit so aus, dass das Glasfass zerspringt und den Sprinkler öffnet (Bild 2.55). Der Druck fällt im System ab, und die Pumpe beginnt zu fördern.

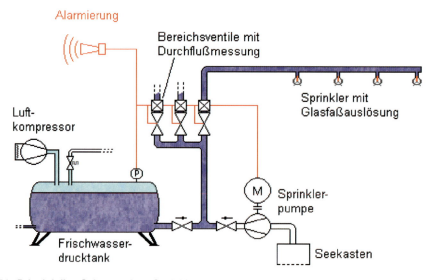

Bild 2.54: Prinzipielles Schema einer Sprinkleranlage

Auslöse- temperatur (Nenner- öffnungs- temperatur	Temperatur, die im Sprinkler- bereich nicht überschritten werden sollte	Farbe der Flüssigkeit
57 °C	27 °C	ORANGE
68 °C	38 °C	ROT
79 °C	49 °C	GELB
93 °C	63 °C	GRÜN
141 °C	111 °C	BLAU
182 °C	152 °C	MALVE

Bild 2.55: Sprinklerköpfe mit speziellen Angaben hinsichtlich der Auslösetemperatur

Diese speziellen Wasserfeuerlöschanlagen werden für den Objekt- und den Flächenschutz einge- setzt. Die verwendeten Sprinkler sind meist gleichmäßig über den zu schützenden Bereich verteilt. Die durch die Wärmewirkung des Brandes erfolgte Auslösung einzelner Sprinkler gewährleistet an den Stellen mit dem entsprechenden Temperaturniveau die zielgerichtete Bereitstellung von Lösch- wasser in der vorausbestimmten Qualität, wie Menge, Druck und Tropfengröße.

Sprinkleranlagen werden meist als Nassrohrsystem installiert. In frostgefährdeten Bereichen ist das Sprinklerrohrnetz zunächst mit Druckluft gefüllt. Die Sprinkler können stehend oder hängend angeordnet werden. Um eine möglichst effektive Nutzung des nach Auslösen des Sprinklers bereit- gestellten Wassers zu erreichen, gibt es unterschiedliche Ausführungen, die durch den konkreten Verwendungszweck bestimmt werden.

2.4.4 Wassernebelanlagen

Die Wassernebelanlage ist ein selbsttätiges Löschsystem. Die konkrete technische Ausführung hängt vor allem ab von den Drücken, den Forderungen hinsichtlich der Tropfengröße, der jeweiligen räumlichen Auslegung und zusätzlichen Forderungen der Klassifikation. Das System steht unter einem Vordruck. Der Druck (ca. 10...15 bar) wird durch eine Druckhaltepumpe mit einer geringen Förderleistung aufrechterhalten.

Die Nebelanlagen werden im Allgemeinen in drei Druckbereichen angeboten:

Niederdruck   bis 12 bar
Mitteldruck   von 12 bis 35 bar und
Hochdruck   von 35 bis 130 bar

Die Aktivierung des Systems erfolgt, wie beim Sprinkler, durch Glasfass-Auslösung an den Düsen- köpfen. Fällt der Druck im System und kann er durch die Druckhaltepumpe nicht mehr aufrecht- erhalten werden, startet die Hauptpumpe, die mit den entsprechenden Drücken die ausgelösten Düsenköpfe mit Frischwasser versorgt. Gleichzeitig erfolgt die Auslösung des Alarms.

Zusätzlich ist ein Druckflaschensystem vorhanden. Bei Ausfall der Hauptpumpe wird eine Treibgasfla- sche aktiviert. Stickstoff strömt in die Wasserflaschen, die über einen definierten Zeitraum das System mit Wasser versorgen. Im Gegensatz zur Sprinkleranlage ist die eingesetzte Wassermenge minimal.

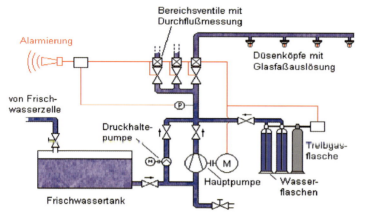

Bild 2.56: Prinzipielles Schema einer Wassernebelanlage

Bild 2.57: Sprühbild von einer Wassernebelanlage

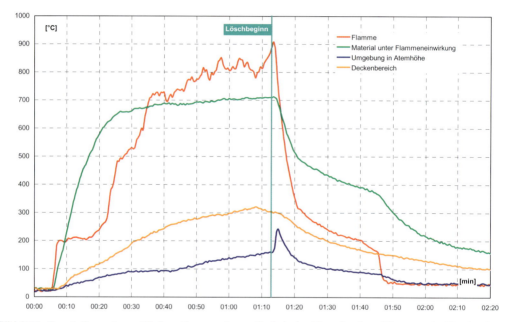

Bild 2.58: Darstellung der zeitlichen Temperaturverläufe beim Einsatz einer Wassernebellöschanlage bei einem Sprayfeuer in einem kleinen Maschinenraum

2.4.5 Schaumfeuerlöschanlagen

Im Gegensatz zu allen anderen Feuerlöschanlagen wird bei Schaumfeuerlöschanlagen das Löschmittel nicht als solches deponiert, sondern im Einsatzfall erst hergestellt und zwar im Prinzip am Einsatzort. Solche Anlagen bestehen demnach aus folgenden Hauptelementen:

Schaumbildnertank, Wasserzuführung und Schaumrohr. Letzteres wird als mobiles Schaumrohr verwendet bzw. ist fest installiert, z. B. zum Beschäumen von Tanks. Die prinzipielle Funktionsweise einer Schaumfeuerlöschanlage ist in Bild 2.59 dargestellt. Die Schaumbildnerlösung tritt als Sprühstrahl aus einer Düse aus. Im Bereich des Luftschaumrohres wird die Luft mit dem Schaumbildner-Wasser-Gemisch zu Luftschaum verarbeitet (Bild 2.60).

Der Schaumbildner kann dem Wasser durch verschiedene Verfahren zugemischt werden. Am gebräuchlichsten sind die Strahlpumpen und die Wirkdruckzumischung. Beim Strahlpumpenzumischer wird das Arbeitsmittel Wasser unter Druck der Strahlpumpe zugeführt. Es durchströmt die Treibdüse mit großer Geschwindigkeit und erzeugt im Saugraum einen Unterdruck. Dadurch wird der Schaumbildner angesaugt. Im Mischraum vermischen sich Schaumbildner und Wasser. Im Diffusor vermindert sich die Geschwindigkeit des Gemisches, der Druck wird sich in Abhängigkeit vom Durchflussquerschnitt erhöhen. Die durch die Düse strömende Wassermenge Q je Zeiteinheit ist abhängig von dem Gefälle der Druckhöhe vor und nach der Düse. Sie wächst mit der Quadratwurzel aus dem Gefälle an.

Die Druckverluste nehmen zu mit höher werdender Strömungsgeschwindigkeit. Mit einem Regelorgan kann die angesaugte Schaumbildnermenge verändert werden. Trotz der bestehenden Nachteile finden Strahlpumpenzumischer häufig Anwendung. Beim Wirkdruckmischer treten die Druckverluste in geringerem Maße auf. Das einmal eingestellte Zumischverhältnis bleibt nahezu konstant.

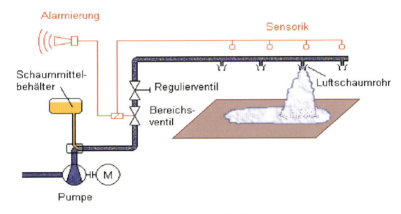

Bild 2.59: Schema einer fest installierten Schaumfeuerlöschanlage

Bild 2.60: Darstellung des Schaumstrahles bei einer fest installierten Schaumfeuerlöschanlage

Die Anlage muss jederzeit zum sofortigen Einsatz bereit sein. Das Schaummittel wird in einem Vorratstank gelagert. Die Menge ist abhängig von dem zu schützenden Objekt.

Durch die Verschäumungszahl wird unterschieden in
Leichtschaum
Mittelschaum und
Schwerschaum

Schwerschaumanlage:
Für Kessel- und Maschinenräume muss eine Schwerschaumanlage so bemessen sein, dass die größte Fläche, über die sich Brennstoff ausbreiten kann, innerhalb von fünf Minuten mit einer Schaumschicht von 150 mm Höhe abgedeckt werden kann.

Leichtschaumanlage:
Eine Leichtschaumanlage muss so bemessen sein, dass der größte zu schützende Raum ohne Berücksichtigung eingebauter Maschinen und Apparate mit einem Schaumvolumen von mindestens 1 m Höhe je Minute gefüllt werden kann. Der Schaummittelvorrat muss ausreichen, um den größten zu schützenden Raum mindestens fünfmal vollständig mit Schaum füllen zu können.

2.4.6 CO_2-Feuerlöschanlagen

Zu den besonders im Schiffbau häufig eingesetzten Feuerlöscheinrichtungen gehören die CO_2-Feuerlöschanlagen. Das ergibt sich aus den Eigenschaften des Löschmittels Kohlendioxid sowie aus der großen Universalität dieser Anlagen. Sie bestehen grundsätzlich aus der eigentlichen Feuerlöschanlage mit den notwendigen Systemen und Einrichtungen und der Deponieanlage. Die Deponieanlage gibt es in zwei Varianten:
– die Hochdruckanlage, bei der das Löschgas in Flaschen gelagert wird, die zu so genannten Batterien zusammengeschaltet werden und
– die Niederdruckanlage

Bei Letzterer wird das CO_2 in großen Tanks deponiert. Das Fassungsvermögen der Deponieanlagen hängt von ihrem Verwendungszweck ab. Dazu ist von folgenden Ausgangsgrößen auszugehen: Größe des zu schützenden Raumes, erforderliche Löschkonzentration, mögliche Leckverluste des Raumes, verbleibende Restmenge in der Anlage. Hierzu werden in der Regel durch die Klassifikationsgesellschaften spezielle Forderungen erhoben. Wichtig ist bei diesen Anlagen, dass die CO_2-Austrittsvorrichtungen in den zu schützenden Räumen in einer solchen Anzahl montiert werden, die den CO_2-Eintritt in den Raum in kürzester Zeit gewährleisten. Außerdem sollen die Düsen so gestaltet sein, dass die sich bildenden Gasstrahlen möglichst kurz sind. Das wird meist durch eine entsprechende Anzahl von Einzelbohrungen erreicht.

Kohlendioxid-Hochdruckanlage

Das Kohlendioxid wird flüssig in Druckflaschen aus Stahl aufbewahrt. Der Flaschendruck beträgt ca. 57 bar bei einer Umgebungstemperatur von 20°C. Die Flaschen haben ein Steigrohr, das eine Entnahme in flüssiger Form ermöglicht. Das CO_2 gelangt in einer Mischphase bis zu den Düsen und entspannt sich auf Umgebungsdruck und kühlt dabei ab. Die Unterkühlung kann bis zu Temperaturen unter −78,5 °C führen. Aus diesem Grunde erkennt man am Austritt der Düsen häufig CO_2 in kristalliner Form, d. h. der optische Eindruck ist ähnlich dem bei Nebel. Die Kristalle sublimieren unter der Wärme und bei Normaldruck sehr schnell in die Gasform.

In Abhängigkeit von den Umgebungstemperaturen verändern sich die Drücke in den Flaschen wie folgt:

Temperatur °C	Innendruck MPa
0	3,5
20	6,0
40	14,0
60	22,5

Werden die Flaschen längere Zeit den höheren Temperaturen ausgesetzt, muss damit gerechnet werden, dass die Berstscheiben wirksam werden und CO_2 abbläst. Die Berstscheiben sind auf ca. 18 MPa eingestellt.

Hochdruckanlagen werden im Allgemeinen mechanisch, pneumatisch oder elektrisch oder durch Kombination dieser Möglichkeiten in Betrieb genommen. Immer sind entsprechende Warneinrichtungen notwendig, um grundsätzlich auf die bevorstehende Inbetriebnahme aufmerksam zu machen sowie insbesondere die im schützenden Raum befindlichen Personen zu warnen. Die CO_2-Anlage für Maschinen- und Pumpenräume ist so ausgelegt, dass 85 % der erforderlichen Volumenkonzentration innerhalb von 2 min in den zu flutenden Raum gelangen.

Die erforderliche Löschgaskonzentration für Maschinenräume beträgt z. B. 40 Vol.-%. Für Laderäume beträgt sie mindestens 30 Vol.-%, dabei müssen innerhalb von 10 min 2/3 der erforderlichen Löschgaskonzentration in den zu flutenden Raum gelangen. Die Aktivierung der Anlage erfolgt von Hand an einer Auslösestation mit Zeitverzögerung und Alarmierung.

Achtung: Im zu flutenden Raum dürfen sich keine Personen aufhalten.

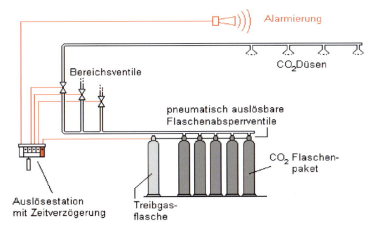

Bild 2.61: Schema einer fest installierten CO_2-Feuerlöschanlage

Bild 2.62: CO_2-Strahlbild kurz nach dem Fluten

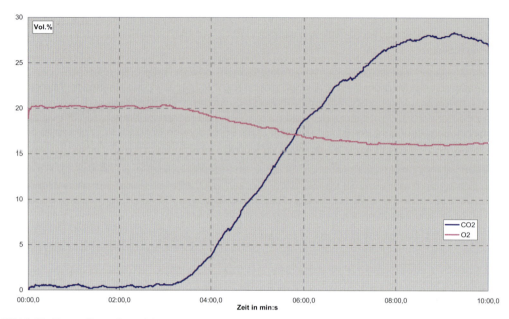

Bild 2.63: Darstellung der zeitlichen Konzentrationsverläufe von CO_2 und O_2 bei einem Löschversuch mit einer CO_2-Hochdrucklöschanlage

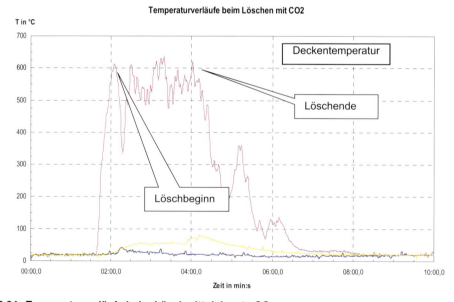

Bild 2.64: Temperaturverläufe beim Löschmitteleinsatz CO_2

Kohlendioxid-Niederdruckanlage

Für sehr große Laderäume auf modernen Seeschiffen werden für das sichere Löschen von Bränden sehr große CO_2-Mengen benötigt. Der damit verbundene Aufwand hinsichtlich der erforderlichen

Flaschenzahl (Raum und Masse) sowie der Wartungsarbeiten rechtfertigte die Entwicklung hin zu Niederdruckdeponieanlagen.

Darum wurden, auf Erfahrungen landseitig bereits bestehender Anlagen aufbauend, solche auch für Seeschiffe entwickelt. Der wesentliche Unterschied zu Hochdruckanlagen besteht darin, dass hier die gesamte CO_2-Menge in nur einem Behälter gelagert wird. Das damit entstehende Problem des temperaturabhängigen Innendrucks und der damit verbundenen Forderung entsprechend starker Wanddicken wird dadurch gelöst, dass das CO_2 durch Kälteanlagen ständig auf –20 bis –22 °C gehalten wird. Der sich dann einstellende Innendruck liegt entsprechend des Phasenschaubildes bei etwa 18–20 bar. Aus Sicherheitsgründen werden zwei Kälteanlagen parallel geschaltet, von denen jeweils immer nur eine in Betrieb ist. Bei Ausfall der einen schaltet sich die andere Anlage automatisch ein.

Bei Inbetriebnahme der Anlage ist gleichgültig, welche Kälteanlage gewählt wird. Die Behälter werden aus solchen Materialien gefertigt, die die tiefen Temperaturen zulassen.

Dabei ist es unerheblich, ob sie liegend oder stehend zum Einsatz kommen. Die Wärmedämmung, die insbesondere dann zur Wirkung kommt, wenn gleichzeitig beide Kälteanlagen ausgefallen sind, besteht meist aus Hartschaumstoffen mit einer Blechverkleidung und lässt für den von den Aufsichtsorganen vorgeschriebenen Zeitraum von 24 Stunden nur eine geringe Temperaturerhöhung zu. Bei einer Umgebungstemperatur von 45 °C darf der Abblasedruck nach frühestens 24 h erreicht sein.

Die dann vergleichsweise geringen Mengen, die entweichen würden, stellen in diesem Fall keine Gefahr für Personen dar und auch die Löschwirksamkeit wird nicht nennenswert eingeschränkt.

Für den sicheren Betrieb der Niederdruckanlagen sind zahlreiche Kontroll- und Sicherheitseinrichtungen vorhanden (Bild 2.65), wie Druck- und Temperaturwächter, Sicherheitsventile u. a. Für die Auslegung der Anlage hinsichtlich der Flutungszeiten gelten hier grundsätzlich dieselben Vorschriften wie für die Hochdruckanlage. Bei der Auslösung dieser Anlage ist allerdings zu beachten, dass die zu flutende CO_2-Menge vorab ermittelt werden muss und mit Hilfe des Ventils und der Füllstandanzeige reguliert werden kann. Bei der Hochdruckanlage ist es üblich, die Flüssigkeitsmenge für die zu flutenden Räume in vorab von der Werft zusammengestellten Flaschenbatterien festzulegen.

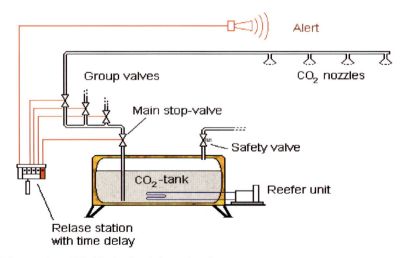

Bild 2.65: Schema einer CO_2-Niederdruckdeponieanlage

Bild 2.66: Niederdruckdeponieanlage

2.4.7 Pulverfeuerlöschanlagen

Trotz der sehr wirksamen Löschpulver sind Pulverfeuerlöschanlagen auf Seeschiffen gegenwärtig kaum anzutreffen. Der Grund liegt offensichtlich darin, dass Löschpulver im Allgemeinen nicht zum Schutz so großer Räume, wie sie auf solchen Schiffen vorhanden sind, eingesetzt werden können und dass außerdem mit einem hohen Verschmutzungsgrad und anderen Nachfolgeerscheinungen, wie Verschleiß an rotierenden Teilen, gerechnet werden muss. Eine Ausnahme stellen Gastankschiffe dar, für die bestimmte Pulverlöschanlagen im Ladungsbereich obligatorisch sind.

Der allgemeine Aufbau einer Pulverfeuerlöschanlage ist in Bild 2.67 dargestellt. Die Betätigung der Auslöseeinrichtung, die wie bei allen Feuerlöschanlagen sowohl von Hand als auch automatisch erfolgen kann, bewirkt das Öffnen der bei Pulverlöschanlagen immer erforderlichen Druckgasflaschen, deren Anzahl von der Gesamtlöschmittelmenge und den Druckverlusten abhängig ist. In einem Druckminderventil wird der Druck des Gases auf den für den Betrieb notwendigen Wert reduziert. Im Pulverbehälter wird das Pulver durch eine spezielle Verwirbelungseinrichtung aufgelockert. Nach Öffnen des Auslöseventils infolge des Druckanstiegs im Behälter spricht nach weiterem Druckanstieg das pneumatische Ventil an, so dass das Löschpulver über die Rohrleitung in den zu schützenden Raum gelangen kann. Nach Abschluss des Löschvorgangs wird das pneumatische Ventil geschlossen und das Reinigungsventil zum Entfernen der Pulverreste geöffnet.

Pulveranlagen

Das Pulver wird in einem druckfesten Stahlbehälter mit einem definierten Fassungsvermögen gelagert. Als Treibgas wird in der Regel Stickstoff in Druckgasflaschen verwendet. Bei der Inbetriebnahme der Anlage werden mit Hilfe der zeitverzögerten Auslösevorrichtung die Druckgasflaschen geöffnet. Es erfolgt zunächst ein Aufladen des unter Atmosphärendruck im Behälter gelagerten Löschpulvers. Während dieser Phase erfolgt eine homogene Durchmischung des Löschpulvers mit dem Treibgas. Dieser Vorgang ist nach wenigen Sekunden beendet. Die Alarmierung erfolgt gleichzeitig.

Nachdem der Betriebsdruck erreicht ist, wird der Hauptpulverhahn automatisch geöffnet und das fließfähige Pulver-Treibgasgemisch strömt über die Rohrleitungen zu den Düsen in den zu schützenden Räumen. Neben der Löschmittelverteilung über Düsen kann die Entnahme des Löschpulvers auch über Schläuche mit abstellbaren Pistolen erfolgen.

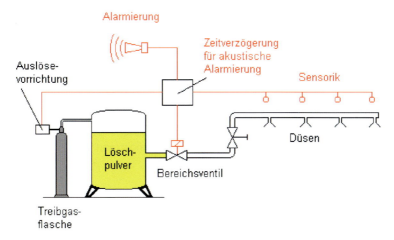

Bild 2.67: Schema einer Pulverlöschanlage

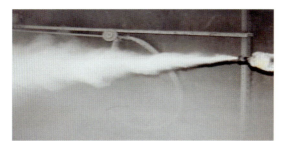

Bild 2.68: Löschpulverstrahl

2.4.8 Halon-Feuerlöschanlagen

Halon-Feuerlöschanlagen finden an Bord von Schiffen kaum noch Anwendung, obwohl diese Löschanlagen eine hohe Wirksamkeit besitzen. Die Ursache für das Verbot dieser Anlagen liegt im notwendigen Schutz der Umwelt. Die gegenwärtigen Bemühungen sind darauf gerichtet, alternative Anlagen zu entwickeln, die eine möglichst gleichwertige Wirksamkeit besitzen und keine schädlichen Belastungen der Ozonschicht verursachen.

2.4.9 Inertgasanlagen im Schiffsbetrieb

Eine Explosion auf einem Tanker kann verheerende Folgen bis hin zum Totalverlust nach sich ziehen. Durch den Einsatz von Inertgasen (s. Kapitel Löschmittel) als aktiven Explosionsschutz wird das Ziel verfolgt, die Sauerstoffkonzentration in dem gefährdeten Raum auf einem bestimmten Wert zu halten. Der anzustrebende Grenzwert ist die höchste Sauerstoffkonzentration, bei der eine selbstständige Flammenfortpflanzung (Explosion) gerade nicht mehr möglich ist. Dieser Grenzwert ist stoff-, temperatur- und druckabhängig. Die Klassifikationsgesellschaften (z. B. GL-Vorschriften) geben für Inertgassysteme einen maximalen Sauerstoffgehalt in der Tankatmosphäre von 8 Vol.-% an. In Bild 2.69 sind die Zusammenhänge beim Einsatz von Inertgas in einem Tank graphisch dargestellt und werden im Folgenden erläutert:

Explosionsgrenzen:

Ein Gemisch von Kohlenwasserstoffen und Luft kann sich nur entzünden, wenn die Zusammensetzung innerhalb von Konzentrationen liegt, die als explosiver Bereich (schraffierte Fläche) bekannt sind. Die untere Grenze dieses Bereiches, die „untere Explosionsgrenze" entspricht einer Kohlenwasserstoffkonzentration, unterhalb der es nicht genügend Kohlenwasserstoffe gibt, um eine Verbrennung zu unterhalten (Punkt C).

Die obere Grenze dieses Bereiches, die „obere Explosionsgrenze" entspricht einer Kohlenwasserstoffkonzentration, oberhalb der es nicht genügend Sauerstoff gibt, um eine Verbrennung zu unterhalten (Punkt D). Diese Explosionsgrenzen sind abhängig von der Zusammensetzung der Kohlenwasserstoffe.

Allgemein anerkannte Praxiswerte sind
– als untere Grenze 1 Vol.-% Kohlenwasserstoffanteil und
– als obere Grenze 10 Vol.-% Kohlenwasserstoffanteil.

Alle möglichen Kohlenwasserstoff-Luft-Gemische ohne Inertisierung werden durch die Gerade AB dargestellt. Alle möglichen Kohlenwasserstoff-Luft-Inertgas-Gemische liegen links von der Geraden AB. In Folge der Zufuhr eines Inertgases in den Tank nimmt die untere Explosionsgrenze zu und die obere Explosionsgrenze ab (Verlauf der Kurven von Punkt C bzw. D nach Punkt E).

Der explosive Bereich wird progressiv kleiner bis der Sauerstoffgehalt einen Wert von allgemein 11 Vol.-% erreicht, ab welchem kein Gemisch mehr brennen kann. Alle möglichen Gemische ≤ 11 Vol.-% Sauerstoffgehalt befinden sich außerhalb des explosiven Bereiches und die Tankatmosphäre hat einen sicheren Zustand erreicht.

Der geforderten Sauerstoffgehalt von ≤ 8 Vol.-% definiert somit den inerten Zustand mit einem Sicherheitsabstand von 3 Vol.-% zum Scheitelpunkt (Punkt E) des explosiven Bereiches. Ein beliebiger inerter Zustand der Tankatmosphäre sei durch Punkt F charakterisiert. Veränderungen der Tankatmosphäre durch Verdünnung mit Luft (gestrichelte Gerade FA) bzw. durch Verdünnung mit Inertgas (gestrichelte Gerade FH) sind in Bild 2.69 aufgezeigt.

Die Linie FA schneidet die Fläche der explosiven Gemische. Das bedeutet, dass alle inerten Gemische in dem Bereich oberhalb der Linie GA (kritische Verdünnungslinie) durch einen explosiven Zustand verlaufen, wenn sie mit Luft gemischt werden. Gemische unterhalb der Linie GA werden durch Verdünnung mit Luft nicht explosiv (Punkt H). Vom Punkt F aus sollte eine Veränderung der Tankatmosphäre nach Punkt A immer erst über Punkt H erfolgen, d. h., zunächst eine Zufuhr von zusätzlichem Inertgas (*Spülung*) und dann erst eine Zufuhr von Luft (*Gasfreimachen*).

Wenn es um die „Produktion" von inerten Gasen (N_2 bzw. CO_2) geht, so bieten sich zwei grundsätzliche Verfahren an. Zum einen ist Stickstoff zu einem großen Prozentsatz in der Umgebungsluft vorhanden. Das Verfahren besteht also darin, den Stickstoff von den anderen Bestandteilen der Luft zu trennen. Zum anderen entsteht Kohlendioxid als Endprodukt (Abgas) bei der Verbrennung von Kohlenwasserstoffen. Bei diesem Verfahren können sowohl prozessbedingte Abgase des Schiffsbetriebes genutzt werden (z. B. aus Kesselanlagen) oder sie werden extra in Inertgasgeneratoren erzeugt.

Bei der Verwendung von Stickstoff als Inertgas wird in der Seeschifffahrt zumeist auf landseitige Versorgungsnetze zurückgegriffen. Die Ladung wird für die Überfahrt mit Stickstoff aus der Landanlage „abgedeckt" oder leere Tanks werden mit Stickstoff befüllt und damit der inerte Zustand für die Ballastfahrt gesichert. Flüchtiger Stickstoff aus den Tanks kann während der Reise aus Flüssiggasreserven (Gasflaschen) ergänzt werden.

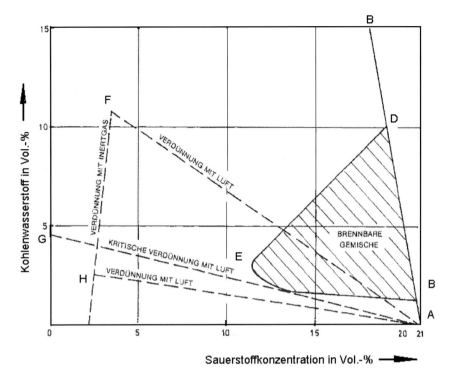

Bild 2.69: Grenzen der Brennbarkeit von hypothetischen Kohlenwasserstoff-/Stickstoff-/Sauerstoff-gemischen

Es besteht aber auch die Möglichkeit, Stickstoff mit einem bordeigenen Generator zu erzeugen. Das Prinzip der Trennung des Stickstoffs aus der Luft wird durch das Durchströmen von komprimierter Luft durch eine Membran realisiert. Die Separierung erfolgt dabei durch die unterschiedlichen Geschwindigkeiten, mit der die einzelnen Bestandteile der Luft diese Membran passieren.

Wird im Schiffsbetrieb Kohlendioxid als Inertgas verwendet, unterscheidet man zwischen dem FLUE INERT GAS SYSTEM, in welchem vorhandene Abgase nachbehandelt und aufbereitet werden und dem OILFIRED INERT GAS GENERATOR, in dem ausschließlich zur Herstellung von Inertgas Kraftstoffe verbrannt werden (s. Bild 2.70).

In Abhängigkeit von konkreten Einsatzbedingungen sind auch Kombinationen der verschiedenen Prinzipien realisierbar, z. B. eine Reihenschaltung von Flue gas und Generatorsystem oder eine nachträgliche Trennung der Abgasbestandteile aus einem Inertgasgenerator durch eine Membran, wie sie beim Stickstoffgenerator verwendet wird.

Bedingt durch ein breites Anwendungsspektrum in der Seeschifffahrt – Öltanker, Produktentanker, OBO's, Chemikalientanker, Parceltanker, Gastanker u. a. – werden an das Inertgassystem ganz unterschiedliche Anforderungen gestellt.

In der Liefermenge variieren die Anlagen von 10 (Topping-up generator) bis zu 20.000 Nm³/h. Ein Restsauerstoffgehalt von maximal 5 Vol.-% und minimal bis zu 0,1 Vol.-% (Forderung aus der Chemikalientankschifffahrt) bei einem Taupunkt von bis zu – 65 °C werden realisiert. Je nach Anforderung wird das Inertgas unter niedrigem oder unter hohem Druck der Verteilerleitung zugeführt. Die Reinheit des inerten Gases bei den verschiedenen Stickstoffgeneratoren liegt in einem Bereich zwischen 95

und 99,9 % in Abhängigkeit von der Durchflussrate. Die Anlagen werden als Nachrüstvarianten oder als Projektvarianten angeboten und besitzen einen unterschiedlichen Automatisierungsgrad. Der generelle Aufbau einer Inertgasanlage auf Seeschiffen umfasst folgende Hauptbaugruppen:
– Gasgenerator
– Kühler und Reiniger (ein Bauteil)
– Gebläse
– Verteilungssystem
– Alarm- und Kontrollsystem

Bei Flue-Gas-Systemen entfällt der Gasgenerator, weil die betriebsbedingten Abgase des Schiffes genutzt werden. Die geringeren Investitionskosten werden aber durch höhere Betriebskosten für Wartung und Instandsetzung wieder relativiert, weil das Abgas relativ unrein ist. Für höhere Anforderungen an die Qualität des Inertgases reichen diese Systeme aber nicht aus und es wurden Gasgeneratoren entwickelt, die direkt für diese Zwecke optimiert wurden. Brennersysteme mit einer stöchiometrischen Verbrennung (ohne Luftüberschuss), die über dem gesamten Lastbereich den Kraftstoff rußfrei verbrennen, liefern die gewünschte Abgasqualität.

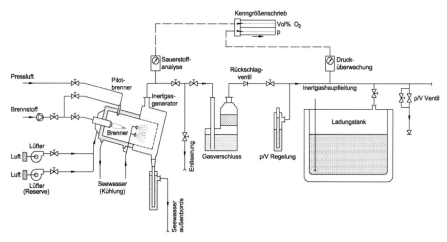

Bild 2.70: Funktionsschema einer Inertgasanlage

Das heiße Abgas wird im so genannten Scrubber gekühlt und gleichzeitig gewaschen. Die Wasserversorgung für diese Baugruppe muss durch zwei voneinander unabhängige Systeme sichergestellt werden. Das Abgas gelangt in direkten Kontakt mit dem Wasser, wird dann über entsprechende Einbauten, Filtermaterialien, Prallbleche usw. gereinigt und wird anschließend wieder vom Wasser getrennt (Abscheider). Vorrangige Aufgabe ist hierbei das Auswaschen von Schwefeloxiden, die als Verbrennungsprodukt aus dem Schwefelanteil des Kraftstoffes entstehen. Das so aufbereitete Abgas wird über Gebläse in die Verteilerleitung gedrückt. Um ein Eindringen von Außenluft in einen Tank während des Löschprozesses auszuschließen (Unterdruck), muss für das Gebläse (oft auch zwei parallele Gebläse) eine Förderleistung nachgewiesen werden, die mindestens 125 % der Gesamtförderleistung der Ladepumpen erbringt.

Das Verteilersystem ist das Bindeglied zwischen Tank- und Inertgassystem. Neben der Hauptaufgabe, der Zuführung des Inertgases zu den einzelnen Tanks, sind vor allen Dingen sicherheitstechnische Aspekte durch dieses System abzusichern. Unter allen Umständen muss ein Zurückströmen der Tankatmosphäre in die Inertgasanlage verhindert werden. Dazu sind in das Leitungssystem

Rückstromsicherungen (Rückschlagarmaturen und Wasserschloss) eingebaut. Ein Über- bzw. Unterdruck in den Tanks wird über entsprechende Sicherungen verhindert (p/v-breaker). Ein plötzlicher Druckanstieg in den Tanks soll durch Hochgeschwindigkeitsventile in der Hauptverteilerleitung abgebaut werden.

Das Alarm- und Kontrollsystem überwacht alle für den sicheren Betrieb der Anlage notwendigen Parameter.

Je nach Automatisierungsgrad werden diese Messwerte protokolliert und an verschiedenen Orten des Schiffes angezeigt. Neben der Sauerstoffkonzentration (< 5 Vol.-% nach Anlage und < 8 Vol.-% im Tank) werden vor allen Dingen der Druck im Tanksystem (Alarmwert < 100 mm WS) und die Gastemperatur (Alarmwert > 65 °C) überwacht. Moderne Inertgasanlagen sind von den Klassifikationsgesellschaften für den AUT-Betrieb zugelassen.

2.5 Organisierung der Brandabwehr

Ausgehend von den Grundsätzen zur Gestaltung eines wirksamen Safety Managements, wie in Kapitel 1 allgemein dargestellt, ergeben sich für den Notfall Brand folgende Aspekte:

2.5.1 Gewährleistung eines einheitlichen Basiswissens

Nachfolgend sollen einige wichtige fachliche Erkenntnisse aus den vorangegangenen Kapiteln und Erfahrungen aus realen Fällen hervorgehoben werden. Die unabdingbare Basis für die Erarbeitung der vorausschauend spezifischen Notfallpläne Brand im Maschinenraum ist das Modell Ursache-Wirkung-Maßnahme-Ergebnis-Kette (s. Bild 2.71).

Dazu sind folgende Fakten und Zusammenhänge zu beachten:
- Die häufigste Ursache für MR-Brände ist der Austritt von Kraftstoff oder Schmieröl
- Die Zündtemperatur von diesen Brandstoffen liegt bei ca. 500 °C
- Tritt Kraftstoff über einen gewissen Zeitraum unter Druck fein vernebelt aus, ist die Wahrscheinlichkeit groß, dass ein Sprayfeuer entsteht bzw. dass eine Verpuffung erfolgen kann
- Die Flammentemperatur bei den genannten Brandstoffen beträgt ca. 1100 bis 1200 °C
- Bei niedrigen Deckenhöhen liegen die Temperaturen unterhalb der Decke nach wenigen Sekunden bei ca. 900 bis 1000 °C
- 1 Ltr. flüssiger Brandstoff ergibt nach der Verbrennung ca. 10 m³ Rauchgas
- Beim sofortigen Verschlusszustand des MR ist nach ca. 2 bis 3 Minuten für das menschliche Auge keine Sicht mehr vorhanden
- Normale Videokameras ergeben bereits nach wenigen Sekunden ein gleichförmiges graues Bild
- Die ersten Schäden infolge des Brandes treten immer im oberen Bereich des MR auf, also an den Kabelbäumen und anderen E-Anlagen. Nach 2-5 Minuten kann bereits ein Kabelbaum total ausfallen, wenn der Brandherd annähernd darunter ist.

Wenn wichtige Kabelbäume beschädigt sind, kann das den Ausfall der Hauptmaschine und/oder der Energieerzeugungsanlagen zur Folge haben. Die Wärmeleitung in darüber liegende Bereiche ist zu beachten, auch wenn der MR grundsätzlich mit feuerfesten Trennflächen gegenüber benachbarten Bereichen versehen ist.

2.5.2 Notfallplanung Brand

Die Auffassung, dass mit einem „Plan", wie nachfolgend in Tabelle 2.10 z. B. dargestellt, den unterschiedlichen Bedingungen im Brandfall Rechnung getragen werden kann, ist nicht mehr zu vertreten.

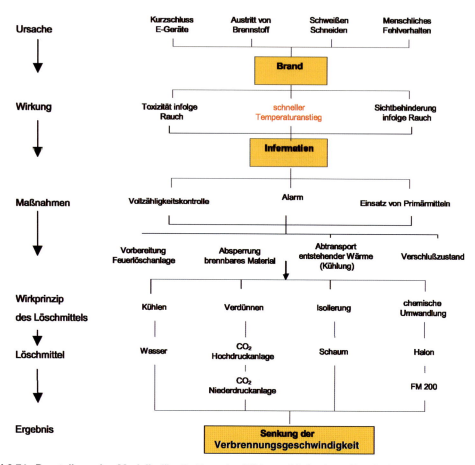

Bild 2.71: Darstellung des Modells für die Ursache-Wirkung-Maßnahme-Ergebnis-Kette

Es handelt sich bei diesem Beispiel vom Charakter her um eine Checkliste. Die Vielfalt der Bedingungen und vor allem der Zeitfaktor bleiben hier unberücksichtigt.

1. Activate Fire/General Alarm
2. Inform the bridge to take the necessary navigational actions such as position recording, anchoring, moving away from other vessels or other obstructions, warnings to any surroundings/costal stations
3. Stop the main engines
4. Activate CO_2 Alarm
5. Stop all vents and close the flaps incl. funnel damper
6. Activate the quick closing valves for all tanks and pumps
7. Verify that all crew is out of the engine room
8. Close all doors and skylights
9. Activate CO_2 ~~but only and max. 50 % of the total quantity if possible~~ _Unsinn_
10. Start emergency fire pump and ...

Tab. 2.10: Beispiel einer „Checkliste" für Brand im Maschinenraum

Im realen Brandfall verändern sich die Bedingungen in Abhängigkeit von der Zeit sehr schnell. Ein effektiver Notfallplan muss den dynamischen Vorgängen anpassbar sein (s. Kapitel 1.6)

Die nachfolgend genannten Bedingungen bestimmen maßgeblich den Ereignisablauf und damit die durchzuführenden Maßnahmen bei der Abwehr, so z. B.:

– Ist der Maschinenraum besetzt oder unbesetzt?
– Wann wurde der Brand entdeckt?
– Von Personen vor Ort oder durch die Brandmeldeanlage?
– Sind Verletzte im Maschinenraum?
– Befindet sich das Schiff auf offener See, im Revier oder im Hafen?
– Handelt es sich um einen niedrigen Maschinenraum oder ist es ein MR mit einem hohen Schacht?

Weiterhin sollten aus dem Langzeitgedächtnis auch taktische Aspekte, die bei der Organisierung der Brandabwehr für den jeweiligen konkreten Fall bedeutsam sind, abrufbar sein, wie z. B.:

– Die effektivste Brandabwehr ist immer der Innenangriff! Innenangriff ist zum einen der Einsatz von Primärmitteln wie Handfeuerlöscher und weiterer mobiler Technik durch vor Ort befindliche Mitglieder der Crew sowie mittels der fest installierten Feuerlöschanlage, wie z. B. CO_2 oder Wassernebel
– Wird der Innenangriff durch Personen vor Ort durchgeführt, müssen Maßnahmen von der Schiffsführung zur Gewährleistung optimaler Bedingungen für Atmung und Sicht dieser Personen geschaffen werden, das kann Belüftung des betroffenen Bereiches bedeuten
– Wie erfolgt die Absicherung des Einsatztrupps?
– Wie ist eine stabile Kommunikation zwischen Einsatztrupp und Schiffsführung gesichert?
– Kann die Energieversorgung ausfallen?
– Sind weitere Maßnahmen parallel zu veranlassen, wie schnelle Vorbereitung der fest installierten Löschanlage und Verfügbarkeit der Rettungsmittel?
– Sind externe Informationen notwendig?

In Anlehnung an einen möglichen Ereignisablauf wird das folgende Modell für die Erarbeitung des spezifischen Planes zu Grunde gelegt. Mit dieser methodischen Herangehensweise wird dem realen Prozess mehr Rechnung getragen (Bild 2.72).

2.5.3 Bewertung und Entscheidung

Aus der sofortigen Grobeinschätzung der Situation muss abgeleitet werden, mit welchen vorhandenen Mitteln und Methoden dieser spezielle Brand unter den konkreten Bedingungen mit geringsten Schäden gelöscht werden kann.

Da der Brandschaden im MR innerhalb von Sekunden progressiv wächst und einen Ausfall von Anlagen nach sich ziehen kann, sind sofort die ersten Entscheidungen dementsprechend zu treffen. Der vorsorglich erarbeitete Notfallplan, der diesem Ereignis annähernd entspricht, wird aus dem Langzeitgedächtnis aufgerufen und unmittelbar darauf werden die ersten Anweisungen für die Sofortmaßnahmen getroffen.

Häufig werden Entscheidungen hinausgezögert, weil die Verknüpfung der verschiedenen Informationen unter den jeweiligen Bedingungen nicht gelungen ist oder erhebliche Zeit in Anspruch nahm. Auch fehlen vielfach genaue Kenntnisse über die Leistungsfähigkeit der Brandabwehrtechnik, so dass eine volle Ausschöpfung der zur Verfügung stehenden Mittel und Möglichkeiten wie Technik und Personal nicht mehr gelingt. Von besonderer Bedeutung ist die Fähigkeit, die zeitliche Entwicklung des Brandes und seiner Wirkungen vorausschauend abzuschätzen.

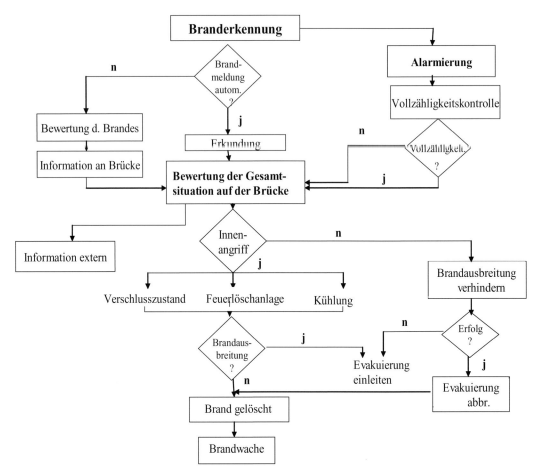

Bild 2.72: Basismodell für einen Notfallplan Brand

Für einen möglichen Brandfall unter den Bedingungen, wie z. B.
– freier Seeraum ohne zusätzliche nautische Gefährdung,
– Tageszeit – Maschinenkontrollraum besetzt,
– Druckabfall Kraftstoffsystem festgestellt,

sind nach dem obigen Modell folgende Überlegungen bzw. Fragen durch das Schiffsführungspersonal zu bewerten und Maßnahmen abzuleiten:

Die schnelle Information an die Brücke ist die wichtigste Maßnahme!

Sofortige Grobeinschätzung, ob mit Personal der Brand vor Ort schnell löschbar ist!

Wird eingeschätzt, dass die Vorbereitung von Personal für den Einsatz vor Ort länger als 2 Minuten dauert, und ist durch die automatische Systemschaltung die Lüftung bereits abgeschaltet und der Verschlusszustand eingeleitet, so wäre die Sicht zum Einsatzzeitpunkt bereits sehr gering und der Erfolg der Maßnahme ist sehr zweifelhaft.

Die schnelle Vorbereitung der fest installierten Löschanlage wird unabhängig von den Bemühungen des Personals vor Ort von der Schiffsführung sofort veranlasst, weil immer damit gerechnet werden muss, dass die Brandabwehr vor Ort nicht zum Erfolg führt! Die Gewährleistung der Personenfreiheit des MR ist die Schlüsselfrage und Voraussetzung für den Einsatz von CO_2!

Während der Einsatz einer Wassernebelanlage sofort bei eindeutiger Branderkennung erfolgen kann, bestimmt die Bestätigung der Personenfreiheit im betroffenen Bereich den Einsatzzeitpunkt für die Flutung der CO_2-Anlage. Bei freiem Seeraum kann die Maschine zügig gestoppt werden. Die Brennstoffzufuhr für den wahrscheinlichen Bereich zu stoppen, ist eine logische Maßnahme. Maßnahmen zur Kühlung angrenzender Bereiche sind vorzusehen.

Das Ziel für einen solchen Brandfall sollte sein, dass nach spätestens 3–4 Minuten (möglichst noch früher) CO_2 geflutet werden kann, damit etwa 1,5 Minuten später alle Flammen mit Sicherheit gelöscht sind. Ausgehend von den inzwischen gegebenen technischen Bedingungen, wie hohe Sensibilität und elektronische Verknüpfung der Systeme im MR bzw. zum MKR, leiten sich objektiv die neuen Anforderungen an die Brandabwehr ab. Die bisher auf vielen Schiffen übliche Organisation der BAW erfordert für die Vorbereitung häufig einen Zeitfond, der nicht dem heutigen schnellen Schädigungsgrad in der Maschinenanlage entspricht.

Sollte z. B. die Vorbereitung eines Einsatztrupps für die Abwehr eines offenen Flüssigkeitsbrands im MR ca. 7–10 Minuten erfordern, so ergeben sich keine realistischen Möglichkeiten mehr für den wirksamen Einsatz von Personen vor Ort. Maximale Abwehrleistung in denkbar kürzester Zeit zu organisieren, erfordert zunächst die Klarheit im Konzept, völlig übereinstimmende Auffassung beim Führungspersonal und handlungszuverlässiges Personal in der Ausführung.

Aus der Einsicht, dass diese Voraussetzungen nicht immer gegeben sind, vor allem bedingt durch die unterschiedlichen Verhaltensweisen des Menschen in realen Notsituationen, leitet sich die Auffassung ab, dass die automatisierte Brandabwehr für den Maschinenraum eine zeitgemäße Alternative darstellt. Dabei sollte eine solche Lösung gelingen, dass Vortrieb und Energieversorgung bei gleichzeitiger Löschung des Brandes erhalten bleiben.

2.5.4 Automatisierte Brandabwehr in Schiffsmaschinenräumen

Der IST-Stand in der Brandabwehr in Maschinenräumen auf Seeschiffen ist in Kapitel 2.4.6 beschrieben. Da beim Einsatz der CO_2-Anlage innerhalb von 2 min 85 % der erforderlichen Löschmittelkonzentration von 40 Vol.-% geflutet ist, führt das sehr schnell zur wesentlichen Veränderung der Ansaugluft. Demzufolge sind die erforderlichen Voraussetzungen für eine stabile Verbrennung im Zylinder nicht mehr gegeben.

Bisherige Konzepte in der Brandabwehr schlossen den Betrieb der Dieselmotoren während des Löschens aus – mit den Konsequenzen des Verlustes von Vortrieb und Energieversorgung. Die damit verbundenen Auswirkungen spielen zunehmend eine besondere Rolle in der Revierfahrt bzw. bei rauen Seebedingungen. So kann ein Containerschiff mit hoher Deckladung bei Ausfall der Antriebsanlage und erheblichem Seegang in eine sehr ernste Situation geraten. In Fahrwassern besteht ein erhöhtes Risiko hinsichtlich Kollisionen oder Grundberührungen mit nachfolgenden Umweltverschmutzungen.

Die Auswirkungen von Löschmitteln auf den Motorprozess waren bis zum jetzigen Zeitpunkt nicht bekannt. Somit konnten keine Aussagen zur Möglichkeit des Betriebes von Verbrennungsmotoren unter Löschbedingungen getroffen werden.

In Rahmen eines Forschungsprojektes wurden die Auswirkungen verschiedener Löschmittel mit unterschiedlicher Konzentration auf den Betrieb von Dieselmotoren und die damit verbundenen

Konsequenzen systematisch untersucht und die Grundlagen für neue Konzepte der Brandabwehr geschaffen.

Betriebsverhalten von Dieselmotoren unter Einsatz von verschiedenen Löschmitteln

Zur Untersuchung des Betriebsverhaltens von Dieselmotoren bei der Brandabwehr wurde an einem Versuchsmotor der Ansaugluft Löschmittel zugemischt und der Einfluss auf den Motorbetrieb, charakterisiert durch Zylinderdruckverlauf und Brennfunktion, ermittelt.

Motorbetrieb mit Löschmittel CO_2: Ein Motorbetrieb ist bis max. 32 % CO_2 in der Ansaugluft möglich. Gegenüber der reinen Luftfüllung ändern sich mit der Zugabe von CO_2 die Stoffwerte (z. B. Isentropenexponent) derart, dass sich eine geringere Verdichtungstemperatur ergibt. Dadurch vergrößert sich der Zündverzug sehr stark und es kommt zu einem späten Verbrennungsbeginn. Diese Erscheinung ist bei niedriger Last ausgeprägter als bei höherer Last. Bild 2.73 zeigt eine Versuchsreihe bei 20 % Leistung auf der Propellerkurve mit verschiedenen CO_2-Gehalten zwischen 0 und 32 %.

Mit dem späteren Verbrennungsbeginn wird die Verbrennung unvollständig und unvollkommen. Der Motor benötigt für die gleiche Last mehr Brennstoff und die Rauchgasschwärzung steigt. Die im Bild 2.73 angegebene untere Grenze ergab sich bei höherer Last durch zu hohe Abgastemperaturen und große Rauchgasschwärzung, bei niedriger Last kam es in mindestens einem Zylinder nicht mehr zur Zündung.

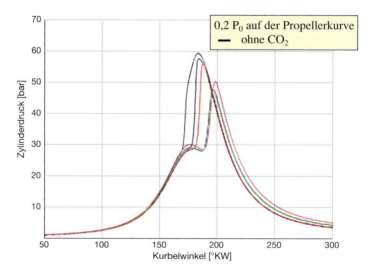

Bild 2.73: Zylinderdruckverläufe bei 20 % Leistung mit unterschiedlichen CO_2-Konzentrationen im angesaugten Frischgas

Motorbetrieb mit Löschmittel N_2: Gegenüber der reinen Luftfüllung ändern sich mit der Zugabe von N_2 die Stoffwerte und die Verdichtungstemperatur nur unwesentlich. In der Folge ändern sich auch Zündverzug und Verbrennungsbeginn nur unwesentlich. In allen Versuchspunkten kam es zuverlässig zur Zündung. Mit steigendem N_2-Gehalt verringert sich mit der geringeren O_2-Konzentration auch die Verbrennungsgeschwindigkeit, was sich in geringeren Zünddrücken (Bild 2.74) und veränderter Brennfunktion zeigt. Der Motor benötigt für die gleiche Last mehr Brennstoff, der langsamer sowie unvollständig und unvollkommen verbrennt. Die Folge sind steigende Abgastemperaturen und wachsende Rauchgasschwärzung, die den Betriebsbereich des Motors zu höheren Löschmittelanteilen begrenzen. Das Löschmittel N_2 beeinflusst den Motorbetrieb im Vergleich zu CO_2 deutlich weniger und ist aus dieser Sicht besser geeignet.

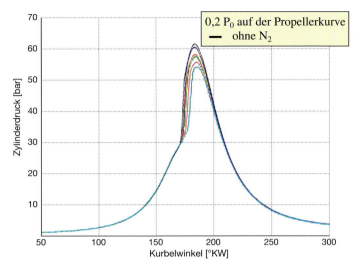

Bild 2.74: **Zylinderdruckverläufe bei 20 % Leistung mit unterschiedlichen N_2-Konzentrationen im angesaugten Frischgas**

Motorbetrieb mit Löschmittel HDWN: Von dem beim Löschen versprühten HDWN wird auf Grund der Strömungsverhältnisse nur ein Teil vom Abgasturbolader des Motors angesaugt. Im und nach dem Ladeluftkühler wird ein Teil des angesaugten Wassers abgeschieden. In den Motorzylinder gelangt nur ein geringer Anteil des versprühten HDWN und verdampft während der Verdichtung. Daraus resultiert eine geringe Beeinflussung des Zylinderdruckverlaufes (Bild 2.75). Aus Sicht des Motorbetriebes ist Wassernebel in gleicher Weise geeignet wie Stickstoff, wenn gesichert ist, dass das auf dem Weg zum Zylinder an den Wände abgeschiedene Wasser aus dem Motor abfließen kann.

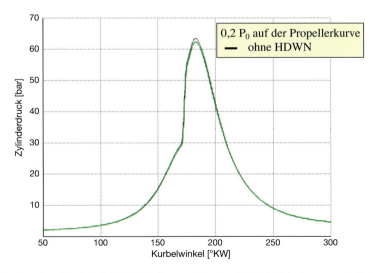

Bild 2.75: **Zylinderdruckverläufe bei 20 % Leistung mit hoher HDWN-Beladung vor Zylinder**

Unter Beachtung dieser Ergebnisse können für die nachfolgenden Löschmittel die Aussagen zur Beeinflussung des Motorbetriebes, zur Wirkung auf den Menschen und somit zur Eignung für neue Konzepte der Brandabwehr zusammengefasst werden:

Lösch-mittel	Hauptlösch-wirkung	Wirkung auf den Menschen	Eignung für die automatische Brandabwehr	Bemerkungen
FM 200 Hepta-fluor-propan	chemisch	nicht giftig bei Löschkonzentration	nicht geeignet, weil ein Motorbetrieb unter Löschkonzentration nicht mehr möglich ist	beim Löschen entstehen giftige und korrosive Reaktionsprodukte
CO_2	inertisieren	Atemgift > 7 Vol.-%	bedingt geeignet, da der Motorprozess stark beeinflusst wird und bei höheren Konzentrationen nicht mehr möglich ist	Evakuierung der betroffenen Räume vor Löschbeginn, die Vorratsmenge ist begrenzt und kann an Bord nicht ergänzt werden
N_2	inertisieren	ungiftig	geeignet, da der Motorprozess kaum oder nicht wesentlich beeinflusst wird	kann aus der Luft an Bord ergänzt werden
Wasser-nebel	kühlen und inertisieren	ungiftig	geeignet, der Motorbetrieb wird nicht beeinflusst	der Löschmittelvorrat kann durch Seewasser unbegrenzt ergänzt werden

Moderne Dieselmotoren können unter bestimmten Bedingungen somit auch bei erhöhten Löschmittelkonzentrationen in der Ansaugluft weiter betrieben werden, wobei ein aufgetretener Brand sicher gelöscht wird. Das Bild 2.76 zeigt beispielhaft für das Löschmittel CO_2 den Bereich des sicheren Betriebes eines aufgeladenen 4-Takt-Dieselmotors (880 kW) mit verschiedenen Betriebspunkten auf der Propellerkennlinie.

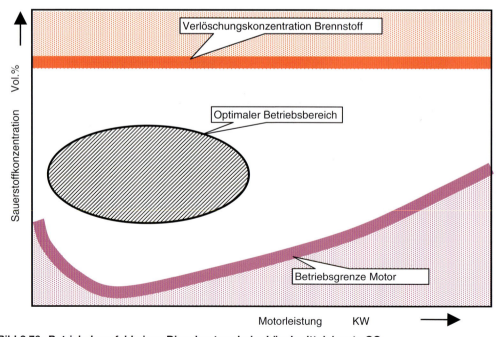

Bild 2.76: Betriebskennfeld eines Dieselmotors beim Löschmitteleinsatz CO_2

Konzept für die automatisierte Brandabwehr

Die erfolgreiche Brandabwehr wird unter Berücksichtigung der Wirkungen der Löschmittel auf den Maschinenbetrieb konzeptionell so gestaltet werden, dass der Prozessverlauf und die Bewertung der Prozesse als entscheidende Bedingungen integriert sind. Da der Mensch nicht in der Lage ist, diese komplizierten Abläufe korrekt und zeitgleich zu steuern und zu koordinieren, wird die Brandabwehr in Schiffsmaschinenräumen zukünftig durch eine geeignete Automatisierung gesteuert. Bild 2.77 zeigt die Anforderungen an Mensch und Technik bei der Brandabwehr.

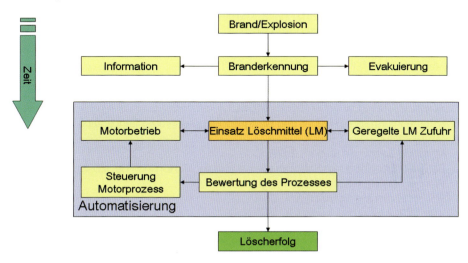

Bild 2.77: Darstellung der Anforderungen an die automatisierte Brandabwehr

2.6 Fallbeispiele

Die nachfolgenden Fallbeispiele sollen bei der Gewinnung der eigenen Vorstellungen für denkbare Fälle auf einem konkreten Schiff hilfreich sein. Außer der Darstellung des konkreten Ereignisablaufes wurde dazu die Ursache-Wirkungs-Kette abgeleitet und eine grundsätzliche Bewertung des Safety Managements angefügt.

2.6.1 Maschinenraumbrände

Fallbeispiel 1

Randbedingungen:
        Schiffstyp: Frachtschiff
        Fahrtgebiet: freier Seeraum
        Maschinenraum besetzt

Ereignisablauf:
21.59   Flammen im Bereich Hilfsdiesel IV, Entstehungsbrand sofort mit Pulverlöscher bekämpft
        Wach-Ing. stellt Separatoren ab und startet Hilfsdiesel I
        Brand ist zunächst gelöscht, flammt wieder auf, nachdem Handfeuerlöscher leer sind, Hilfsdiesel II, III und IV laufen parallel
22.00   Auslösung Ing.- Alarm
22.01   Auslösung Alarm

22.01   Chief will HD IV abstellen, gelingt nicht wegen großer Hitze
         – Ziehen des Schnellschlussventils für HD IV
         – Rauchentwicklung stark, so dass keine Sicht mehr gegeben
         – Ziehen aller Schnellschlüsse von außen
         Schiff auf Nordkurs, um Rettungsboote auszusetzen
         Ausfall Netzspannung
22.10   Verschlusszustand des MR gegeben; Notpumpe an
22.11   Feuerlöschschläuche und Handfeuerlöscher auf stand by
22.13   Bb-Rettungsboot ausgeschwungen; Vollzähligkeit der Besatzung gegeben
22.14   Einsatz von CO_2 in den MR – 60 Flaschen
22.40   Nachlassen der Rauchentwicklung; Stb.- RB ausgeschwungen
23.00   I. Offizier mit PLA in MR zur Kontrolle – geringe Sicht
23.22   Schiff aus dem Beistand entlassen
00.10   Kontrolle im MR: kein Feuer mehr
00.45   Schiffsbesatzung eingehend über Situation informiert
01.22   Externe Information: Reeder und Navigationswarnung über Landstation
06.00   MR rauchfrei
07.30   Messung Gaskonzentration: 2,5 % CO_2
         Schadensbesichtigung: Kabelbäume beschädigt; 1 HD noch betriebsklar
         Wangenatmung Haupt.-Maschine gemessen: i.O.
20.00   Hauptmaschine gestartet
20.20   Kurs in Richtung Nothafen

Ursache-Wirkungs-Kette

Bruch Brennstoffleitung
↓
Versprühen des Kraftstoffes unter Druck
↓
Verdampfen des Kraftstoffes an warmen Anlagen
↓
Kraftstoffdampf an Zündquelle entzündet
Zündtemperatur für DK und Schweröl: T > 480 Grad C
an Abgasleitungen
↓
Flammenbildung mit Temperaturen T > 900 Grad C
↓
Schnelle Verqualmung des Maschinenraumes
ca. in 2 Minuten ist Sicht gegen Null
↓
Keine Aufenthaltsbedingungen für den Menschen
nach 2–3 Minuten

Bewertung des Safety Managements (Notfallmanagement)

Risiko/Gefahr richtig erkannt?
Ja, weil Sofortmaßnahmen und vorausschauende Maßnahmen von der Schiffsleitung eingeleitet wurden.

Gefahrenentwicklung richtig bewertet?
Ja, weil Beistand angefordert und RB ausgeschwungen.

Entschlussfassung/Entscheidungen?
Klarheit darüber dass, wenn Sofortmaßnahmen ohne Erfolg bleiben, schneller Einsatz der installierten Sicherheitstechnik notwendig ist: CO_2-Anlage Löscherfolg garantiert, wenn Anlage i.O. und Bedingungen, wie hinreichender Verschlusszustand gegeben.

Ausführung der Handlungen?
Herstellung Verschlusszustand liegt im üblichen Zeitrahmen. Durch die eingeleiteten Maßnahmen wurde das Ziel erreicht, mit eigener Kraft (eingeschränktem Schiffsbetrieb) einen Nothafen zu erreichen. Vorbereiten Rettungsboote für möglicherweise notwendiges Aussetzen ist eine begründete Vorsorgemaßnahme. Kontrollgang durch I. NO ist nicht optimal. Besser: Chief und 2. Ing. wegen Sachkunde im MR!

Fallbeispiel 2

Randbedingungen:
>   Schiffstyp: Frachtschiff mit Holzladung
>   Fahrtgebiet: freier Seeraum, gute Sicht
>   Maschinenraum besetzt

Ereignisablauf:
23.32   Ausguck erkennt Feuerschein im Schornstein
>   Rauchaustritt mit Funken vermischt
>   Information an Kapitän
>   Auslösung Alarm
>   Externe Information an Reeder
>   Erkundungstrupp zum Brandherd und Weisung zur Herstellung Verschlusszustand
>   Nach Öffnen MR-Schott Herausschlagen von Flammen mit großer Hitzeentwicklung

Aus der Sicht der MR-Crew:
>   Wachassistent (WA) beobachtet Feuerschein im achteren Maschinenraum
>   Zusammentreffen WA mit Chief, der nach einem Handfeuerlöscher rief
>   Einsatz Pulverlöscher durch WA in Richtung Abgasturbolader – ohne Erfolg
>   WA meldet Brücke Feuer im MR
>   Ausfall Hauptmotor
>   Ausfall Hilfsdiesel und black out
>   WA startet noch einen Versuch zum Löschen, wegen Rauch und Hitze nicht mehr möglich
>   WA und Chief, der sich verletzt hatte, können über den Niedergang den MR wegen der Hitze nicht mehr verlassen. WA gelingt ein Weg mit dem Chief über die E-Werkstatt und die angrenzenden Staue aufs freie Deck
>   PAN-Meldung an die Schifffahrt
>   Klarmachen des Bb-Rettungsbootes
>   Reservefeuerlöschpumpe im Rudermaschinenraum in Betrieb und Einsatz aller verfügbaren Handfeuerlöscher am Schornstein, Pumpe fällt nach black out ebenfalls aus

145

Schließen der Skylights nicht mehr möglich
Kapitän schießt rote Signalraketen und setzt Mayday-Meldung ab

Crew verlässt Schiff wegen Brandausbreitung
Kapitän bleibt an Bord
Hilfe durch Feuerlöschboote
Brandbekämpfung mit Schaum über die Skylights in Richtung Maschinenraum
Brandbekämpfung erfolgreich in MR und Aufbauten abgeschlossen
Herstellen einer Schleppverbindung
Schleppverbindung hergestellt
Ankunft Warnemünde

Ursache-Wirkungs-Kette

Bruch eines Schlauches der Düsenkühlung Station I HM durch
Inbetriebnahme MDF-Zahnradpumpe gegen geschlossenes
Ventil Entstehung eines Überdruckes
Bedienungsfehler

↓

Versprühen von Kraftstoff

↓

Verdampfen und Zünden am ATL

↓

Rasante Brandentwicklung von Zylinderkopfstation aufwärts
In der Stauung sind keine Brandschäden entstanden

↓

Schnelle Brandausbreitung auf die darüber liegenden Aufbauten
Einige Bereiche restlos ausgebrannt – glühende Stahlwände

↓

Eine mit eigenen technischen Mitteln
nicht mehr lösbare Situation!

Bewertung des Safety Managements (Notfallmanagement)

Risiko richtig erkannt?
Nicht eindeutig die Tragweite der Notsituation sofort erkannt!

Risiko richtig bewertet?
Die Erstmaßnahmen sind nicht zielgerichtet entsprechend der entstandenen Situation. Das betrifft insbesondere die von der Schiffsleitung eingeleiteten Maßnahmen zur Rettung der Personen im MR und die Erstmaßnahmen in der Brandabwehr.

Entscheidungen?
Da offensichtlich kein vorgedachtes Szenarium für eine solche Situation bestand, waren alle Entscheidungen zwar grundsätzlich richtig, waren aber nicht der rasanten zeitlichen Entwicklung des Ereignisses angepasst. Bei Schiffsbränden müssen in sehr kurzer Zeit die Entscheidungen getroffen werden. Klarmachen der Rettungsboote und Anforderung von Hilfe waren richtig, sowie das Verlassen des Schiffes für die Crew.

Handlungen richtig?
Die Handlungen des Chiefs waren nicht zielgerichtet. Das Schreckerlebnis und die Verletzung haben seine Handlungszuverlässigkeit sicherlich wesentlich reduziert. Die Handlungen des WA waren durch Besonnenheit gekennzeichnet. Gezielte Handlungen der Schiffsleitung zur Rettung der Personen im MR waren völlig unzureichend.

Fallbeispiel 3

Randbedingungen:
Schiffstyp: Fähre
Fahrtgebiet: freier Seeraum, gute Sicht
Maschinenraum unbesetzt

Ereignisablauf:
Feueralarm Hauptmaschinenraum I – angezeigt durch die automatische Feuermeldeanlage auf der Brücke
Meldung Feuer im Hauptmaschinenraum I an die Brücke vom II Technischen Offizier

19.52	Generalalarm ausgelöst
	Maschine gestoppt
	Verschlusszustand herstellen
19.53	Verschlusszustand hergestellt
19.54	Vorbereitung und Auslösung Gasfeuerlöschanlage
19. 55	Unterstützungsgruppe vollzählig
19.56	Einsatzgruppe vollzählig und ausgerüstet
19.57	Einsatzgruppe zum MKR
19.58	Reservegruppe vollzählig
20.19	Kontrolle Nebenraum Hauptmaschinenraum II durch LTO
20.31	Kontrolle hinterer Maschinenraum durch LTO
20.45	Kühlung im Wagendeck Bereich Spant 67
20.47	Kontrolle hinterer Maschinenraum durch II TO und SM
21.30	Kontrolle Brennstoffmodul: stark beschädigt
22.07	Kontrolle Hauptmaschinenraum I durch LTO: kein offenes Feuer mehr
22.15	Belüftung Hauptmaschinenraum II durch LTO
22.18	Kontrolle Schornstein durch II NO: o.k.
22.18	Info: Feuer ist unter Kontrolle an Schweden Rescue
23.14	Kontrolle Hauptmaschinenraum I durch LT

Ursache-Wirkungs-Kette

Unsachgemäße Reparatur einer Lötverbindung am
Brennstoffleitungssystem
Das betraf die Lötstellengestaltung und das Löten

↓

Bruch der Brennstoffleitung

↓

Kraftstoffsprühstrahl trifft auf in der Nähe befindliche
warme Anlagenteile und verdampft

↓

Kraftstoffluftgemisch wird nach automatischer Inbetriebnahme des im gleichen MR befindlichen Hilfskessels angesaugt und gezündet

↓

Flammenfront läuft mit geringer Druckerhöhung durch den MR
Temperatur unter der Decke liegt bei ca. $T \approx 1000\ °C$

↓

Alle unter der Decke befindlichen elektrischen Kabel schwer beschädigt
Schiffsbetrieb mit eigener Leistung nicht mehr möglich

Bewertung des Safety Managements (Notfallmanagement)

Risiko richtig erkannt?
Ja! Die Erstmaßnahmen sind zielgerichtet entsprechend der entstandenen Situation. Das betrifft insbesondere die von der Schiffsleitung eingeleiteten Maßnahmen zum schnellstmöglichen Einsatz der fest installierten Feuerlöschanlage und vorbeugende Maßnahmen zur Rettung der Passagiere und Schiffsbesatzung.

Risiko richtig bewertet?
Auf der Grundlage der vorhandenen Sachkompetenz der Schiffsleitung wurde das eingetretene Ereignis richtig bewertet. Das betraf vor allem die Bedeutung des Zeitfaktors. Daraus leiteten sich folglich die zielgerichteten und unverzüglichen Maßnahmen in der richtigen Rang- und Reihenfolge ab.

Entscheidungen?
Da im Notfallmanagement für Maschinenraumbrände die vorausschauende Handlungsfolge für eine solche denkbare Situation festgelegt war, traf die Schiffsleitung alle Entscheidungen in kürzester Zeit in dieser Rang- und Reihenfolge. Das Klarmachen der Rettungsboote und die Anforderung von Hilfe waren richtig für ein evtl. notwendiges Verlassen des Schiffes.

Handlungen richtig?
Die Handlungen der Schiffsbesatzung in der Brandabwehr wurden zuverlässig ausgeführt. Gezielte Handlungen der Schiffsleitung zur Rettung der Personen im MR waren der Situation angemessen. Die Passagiere vermissten eine kontinuierliche Information über die aktuelle Situation.

Fallbeispiel 4

Randbedingungen:
       Schiffstyp: Fähre
       Fahrtgebiet: freier Seeraum, gute Sicht
       Maschinenraum besetzt, II. Ing. im MKR

Ereignisablauf:
00.43   Feueralarm
       II. Ing. im MKR – Geräusch vernommen
       Alarm Feuer im Maschinenraum auf Brandmeldeanlage und zusätzlich Anzeige
       Druckabfall Brennstoffzufuhr erkannt
       Motormann Meldung an II. Ing. „Feuer im Maschinenraum"
       Bb- Hpt.-Maschine Notstop durch II. Ing.

	Beide Hpt.-Maschinen auf Stop
	Schnellschlussventil Tagestank
	Zufuhr Mischtank zu
	Kapitän auf Brücke
	Chefingenieur zum MKR
	Kurs wird gehalten mit Azimut Propeller, Geschwindigkeit ca. 4 kn
00.45	Feuerlöschanlage (Hifog) gestartet vom II. Ing.
	Crew Alarm mit Code-Wort
	Lüftung abgestellt
	Einsatztrupp Brandbekämpfung vorbereitet – mit Ausrüstung
	LTO im MKR – Überblick
	Abstimmung zur weiteren Vorgehensweise
	Starke Verqualmung keine Sicht
	Hilfsmaschinen weiter im Betrieb
01.00	Feuer vermutlich aus, wegen schlechter Sicht keine endgültige Aussage möglich, deshalb zusätzlich Einsatz Feuerlöschtrupp mit Schaum von beiden Seiten
	Externe Information:
	Marinefahrzeug informiert
	Weiterleitung der Information an Rettungsstation Arhus
01.14	Alles unter Kontrolle
	Besichtigung im Maschinenraum ergab Leitungsbruch an der Zubringerleitung zur Einspritzpumpe zum Zylinder I
	Überprüfung aller Systeme auf Betriebsfähigkeit
01.06	Passagiere (ca. 900) und Besatzung (ca. 150) informiert über Situation an Bord in mehreren Sprachen
	Inhalt der Information:
	– Brand aufgetreten im Maschinenraum
	– Brand wurde erfolgreich gelöscht und es besteht keine Gefahr mehr
	– Nachfragen von Passagieren wegen Rauch und Geruch
	– Fragen wurden sofort beantwortet: Kein Grund zur Sorge
02.40	Stb.-Hpt.-Maschinen gestartet
02.45	Maschinensteuerung wieder auf Brücke umgelegt
	Aufnahme eingeschränkten Dienstbetrieb

Ursache-Wirkungs-Kette

Unsachgemäße Handlungen am Brennstoffleitungssystem
Das betraf die Behebung einer Undichtigkeit
an der Rohrverbindung

↓

Scherbruch an der Brennstoffleitung
unmittelbar an der Verschraubung

↓

Kraftstoff gelangt an das Abgasrohr,
verdampft und zündet

↓

Flammenbildung mit starker Erwärmung unter der Decke
Unterhalb der Decke befindliche elektrische Kabel und Lampen
zum Teil schwer beschädigt

Eingeschränkter Schiffsbetrieb mit eigener Leistung noch möglich

Bewertung des Safety Managements (Notfallmanagement)

Risiko richtig erkannt?
Ja! Die Erstmaßnahmen sind zielgerichtet entsprechend der entstandenen Situation.

Risiko richtig bewertet?
Auf der Grundlage der vorhandenen Sachkompetenz in Auswertung eines gewesenen Brander-
eignisses wurde das eingetretene Ereignis schnell und richtig bewertet. Das betraf vor allem die
Bedeutung des Zeitfaktors.

Entscheidungen?
Da im Notfallmanagement für Maschinenraumbrände die vorausschauende Handlungsfolge für eine
solche denkbare Situation festgelegt war, konnte der II. Ing. in der denkbar kürzesten Zeit selbständig
die erforderlichen Abwehrmaßnahme durchführen!

Handlungen richtig?
Die Handlungen der Schiffsbesatzung in der Brandabwehr wurden zuverlässig ausgeführt und waren
ursächlich für den begrenzten Schadensumfang. Die Passagiere wurden kontinuierlich informiert über
die aktuelle Situation.

2.6.2 Aufbautenbrände

Erkenntnisse zu Aufbautenbränden

Trotz der vielfach bestehenden Unterschiede in der Gestaltung der Aufbauten und der verschiedenen
dort ablaufenden Brandprozesse führten diese Ereignisse zu zahlreichen allgemeingültigen Erkenntnissen. Gerade wegen der Kompliziertheit der Brandabwehr in diesen Bereichen erweist sich die
Beachtung dieses vergleichweise geringen Wissens als unabdingbar.

Solche grundsätzlichen Erkenntnisse sind:
– Brände in den Aufbauten entstehen meistens in deren Räumen und nicht in Gängen und werden
 vielfach durch menschliches Fehlverhalten verursacht.
– In Kammern beträgt die Dauer vom Entstehen eines Brandes bis zum Vollbrand erfahrungsgemäß
 10...20 min.
– Nach Erreichen des Vollbrandes besteht die akute Gefahr der Brandausbreitung auf benachbarte
 Bereiche. Lüftungs- und Klimaanlagen begünstigen die Brandausbreitung in alle Richtungen.
– Die Brandausbreitung erfolgt vorrangig über die Brandstoffoberflächen und die stark erwärmten
 Rauchgase.
– Die Ausbreitung des Aufbautenbrandes wird maßgeblich durch die Lage des Schiffes am Wind
 beeinflusst.
– Die hohe Intensität der Rauchgasentwicklung verursacht eine schnelle Zunahme der Rauchdichte.
 Damit verschlechtern sich die Sichtverhältnisse in gleicher Weise.
– Gleichermaßen verringert sich die Aufenthaltsdauer von Personen in den Aufbauten.

- Aufbautenbrände sind meistens nur durch den Außenangriff zu beherrschen, vielfach besteht das Ziel in der Lokalisierung solcher Brände.
- Das Kühlen der betroffenen Wände ist eine meist erfolgreiche Methode.
- Durch eine zielgerichtete Rauchabführung lassen sich die Sicht- und Aufenthaltsbedingungen in den Aufbauten verbessern.
- Bedingt durch die unterschiedlichen Brandstoffe in teilweise großen Mengen ist mit hoher Toxizität nach kurzer Zeit zu rechnen.
- Durch Brände in den Aufbauten besteht immer die unmittelbare Gefährdung der Kommunikations- und auch Rettungsmittel.
- Brände in den Aufbauten stellen meist eine erhebliche Gefahr für die Umwelt dar.

Fallbeispiel

Randbedigungen:
      Frachtschiff
      Freier Seeraum
      Wetter W 6–7; See: 2–4 m Dünung
      Crew führt Arbeiten im Schiff aus

Ereignisablauf:
      Ein Crewmitglied bemerkt das Herausdringen dicken schwarzen Rauches aus einer unbewohnten und verschlossenen Kabine (Stb.-Seite)
      Ruf Feuer im Schiff und Handfeuermelder betätigt
      Versuch die Tür gewaltsam zu öffnen, misslingt
      NO gibt Kabinenschlüssel heraus und Tür wird geöffnet und sofort wieder geschlossen
12.31   Kapitän auf der Brücke
      Qualm dringt aus anderen Kabinen und breitet sich über die Gänge aufwärts aus
      II. NO übergibt an Kapitän und geht auf Stellplatz
      Brücke informiert Maschine, dass es ein Ernstfall ist
      Anweisung: Vom MR aus die Steuerbordseite stromlos schalten
      Schnelle Zunahme der Verqualmung auf der Brücke, die Einsatzleitung und weitere Crewmitglieder müssen die Brücke verlassen
      Rückzug aller Personen auf das Peildeck
      I. NO legt Maschine auf Stop
      Verlassen des Peildecks wird erforderlich, das erfolgt über die Frontschott Brücke!!
12.38   Die Schiffsbesatzung vollzählig an Deck versammelt
      Löschmaßnahmen wurden von außen vorgenommen
      Zugang zu allen Rettungsmitteln nicht mehr möglich
12.40   Das Feuer hat das Achterschiff erreicht
      Kapitän setzt Maday-Meldung ab
12.50   Bootsmann bringt unter großen Mühen ein Rettungsfloß aus und sicherte es auf sicheren Abstand vom Schiff
12.55   Brandausbreitung auf gesamte Aufbauten und Achterschiff
      Chief befürchtet Explosionsgefahr im Maschinenraum
      Entschluss des Kapitäns: alle Personen ohne pers. Rettungsmittel in das in Bereitschaft liegende Rettungsfloß zu evakuieren
      Rettungsfloß wird besetzt
      Rettungsfahrzeuge sind im Zulauf
      Schiffe setzen Rettungsboote aus zur Rettung von Seeleuten von dem Havaristen

151

Ursache-Wirkungs-Kette

Vermutlich Kurzschluss im elektrischen System in der Kammer
durch eindringende Feuchtigkeit über das Kabinenfenster

Entstehung einer offenen Flamme
Brand kann sich über mehrere Minuten unbemerkt entwickeln

Durch Verbrennungsprozess erfolgt Temperaturanstieg in der Kammer und
damit auch Überdruck, der den Rauch aus der Kammer herausdrückt

Inzwischen wird auch Wärme in die angrenzenden Bereiche geleitet
damit werden weitere brennbare Gase produziert

Der Rauch und die Temperatur zwingen ungeschütztes Personal zum Rückzug
Kein Einsatz vor Ort bedeutet: kein Innenangriff mehr möglich!

Neue Zielstellung ist dann die Verhinderung der Ausbreitung
Die Mittel und Möglichkeiten sind für das nunmehr vorhandene Ereignis nicht
mehr ausreichend

↓

Ohne bedeutende zusätzliche Mittel wird der betroffene Bereich ausbrennen,
so auch in diesem Falle

Bewertung des Safety Managements (Notfallmanagement)

Risiko richtig erkannt?
Das entstandene Risiko wurde in der Tragweite nicht erkannt!

Risiko richtig bewertet?
Die Erstmaßnahmen sind demzufolge diesem Gefahrenpotenzial nicht angemessen. Dazu gehört die Absicht, die Kabine zu öffnen, womit die Ausbreitung des Brandes und vor allem des Rauches beschleunigt wurde. Die Verfügbarkeit der Rettungsmittel nicht bedacht. Die Bewertung der Explosionsgefahr war nicht zutreffend.

Entscheidungen?
Es bestand kein vorgedachtes Szenarium für eine solche Situation. Die Schiffsleitung hatte ca. 10 Minuten lang keine wirksamen Entscheidungen treffen können, weil sie sich selbst zunächst aus akuter Gefahr retten musste. Wenn Aufbautenbrände sich über einen Zeitraum von 15 bis 20 Minuten ungehindert entwickeln können, gibt es, bis auf Rettung von Menschen und Verhinderung der Ausbreitung, keine weiteren Möglichkeiten. Sicherung der Rettungsmittel wurde nicht rechtzeitig entschieden.

Handlungen richtig?

Die Crew hat aus emotionaler Sicht gehandelt. Die Führung durch die Schiffsleitung fehlte. Die Empfehlungen des Chiefs waren nicht sachlich fundiert. Die Maßnahmen der Schiffsbesatzung hatten praktisch auf den Brandprozess keine Auswirkung!

2.6.3 Laderaumbrände

Erkenntnisse zu Laderaumbränden:

Brände in Laderäumen werden weitestgehend von der Art der Brandstoffe bestimmt. Die speziellen Unterschiede der Räume wirken sich in der Regel nur sekundär aus. Es können alle Arten von Bränden auftreten (Flammen-, Schwelbrand, u. a.). Daraus ergibt sich die Möglichkeit größerer Zeiträume für die Branddauer. Vielfältige Erfahrungen führen zu zahlreichen allgemeingültigen Erkenntnissen, wie:
- In Laderäumen kann es zu Bränden eines einzelnen Brandstoffes bzw. eines ganzen Komplexes von unterschiedlichen Brandstoffen kommen.
- Neben dem immer in den Rauchgasen vorhandenen Kohlenmonoxid ist darum immer mit einer Vielzahl weiterer gefährlicher Gase zu rechnen.
- Nur Flammenbrände lassen sich mit den meistens in Laderäumen vorhandenen CO_2-Feuerlöschanlagen beherrschen.
- Beim Einsatz von Wasser bei Glutbränden ist wegen möglicher Dissoziation und Dampfbildung mit Knallgas und Auswürfen zu rechnen.
- Zur Verhinderung der Brandübertragung auf anliegende Bereiche ist Kühlen eine wirksame Methode.
- Nach Flammenbränden in Verbindung mit Glutbildung und wegen heißer Teile ist das Vorhandensein einer löschfähigen CO_2-Konzentration im Laderaum eine wirksame Möglichkeit, um ein Wiederaufflammen zu verhindern.

Brände auf Containerschiffen

In Statistiken sind alle Schiffstypen hinsichtlich des Auftretens von Schiffsbränden ausgewiesen. Das ist vor allem auf Maschinenraumbrände zurückzuführen, so auch bei Containerschiffen. Bei einer vertiefenden Analyse wird ersichtlich, dass der Brand im Laderaum auf einem Containerschiff verhältnismäßig selten auftritt.

Die wenigen bekannt gewordenen und bedeutenden Brände auf Containerschiffen haben aber deutlich werden lassen, dass solche Brände auf Grund der Spezifik die Schiffsbesatzung vor besonders anspruchsvolle Aufgaben stellt. Nachfolgend wird auf einige erkannte und besonders komplexe Probleme bei einem solchen Ereignis aufmerksam gemacht.

Zum Brandprozess:

Es soll von folgendem praktisch denkbaren Fall ausgegangen werden:
- Brandentstehung sei in einem Container im geschlossenen Laderaum
- Der konkrete Container sei nicht bestimmbar
- Die tatsächliche Brandursache sei unbekannt
- Das Schiff besitzt eine CO_2-Feuerlöschanlage für diesen Raum

Weiterhin soll bedacht werden, dass sich der Brandprozess unterschiedlich entwickeln kann, und zwar
- als Schwelbrand oder
- als offener Brand d. h. mit Flamme.

In der ersten Variante werden sich bei kaum wahrnehmbarer Temperaturerhöhung und demzufolge auch keiner oder sehr geringer Druckerhöhung über einen größeren Zeitraum giftige und auch brennbare Gase bilden. Für die Schiffsbesatzung gibt es keine Möglichkeit, diesen Vorgang zu erkennen und somit zu bewerten. Falls durch die Verschwelung ein hoher Anteil Kohlenmonoxyd entsteht, besteht ab einer bestimmten Konzentration bei Vorhandensein einer Zündquelle Verpuffungsgefahr.

In dem Brandfall mit offener Flamme wird infolge der schnellen Wärmeentwicklung der Gasdruck im Container ansteigen und folglich werden Rauchgase aus dem sicher mit zunehmendem Druck nicht mehr gasdichten Container austreten und in Abhängigkeit von den Strömungsverhältnissen im Laderaum zu den Sensoren für die Branderkennung gelangen (s. Bild 2.78).

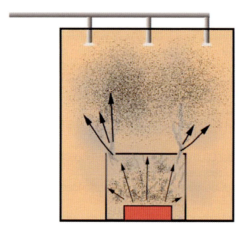

Bild 2.78: Prinzipielle Darstellung des Vorganges bei Beginn eines Brandes im Container mit Freigabe von Brandrauch

Damit wird dieser Tatbestand der Schiffsleitung zu einem nicht genau definierten Zeitpunkt nach Brandausbruch durch die Brandmeldeanlage automatisch bekannt und es werden entsprechende Maßnahmen eingeleitet wie die Auslösung der CO_2-Feuerlöschanlage. Das Bild 2.79 gibt diese Situation prinzipiell und in vereinfachter Form anschaulich wieder.

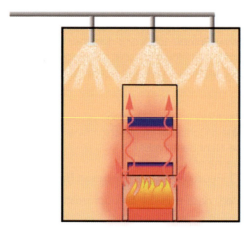

Bild 2.79: Prinzipielle Darstellung einer Brandentwicklung mit Brandausbreitung und mit Auslösung des Löschvorganges mit CO_2

Das Bild 2.80 spiegelt jenen Vorgang wider, wenn der ursächlich betroffene Container unter Last der darüber gestauten Container steht. Die Temperatur bestimmt maßgeblich die Festigkeit der Container, denn bekanntlich verliert Stahl bereits bei ca. T ≈ 650 Grad C zwei Drittel seiner Festigkeit. Der untere Container wird demzufolge bei Erreichen der Temperatur und in Abhängigkeit von der darüber befindlichen Gewichtslast zusammenbrechen. Dieser Vorgang z. B. bestimmt dann entscheidend das weitere Brandgeschehen (Bild 2.80).

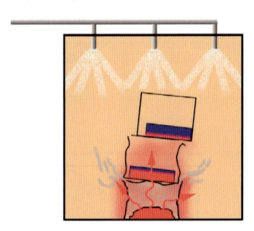

Bild 2.80: Prinzipielle Darstellung bei Festigkeitsverlust des unteren Containers mit seinen Auswirkungen

Zur Brandabwehr:

Grundsätzlich ist die denkbare Konfliktsituation nur lösbar, wenn die vorsorglich installierte Abwehrtechnik die Leistungsfähigkeit besitzt, die drohende Gefahr für das Schiff abzuwenden, d. h. es in sicheren Betriebszustand zurückzuführen oder so unter Kontrolle zu halten, dass mit Unterstützung weiterer Kräfte zu einem späteren Zeitpunkt die Gefahr restlos beseitigt werden kann. Grundsätzlich gilt, dass die zuverlässige Erkennung und Bewertung der Situation eine unabdingbare Voraussetzung für kluge Entscheidungen und zweckmäßiges Handeln ist. Die Bewertung bereitet in diesem Fall besondere Schwierigkeiten. So sind für die Schiffsbesatzung die wichtigen thermodynamischen Größen, wie Temperatur und Gaskonzentrationen, vor Ort nicht zugänglich.

Die Schiffsleitung wird sich entschließen, die vorhandene Löschanlage auszulösen und damit den betroffenen Laderaum mit CO_2 fluten. Der Kapitän wird entscheiden, wie viel von der deponierten CO_2-Menge eingesetzt werden soll. Es gibt dafür mehrere Überlegungen. Bekannt sind Empfehlungen, in diesem Fall eine solche Menge zum Einsatz zu bringen, dass der Freiraum zwischen den Containern mit 30 % CO_2 geflutet ist. Damit wird ein Brand zwischen den Containern mit Sicherheit gelöscht, weil die hinreichenden Bedingungen zum Verlöschen der offenen Flamme erreicht werden.

Der ursächliche Brand im Container wird durch diese Maßnahme aber kaum beeinflusst, weil die thermodynamischen Verhältnisse im Container dieses nicht zulassen. Das Gleiche trifft zu für die inzwischen entstandenen Brandherde in den darüber befindlichen Containern (Bilder 2.79 und 2.80). Die leichten Überdrücke in den brennenden Containern verhindern das Eindringen des Löschgases in den unmittelbaren Brandbereich.

Falls die übereinanderstehenden Container auf Grund des inzwischen eingetretenen Festigkeitsverlustes zusammensinken, werden offene Flammen im Raum vorhanden sein, die dann die Brandausbreitung nach allen Seiten vorantreiben. Die zunächst geflutete CO_2-Menge kann auf Grund der fehlenden Konzentration nicht gesichert zur Verlöschung der offenen Flammen dieses nunmehr sich ausbreitenden Brandes führen. Dafür ist dann eine höhere Löschgaskonzentration erforderlich. Auf Grund fehlender Kenntnisse über den genauen Brandvorgang – eine Erkundung durch Personen vor Ort ist in den meisten Fällen auszuschließen – ist eine Entscheidung hierfür nur über eine vernünftige Abschätzung möglich. Auch ein Nachfluten mit CO_2 ist in die Überlegungen einzubeziehen, wenn ein Nachlassen der Temperatur nicht erkennbar ist. Dafür ist eine Kontrolle der Temperaturentwicklung an den angrenzenden Wänden unerlässlich.

Wesentlich schwieriger gestaltet sich die Brandabwehr mit Hilfe der fest installierten Feuerlöschanlagen, wenn der Verschlusszustand des Laderaums nicht mehr gegeben ist, z. B. nach einer Explosion im LR. Die Bilder 2.81 und 2.82 verdeutlichen, dass dann das Löschmittel infolge der thermodynamischen Verhältnisse kaum bzw. gar nicht zur Wirkung gelangt. Das Löschgas gelangt nicht bis zur Brennebene.

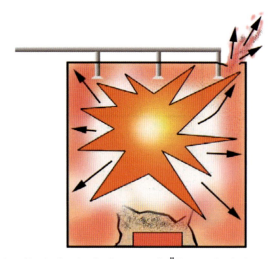

Bild 2.81: Darstellung einer Explosion im Laderaum mit Öffnung der Luke

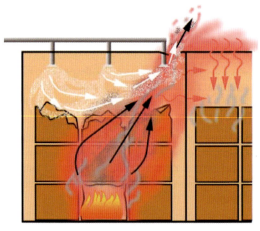

Bild 2.82: Schematische Darstellung der thermodynamischen Strömungsverhältnisse bei teilweise geöffneter Luke und wahrscheinlicher Wärmeleitung

In diesem Fall ist der vorbeugende Schutz in Richtung der angrenzenden Räume von hoher Priorität. Die kaum zu verhindernde Wärmeleitung über die Stahlverbände kann zu einer Brandausbreitung in die benachbarten Laderäume führen. Die Wahrscheinlichkeit, diese komplizierte Notsituation ohne zusätzliche Kräfte und Mittel zu bewältigen, ist gering. Die Zuführung sehr großer Wassermengen zur Kühlung des gefährdeten Bereiches ist mit den bordeigenen Mitteln im Allgemeinen nicht gegeben. Die Flutung der angrenzenden Räume mit CO_2 ist auf jeden Fall eine Maßnahme, um die Entstehung offener Flammen zu verhindern, sie stellt darüberhinaus eine zeitliche Überbrückung bis zum Eintreffen der Hilfskräfte dar.

Bild 2.83: Typisches Erscheinungsbild eines Brandes im Laderaum eines Containerschiffes bei nicht mehr gegebenem Verschlusszustand

Besondere Aspekte im Decksbereich

Das gebräuchlichste Löschmittel, das in diesem Bereich zum Einsatz gelangt, ist Wasser. Es ist, bedingt durch seine physikalischen Eigenschaften, sehr wirksam und bei optimalem Einsatz ein zuverlässiges Löschmittel. Weitere Löschmittel, die ebenso zum Einsatz gelangen können, wie Schaum oder ABC-Pulver, sind in ihrer Wirksamkeit genauso beachtenswert, sind aber auf Grund vorhandener Mengen oder spezieller Eigenschaften für die Lösung spezifischer Aufgaben prädestiniert, wie z. B. das manuelle Löschen von Entstehungsbränden oder das Abdecken brennender Flüssigkeitslachen.

Unter Berücksichtigung aller Bedingungen kann nur in Ausnahmesituationen davon ausgegangen werden, dass die auftretenden Brände direkt gelöscht werden können, unabhängig davon, welches Löschmittel Anwendung findet, und ob sich die Ladung an oder unter Deck befindet. Dafür sprechen folgende Gründe:
– Diese Brände brechen immer in einer begrenzenden Umhüllung aus, das bedeutet, dass sie zwar theoretisch löschbar wären, aber die Brandherde durch die völlige Verdeckung mit Löschmitteln nicht direkt erreichbar sind.
– Hinzu kommt, dass der Brand sich unentdeckt im Innern entwickeln kann und erst beim Durchbrechen der Hülle als solcher erkannt wird. Dann ist er aber bereits über das Stadium eines Entstehungsbrandes hinaus entwickelt und hat eine bestimmte Größenordnung erreicht.
– Bei den vorhandenen räumlichen Gegebenheiten ist ein Vorgehen des Personals mit der entsprechenden Ausrüstung nur eingeschränkt, wenn nicht unmöglich. Viele Bereiche der Ladung sind gegenwärtig objektiv nicht erreichbar.

Zusammenfassend unter Einbeziehung der unterschiedlichen Bedingungen kann festgehalten werden, dass bei Ladungsbränden, an oder unter Deck, das primäre Ziel der Abwehrhandlungen die

Verhinderung der Brandausbreitung ist und nur sein kann. Die direkte Brandliquidierung steht nicht im Vordergrund.

Das Löschmittel Kohlendioxid wird in geschlossenen Ladungsbereichen auf Grund seiner Eigenschaften mit dem Einsatzziel „Inertisierung" eingesetzt. Dabei ist es für die Verhinderung einer Brandausbreitung im Ladungsbereich nur bedingt geeignet. Das liegt in erster Linie darin begründet, dass der eigentliche Brandherd nicht direkt erreicht wird und nur die offenen Flammen außerhalb der Umhüllung gelöscht werden. Bedingt durch das geringe Kühlvermögen des CO_2 wird die Wärmeenergie nicht aus dem unmittelbaren Brandbereich abgeführt, Glutnester bleiben erhalten.

Mit dem Einsatz dieses Löschmittels wird also ein „Status Quo" geschaffen, der über vergleichsweise lange Zeit aufrechterhalten werden muss, bis sich die Temperaturen im unmittelbaren Brandbereich auf Werte unter Zündtemperatur vermindert haben. Kann nicht gewährleistet werden, dass die wirksame Löschmittelkonzentration erhalten bleibt, flammt der Brand erneut auf. Dies ist z. B. der Fall, wenn, wie in der Vergangenheit oft passiert, der Verschlusszustand des Raumes nicht ausreichend ist.

Man muss davon ausgehen, dass Laderäume und -bereiche nicht hermetisch abschließbar sind. Das bedeutet, dass die CO_2-Konzentration zwangsläufig abnimmt. Das hat zur Folge, dass in aller Regel immer Mittel gefunden und Maßnahmen ergriffen werden müssen, die Temperaturen im Brandbereich abzusenken, bevor die Löschmittelkonzentration unter ein wirksames Maß absinkt. Die Brandausbreitung wird in abgeschlossenen Räumen also nur über eine begrenzte Zeit verhindert.

Das Löschmittel Wasser ist auf Grund seiner wesentlichen Eigenschaften, vor allem der Kühlwirkung, prinzipiell sehr gut geeignet, eine Brandausbreitung zu verhindern. Es kann ebenso davon ausgegangen werden, dass die allgemein vorhandenen Kapazitäten des Löschsystems ausreichend sind.

Die Wirksamkeit der Unterdrückung einer Brandausbreitung wird aber maßgeblich davon bestimmt, wie die zur Verfügung stehenden Wassermengen an die zu schützenden Bereiche gebracht werden können. Eine generelle Erreichbarkeit aller Staupositionen mit Löschwasser ist aber nicht gegeben. Das gilt insbesondere für eine große Anzahl von Containerstellplätzen unter Deck wie auch für die Decksladung.

Nur wenn ausreichend Wasser (volle Pumpenkapazität) in einer vertretbaren Zeit (ca. 5 min nach Brandentdeckung und -lokalisation) auf die zu schützenden Bereiche im Stauort (Laderaum oder Decksladung) aufgebracht werden kann, kann die Ausbreitung wirksam unterbunden werden. Die Erreichbarkeit des tatsächlichen Brandherdes im Innern eines Containers mit den Bordmitteln ist ausgeschlossen. Das Löschwasser kann zur Kühlung erreichbarer Containerwände genutzt werden. Weiterhin kann durch das Löschwasser sowohl ein Wärmeübergang von brennenden auf angrenzend positionierte Container als auch ein Flammenübertritt zwischen Containerstapeln verhindert werden. Die hierfür benötigte Wassermenge ist im Besonderen durch folgende Aspekte beeinflusst:
– Größe der Brandlast
– Art des Brandes
– Aufbringwinkel des Wassers auf die relevante Containerwand
– Wind und Luftströmungsbedingungen zwischen den Containerstapeln
– Verdeckung durch Laschmaterial, Stützen, Leitern, Plattformen etc.
– Systemdruck, Schlauchlängen, Mündungsdurchmesser
– Ausbildungs- und Trainingsstand des Löschpersonals

Die Möglichkeit, Wasser in wirksamer Menge und sicher aufzubringen nimmt mit der Höhe der Containerlagen bzw. mit der Tiefe der Stauposition in der Luke drastisch ab.

Für die Decksladung ergibt sich aus den objektiv vorhandenen geometrischen Bedingungen die Möglichkeit der Erreichbarkeit mit Löschwasser bis zur 3. Lage, wobei direkt nur die freien Stirnseiten

Die „dicken Pötte" finden Sie auch unter dem Becher.

So wichtig wie die erste Tasse Kaffee!

Der THB Deutsche Schiffahrts-Zeitung ist die einzige, täglich erscheinende deutsche Schifffahrtszeitung (montags bis freitags). Tagesaktuell wie keine andere deutschsprachige maritime Publikation informiert der THB kompetent und mit Hintergrundwissen aus allen Bereichen der Schifffahrt, Schiffbau, Ausrüstung, Industrie und Handel. Mehr als ein Dutzend Sonderbeilagen im Jahr ergänzen den THB mit gebündeltem Fachwissen zu relevanten maritimen Themen.

Weitere Informationen sowie eine Möglichkeit, den THB kostenlos zu testen, finden Sie unter www.seehafen-verlag.de/thb

Preis pro Monat beträgt € 98,33 inkl. Porto zzgl. 7% MwSt. im Inland, € 98,33 zzgl. Porto im Ausland. Die Mindestbezugszeit ist 3 Monate.

Seehafen Verlag

der Container erreichbar sind. Es ist darüber hinaus zu beachten, dass die wirksame Handhabung der Strahlrohre durch die räumlichen Gegebenheiten sehr erschwert wird. Dazu kommt, dass Brände in den Außenlagen ein Begehen des Zwischenganges über die betroffene Seite verhindern. Damit ergeben sich je nach Schiffsbreite auszubringende Schlauchlängen von bis zu 45 m. Ein Direktangriff ist auf Grund der Platzverhältnisse schwer möglich. Die Außenlagencontainer befinden sich nicht im Einsatzbereich der Strahlrohre.

Im vorderen Bereich ist es sehr gut möglich, die Außenseiten der äußeren Container bis zur 3. Lage zu erreichen. Für den Fall, dass ein Wellenbrecher vorhanden ist, ergeben sich für die Stellplätze unmittelbar hinter dem Wellenbrecher eingeschränkte Möglichkeiten der Erreichbarkeit.

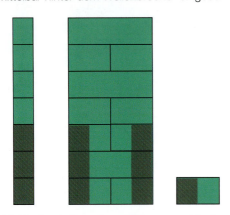 objektiv erreichbarer Bereich eines Containers

Bild 2.84: Darstellung der mit Wasser zu Löschzwecken erreichbaren Bereiche eines Containerstapels aus 20 und 40 ft Containern

Literaturverzeichnis

Alexandrow, A. A.; Koschmarow, J. A.; Moltschadskij, J. S.: Wärme – Masseübertragung bei Bränden in Räumen. In: Brandschutz
Explosionsschutz. – Berlin 1988 (17). – S. 68–221

AUBE 95, 10. Internationale Konferenz über automatische Branderkennung
Proceeding; Duisburg 4.–6. April 1995;

AUBE 99, 11. Internationale Konferenz über automatische Branderkennung
Proceeding; Duisburg; 16.–18. März 1999;

AUBE 04, 13. Internationale Konferenz über automatische Branderkennung
Proceeding; Duisburg; 14.–16.September 2004;

Ausgewählte Fallbeispiele des nationalen und internationalen Seeunfallgeschehens. – IH für Seefahrt Warnemünde/Wustrow (unveröffentlicht)

Baaske, G.; Hahne, J.: Orientierende Analyse zur Handlungszuverlässigkeit bei der Brandabwehr von Seeschiffen; Vortrag auf dem XV. Internationalen Sommer-Symposium der BAU/GfS im Juni 1994 in Dortmund;

Beilicke, G.: Zusammenstellung von Begriffen und Begriffsinhalten des Brandschutzes und angrenzender Gebiete. – Technische Hochschule „Otto von Guericke" Magdeburg, Wissenschaftsbereich Brandschutz

Birth, K.; Lemke, E.; Polthiel, K.: Handbuch Brandschutz, T. 1 ecomed 1986

Brady, R. J.: Marine fire Prevention, firefighting and fire Safety

Brand- und Löschversuche mit gasförmigen Löschmitteln in Räumen natürlicher Größe, Teil 1: Auswertung des in- und ausländischen Schrifttums über Untersuchungen mit Halon als Löschmittel: Forschungsbericht Nr. 32/Forschungsstelle für Brandschutztechnik an der Universität Karlsruhe; – Karlsruhe, 1980

Brandschutz Formeln und Tabellen. – Berlin, 1978

Bräunert, A.: Anwendungsuntersuchungen mit einer Infrarot-Fernseh-Thermografieanlage bei Dieselbränden in Schiffsmaschinenräumen; FuE-Bericht; IH für Seefahrt Warnemünde/Wustrow. – Rostock, 1984;

Bräunert, A.: Brandkenngrößen und ihre Anwendung zur Branderkennung in Schiffsmaschinenräumen. -1983. – Rostock, IH für Seefahrt Warnemünde/Wustrow, Diplomarbeit

Bräunert, A.: Theoretische und experimentelle Untersuchung zur Notwendigkeit und Realisierung einer automatischen Branderkennung in Schiffsmaschinenräumen. – 1986. – Rostock, IH für Seefahrt Warnemünde/Wustrow, Diss. A.

Bräunert, A.: Das Verhältnis Mensch – Umwelt bei Schiffsbränden aus technischer Sicht – Einschränkung der Handlungsfähigkeit des Menschen bei einem Schiffsmaschinenraumbrand, insbesondere durch Brandrauch und Hitzeklima. – 1985. – Rostock, IH für Seefahrt Warnemünde/Wustrow, Studie

Bussenius, S.: Brand- und Explosionsschutz in der Industrie. – Berlin, 1989

Clasen, E..; Bereuter, A.: Berechnung von Brandschutzisolierungen im Schiffbau. – In: Schiffbauforschung. – Rostock 20 (1981) 3. S. 217–224

Cerberus AG
Sicherheitshandbuch Brandschutz 4. vollständig überarbeitete Auflage – Nov. 1995

Clasen, E.: Brandschutzisolierungen im Schiffbau. In: Zeitschrift „Seewirtschaft" 12 (1980) 10. S. 50–509

Demidov, P. C.; Sauschew, W. S.: Verbrennung und Eigenschaften brennbarer Stoffe. – Berlin, 1980

Dorrn, L.; Konzept zur Beherrschung leistungsfähiger, sensibler, kompakter Anlagen im Fall eines Brandes am Beispiel von Seeschiffen; Diss. B; Hochschule für Seefahrt Warnemünde/Wustrow, 1990;

d.s.f. Dietrich Schenke GmbH, 63263 Neu – Isenburg:
www.dsf-schentke.de/ADICOS/adiprod.html

Ehm, H.: Neue Wege der Brandforschung: Natürliche Brände und Möglichkeiten ihrer Umrechnung. – In: VFDB. – Stuttgart 2/1970. S. 55–61

Faltin, H.: Technische Wärmelehre. – Berlin, 1968

Fejes, G.: Modellierung und Berechnung der Inertisierung von Behältern. – In: Brandschutz Explosionsschutz. – Berlin (1983) 8. – S. 183–194

Florschütz, P.: Toxizität des Brandrauches. – In: Brandschutz Explosionsschutz. – Berlin (1983) 8. – S. 25–38

Florschütz, P.: Untersuchungen über Gefahren durch Brandrauch unter Tage. – In: Freiberger Forschungsheft A 614. – Leipzig, 1979. – S. 115–125

Florschütz, P.: Beitrag zur Bewertung der Gefahren durch Rauch. In: Eigenschaften von Polymeren II. – Bratislava, 1980. – 5. 87–103

Germanischer Lloyd: Vorschriften für Klassifikation und Bau von stählernen Schiffen. – Hamburg, 1989

Getka, R.: CONTRIBUTION TO THE CONSTRUCTIONAL FIRE PROTECTION OF ACCOMMODATION SPACES ON SHIPS, Habilitation; Maritime Academy Warnemünde/Wustrow; 1991;

GfG – Gesellschaft für Gerätebau mbH: Handbuch GfG Gasmesstechnik, Frank Wengler, 3. Auflage 1997; UVV Gase, Abschnitt 29, Gase (VBG 61) 01.04.1995

Gronow, H.-D.: Zur Simulation von Bränden in Maschinenräumen auf Seeschiffen unter besonderer Beachtung des Temperaturverhaltens. – 1985. – Rostock IH für Seefahrt Warnemünde/Wustrow, Diss. A.

Hahne, J. Ltr. AK: Feuer an Bord; Transpress VEB Verlag für Verkehrswesen; Berlin 1988;

Hahne, J.: Lemke, U.: Verfahren zur Aufrechterhaltung der Betriebssicherheit eines Schiffes und Anordnung zur Durchführung des Verfahrens; Patentschrift B 63B 43/00; 1993;

Hahne, J.: Inertgasanlagen in der Seeschiffahrt; Vortrag auf dem Workshop zur Sicherheit bei Leichtwasserreaktoren an der Bergischen Universität GHS Wuppertal Sept. 1994

Hahne, J.: Untersuchungen zur Ansprechwahrscheinlichkeit von Branderkennungssensoren unter realen Entdeckungsbedingungen im Schiffsbetrieb; Vortrag auf der 10. Internationalen Konferenz über Automatische Brandentdeckung (AUBE '95) vom 4.–6. April 1995 in Duisburg

Hahne, J.: Untersuchungen zur Ansprechwahrscheinlichkeit in der Branderkennung; Vortrag auf dem Sprechtag der Schiffbautechnischen Gesellschaft in Neustadt 1995; Mitautor Th. Drache

Hahne, J. Ltr. AK: Optimierung der Brandabwehr auf Seeschiffen; FuE-Bericht des Bundesministeriums für Verkehr Nr.40287/92; 1996;

Hahne, J.; Rothe, R.; Zum Einsatz von Hochdruck-Wassernebel zur Brandabwehr auf Seeschiffen; Wissenschaftliche Zeitschrift des IBZ in Hohen Luckow e.V. H.3/96

Hahne, J.; Rothe, R.: Weber, A.; Hochdruckwassernebel(HDWN)- und CO_2-Löschtechnik im Vergleich; FuE-Bericht Landesamt für Arbeitsschutz und Landesumweltamt Nordrhein-Westfalen Nov. 1996;

Institut für Sicherheitstechnik/Schiffssicherheit e.V.: Analyse und Bewertung der Brandwarntechnik auf Passagierschiffen – Ermittlung und Bewertung der bisher verfügbaren Brandmeldetechnik; FuE-Bericht; 2004; unveröffentlicht;

Kretschmar, A.: Theoretische Grundlagen und Stabilisierung von Schäumen. In: Brandschutz Explosionsschutz. – Berlin (1982)7. – S. 3–11

Kukula, T; Getka, R.; Zytkowski : Techniczne zabez-pieczenie przeciwpozarowe; przeciwwybuchowe statkow. – Gdansk 1981. – 374 5.

Lexikon – Brandschutz. – Berlin, 1980

Lubosch, E.; PleB. G.; Kretschmar. A.: Moderne Löschverfahren und Möglichkeiten ihrer Anwendung. – In: Brandschutz Explosionsschutz. – Berlin (1985) 12. – S. 104–113

Metzner, H.: Quantifizierung von Gefährdungen – Notwendigkeit, Möglichkeiten, Grenzen. – In: Brandschutz Explosionsschutz (1987) 16. – S. 68–78

Monachow, V. T.: Brandgefährlichkeit von Stoffen; Untersuchungsmethoden. – Berlin 1983. – 378 6.

Pfeiffer, J.: Verfahren zur Bestimmung der Abbrandgeschwindigkeit und des Abbrandfaktors von brennbaren festen Stoffen. – In: Brandschutz Explosionsschutz. – Berlin (1981)5. – S. 47–58

Reimer, B.: Bemerkungen zur historischen Entwicklung einiger sicherheitstechnischer Kennzahlen. In: Brandschutz Explosionsschutz. – Berlin (1989)18. S. 30–64

Rietz, G.: Bedeutung, Berechnung und Anwendung sicherheitstechnischer Kennzahlen für die Brand- und Explosionsgefährdung. – In: Brandschutz Explosionsschutz. Berlin (1989)18. S. 14–29

Rietz, G.: Chemie der Brandstoffe und Löschmittel. – Lehrmaterial der Technischen Hochschule Otto von Guericke Magdeburg, Heft 5. – 1979

Rietz, G.: Bewertung der Brennbarkeit von Stoffen und Materialien durch den Sauerstoffindex.- In: Brandschutz Explosionsschutz. – Berlin (1982) 7. S. 44–77

Rietz, G.: Berechnung sicherheitstechnischer Kennzahlen – Übersicht mit Beispielen. – In: Brandschutz Explosionsschutz. (1985) 13. – 5. 82 – 114

Scharnow, U. (Hrsg.): Schiffssicherheit. – Berlin, 1984. – 503 3.

SECURITON: Dokumentationen; U 812072 11.99; 200401.08103 3.98; 814636 06.2004;

Sedlacek, D.; Omar,: BARMAR Brandabwehr in Schiffsmaschinenräumen; Statustagung 2005; Konferenzband, BMBF;
Troitsch, 3.: Brandverhalten von Kunststoffen. – München, Wien, 1981

SOLAS Kap. II-2

Solasse, D.: Geschichte der Rauchmelder
http://www.feuerloescherkundendienst.de/Bvbk/geschichte_insgesamt/rauchmeldergeschichte/geschichterauchmelder.html

Siemens Building Technologies
Technische Dokumentation „Fire & Security Products" d1673d/06.2001

U.S. Bureau of Mines: Fire Protection Handbook; 18. Ausgabe; S. 4–165 /

Uwira, V.; Angewandte Physik: Dissertation Universität Gießen; 1999

Warnke, E.: Schutz vor Brandrauch – Zur Entwicklung der „PARAT- Mask". – In: Drägerheft Lübeck Nr. 317 (Mai/August). – S. 1–8

Wendorf, R.: Untersuchungen zur Bestimmung der Wirksamkeit von Halon-Feuerlöschanlagen in Maschinenräumen von Schiffen. – 1988. – Rostock, Hochschule für Seefahrt Warnemünde/Wustrow, Diss. A ;

http://www.bft-cognos.de/fbBrandschutz/diplarbeit/DiplomarbeitKapitel2.pdf
Autor nicht näher bezeichnet

http://begriffsportal.de/Aerosol

http://nts.uni-duisburg.de/forschung/autom_be/det_simu.html
Detektionsalgorithmen und Simulationsmethoden

3 Grundberührung

Dr.-Ing. habil. Burkhard Brühe, Doz. i. R., Kapitän auf großer Fahrt

Verzeichnis der verwendeten Formelzeichen

A	Auflagefläche
e	Abstand Zentrum Gewichtsreduzierung vom Hauptspant
F_A	Auftrieb in Schwimmlage
F_{AL}	Auflagekraft
F_{AR}	Restauftrieb
F_F	Abbringkraft
F_G	Schiffsgewicht
F_V	zur Verfügung stehende Abbringkraft
F_{VS}	Zugkraft eines Schiffes
F_{VSL}	Zugkraft eines Schleppers
ΔF_{AA}	Auftriebsänderung durch Austauchung
ΔF_{AF}	Auftriebsverlust durch Auflagefläche
ΔF_{LW}	Auftriebsverlust durch eingedrungenes Leckwasser
g	Erdbeschleunigung
h*	mittlere Wasserhöhe über der Auflagefläche
k	Umrechnungsfaktor für Schiffsschrauben
L	Zahlenwert von F_G in / Mp /
ΔM_x	Differenz der Längenmomente
P_{MS}	Maschinenleistung eines Schiffes
P_{MSL}	Maschinenleistung eines Schleppers
T_A	Tiefgang hinten in Schwimmlage
T_A*	Tiefgang hinten während der Grundberührung
T_F	Tiefgang vorn in Schwimmlage
T_F*	Tiefgang vorn während der Grundberührung
T_M	Tiefgang mittig in Schwimmlage
T_M*	Tiefgang mittig während der Grundberührung
V	Deplacement vor der Grundberührung
V*	Deplacement während der Grundberührung
V_{LW}	Volumen des Leckwassers
ΔV	Deplacementänderung durch Austauchung
W_{Ta}	Wassertiefe hinten
W_{Tf}	Wassertiefe vorn
W_{Tm}	Wassertiefe mittig
Δ	Wasserdichte
μ	Reibzahl, -faktor

Die Grundberührung (Gb) ist eine schifffahrtstypische Unfallsituation. Synonyme Bezeichnungen wie Strandung bzw. Auflaufen eines Schiffes sollen in den umfassenden Begriff der Gb einbezogen werden. Es soll in diesem Kapitel unter Gb Folgendes verstanden werden:

Eine Grundberührung ist jeder ungewollte Kontakt des Schiffes (Wasserfahrzeuges) mit dem Meeresboden, der Küste, festen Fahrwasserbegrenzungen oder Unterwasserbauwerken, der nicht zum funktionsbedingten Betriebsverhalten des Schiffes zu zählen ist, wie z. B. bei einigen Fischereifahrzeugen, Baggern oder Landungsschiffen.

Die Grundberührung lässt sich in zwei unterschiedliche Situationsgruppen gliedern:
– Grundberührung ohne Festkommen
– Grundberührung mit Festkommen des Schiffes

In beiden Gruppen entstehen spezifische Gefahren, die die Sicherheit von Besatzung, Schiff und Ladung, aber auch die der Umwelt, bedrohen können. Die Kenntnis des zu erwartenden Situationsbildes ist für die Beherrschung der Gb als Seeunfall unabdingbar. Eine Analyse der Ursachen wird Hinweise zur Vermeidung der Gb geben. Die Beschreibung der Unfallsituation führt zu Kriterien der Situationseinschätzung und nennt Grundlagen der Entscheidungsfindung.

Im Folgenden werden keine Rezepte zur Beherrschung einer Gb gegeben. Vielmehr werden Informationen und Hilfen zur Selbsthilfe bei einer Gb gegeben.

3.1 Ursachen der Grundberührung

Die übergroße Zahl der Gb ereignet sich in Küsten- oder Inselnähe, in Fahrwassern, Flüssen und Kanälen, in Meerengen und Schelfgebieten. Somit geschehen diese Unfälle dort, wo hohe navigatorische Anforderungen an die Schiffsführung bestehen.

Das Risiko einer Gb ist also durch die Qualität der Schiffsführung beeinflussbar. In der Verantwortung der Schiffsführung liegt es, die Passage solcher Gefahrengebiete gut vorzubereiten und sie risikoarm zu passieren. Zu einer soliden Vorbereitung gehören folgende Maßnahmen:

a) Die navigatorische Vorbereitung:
   – Absprache des Reisewegabschnittes mit allen Offizieren
   – Zusammenstellung der nautischen Dokumente für das Seegebiet
   – Vorkoppeln der Kurse und Kursänderungen
   – Bereitstellung von Sicherheitspeilungen und -abständen

b) Organisation des Brückendienstes:
   – Sicherstellung aller Beobachtungs- und Bedienaufgaben durch eindeutige Aufgabenzuweisung
   – Festlegung einer genauen Weisungshierarchie unter den Wachgängern
   – Vermeidung von Übermüdungserscheinungen durch ein geeignetes Ablösesystem

c) Organisation des Maschinenbetriebes mit Festlegungen zur Besetzung des Maschinenraumes, zur Manöverfahrt und -bereitschaft
   – Kenntnis der Manövrierkennwerte und deren Veränderungen unter Bedingungen wie Strom, Wind, veränderter Wassertiefe und engen Fahrwasserquerschnitten
   – Beherrschung der Mittel zur Schiffsortbestimmung mit Eignung, Genauigkeit und unter Beachtung der Zeitdifferenzen zwischen Ortsbestimmung und Eintrag in die Seekarte.

Eine Vernachlässigung dieser Maßnahmen kann zur direkten Ursache einer Gb werden. Aus einer Analyse werden die nachfolgenden Ursachen für eine Gb abgeleitet:

1. Eine unzureichende Kontrolle des Schiffsortes, sowohl in Qualität als auch in den Zeitabständen der Ortsbestimmungen und in der kritischen Bewertung der Genauigkeit des Schiffsortes
2. Verlust der Orientierung und damit Unklarheit über den Schiffsort
3. Übertragung der Schiffsführung an den Lotsen und damit Verzicht auf die Kontrolle der Lotsentätigkeit durch den Kapitän
4. Fahren ohne Lotsen im Lotsenrevier in Überschätzung der eigenen Fähigkeiten (und ohne Revierkenntnisse)
5. Fehlerhafte Handlungen beim Ausweichen anderer Fahrzeuge
6. Fehler der Rudergänger

7. Zu hohe Geschwindigkeit und damit geminderte Reaktionsfähigkeit
8. Falsche Schiffsführung bei Sturm
9. Unterschätzung der Tiefertauchung durch Squat und Seegang
10. Überantwortung der Schiffsführung an unerfahrene Wachoffiziere
11. Einfluss des menschlichen Faktors wie Übermüdung oder persönliche Probleme

Es ist belegt, dass die so genannte „Höhere Gewalt" als Unfallursache selten ist. Gefahren, die in dieses Gebiet fallen, wie z. B. Stürme, kündigen sich meist vorher an und sind in der Schiffsführung zu berücksichtigen. Hervorzuheben ist die Bedeutung einer gewissenhaften Ortsbestimmung in der Nähe von Küsten und Untiefen.

Interessant ist eine zweite Analyse, welche die Unfallhäufigkeit in Bezug auf die Tageszeit untersucht. Dabei wurden deutliche Spitzen bei 02.00 Uhr und gegen 19.00 Uhr ermittelt. Weitere Gefährdungszeiten liegen um die Mittagszeit und zu Mitternacht. Es ist also zu empfehlen, diese Zeiten bei der Organisation der Schiffsführung in Gebieten mit möglichen Risiken für Grundberührungen zu beachten. Ein entsprechendes Doppelwachensystem zur Gewährleistung der Aufgabenteilung und der gegenseitigen Kontrolle ist also berechtigt.

Die Kenntnis der Ursachen und Risiken, die zur Gb führen, soll den Nautiker in die Lage versetzen, solche Unfälle zu vermeiden. Welche Entscheidungen sind notwendig und welche Sicherungsmaßnahmen müssen getroffen werden, wenn es zur Grundberührung gekommen ist? Die folgenden Abschnitte sollen hierüber Auskunft geben.

3.2 Folgen einer Grundberührung

3.2.1 Wassereinbruch und seine Folgen

Die Folgen des Wassereinbruches (WE), wie:
- Trimmänderungen,
- Stabilitätsveränderungen,
- Schwimmfähigkeitsverlust und
- Ausfall von Geräten und Anlagen

werden detailliert im Kapitel zum Wassereinbruch erläutert, wo auch die spezifischen Sicherungsmaßnahmen genannt werden. Hinzu kommt die Möglichkeit chemischer und physikalischer Gefahren, die hauptsächlich durch die Vorräte und Ladung des Schiffes verursacht werden. Zwei Fälle sind unterscheidbar: Zum einen das Ausschwemmen von Ladung bzw. Vorräten durch Schiffskörperschäden in die See, was eine Umweltbelastung bedeutet, zum anderen gefährliche Reaktionen der Ladung mit eindringendem Leckwasser. Dadurch entstehen Gefahrenmomente, wie
- Toxizität,
- Volumenzunahme (z. B. bei Papier),
- Explosivität und
- Korrosivität.

Diese Momente kennzeichnen nicht nur Gefahrenlagen auf dem Schiff, sondern beschreiben auch die Verhältnisse, denen Sicherungstrupps in den betroffenen Räumen begegnen werden.

Der Entscheidungsträger hat also zu berücksichtigen, ob und wie die Maßnahmen dort durchführbar sind. Eine vorgesehene Sicherungsstrategie kann z. B. an einer giftigen Raumatmosphäre oder am ätzenden Leckwasser scheitern.

3.2.2 Die Gefahr des Auseinanderbrechens

Hierbei geht es um die unmittelbare Gefahr der Überschreitung der Längsfestigkeit eines Schiffes durch die Kräfteverhältnisse beim Aufliegen. Besonders gravierend ist die Gefahr des Auseinanderbrechens bei kleinflächigen Mittschiffs- bzw. gleichzeitiger Vor- und Achterauflage. Die dabei auftretenden Aufwölbungen (Hooking) bzw. Durchbiegungen (Sakking) führen zur erhöhten Längsbeanspruchung des Schiffes.

Entsprechende Verfahren aus dem Schiffbau zur Berechnung der dabei wirkenden Kräfte und Momente sind viel zu aufwendig, um sie an Bord anzuwenden. Es ist jedoch ein einfaches Näherungsverfahren nutzbar, um die erforderlichen Informationen zu gewinnen. Es basiert darauf, die Durchbiegung bzw. Aufwölbung des Schiffes als Maß für die Längsbeanspruchung zu bestimmen. Der Ablauf ist wie folgt:

1. Tiefgänge vorn (T_F), in der Mitte (T_M) und hinten (T_A) messen
2. Durchbiegung „f" berechnen: $f = T_M - 0.5 \times (T_F + T_A)$
3. Auswertung

Ist der Absolutbetrag von „f" größer als 1/1000 der Schiffslänge in Metern, so hat die Durchbiegung und damit die Längsbelastung einen kritischen Wert erreicht.

Ist eine kritische Längsbeanspruchung registriert worden, kann ein Auseinanderbrechen des Schiffes nicht ausgeschlossen werden, wenn nicht wirksame Maßnahmen zur Reduzierung der Durchbiegung getroffen werden. Tankoperationen und Umverteilungen der Ladung sind nach Möglichkeit so zu planen, dass sie der gefährlichen Durchbiegung entgegenwirken.

3.2.3 Die Wirkung der Gezeiten

Wechselnde Wasserstände in Gezeitengebieten wirken sich auf den Zustand des auf Grund liegenden Schiffes aus. Denkbar in diesem Zusammenhang sind positive Begleitumstände, so z. B. eine Vergrößerung des Auftriebes bei Flut an einem bei Ebbe aufgelaufenen Schiff und damit ein Freikommen aus eigener Kraft. Solche Situationsverbesserungen durch Gezeiteneinwirkung sind bei der Planung und Durchführung von Abbringmaßnahmen zu berücksichtigen. Von größerer Bedeutung sind jedoch die durch Gezeiten zusätzlich entstehenden Gefahren:

Stabilitätsveränderung

Bei seitlichen oder punktförmigen Auflagen in der Mittschiffsebene und fallenden Wasserständen entstehen ähnliche Stabilitätsprobleme wie beim Docken eines Schiffes. Die Drehachse für die Krängung wird dabei nach unten verschoben. Auch hier gilt, dass Berechnungsverfahren an Bord nicht praktikabel sind. Zu beachten ist: Krängt das Schiff bei einsetzender Ebbe mit, besteht die Gefahr eines Stabilitätsunfalles. Deshalb ist die ständige Beobachtung der Krängung mittels Lotungen oder Schlauchwaagen sinnvoll.

Überschreitung der Grenze der Längsbelastbarkeit des Schiffes bei Ebbe:

Die Aussagen in Kapitel 3.2.2 treffen hier in vollem Maße zu. Erschwerend kommt hinzu, dass die Überlastung durch die Gezeiten erst herbeigeführt oder noch vergrößert werden kann. Lag schon vorher eine kritische Längsbelastung vor, so wird dieser Zustand bei Ebbe so unsicher, dass ein Auseinanderbrechen des Schiffes wahrscheinlich wird. Muss befürchtet werden, dass eine solche Überlastung bei Ebbe entsteht, ist die Wasserstandsänderung voraus zu berechnen und die Durchbiegung des Schiffes ständig zu bestimmen. Der Vergleich dieser Werte wird in der ersten Phase der Ebbe zeigen, ob in der Tendenz eine kritische Längsbeanspruchung erreicht wird, so dass die in Bereitschaft gehaltene Besatzung das Schiff noch rechtzeitig verlassen kann. Denkbar ist auch der Fall, dass ein bei Ebbe aufgelaufenes Schiff durch die Flut zeitweise von der kritischen Längsbelastung befreit wird. Dieser Fall hat vor allem Bedeutung für die Wahl des Abbringzeitpunktes.

3.3 Die Schiffssicherung nach einer Grundberührung

3.3.1 Grundsätze zur Schiffssicherung bei einer Grundberührung

Die Lösung der Konfliktsituation gelingt nur, wenn durch die Schiffsführung die allgemeinen Grundsätze und die speziellen Bedingungen berücksichtigt werden. Die Effektivität und die Qualität der Entscheidungen hängen wesentlich von der vorausschauenden gedanklichen Auseinandersetzung mit den inhaltlichen Grundsätzen, bezogen auf das eigene Schiff, ab. Es fällt also in die Verantwortlichkeit des Kapitäns, solche Fälle mit seinen Offizieren prophylaktisch zu besprechen und angepasste Strategien zu entwerfen.

Es gibt jedoch allgemeine Regeln, die dabei beachtet werden sollten und die auf das gesamte Gebiet der Schiffssicherung anwendbar sind:
1. Sicherungsobjekte sind die Menschen, die Umwelt und Sachwerte, wobei der Schutz des Menschen die Priorität hat.
2. Sicherungsmaßnahmen sind nur da notwendig, wo Gefährdungen entstehen oder absehbar sind.
3. Maßnahmen zur Sicherung eines Objektes können für andere Objekte die Gefährdung erhöhen. So gefährden sich Menschen, um andere Menschen zu retten, was eine zulässige Entscheidung bedeuten kann. Eine Gefährdung von Menschen, um Umwelt- bzw. Sachschäden abzuwenden, kann nur mit Einverständnis der Betroffenen als zulässig entschieden werden. Diese Frage berührt hoch sensible ethische und moralische Probleme, deren Lösung den Entscheidungsträgern viel abverlangt. Eine unangemessene Schädigung der Umwelt zur Rettung von Sachwerten ist dagegen als unzulässig abzulehnen.
4. Zur Sicherung der Objekte sind möglichst die Zustände zu beeinflussen, die die Gefahr bewirken.
5. Die Entscheidung, das Schiff zu verlassen, ist damit zu begründen, dass die Gefährdung der Menschen im System Schiff – Umwelt größer ist als im System Rettungsmittel - Umwelt.
6. Hilfsangebote von außen sind unter Beachtung der rechtlichen und ökonomischen Folgen zu nutzen. Die Rettung von Menschen bleibt von solchen Überlegungen selbstverständlich unberührt.

Auch bei der Grundberührung folgt die Schiffssicherung dem allgemeinen Entscheidungsablauf:

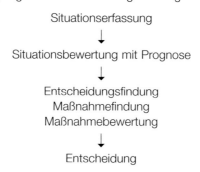

Es wird hierbei deutlich, dass dieses allgemeine Modell der jeweiligen Situation angepasst werden muss. Der Schiffsoffizier sollte also die wesentlichen Situationen der Gb kennen und muss in der Lage sein, Folgesituationen vorausschauend abzuleiten. Es lässt sich im Rahmen dieses Kapitels nicht für jede denkbare Situation der Gb ein Entscheidungsmodell darstellen. Es geht darum, den

Schiffsoffizier in die Lage zu versetzen, solche Entscheidungsmodelle selbst zu entwickeln. Der erste Schritt hierzu ist, die Art der Gb festzustellen. Das gelingt durch die Unterteilung der Gb in Fälle mit und ohne Festkommen des Schiffes.

3.3.2 Grundberührung ohne Festkommen (Gbo)

Die Situation

Diese Grundberührung ist dadurch gekennzeichnet, dass das Schiff unmittelbar danach wieder frei schwimmt. Die Hauptgefahr ist die Beeinträchtigung der Sicherheit des Schiffes durch Beschädigungen während der Gbo. Es ist ersichtlich, dass diese Situationsstruktur weitgehend mit dem Seeunfalltyp „Wassereinbruch" (WE) identisch ist, wobei sich bei der Gb die Lage eines Lecks unmittelbar auf den Schiffsboden beschränken würde. Die notwendigen Schiffssicherungsmaßnahmen werden im Kapitel „Wassereinbruch" ausführlich erläutert.

Schritte der Entscheidungsfindung

Mit der Kenntnis der zu erwartenden Gefahrensituationen soll nun der Entscheidungsalgorithmus auf die Gbo zugeschnitten werden.

1. Ziel der Schiffssicherung:
   - Gewährleistung der Sicherheit der Menschen an Bord
   - Schutz der Umwelt
   - Minimierung der ökonomischen Verluste

2. Ausgangsthese zur Gbo:
   Eine Grundberührung ohne Festkommen kann den Schiffskörper und/oder die Manövrieranlagen beschädigen.

3. Sofortmaßnahmen:
   a) Allgemeine Sofortsicherungsmaßnahmen (Maßnahmen, die auch ohne Kenntnis der durch die Gb entstandenen Folgen immer richtig sind):
      - Maschine stoppen
      - Alarm auslösen
      - Verschlusszustand herstellen
   b) Situationsdatenerfassung:
      - Ermittlung des genauen Schiffsstandortes und des Weges zum Freimanövrieren
      - Kontrolle auf Vorhandensein und Ausmaß von Wassereinbrüchen durch Tankpeilungen und Raumbegehungen (VORSICHT! Vor den Raumbegehungen ist einzuschätzen, ob eine mögliche Reaktion von Ladung mit Leckwasser den Raum unbegehbar gemacht haben kann, z. B. toxische Gase)
      - Kontrolle von Ruder und Schraube auf Beschädigungen
   c) Unfallkommunikation:
      - Warnung und Signalgebung für die übrige Schifffahrt
      - Not- bzw. Dringlichkeitsmeldung vorbereiten
      - Feststellen, ob (eigene) Schiffe in der Nähe sind und als potenzielle Hilfskräfte in Frage kommen
      - Bei Umweltschäden Meldung laut MARPOL vorbereiten

4. Gefahrenanalyse:
   Nach der Situationsstruktur ist prognostisch festzustellen, welche Folgesituationen sich entwickeln können.

Gefährdung nachgewiesen:
Eine Gefährdung liegt vor, wenn das Schiff einen Wassereinbruch erlitten hat oder die Manövrieranlanlagen beschädigt wurden. Es sind angepasste Maßnahmen der Schiffssicherung anzuwenden.

Gefährdung nicht nachweisbar:
Es sind keine Schiffssicherungsmaßnahmen notwendig. Das Unterwasserschiff ist durch eine Taucheruntersuchung vor Ort oder im nächsten Hafen zu kontrollieren. Eine Klasse-Erneuerung ist zu veranlassen.

5. Maßnahmenfindung:
   – Die Maßnahmen sind auf die vorliegende Situation und auf die zu erwartenden Folgen einzustellen.
   – Es ist zu prüfen, ob die gefundenen Maßnahmen mit Erfolg durchführbar sind oder nicht.

6. Entscheidung:
   Zusammenfassung der gewonnenen Informationen zu einer verbindlichen Entscheidung, die auch die möglichen Folgen der Entscheidung berücksichtigt.

   Sicherungserfolg:
   Es gelingt mit realisierbaren Maßnahmen, das Schiff als Aufenthaltsort für die Menschen zu erhalten.

   Verlassen des Schiffes:
   Das Schiff ist als Aufenthaltsort nicht zu sichern und muss verlassen werden.

3.3.3 Grundberührung mit Festkommen (Gbm)

Die Situation

Grundberührung mit Festkommen bezeichnet eine Situation, bei der das Fahrzeug nach der Grundberührung auf dem Grund fest aufliegt. Beim Festkommen des Schiffes wandelt sich dessen kinetische Bewegungsenergie in Hubarbeit (potenzielle Energie) und Reibungsarbeit um. Geringe Anteile fallen auch auf die Verformung des Schiffskörpers. Dieser Vorgang des Anhebens/der Austauchung ist mit einem Deplacementverlust des Schiffes verbunden. Die hierbei entstehenden Gefahren sind weit vielfältiger als bei der Gbo. Bis auf die drohende Manövrierunfähigkeit nach dem Abbringen können alle Gefahren schon während des Aufliegens entstehen und wirksam werden.

Schritte der Entscheidungsfindung bei Gbm

Die Entscheidungsfindung bei einer Grundberührung mit Festkommen ist ein komplizierter Prozess, der dem Führungspersonal Weitsicht und eine komplexe Analyse der Situation abverlangt. Die Entscheidung enthält mehrere folgenschwere Alternativen.

1. Ziel der Schiffssicherung:
   – Gewährleistung der Sicherheit der Menschen an Bord, Schutz der Umwelt vor Verunreinigung und Minimierung der ökonomischen Verluste.

2. Ausgangsthese Gbm:
   – Die Situation ist zum einen durch Gefahren gekennzeichnet, die während des Aufliegens wirken. In solchen Fällen müssen die Gefahren für die Menschen an Bord beherrscht werden. Gelingt das nicht, ist das Schiff rechtzeitig zu verlassen. Zum anderen treten Gefahren auch erst nach dem Abbringen auf. Dafür sind vorbereitende Maßnahmen zu treffen, diese Gefahren zu be-

herrschen. Gelingt das nicht, so darf nicht abgebracht werden. Stattdessen sind die Restwerte vom Schiff zu bergen.

3. Sofortmaßnahmen:
   - Maschine stoppen
   - Alarm auslösen
   - Verschlusszustand herstellen
   - Signale für „Fahrzeug am Grunde fest" setzen
   - ggf. Anker fallen lassen, um ein weiteres Auftreiben zu verhindern

ACHTUNG: Ein sofortiger Einsatz von Ruder und Schraube zum Freikommen des Schiffes hat in den meisten bekannten Fällen nicht zum Erfolg geführt. Vielmehr kann es dabei zu erheblichen Schäden an Ruder und Schraube kommen.

4. Unfallkommunikation:
   - Information an Küstenstationen und Reederei
   - Feststellen, ob (eigene) Schiffe in der Nähe sind
   - Bei Umweltschäden ist eine Meldung laut MARPOÌ vorzubereiten

5. Situationsbewertung:
   - Kontrolle auf mögliche Wassereinbrüche und Begehen von Räumen. Vor der Begehung ist zu prüfen, ob die Begehbarkeit der Räume durch gesundheitsschädigende Gase eingeschränkt wird, die aus der Raumnutzung oder aus Reaktionen von Ladung mit Leckwasser resultieren können.
   - Ermittlung der aktuellen Tiefgänge vorn, Mitte, achtern
   - Lotung der Wassertiefen rund um das Schiff in geeigneten Abständen (ca. 2 m) zur Ermittlung der Auflagefläche
   - Bestimmung des Gezeitenverlaufes und der auftretenden Wasserstände
   - Kontrolle der Freiheit von Ruder und Schraube
   - Bestimmung des genauen Standortes und des möglichen Abbringweges

6. Gefahrenanalyse:
   Eine Gefährdung liegt z. B. dann vor, wenn
   - das Schiff wegen Überschreitung der Längsbelastbarkeit auseinander zu brechen droht,
   - ein Wassereinbruch stattfand oder zu erwarten ist,
   - die Gezeiten zu gefährlichen Situationen führen oder
   - Ruder und Schraube beschädigt sind.

7. Entscheidungsfindung:
   Laut Ausgangsthese zur Gbm ist zwischen
   - Sichern und Abbringen,
   - Verlassen des Schiffes und
   - Verbleib des Schiffes am Auflageort
   zu unterscheiden. Die Gefährdung von Menschen ausgeschlossen, werden solche Entscheidungen in der Regel mit dem Eigner abgestimmt.

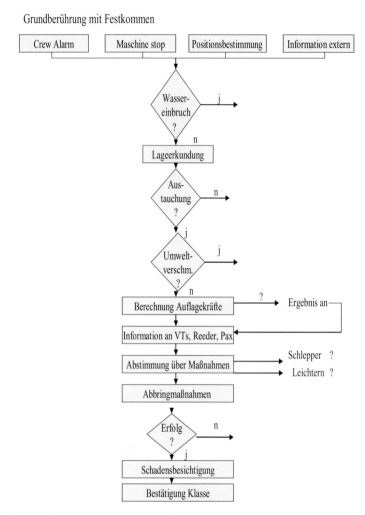

Grundberührung mit Festkommen

Bild 3.1: Vereinfachter Ereignisablaufplan bei einer Grundberührung

3.4 Abbringen eines Schiffes

Die Vorbereitung und der technische Vorgang des Abbringens haben eine solche Bedeutung, dass ihnen das gesamte folgende Kapitel gewidmet ist. Alle Planungen und Maßnahmen haben die Forderung nach einer größtmöglichen Sicherheit für die beteiligten Personen zu beachten. Verschiedene Umweltbedingungen und Einflussfaktoren können auch noch während des Abbringens zu Gefahrensituationen und bis zum akuten Seenotfall führen. Eine Verschlechterung der hydro-meteorologischen Bedingungen (See, Wind, Gezeiten) kann z. B. die optimale Abbringvariante verhindern, den zeitlichen Rahmen begrenzen oder zum Abbruch der Maßnahmen führen.

3.4.1 Rechtliche und ökonomische Aspekte zum Abbringen

Insbesondere im Aufgabenbereich des Kapitäns und der Reederei entstehen bei einer Grundberührung rechtliche Probleme, die die ökonomischen Folgen des Seeunfalls stark beeinflussen.

So sind vor allem Fragen
- der „Großen Haverei",
- des Abschlusses von Bergungs- und Schleppverträgen,
- die Verpflichtung von Leichterdiensten,
- des Schutzes der Umwelt und
- der Folgen des automatischen Klasseverlustes des Schiffes durch die Grundberührung
Gegenstand rechtlicher Überlegungen und Entscheidungen.

Es kann hier keine umfassende Darstellung dieser Probleme geboten werden. Häufig werden in Schifffahrtsunternehmen vorsorglich Strategien für die Behandlung dieser Fragen erarbeitet und z. B. in Form von Arbeitsanweisungen geltend macht. Einige allgemeine Richtlinien lassen sich nennen, um rechtliche Konflikte und ökonomische Verluste zu minimieren:
- Eine Pflicht besteht nur zur Rettung von Menschen.
- Eine Seenotmeldung ist nur bei Vorliegen einer Seenot-Situation abzugeben.
- Wenn möglich, sind alle wesentlichen Schritte mit dem Reeder abzustimmen. Alle von Land (Reederei) gegebenen Hinweise haben lediglich beratenden Charakter.
- Zu beachten ist, dass manche Küstenstaaten sich das Recht vorbehalten, eigene Bergungskräfte einzusetzen.
- Meldebestimmungen des jeweiligen Küstenstaates über entstandene Umweltschäden sind strikt einzuhalten.
- Der Bergungsvertrag kommt durch mündlichen bzw. schriftlichen Abschluss oder durch widerspruchslose Duldung einer begonnenen Hilfeleistung zustande. Unerwünschte Aktivitäten von fremden Hilfskräften müssen also von der Leitung des Unfallschiffes unmissverständlich untersagt werden.
- Die Verfügungsgewalt über das Schiff ist möglichst lange aufrecht zu erhalten.
- Nach Möglichkeit sollte ein Schiedsgericht eigener Wahl im Bergungsvertrag fixiert werden.
- Tagebucheintragungen und Kapitänsbericht tragen Urkundencharakter und bilden Fakte für eine spätere Rekonstruktion der Situation und zur Feststellung der Aufwendungen des Hilfeleistungsfalles.

Jeder Reeder wird bestrebt sein, das aufgelaufene Schiff wieder flott zu bekommen und nach den Reparaturen und der notwendigen Erneuerung der Klasse weiter in der Schifffahrt einzusetzen. Im Prozess der Schiffssicherung bei einer Grundberührung mit Festkommen (Gbm) werden wesentliche Grundlagen für den Erfolg der Abbringaktion geschaffen. Nahezu alle Maßnahmen der in Kapitel 3.3.3 angeführten Situations-Datenerfassung dienen auch diesem Ziel. Man sollte sich jedoch stets darüber im Klaren sein, dass das Abbringen nicht allein ein technischer Vorgang ist. Vielmehr ist neben den rechtlichen Problemen auch eine Reihe ökonomischer Aspekte zu beachten, um wirklich effektive Abbringmaßnahmen planen zu können:
- Erlaubt es die zeitliche Entwicklung der Situation, ist das Eintreffen mehrerer Hilfskräfte abzuwarten, um das günstigste Angebot wählen zu können.
- Der Abschluss eines möglichst günstigen Bergungsvertrages ist anzustreben.
- Für die Verbringung des Schiffes in einen Nothafen ist nach Möglichkeit ein normaler Schleppvertrag abzuschließen.
- Wo normale Schlepper ausreichen, sollten keine Bergungsschlepper verpflichtet werden.
- Zur Kosteneinsparung ist ein möglichst großer Leistungsanteil von Schiffen der eigenen Reederei ausführen zu lassen. Das gilt für Abbringen und Schleppen genauso wie für das Leichtern von Ladung.
- Der Einsatz von Fremdkräften sollte unter Beachtung der verfügbaren Zeit nur nach einer gründlichen Bedarfskalkulation (z. B. der Abbringkräfte) erfolgen.

- Die Forderungen für Bergungsleistungen reduzieren sich, wenn die Besatzung durch aktiven Einsatz einen Teil der Arbeiten selbst ausführt.
- Der Seewurf ist entsprechend den Bestimmungen zur „Großen Haverei" durchzuführen.
- Ein notwendiger Ladungswurf ist stets unter Beachtung der zu erwartenden Belastung der Umwelt und des Wertes der Ladung zu organisieren.
- Besonders wichtig ist das Führen einer genauen Dokumentation über alle Vorgänge der Bergung, um später alle Ansprüche bewerten zu können.

3.4.2 Physikalische Vorgänge des Auflaufens und Folgen für das Abbringen

Erfahrungen zeigen, dass Bewertungen der Möglichkeiten zum Abbringen des eigenen Schiffes aus dem Gefühl oder aus der Situation heraus häufig grundsätzlich falsch ist.

Wenn keine akute und eindeutige Gefahrensituation vorliegt, gilt deshalb der Grundsatz:
1. messen
2. rechnen
3. entscheiden

Eine realistische Entscheidung mit Erfolgsaussicht ist nur auf der Grundlage eines Vergleichs der notwendigen Maßnahmen/Mittel mit den verfügbaren Mitteln möglich.

Einige grundsätzliche physikalische Beziehungen reichen aus, um sich ein objektives Bild von den zum Abbringen notwendigen Kräften zu machen. Da das Schiff beim Auflaufen abgebremst wurde und seine Geschwindigkeit nun Null ist, hat sich seine gesamte Bewegungsenergie (W_{kin}) in potenzielle Energie (W_{pot}) und Reibungsarbeit (W_r) umgewandelt. Die Verformungsarbeit soll hier unbeachtet bleiben.

$$W_{pot} = W_{kin} - W_r \qquad\qquad [3.1]$$

Das wird vor allem durch die Austauchung des Schiffes mit einem Deplacementverlust deutlich. Verständlich ist auch, dass die Reibung zwischen Grund und Schiffsboden beim Abbringen durch Herunterziehen überwunden werden muss. Gleichzeitig kann ein Wassereinbruch die Schwimmfähigkeit des Schiffes weiter reduziert haben.

Der Restauftrieb FA_R setzt sich wie folgt zusammen:

$\qquad F_A \qquad$ Auftrieb vor dem Auflaufen

abzüglich

$\qquad \Delta F_{AA}$ Auftriebsänderung durch die Austauchung

$\qquad \Delta F_{AF}$ Auftriebsverlust durch flächenhafte Auflage des Schiffsbodens auf dem Grund

$\qquad \Delta F_{LW}$ Auftriebsverlust durch eingedrungenes Leckwasser

Zu F_{AF} kommt es, wenn Teile des Schiffsbodens bündig auf dem Grund aufliegen und sich dort praktisch kein Wasser unter dem Rumpf befindet. An diesen Stellen kann der hydrostatische Druck des Wassers nicht wirken. Dort entsteht also auch kein Auftrieb.

Die o. g. Funktion lautet vollständig:

$$F_{AR} = V \times g \times \varsigma - \Delta V \times g \times \varsigma - A \times h \times g \times \varsigma - V_{LW} \times g \times \varsigma \qquad [3.2]$$

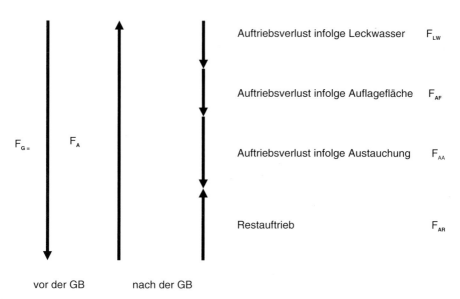

vor der GB   nach der GB

Bild 3.2: Prinzipielle Darstellung der Kräfte bei einer Grundberührung

Es bedeuten

F_{AR} Restauftrieb
V Deplacement vor Auflaufen
ΔV Deplacementänderung durch Austauchung
A Auflagefläche
V_{LV} Leckwasservolumen
h^* mittlere Wasserhöhe über der Auflagefläche
g Erdbeschleunigung
ς Wasserdichte

Die Differenz aus dem Gewicht des Schiffes und dem Restauftrieb ist die Auflagekraft F_{AL}:

$$F_{AL} = F_G - F_{AR} \qquad\qquad [3.3]$$

F_{AL} kann als Normalkraft auf den Untergrund interpretiert werden. Um die notwendigen Abbringkräfte zu bestimmen, müssen der Restauftrieb des Schiffes und die Reibung am Grund betrachtet werden. Mit der entsprechenden Reibzahl µ lässt sich die notwendige Abbringkraft F_F bestimmen.

$$F_F = F_{AL} \times \mu \qquad\qquad [3.4]$$

Dieser Wert kann nun mit der Summe der zur Verfügung stehenden eigenen und fremden Zugkräfte F_V verglichen werden. Ein Erfolg des Abbringens ist nur zu erwarten, wenn gilt:

$$\Sigma\, F_V >\, = F_F \qquad\qquad [3.5]$$

Ist Σ Fv kleiner als F_F, gibt es drei Möglichkeiten zur Abhilfe:
– Reduzierung des Schiffsgewichtes durch Lenzen, Leichtern, Ladungswurf usw. Dabei ist gleichzeitig eine für das Abbringen günstige Vertrimmung des Schiffs herzustellen
– Hinzuziehen weiterer Schleppkräfte
– Verkleinerung der Auflagefläche A und damit Steigerung des Auftriebes
– Auftriebsvergrößerung durch andere Methoden

Die Erfahrung zeigt, dass oft eine Kombination der vier Möglichkeiten gewählt wird. Die notwendigen Berechnungen gleichen denen bei einer Beladungskonzeption.

3.4.3 Abbringverfahren

Nachfolgend soll die Wirkung verschiedener Abbringverfahren dargestellt werden. Ziel ist es, mit der Darstellung jedes Verfahrens eine Methode zur Berechnung der dadurch verfügbaren Abbringkräfte anzubieten.

Diese Verfahren unterscheiden sich durch die Art der eingesetzten Arbeitsmittel.

Der Einsatz von Schleppern zum Abbringen:

Beim Abbringen mit Schlepperhilfe wird die Zugkraft des Schleppers durch geeignete Schleppverbindungen auf den Havaristen übertragen. Generell sind für diese Schleppverbindungen solide Befestigungen am Schiff vorzusehen. Das geschieht vor allem durch Einbeziehung von Luken bzw. Aufbauten in die Befestigung der Trossen, um eine verteilte Kräfteeinleitung zur gewährleisten. Weiterhin wird empfohlen die Schleppverbindung kurz zu halten, um neben den Zugkräften auch unterstützende Drehmomente auf das Schiff übertragen zu können. Eine überschlägige Berechnung der Abbringkraft erfolgt mit einer einfachen Beziehung:

$$F_{VSL} [kN] = P_{MSL} [kW] \times k \qquad \begin{array}{l} P_{MSL} - \text{Maschinenleistung Schlepper} \\ F_{VSL} - \text{Verfügbare Zugkraft Schlepper} \end{array}$$

bzw.

$$F_{VSL} [kN] = P_{MSL} [PS] \times k \times 0.736 \qquad\qquad [3.6]$$

Faktor „k" für Schlepper mit normaler Schraube: $k \approx 0.35$

Faktor „k" für Schlepper mit Kordtdüse: $k \approx 0.45$

Die so ermittelte Zugkraft F_{VSL} ist ein Richtwert. Die Schlepperbesatzungen können in der Regel direkte Angaben zum Hakenzug ihres Fahrzeuges machen.

Einsatz der Maschinenleistung von konventionellen Handelsschiffen zum Abbringen:

Vorrangig soll hier der Einsatz der eigenen Maschine des Havaristen betrachten werden. Die folgende Berechnung ist aber auch auf Handelsschiffe anzuwenden, die zum Abbringen herangezogen werden. Vor dem Einsatz der eigenen Manövrieranlage muss die Freiheit von Ruder und Schraube sichergestellt werden, um weitere Schäden zu vermeiden. Außerdem muss bedacht werden, dass ein Abbringen durch alleinigen Einsatz dieses Verfahrens nur selten gelingt. Es wird also fast immer in Kombination mit anderen Abbringmitteln eingesetzt. Die Wirkung der Maschine kann durch wechselnde Hart-Ruderlagen erhöht werden.

Die dabei erzeugten Drehmomente können zu einer Verkleinerung der Auflagefläche und des Massenträgheitsmomentes des Schiffes beitragen. Die Bestimmung der zu erwartenden Zugkräfte erfolgt ähnlich wie bei den Schleppern (3.6):

$$F_{VS} [kN] \approx P_{MS} [kW] \times k \qquad\qquad \text{wobei } k \approx 0.11 - 0.13$$

bzw.

$$F_{VS} [kN] \approx P_{MS} [PS] \times k \times 0.736 \qquad\qquad [3.7]$$

Auf Grund der sehr ungünstigen hydrodynamischen Bedingungen an einer rückwärts drehenden Schraube kann bei Handelsschiffen nur ein Bruchteil der ermittelten Leistung, etwa 20 % bis 30 % der ermittelten Schubkraft, zum Ansatz gebracht werden.

Zum Einsatz von Winden, Anker, Kurrleinen bzw. Verholgeschirr des Havaristen:

Der Einsatz dieser Winden als alleiniges Abbringmittel hat nur bei minimalen Auflagekräften und bei kleineren Fahrzeugen Aussicht auf Erfolg. Sie werden meist in Kombination mit anderen Mitteln angewendet. Beim Einsatz der Winde soll deren Zugkraft über Trossen bzw. Ketten an festen Punkten am Grund, an Land oder an Ankern angreifen und sich auf das Schiff übertragen. Bei der Verwendung von Ankern ist zu beachten, dass die maximale erreichbare Zugkraft durch die Haltekraft des Ankers am Grund begrenzt wird. Sie liegt bei
- Stockanker beim 12- bis 15-fachen und
- Patentanker beim 6- bis 8-fachen des Ankergewichtes.

Ansonsten sind mit ausreichender Genauigkeit die für die einzelnen Winden angegebenen Nennzugkräfte für die Zugkraft F_W anzusetzen.

Das Ableichtern eines Schiffes:

Der Begriff Ableichtern soll hier alle Maßnahmen umfassen, die durch
- Lenzen von Ballastwasser und flüssigen Vorräten,
- Ausladen von Ladung,
- Ladungswurf in die See und
- Leichtern bzw. Seewurf von Ausrüstungsgegenständen

eine Verringerung der Differenz zwischen Auftrieb und Gewicht des Schiffes bewirken sollen. Das Ableichtern wird notwendig, wenn die verfügbaren Zugkräfte alleine nicht ausreichen, um das Schiff abzubringen. Wichtig beim Ableichtern sind die Menge und die Lage der Gewichtsreduzierung. Zwei Fälle treten auf:
1. Bei punktförmigen Auflagen ergibt sich das zu leichternde Gewicht aus der Tiefgangsdifferenz. An Hand des Trimmkurvenblattes sind die Momente zu bestimmen, die durch das Leichtern herzustellen sind, um das Freikommen zu unterstützen.
2. Bei flächenhafter Auflage ist das Ziel, die Auflagekraft extrem zu reduzieren. Die erforderliche Gewichtsreduzierung ΔF_G wird nach der Formel

$$F_G > F_G - \Sigma F_V / \mu \qquad\qquad [3.8]$$

bestimmt.

$$
\begin{array}{ll}
F_G & \text{Schiffsgewicht} \\
\mu & \text{Reibfaktor entsprechend Untergrund} \\
\Sigma F_V & \text{Summe der vorhandenen Zugkräfte}
\end{array}
$$

Auch hierbei ist ein unterstützender Trimm herzustellen. Die Bestimmung des Zentrums der Gewichtsreduzierung als Abstand e vom Hauptspant ergibt sich aus:

$$e = \Delta M_x / L \qquad\qquad
\begin{array}{ll}
\Delta M_x & \text{Differenz der Längsmomente aus dem Trimmkurvenblatt} \\
L & \text{Zahlenwert von } F_G \text{ in Mp}
\end{array}
$$

Unter Beachtung der Randbedingungen ist die folgende Reihenfolge beim Ableichtern sinnvoll:
- Ballastwasser
- Frischwasser
- Treibstoff
- Ladung
- Ausrüstungen

Als Randbedingungen müssen folgende Aspekte berücksichtigt werden, die die o. g. Reihenfolge verändern können:
- Stauort der Ladung bzw. Ausrüstung
- Ladungsart
- erreichbare Ladungsmenge
- mögliche Schäden an der Umwelt bei Seewurf
- Verfügbarkeit von Schuten bzw. Leichterfahrzeugen
- der notwendige Arbeitsaufwand
- die hydro-meteorologischen Bedingungen (Seegang, Wind)
- die Gefährdung der übrigen Schifffahrt
- die Bestimmungen der „Großen Haverei"

Beim Ableichtern ist in jedem Falle zu beachten, dass das Schiff auch während und nach dem Freikommen einen unkritischen bzw. zulässigen Stabilitätszustand besitzen muss.

Änderung der Massenverteilung im Schiff zum Freikommen

Die Änderung der Massenverteilung im Schiff führt über die erzeugten Momente zu Trimm- und/oder Krängungsänderungen, die das Freikommen des Schiffes in bestimmten Fällen bewirken oder diesen Vorgang zumindest unterstützen können.

So wird eine Vertrimmung bei Vor- bzw. Achterschiffsauflage angewandt. Dazu werden bei ausreichender Wassertiefe am entgegengesetzten Ende des Schiffes Massen dorthin umverteilt. Dies geschieht hauptsächlich durch Umpumpen von Wasserballast und flüssigen Vorräten, da hier der Aufwand am geringsten ist. Das ebenfalls mögliche Umstauen von Ladung ist wesentlich aufwendiger und nur selten durchführbar.

In bestimmten Fällen kommt auch ein Fluten von leeren Tanks und Laderäumen in Betracht. Zusätzlich wird empfohlen, die Abbringmaßnahmen durch eine Krängung des Schiffes mittels Tankoperationen (bei seitlicher Neigung des Grundes) zur Seite des tieferen Wassers hin zu unterstützen. Die notwendigen Vorausberechnungen für diese Operationen entsprechen den Verfahren, die auch bei der Beladung des Schiffes angewendet werden. Zu beachten sind die o. g. Feststellungen zu Überbeanspruchungen der Schiffsverbände.

Auf einen weiteren wichtigen Aspekt der Massenumverteilung im Schiff muss noch hingewiesen werden, obwohl es dabei nicht um das Abbringen des Havaristen geht. Gemeint ist das bewusste Vertrimmen bzw. Tiefertauchen der Schiffe, um es fester auf den Grund aufzulegen. Diese Maßnahme kann notwendig sein, um das Schiff gegen Grundschlag in der Brandung oder gegen ein weiteres Auftreiben auf den Strand zu sichern. Die Maßnahme ist für eine zeitlich begrenzte Anwendung vorgesehen. Vorher ist zu prüfen, ob die Wasserstände am Auflaufort einen ausreichenden Freibord während des Aufliegens zulassen.

Spezielle Abbringverfahren

Bei diesen Verfahren werden Mittel eingesetzt, die nicht zur Ausrüstung eines normalen Schiffes gehören, also von den Bergungskräften bereitgestellt werden können. So gehört zu diesen Verfahren das Freispülen und Freibaggern eines aufliegenden Schiffes. Diese Methoden werden in der Regel nur angewendet, wenn die o. g. Verfahren versagen. Beide Methoden sind jedoch abhängig von einem baggerbaren bzw. spülbaren Grund und verursachen hohe Kosten.

Weiterhin sind Mittel, wie
- Hebezylinder,
- Pontons,

– Einbringen von Kunststoffschaum in gefluteten Räumen sowie
– Pressluft (Leerdrücken der Tanks)

einsetzbar, um das Schiff vom Grund abzubringen. Alle diese Verfahren bringen in der Regel jedoch eine Reduzierung der Stabilität mit sich. Bei Abbringfällen ist die Verwendung von verschiedenen Sonderzugmitteln durch Bergungsunternehmen bekannt. Diese Mittel bestehen überwiegend aus einer Kombination von Spezialwinden und Taljen. Die verfügbaren Zugkräfte sind pauschal nicht kalkulierbar und müssen bei dem Bergungsunternehmen erfragt werden.

3.4.4 Die Arbeitsschritte bei der Planung zum Abbringen

Zusammenfassend soll der Ablauf der Planung des Abbringens noch einmal dargestellt werden:

1. Erfassung der Ausgangsdaten:
   – Deplacement vor dem Auflaufen $V[m^3]$
   – Tiefgänge nach dem Auflaufen T_V (vorn), T_M (mitte), T_H (hinten) in Metern, woraus die Deplacementänderung $\Delta V[m^3]$ durch das Auflaufen zu bestimmen ist
   – Peilplan: Messung der Wassertiefen rund um das Schiff in Abständen von ca. 2 m
   – Bestimmung der Bodenbeschaffenheit (Seekarte, -handbuch, evtl. mit Lotspeise)
   – Menge des eingedrungenen Leckwassers V_{LW} $[m^3]$ (bei Laderäumen Beachtung des Staufaktors)
   – Gewicht des Schiffes vor dem Auflaufen F_G [kN]

2. Bestimmung der Auflagefläche:
   Die Auflagefläche A $[m^2]$ wird durch den Vergleich von Tiefgängen und Lotergebnissen ermittelt. Am besten gelingt das durch Anfertigen einer Lot-Skizze. Das Schiff liegt da auf, wo die Wassertiefe kleiner oder gleich dem jeweiligen Tiefgang ist. Die mittlere Höhe des Wassers im Bereich der Auflagefläche wird aus den Lotungen ermittelt und mit „h*" bezeichnet.

3. Bestimmung des Restauftriebes:
$$F_{AR} = V \times g \times \varsigma - \Delta V \times g \times \varsigma - A \times h^* \times g \times \varsigma - V_{LW} \times g \times \varsigma$$

4. Bestimmung der Auflagekraft:
$$F_{AL} = F_G - F_{AR}$$

5. Bestimmung der notwendigen Abbringkraft F_F:
$$F_F = F_{AL} \times \mu$$

Bodenbeschaffenheit als Richtwerte	
flüssiger Ton	0.18–0.22
weicher Ton	0.23–0.30
Ton mit Sand	0.30–0.32
feiner Sand	0.35–0.38
Geröll	0.38–0.42
Steinplatten	0.30–0.42
große Steine	0.42–0.50

Tab 3.1: Verschiedene Reibzahlen μ

6. Berechnung der verfügbaren Schlepphilfen:

Schlepper F_{VSL} [kN] $\approx P_{MSL}$ [kW] $\times$ k   k $\approx$ 0.35

      k $\approx$ 0.45 (Kordtdüse)

Schiffe F_{VS} [kN] $\approx P_{MSL}$ [kW] $\times$ k   k $\approx$ 0.11-0.13

7. Berechnung der vorhandenen Abbringkraft:

$$\Sigma F_V = Fv_{SL} + F_{VS} + F_{VW} + F_{VA} + F_{VSO}$$ [3.9]

8. Bewertung der Kräftelage:

$\Sigma F_V > F_F$ bedeutet: das Abbringen ist mit den vorhandenen Mitteln möglich.

$\Sigma F_V < F_F$ bedeutet: die Abbringkräfte sind nicht ausreichend.

Es müssen weitere Maßnahmen einzeln oder in Kombination ergriffen werden:

– Erhöhen der Abbringkräfte durch Ansetzen weiterer Mittel um den Betrag

$$\Delta F >= F_F - \Sigma F_V$$

– Verringerung des Schiffsgewichtes durch Leichtern, Lenzen und Ladungswurf um den Betrag

$$\Delta F_G >= F_S - \Sigma F_V / \mu$$

– Verringerung der Auflagefläche durch Spülen/Baggern (nur bei geeignetem Grund)

3.4.5   Fallbeispiele zur Grundberührung und zum Abbringen

Für die folgenden Beispiele wurden reale Fälle mit sehr unterschiedlichen Bedingungen herangezogen.

Grundberührung mit punktförmiger Auflagefläche

Unfallursache:
Die Gbm erfolgte während eines Kursänderungsmanövers in der Nähe einer Untiefe. Die Ansteuerung des Kursänderungspunktes war durch den Ausfall der Leuchtbake auf der Untiefe und durch Stromwirkung erschwert.

Unfallereignis:
Das Schiff läuft 22.59 Uhr (Dunkelheit) während der Kursänderung hart auf und kommt fest. Hauptmaschinenbetrieb und Stromversorgung bleiben in den ersten Minuten nach dem Unfall intakt. Wind und See sind schwach.

Ablauf der Schiffssicherung:

1. Ziel: Schiff frei bringen
   – Nach dem harten Auflaufen muss mit einem Wassereinbruch gerechnet werden,

2. Sofortmaßnahmen:
   Allgemeine Handlungen:
   – Stop Maschine
   – Alarm auslösen
   – Besatzung über Kommandoanlage informieren
   – Verschlusszustand anweisen
   – Anker fallen lassen
   – Signale für „Schiff am Grund fest"

Unfallkommunikation:
- Seenotmeldung vorbereiten
- feststellen, ob Reedereischiffe in der Nähe sind und Hilfe leisten können
- Verbindung zwischen Schiff und Reederei herstellen

3. Situationsbeschreibung:
   - Wassereinbruch in Tank 2 und 3: vorher leere Tanks, sind nun geflutet
   - Wassereinbruch in Laderaum I: Wasserstand = 2.5 m bei K = 0.6 (Staufaktor)
   - Tiefgänge:

     vorher: $T_F = 7.10$ m; $T_M = 7.20$ m; $T_A = 7.30$ m

     während der Gb: $T_{Fn} = 6.10$ m; $T_{Mn} = 7.00$ m; $T_{An} = 7.90$ m

   - Wassertiefe: $W_{Tf} = 6.10$ m; $W_{Tm} = 7.60$ m; $W_{Ta} = 8.90$ m
   - Auflagefläche: $A \approx 300$ m^2
   - Reibezahl: $\mu = 0{,}40$ (Korallen, Geröll)
   - kein Gezeiteneinfluss
   - Ruder frei, Schraube und Maschine einsatzbereit

4. Gefahrenanalyse:
   Ein Gezeiteneinfluss und eine Manövrierunfähigkeit können ausgeschlossen werden. Das Ergebnis der Prüfung der Längsbelastung mit

   $$f = T_M{}^* - (T_F{}^* + T_A{}^*) \qquad\qquad [3.10]$$

   zeigt, dass bei gleich bleibendem Wasserstand keine Gefahr des Auseinanderbrechens des Schiffes besteht. Der Hauptgefahrenfaktor ist ein eventueller Wassereinbruch. Da die Tanks 2 und 3 leer waren und in Laderaum I Walzstahl geladen ist, kann es zu keiner gefährlichen Leckwasserreaktion kommen. Die Lage und die Größe des eventuellen Wassereinbruchs bewirken weder Stabilitätsprobleme noch einen generellen Verlust der Schwimmfähigkeit.
   Situationsbewertung: Das Schiff ist bis zum Abbringen sicher, sofern sich die Umweltbedingungen nicht erheblich ändern.

5. Festlegung: Das Abbringen des Schiffes ist vorzubereiten.

6. Planung des Abbringens:
   Ausgangsverdrängung: V ($T_M = 7.20$ m) = 12 858 m^3
   Unfallverdrängung: V^*($TM^* = 7.00$ m) = 12 451 m^3
   Differenz: $\Delta V = 407$ m^3 bei $\varsigma = 1{,}025$ t/ m^3
   Leckwasservolumen: $V_{LW} = 557{,}6$ m^3
   Auflagefläche: $A = 300$ m^2
   mittl. Wassertiefe der Auflagefläche: $h = 6{,}40$ m

   Restauftrieb: $F_{AR} \approx 10\,0285$ kN
   Auflagekraft: $F_{AL} \approx 29\,766.2$ kN bei $F_G = 13\,0051.2$ kN
   Reibungszahl: $\mu = 0.4$
   notwendige Abbringkraft: $F_F \approx 11\,906.5$ kN

   verfügbare Abbringkräfte:
   eigenes Schiff $F_{VS} \approx 617$ kN
   Anker $F_{VA} \approx 15$ kN
   Heckspill $F_{VW} \approx 79$ kN

   $\Sigma\, F_V \approx 853$ kN

Abbringsituation:
- Das Schiff ist grundsätzlich abbringfähig.
- $\Sigma\ F_V << F_F$, das heißt: die vorhandenen Abbringkräfte reichen bei Weitem nicht aus!
- Bei der Art des Untergrundes (steiniger Untergrund) ist ein Abziehen von der Untiefe nicht zu empfehlen, da dabei weitere Beschädigungen am Schiff auftreten können. Später im Dock festgestellte starke Einbeulungen der Außenhaut bestätigen diese Überlegung.
- Die Bodenbeschaffenheit macht ein Spülen oder Baggern unmöglich.

7. Entschluss:
Es werden Leichter angefordert, um das Schiffsgewicht durch Ausladen von Ladung zu reduzieren und ein achterliches Trimmmoment zu erzeugen. Das Ausladen wird fortgesetzt, bis die vorhandenen Abbringkräfte ausreichen, um das Schiff freizubringen.
Auszuladende Masse = F_G / g = 2 817 to
Nach dem Abbringen ist das Schiff zur Reparatur und Klasseerneuerung in einen nahe liegenden Hafen zu verbringen.

Grundberührung mit großflächiger Auflage

Unfallursache:
Die Gb erfolgt mit sehr geringer Geschwindigkeit beim Anlegemanöver in einem Naturhafen. Das Schiff befindet sich im Ballastzustand mit minimalem Tiefgang. Eine akute Gefahr für Besatzung und Schiff besteht zu keiner Zeit. Der Wind weht nur schwach; es ist kaum Seegang vorhanden.

Ablauf der Schiffssicherung:

1. Ziel: Schiff frei bringen
   Mit einem Wassereinbruch ist kaum zu rechnen

2. Sofortmaßnahmen :
   Allgemeine Handlungen:
   - Stop Maschine
   - Alarmauslösung wegen des Bereitschaftszustandes nicht erforderlich
   - Besatzung über Kommandoanlage informieren
   - Verschlusszustand unterhalb der Wasserlinie anweisen
   - Anker fallen lassen
   - Signale für „Schiff am Grund fest"

   Unfallkommunikation:
   - Meldung an die Hafenbehörde
   - Feststellen, ob (eigene) Schiffe in der Nähe sind und Hilfe leisten können
   - Verbindung zwischen Schiff und Reederei herstellen
3. Situationsbeschreibung:
   - kein Wassereinbruch
   - Tiefgänge:
     vorher: T_F = 2,64 m ; T_M = 4,41 m ; T_A = 6,17 m
     während der Gb: T_{Fn} = 3,58 m ; T_{Mn} = 4,32 m ; T_{An} = 5,06 m
   - Wassertiefe: W_{Tf} = 3,58 m ; W_{Tm} = 4,32 m ; W_{Ta} = 5,06 m
   - Auflagefläche: A $\approx$ 1500 m^2
   - Reibezahl: μ = 0,32 (Ton, Sand, Korallen)
   - kein Gezeiteneinfluss
   - Ruder frei, Schraube und Maschine einsatzbereit

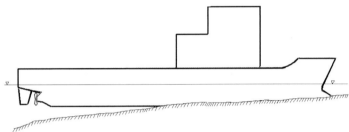

Bild 3.3: Typische Situation bei einer Grundberührung mit Festkommen

4. Gefahrenanalyse:
   Ein Gezeiteneinfluss, eine Manövrierunfähigkeit durch ausgefallene Anlagen und schlechtes Wetter können ausgeschlossen werden. Mit Blick auf die angefertigte Lot-Skizze kann in dieser Phase auf die Prüfung der Längsbelastung nach

$$f = T_M{}^* - 0.5 \times (T_F{}^* + T_A{}^*)$$

   verzichtet werden.
   Das Hauptproblem ist die verlorene Bewegungsfähigkeit des Schiffes.
   Da die Laderäume leer sind, kann es zu keiner gefährlichen Leckwasserreaktion kommen.
   Selbst ein massiver Wassereinbruch würde nur die Auftriebskraft verringern, das Schiff jedoch nicht in eine kritische Lage bringen.

   Situationsbewertung:
   Das Schiff ist bis zum Abbringen sicher, sofern sich die Umweltbedingungen nicht erheblich ändern.

5. Festlegung: Das Abbringen des Schiffes ist vorzubereiten.

6. Planung des Abbringens:
   Ausgangsverdrängung: $V\ (T_M = 4{,}41\ \text{m}) = 7024\ \text{m}^3$
   Unfallverdrängung: $V^*(TM^* = 4.32\ \text{m}) = 6878\ \text{m}^3$
   Differenz: $\Delta V = 146\ \text{m}^3 \quad \varsigma = 1{,}025\ \text{t/m}^3$
   Leckwasservolumen: $V_{LW} = \text{-----}$

Auflagefläche: $A \approx 1.500 \ m^2$
mittl. Wasserhöhe über der Auflagefläche: $h^* \approx 4{,}32 \ m$

$$F_{AR} = V \times g \times \varsigma - \Delta V \times g \times \varsigma - A \times h^* \times g \times \varsigma$$
$$= 7.024 \times 9{,}81 \times 1{,}025 - 146 \times 9{,}81 \times 1{,}025 - 1500 \times 4{,}32 \times 9{,}81 \times 1{,}025$$
$$= 4.002 \ kN$$

Restauftrieb: $F_{AR} \approx 4.000 \ kN$
Auflagekraft: $F_{AL} \approx 66.626 \ kN$ bei $F_G = 70.628 \ kN$
Reibungszahl: $\mu \approx 0.32$
Notwendige Abbringkraft: $F_F \approx 21.320 \ kN$

Verfügbare Abbringkräfte:
eigenes Schiff $F_{VS} \approx 422 \ kN$
fremdes Schiff $F_{VS} \approx 755 \ kN$
Schlepper $F_{VS} \approx 510 \ kN$
Ankerspill $F_{VA} \approx 59 \ kN$
Heckspill $F_{VW} \approx 15 \ kN$

$$\Sigma F_V \approx 1.761 \ kN$$

Abbringsituation:
– Schiff ist grundsätzlich abbringfähig.
– Da das Schiff im Ballastzustand fährt, bestehen praktisch keine Möglichkeiten zum Leichtern.
– Durch den relativ weichen Untergrund wären mechanische Beschädigungen am Unterwasserschiff beim Herunterziehen kaum zu erwarten.
– $\Sigma F_V \ll F_F$, das heißt: die verfügbaren Zugmittel reichen bei Weitem nicht aus!
– Die Bodenbeschaffenheit ermöglicht ein Spülen oder Baggern.

7. Entschluss:
Es wird auf jeden Versuch des Herunterziehens mit eigenen und/oder fremden Mitteln verzichtet. Es wird die einzige noch verbleibende Methode des Abbringens gewählt:
Durch Baggern und Spülen ist längsschiff am und unter dem Schiff eine Rinne herzustellen, in die das Schiff seitlich hinein rutschen kann und aufschwimmt. Während der gesamten Zeit und vor allem beim Aufschwimmen ist die Position des Schiffes zu sichern. Nach dem Abbringen ist das Schiff zur Untersuchung und Erneuerung der Klasse in einen Hafen zu verbringen.

Literaturverzeichnis

Brühe, Burkhard: Grundberührung; Lehrbrief; Ingenieurhochschule für Seefahrt Warnemünde/Wustrow; 1978

Dietz, Michael: Der Entscheidungsprozess Grundberührung; Dipl.-Arbeit; Ingenieurhochschule für Seefahrt Warnemünde/Wustrow; 1988;

Scharnow, Ulrich; Hrsg. u. Ltr. AK: Schiff und Manöver; Seemannschaft Bd. III; 3. – Transpress – Verlag; 1987

Vorlesungsreihe Schiffsicherheit und Seerecht für Nautiker; Ingenieurhochschule für Seefahrt Warnemünde/Wustrow; 1976–1991

4 Wassereinbruch

Dr.-Ing. Dirk Dreißig; Prof. Dr.-Ing. habil. Joachim Hahne

Formelzeichen

A_L	Leckfläche
A_{ST}	Einströmfläche (reduzierter Querschnitt)
A_{WLO}	Wasserlinienfläche unbeschädigtes Schiff
$A_{WLO}*$	Wasserlinienfläche nach Niveauausgleich
A_{WLR}	Wasserlinienfläche der beschädigten Abteilung
B	Formschwerpunkt, Verdrängungsschwerpunkt
d_E	d-equivalent gemäß Δ, T
$d_{F,A,M}$	Tiefgänge vorn, achtern, mittlerer
e_{30}	Fläche unter der Hebelarmkurve bis 30°
e_{40}	Fläche unter der Hebelarmkurve bis 40°
e_{30-40}	Fläche unter der Hebelarmkurve 30° bis 40°
ETM	Einheitstrimmmoment
F	Wasserlinienschwerpunkt
F_K	krängende Kraft
G	Gewichtsschwerpunkt
GG_O	Änderung Schwerpunkt durch freie Tankoberflächen
G_OM	Metazentrische Anfangsstabilität
GZ	Hebelarm
h	Abstand des Leckmittelpunktes zur Wasserlinie (innen oder außen)
h_A	Werte des Hebelarm gemäß Krängungswinkel
KG	Höhenschwerpunkt
KG_O	geänderter Höhenschwerpunkt
KM	Metazentrische Höhe
L_{PP}	Länge zwischen den Loten
M_A	aufrichtendes Moment
T	Trimm
$\dot{V}$	Einströmvolumen pro Zeiteinheit
V_{LR}	Volumen Leckwasser bis Schwimmwasserlinie
x_B	Ausgangsverdrängungsschwerpunkt in Längsrichtung
x_F	Ausgangswasserlinienschwerpunkt in Längsrichtung
x_G	Gewichtsschwerpunkt in Längsrichtung
x_L	Abstand Längsrichtung zum Haupt-Spant
x_{LW}	Gewichtsschwerpunkt Leckwasser in Längsrichtung
z_{LW}	Gewichtsschwerpunkt Leckwasser in der Höhe
Δ, F_G	Deplacement des Schiffes (Gewichtsdeplacement)
Δd	Tiefentauchung (mittlerer Tiefgang)
Δ_L	Deplacement leckes Schiff
Δ_{LW}	Masse Leckwasser bis Schwimmwasserlinie
κ_A	Oberflächenflutbarkeitsfaktor
κ_V	Raumflutbarkeitsfaktor
μ	Einschnürungskoeffizient am Leck
ρ	Wasserdichte
Φ	Neigungswinkel
Φ_S	Statischer Kenterwinkel
Φ_U	Stabilitätsumfang

4.1 Ursachen für Wassereinbrüche

Im Allgemeinen werden die Statistiken im Seeunfallgeschehen mit Totalverlusten nach den bekannten Unfallarten Strandung, Grundberührung, Kollision, Wetterbedingungen, Brände usw. geführt. Grundsätzlich gehen aber Schiffe verloren aus zwei Gründen:
1. Auftriebsverlust infolge Massezuwachs oder Austauchung und
2. Technische Schäden infolge von Bränden

Definition:
Wenn wir unter Wassereinbruch jede unbeabsichtigte Übernahme von Wasser in das Schiffsinnere, unabhängig von Ursache, Ort und Zeit verstehen, dann gehen ca. 65–70 % aller Schiffe der Welt-handelsflotte infolge des Wassereinbruchs verloren.

Die verschiedenen Möglichkeiten, die zu Wassereinbrüchen führen können, sind in Bild 4.1 dargestellt. Aus diesen Bildern wird ersichtlich, dass das häufig zitierte „Leck" in der Außenhaut nur eine Variante von Wassereinbruch darstellt.

Die aus der Sicht des Schiffsbetriebes notwendig gewordene komplexere Betrachtung dieser Problematik zieht ferner eine erweiterte Fachkompetenz der leitenden Schiffsoffiziere bei der Bewertung der Gefahren infolge Wassereinbruch nach sich.

Kurzdefinitionen Wassereinbrüche mit Beschädigungen des Schiffskörpers

Kollisionen:
Wassereinbruch durch Kollisionen von Fahrzeugen mit Fahrzeugen, Eisbergen, Seezeichen, Wracks oder Gegenständen, Hafenanlagen, Offshore-Technik
– Wassereinbruch infolge von Kollision bezeichnet einen Unfall mit einem Gegenstand, durch den Beschädigungen, unter Berücksichtigung der Schwere des Unfalls, hauptsächlich an den seitlichen Schiffswänden hervorgerufen wurden. Die Beschädigung erfolgt durch einen charakteristischen Stoß von außen.

Grundberührungen:
Grundberührungen, Strandungen oder Festkommen auf Untiefen, Riffs oder Klippen, Wracks oder Gegenständen, Hafenanlagen
– Wassereinbruch durch Grundberührung bezeichnet einen Unfall mit Beschädigungen hauptsächlich am Schiffsboden.

Überbeanspruchung der (Schiffs-)Verbände:
Überbeanspruchung der Schiffsverbände infolge hydrometeorologischer Kräfte, übergehender Ladung, Explosion oder Brandfolgen
– Wassereinbruch durch Überbeanspruchung der Schiffsverbände bezeichnet einen Unfall, bei dem die Schiffsverbände durch äußere oder innere Kräfte über die Festigkeit hinaus, auch bei Ermüdungserscheinungen, beansprucht wurden, soweit der Fall nicht den ersten drei Gruppen zugeordnet werden kann.

Eispressung:
Pressung der Schiffsverbände durch Eisberge, Eisbrei, Packeis
– Wassereinbruch durch Eispressung bezeichnet einen Unfall, bei dem die Schiffsverbände durch steigenden Eisdruck beschädigt wurden (kein Stoß).

Kurzdefinitionen Wassereinbrüche ohne Beschädigungen des Schiffskörpers

Löschwasser:
Wassereinbruch über Löschsysteme des Schiffes und freier Wasserstrahl von außerhalb

– Wassereinbruch als ursprünglich beabsichtigtes, aber, infolge extensiven Gebrauchs von Wasser zur Löschung eines Brandes, zu starkes Eindringen von Wasser in den Schiffskörper mit folgendem Kentern des Schiffes.

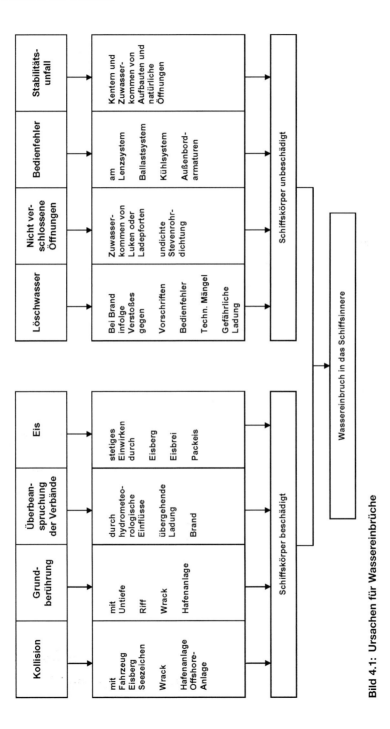

Bild 4.1: Ursachen für Wassereinbrüche

187

Nicht verschlossene Öffnungen:

Wassereinbruch durch Lukeneinstiege, Luken, Notausstiege, Ladepforten, Rampen, Kettenfallrohr oder durch Stopfbuchse und Stevenrohr u. a.

– Wassereinbruch über nicht verschlossene Öffnungen bezeichnet einen Unfall, bei dem ein Wassereinbruch über Schiffskörperöffnungen erfolgte, die beim aktuellen Betriebszustand des Schiffes geschlossen zu sein haben bzw. bei denen ein Zuwasserkommen unter diesen Betriebsparametern nicht vorhersehbar war. Beispiele für Betriebszustände sind Seereise, Revierfahrt, Hafenbetrieb, Schleppfahrt, Dockung u. a.

Bedienfehler/technische Mängel:

Wassereinbruch über das Lenzsystem oder die Seewasserleitung, das Ballastsystem, das Kühlsystem und andere

– Wassereinbruch durch Bedienfehler bezeichnet einen Unfall durch unsachgemäßes Bedienen oder Mängel der technischen Systeme des Schiffes bzw. Wassereinbruch bei Reparaturarbeiten an diesen Systemen.

Stabilitätsunfälle:

Kentern des Schiffes bzw. schwere Schlagseite und Wassereinbruch durch ungenügende Anfangsstabilität, dynamische Stabilität oder Reststabilität

– Wassereinbruch durch Stabilitätsunfall bezeichnet Kentern oder schwere Schlagseite des Schiffes infolge schwerer See und/oder Nichteinhaltung der jeweils geltenden Bestimmungen zu Stabilität, Ladungszustand, Ladungssicherung, Schleppverfahren u. a. mit nachfolgendem Wassereinbruch. Wassereinbruch ist hierbei nicht auf ursprünglich schlechten Verschlusszustand zurückzuführen, sondern auf kontinuierliches Zuwasserkommen von Schiffsöffnungen im Aufbauten- und Lukenbereich, die einem statischen Wasserdruck nicht standhalten.

4.2 Wirkungen infolge Wassereinbruch

Aus physikalischer Sicht treten vor allem zwei Wirkungen infolge eines Wassereinbruches stets gleichzeitig auf:
– Verringerung des Reserveauftriebes durch die Tiefertauchung und
– Veränderung der Stabilität

Weitere Wirkungen eines Wassereinbruches können sein:
– mögliche Ladungsschäden
– Schäden infolge Veränderungen der Ladung, die zusätzliche Gefahren entwickeln können
– Ausfall von Maschinenanlagen und anderen technischen (kritischen) Systemen
– Veränderung der Manövrierfähigkeit

Aus der Analyse vieler Seeunfälle mit Wassereinbruch ist ableitbar, dass der Einfluss auf die Stabilität für die Entwicklung des gefahrvollen Prozesses in vielen Fällen zunächst Priorität besaß.

Die realen Betriebsbedingungen führen im Allgemeinen zu einer unsymmetrischen Verteilung der Wassermassen. Weiterhin zieht der Einfluss der freien Oberflächen eine nennenswerte Veränderung der Stabilitätsverhältnisse nach sich. Die sich ergebenden Änderungen der Schwimmlage des Schiffes führen häufig dazu, dass weitere Öffnungen zu Wasser kommen.

Der Wassereinbruch erfährt dann über diese Öffnungen eine entscheidende Vergrößerung. Der endgültige Verlust der Schwimmfähigkeit ist gleichbedeutend mit dem Untergang des Schiffes. Da relativ kleine Wassereinbrüche zum Untergang eines Schiffes führen können, ist jeder beginnende Wassereinbruch sehr ernst zu nehmen.

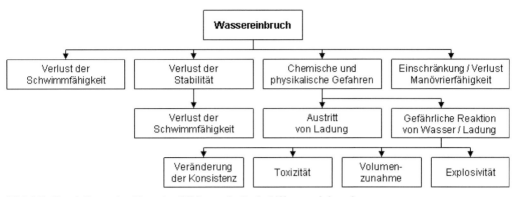

Bild 4.2: Darstellung der Ursache-Wirkungskette bei Wassereinbruch

4.3 Mögliche Folgen eines Wassereinbruchunfalls

Konstruktionelle Folgen:
– Verlust bzw. Beschädigung des Schiffes, dessen Konstruktion und der Anlagen
– Verlust bzw. Beschädigung der Ladung

Folgen für Operateure und unbeteiligte Personen:
– Tod bzw. Verletzung von Menschen
– Arbeitsverlust, Angst, Verwirrung der betroffenen Bevölkerung

Folgen für die Organisation:
– Verlust bzw. Minderung der Fracht, Verdienstausfall
– Versicherungsschaden, Imageverlust

Folgen für die Umwelt:
– Einwirkung auf die biotische Umwelt innerhalb eines abgegrenzten Biotops, d. h. Tod bzw. Verletzung von Tieren, Vernichtung von Pflanzen
– Einwirkung auf die technische Umwelt, d. h. Beschädigung anderer Fahrzeuge, Brücken, Schleusen u. Ä., Behinderung der Schifffahrt, Wracks
– Einwirkung auf die edophische Umwelt, d. h. Ablagerung von Stoffen in den Boden
– Einwirkung auf die hydrische Umwelt, d. h. Wasserqualität, Veränderungen der Stoffzusammensetzung und damit der physikalischen Eigenschaften des Mediums über bestimmte Zeit
– Einwirkung auf die geophysikalische Umwelt, d. h. Luftverschmutzung

4.4 Die Katastrophe durch einen Wassereinbruchunfall

Als Katastrophe wird ein Wassereinbruchunfall (WEU) nach allgemeinem Verständnis ab einer Zahl von 50, manche Quellen sprechen auch von 100 Todesopfern 1. und 2. Grades, bezeichnet. Bei Umweltverschmutzungen ist die Zuordnung schwieriger, da die Schwere des Unfalls von mehreren Faktoren abhängt, wie z. B. Schadstoff, Einwirkmenge im abgegrenzten Gebiet, Sensibilität und Schutzwert des Biotops u. a. Als Äquivalent können 10.000 t Rohöl in einem abgeschlossenen Seegebiet oder einer Bucht als Katastrophe angesehen werden.

Um die Relevanz von Wassereinbrüchen in Bezug auf das Seeunfallgeschehen einschätzen zu können, wird in diesem Buch auf die Ergebnisse einer durchgeführten Analyse zu Wassereinbrüchen über die Jahre 1975 bis 1992 auf deutschen Schiffen unter deutscher Führung zurückgegriffen.

4.5 Analyse des Wassereinbruchgeschehens auf deutschen Seeschiffen bzw. Seeschiffen unter deutscher Führung

Grundlage der heutigen Schiffssicherheitsbetrachtungen, hier begrenzt auf schiffbauliche Untersuchungen, ist eine Analyse des Instituts für Schiffbau der Universität Hamburg aus dem Jahr 1964. Sie wurde im Auftrag der IMCO angefertigt und stellt den Ursprung für die probabilistische Anschauungsweise der Unterteilung von Schiffen dar.

Da nach dieser Analyse keine umfassende Betrachtung des Schiffsunfallgeschehens in Deutschland mehr erfolgte, wurde 1992–1994 im Rahmen eines Forschungsvorhabens des Bundesministers für Verkehr eine Seeunfallanalyse mit dem Schwerpunkt „Wassereinbrüche" erstellt.

Diese notwendige Analyse des Wassereinbruchgeschehens löst sich von der reinen schiffbaulichen Betrachtung und bezieht Gesichtspunkte der Prozessbeurteilung ein. Die Basisaufnahme der Daten orientierte sich an den so genannten Leckkarten der IMO (SLF 35/20 Annex ‚Amended Damage Card Format').

4.5.1 Vorgehensweise bei der Erstellung der Analyse

Eine hinreichend genaue, praktisch relevante Quantifizierung des Risikos eines Wassereinbruchs erscheint problematisch angesichts der notwendigen „... Trennung von zufälligen und systematischen Schwankungen und der Instabilität des Schadensursachenkomplexes". Diese Instabilität kann zurückgeführt werden auf die geringe Wiederholungsrate von gleichartigen Ereignissen aus der Situationsklasse Wassereinbruch. Zu nennen seien hier nur die Parameter: Wahl des Zeitraumes, Schiffstypen und -größengleichheit, Ausrüstung des Schiffes.

Die Aufgabe der vorliegenden Analyse lag vielmehr in der Darstellung von Teilaussagen, die dem Verständnis und der Untermauerung der prozessbezogenen Anschauungsweise dienen sollen.

Erst eine genügend große Ereignismenge lässt die Anwendung von tiefergreifenden mathematischen Methoden zur Schwerpunktermittlung zu, z. B. durch mehrdimensionale Schwerpunktermittlung, Faktorenanalyse und andere. Wird diese Menge an geringwahrscheinlichen Ereignissen Grundlage für ein Gutachten oder einen Standard, kann es durch Fehlerraten oder auch nur durch die Wahl eines anderen Berechnungsalgorithmus zu großen Abweichungen des Ergebnisses vom real eintretenden Fall kommen. Ein Beispiel zeigt dies deutlich:

Zur Eröffnung des Ölterminals in Valdez 1977 wurde ein unabhängiges Gutachten erstellt, das allen Katastrophenvorhersagen für den Nationalpark Pr.-William-Sund entgegen sprach. Nach der Expertenmeinung sei mit einer Ölverschmutzung durch eine Kollision oder Grundberührung eines Tankers erst in etwa 241 Jahren zu rechnen. Die Tankerkatastrophe der „Exxon Valdez" ereignete sich 1989.

Da die betrachtete Menge an WE-Fällen auch gleichzeitig die Grundgesamtheit der WE-Fälle war, fiel eine Stichprobenbetrachtung weg. Wo eine Normalverteilung der statistischen Werte angenommen werden konnte, wurden demgemäß Häufigkeitsverteilungen erstellt. Aus den Häufigkeitsverteilungen ließen sich mit Hilfe einfacher statistischer Methoden nur bestimmte Abweichungen vom Mittelwert ablesen, bei denen dann abgeschätzt werden musste, ob zufällige oder systematische Fehler eine Rolle spielten.

Diese Aussagen wurden, soweit es sich als zweckmäßig erwies, mit Analysen und Statistiken anderer Autoren verglichen.

Die Sammlung der Daten erfolgte aus den Spruchsammlungen und Unfalluntersuchungsakten von Unfällen aus den Zuständigkeiten der Seeämter Bremerhaven, Emden, Hamburg, Kiel und Rostock, dem Bundesoberseeamt Hamburg, sowie der ehemaligen Seeämter Flensburg und Lübeck (Auflösung bei Übergang in die Bundeshoheit 1986). Seeunfalluntersuchungen der DDR lagen im Zuständigkeitsbereich des Seefahrtsamtes Rostock. Zur Realisierung von relativen Werten wurden die Schiffsbestandszahlen aus dem Schiffsverzeichnis der See-Berufsgenossenschaft bzw. der DDR-Schiffs-Revision und -Klassifikation hinzugezogen.

Zur Aufnahme in die Datenbank kamen verhandelte und nicht verhandelte Unfälle mit Wassereinbruch auf deutschen Seeschiffen bzw. Seeschiffen mit deutscher Führung aus der Zeit Januar 1975 bis Oktober 1992. Die Datenbank stellt die Auswertung von ca. 2700 Seeunfällen dar. Konkret konnten 364 Datensätze zusammengestellt werden, die für die Auswertung herangezogen wurden. Es wurden jegliche Fälle von Wassereinbruch herangezogen, also auch Beispiele, bei denen Berührungen mit Fahrzeugen und Hindernissen keine Rolle spielten. Eine Schiffslänge von 15 Metern galt als unterste Grenze für die Aufnahme in die Datenbank.

Erwartungsgemäß stellen die Unfallakten Auswertungen des Unfalls aus juristischem Blickwinkel dar, erst in zweiter Linie waren prozessbezogene Informationen erhältlich. Nachgestellt sind folgende Details aufgenommen worden:

A) Ursachen der Unfälle und Totalverlustrate

B) Schiffsseitige Parameter der Unfälle
- Wassereinbruchstelle nach der Schiffslänge
- Wassereinbruchstelle nach der Höhe über der Basis
- Leckfläche
- Schiffsart
- Schiffsalter bei Unfalleintritt
- Schiffsvermessung

C) Zeitliche Einordnung der Unfälle
- Monat und Tageszeit
- Zeiten für den Verlust der Schwimmfähigkeit

D) Umweltbedingungen und Umweltbeeinflussung
- Unfallort
- Wetterbedingungen

4.5.2 Ursachen der Unfälle und Totalverlustrate

Wie schon erwähnt, muss unterschieden werden zwischen den Ursachen, die den Unfall herbeigeführt haben, also Fehlverhalten der einzelnen Personen oder Begleitumstände und Fehler der Reedereiorganisation im Gegensatz zu den prozessbezogenen Ursachen, in deren Folge der Wassereintritt auftrat.

Menschliches Fehlverhalten oder „human factors" wird mit etwa 60–80 % für das Herbeiführen eines Schiffsunfalls quantifiziert. Diese Zahlen sind mittlerweile in fast jeder Publikation, die sich mit Schiffssicherheit beschäftigt, zu finden (damalige Veröffentlichungen der DDR 67,8 %; Großbritannien 81 %; Schweden 73 %; USA 85 %). In anderen Zweigen der Sicherheitstechnik sind ähnliche Zahlen nachvollzogen worden.

Bei tiefer gehender Betrachtung wird schon weniger differenziert. Meist wird neben ausreichender Schulung, Training und Bildung der Operateure die zwanghafte Interaktion innerhalb des Systems aus unterschiedlichen Gründen vernachlässigt. Hier sind aber die größten Reserven bei der Verhinderung des menschlichen Fehlverhaltens im Betrieb des Systems und während des Notfalls zu finden. Beachtung finden hier die Punkte: generierter Bedienfehler, Konstruktions- oder Ausrüstungsmängel, Missachtung von Sicherheitsvorschriften, fehlende Betriebserfahrungen, überholter technischer Stand, Übergröße des Systems, Unterkapitalisierung, schlechtes Management usw. Auf der Ebene der Psychologie müssen Punkte, wie Systemverwirrung, Undurchschaubarkeit, Überlastung der Operateure oder das Gegenteil, Gewöhnung an Komplexität des Systems und dadurch Unbekümmertheit bis Unfalleintritt, Beachtung in der Unfallforschung finden.

Inwieweit dieses menschliche Fehlverhalten direkt durch das System der Schifffahrt hervorgerufen wurde, konnte auf Grund von Seeamtsakten nicht zurückverfolgt werden. Nur vereinzelt, aus den Unfallberichten Beteiligter, waren bestimmte Ursachen zuzuordnen. Für eine Analyse war dies nicht ausreichend. Das in den Unfalluntersuchungen geschlussfolgerte „schuldhafte Verhalten" oder, bei nicht strafrechtlicher Relevanz das „Fehlverhalten", lässt sich meist schwer mit dem Systemgedanken in Deckung bringen, da Gesetze und Vorschriften nicht zwingend kausal mit dem Prozessablauf eines Notfalls verbunden sind.

Aus der Sicht der primär auslösenden Ursachen sind die schon erwähnten 8 Formen berücksichtigt worden:

Da ein Schiffsunfall durch unverhältnismäßig große Löschwassermassen (z. B. „Normandie" 1942) in der deutschen Schifffahrt zwischen 1975 und 1992 nicht vorkam, wurde diese Unfallursache in der Analyse nicht mehr erwähnt.

Die Analyse zeigte, dass Kollisionen und Grundberührungen zu 69 % an den Wassereinbruchsursachen beteiligt waren. Wenn man die Beschädigungen für sich betrachtet, ergab sich sogar ein Anteil von 82 %. Eispressung spielt bei Wassereinbruchsunfällen kaum eine Rolle.

Bei Wassereinbrüchen ohne Beschädigungen trugen Stabilitätsfehler den größten Anteil mit etwa 57 %. Auch Unfälle durch Wassereinbruch über nicht verschlossene Öffnungen waren immer noch mit etwa 31 % vertreten. Wassereinbruch durch Bedienfehler oder technische Mängel war anteilig mit 12 % vertreten.

Unfallursache	abs. Häufigkeit	rel. Häufigkeit [%]
Kollisionen	121	33,3
Grundberührungen	130	35,7
Eispressung	4	1,1
Überanspruchung der Schiffsverbände	51	14,0
Nicht verschlossene Öffnungen	18	4,9
Fehlerhafte Bedienung / techn. Mängel	7	1,9
Stabilitätsunfälle	33	9,1

Tab. 4.1: Analyse zu Unfallursachen bei Wassereinbruch

Wichtig zur Einschätzung und zum Vergleich mit anderen Statistiken ist die Betrachtung der Totalverluste durch Wassereinbruch. Es ergibt sich nach Meinung des Autors aber eine Schwierigkeit bei der kritiklosen Übernahme der als „Totalverlust" bezeichneten Anzahl der Fälle:

Die in die Datenbank aufgenommenen Totalverluste spiegeln nicht die wahre Zahl der Untergänge, Strandungen etc. wieder, da ein in der Unfallakte deklarierter Totalverlust einen versicherungsrechtlichen Begriff darstellt, der keine eindeutige Aussagekraft über die Schwere des Unfalls besitzt. Vielmehr interessiert die Anzahl der Fälle, die, streng nach der Unfallschwere des Wassereinbruchs beurteilt, einen Verlust der Schwimmfähigkeit oder der Stabilität aufwiesen. Darin enthalten sind neben den „Totalverlusten" auch Schiffe, die nach Verlust der Schwimmfähigkeit oder der Stabilität wieder gehoben bzw. geborgen wurden. Zusätzlich ist die Deklarierung einer Gruppe notwendig, in der Schiffsunfälle aufgeführt werden, deren Ablauf unter freien Seeverhältnissen mit sehr großer Wahrscheinlichkeit zu einem Verlust des Schiffes geführt hätte.

Gruppe I: Totalverluste durch Wassereinbruch:

Nach Abschluss der Unfalluntersuchung vom Versicherer abgeschriebenes Schiff, Totalverluste durch z. B. konstruktionelle Schäden wurden in dieser Analyse nicht berücksichtigt.

Gruppe II: Schwimmfähigkeits- bzw. Stabilitätsverluste:

Verlorenes Schiff wird im Gegensatz zur Gruppe I durch Bergungs- und Reparaturmaßnahmen wieder zum Einsatz gebracht.

Gruppe III: Fälle, bei denen die Schwimmfähigkeit bzw. die Stabilität objektiv durch begünstigende Umstände erhalten blieb:

Schwimmfähigkeit und Stabilität wurden gesichert durch:
- Absichtliches Auf-Grund-Setzen des Schiffes (Schiff sinkt)
- Unterfangen des Schiffes mittels Trossen (Kräne, Schlepper, andere Fahrzeuge)
- Zusätzliche Kräfte durch aufschwimmende Ladung, z. B. Holzdecksladung
- Verschluss des Lecks durch treibende Gegenstände, z. B. Eis

Von 364 Fällen insgesamt waren 136 Fälle den Totalverlusten zuzurechnen. Neben diesen Totalverlusten enthielt die Gruppe II 22 Unfälle. Begünstigende Umstände, die Schiffsverlust vermieden, lagen bei 14 Unfällen vor.

Die Zusammenfassung aller drei Gruppen ergibt die Anzahl der Unfälle, bei denen ein WE-Fall mit potenziellem Verlust des Schiffes vorlag. Die Zusammenfassung enthält 172 Unfälle oder rund 47,3 %. Das bedeutet, dass bei etwa der Hälfte aller Wassereinbrüche mit einer Situation gerechnet werden muss, die für Schwimmfähigkeit und die Stabilität eines Schiffes kritisch werden kann.

Die Aufschlüsselung der Totalverluste nach den Unfallursachen und deren Gegenüberstellung mit den gesamten Wassereinbrüchen lässt eine Abweichung der relativen Anteile bei den Ursachen Grundberührungen, Stabilitätsunfälle und Überanspruchung der Schiffsverbände erkennen. Dies erklärt sich durch den Wassereinbruchprozess und die jeweiligen Schutzmaßnahmen in der Konstruktion eines Schiffes. Doppelböden und Verstärkung der Schiffsbodengruppen stellen einen immens hohen Schutz vor Verlust des Schiffes durch Verkleinerung des zu flutenden Volumens dar. Grundberührungen bedeuten oft keinen „orthogonalen Stoß" von unten, sondern ziehen ein Aufreißen des Bodens in der Länge nach sich. Die Anzahl der Fälle des Durchstoßens des Doppelbodens ist dadurch geringer. Ein Schutz nach Stabilitätsverlust oder Überanspruchung der Schiffsverbände ist nicht vorhanden. Ist ein Schiff erst einmal gekentert oder die Festigkeit der Konstruktion nicht mehr gegeben, wird dies bei freien Seeverhältnissen fast unweigerlich zum Totalverlust führen.

Ein Vergleich mit anderen Statistiken ist ohne Anpassung der Ursachengruppen nicht möglich. Ein Vergleich mit einer internationalen Statistik (Weltschifffahrt) und einer früheren bundesdeutschen würde folgende Veränderungen der Gruppen nach sich ziehen:

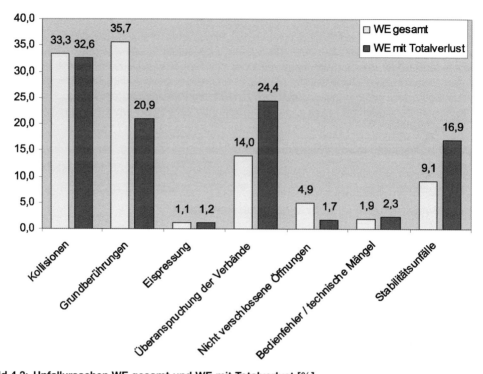

Bild 4.3: Unfallursachen WE gesamt und WE mit Totalverlust [%]

Internationale Statistik:

Kollisionen, Grundberührungen und Stabilitätsverlust verbleiben als Kategorien. Die internationale Statistik von 1978 (für die Weltschifffahrt) weist die unter der Kategorie „Gesunken" eingeordneten Fälle überwiegend als Stabilitätsunfälle aus.

Die noch verbleibenden Fälle mussten in einer Sammelgruppe zusammengefasst werden, da diese Fälle, hier „Feuer", „Verloren", „Vermisst", „Übrige", keine klare Zuordnung bzw. unklare Verlaufsaussagen des Wassereinbruchs nach sich ziehen.

Bundesdeutsche Statistik:

Leider beruft sich die Veröffentlichung nur auf einen Statistikzeitraum von 20 Jahren ohne Nennung der genauen Jahreszahlen. Die Unfallursachen sind hierbei aber schon klarer formuliert, beinhalten aber eine noch zu geringe Differenzierung.

Wertung des Vergleichs:
Drei grundlegende Unterschiede in der Statistikerarbeitung sind die wahrscheinlichen Gründe für die Diskrepanzen im Vergleich mit vorhergehenden Statistiken.

A) Frühere Statistiken beruhen vielfach nicht auf Unfallberichten, sondern auf Berichten des Versicherungswesens. Hier enthalten sind auch Verluste durch konstruktionelle Schäden und Brände.

B) Die 1992 vorliegende Statistik arbeitet nur Fälle mit Wassereinbruch auf.

C) Die Ursachenabgrenzung unterliegt, ausschließlich der Fälle „Kollision" und „Grundberührungen", keiner klaren Festlegung. Die in der Statistik von 1992 betrachteten Ursachen werden in die Kategorien „Verlust der Stabilität", „Gesunken", „Gekentert", „Vermisst", „Verloren und Übrige" unterteilt.

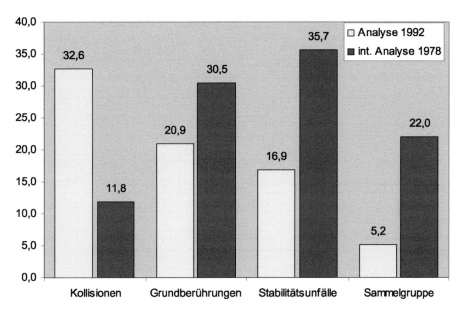

Bild 4.4: Totalverlustursachen im Vergleich zur Internationalen Statistik 1978 [%]

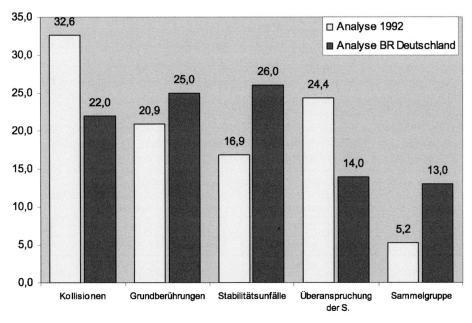

Bild 4.5: Totalverlustursachen/Vergleichsstatistik für die Bundesrepublik Deutschland (%)

Wie schon erwähnt, scheint die hinreichend genaue Quantifizierung des Risikos eines Wassereinbruchs problematisch zu sein. Einzig an Hand der konkreten Unfallzahlen kann die Eintrittshäufigkeit für einen Wassereinbruch beschrieben werden. Wird nun der Totalverlust als oberste Auswirk-Schwere bezeichnet, können Jahresraten für ein Schiff bestimmt werden. Nach bereinigter Statistik, d. h. Ausgleich der Unterschiede in der Kategorie der Schiffe im Register und der Schiffe die durch die Analyse betrachtet wurden, ergab sich folgender Schiffsbestand als zu betrachtende Grundmenge:

Jahr	Bundesrepublik	DDR	Absolute Häufigkeit h_T	Relative Häufigkeit r_T [%]
1975	2250	762	10	0,332
1976	2260	771	15	0,495
1977	2298	775	16	0,521
1978	2249	781	11	0,363
1979	2167	783	14	0,474
1980	2135	749	7	0,243
1981	2035	732	9	0,325
1982	2031	728	3	0,109
1983	2030	714	8	0,292
1984	2001	705	13	0,48
1985	2014	688	6	0,222
1986	1819	688	8	0,319
1987	1575	673	5	0,222
1988	1474	669	5	0,233
1989	1443	661	5	0,238
1990	1424	512	4	0,207
1991	1739		8	0,46
1992	1724		1	

Tab. 4.2: Der deutsche Schiffsbestand und dessen absolute und relative Häufigkeit von Totalverlusten 1975-1991

Das Jahr 1992 wurde aus der Betrachtung ausgegliedert, da das statistische Jahr noch nicht abgeschlossenen war. Die Absolute Häufigkeit h_T (Totalverluste pro Jahr) und die Relative Häufigkeit r_T (Relativer Totalverlust pro Jahr und Schiff) konnten damit bestimmt werden.

Daraus ergab sich die in Bild 4.6. abgebildete graphische Darstellung.

	Absolut	Relativ [%]
Niedrigster Wert	3	0,109
Höchster Wert	16	0,521
Mittelwert	8,65	0,326
Zentralwert	8	0,319
Standardabweichung	3,86	0,119

Tab. 4.3: Totalverlustverteilung für 147 betrachtete Fälle der Analyse

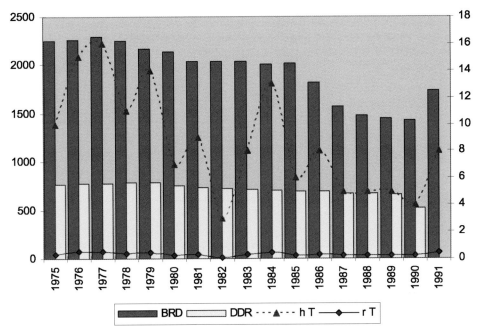

Bild 4.6: Deutscher Schiffsbestand – absolute und relative Häufigkeit von Totalverlusten durch WE 1975–1991

Interessant wäre im Zusammenhang mit einer Statistik über Wassereinbruch und Totalverluste die daraus zu folgernde Wahrscheinlichkeit für das Eintreten dieses Ereignisses, natürlich aufbauend auf die zu dem Zeitpunkt geltenden Bauvorschriften und die Betriebsführung von Schiffen. Der Autor der Analyse näherte sich diesem Problem mit statistischen Methoden an und ermittelte folgende Aussagen und Werte:

– Der Erwartungswert für den Verlust mindestens eines Schiffes liegt bei einem angenommenen Flottenbestand von 307 Schiffen. Für eine größere Menge an Schiffen, z. B. die Menge der Schiffe einer Flagge, muss also mit dem Verlust von einem Fahrzeug pro Jahr gerechnet werden. Die Verteilung ist in Bild 4.5 zu sehen.

– Bei einer Schiffszahl von 900 ist die Wahrscheinlichkeit von q = 0,95 für ein Jahr erreicht. Bei einer veranschlagten Lebensdauer eines Schiffes von 30 Jahren und einem Schiffsbestand von 31 Schiffen kann mit einer Wahrscheinlichkeit von 0,95 der vorzeitige Verlust mindestens eines Schiffes angenommen werden.

4.5.3 Weitere Aussagen der Analyse

Verteilung der Trefferstellen über die Schiffslänge

Das Diagramm zeigt, dass Wassereinbruchsfälle vor allem im Vorschiffbereich (Vorpiek, Bugstrahl-ruderraum, Wulstbug) vorkommen. Eine große Anzahl von Schiffen erhält Wassereinbrüche in der achteren Hälfte des Schiffes, also dort, wo bei den meisten Schiffstypen die Aufbauten liegen. Die erhöhte Anzahl von Wassereinbruchfällen im hinteren Drittel begründet sich auch durch Leckagen, die aus falscher Bedienung und durch „Zu-Wasser-Kommen" von natürlichen Öffnungen hervorge-hen. Die Wassereinbruchfälle am Achterschiff haben dagegen eine geringere Anzahl.

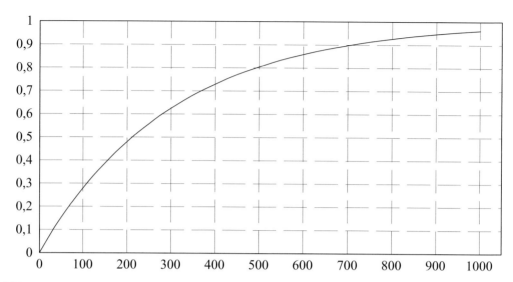

Bild 4.7: Jährliche Verlustwahrscheinlichkeit bezüglich einer betrachteten Schiffszahl (Verlust mindestens 1 Schiff)

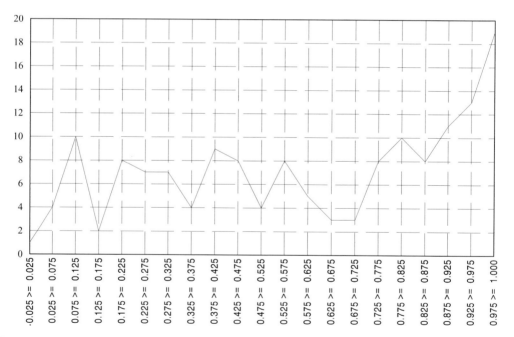

Bild 4.8: Verteilung der Trefferstellen/Wassereinbruchsorte auf der Schiffslänge

Ermittelte Leckgrößen

Leckflächen: Die Beziehung der Leckfläche zu den Möglichkeiten von Crew und Technik kann in prozessbezogenen Größengruppen dargestellt werden.

Leckfläche I)   Leckfläche A < 0,01 m²
Diese Gruppe ist in Beziehung zu den manuellen Eingriffsmöglichkeiten zu setzen. Ein Leck dieser Größenordnung ist bei schnellem Erreichen der Leckstelle durch eine Person bezüglich der Haltekraft (z. B. Abdichten durch eine Platte) beherrschbar. Es gelten hierbei aber verschiedene Grenzen für die Arbeitshöhe und den Wasserstand im Raum.

Leckfläche II)   Leckfläche A = 0,01 m² bis 0,1 m²
In dieser Gruppe sind Leckflächen enthalten, die noch eine leckwehrbezogene Relevanz für den Innenangriff haben. Technologisch (pneumatische Verdrängung) und bezüglich des Einsatzes von Kräften (Abdichten durch ein Leckwehrteam) sind hier die Grenzen der Beherrschbarkeit erreicht.

Leckfläche III)   Leckfläche A = 0,1 m² bis 0,5 m²
In diesem Bereich sind Leckwehrmethoden durch Außenangriff beherrschbar. Der Druck wird konstruktionell über Verstrebungen, Gitter oder ähnliche Maßnahmen kompensiert.

Leckfläche IV)   Leckfläche A = 0,5 m² bis 1,0 m²
Der Leckfall ist durch eine eingeleitete Leckwehr nicht mehr zu beherrschen. Der Niveauausgleich erfolgt in weniger als einer Viertelstunde. Es bleibt nur Zeit für seemännisch-nautische Maßnahmen von der Brücke aus, etwa Kursänderungen, Auf-Grund-Setzen u. ä.

Leckfläche V)   Leckfläche A = 1,0 m² bis 5,0 m²
Die verletzte Abteilung ist in kürzester Zeit geflutet. Die Zeit für geordnete Gegenmaßnahmen ist nicht mehr ausreichend. Bei kleineren Schiffen muss der Totalverlust angenommen werden.

Leckfläche VI)   Leckfläche A > 5,0 m²
Die Gruppe der sehr großen Leckflächen beinhaltet Fälle, die durch schnelle Flutung und Kentern, auch von größeren Schiffen, gekennzeichnet sind. Direkte Kollisionen mit großer Geschwindigkeit und Grundberührungen mit herausragenden Gegenständen, wie Korallenriffs oder Wracks, bei voller Fahrt bzw. Auseinanderbrechen oder Kentern infolge Beladungsfehler sind hierfür charakteristische Unfallarten.

Bei 121 WE-Fällen konnte die Leckfläche bestimmt werden.

Leckfläche [m²]	abs. Häufigkeit
0–0,01	33
0,01–0,1	32
0,1–0,5	21
0,5–1,0	6
1,0–5,0	11
ab 5,0	18

Tab. 4.4: Leckflächen in Kategorien

Schiffsalter

Die Untersuchung hinsichtlich Schiffsalter ergab keine signifikante Aussage.

Schiffsalter [Jahre]	absolute Häufigkeit
unter 2	22
2 bis 5	33
6 bis 10	52
11 bis 15	72
16 bis 20	54
21 bis 25	42
26 bis 30	17
über 30	32

Tab. 4.5: Schiffsalter bei Wassereinbruch

Unfallzeit

Eine verstärkte Häufigkeit war im Zeitabschnitt von 02.00 bis 08.00 Uhr zu verzeichnen.

Tagesstunde	00	01	02	03	04	05	06	07	08	09	10	11
Häufigkeit	15	12	17	20	18	20	19	18	21	12	15	5
Tagesstunde	12	13	14	15	16	17	18	19	20	21	22	23
Häufigkeit	12	12	11	9	14	11	16	19	9	13	14	17

Tab. 4.6: Unfälle bezüglich der Tageszeit (absolute Häufigkeit)

Umweltbedingungen

Eine Abhängigkeit von hydrometeorologischen Bedingungen war nicht nachzuweisen.

Unfallort (Kategorien)

HF – Der Unfallort lag im Hafengebiet:
Diese Kategorie umfasst Unfallorte wie Hafenbecken, Hafeneinfahrten, Werftbecken und Reedegebiete.

FW – Der Unfallort lag im Fahrwasser:
Diese Kategorie umfasst Gewässer, in denen überdurchschnittlicher Schiffsverkehr zu finden ist, z. B. stark frequentiertes Fahrwasser, Verkehrstrennungsgebiete, befahrene Seestraßen.

OS – Der Unfallort lag in der offenen See:
Diese Kategorie umfasst Gebiete, die außerhalb von FW und HF liegen, also keine „Offene See" im juristischen Sinn, sondern Gebiete, die kaum befahren sind, nicht räumlich begrenzt sind und somit für die Schifffahrt kein höheres Risiko darstellen.

Unfallort	abs. Häufigkeit	rel. Häufigkeit [%]
OS	108	29,7
FW	194	53,3
HF	62	17,0

Tab. 4.7: Schiffsunfall nach Unfallort

Es stellte sich heraus, dass ca. 2/3 aller Ereignisse in Küstennähe eintraten.

Zeiten für den Verlust der Schwimmfähigkeit

Die Auswertung bezüglich der Zeit für den Verlust der Schwimmfähigkeit wurde vorgenommen, um eine Einschätzung über das zeitliche Reaktionspotenzial im Falle eines Wassereinbruches geben zu können. Die Zeit stellt sich hierbei dar als Zeitraum zwischen dem Unfalleintritt, in einigen Fällen auch das Erkennen des Wassereinbruches und dem Untergang des Schiffes unter freien Seeverhältnissen. Restriktionen waren, dass der WE einen klar zeitlich begrenzten Verlauf beschrieb und dass nur WE in freien Tiefenverhältnissen (z. B. ohne Strandung) berücksichtigt werden konnten. 80 Fälle genügten diesen Restriktionen.

Zeitraum [h : min]	absolute Häufigkeit
00:00 bis 00:15	20
00:15 bis 01:00	13
01:00 bis 02:00	9
02:00 bis 05:00	15
05:00 bis 12:00	15
über 12:00	8

Tab. 4.8: Zeiten für den Verlust der Schwimmfähigkeit

4.6 Maßnahmen zur Gewährleistung der Schwimmfähigkeit und Stabilität

Dieses Kapitel soll dem Leser einen Überblick über die konstruktiven Vorgaben des Schiffbaus in Bezug auf die Bewertung eines Wassereinbruchs geben sowie die Nutzung dieser Vorgaben und Hinterfragung in der realen Unfallsituation an Bord durch die Schiffsbesatzungen.

4.6.1 Konstruktive Maßnahmen zur Sinksicherheit

Allgemeine Vorbemerkungen

Um die Folgen eines Wassereinbruches zu vermindern und das Sinken oder Kentern des Schiffes zu vermeiden oder wenigstens hinauszuzögern, gibt es eine Reihe konstruktiver Maßnahmen, die unter dem Begriff Unterteilung des Schiffes zusammengefasst werden. Das Schiff wird durch wasserdichte Bauteile so unterteilt, dass der Wassereinbruch auf möglichst wenige Räume beschränkt bleibt. Die Unterteilung eines Schiffes besteht fast immer aus einer Kombination von Bauteilen in Quer-, Längs- und horizontaler Richtung.

Das Erreichen einer möglichst großen Sinksicherheit ist eine der grundsätzlichen Aufgaben beim Entwurf eines Schiffes. Der Verwendungszweck des Schiffes setzt jedoch dem Einbau von Quer- und Längsschotten Grenzen. So müssen z. B. Laderäume eines Frachtschiffes eine bestimmte Länge haben, und bei Ro-Ro-Schiffen wird ein über die Länge des Schiffes durchgehender Raum ohne Querschotte über dem Fahrzeugdeck gefordert. Es ist jeweils notwendig, einen Kompromiss zwischen Verwendungszweck und Unterteilung des Schiffes einzugehen. Die Sinksicherheit kann nicht beliebig erhöht werden. Die Aufgabe des Konstrukteurs ist es, unter Beachtung der verschiedenen Forderungen, das Optimum zu finden. Die Festsetzung einer Mindestsicherheit ist die Aufgabe der Aufsichtsorgane.

Die Forderungen an die Sicherheit eines Schiffes steigen mit der Anzahl der an Bord befindlichen Personen, mit der Größe des Schiffes und mit der Gefährlichkeit der beförderten Ladung. Sinksicherheitsforderungen wurden deshalb zuerst an Fahrgastschiffe gestellt, später kamen aus Gründen des Umweltschutzes die Öl-, Chemikalien- und Gastankschiffe hinzu, gefolgt von weiteren Schiffstypen. Relevante Unterteilungsvorschriften wurden auch für Trockenfrachtschiffe erlassen.

Aus Wettbewerbsgründen sind Forderungen, die erheblich in den Entwurf und die Gebrauchseigenschaften der Schiffe eingreifen, nur durchsetzbar, wenn sie international verbindlich sind und in allen Ländern, die Schiffbau und Schifffahrt betreiben, eingehalten werden müssen.

Heute gibt es internationale Unterteilungs- bzw. Leckstabilitätsvorschriften für folgende Schiffstypen:
- Fahrgastschiffe
- Spezialschiffe: Fabrikschiffe, Forschungsschiffe, Ausbildungsschiffe u. a. mit mehr als zwölf Personen Spezialpersonal an Bord, die an Bord beschäftigt sind, aber nicht zur Besatzung gehören
- Trockenfrachtschiffe
- Öltankschiffe
- Chemikalientankschiffe
- Gastankschiffe
- Schiffe mit Kernenergieantrieb
- Schiffe mit hydrodynamischem Auftrieb (Tragflächen- und Luftkissenschiffe)
- schwimmende Bohrinseln
- Bohrinsel-Versorgungsschiffe
- Fischereifahrzeuge

In diesem Kapitel wird nicht weiter auf die einzelnen technischen Vorschriften für die genannten Schiffstypen eingegangen. Unter Berücksichtigung der Zielstellung des Buches soll spezieller auf die Möglichkeiten der Risikobewertung und die möglichen Abwehrmaßnahmen eingegangen werden.

Alle betrachteten konstruktiven Maßnahmen verleihen dem Schiff zusammen mit der richtigen Beladung eine bestimmte Sinksicherheit. Zur Ermittlung der Größe dieser Sinksicherheit dient die Unterteilungsrechnung. Es muss betont werden, dass jede Unterteilungsrechnung und damit auch jede Angabe einer Sinksicherheit mit mehreren Ungenauigkeiten behaftet ist. Hier sind insbesondere der Tiefgang des Schiffes und die Flutbarkeit der Laderäume zu nennen. Im Betrieb des Schiffes ist jeder Tiefgang zwischen dem Ballasttiefgang und dem Freibordtiefgang möglich. Hinzu kommen mögliche unterschiedliche Trimmlagen. Durch die Art der Ladung wird die Flutbarkeit der Laderäume bestimmt, d. h. der Prozentsatz des Raumes, der nicht von der Ladung belegt wird und deshalb durch eingeströmtes Wasser eingenommen werden kann. Die Anzahl der möglichen Ausgangssituationen vor einem Wassereinbruch ist also nahezu unbegrenzt. Der Umfang der Unterteilungsrechnungen mit den aufwendigen Leckstabilitätsrechnungen muss aber auf ein vernünftiges Maß beschränkt bleiben.

Beim Entwurf des Schiffes können deshalb nur ausgewählte Standardbeladungsfälle berücksichtigt werden. Ergebnisse sind in der Lecksicherheitsinformation / Leckstabilitätsrechnung zusammengestellt. Die genannten Umstände müssen bei der Betrachtung von Ergebnissen aus Unterteilungsrechnungen immer beachtet werden.

Die Ergebnisse sind vor allem ein qualitatives Maß, um die Unterteilungseigenschaften verschiedener Schiffe oder beim Entwurf mehrere Unterteilungsvarianten eines Schiffes miteinander vergleichen zu können. Aussagen über das mögliche Überleben des Schiffes nach einer Kollision können jedoch nur mit Vorsicht daraus abgeleitet werden.

Die Berechnung der Unterteilung kann nach zwei Methoden erfolgen, die sich grundsätzlich voneinander unterscheiden.

Deterministische Methode

Bei der deterministischen Methode werden die Leckschwimmlage und -stabilität des Schiffes nacheinander für die Überflutung jeder einzelnen Abteilung berechnet. Unter Abteilung wird dabei der Raum zwischen zwei wasserdichten Querschotten verstanden.

Übersteht das Schiff alle Leckfälle, d. h. Schwimmfähigkeit und Stabilität bleiben erhalten, was nach vorgegebenen Kriterien beurteilt wird, spricht man von einem Einabteilungsschiff oder auch von einem Schiff mit Einabteilungsstandard oder dem Abteilungsfaktor 1.

Ausdruck dieser Betrachtungsweise war die Schottenkurve, als Maß der größten Leckraumlänge L_{RL} an einem bestimmten Punkt auf der Längsachse des Schiffes. Das Überstehen einer angenommenen Verletzung über eine, zwei oder drei Abteilungen auf der Längsschiffsachse klassifizierte das jeweilige Schiff als Ein-, Zwei- oder Dreiabteilungsschiff.

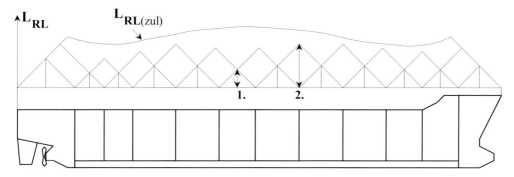

Bild 4.9: Prinzipskizze Schottenkurve

Es ist zu beachten, dass der Begriff Einabteilungsstandard die Fähigkeit des Schiffes ausdrückt, nur solche Leckfälle zu überstehen, bei denen die Querschotten unbeschädigt bleiben. Das Leck muss also zwischen zwei Querschotten liegen.

Die im Klassezeichen des Schiffes enthaltenen Unterteilungszeichen 1 oder 2, die den Ein- oder Zweiabteilungsstandard symbolisieren, bedeuten, dass das Schiff eine Beschädigung unter ganz bestimmten Voraussetzungen, z. B. hinsichtlich der Lage und Größe des Lecks, übersteht. Anderenfalls laufen zwei nebeneinanderliegende Abteilungen voll. Es ist jedoch möglich, dass Einabteilungsschiffe auch einige solcher Leckfälle überstehen, z. B. Überflutung der Vorpiek und des dahinter liegenden Raumes. In einer guten Lecksicherungsinformation sind solche Leckfälle aufgeführt.

Die internationalen Unterteilungsvorschriften fordern bisher mindestens die Anwendung der deterministischen Methode und legen den Abteilungsstandard fest (z. B. für Passagierschiffe). Dieser Standard hängt vom Schiffstyp, von der Größe des Schiffes und der Anzahl der an Bord befindlichen Personen ab. Er kann sich auch über die Länge des Schiffes ändern, oder einzelne Räume können ausgenommen sein (z. B. der Maschinenraum).

Eine andere Form der deterministischen Betrachtung wird z. B. für Tankschiffe in der MARPOL-Konvention statuiert. Hier ist in erster Linie die Verhinderung bzw. Begrenzung von Umweltverschmutzungen das Anliegen. Dadurch gibt es, zusätzlich zur Unterteilung durch Schotten, Vorschriften zur räumlichen Begrenzung der Ladetanks bezüglich ihrer hypothetischen Ausflussmenge an Öl. Darüber hinaus gelten noch Stabilitätskriterien für die Leckstabilität. Diese Kriterien sind Grenzwerte für durch die Werft berechnete Krängungswinkel und Hebelarmkurven bezüglich einer angenommenen Flutung.

Die Alternative zur deterministischen Methode ist die Methode der Wahrscheinlichkeitsbetrachtung.

Wahrscheinlichkeitsmethode (-betrachtung)

Für Fahrgastschiffe kann entweder die deterministische Methode oder die Methode der Wahrscheinlichkeitsbetrachtung (math. Grundmodell nach Wendel) angewendet werden.

Abweichend von der oben beschriebenen Betrachtungsweise wird für Trockenfrachtschiffe (General Cargo) nur die probabilistische Methode angewandt. Bei dieser Methode der Wahrscheinlichkeitsbetrachtung wird die Wahrscheinlichkeit für das Überstehen von Beschädigungen berechnet. Dabei wird von der Gesamtheit aller theoretisch denkbaren Lecks ausgegangen. Es wird berechnet, wie groß der Anteil derjenigen Lecks an der Gesamtheit ist, die das Schiff überstehen kann, ohne zu sinken oder zu kentern, und wie groß die Wahrscheinlichkeit ist, dass ein auftretendes Leck diesem Anteil angehört. Das Ergebnis ist der so genannte erreichte Unterteilungsindex A, der deshalb ein Maß für die Qualität der Unterteilung, ein Maß für die Sinksicherheit ist. Der erreichte Unterteilungsindex muss gleich oder größer als der geforderte Unterteilungsindex R sein. Er liegt zwischen dem Wert 0, der dem Sinken bei jeder beliebigen Beschädigung entspricht, und dem Wert 1, der die absolute Sinksicherheit darstellt. Beide Grenzwerte treten in der Praxis nicht auf.

Die in der Vorgabe eingehenden stochastischen Größen bei der Beschädigung des Schiffes waren die Länge, Höhe und Eindringtiefe des Lecks, die Lage des Lecks in der Länge des Schiffes und einige weitere Daten. Für die einzelnen Größen sind Verteilungsdichten angenommen worden. Die Grundlage dafür war u. a. eine von der IMO aufgestellte Leckstatistik, in der alle Angaben zusammengefasst wurden, die von den Mitgliedsländern zum Thema „Unfälle mit Beschädigungen des Schiffskörpers" übermittelt worden sind. Aus dieser Leckstatistik wurden z. B. die Aussagen gewonnen, dass Lecks im Vorschiff häufiger auftreten als im Hinterschiff und dass große Lecks seltener als kleine Lecks sind.

R hängt bei Trockenfrachtschiffen nur von der Länge des Schiffes ab und steigt mit wachsender Länge an. Bei der Festlegung von R wurde ebenso wie bei den Fahrgastschiffen davon ausgegangen, dass Trockenfrachtschiffe mit der üblichen normalen Unterteilung den Vorschriften entsprechen, ohne dass Änderungen erforderlich sind.

Zu diesem Zweck wurde die Unterteilung vieler vorhandener Schiffe nachgerechnet und Statistiken vergangener Jahrzehnte wurden in Bezug auf Leckgrößen und -verteilung untersucht.

Es wurde nach dem Prinzip verfahren, dass das, was sich bisher bewährt hat, auch weiterhin möglich sein muss. Es mussten deshalb keine größeren konstruktiven Änderungen gegenüber der heutigen Bauart notwendig sein. Theoretische Betrachtungen zur Frage, wie groß die Überlebenswahrscheinlichkeit eines Schiffes mindestens sein muss und welches Risiko vertretbar ist, sind nicht angestellt worden.

Mit Hilfe von Leck- und Leckstabilitätsrechnungen wird nun ermittelt, welche Überflutung von definierten Abteilungen und Abteilungsgruppen das Schiff übersteht. Danach wird berechnet, wie groß die Wahrscheinlichkeit ist, dass diese Abteilungen und Abteilungsgruppen überflutet werden. Die Summe dieser Teilwahrscheinlichkeiten ergibt den erreichten Unterteilungsindex A.

Bemerkung:

Beim Prinzip der Beibehaltung heutiger Konstruktionen gab es Ausnahmen. Sie betrafen Schiffe mit sehr langen Laderäumen ohne Längsunterteilung und vor allem Ro-Ro-Schiffe. Hier sind zusätzliche Unterteilungen notwendig geworden, vor allem aus den Erfahrungen der hohen Unfallzahlen Anfang der 90er Jahre. Die Schwierigkeiten bei der Einhaltung der Vorschriften ergaben sich im Falle der Ro-Ro-Schiffe aus dem tief liegenden Schottendeck und den fehlenden Querschotten im darüberliegenden Ro-Ro-Laderaum.

Als konstruktive Lösung gibt es entweder die Möglichkeit, Seitentanks bis zum Oberdeck oder Querschotte einzubauen, die große wasserdicht zu verschließende Tore haben, um das Be- und Entladen im Ro-Ro-Verfahren zu ermöglichen. Beides bringt Nachteile, die aber im Interesse der Schiffssicherheit in Kauf genommen werden müssen.

Die Vielzahl der Einflussgrößen machte Vereinfachungen notwendig, um insbesondere den Umfang der Leck- und Leckstabilitätsrechnungen auf ein erträgliches Maß zu begrenzen. So wird z. B. bei Trockenfrachtschiffen nur mit zwei Tiefgängen und einer einheitlichen Flutbarkeit der Laderäume von 0,6 gerechnet, obwohl bekannt ist, dass große Abweichungen davon möglich sind. Das Verfahren kann deshalb kein exaktes Ergebnis liefern, es ist aber eine gute Vergleichsmethode für unterschiedliche Unterteilungsvarianten, die dem Konstrukteur beim Schiffsentwurf zur Verfügung steht. Dabei können Unterteilungen in Querrichtung, Längsrichtung und horizontaler Richtung berücksichtigt werden.

Diese Hilfe und Vorausberechnung der Leckstabilität wird der Schiffsbesatzung an Bord zur Verfügung gestellt (Damage Stability Calculation) und in neuester Zeit auch durch Damage Stability Booklets erweitert. In diesen Informationen sind einerseits die Leckfälle (2 Tiefgänge bzw. Deplacements, jede Hauptabteilung einmal geflutet) durchgerechnet und andererseits zusätzliche Informationen fixiert, wie zum Beispiel Unterteilung, wasserdichter und wetterdichter Schutz des Hauptdecks, grundsätzliche Handlungsvorschläge in Bezug auf Pumpoperationen usw.

Zusammenhang zwischen konstruktiven Maßnahmen und Verhalten der Besatzung

Die gegebenen konstruktiven Maßnahmen zur Gewährleistung einer bestimmten Sinksicherheit müssen durch das richtige Verhalten der Besatzung ergänzt werden. Genaue Sachkenntnis über die grundsätzlichen baulichen Eigenschaften des Schiffes ist eine unabdingbare Voraussetzung, um im Ereignisfall eine möglichst zutreffende Bewertung der eingetretenen Situation vornehmen zu können. Die an Bord befindlichen Unterlagen zur Leckstabilität müssen bekannt sein. Genügende Stabilität nach der Beschädigung kann nur vorhanden sein, wenn die Stabilität zuvor groß genug war. Bereits bei der Beladung des Schiffes wird der eventuelle spätere Leckzustand beeinflusst. Dabei ist zu beachten, dass die Sinksicherheit eine Intaktstabilität erfordern kann, die größer als die Mindeststabilität nach den Stabilitätsvorschriften ist. Bei Schiffen, die Unterteilungsvorschriften unterliegen, sind deshalb in der Intaktstabilitätsinformation auch die Leckstabilitätskriterien berücksichtigt.

Eine weitere Voraussetzung für die Wirksamkeit der konstruktiven Maßnahmen ist das Verschließen aller Öffnungen, durch die im Leckfall zusätzlich Wasser einströmen oder sich im Schiff ausbreiten kann. Hiermit sind alle Seiten-, Heck- und Bugtüren und die Schotttüren gemeint. Die erstgenannten Türen in der Außenhaut dürfen nur im Hafen geöffnet werden.

Anzeige- und Alarmanlagen

Das richtige Verhalten der Besatzung wird durch Anzeige- und Alarmanlagen unterstützt. Zu nennen ist hauptsächlich die Anzeige des Bedienstandes für die Schottenschließanlage auf der Brücke (Schotttüren offen oder geschlossen). Aber auch andere Einrichtungen setzen sich durch.

Eine große Rolle hat auf diesem Gebiet der Kenterunfall des englischen Ro/Ro-Fahrgast- und Frachtfährschiffes „Herald of Free Enterprise" 1987 vor Zeebrügge gespielt. Diesem Kenterunfall war ein Wassereinbruch bei der Ausfahrt aus dem Hafen durch die offen stehenden Bugtore vorausgegangen.

Die Auswertung des Unfalls führte zu neuen internationalen Vorschriften. Danach müssen alle Fahrgastschiffe mit Anzeigern auf der Kommandobrücke für alle Außenhauttüren und andere Verschlussvorrichtungen ausgerüstet werden, die, wenn sie offen gelassen oder nicht richtig gesichert werden, zu einer größeren Flutung führen können. Die Ro-Ro-Laderäume müssen außerdem ständig auf das Eindringen von Wasser hin überwacht werden. Das kann durch eine TV-Anlage oder ein Wasserleckage-Erkennungssystem erfolgen.

4.6.2 Leck- und Leckstabilitätsrechnung an Bord

Bewertung der Situation

Eine Voraussetzung für gezielte wirkungsvolle Maßnahmen der Schiffsbesatzung ist die schnelle möglichst genaue Einschätzung der Situation. Gemäß STCW-Code ist jeder Nautiker zu befähigen, die Wirkungen eines Wassereinbruchs zu berechnen. Schiffsbetriebstechniker wiederum sind zu befähigen, die Folgen von Pumpoperationen im Falle eines Wassereinbruchs einschätzen zu können.

Um dies der Schiffsführung zu ermöglichen, stehen ihr die Stabilitätsunterlagen und andere Pläne (z. B. Damage Control Plan) zur Verfügung. Eine genauere quantitative Bewertung der Gefahrensituation bzw. -entwicklung hinsichtlich Schwimmfähigkeit und Stabilität sowie der begleitenden Gefahren im Falle eines Wassereinbruches ist gegenwärtig auf den meisten Seeschiffen nicht möglich.

Ausnahmen sind Schiffe, deren Ladungsrechner um die Komponente einer Leck- und Stabilitätsrechnung erweitert wurden bzw. die Schiffe, die über landseitige Notfallhilfe verfügen. Aber auch hier sollte vor der kritiklosen Übernahme der Berechnungen durch die Schiffsführung eine eigene Einschätzung diese Berechnungen bestätigen. Diese mindestens qualitative Einschätzung der Situation müsste, um bei der Auswahl der Gegenmaßnahmen richtige Entscheidungen treffen zu können, auch erschwerenden Umstände wie Wind, Wellen, übergehende Ladung usw. berücksichtigen. Gleichzeitig können sekundäre Probleme (z. B. Ausfall von Anlagen) in diese Betrachtung einfließen.

Aus den genannten Zusammenhängen und den vorliegenden Erfahrungen leitet sich ab, dass eine vernünftige Bewertung der Stabilität und Schwimmlage des eigenen Schiffes für die ständige Einschätzung der Wirkungen eines Wassereinbruchs unabdingbar ist.

Gleichzeitig ist das Verständnis der physikalischen Grundlagen für die Entscheidungsfindung eine wichtige Voraussetzung.

Leck- und Leckstabilitätsrechnung

Leck- und Leckstabilitätsrechnung an Bord dienen dazu, den Zustand des Schiffes nach einer Überflutung oder auch während der Überflutung oder während der Durchführung von Ausgleichsmaßnahmen (Gegenfluten) zu bestimmen. Sie versetzen die Schiffsführung in die Lage, mit Hilfe von realen Informationen Entscheidungen zur Abwendung der Gefahren zu treffen bzw. ein rechtzeitiges Verlassen des Schiffes anzuordnen. Die oben erwähnten Schwierigkeiten heutiger Besatzungen zur Realisierung dieser Rechungen werden auch hervorgerufen durch die unvollständigen bzw. ungeeigneten Unterlagen an Bord.

Deshalb ist es Aufgabe der Schiffsführung, zu prüfen, ob Daten für eine vollständige Leckrechnung zur Verfügung stehen. Folgende Schwierigkeiten könnten auftreten:
– hydrostatische Unterlagen sind nur bis Freibord vorhanden
– Unterlagen sind nur für achterlastiges und ungetrimmtes Schiff vorhanden

- die Daten für Laderäume/Maschinenraum sind unvollständig (z. B. keine Volumen- und Flächenträgheitsmomente für verschiedene Füllstände)
- keine Unterlagen für die Methode „Auftriebsverlust" (siehe nachfolgende Kapitel)

Bei neuen Schiffen werden vollständige Unterlagen bei der Klassifizierung eingereicht bzw. für die Zulassung rechentechnisch generiert. Somit sollte die Reederei auf diesen Unterlagen bei Ablieferung durch die Werft bestehen und sie an Bord geben bzw. für eine Nutzung an Bord vernünftig aufarbeiten.

Bevor die Methoden der Leck- und Leckstabilitätsrechnung erläutert werden, soll an dieser Stelle noch einmal auf einige Grundlagen der Stabilität, und hier vor allem auf die Querstabilität, eingegangen werden. Längsstabilität spielt vor allem bei der Betrachtung der Ladungsverteilung und bei den Manövriereigenschaften des Schiffes eine Rolle. Da aber die meisten Schiffe durch Kentern verloren gehen, soll das spezielle Thema der Längsstabilität hier nicht ausgeweitet werden. Auf tiefergehende Literatur sei hierbei verwiesen.

Querstabilität

Die Querstabilität wird in der Schifffahrt wie folgt interpretiert:

Alle auf einen schwimmenden oder getauchten Körper wirkenden hydrostatischen Auftriebskräfte lassen sich in einer Resultierenden, dem Auftrieb, zusammenfassen, der im Raummittelpunkt des eingetauchten Teiles des Körpers, dem Verdrängungsmittelpunkt (Formschwerpunkt) B, angreift. Dementsprechend lassen sich alle Gewichtskräfte zu einer Resultierenden vereinigen, der Gewichtskraft F_G oder Gewichts-Deplacement Δ. Der Angriffspunkt dieser Kraft ist der Gewichtmittelpunkt.

Wirkt nun auf das Schiff ein krängendes Moment F_K, so wandert infolge des auftretenden Krängungswinkels ϕ der Formschwerpunkt B zur tiefer liegenden Seite nach B_ϕ aus. Die durch den Formschwerpunkt B_ϕ gehende Auftriebslinie schneidet die Mittschiffsebene im scheinbaren Metazentrum N_ϕ. Es entsteht ein dem krängenden Moment entgegenwirkendes aufrichtendes Moment M_A:

$$M_A = F_G \times GZ$$

Die Größe dieses Moments hängt ab von der Form, den Hauptabmessungen und den Verhältniswerten, dem Neigungswinkel ϕ und der Lage des Gewichtsmittelpunktes G. Da das Deplacement sich während der Neigung nicht ändert und um in der Schifffahrt vergleichbare Mindestwerte zu fixieren, wird statt einer Momentenangabe vielfach die Querstabilität eines Schiffes ausreichend durch die Größe GZ (Hebelarm) charakterisiert.

Bei kleinen Neigungen unter 5° schneiden sich alle Auftriebsrichtungen nahezu in einem Punkt in der Mittschiffsebene. Dieser Punkt wird als Anfangsmetazentrum M bezeichnet (M = N_ϕ). Die Strecke vom Massemittelpunkt G bis zum Anfangsmetazentrum M wird als metazentrische Höhe GM, als Anfangsstabilität bezeichnet. Sie ist ein Maß für die Einschätzung der Stabilität des Schiffes bei kleinen Neigungen. Die Strecke KM (Kiel-Anfangsmetazentrum) wird durch Schiffsunterlagen zur Verfügung gestellt.

Für die Berechnung des Hebelarms für Neigungen unter 5° kann somit, bei Kenntnis der Lage des Gewichtsschwerpunktes G, gerechnet werden:

$$GZ = h_A = GM \times \sin\phi$$

Bei größeren Neigungen schneidet die Auftriebsrichtung die Mittschiffsebene nicht mehr in einem Punkt M wie bei kleinen Neigungen. Die Berechnung der Hebelarme in Abhängigkeit von der Krängung erfolgt hierbei über durch die Werft gelieferte Pantokarenen bzw. über die Sinusskala. Die Hebelarme werden üblicherweise in einer Hebelarmkurve dargestellt.

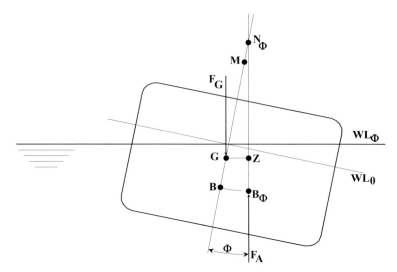

Bild 4.10: Prinzipskizze Querstabilität

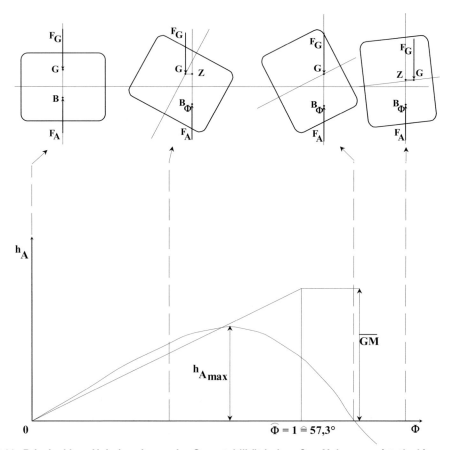

Bild 4.11: Prinzipskizze Hebelarmkurve der Querstabilität bei großen Neigungen (statisch)

1. Ausgangssituation: $h_A = 0$
   - Aufrechte Schwimmlage; Wirkungslinien fallen zusammen

2. Positiver Stabilitätsumfang: $h_A > 0$
   - Aufrichtendes Moment positiv; ohne zusätzliches krängendes Moment kommt das Schiff in die Ausgangsposition zurück

3. Ende des Stabilitätsumfanges: $h_A = 0$
   - Schiff krängt so stark, dass Wirkungslinien wieder zusammenfallen; instabile Lage des Schiffes

4. Negativer Stabilitätsumfang: $h_A < 0$
   - Krängendes Moment verursacht negatives aufrichtendes Moment; Schiff kentert

Freie Flüssigkeitsoberflächen

Im Falle von nicht voll gefüllten Tanks bzw. Leckwasser in Tanks und Räumen des Schiffes, kommt es bei Krängung des Schiffes zu einer Reduzierung des aufrichtenden Hebelarmes durch das Fließen der Flüssigkeit zur tieferen Seite.

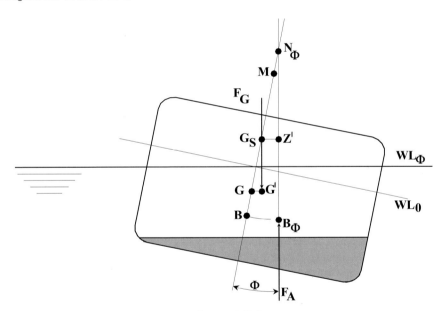

Bild 4.12: Einfluss freier Oberflächen auf die Querstabilität

Dadurch wandert der Massemittelpunkt der Flüssigkeit aus, der Gewichtsschwerpunkt des Schiffes verschiebt sich von G nach G'. In G' greift dann die Gewichtskraft F_G an. Der wirksame Hebelarm h_A bei der Neigung ϕ verändert sich gegenüber einer Krängung ohne Masseverschiebung dahingehend, dass der scheinbare Gewichtsschwerpunkt in G_S liegt $h_A = G_S Z'$. Die wirksame metazentrische Höhe der Anfangsstabilität ist jetzt nicht mehr GM, sondern ein um die Strecke GG_S reduziertes $G_S M$. Bei freien Oberflächen im Schiff wird der Verlust der Anfangsstabilität berechnet durch:

$$G_{GS} = \frac{i \times \rho}{\Delta} \text{ und } \Delta h_A = GG_S \times \sin\phi; \text{ mit } \rho - \text{Dichte der Flüssigkeit}$$

Das Flächenträgheitsmoment „i" in [m⁴] der freien Flüssigkeitsoberflächen im Tank ist Bestandteil der Stabilitätsunterlagen. Bei rechteckigem Tankquerschnitt lässt es sich mit $i = l \times b^3/12$ überschläglich ermitteln. Daraus ist erkennbar, dass die Breite des Tanks mit der 3. Potenz eingeht, was wiederum Rückschlüsse auf effektive Maßnahmen für die Verbesserung der schiffbaulichen Parameter (Querschotten) zulässt.

Mit Hilfe der bekannten Beziehung $G_{GL} = \dfrac{l \times b^3 \times \rho}{12\Delta}$ mit

Δ = Deplacement des lecken Schiffes
l = Länge des betroffenen Raumes
b = Breite des betroffenen Raumes

kann für rechteckige Tanks so ein Überschlag für die Reduzierung des GM ermittelt werden.

Für den Praktiker ist von besonderer Bedeutung, dass Zwischenflutungshöhen durchaus eine größere Gefahr bedeuten können, als die Situation nach dem Niveauausgleich. Daraus erschließt sich, dass die Bestimmung des Wasserstandes bzw. des Massezuwachses in Abhängigkeit von der Zeit eine Schwerpunktaufgabe bei der Gefahrenbewertung bleibt.

Neue Mess- und Regeltechnik sind hier eine Innovation und große Hilfe. Soweit diese Technik allerdings nicht installiert ist, kann nur auf der Grundlage des physikalischen Verständnisses über Wassereinbrüche und der visuellen Beobachtung vor Ort eine Einschätzung der Auswirkungen des Wassereinbruches durchgeführt werden.

Leckrechnung

Die Leckrechnung bezeichnet die Ermittlung der Leckwassermassen bzw. die abschließende Ermittlung der Schwimmwasserlinie. Für die Leckrechnung gibt es zwei unterschiedliche Methoden. Bei der Methode „wegfallender Auftrieb" oder auch „konstante Verdrängung" (Loss of Buoyancy) genannt, wird das eingeströmte Wasser als Außenwasser betrachtet. Die gefluteten Räume entfallen deshalb für den Auftrieb. Der wegfallende Auftrieb wird durch die Tiefertauchung des Schiffes ausgeglichen. Das zusätzlich eingetauchte Volumen entspricht dem weggefallenen Auftriebsvolumen. Das Deplacement (Δ) des lecken Schiffes ist genauso groß wie das Deplacement des intakten Schiffes. Diese Methode findet ihre Anwendung auch in den Vorgaben der heute gültigen Stabilitätsvorschriften.

Bei der Methode „Gewichtszuwachs" (Added Weight), die nach dem gültigen Maßsystem „Massezuwachs" heißen müsste, wird das eingeströmte Wasser wie eine zusätzliche Ladung betrachtet. Die dadurch entstehende Tiefgangsvergrößerung führt zu einer Erhöhung des Deplacements.

Die Methode „wegfallender Auftrieb" eignet sich besonders zur Berechnung des Endzustandes nach der Überflutung und nach dem Krängungsausgleich, d. h. zum Zeitpunkt des sich einstellenden statischen Gleichgewichtszustands. Die Methode „Gewichtszuwachs" ist dagegen bei der Berechung von Zwischenstadien vorteilhafter.

Methode „wegfallender Auftrieb"

Verschiedene Berechnungsverfahren sind bekannt:
– Exakte Rechnung
– Annäherungsverfahren
– Leckrechnung bei Trimm
– Leckrechnung mit dem Trimmkurvenblatt

Hier soll das einfache Beispiel des Annäherungsverfahrens durch Iteration erläutert werden. Dieser Methode liegen folgende wichtige Annahmen zugrunde:

– Die Bewertung erfolgt grundsätzlich zum Zeitpunkt des Niveauausgleichs, d. h. diese Methode ist auf beschädigte Außenhaut (Leck) beschränkt
– Die betroffene Abteilung liefert keinen Beitrag zum Auftrieb. Der so verlorene Auftrieb wird durch entsprechende Tiefertauchung des Schiffes kompensiert
– Die Lage der Gewichtsschwerpunkte bleibt unverändert
– Die Lage des Verdrängungsschwerpunktes verändert sich
– Die Schwimmwasserlinie verringert sich um den Anteil des Leckraumes
– Es erfolgt eine Iteration der Berechnungen, bis die Abbruchbedingung (z. B. Änderung des mittleren Tiefgangs) erreicht ist

Es gelten die Variablen:

$d_{F,A}$ = Tiefgänge vorn, achtern
Δd = Tiefertauchung (mittlerer Tiefgang)
V_{LR} = Volumen des Leckraumes
κ_V = Raumflutbarkeitsfaktor (0,85 für MR, 0,6 für Laderaum Stückgut,
     0,35 Laderaum Holz, 0,95 Wohnräume)
κ_A = Oberflächenflutbarkeitsfaktor (ähnlich κV z. B. 0,6 für Ladraum)
A_{WLO} = Wasserlinienfläche unbeschädigtes Schiff
$A_{WLO}{}^{*}$ = Wasserlinienfläche nach Niveauausgleich
A_{WLR} = Wasserlinienfläche der beschädigten Abteilung
T = Trimm
x_L = Abstand Längsrichtung zum Haupt-Spant
ETM = Einheitstrimmmoment

Beispielrechnung:

Ausgangssituation: Wassereinbruch in LR1, Schiff mit Schüttgut beladen
Die Unterlagen (Formkurvenblätter, Ladeplan) liefern folgende Daten für den Ausgangszustand:

A_{WLO} = 2007 m² κ_V, κ_A = 0,6
A_{WLR} = 140 m² V_{LR} = 1602 m³
x_L = 49,04 m ρ_w = 1,025 t/m³ (Seewasser)
$d_{F,A}$ = 7,00 m ETM = 12880 mt/m

Schritt 1:   Ermittlung der Wasserlinienfläche nach Niveauausgleich

$$A_{WLO^*} = A_{WLO} - A_{WLR} \times \kappa_A \qquad = 2007\ \text{m}^2 - 140\ \text{m}^2 \times 0,6 \qquad = 1923\ \text{m}^2$$

Schritt 2:   Ermittlung der Tiefertauchung

$$\Delta d = \frac{V_{LR} \times \kappa_V}{A_{WLO^*}} \qquad = \frac{1602\ \text{m}^3 \times 0,6}{1923\ \text{m}^3} \qquad = 0,5\ \text{m}$$

Schritt 3:   Ermittlung des neuen Trimms (Einheitstrimmmoment aus Unterlagen)

$$T = \frac{V_{LR} \times \rho_W \times \kappa_V \times x_L}{ETM} \qquad = \frac{1602\ \text{m}^2 \times 1{,}025\,\tfrac{t}{m3} \times 0{,}6 \times 49{,}04\ \text{m}}{12880\,\tfrac{mt}{m}} = 3{,}75\ \text{m}$$

Schritt 4:   Ermittlung der neuen Tiefgänge

$$d_F = d_{F(alt)} + T/2 + \Delta d \qquad = 7{,}00\ \text{m} + 1{,}88\ \text{m} + 0{,}5\ \text{m} \qquad = 9{,}38\ \text{m}$$

$$d_A = d_{A(alt)} - T/2 + \Delta d \qquad = 7{,}00\ \text{m} - 1{,}88\ \text{m} + 0{,}5\ \text{m} \qquad = 5{,}62\ \text{m}$$

Nach Ermittlung der neuen Tiefgänge ergibt sich eine neue Schwimmwasserlinie, bis zu der der Laderaum fluten würde. Daraus ergibt sich eine neue Wasserlinienfläche der beschädigten Abteilung, entweder gemittelt oder exakter dem Ladeplan entnommen (130 m²), sowie ein neues Volumen des gefluteten Leckraums (834 m³).

Bei einer weiteren Iteration stehen somit folgende geänderte Daten zur Verfügung:

$$A_{WLO^*} = A_{WLO} - A_{WLR} \times \kappa_A \qquad = 2007\ m^2 - 130\ m^2 \times 0{,}6 \qquad = 1929\ m^2$$

$$\Delta d = \frac{V_{LR} \times \kappa_V}{A_{WLO^*}} \qquad = \frac{834\ m^3 \times 0{,}6}{1929\ m^3} \qquad = 0{,}26\ m$$

$$T = \frac{V_{LR} \times \rho_W \times \kappa_V \times x_L}{ETM} \qquad = \frac{834\ m^2 \times 1{,}025\ ^t/_{m^3} \times 0{,}6 \times 49{,}04\ m}{12880\ ^{mt}/_m} \qquad = 1{,}95\ m$$

$$d_F = d_{F(alt)} + T/2 + \Delta d \qquad = 7{,}00\ m + 0{,}98\ m + 0{,}26\ m \qquad = 8{,}24\ m$$

$$d_A = d_{A(alt)} - T/2 + \Delta d \qquad = 7{,}00\ m - 0{,}98\ m + 0{,}26\ m \qquad = 6{,}28\ m$$

Diese neue Schwimmwasserlinie zeigt, dass die Luke nur bis zum Zwischendeck fluten würde. Daraus ergibt sich eine neue Wasserlinienfläche der beschädigten Abteilung von 120 m² sowie ein neues Volumen des gefluteten Leckraums (639 m³).

$$A_{WLO^*} = A_{WLO} - A_{WLR} \times \kappa_A \qquad = 2007\ m^2 - 120\ m^2 \times 0{,}6 \qquad = 1935\ m^2$$

$$\Delta d = \frac{V_{LR} \times \kappa_V}{A_{WLO^*}} \qquad = \frac{639\ m^3 \times 0{,}6}{1935\ m^3} \qquad = 0{,}2\ m$$

$$T = \frac{V_{LR} \times \rho_W \times \kappa_V \times x_L}{ETM} \qquad = \frac{639\ m^2 \times 1{,}025\ ^t/_{m^3} \times 0{,}6 \times 49{,}04\ m}{12880\ ^{mt}/_m} \qquad = 1{,}5\ m$$

$$d_F = d_{F(alt)} + T/2 + \Delta d \qquad = 7{,}00\ m + 0{,}75\ m + 0{,}2\ m \qquad = 7{,}95\ m$$

$$d_A = d_{A(alt)} - T/2 + \Delta d \qquad = 7{,}00\ m - 0{,}75\ m + 0{,}2\ m \qquad = 6{,}45\ m$$

Diese Iteration ist so lange fortzuführen, bis sich eine zu vernachlässigende Änderung der Ergebnisse einstellt. Mit Hilfe der so ermittelten und eingetragenen Schwimmwasserlinie ist eine genauere Bestimmung der eingeströmten Wassermasse in die betroffene Abteilung möglich (Tanktabellen). Durch diese iterative Annäherung kann so eine für praktische Belange ausreichende Genauigkeit bei der Bestimmung der Leckwassermenge erreicht werden.

Für jede beliebige Verdrängung (nach verschiedenen Ausgangszuständen, wie z. B. Lage des Lecks, Beladungszustand des Schiffes, Oberflächenflutbarkeit der Abteilung) lässt sich nun die Hebelarmkurve nach dem bekannten Muster berechnen (siehe unten).

Diese Methode hat natürlich nur einen praktischen Wert, wenn die Eingangswerte real sind. Das betrifft insbesondere den Flutbarkeitsfaktor, der im praktischen Schiffsbetrieb alle denkbaren Werte zwischen 0 und 1, in Abhängigkeit von der Gutart und Transporttechnologie, annehmen kann. Besonders anschaulich wird dies bei Containerladungen. In diesem Fall würde sich der Flutbarkeitsfaktor aus den Flutbarkeitsfaktoren jedes einzelnen Containers und aus den Zwischenräumen ergeben.

Exaktere Methoden des Schiffbaus beziehen die direkten Schwerpunkte des Auftriebs mit ein (Angaben zum Beispiel aus den ‚Bonjean Tables‘) und berechnen das trimmende Moment aus der Verschiebung des Auftriebsschwerpunkt des Schiffes gegenüber dem Gewichtsschwerpunkt. Diese Methode ist exakter, setzt aber eine rechentechnische Vorbereitung an Bord voraus. Des Weiteren ist der Überschlag der Tiefgänge (± T/2) für längere Schiffe nicht mehr ausreichend, da sich hier durch die Längsbiegemomente und durch die Auswanderung des Wasserlinienschwerpunktes andere Werte an den Tiefgangsmarken einstellen.

Methode „Gewichtszuwachs"

Wichtige Annahmen:
– Die einströmende Wassermasse V_L vergrößert den Tiefgang.
– Die betroffene Abteilung liefert weiterhin einen Beitrag zum Auftrieb.
– Eine Verlagerung des Gewichtsschwerpunktes erfolgt dementsprechend.
– Die Lage des Verdrängungsschwerpunktes verändert sich.

Auch hier sollen am Beispiel einer Iteration die Berechnungen bis zur Abbruchbedingung (Änderung der Leckwassermasse) dargestellt werden. Da die Möglichkeiten an Bord für diese Methode besser einzuschätzen sind, folgt hier ein etwas umfangreicheres Beispiel:

Es gelten die Variablen:

Δ = Ausgangsdeplacement
ETM = Ausgangstrimmmoment
ρ = Wasserdichte
$\kappa_{A,V}$ = Kappa, Raumflutbarkeit; Oberflächenflutbarkeit, Annahme wie Raumflutbarkeit
x_B = Ausgangsverdrängungsschwerpunkt
x_F = Ausgangswasserlinienschwerpunkt
x_G = Längsschwerpunkt
L_{PP} = Länge zwischen den Loten
T = Trimm
d_E = d-equivalent gemäß Δ, T (aus hydrost. Werten)
d_F = Tiefgang vorn
d_A = Tiefgang achtern
d_M = Tiefgang mittlerer

Beispielrechung:

444 TEU Containerschiff, Berechungen auf achterer Hauptspant, Ladefall mit homogener Ladung (410 Container) 14 t pro TEU, Reisebeginn, Wassereinbruch LR 4

Δ	= 11934,00 t	L_{PP}	= 120,34 m
ETM	= 175,90 mt/cm	T	= -0,09 m
ρ	= 1,025 t/m³	d_E	= 7,16 m
$\kappa_{A,V}$	= 0,60	d_F	= 7,11 m
x_B	= 58,89 m	d_A	= 7,20 m
x_F	= 54,81 m	d_M	= 7,16 m
x_G	= 58,76 m		

Schritt 1:   Berechnung Leckwasser (Werte aus Tanktables)

Volumen Leckraum bis Ausgleich Schwimmwasserlinie (beachte Höhe Tankdeck)

V_{LR} = 2259,62 m³

Volumen Leckwasser bis Ausgleich Schwimmwasserlinie

V_{LW} = $V_{LR} \times \kappa$ = 1355,77 m³

Masse Leckwasser bis Ausgleich Schwimmwasserlinie

Δ_{LW} = $V_{LW} \times \rho$ = 1389,67 t

Schwerpunkt Leckwasser in Längsrichtung (aus Tanktables)

$$x_{LW} \qquad\qquad = 41,71 \text{ m}$$

Schwerpunkt Leckwasser in der Höhe (aus Tanktables)

$$z_{LW} \qquad\qquad = 2,93 \text{ m}$$

Schritt 2:   Neues Deplacement und Längenschwerpunkt

Deplacement leckes Schiff

$$\Delta_L \quad = \Delta + \Delta_{LW} \qquad\qquad = 13323,67 \text{ t}$$

Neuer Längsschwerpunkt

$$x_G \quad = \frac{(\Delta \times x_{Galt}) + (\Delta_{LW} \times x_{LW})}{\Delta_L} \quad = 56,98 \text{ m}$$

Schritt 3:   Interpolation der hydrost. Werte

neuer Verdrängungsschwerpunkt

$$x_B \qquad\qquad = 58,40 \text{ m}$$

neuer Wasserlinienschwerpunkt

$$x_F \qquad\qquad = 53,79 \text{ m}$$

neues Einheitstrimmmoment

$$ETM \qquad\qquad = 192,1 \text{ mt/cm}$$

d-äquivalent gemäß Δ, T = 0 (aus hydrost. Werten)

$$d_E \qquad\qquad = 7,78 \text{ m}$$

Schritt 4:   Neue Schwimmlage

neuer Trimm

$$T \quad = \frac{\Delta \times (x_G - x_B)}{ETM \times 100} \qquad = -0,99 \text{ m}$$

vorderer Tiefgang

$$d_F \quad = d_E + \left(T \times \frac{L_{PP}/2 - x_F}{L_{PP}} \right) \qquad = 7,73 \text{ m}$$

achterer Tiefgang

$$d_A \quad = d_F + T \qquad\qquad = 8,72 \text{ m}$$

mittlerer Tiefgang

$$d_M \quad = (d_F + d_A)/2 \qquad\qquad = 8,22 \text{ m}$$

Gemäß der neuen Schwimmlage ist ein neues zu flutendes Volumen des Leckraums zu ermitteln. Auch hier ist die Iteration so lange fortzuführen, bis sich eine zu vernachlässigende Änderung der Ergebnisse einstellt. Die 4. Iteration ergibt folgende Ergebnisse:

$$V_{LR} \quad = 2834,17 \text{ m}^3$$
$$\Delta_{LW} \quad = 1743,01 \text{ t}$$
$$x_{LW} \quad = 41,71 \text{ m}$$

z_{LW} = 3,67 m
ΔL = 13677,01 t
x_G = 56,59 m
x_B = 58,28 m
x_F = 53,69 m
T = −1,18 m
d_F = 7,87 m
d_A = 9,05 m
d_M = 8,46 m

Berechung der einströmenden Wassermasse

Falls noch kein Ausgleichstiefgang erreicht wurde, können mit Hilfe der Methode Gewichtszuwachs auch Zwischenflutungszustände betrachtet werden.

Die entscheidende Aufgabe bei dieser Methode ist die Bestimmung der einströmenden Wassermassen pro Zeiteinheit. Das kann wahlweise über die Peilung im betroffenen Raum unter Berücksichtigung des Raumflutbarkeitsfaktors oder über die Einströmgleichung erfolgen:

$\dot{V} = A_L \times \mu \sqrt{2 \times g \times h}$, bzw. $\dot{V} = A_L \times \mu \sqrt{2 \times g \times (h_1 - h_2)}$ bei Leckfällen, bei denen das Leck im Raum schon unter die Wasserlinie des Leckwassers gefallen ist.

A

B

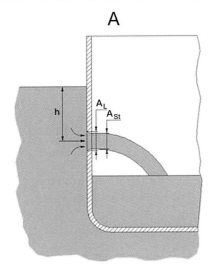
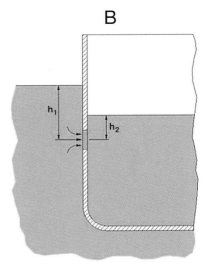

Bild 4.13: Maße am Leck

$\dot{V}$ = Einströmvolumen pro Zeiteinheit
A_L = Leckfläche
A_{ST} = Einströmfläche (reduzierter Querschnitt)
μ = Einschnürungskoeffizient als Verhältnis zwischen Leckfläche und reduziertem Querschnitt des Wasserstrahls => 0,66 (Riss) bis 0,97 (rundes Loch)
h = Abstand des Leckmittelpunktes zur Wasserlinie (innen oder außen)

Die Größen A und h müssen durch visuelle Beobachtung ermittelt werden und können, wie entsprechende Untersuchungen gezeigt haben, demzufolge mit einem ähnlichen subjektiven Fehler behaftet sein wie die Bestimmung von μ.

Beispielrechnung:

Ausgangssituation wie im vorher genannten Beispiel.
Die visuelle Beobachtung im Laderaum 4 ergab einen Riss (1 Meter lang, durchschnittlich 5 Zentimeter hoch) kurz unter dem Zwischendeck. Es ergibt sich folgende Rechnung:

$$A_L = 1\,m \times 0{,}05\,m = 0{,}05\,m \qquad\qquad h = 2\,m$$

$$\mu = 0{,}66$$

$$\dot{V} = A_L \times \mu\sqrt{2 \times g \times h} = 0{,}05\,m^2 \times 0{,}66\sqrt{2 \times 9{,}81\,\tfrac{m}{s^2} \times 2\,m} \qquad = 0{,}2067\,t/s$$

$$\dot{V} = 744\,t/h$$

Vorgreifend auf das nachfolgende Kapitel lässt sich hier schon vermuten, dass sich ein derartiges Leck durch bordeigene Pumpenkapazitäten nicht beherrschen lässt! Ein Ausgleich der Leckwasserlinie muss hingenommen werden. Falls keine Pumpoperationen erfolgen, ist dieser Ausgleich spätestens in 2,5 Stunden zu erwarten.

Beispiel Leckstabilitätsrechung

Nach Berechnung einer Leckschwimmlage (hier die Beispielrechung ‚Gewichtsschwerpunkt') lassen sich die Werte nutzen für die Berechung der Querstabilität.

Es gelten neben den vorherig genannten noch folgende Variablen:
- KG = Höhenschwerpunkt
- GG_O = Änderung Schwerpunkt durch freie Tankoberflächen
- KG_O = geänderter Höhenschwerpunkt
- KM = Metazentrische Höhe
- $G_O M$ = Metazentrische Anfangsstabilität
- h_A = Werte des Hebelarms gemäß Krängungswinkel

Die zugehörigen Anfangswerte der Intaktstabilität wurden dem Ladungsrechner entnommen.
- KG = 8,80 m
- GG_O = 0,08 m
- KG_O = 8,88 m
- KM = 9,79 m
- $G_O M$ = 0,91 m

Schritt 1:   Berechung der Freien Oberfläche des Leckwassers

Flächenträgheitsmoment des Leckraumes (aus Tanktables)

$$I_{LW} \qquad\qquad = 9206{,}00\,m^4$$

Veränderung KG durch freie Oberfläche des Leckwassers

$$GG_L = I_{LW} \times \rho/\Delta \qquad\qquad = 0{,}69\,m$$

Schritt 2:   Berechung des Höhenschwerpunktes

Summe der Gewichtsschwerpunkte

$$KG = \frac{(\Delta \times KG_{alt}) + (\Delta_{LW} \times z_{LW})}{\Delta_L} \qquad = 8{,}22\,m$$

Durch freie Oberflächen reduziertes KG (Tanks und Leckwasser)

$$KG_L = KG + GG_L + GG_O \qquad\qquad = 8{,}99\,m$$

Schritt 3:   Berechung der metazentrischen Höhe der Anfangsstabilität

neue metazentrische Höhe (interpoliert aus hydrost. Werten)

KM   = 9,83 m

Metazentrische Höhe der Anfangstabilität

G_{ML} $= KM - KG_L$ = 0,84 m

Schritt 4:   Ermittlung der Hebelarmkurve

(Beachte: es sind verschiedene Methoden in Anwendung!)

Ermittlung KN aus Formkurvenblättern

Ermittlung der Hebelarme für verschiedene Krängungswinkel

hA $= KN - KG_L \sin\phi$

ϕ	$\sin\phi$	KN	$KG_L \times \sin\phi$	hA
0	0	0	0	0
5	0,0872	0,862	0,783	0,079
10	0,1736	1,722	1,560	0,162
15	0,2588	2,581	2,326	0,255
20	0,3420	3,380	3,073	0,307
30	0,5000	4,771	4,493	0,278
40	0,6428	5,977	5,776	0,201
50	0,7660	6,811	6,884	–0,073
60	0,8660	7,285	7,782	–0,497
70	0,9397	7,458	8,444	–0,986

Tab. 4.9: Werte der Hebelarmkurve

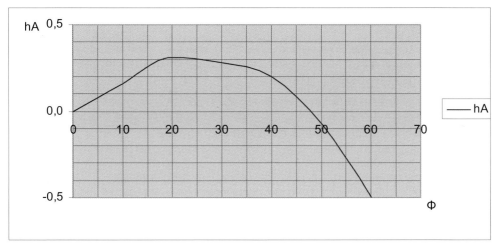

Bild 4.14: Hebelarmkurve

Schritt 5:   Ermittlung der Stabilitätskriterien (z. B. Frachtschiffe Stand 2005)

ϕ_S	= Statischer Kenterwinkel (ca.)	= 22°
ϕ_U	= Stabilitätsumfang (ca.)	= 51°
e_{30}	= Fläche unter der Kurve bis 30°	= 0,110 m-rad
e_{40}	= Fläche unter der Kurve bis 40°	= 0,150 m-rad
$e_{30\text{-}40}$	= Fläche unter der Kurve 30° bis 40°	= 0,040 m-rad

4.6.3 Einschätzung der Situation durch die Schiffsbesatzung

Einschätzung nach schiffbaulichen Stabilitätskriterien

Stabilitätskriterien dienen der Entscheidung über die Zulässigkeit einer Beladung im Intaktfall und der Einschätzung der Gefahr bei einem Wassereinbruch. Sie basieren, wie schon erwähnt, auf den Erfahrungen des Schiffbaus, den statistischen Auswertungen von Schiffsunfällen und darauf aufbauenden Unterteilungs- und Stabilitätsvorgaben. Entspricht das Schiff mit seiner Beladung oder nach einem Wassereinbruch diesen Kriterien, übersteht es mit großer Wahrscheinlichkeit die Reise oder den Wassereinbruch. Man folgt also dem Prinzip:

"Kriterien zur Absicherung einer festgesetzten Wahrscheinlichkeit der Einhaltung genügender Stabilität"

Dabei werden erschwerende Umstände wie Schlechtwetter oder Verrutschen der Ladung nicht berücksichtigt (siehe Abschnitt „Einflussfaktoren auf die Stabilität leckgeschlagener Schiffe").

Die Kriterien sind somit auch eine Vereinheitlichung durch die internationale Schifffahrtsgemeinschaft. Sollten sich hierbei neue Erkenntnisse ergeben, etwa aus der Häufung bestimmter Unfälle, werden diese Vorgaben angepasst. Ein gutes Beispiel war hier die Anpassung der Stabilitätsvorgaben für Ro-Ro-Schiffe in den 1990er Jahren.

Für den Bereich Leckstabilität ergeben sich verschiedene Entscheidungskriterien, die sich auf die Schwimmlage und die Stabilität nach Niveauausgleich beziehen. Für eine einfache Überprüfung der Stabilität dienen die GM (oder KG)-Grenzkurven. Hier wird ein Mindest- oder Höchstmaß für die Anfangsstabilität über den mittleren Tiefgang oder das Deplacement fixiert. In dieser diagrammartigen oder tabellarischen Darstellung sind noch keine Einflüsse von Wind und Wetter und auch keine Darstellung des potenziellen aufrichtenden Hebels über die Neigung des Schiffes enthalten, sie dient aber gut einer ersten Orientierung.

Ein Schiff kann die Folgen eines Wassereinbruches nur überstehen, wenn es während und nach der Flutung noch über einen ausreichenden Auftrieb verfügt, nur ein begrenzter Teil des Schiffes überflutet wird und genügend Reststabilität verbleibt.

An die Leckschwimmlage werden allgemein die folgenden Forderungen gestellt:
– Die metazentrische Anfangshöhe darf einen bestimmten Wert nicht unterschreiten.
– Der Stabilitätsumfang (Bereich positiver Hebelarme) und
– die Fläche unter der Hebelarmkurve (als Arbeitsvermögen des aufrichtenden Hebels) müssen bestimmte Werte erreichen.
– Der größte statische Hebelarm muss bei einer Mindestkrängung entstehen.
– Bei einer unsymmetrischen Flutung darf der Krängungswinkel einen bestimmten Wert nicht überschreiten.
– Das Schottendeck darf nicht eintauchen. Es handelt sich dabei um das Deck, bis zu dem die wasserdichten Schotten hoch geführt sind. Dabei müssen die Tiefertauchung, der Trimm und die Krängung berücksichtigt werden, die durch Flutung auftreten.

– Es dürfen keine Öffnungen eintauchen, durch die eine weitere Ausbreitung des Leckwassers auf ursprünglich nicht geflutete Räume möglich ist.

Welche Kriterien in welchem Zustand eingehalten werden müssen, ist bei den einzelnen Schiffstypen unterschiedlich. Die umfangreichsten Forderungen gelten für Fahrgastschiffe. Hier ist auch die Wirkung von drei Krängungsmomenten im Leckzustand zu überprüfen und zwar
– des Krängungsmomentes durch seitlichen, statisch wirkenden Winddruck,
– des Krängungsmomentes durch das Übertreten der Fahrgäste auf eine Seite des Schiffes (Ansammlung auf den Musterstationen)
– des Krängungsmomentes durch das Aussetzen der Rettungsmittel auf einer Seite des Schiffes mit ausgeschwungenen, voll besetzten Rettungsbooten und -flößen.

Als Beispiel für Trockenfrachtschiffe gilt:
– Die metazentrische Anfangshöhe muss mindestens 0,15 m betragen
– der größte statische Hebelarm sollte günstigenfalls bei 30° erreicht werden, aber mindestens bei 25°
– der aufrichtende Hebelarm bei > oder = 30° sollte mindestens 0,20 m betragen
– die Fläche unter der Hebelarmkurve sollte mindestens wie folgt betragen

zwischen 0° und 30° (e_{30})	= 0,055 m-rad
zwischen 0° und 40° (e_{40})	= 0,090 m-rad (bzw. bis Einströmwinkel)
zwischen 30° und 40° (e_{30-40})	= 0,030 m-rad (bzw. bis Einströmwinkel)

Aktuellere Vorschriften sind eventuell zu konsultieren.

Einschätzung nach schiffbaulichen Längsfestigkeitskriterien

Durch Beschädigungen der Verbände und durch den Einfluss der Wassermassen kann ein Wassereinbruch die Längsfestigkeit bis zum Auseinanderbrechen des Schiffes beeinflussen. Je länger das Schiff bzw. je größer das Moment auf den einzelnen Verband, desto größer ist die Schwächung der Konstruktion. Somit sind vor allem längere Konstruktionen, wie große Containerschiffe, Tankschiffe und Massengutschiffe gefährdet. Einen Einfluss hierbei hat natürlich die ursprüngliche Ladungsverteilung, da durch den Flutbarkeitsfaktor des Leckraums die spätere Verteilung der Belastung über die Längsachse beschrieben wird. So kommt es in vielen Fällen, z. B. bei Wassereinbruch im vorderen Laderaum auf Grund einer Grundberührung, nicht zum Sinken des Schiffes durch Kentern sondern durch Auseinanderbrechen.

Die Rechenmethoden zur Darstellung der Längsfestigkeit (bending moments, shear forces) sind bekannt und lassen sich in dem Fall auch im Ladungsrechner als Masseverteilung eingeben. Die Nichteinhaltung der Belastungsgrenzen gemäß Intaktstabilität führt zwar nicht zwangsläufig zum Verlust des Schiffes, lässt aber Anhaltspunkte zur Überlastung der Schiffsverbände erkennen.

Einflussfaktoren auf die Stabilität leckgeschlagener Schiffe

Neben den schon beschriebenen Einflüssen des Leckwassers soll hier noch einmal auf Einflussgrößen aufmerksam gemacht werden, die nicht auf den Wassereinbruch direkt zurückzuführen sind, aber durch die Schiffsführung bei der Einschätzung der Stabilität, der Festigkeit des Schiffes und nachfolgenden Maßnahmen unbedingt berücksichtigt werden müssen. Diese Einflussgrößen basieren auf dem Zustand der Intaktstabilität und der Ladungsverteilung und werden durch äußere und innere Kräfte verändert. In der Literatur und im Zuge der Bauvorschriften werden hierbei auch dynamische Vorgänge abgedeckt, die über die Möglichkeiten einer Berechnung an Bord hinausgehen. Jeder Nautiker ist dazu aufgerufen, unter Berücksichtigung seiner Schiffsparameter, sich über die typischen Einflussfaktoren zu informieren, um im Ernstfall die richtigen Schlüsse ziehen zu können.

Der nachstehende Abschnitt kann nur eine kurze Richtlinie geben, da sonst der Schwerpunkt des Kapitels auf typische nautische Fragestellungen verschoben werden würde.

Angriff von äußeren Kräften und Momenten:
- A) Wettereinfluss
- B) Längswellen
- C) Wellenfelder
- D) Eiseinfluss

Angriff von inneren Kräften und Momenten:
- E) Drehkreisfahrt bzw. Hartruderlagen
- F) Ladungsverschiebung
- G) Passagierbewegung (Panikwinkel)

A) Wettereinfluss

Der Einfluss des Windes, vor allem auf die Decksladung und auf Aufbauten und Bordwand kann eine Bö verursachen, die ein bestimmtes Moment hervorruft. Gleichzeitig wird durch Wellenbewegung ein Rollen in Richtung des Windes verursacht. Diese beiden Einflussgrößen ergeben ein Krängen des Schiffes hin zur windabgewandten Seite.

Einschätzen lässt sich die Berechung des bekannten Wetterkriteriums nach Methoden, die die IMO in ihren Regelwerken beschreibt (siehe entsprechenden Code). Zusammenfassend kann gesagt werden, dass, abzüglich der Einflüsse konstanter Krängungsmomente, die Fläche B unter der Hebelarmkurve (aufrichtende Arbeitsvermögen bis Einströmwinkel) größer oder gleich sein muss zur Fläche A unter der Hebelarmkurve. Es werden hierbei also zwei dynamische Prozesse gegenübergestellt.

Für den Einfluss eines konstanten Winddrucks gibt es gleichfalls vereinfachte Formeln.

B) Längswellen

Bei Einwirkung von Wellen in Längsrichtung (hier vor allem Wellen mit Länge vergleichbar circa der Schiffslänge L_{pp}) ist mit einer periodischen Reduzierung des Hebelarmes zu rechnen. Vor allem wenn der Hauptspant sich auf dem Wellenberg befindet, tragen Schiffsbug und -heck nicht mehr zum Auftrieb bei. Das Schiff kann also kentern, obwohl es gemäß der Rechnung noch genügend Reststabilität besitzt. Kleinere Schiffe sind auf Grund ihrer üblichen Bauform (große Auftriebsreserven in der Bugform und im ausladenden Heck) bei Einfluss dieser steilen Längswellen besonders gefährdet.

C) Wellenfelder

Wellenfelder können bei Auftreten erheblichen Einfluss auf die Fahrt des Schiffes und dessen Stabilität haben. Hierbei gibt es verschiedene Einflüsse, die sich vor allem durch ihre Einwirkrichtung, die Fahrt des Schiffes und dessen ursprüngliche Stabilität beschreiben.

Man unterscheidet zwischen typischen Resonanzerscheinungen (synchrone Resonanz, parametrische Resonanz), Surfriding und Einwirken großer Wellengruppen.

Die zunehmende Bedeutung dieser Einflüsse ergibt sich aus der Änderung zur heutigen Schiffsform (scharf geschnittenes Vorschiff, ausladendes Spiegelheck) und deren Verhalten auf das Einwirken großer Wellengruppen. Bei den Resonanzerscheinungen ergibt sich dabei ein periodisches Aufschwingen des Schiffes mit hoher Amplitude, das auch sehr plötzlich und unerwartet erfolgen kann.

Synchrone Resonanz wird hervorgerufen, wenn die Rollperiode des Schiffes vergleichbar ist mit der Begegnungsperiode des Wellenfeldes.

Parametrische Resonanz kann entstehen, wenn die Begegnungsperiode der Wellen etwa den doppelten Wert der Periode des Schiffes einnimmt. Dies gilt vor allem bei vorderlicher oder achterlicher See, was in jüngster Zeit auch großen Containerschiffen zum Verhängnis wurde. Ladungsschäden durch große Beschleunigungen sind die Folgen.

Surfriding bedeutet ein längeres Verbleiben des Schiffes auf einer Längswelle, hervorgerufen durch die Annäherung der Längskomponente der Schiffsgeschwindigkeit an die Begegnungsgeschwindigkeit der achterlichen See. Auch hier muss von einer starken Reduzierung der Stabilität ausgegangen werden bis hin zu einem Querschlagen des Schiffes vor der See.

Dem Einwirken hoher Wellengruppen folgt, ähnlich wie in Abschnitt B) beschrieben, eine Reduzierung der Stabilität, wobei hier auch ein längeres „Verweilen" auf dem Wellenberg auf Grund der Richtung der Wellen und Kurs und Geschwindigkeit des Schiffes einen Einfluss hat. Es existiert eine Guideline der IMO, die diese Situation bzw. deren Vermeidung als Richtlinie für den Kapitän beschreibt.

E) Drehkreisfahrt bzw. Hartruderlagen

Durch die Drehkreisfahrt wird ein Zentrifugalmoment hervorgerufen, welches das Schiff in die Gegenrichtung krängt. Einerseits kann dies eine unerwünschte Verringerung der Stabilität hervorrufen. Andererseits könnte dies erwünscht sein, um ein Leck in Höhe der Wasserlinie aus dem Wasser zum bekommen. Das Moment lässt sich wie folgt einfach überschlagen und in die Stabilitätsrechnung einarbeiten:

$$M_Z = v^2/l \times 0{,}02\Delta \times (KG - T/2)$$
(mit v – Schiffsgeschwindigkeit, l – Schiffslänge, d_M – mittlerer Tiefgang)

F) Ladungsverschiebung

Ladungsverschiebung oder auch Übergehen von Ladung entsteht oftmals für die Decksladung bei großer Krängung bzw. Beschleunigungen oder auch bei Einwirken von Wasser auf thixotropische Ladung in den Laderäumen (Breiigwerden).

Übergehende Ladung vergrößert eine Schlagseite und verringert die aufrichtenden Hebelarme auf der tiefen Seite. Sofortmaßnahmen der Schiffsleitung sind oberstes Gebot, um ein Kentern des Schiffes abzuwehren.

Als Gegenmaßnahmen eignen sich einerseits Maßnahmen, die ein weiteres schweres Rollen bzw. das Einwirken großer Querbeschleunigungen verhindern. Gleichzeitig sind Maßnahmen zur Sicherung der Ladung oder zum Werfen der Decksladung eine Möglichkeit, die ins Auge gefasst werden sollte, soweit dies Wetterbedingungen und Art der Ladung zulassen. Erst danach sollte mit Pumpoperationen begonnen werden, da sonst ein unkontrolliertes Übergehen droht.

Für den Fall des Verrutschens von Ladung in der Luke (zum Beispiel Schüttgut) sollte sehr vorsichtig mit dem Aufrichten des Schiffes begonnen werden, da ein Überschlagen der Ladung in die andere Richtung meist fatalere Folgen nach sich zieht.

Insgesamt hat eine Ladungsverschiebung oder ein Übergehen von Ladung oftmals Folgen für die Struktur des Schiffes, möglicherweise auch eine weitere Beschädigung der Außenhaut.

G) Passagierbewegung (Panikwinkel)

Für Fahrgastschiffe gilt eine Berechnung für die Bewegung von Passagieren zur hohen Seite. Man nimmt hierbei an, dass Fahrgäste aus Panik auf die hohe Seite laufen, was bewirkt, dass das Schiff beim Überholen verstärkt krängt. Für Passagierschiffe wird für die Intaktstabilität der Einfluss der Drehkreisfahrt, des Windmoments und der Passagierbewegung zusammengefasst.

Das Moment wird berechnet durch die Annahme, dass Personen mit z. B. 750 N plus 250 N Gepäck zu je 4 Personen pro Quadratmeter einwirken. Die genaue Berechnung ist der SOLAS-Konvention (chap. II-1 reg. 8) zu entnehmen.

4.7 Abwehr von Wassereinbrüchen

Der Schiffbau stellt der Schifffahrt ein nach den aktuellen Unterteilungsvorschriften international zugelassenes Schiff zur Verfügung. Diese Vorschriften entsprechen dem Optimum zwischen einer hohen konstruktiven Unterteilung des Schiffskörpers und den Eckpunkten der Wirtschaftlichkeit des fertigen Schiffes (z. B. Baupreis, Geschwindigkeit, Tragfähigkeit, Brennstoffverbrauch usw.).

Diese Vorschriften können einen Wassereinbruch weder verhindern, noch kann eine Gewähr für das Überstehen von Wassereinbrüchen übernommen werden. Das heißt, die Schiffsführung kann sich nicht darauf berufen, dass ein zugelassenes Schiff jeden Wassereinbruch übersteht, sondern sie muss sich mit den Wirkungen und Folgen eines Wassereinbruchs im Vorfeld sowie auch in einer realen Unfallsituation beschäftigen, einschließlich möglicher erschwerender Umstände bezüglich Wetterbedingungen, Beladung, Manövrierkennwert u. Ä.

Die grundsätzliche Betrachtung der Wirkungen eines Wassereinbruchs zeigt Bild 4.15.

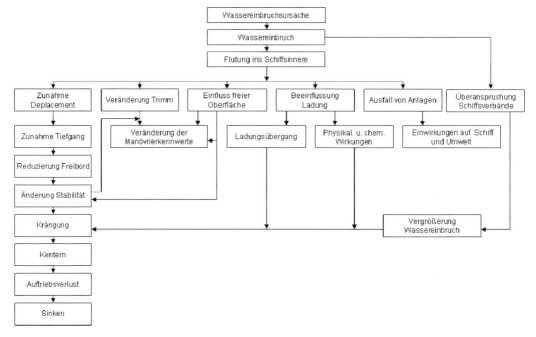

Bild 4.15: Verfeinerte Darstellung der Ursache-Wirkungs-Kette

4.7.1 Leistungsfähigkeit einer Personengruppe in der Leckwehr

Im Rahmen einer Untersuchung wurden die Beanspruchungen in praktischen Übungen unter Hinzunahme von Einflussfaktoren, wie Unterkühlung (Leckwasser), Dunkelheit, Auftrieb, Enge und psychologischen Faktoren gemessen. Gleichzeitig erfolgte die Einschätzung, ob sich der Wassereinbruch durch eine bestimmte Technik innerhalb der Leistungsgrenzen beherrschen lässt, ob die

Beherrschung des Wassereinbruchs an der Leistungsfähigkeit des Menschen scheitert oder ob die der Technik zugrunde gelegte Technologie zur Leckabwehr ungeeignet ist.

Bei den zu untersuchenden Situationen war von einer multifaktoriellen Beanspruchung auszugehen. Die physiologischen Untersuchungen sind durch drei Belastungskategorien gekennzeichnet:
– Belastungen durch das Transportieren von Massen: Leckwehrmaterialien, Anzug
– Belastungen durch verschiedene Formen von körperlicher Arbeit: Ganzkörperarbeit, Haltearbeit, Gleichgewicht halten
– Belastungen durch psycho-emotionale Vorgänge: Bewegungsbehinderung, Dunkelheit, steigendes Wasser, Kälte

Die Werte der jeweiligen Personen der Kontrollgruppen wurden durch entsprechende medizinische und psychologische Testmethoden aufgenommen. Ohne die Aussagen aus den Versuchen zu vertiefen, kann Folgendes für die Arbeit von Personen in der Leckwehr festgehalten werden:

Die Kurven des Diagramms der Leistungsfähigkeit einer Gruppe in der Leckwehr sind idealisiert (siehe unten). Wenn eine Person der Gruppe die Beanspruchungsgrenze, gemessen an der Herzschlagfrequenz, erreicht, muss er eine Erholungsphase einlegen, die nächste Person nimmt die Arbeit auf (Marke „I").

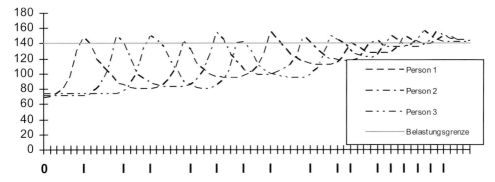

Bild 4.16: Gegenüberstellung Herzschlagfrequenz – Einsatzzeit einer Leckabwehrgruppe

Bei der Leckwehr gegen den Strom ist die Leistungsgrenze nach kurzer Zeit erreicht. Der Erfolg der Abdichtung scheitert je nach Volumenstrom in den meisten Fällen. Eine Verlängerung der Einsatzdauer wäre nur über eine kurze Zeit denkbar.

Bei der Leckwehr im Wasser „mit dem Strom" ist die physische Belastung für einen Nichttaucher ebenso groß wie gegen den Strom. Der Erfolg der Abdichtung ist aber in größerem Maße möglich.

Für einen geübten Taucher wäre die physische Belastung bei der Leckwehr mit dem Strom deutlich geringer als gegen den Strom, was u. a. auch auf den gewohnten Umgang mit dem Tauchergerät zurückzuführen sein dürfte.

Der Trainingszustand der Personen ist sowohl bei der Leckwehr mit dem Strom als auch gegen den Strom entscheidend. Die physische Leistungsfähigkeit und die psychische Belastbarkeit des Einzelnen bzw. der Gruppe entscheiden über den Erfolg der Maßnahme. Die Absicherung bzw. Sicherstellung der Person direkt am Leck hat bei diesen Technologien herausragende Bedeutung. Die psychoemotionale Resistenz des Einzelnen ist von nicht zu unterschätzender Wichtigkeit und müsste durch entsprechende Ausbildung gefestigt werden.

Bild 4.17: Medizinische und psychologische Versuche bei Leckwehrtests

Neue Leckwehrtechnik sollte also, wenn möglich, die direkte Einwirkung des Lecks auf die Personen vor Ort vermeiden.

4.7.2 Abwehrmethoden

Zweifellos ist die schnelle Bewertung der Situation eine wichtige Voraussetzung für die Entscheidungsfindung. Unabhängig davon erfordert in vielen Fällen die Situation ein unverzügliches Handeln. Unter Beachtung der inhaltlichen Aussagen des vorangegangenen Abschnittes sind unmittelbar logische Entscheidungen zu treffen. Aus dem physikalisch begründeten Zusammenhang von der Größe der Einströmöffnung und der Lage der Öffnung kann auf die Einströmmenge pro Zeiteinheit geschlossen werden. Daraus ist die Zuladung „Wasser" als f(t) ableitbar.

Es sind die in vorherigen Abschnitten dargestellten technischen Bedingungen in die Entscheidungsfindung einzubeziehen.

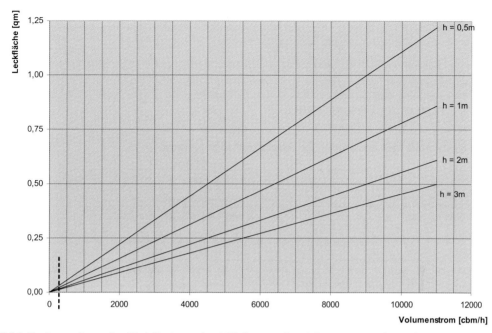

Bild 4.18: Darstellung des Verhältnisses Leckflächen zu Durchflussmengen (verschiedene Abstände Leck – Wasseroberfläche)

Grundsätzlich ergeben sich vier Entscheidungsvarianten:

A. Wenn **Einströmmasse > > Lenzleistung**

und bei einem Ein-Abteilungsschiff mehr als eine Abteilung betroffen ist bzw. infolge des Kontaktes mit Wasser sekundäre Probleme auftreten (Explosion, Ausfall der Maschine o. a.) oder generell die Stabilität und Festigkeit des Schiffes gefährdet sind, ist das Schiff kein sicherer Aufenthaltsort mehr.

B. Wenn **Einströmmasse > Lenzleistung**

und nur eine Abteilung betroffen bzw. Stabilität und Festigkeit als ausreichend anzusehen sind, so ist die Herstellung und Gewährleistung des Verschlusszustandes die entscheidende Maßnahme, um die technisch potenziell gegebene Sicherheit gegen Sinken zu nutzen.

C. Sollte **Einströmmasse ≈ Lenzleistung** sein,

so ist die schnelle Reduzierung der Einströmöffnung A auf eine Größenordnung von

Einströmmasse ≤ Lenzleistung

bei gleichzeitigem Einsatz der maximalen Lenzleistung ein unmittelbar anzustrebendes Ziel.

D. Bei einer Situation, in der von vornherein

Einströmmasse < Lenzleistung

ist, ist die maximale Lenzleistung und der schnelle Verschluss der Öffnung die Lösung der Konfliktsituation.

Es sind verschiedene Methoden zum Verschließen von Einströmöffnungen, so genannte Leckwehrmethoden, bekannt. Umfangreiche Erfahrungen mit den verschiedenen Methoden liegen nicht vor, so dass keine gesicherten Aussagen zur Wirksamkeit dieser Methoden möglich sind.

Da sich aus den Konventionen unmittelbar keine Pflichten zur Leckabwehr ableiten lassen, sind nationale Forderungen an die Reeder kaum vorhanden. Unabhängig hiervon können einzelne Reedereien zu dieser Problematik abweichende Festlegungen treffen.

Wenn eine Leckwehr von innen möglich ist, sind einfache mechanische Verfahren am meisten geeignet. Das Problem besteht in der schnellen systematischen Verkleinerung der Einströmöffnung A unter Beachtung der auftretenden Kräfte, die zum Teil sehr hohe physische Anforderungen an die zur Abwehr eingesetzten Personen stellen.

4.7.3 Systematik der bekannten Leckbekämpfungssysteme

von innen	von außen
Keile	Lecksegel/Leckrollo
Leckpfropfen	Leckpflaster/Leckwehrkissen
Leckpflaster	Leckschirm
Leckpolster	Leckplatte
Leckkissen	Leckpfropfen mit Mehrkomponentenschaumstoff
Leckkasten	Unterwasserschweißen
Abdichten mit Zement, Ausschäumen	Klebeverfahren
Vorrichtungen, die zur Unterstützung der Leckwehr dienen (Zwingen, Stützen ...)	pneumatische Leckabwehr von außen
pneumatische Leckabwehr (Luftwülste oder -schläuche, Druckluftvorrichtungen ...)	mechanisierte Vorrichtungen (Schlitten u. Ä.)

Im Allgemeinen werden die aufgezählten Systeme kaum noch in der zivilen Schifffahrt genutzt. Darum sollen unten aufgeführte Beispiele dazu dienen, an einfache aber wirkungsvolle Technologien zu erinnern, die mit geringem Aufwand beschafft werden können und im Notfall gute Dienste leisten. Dem Kapitel zum Thema Leistungsfähigkeit des Menschen in der Leckabwehr ist zu entnehmen, dass eine einfache, schnelle Anbringung der Technik, möglichst von außen und ohne längere Einwirkung des Lecks auf den Menschen vor Ort, die wirkungsvollste Form der Leckwehrtechnik sein müsste.

Leckwehrkissen

Dieser Technik liegt die Ausnutzung des hydrostatischen Drucks und der daraus resultierenden Anpresskraft und Verkeilung des Kissens im Leck zugrunde. Das Kissen wird durch eine Person von der Schiffsaußenseite an das Leck herangeführt und hält sich durch die Reibung (Außenhaut und

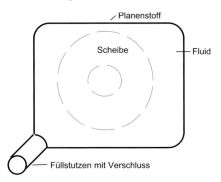

Bild 4.19: Skizze eines Leckwehrkissens

Hüllmaterial) und die formschlüssige Verbindung (Leckrand und Kissen) auf Position. Das Kissen besteht aus gummiertem Planenstoff, einer eingelegten Stabilisierungsscheibe, Füllstutzen und Verschluss, sowie dem Füllfluid.

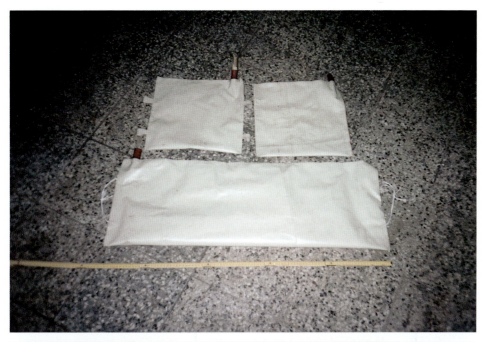

Bild 4.20: Probestücke und Wirkungsweise eines Leckwehrkissens

Die Scheibe dient der Versteifung des Kissens und verhindert das Durchgleiten des Kissens durch das Leck. Somit ist der Außendurchmesser bzw. die Breite der Scheibe das Kriterium für die Auswahl des passenden Kissens für die jeweilige Leckgröße.

Der Planenstoff hält einerseits das Fluid zusammen, andererseits gewährleistet er ein erstes Abdichten nach erfolgter Anbringung des Kissens am Leck. Durch den hydrostatischen Druck wird das Hüllmaterial bis zu einem gewissen Grad durch das Leck gedrückt.

Das Fluid gewährleistet daraufhin, je nach Fließverhalten und möglicher späterer Aushärtung, eine bessere Abdichtung durch ein Aufquellen des Kissens an der Schiffsinnenseite. Ein nachträgliches Sichern des Kissens wird nicht nötig, wenn als Füllfluid eine schnell aushärtende Masse benutzt wird, die das Leck quasi vernietet (z. B. 2-Komponenten-Kunststoff).

Leckwehrkissen können in unterschiedlichen Größen gefertigt werden. Bei größeren Leckagen, z. B. langen Rissen, können mehrere Kissen angebracht werden.

Leckrollo

Dieser Technik liegt die Ausnutzung der hydrodynamischen Vorgänge am Leck und der daraus resultierenden Anpresskraft zugrunde. Das Rollo wird durch zwei Personen (oder einer Person, je nach Größe des Rollos) am Schanzkleid über der Leckposition befestigt und ausgelöst. Das Rollo rollt sich infolge des eigenen Gewichtes aus und dichtet das Leck ab.

Das Rollo besteht aus gummiertem Planenstoff, eingearbeitetem Stabmaterial (Rundstahl) und einer Aufhängung.

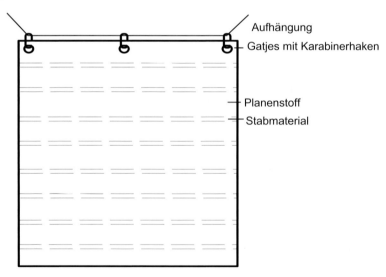

Bild 4.21: Aufbau eines Leckrollos

Die Stäbe dienen der Versteifung des Rollos und verhindern das Hineindrücken des Rollos in das Leck. Die Biegebeanspruchung der Stahlstäbe und die Reißfestigkeit des Stoffes sind die Kriterien für die Auswahl des passenden Rollos gegenüber der größten Breite am Leck. Gleichzeitig dienen die Stäbe zur Gewichtsvergrößerung und damit der Verbesserung des Ausrollens nach der Auslösung des Rollos.

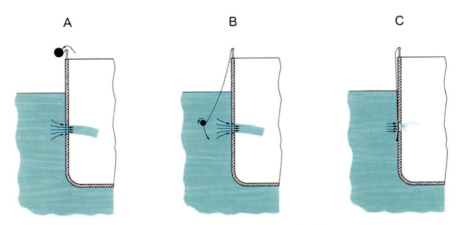

Bild 4.22: Das Prinzip des Leckrollos als Alternative für die Leckwehr von außen

Bild 4.23: Darstellung der Wirksamkeit des Leckrollos während eines Testaufbaus

Ein nachträgliches Sichern der Rollos ist möglich durch vorgefertigte Bänder oder Ösen durch das Leck hindurch. Leckrollos können in unterschiedlichen Größen gefertigt werden.

Versuche haben die prinzipielle Funktionstüchtigkeit gezeigt. Die Nutzung hängt weitgehend von der Einsatztiefe und von den Umgebungsparametern ab. In Fällen, wo das Schiff noch Fahrt durchs Wasser macht bzw. starken Krängungsbewegungen ausgesetzt ist, kann trotz des starken Anpressdruckes das Rollo abgespült werden. Für eine kurzfristige Sicherung des Rollos ist zu sorgen.

4.7.4 Lenzen, Umpumpen, Gegenfluten

Als Folge eines Wassereinbruches treten eine Verringerung der Schwimmfähigkeit und in den meisten Fällen eine Krängung und/oder Vertrimmung ein, was eine Verringerung des Stabilitätsumfanges bewirkt. Diese Folgen können durch verschiedene Gegenmaßnahmen verhindert, ausgeglichen oder zumindest gemildert werden. Solche Gegenmaßnahmen sind das Lenzen von Tanks, das Umpumpen von Tankfüllungen sowie das Gegenfluten.

Ihre Wirksamkeit basiert auf der Veränderung der Größe von Massen oder ihrer Verteilung im Schiff. Unabhängig davon, welche Gegenmaßnahmen eingeleitet werden, ist in jedem Falle der stabilitätsverringernde Einfluss der dabei auftretenden freien Oberflächen zu berücksichtigen.

Sollten alle drei Methoden möglich sein, empfiehlt sich ihre Anwendung entsprechend der oben angegebenen Reihenfolge. Entscheidend für die Festlegung auf eine oder mehrere kombinierte Methoden wird die Berücksichtigung aller spezifischen Bedingungen sein.

Das Lenzen von Tanks bietet sich besonders bei gefüllten Ballasttanks und bei einer durch den Wassereinbuch hervorgerufenen Krängung bzw. Vertrimmung des Schiffes an. Gleichzeitig wird auf diese Weise ein Teil der verringerten Schwimmfähigkeit ausgeglichen. Von den in Frage kommenden Tanks ist dabei zuerst der äußerste zur krängenden bzw. trimmenden Seite gelegene Tank zu lenzen. Der lange Hebelarm ermöglicht ein großes aufrichtendes Moment. Die gleiche Gesetzmäßigkeit ist beim Umpumpen zu berücksichtigen. Da während des Umpumpens gleichzeitig mindestens zwei freie Oberflächen entstehen, ist die Verringerung der Stabilität besonders zu beachten. Die Anwendung der Methode des Gegenflutens bedeutet eine zusätzliche Verringerung der Schwimmfähigkeit. Sie setzt freie Tankkapazität auf der der Krängung entgegengesetzten Seite und die Erhaltung einer ausreichenden Restschwimmfähigkeit voraus.

Sowohl beim Gegenfluten als auch beim Lenzen und Umpumpen sind vorher eine Überschlagrechnung und danach eine genaue Vorausberechnung vorzunehmen. Dadurch werden eine hohe Wirksamkeit und die Einhaltung der Stabilitätskriterien gewährleistet.

Bei der Bewertung der eigenen Möglichkeiten zur Gefahrenabwehr spielt die Lenzleistung eine wichtige Rolle. Diese Leistung ist mit den einströmenden Wassermassen schnell und zuverlässig zu vergleichen (vorangegangenes Kapitel).

4.8 Fallbeispiele

Fallbeispiel 1:

Randbedingungen:
> Warteposition vor Schleuse
> Strom ca. 3.5 kn
> Wind 3; Sichtweite 1600 m

Ereignisverlauf:
19.14	Information an Schifffahrt über Position und Lage des Schiffes
19.22	Schiff liegt auf Position – quer zum Fahrwasser
19.22	Schubverband passiert in gehörigem Abstand am Heck
19.23	Ausguck erkennt Kollisionsgefahr kurz vor Kollision am Bb-Achterschiff im Winkel von 90 Grad Bereich Maschinenraum
19.25	Meldung an Brücke: Wassereinbruch im MR
	Kapitän gibt Anweisung zum Einsatz Lenzpumpen und Erkundung Leck
19.26	VGL, um Ankerketten zu entlasten
19.27	Externe Information über Situation und Anforderung Schlepper mit großer Lenzleistung
19.29	Meldung vom C/E: Wasser steigt sehr schnell!! Erhöhter Verschlusszustand
19.47	Bergungsschlepper längsseits und Herstellung einer Lenzleitung
19.45	Information an Reeder
20.15	Wasserstand bis Zylinderkopfstation
	Lösen aller Schlauchverbindungen, Schließen aller Schotten zum KR u. MR
	Absteifungen der Schotten mit Kanthölzern
	Ausbringen Lecksegel scheitert
	Abdichten von außen gelingt nicht
	Wassereinbruch im angrenzenden LR über Schweißrohre
	Großer Tiefgang achtern – Gefahr des Brechens

24 Stunden später Schiff so gelegt, dass Abdichtung von außen möglich
6 Stunden später Leck abgedichtet, Beginn zum Lenzen
2 Stunden später Schiff wieder schwimmfähig

Ursache-Wirkungs-Kette

Kollisionsgegner missachtet Vorschriften

↓

Schiff verursacht Kollision im Bereich Maschinenraum

↓

Wassereinbruch durch ein Leck in der Größe von $A \approx 2 \text{ m}^2$

↓

Einströmmenge sehr viel größer als Lenzleistung

↓

Wassereinbruch im angrenzenden Laderaum

↓

Schiff nur haltbar durch die Lage an der Böschung
Im freien Seeraum sicherer Untergang

Bewertung des Safety Managements (Notfallmanagement)

Risiko/Gefahr richtig erkannt?
Ja, weil Sofortmaßnahmen von der Schiffsleitung eingeleitet wurden.

Gefahrenentwicklung richtig bewertet?
Die Bewertung der eigenen Möglichkeiten war nicht zutreffend. Die Lenzleistung war völlig bedeutungslos im Verhältnis zur einströmenden Menge.

Entschlussfassung/Entscheidungen?
Die Maßnahmen zum Verschlusszustand und zur Anforderung von externer Hilfe wurden unverzüglich getroffen. Maßnahmen zum Schutz der Besatzung.

Ausführung der Handlungen?
Bei der Herstellung des Verschlusszustandes wurde die Gefahr der Flutung des angrenzenden LR übersehen. Das war bedeutsam, weil das Schiff als Ein-Abteilungsschiff gekennzeichnet war. Die maximale Unterstützung der Bergungsfirmen war gegeben.

Fallbeispiel 2:

Randbedingungen:
>   Schiff in der Werft
>   Außenbordarmaturen zum Überholen an Land
>   Schiff soll verholt werden

Ereignisablauf:

06.30	MR unbesetzt
07.10	Information, dass Schiff verholt wird – E-Anschluss und Löschwasser gelöst
07.45	Kontrolle MR; das Fehlen von Armaturen wird nicht festgestellt
08.30	Werftkapitän an Bord; Anweisung zum Leinen lösen
08.35	Schlepper fest
08.40	Spring los – Schlagseite nach Bb 10 Grad; zusätzlich Schlepperzug
09.12	Schlagseite ca. 19 Grad Nach Festmachen am Liegeplatz E-Anschluss, um DK umzupumpen
09.15	Feststellung Wassereinbruch! Ventile sollen aus der Werkstatt geholt und eingebaut werden
09.25	2 Personen versuchen Eckventil NW 100 aufzusetzen – gelingt nicht! Alarmierung Feuerwehr; Bullaugen geschlossen
09.33	Feuerwehr vor Ort; Ausbringen von Schläuchen zum Lenzen Zunehmende Schlagseite Anweisung zum Verlassen MR
09.37	Feuerlöschboot zur Verstärkung angefordert
09.48	Zwei weitere Schlepper angefordert
10.00	Zwei Schlepper und Tauchboot vor Ort Werfttaucher lehnt wegen Schlagseite den Einsatz ab Leichte Taucher nicht verfügbar Lecksegeleinsatz nicht möglich, da Stb-Seite gegen Dalben liegt Einsatz von 9 Wasserjägern mit 240 m³ Lenzleistung bringt kein Erfolg Lenzen vom Feuerlöschboot gelingt wegen Saughöhe nicht
11.00	Vorschlag von Feuerwehr: Öffnung in Außenhaut brennen zum Lenzen wurde abgelehnt Versuch mit Gegenfluten, da Unkenntnis über Verschlusszustand, abgebrochen Schwimmkran mit 100 t Hubkraft angefordert

12.00   Volle Hubkraft eingesetzt
12.30   Bruch der Leinen
        Alle Personen von Bord - restliche Leinen durchgebrannt
        Schiff sinkt vor den Augen der Notfallkommission

Ursache-Wirkungs-Kette

Keine Information über Ausbau der Ventile

↓

Schiff hatte leichte Schlagseite durch Umpumpen erhalten
Schlepperzug vergrößert leichte Schlagseite
Keine Kontrolle im Schiff

↓

Wassereinbruch durch Öffnungen in der Außenhaut
6 Ventile mit NW 100 bis 40; $A \approx 0{,}03\ m^2$

↓

Einströmmenge größer als Lenzleistung
$\dot{V} \approx 300\ m^3$ (anfänglich)

↓

Wassereinbruch zum angrenzenden Raum
Einabteilungsschiff – Sinken unabwendbar

↓

Schiff nur haltbar durch Leckabwehr von außen
in den ersten Minuten der Feststellung
des Wassereinbruchs

Bewertung des Safety Management (Notfallmanagement)

Risiko/Gefahr richtig erkannt?
Nicht zu erkennen

Gefahrenentwicklung richtig bewertet?
Die Bewertung der eigenen Möglichkeiten war nicht zutreffend. Die Lenzleistung war nicht ausreichend. Keine Ermittlungen hinsichtlich der einströmenden Wassermassen.

Entschlussfassung/Entscheidungen?
Die Entscheidungen zur Leckabwehr und zum Verschlusszustand waren uneffektiv, weil das Problem nicht hinreichend bewertet wurde. Die Anforderung von externer Hilfe erfolgte zögerlich.

Ausführung der Handlungen?
Alle Maßnahmen litten darunter, dass sie zu einem Zeitpunkt eingeleitet wurden, zu dem ein Erfolg kaum noch gegeben war. Wassereinbruch muss in Abhängigkeit der Zeit betrachten werden. Bei der Herstellung des Verschlusszustandes wurde die technische Möglichkeit der Flutung des angrenzenden Raumes übersehen. Das war bedeutsam, weil es ein Einabteilungsschiff war. Hoher aber unwirksamer Einsatz der Bergungsfirmen.

Literaturverzeichnis

Aleksandrov, M. N.: Bezopasnost čeloveka na more Leningrad: Sudostroenie, 1983

Benkert, W. M.: Reasons for collision and groundings Safe Navigation Symposium, Session 1. Washington, D.C.: Paper No.1., 1978

DDR-Schiffs-Revision und -Klassifikation (Hrsg.); DSRK – Informationen 1975–1989, Rostock: Hausinternes Mitteilungsblatt

Dreißig, D.: Wassereinbruchserkennung und hinreichend genaue Prozeßdarstellung des Schiffszustandes, – Diss., Bergische Universität – GH Wuppertal, 1995

Förster, W.: Zur Stabilität eines Schiffes bei Wassereinbruch im Schiffsbetrieb und Möglichkeiten der Besatzung zur Erhaltung der Schwimmfähigkeit, Rostock: Diss., Ingenieurhochschule für Seefahrt Warnemünde / Wustrow, 1983

Froese, J.: Informationssystem Brücke, Hamburg: Schiff & Hafen 12, S.1162, 1978

Hahne, J.; Dreißig, D.: Neuartige Leckwehrtechnik und -einsatztechnologien zur Sicherung von Schiffen und Verhinderung von Umweltschäden; Institut für Sicherheitstechnik /Verkehrssicherheit e.V. Warnemünde: Abschlussbericht FuE-Vorhaben 40292/92 BMV, 1994

Hahne, J.: Einrichtung zur Lecksicherung, Patentschrift DD B 63 B / 342 615 4, 1991

Helten, E.: Der Risikobegriff unter kalkulatorisch-objektivem Aspekt; GfS - I. Sommer-

Symposion Risiken komplizierter Systeme - ihre komplexe Beurteilung und Behandlung, Bremerhaven: Wirtschaftsverlag NW, 1979

IMO Guidance to the master for avoiding dangerous situations in following and quartering seas, MSC Circular 707

Oesau, M.; Uhlig, L.: Zu Fragen der Schiffssicherheit, Rostock: Seewirtschaft 11, S.653, 1975

Perrow, C.: Normale Katastrophen; Die unvermeidbaren Risiken der Großtechnik. Frankfurt/Main; New York: Campus Verlag GmbH, 1987

Riepe, W.: Leckstatistik; Institut für Schiffbau, Universität Hamburg, Hamburg: Hansa, Heft 14, S.1371–1372, 1965

Riepe, W.: Statistische Untersuchungen über Leckgrößen bei Schiffsunfällen; Institut für Schiffbau, Universität Hamburg, Hamburg: Hansa, Heft 18, S.1537-1547, 1966

Schneekluth, H.: Hydromechanik zum Schiffsentwurf, Herford: Koehler, 1988

See-Berufsgenossenschaft (Hrsg.); Unfallverhütung, Schiffssicherheit, Gesundheitsdienst, Berichte 1975 – 1981, Hamburg: Hermann Lange Verlag

See-Berufsgenossenschaft (Hrsg.); Unfallverhütung, Schiffssicherheit, Gesundheitsdienst, Berichte 1982 – 1983, Hamburg: Adam Curtze KG

See-Berufsgenossenschaft (Hrsg.); Sicherheit auf See; Unfallverhütung, Schiffssicherheit, Gesundheitsdienst, Berichte 1984 – 1992, Hamburg: Druckerei und Verlagsgesellschaft Ca + Ho mbH

Seeunfalluntersuchungsakten; Seeämter Bremerhaven, Emden, Flensburg, Hamburg, Kiel, Lübeck und Seefahrtsamt Rostock 1975 bis Oktober 1992

Tangwall, G.: IBM's Bryggadatorsystem, Stockholm: Nautisk Tidskrift 2, S.53, 1974

Wendel, K.: Die Bewertungen von Unterteilungen Jahrbuch der STG Bd. 55, S. 190–207, Heidelberg: Springer Verlag, 1961

5   Schutz vor Seeminen

Dr.-Ing. habil. Hans-Dieter Galle, Doz. i. R., Fkpt. a. D.; Prof. Dr.-Ing. habil. Joachim Hahne

Abkürzungen und Formelzeichen

A	Einleitpunkt für Rückführmanöver
b	Breite des Schiffes, m
$\bar{b}$	relative Schiffsbreite (b/Tm), ausgedrückt in Bruchteilen der Messtiefe
d_F	Durchmesser der Detonationsfontäne, m
DSR	Deutsche Seereederei
$f(\bar{r}_i)$	Funktion der Entfernung zwischen Messpunkt i und dem Gewichtsschwerpunkt des Schiffes
FKE	Ferromagnetische Konstruktionselemente
G	Gewicht der Sprengladung, kg
h	Höhe der Detonationsfontäne, m
l	Länge des Schiffes, m
k	Koeffizient des hydrodynamischen Schifffeldes
N	Windungszahl der Induktionsspule, 1
p(t)	Funktion, die den Druckverlauf in der Stoßwelle beschreibt
p_G	Gesamtschalldruck
p_H	Schalldruck des umströmten Schiffskörpers, Pa
p_m	Spitzendruck in der Stoßwelle, Pa
p_{max}	Maximaldruck in der Stoßwellenfront, m
p_P	Schalldruck durch den Schiffspropeller, Pa
p_V	Schalldruck durch den Schiffskörperschall, Pa
R	Entfernung der detonierenden Ladung vom Schiff
s	maximale Versetzung eines idealen steifen Schiffskörpers bei einer UWD
t	Einwirkzeit, s
T_D	Detonationstiefe, m
T_m	Messtiefe (Minenort), m
$\bar{T}$	relativer Tiefgang (T/T_m), ausgedrückt in Bruchteilen der Messtiefe
TNT	Trinitrotoluol
Ui	induzierte Spannung, V
UWD	Unterwasserdetonation
v	Geschwindigkeit des Schiffes, sm/h
v_{max}	maximale Geschwindigkeit eines idealen steifen Schiffskörpers bei einer UWD
X_m	relative Entfernung zum Minenort in Kursrichtung (Abszissenrichtung) in Bruchteilen der Schiffslänge (X/l)
δ	Völligkeitsgrad der Verdrängung des Schiffes
Δpi	Staudruck im Punkt i, Pa
Θ	Zeitkonstante des Druckabfalles, s
ς	Dichte des Seewassers, kgm^{-3}
ϕ	magnetischer Fluss, Wb
$\varphi_i(x, y, z)$	Geschwindigkeitspotential der vom Schiff in den Koordinatenachsen x, y, z erzeugten Strömung im Punkt i

5.1 Die Minenwaffe als Objekt des Minenschutzes auf zivilen Schiffen

5.1.1 Erfahrungen der Zivilschifffahrt mit Seeminen

Die Gefahr terroristischer Aktionen hat nach den Flugzeug-Attentaten vom 11. September 2001 weltweit zugenommen und inzwischen auch die Schifffahrt erreicht. Im Oktober 2002 raste z. B. ein von islamistischen Attentätern gesteuertes und mit Sprengstoff beladenes Schnellboot vor der Küste Jemens in den französischen Tanker „Limburg" und beschädigte ihn schwer. Bis dahin musste die Internationale Schifffahrt vor allem Seeräuber fürchten und auch Seeminen, die in Konfliktregionen von den Kriegsparteien eingesetzt wurden oder Überbleibsel vorangegangener Kriege waren. Auch gegenwärtig gibt es keine Anzeichen dafür, dass die Bedrohungen der Schifffahrt durch Seeminen abnehmen könnten, eher vergrößern sie sich, denn Minen sind als „Waffe des armen Mannes" für subversive Aktionen aus dem Verborgenen durch Attentätergruppen oder Einzeltäter gut geeignet.

Die Seemine (im Weiteren „Mine") ist eine Waffe, die – ähnlich einer Falle – aus dem Hinterhalt wirkt und vom Opfer ungewollt selbst ausgelöst wird. In dem Konflikt Falle – Opfer sind kommerzielle Schiffe gegenüber Kriegsschiffen durch ihre Zweckbestimmung und Konstruktion deutlich benachteiligt. Technische Mittel der Minenortung und vergleichbare personelle Voraussetzungen besitzen zivile Schiffe in der Regel nicht. Dennoch sind sie den Gefahren aus Minen nicht hilflos ausgesetzt, wenn das Führungspersonal diese Gefahren kennt. Ohne Kenntnisse der wahrscheinlichsten Einsatzprinzipien von Minen und deren Wirkungen lassen sich sinnvolle Vorsichtsmaßnahmen für eine konkrete Gefahrensituation für Schiff, Besatzung und Ladung schwerlich ableiten.

Minen haben in der Vergangenheit bei kriegerischen Auseinandersetzungen zunehmende Bedeutung erlangt. Die erste Seemine wurde 1776 im Amerikanischen Unabhängigkeitskrieg von David Bushnell konstruiert. Damalige Minen waren Unterwasserhaftladungen mit Zeitzünder und wurden an gegnerischen Schiffen in einer verdeckten Aktion mit einem Haken befestigt. Im deutsch-dänischen Krieg 1848 wurden vor dem Kieler Hafen Minen eingesetzt, die von Land mit Sichtkontakt zum Ziel gezündet wurden. 1877 erteilte die Deutsche Marine erstmals Aufträge zur Produktion von Ankertauminen, die bei Berührung mit dem Schiffskörper detonierten. Mineneinsätze im Rahmen von Seegefechten erfolgten bereits 1904 vor Port Arthur im russisch-japanischen Krieg. Im 1. Weltkrieg kam es erstmals zum massenhaften Mineneinsatz, einige hunderttausend Minen sollen verlegt worden sein, denen 500 Handelsschiffe zum Opfer fielen.

Von den Orkney-Inseln bis zur norwegischen Küste wurde 1918 durch britische und amerikanische Minenleger die größte zusammenhängende Minensperre der Kriegsgeschichte, die „Northern Barrage", in einer Länge von 250 sm und einer Breite von 25–35 sm mit etwa 70.000 Minen gelegt. Die Sperre sollte die operative Entfaltung der kaiserlichen Kriegsflotte, insbesondere ihrer U-Boote aber auch die Seeverbindungen für Güterströme nach Deutschland behindern und unterbrechen. Zweckmäßigkeit und Zuverlässigkeit der Sperre sind umstritten. Einige Minen detonierten bereits wenige Tage nach der Verlegung durch gegenseitige Kontakte, andere sanken in die Tiefe oder lösten sich von ihren Verankerungen und trieben ab. Von der Minensperre konnten 1919 nur noch 21.295 Minen (30 % der ursprünglich verlegten Minen) gefunden und geräumt werden.

Im 2. Weltkrieg wurde im Vergleich zum 1. Weltkrieg die doppelte Anzahl Minen verlegt, aber eine fünffache Versenkungsquote von Schiffen aller Typen erreicht! Die gewachsene Effektivität der Minenwaffe im 2. Weltkrieg ist auf wesentliche technische Vervollkommnungen zurückzuführen, insbesondere auf erhöhte Zuverlässigkeit der Konstruktionselemente der Minen und auf neue Zündprinzipien. Neben der Absicht gegnerische Schiffstonnage zu versenken, rückte gleichzeitig immer mehr die Einengung der Handlungen eines Gegners auf See als Operationsziel in den Vordergrund (s. Kapitel 5.5).

Die Nachkriegsentwicklung brachte Beispiele der Anwendung der Minenwaffe auch in lokalen Kriegen, in die auch zivile Schiffe involviert waren:

Die Nordkoreaner verminten z. B. 1951 den Hafen von Wonsan mit 4000 Minen aus veralteten sowjetischen Beständen und blockierten für 8 Tage die amerikanische Landungsflotte unter dem Kommando von Admiral Smith, der damals geäußert haben soll:

„Wir haben die Seeherrschaft an eine Nation verloren, die keine Marine hat, veraltete Waffen einsetzt und diese mit Schiffen verbringt, die schon zur Zeit von Jesus Christus im Einsatz waren."

Diese Erfahrung überzeugt, dass subversive Handlungen schon mit Einzelexemplaren von Minen oder anderen Unterwassersprengkörpern, gleichgültig ob es sich um moderne, veraltete oder selbstgefertigte Muster handelt, erst recht unter heutigen Bedingungen allgemeinen Friedens, erhebliche Bedrohungen für den Schiffsverkehr schaffen können.

Während des Vietnamkrieges legten die USA vor der Küste Nordvietnams 10.800 Minen, auf den inneren Gewässern 3000 Minen und blockierten damit wichtige nordvietnamesische Häfen.

Zur Unterbrechung des Seehandels mit Nikaragua wurden im Jahre 1984 die Reeden und Schifffahrtswege vor der Ostküste vermint. Über 12 Handels- und Fischereischiffe verschiedener Flaggen wurden dadurch beschädigt oder sogar versenkt. Im Jahre 1984 entstanden im Roten Meer erhebliche Gefährdungen für die zivile Schifffahrt durch Fernzündungsminen, die von libyschen Terroristen verlegt worden sein sollen. Zu den Anschlägen bekannte sich eine Terroristen-Organisation, die nahezu 200 Minen ausgelegt habe. Dadurch erhielten mindestens 19 Handelsschiffe verschiedener Nationen Minentreffer (s. Fallbeispiel 1), 11 Schiffe davon wurden schwer beschädigt, darunter MS „Georg Schumann" der DSR (Trockenfrachter, 10.400 BRT). Mitten im Frieden wurde die Schifffahrt in einem Teil der Weltmeere durch eine allgemeine Minengefahr überrascht.

Im Verlaufe der Kriegshandlungen zwischen Iran und Irak kamen ab 1987 im Persischen Golf und im Golf von Oman ebenfalls Minen zum Einsatz, wodurch u. a. mindestens vier Schiffe Treffer durch Treibminen erhielten.Während des Bürgerkrieges in Angola setzten 1984 Untergrundkämpfer im Hafen von Luanda ein Handelsschiff der DSR (MS „Arendsee") durch eine Unterwasserhaftladung auf Grund (s. Fallbeispiel 2).

Die Bedeutung der Minenwaffe für Handels-, Fischerei- und Spezialschiffe (im Weiteren hier als „zivile Schiffe" bezeichnet) ergibt sich aus den gesammelten Erfahrungen der Anwendung dieser Waffe in Vergangenheit und Gegenwart und besteht in Folgendem:
– Minen schaffen für zivile Schiffe hohe Gefährdungen. Ein einziger Minentreffer führt in der Regel zu Verlusten unter der Schiffsbesatzung, zu schweren Schäden an Schiff und Ladung oder sogar zu dessen Totalverlust.
– Minen werden von einem Gegner gezielt auch zur Vernichtung von zivilen Schiffen eingesetzt. Bei speziellen Operationen wie Blockade von Seeräumen oder Unterbrechung der Seeverbindungswege können Handelsschiffe sogar zu den Hauptzielobjekten von Minen gehören.
– Minen gefährden die Schifffahrt nicht nur in Kriegszeiten, sondern auch im Frieden und in Spannungsperioden, hier namentlich in den Regionen lokaler Kriege und Konflikte. Die Minengefahr ist nicht automatisch mit der Beilegung der Konflikte aufgehoben sondern existiert weiter. Nach dem VIII. Haager Abkommen von 1907 besteht zwar nach Kriegsende eine Beseitigungspflicht von Minen für die kriegführenden Parteien, die praktische Realisierung dieser Pflicht dauert oft Jahre. Schätzungen über die in europäischen Gewässern bis heute verbliebenen Minen liegen im fünfstelligen Bereich. So mussten z. B. zwischen 1993 und 1997 an der Küste von Mecklenburg Vorpommern insgesamt noch 24 Minen geräumt bzw. als „Strandgut" beseitigt werden. Im Bereich der baltischen Länder werden aktuell sogar noch internationale Räumeinsätze mit deutscher

Beteiligung durchgeführt, bei denen während 10 Einsätzen innerhalb von acht Jahren 286 Minen geborgen werden konnten.
– Minen sind sowohl zum Masseneinsatz in Minenfeldern vorgesehen als auch in geringeren Stückzahlen auf Reeden, Ansteuerungen, Häfen und inneren Schifffahrtwegen. Letztere Anwendungen werden typisch sein für kriegsähnliche Handlungen in politischen Konfliktregionen, für subversive Handlungen und sind gegenwärtig und in Zukunft verstärkt von Terroristen und möglicherweise sogar von Seeräubern zu erwarten.

Eine Seemine ist eine unter Wasser verlegte Munitionsart zur Vernichtung oder Beschädigung von Wasserfahrzeugen und ingenieurtechnischen Wasserbauten. Die Ladung einer solchen Mine kann aus herkömmlichem oder nuklearem Sprengstoff bestehen. Die Zweckbestimmung der Minenwaffe ist gerichtet auf
– die Vernichtung und Beschädigung von Über- und Unterwasserkräften des Gegners sowie von ingenieurtechnischen Anlagen (z. B. Hafenanlagen, Dämmen, Brücken),
– die Schaffung einer regionalen, ständigen, hohen Vernichtungsgefahr für Schiffe und Boote aller Zweckbestimmungen, unabhängig von der Tageszeit und den hydrometeorologischen Bedingungen, wodurch die Handlungsfähigkeit dieser Kräfte bis hin zur Blockade eingeschränkt werden kann,
– die Auslösung von Konfliktsituationen durch subversive Handlungen.

Das Vernichtungsrisiko in einem minengefährdeten Gebiet zwingt einen Gegner, Behinderungen des Schiffsverkehrs beim Passieren dieses Gebietes in Kauf zu nehmen oder es sogar gänzlich zu meiden. Erheblich, sogar kriegsentscheidend, ist die Erhaltung der eigenen Seeverbindungen für den Transport von Truppen, Kampftechnik und ihren Versorgungsgütern sowie für die Güterströme der Wirtschaft. Solche Transportaufgaben werden den zivilen Schiffen zufallen, die deshalb bevorzugte Ziele für Minen darstellen. In klassischen Seekriegsszenarien wurden auch durch eigene Kräfte Minen zur Verteidigung eigener wichtiger Basierungsräume und Schifffahrtswege eingesetzt. Auch das stellt die Zivilschifffahrt vor neuartige Probleme, z. B. Fahrt durch Minenfelder oder Minenlinien auf streng geheim gehaltenen engen Trassen und in festgelegten Passagezeiten.

5.1.2 Taktische Eigenschaften der Minenwaffe

Für Minen sind folgende taktische Eigenschaften charakteristisch:
– Große Vernichtungswirkung, die Gefahr des Totalverlustes des Schiffs besteht bereits bei einem Minentreffer
– Unabhängigkeit des Mineneinsatzes von Tageszeit und hydrometeorologischen Bedingungen wie Seegang, Strom und Eis
– verdeckte Wirkung (Wirkung aus dem Verborgenen)
– passive Wirkung (ohne Zielzuweisung und ohne Zielauswahl)
– lang anhaltende und ununterbrochene Einwirkung auf einen Gegner
– hohe Stabilität gegenüber technischem und moralischem Verschleiß
– hohe Standkraft gegenüber Mitteln der Minenabwehr
– hohe moralische und psychische Einwirkung auf den Personalbestand der Flotte
– (Einzelschiffe), der der Minengefahr ausgesetzt ist
– robuste Konstruktion (Möglichkeit des Einsatzes durch universelle Trägermittel ohne nennenswerten technischen Aufwand)
– Anonymität der Anwendung

Gegenüber anderen Arten maritimer Bewaffnung sind Minen relativ kostengünstig. So entsprechen 100 Grundfernzündungsminen annähernd den Kosten einer Antischiffsrakete. Durch die relativ einfache Konstruktion und die geringen Herstellungskosten eignen sich Minen besonders für Handhabung und Einsätze durch Terroristen in Häfen, auf Reeden und Ansteuerungen. Schon einfachste Schiffe, wie z. B. Fischkutter oder Dschunken, können unauffällig Minen ausbringen, Taucher können Unterwasserladungen an Schiffe heranbringen. Die maritime Praxis kennt bereits Resultate solcher Anwendungen. Es gibt keinen Grund, ähnliche Vorkommnisse für die Zukunft auszuschließen.

5.1.3 Grundzüge des Schutzes vor Seeminen auf zivilen Schiffen

Klassische Seekriegsszenarien sind in der Gegenwart eher unwahrscheinlich, dagegen bergen lokale Kriege und Konflikte in sich Aktionen der Konfliktparteien mit Anwendungen von Seeminen, die erfahrungsgemäß auch Schiffe unbeteiligter Flaggen treffen. Mehr noch als in der Vergangenheit muss in Zukunft damit gerechnet werden, dass zivile Schiffe auf See und in Häfen, insbesondere Passagierschiffe und Schiffe mit gefährlichen Gütern, als Ziele für überraschende terroristische Minenanwendungen ausgewählt werden. Auch an der Schwelle des neuen Jahrtausends bedrohen Seeminen die Freiheit der Meere. Aus dem in Kapitel 5.1.1 benutzten Sinnbild der Mine als „Falle" folgt, dass der wirksamste S c h u t z ziviler Schiffe vor Seeminen v o r dem Auslösen der Falle gelagert ist, denn d a n a c h beginnt an Bord ein risikoreicher Kampf um die Rettung von Menschenleben und Sachwerten.

Unter dem Schutz vor Seeminen sind alle Abwehrmaßnahmen zu verstehen, böswilligen Einwirkungen von Unterwassersprengkörpern auf das eigene Schiff zu entgehen und mögliche Folgen so gering wie möglich zu halten.

Der Minenschutz ergibt sich demnach als Komplex von Vorsorgemaßnahmen der Sicherung des Schiffes bei Minengefahr und zur Schadensbegrenzung nach Minentreffer(n) bis hin zur Rettung der Schiffsbesatzung, der Ladung und des Schiffes. Auch der Reeder ziviler Schiffe trägt hier eine hohe Verantwortung für die Ausrüstung seiner Schiffe mit Sicherheitstechnik, für die frühzeitige Ausbildung des Personals und für die Kommunikation zu ihm auch in entfernte Seegebiete und Häfen insbesondere in Regionen mit politischen Krisen und Konflikten.

Ein sicherer Schutz vor Seeminen kann nicht erreicht werden, deshalb ist der Minenschutz seinem Wesen nach Minenabwehr mit erheblichen Risiken. Der Erfolg der Minenabwehr setzt möglichst umfassende Kenntnisse des Führungspersonals eines Schiffes voraus über

- die Minenlage auf der beabsichtigten Fahrtroute und am Fahrtziel,
- die Eigenschaften und Wirkungen von Seeminen,
- die eigenen Möglichkeiten unter verschiedenen Bedingungen (Tageszeit, nautische und hydrometeorologische Lage) und ihre zielstrebige Umsetzung, um Minengefahren zu entgehen und Minentreffern möglichst wirksam zu begegnen,
- eigene Manövrier- und Umschlagmöglichkeiten und
- die Organisation der Handlungen der Besatzung unter Katastrophenbedingungen.

Die Wirkungen von Minen und Sprengkörpern bedrohen immer Leben und Gesundheit der Besatzung und schaffen wegen ihres Hinterhalteffekts für eine Schiffsbesatzung einen Zustand der Ungewissheit und Unwägbarkeit der Gefahrensituation und damit vergleichbar hohe psychische Anspannungen wie an Land der Schutz der Zivilbevölkerung vor Attentätern. Minentreffer führen in der Regel zu Schiffsbränden, großen Lecks, Verrutschen bzw. Verlust von Ladungen und Ausrüstungen, Freisetzung von gefährlichen Stoffen, einer großen Zahl von Verletzten und auch Toten, und nicht selten wird die Besatzung zum Verlassen des Schiffes gezwungen. Deshalb ist der Schutz vor Seeminen vollständig in alle Schiffssicherheitsmaßnahmen integriert.

5.2 Minenarten

Minen werden nach dem Zündprinzip eingeteilt in
– Minen mit Berührungszündung (Kontaktminen) und
– Minen mit Fernzündung (Fernzündungsminen).

Minen mit Berührungszündung werden meist als Ankertauminen, Minen mit Fernzündung als Grundminen ausgeführt. Kombinationen der Eigenschaften beider Minenarten sind möglich. Der Zündmechanismus der Berührungsmine wird ausgelöst beim unmittelbaren Kontakt eines Schiffskörpers mit dem Minengefäß, dem Ankertau oder speziellen Antennen des Minenkörpers. Der Zündmechanismus der Fernzündungsmine reagiert auf Wechselwirkungen, die ein vorbeilaufendes Schiff am Minenort auslöst. Die Zustandsänderungen eines oder mehrerer physikalischer Feldparameter am Minenort werden in speziellen empfindlichen Messsystemen der Minenzündgeräte registriert (quasi als „Störfeldgröße" oder Signatur) und ausgewertet. Werden vorgegebene Auswahlkriterien erfüllt, etwa charakteristischer Unterwasserschall eines Transportschiffes und Erreichbarkeit des Zieles durch den Zerstörungsradius der Mine, wird die Detonation ausgelöst.

Für den Mineneinsatz gegen Überwasserschiffe liegen verallgemeinerte Angaben über Verlegetiefen von Minen und ihre Ladungsmassen vor. Demnach betragen die charakteristischen Wassertiefen für den Einsatz von Berührungsminen im Allgemeinen bis zu 300 m, die häufigsten Ladungsmassen derartiger Minen 200 bis 300 kg. Für Grundfernzündungsminen liegen die höchsten zu erwartenden Wassertiefen bei etwa 50 bis 60 m, typische Ladungsmassen derartiger Minen betragen 500 bis 1.000 kg. Erhöhte Minengefahren bestehen also bei Wassertiefen bis zu 50 bis 60 m, bei Wassertiefen von mehr als 300 m ist der Mineneinsatz nur noch wenig wahrscheinlich.

5.3 Wichtige physikalische Schiffsfelder

Die Anwendung von Fernzündungsminen beruht auf der Auswertung folgender wichtiger physikalischer Schiffsfelder:
– dem magnetischen Schiffsfeld
– dem akustischen Schiffsfeld
– dem hydrodynamischen Schiffsfeld

In Bild 5.1 sind die wichtigsten Feldwirkungen eines Schiffes schematisch dargestellt, die durch magnetische, akustische und hydrodynamische Effekte im Unterwasserraum hervorgerufen werden. Moderne Minentypen sollen auch auf seismische und optische Fernwirkungen ansprechen können. Sie sind durch enorme Sensibilität, Selektivität und künstliche Intelligenz gekennzeichnet.

5.3.1 Das magnetische Schiffsfeld

Das magnetische Schiffsfeld ist die Gesamtheit der Verteilung der magnetischen Feldstärke in allen Raumpunkten der Umgebung eines Schiffes. Das magnetische Schiffsfeld durchflutet den Raum in der Umgebung des Schiffes. Für praktische Zwecke wird der Raum der Ausdehnung des magnetischen Schiffsfeldes durch seine Nachweisbarkeit begrenzt.

Das magnetische Schiffsfeld entsteht durch Lang- und Kurzzeiteinwirkungen des Magnetfeldes der Erde auf ferromagnetische Konstruktionselemente des Schiffes und durch elektrische Schiffsanlagen. Idealisierte schematische Darstellungen über Herkunft und Beschaffenheit des magnetischen Schiffsfeldes zeigen die Bilder 5.2 und 5.3.

Die wichtigsten Parameter zur Beschreibung eines Magnetfeldes sind die magnetische Feldstärke und die magnetische Induktion (magnetischer Fluss). Die magnetische Feldstärke am Ort einer In-

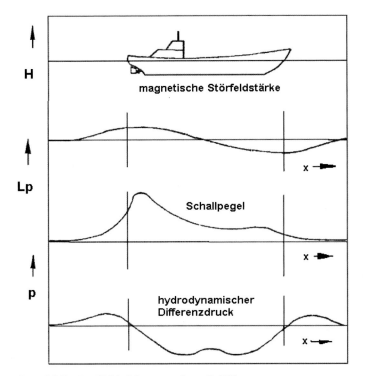

Bild 5.1: **Schema der wichtigsten Feldwirkungen eines Schiffes**

duktionsmine erfährt durch das Magnetfeld eines vorbeilaufenden Schiffes eine zeitliche Änderung. Diese erzeugt in der Induktionsspule des Minenzündgerätes einen Induktionsstrom der Spannung U_i, der in differenzieller Schreibweise durch (Gl. 5.1) beschrieben wird und auf dem Faradayschen Induktionsgesetz beruht.

$$U_i = -N \, d\phi/dt \qquad\qquad [5.1]$$

U_i induzierte Spannung, V
ϕ magnetischer Fluss, Wb
t Einwirkzeit des magnetischen Flusses, s
N Windungszahl der Induktionsspule, 1

Der erzeugte Strom wird auf einen Zündmechanismus geführt, der die Explosion der Sprengladung auslöst. Über ein Relais kann der auslösende Zündkontakt willkürlich hinausgezögert werden, indem der Zündstromkreis für eine endliche Zahl von Magnetfeldänderungen (Schiffsüberläufen) über ein Zählwerk ausgeschaltet wird. Auf diese Weise kann eine Mine für eine eingestellte Anzahl („vermuteter") Schiffsüberläufe durch nebensächliche Zielobjekte unscharf gehalten werden.

Aus Gl. 5.1 wird deutlich, dass eine Induktionsspannung U_i nur dann entstehen kann, wenn sich das durch die Leiterschleifen (der Zündspule des Minenzündgerätes) hindurchgreifende Magnetfeld zeitlich ändert. Erfolgt diese zeitliche Änderung nur sehr langsam oder ist das Magnetfeld sehr schwach, entsteht nur ein sehr geringer Induktionsstrom, der ggfs. unterhalb der Ansprechschwelle des Minenzündgerätes bleibt. Ein schwaches Magnetfeld kann am besten mit schiffbaulichen Maßnahmen erreicht werden, also durch die Verwendung von Werkstoffen mit geringen magnetischen Eigenschaften (s. auch Kapitel 5.3.4). Dies kann die Schiffsführung nicht beeinflussen, sie kann aber

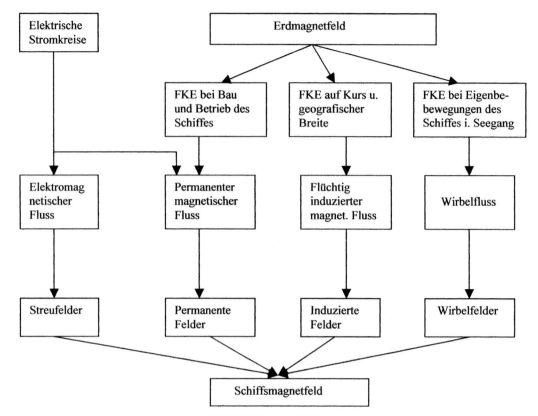

Bild 5.2: Erzeugung und Bestandteile des Schiffsmagnetfeldes
(FKE: Ferromagnetische Konstruktionselemente des Schiffes)

durch Einnahme einer geringstmöglichen Fahrtstufe Einfluss auf die beschriebene zeitliche Änderung des Magnetfeldes im Minenzündgerät nehmen und damit die Wahrscheinlichkeit des Auflaufens auf eine Mine verringern.

5.3.2 Das akustische Schiffsfeld

Das akustische Schiffsfeld ist die Gesamtheit der Verteilung der Schallintensität, die durch ein fahrendes Schiff im umgebenden Medium erzeugt wird. Der Raum in der Umgebung des Schiffes wird durch das akustische Schiffsfeld durchsetzt. Die Grenze dieses Feldes wird praktisch durch die Nachweisbarkeit der Schallwellen definiert.

Die Ursachen für die Erzeugung akustischer Schiffsfelder sind der Körperschall des Schiffes, die Geräusche des Schiffspropellers und die hydrodynamischen Geräusche bei Fahrt durchs Wasser. Den Körperschall des Schiffes prägen die menschliche Tätigkeit an Bord, sowie die Geräusche durch Maschinen und Rohrleitungen. Der erzeugte Schall ist in einem Frequenzbereich von ca. 2 bis 10.000 Hz nachweisbar.

Das Schallfeld eines Schiffes wird durch die Parameter Schallschnelle oder Schalldruck eindeutig beschrieben. Weitere übliche Schallfeldparameter sind Schalldruckpegel und Schallleistung. Der

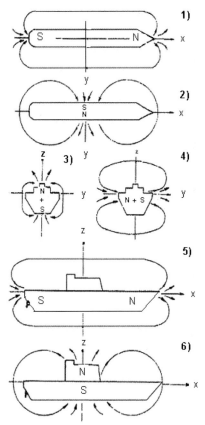

Bild 5.3: Schematische Darstellung der Komponenten des Schiffsmagnetfeldes in den Ebenen der Koordinationsachsen

Gesamtschalldruck, den ein Schiff im Wasser erzeugt, ergibt sich im Wesentlichen aus drei Schalldruckkomponenten (Gl. 5.2):

$$p_{G} = \sqrt{p_{V}^{2} + p_{P}^{2} + p_{H}^{2}} \qquad [5.2]$$

Es bedeuten:

p_{G} Gesamtschalldruck, Pa
p_{V} Schalldruck durch den Schiffskörperschall, Pa
p_{P} Schalldruck durch den Schiffspropeller, Pa
p_{H} Schalldruck des umströmten Schiffskörpers, Pa

Der Gesamtschalldruck eines Schiffes ist für jeden Ort des Schiffsfeldes und für jede Schallfrequenz definiert, er ist also orts-, konstruktions- und betriebsregimeabhängig. Schallspektren für unterschiedliche Bedingungen des Schiffsbetriebes sind im Bild 5.4 dargestellt. Das Minenzündgerät wertet den Schalldruck abzüglich der natürlichen Umgebungsgeräusche (Meeresrauschen) aus. Die Schallintensität ist ein vom Schalldruck abgeleiteter Parameter und ist frequenzabhängig. Die Schallintensität für eine gegebene Frequenz wächst mit zunehmender Schiffsgeschwindigkeit (Bild 5.4).

Untersuchungen zeigen, dass bei allen Schiffen in Kursvorausrichtung und in Richtung des Kielwassers nur Minima der abgestrahlten Schallintensität nachweisbar sind. Ursache dafür ist in Vorausrichtung die Dämpfungswirkung der abgestrahlten Schallenergie durch den Schiffskörper und genau achteraus die schallschluckende Wirkung des aufgewirbelten Kielwassers. Maxima der Schallintensität treten auf in einem Sektor von ca. 15° bis 30° von voraus nach jeder Bordseite und analog um annähernd die gleichen Winkel von achteraus nach jeder Bordseite. Ein für ein Einschraubenschiff typisches Spektrum der Schallintensität zeigt Bild 5.5.

Der akustische Zündmechanismus einer Mine spricht meist auf die zeitliche Änderung der Parameter des Schallfeldes, insbesondere des Schalldruckes an. In einem Schalldruckwandler wird die Schalldruckänderung, die eine Schallquelle verursacht, als Wegänderung schwingender Teilchen ausgewertet.

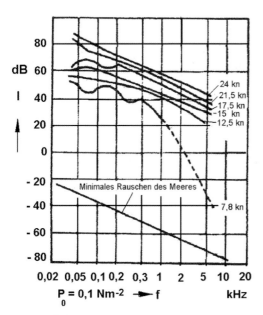

Bild 5.4: Schallspektrum

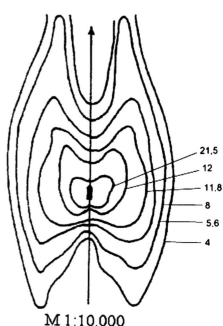

Bild 5.5: Richtcharakteristik der Schallintensität eines Einschraubenschiffes in Isobaren, Pa

Da die Schallintensität dem Quadrat des Schalldruckes direkt proportional ist, erweist sich dieser als wichtigster Parameter zur Reduzierung des Schallfeldes. Praktisch kann der Schiffsoffizier nur über diesen Parameter das Schallfeld seines Schiffes beeinflussen. Das Führungspersonal wird also durch die Wahl der kleinsten Fahrstufe des Schiffes und durch Abschalten entbehrlicher Schallerzeuger der Gefahr aus akustischen Fernzündungsminen am besten begegnen können.

5.3.3 Das hydrodynamische Schiffsfeld

Das hydrodynamische Schiffsfeld ist die Gesamtheit der Druckverteilung, die ein fahrendes Schiff im umgebenden Wasservolumen erzeugt. Das hydrodynamische Schiffsfeld durchdringt den Unterwasserraum in der Umgebung des Schiffes. Die Grenze der Ausdehnung des hydrodynamischen Schiffsfeldes wird für praktische Zwecke durch seine Nachweisbarkeit definiert.

Die Ursachen für die Entstehung des hydrodynamischen Schiffsfeldes liegen in der Umströmung des Schiffskörpers bei Fahrt durchs Wasser, wodurch im Unterwasserraum hydrodynamische Drücke unterschiedlicher Größe hervorgerufen werden. Am Bug und Heck entstehen Überdrücke, unterhalb des Schiffes Unterdruckbereiche. Das hydrodynamische Schiffsfeld kann man sich vereinfacht als ein Netz der Druckverteilung vorstellen, das unterhalb des Schiffes parallel zur Meeresoberfläche ausgespannt ist. Im ungestörten Glattwasser charakterisiert dieses Netz den hydrostatischen Druck für die entsprechende Wassertiefe.

Bei Fahrt durchs Wasser entsteht unter dem Schiff ein Unterdruckbereich, der in diesem Netz eine Senke erzeugt, durch die Überdruckzone an ihrem Rand entsteht ein Wall. Die Senke läuft unter dem fahrenden Schiff mit und erreicht senkrecht unter seinem Schwerezentrum (befindet sich etwa auf 2/3 der Schiffslänge) die größte Tiefe. Unter einem Schiff in Fahrt entsteht, abhängig von der Entfernung vom Schiff, eine Schar solcher Netze, die sich allmählich bis zum ungestörten hydrostatischen Umgebungsdruck abschwächen. Sensoren hydrodynamischer Zündmechanismen reagieren auf die beim Überlauf eines Schiffes entstehenden Druckdifferenzen und lösen die Detonation solcher Minen aus. In der Realität entstehen aber zusätzlich Störgeräusche, die dieses Bild verfälschen, z. B. die Wellenbewegung des Meeres mit unterschiedlicher Wellenhöhe und -länge, die Eigenbewegungen des Schiffes u. a. m.

Das hydrodynamische Schiffsfeld hängt von der Form des Schiffskörpers, der Schiffsgeschwindigkeit, der Tiefe des Messpunktes und vom Tiefgang des Schiffes ab. Die wichtigsten Parameter zur Beschreibung des hydrodynamischen Schiffsfeldes sind Druck und Geschwindigkeitspotenzial in der das Schiff umgebenden Strömung. Die Druckänderung in einem Punkt i des hydrodynamischen Schiffsfeldes ist Folge der Änderung des Geschwindigkeitspotenzials φ_i (x, y, z) der vom Schiff in den Koordinatenachsen x, y, z erzeugten Strömung. Die mathematische Beschreibung dieses Schiffsfeldes ist schwierig und enthält große Unsicherheiten. Das macht umfangreiche experimentelle Ermittlungen und Präzisierungen erforderlich. Für praktische Abschätzungen kann man Vereinfachungen annehmen wie z. B.: die Mine wird in Kursrichtung überlaufen (ohne seitliche Abweichungen in Richtung der y-Achse). Näherungsweise kann Gl. (5.3) gelten.

$$\Delta p_i = -\varsigma\, v^2\, k\, f\,(\bar{r}_i) \qquad\qquad \text{Gl. [5.3]}$$

Es bedeuten:

Δp_i	Staudruck im Punkt i, Pa
ς	Dichte des Seewassers, $kg m^{-3}$
v	Geschwindigkeit des Schiffes, $m s^{-1}$
k	Koeffizient des hydrodynamischen Schiffsfeldes
$f\,(\bar{r}_i)$	Funktion der Entfernung zwischen Punkt i und dem Schwerezentrum des Schiffes (Tabellenwert).

Gl. [5.3] zeigt, dass Δp_i dem Quadrat der Schiffsgeschwindigkeit direkt proportional ist und über diesen Parameter am besten beeinflusst werden kann. Die Druckverteilung in der unmittelbaren Nähe des Schiffes zeigt Bild 5.6 im Senkrechtschnitt. Aus Gründen der praktischen Handhabung der Grafik wurden die Größen $\bar{x}_m$ auf der Abszisse und Δp_i auf der Ordinate als normierte Werte abgetragen.

Die größten Gefahren vor Minen mit hydrodynamischen Zündgeräten bestehen bei hohen Schiffsgeschwindigkeiten. Umgekehrt wird die effektive Reichweite des hydrodynamischen Schiffsfeldes bei geringen Schiffsgeschwindigkeiten klein. Es ist also theoretisch möglich, eine solche „ungefährliche" Geschwindigkeit zu finden, die am Minenort nur noch einen Druck hervorruft, der unter dem durch den Seegang erzeugten liegt. Praktisch sind dem jedoch Grenzen durch die Mindestgeschwindigkeit gesetzt, die zur Steuerbarkeit des Schiffes erforderlich ist.

Allen drei physikalischen Feldern ist gemeinsam, dass die zeitliche Änderung ihrer Feldgrößen während des Überlaufs über ein Minenzündgerät von diesem ausgewertet und dann – nach Vergleich mit weiteren vorgegebenen Parametern – zur Auslösung der Zündung genutzt wird. Eine wesentliche

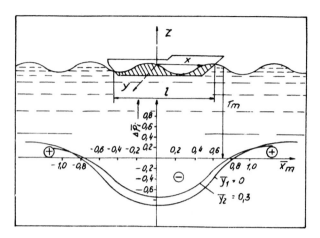

Bild 5.6: Verlauf des Staudruckes unter einem Schiff in Fahrt ausgedrückt durch relative Größen

Verringerung der Schiffsgeschwindigkeit wird also das Risiko für eine Zündung der Mine verringern. Analysen der drei behandelten physikalischen Felder zeigen weiterhin, dass der Informationsgehalt des akustischen Schiffsfeldes am größten, der des hydrodynamischen Schiffsfeldes am geringsten ist. Dementsprechend erfolgt in modernen Minenzündgeräten eine kombinierte Auswertung der Informationen, die aus den Parametern der physikalischen Felder eines Zielschiffes gewonnen werden. Schon aus der Vergangenheit ist bekannt, dass in Minenzündgeräten einige tausend unterschiedliche Ansprechkombinationen angewendet wurden, die sogar eine bestimmte Zielauswahl nach vorgegebenen Werten ermöglichten. Auf diese Weise kann man z. B. aus einem Konvoi als Zielobjekte Handelsschiffe auswählen, die hinter Sicherungsschiffen fahren. Umgekehrt können Minenräumschiffe kombinierte physikalische Schiffsfelder erzeugen, die Schiffsüberläufe simulieren und Minendetonationen gezielt auslösen. Damit können Schifffahrtswege von Minen freigeräumt werden.

5.3.4 Aktiver und passiver Schiffsschutz

Aktiver und passiver Schiffsschutz verfolgen auf unterschiedliche Art und Weise das Ziel, die Gefahren aus Minendetonationen vom Schiff abzuwenden. Durch den **aktiven Schiffsschutz** soll erreicht werden, dass mit Hilfe speziell geschaffener, starker physikalischer Schiffsfelder eine Mine weit genug voraus vom Schiff in einer ungefährlichen Entfernung zur Detonation gebracht wird. Konstruktiv bestehen auf einem Schiff Möglichkeiten zur Erzeugung entsprechend starker magnetischer Felder, weiterhin auch zum Einsatz schallerzeugender Geräte (z. B. Geräuschbojen), die das Schallfeld des Schiffes erheblich verstärken. Die Verstärkung des hydrodynamischen Feldes für Simulationszwecke ist technisch noch nicht gelöst.

Maßnahmen des aktiven Schiffsschutzes sind für Zivilschiffe wegen des hohen konstruktiven Aufwandes nicht typisch. Weit weniger aufwendig ist der Abwurf kleiner Sprengkörper (Knallkörper). Er bringt gute Ergebnisse, weil durch den Explosionsknall die meisten Minenzündgeräte kurzzeitig gesperrt werden. (Ein plötzlicher Schalldruckanstieg löst in den Zündkanälen akustischer Minenzündgeräte einen Schutzzyklus von gewöhnlich 30 s bis 3 min Dauer aus. Diese Schutzschaltung soll das Übergreifen von Detonationen auf benachbarte Minen verhindern. Analoge Lösungen sind für hydrodynamische Zündgeräte gebräuchlich.) Dieser Effekt kann zur Passage genutzt werden.

Der wirksamste aktive Schiffsschutz besteht im Räumen von Minen durch spezielle Kräfte der Minenabwehr. Der Schiffsoffizier eines Zivilschiffes steht dann vor neuartiger Aufgaben, z. B. Passieren behelfsmäßig bezeichneter, minenfreier Trassen oder Zwangswege, Fahren im Geleit hinter Räumkräften, Organisation höchster Manöverbereitschaft über längere Zeiträume.

Der **passive Schiffsschutz** ist darauf gerichtet, die physikalischen Schiffsfelder des eigenen Schiffes so weit zu reduzieren, dass sie durch Minenzündgeräte nicht mehr wahrgenommen werden. Die Reduzierung des Schiffsmagnetfeldes kann durch den Einsatz dia- und paramagnetischer Stoffe im Schiffbau erreicht werden, durch Abschirmung felderzeugender Anlagen sowie durch Magneteigenschutzanlagen. Diese bestehen aus elektrischen Stromspulen, die im Schiff in den Hauptebenen der Ausbildung magnetischer Felder verlegt werden (vgl. Bild 5.3). Das Verlegeprinzip der Kabelschleifen zeigt Bild 5.7. Mit deren Hilfe können Magnetfelder aufgebaut werden, die den Komponenten des Schiffsmagnetfeldes entgegengerichtet sind und diese bei Notwendigkeit weitgehend löschen. Das System ist regelbar entsprechend der geografischen Breite, dem Steuerkurs und dem Seegang. Relativ zuverlässig erfolgt die Kompensation permanenter Schiffsfelder, komplizierter ist das Löschen flüchtiger (kursabhängiger) Magnetfelder und der durch die Schiffsbewegungen erzeugten Wirbelfelder. Auf einer Vielzahl von Handelsschiffen sind solche Schleifen verlegt.

Dem akustischen Schiffsfeld kann durch den Einsatz schallschluckender Materialien (z. B. dämpfender Beschichtungen), elastischer Lagerung von Aggregaten u. a. m. entgegengewirkt werden. Durch den Einsatz neuartiger Werkstoffe, z. B. glasfaserverstärkter Polyester, werden häufig kombinierte Effekte, d. h. antimagnetische und antiakustische erzielt. Demgegenüber ist die Dämpfung der Propellergeräusche bis zur Gegenwart problematisch geblieben.

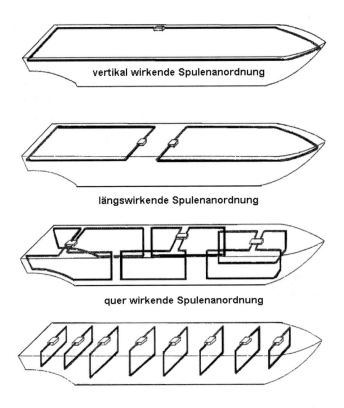

vertikal wirkende Spulenanordnung

längswirkende Spulenanordnung

quer wirkende Spulenanordnung

längs wirkende Spulenanordnung

Bild 5.7: Magnetischer Eigenschutz, Anordnung der atomdurchflossenen Spulen im Schiffskörper

Für die Beseitigung des hydrodynamischen Schiffsfeldes wurden bisher keine allgemein anwendbaren Lösungen gefunden. Durch Fahrt mit geringsten Fahrtstufen werden für die Reduzierung des akustischen wie auch des hydrodynamischen Schiffsfeldes gleichermaßen Schutzwirkungen vor Druck- und akustischen Minen erreicht. Erfahrungsgemäß treten diese Wirkungen bis zu einer Höchstgeschwindigkeit von 2–4 sm/h ein, was aber für die Steuerbarkeit des Schiffes – namentlich in engen Gewässern – problematisch ist.

5.4 Eigenschaften der Minen der 2. Generation

Durch den technischen Fortschritt werden die in Kapitel 5.1.2 dargelegten taktischen Eigenschaften der Minen ständig vervollkommnet. In den 70er und 80er Jahren ist z. B. eine neue, zweite Generation von Minen entstanden, die sich qualitativ von ihren Vorgängern durch neuartige Zündmechanismen unterscheiden. Die Sprengkraft neuartiger Sprengstoffe liegt um einen Faktor 1,5 bis 1,8 über der herkömmlicher Sprengstoffe. Praktisch bedeutet das, dass z. B. bei Beibehaltung bisheriger Zerstörungswirkungen die Ladungsmasse und die Minenabmessungen verringert werden können. Für einige spezielle Anwendungen werden dagegen größere Einsatztiefen angestrebt.

Die neuen Zündmechanismen unterscheiden sich qualitativ durch den Einsatz mikroelektronischer Bauelemente in der Sensor-, Logik- und Steuertechnik. Mikroprozessoren und Speichereinheiten ermöglichen eine mehrfache Signalauswertung über die von den Sensoren aufgenommenen Feldinformationen des Zielschiffes. Ansprechkombinationen auf mehrere, von einem Schiff erzeugte physikalische Felder – auf das hydrodynamische, akustische und magnetische – sind möglich und technisch bereits realisiert. Damit werden eine relativ exakte Zielselektion und erhöhte Räumstandkraft (Eliminierung von Simulationsfeldern) möglich. Die wichtigsten taktischen Eigenschaften ausgewählter neuerer Minentypen sind:
– Fähigkeit zum begrenzten Manöver (z. B. Steigminen, Minentorpedo)
– Fernsteuerbarkeit (d. h. Scharf-/Unscharfschaltung von Sperren)
– Universelle Eignung für Unter- und Oberwasserträgermittel und Flugzeuge
– Selektivität (Ausschalten von Simulationsfeldern. Spezialisierung auf bestimmte Schiffstypen)
– Erhöhte Sprengwirkung
– Tarnung vor hydroakustischer Ortung
– hohe Lebensdauer

Diese neuartigen Eigenschaften der Minen gestatten vielfältige Einsatzverfahren, die in Kapitel 5.5 im Überblick aufgeführt sind. Minen der 2. Generation sind eher zu erwarten, wenn sich hochgerüstete, moderne Seestreitkräfte in Seekriegshandlungen gegenüberstehen. Die Erfolgsaussichten für die Minenabwehr auf kommerziellen Schiffen verschlechtern sich dann erheblich.

5.5 Einsatz der Minenwaffe

Die Verminung von Seegebieten kann Angriffs- oder Verteidigungs-, also offensiven oder defensiven Charakter besitzen und auf die Lösung von taktischen, operativen oder strategischen Zielen gerichtet sein.

Haupteinsatzziele der Minenwaffe sind (s. Bild 5.8):
– Blockade von Basierungsräumen gegnerischer Flottenkräfte zur Verhinderung ihrer operativen Entfaltung,
– Vernichtung der Über- und Unterwasserschlagkräfte des Gegners auf ihren Marschrouten in die Gebiete des Gefechtseinsatzes,
– Verhinderung des Eindringens der Gegnerkräfte in geschlossene Seeschauplätze über Meerengen,
– Störung und Unterbrechung von Seeverbindungswegen in entfernten und nahen Seegebieten sowie Sperrung von inneren (territorialen) Schifffahrtswegen (z. B. Flüssen, Kanälen).

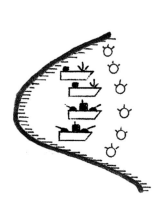

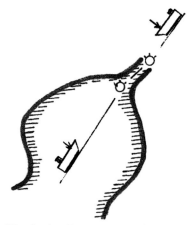

Blockade, Sperrung von Meerengen

Blockade, Verhinderung der Entfaltung eigener Kräfte

Störung von Schifffahrtswegen

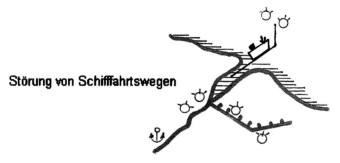

Bild 5.8: Beispiele für Einsatzziele der Minenwaffe (schematisch)

5.6 Charakteristiken von Unterwasserdetonationen

5.6.1 Physikalische Vorgänge bei einer Unterwasserdetonation

Die Kenntnisse der physikalischen Vorgänge von Unterwasserdetonationen (UWD) ermöglichen es, geeignete Maßnahmen zu treffen, um Detonationswirkungen von Minen auf das Schiff, seine Ausrüstungen und auf die Besatzung in Grenzen zu halten und rechtzeitig Rettungsmaßnahmen einzuleiten. Schutzmaßnahmen liegen vor allem im schiffbaulichen Bereich durch Erhöhung der Schocksicherheit der Bauteile. Sie können durch die Schiffsbesatzung kaum beeinflusst werden. Dagegen können und müssen die Besatzungen durch rechtzeitiges und überlegtes Handeln Vorkehrungen der Schiffssicherung treffen.

Der Begriff Detonation wird definiert als schlagartige Reaktion eines Sprengstoffes, durch die in einem begrenzten Volumen in extrem kurzer Zeit eine hohe Energiedichte und als Folge hoher Druck und hohe Temperatur erzeugt werden. Für eine Detonation ist charakteristisch, dass die Ausbreitungsgeschwindigkeit der Sprengstoffumwandlung augenblicklich Spitzenwerte erreicht. Die Detonationsgeschwindigkeit beträgt in festen Sprengstoffen 7.000 bis 10.000 ms^{-1}. Die Detonation einer Sprengstoffladung von 1 kg dauert 2.10^{-6} s.

Die hauptsächlichen Vernichtungswirkungen von UWD beruhen auf zwei Komponenten, der Stoß-
welle und der Gasblase. Beide Phänomene unterscheiden sich wesentlich in ihrer physikalischen
Charakteristik und in ihrer Wirkung. Darüber hinaus verursachen weitere Detonationserscheinungen
zerstörende Wirkungen:
– Die vom Meeresgrund reflektierten Druckwellen von Stoßwelle und Gasblase
– Die Wassermassen der Detonationsfontäne
– Die in die Luft ausströmenden Detonationsgase der Gasblase beim Durchbrechen der Wasser-
  oberfläche (Luftdruckwelle)
– Die Kavitation am Schiffskörper als Folge der hohen Strömungsgeschwindigkeiten des Wassers in
  der Nähe der Gasblase

5.6.2 Stoßwelle (Druckwelle)

Bei der Detonation einer Minensprengladung von TNT-Sprengstoffen wird durch die Detonationsgase
eine enorme Energie freigesetzt. In wenigen Millisekunden treten Spitzendrücke der Detonationsgase
bis zu 25.000 MPa auf. Die freigesetzte Energie der Detonationsgase wird auf das Umgebungsmedium
Wasser übertragen. An der Grenzschicht Detonationsgase/Wasser erfolgt ein steiler Druckanstieg bis
zum Maximaldruck und erzeugt im Wasser eine Stoßwelle. Diese breitet sich vom Detonationszentrum
kugelförmig aus, anfangs mit Überschallgeschwindigkeit bis zu 1900 ms^{-1}. Die Stärke der Stoßwel-
lenfront beträgt 10^{-7} bis 10^{-8} m. Ein extrem hoher Druck wirkt in einem extrem geringen Zeitintervall
und erzeugt den für die Vernichtungswirkung charakteristischen Druckimpuls. Dieser hängt ab von der
Sprengstoffart, der Masse der Sprengladung und vom Abstand des Detonationszentrums.

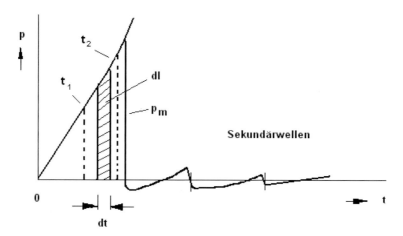

Bild 5.9: Druckverlauf in der Stoßwelle in Abhängigkeit von der Zeit

Für die Druckausbreitung ist charakteristisch, dass die Länge der Überdruckzone wesentlich kleiner
ist als die der Unterdruckzone. Der Stoßwelle folgen mehrere, wesentlich schwächere Sekundärwel-
len (Bild 5.9). Fasst man dI als Element des Druckstoßes im Zeitintervall dt auf, so gilt

$$dI = p\,(t)\,dt \qquad\qquad [5.4]$$

Die Funktion p(t) beschreibt den Druckverlauf in der Stoßwelle in Abhängigkeit von der Zeit nach der
Detonation. Für p(t) ist folgende Beziehung bekannt (Gl. 5.5):

$$p(t) = p_m\, e^{-t/\Theta} \qquad\qquad [5.5]$$

Es bedeuten:

p_m Spitzendruck in der Stoßwelle, Pa

t Zeit nach der Detonation, s

Θ Zeitkonstante des Druckabfalls ($\Theta \approx 0,5 \cdot 10^{-3}$ s)

Die praktischen Auswirkungen für Schiff und Besatzung sind in den nachfolgenden Bildern und Tabellen für TNT-Sprengstoffe dargestellt. Die berechneten Werte haben den Charakter von verallgemeinerten Abschätzungen und Erfahrungswerten. Sie treten aufgrund der vielfältig unterschiedlichen Bedingungen in großer Schwankungsbreite auf. Im Rahmen dieses Handbuches sollen sie Orientierungswerte für das Führungspersonal dargestellt werden.

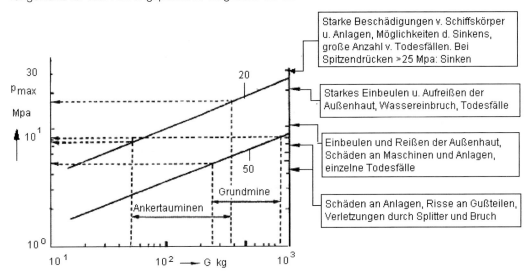

Bild 5.10: **Spitzendruck in der Stoßwelle bei Unterwasserdetonationen in Abhängigkeit von der Masse der Sprengladung mit Parameter Entfernung vom Detonationszentrum in m und den Folgen auf Menschen und Schiffskörper**

5.6.3 Gasblase

Bei Beendigung des Detonationsvorganges im Sprengstoff bilden die hoch komprimierten gasförmigen Detonationsprodukte im Wasser eine Gasblase, auf die etwa 47 % der Detonationsenergie entfällt (Bild 5.11). Durch die hohe Energie der Detonationsgase dehnt sich die Gasblase gegen den hydrostatischen Druck des Wassers aus und verursacht eine nach allen Seiten des Raumes schiebende Strömung. Wegen der Trägheit des auseinanderströmenden Wassers sinkt der Druck dieser Blase bei ihrer Ausbreitung kurzzeitig unter den hydrostatischen Druck des umgebenden Wassers. Gleich darauf erfolgt erneut eine Kompression der Gasblase durch das zurückdrängende Wasser, was wiederum ihre Ausdehnung durch Störung des Druckgleichgewichtes einleitet.

Dadurch entsteht eine pulsierende Bewegung der Gasblase. Die kinetische Energie der Gasblase nimmt von Pulsation zu Pulsation ab. Dieser Vorgang wiederholt sich solange, bis die Gasblase
– infolge ihres Auftriebs die Wasseroberfläche durchbricht oder
– die Detonationsenergie aufgebraucht ist.

Das folgende Beispiel verdeutlicht diesen Vorgang: Bei einer Masse der Sprengladung von 100 kg und einer Detonationstiefe von 10 m beträgt der Radius der Gasblase 5 m. Die Gasblase pulsiert bis zu 8 mal mit einer Schwingungsdauer von 0,1 bis 1 s. Der Höchstdruck der Gasblase beträgt 150 MPa (1500 kp/cm²).

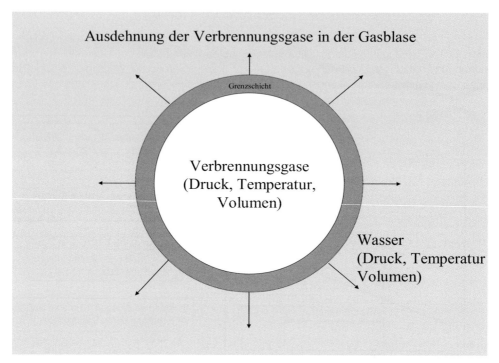

Bild 5.11: Schematische Darstellung der Ausdehnung der Verbrennungsgase in der Gasblase

Der Durchbruch der Detonationsgase aus der Gasblase in die Atmosphäre erfolgt durch Bildung einer Gischtkuppel und einer Detonationsfontäne. Die von den Detonationsgasen hochgerissene Wassermasse ist um den Faktor 50 bis 150 größer als die Masse der Sprengladung. Die zu erwartenden Ausmaße der Detonationsfontäne nach Höhe (h) und Durchmesser (d_F) sind in den Bildern 5.12 und 5.13 dargestellt. Es wird sichtbar, dass UWD in geringen Detonationstiefen (T_D) ausgeprägte Detonationsfontänen bewirken. Die Maxima der Fontänendurchmesser entstehen bei allen gebräuchlichen Ladungsmassen durch Detonationen in Wassertiefen von etwa 20 m. Das erlaubt folgende Schlüsse für die Schiffssicherheit:
– Der horizontale Gefährdungsbereich der Detonationsfontäne durch herabstürzende Wassermassen und Bestandteile des Meeresgrundes (bei Grundnähe) ist am größten bei Ladungsmassen von 1000 kg und Detonationstiefen von ca. 20 m. Er hat dann einen ungefähren Radius von 30 m.
– Beide Bilder untermauern Erfahrungsberichte, dass das herabstürzende Wasser in Verbindung mit der Druckwelle Menschen über Bord reißen, Bestandteile des Meeresgrundes Decks und Aufbauten durchschlagen und Seewasser in lebenswichtige Räume eindringen kann.

5.6.4 Wirkungen einer Unterwasserdetonation auf einen Schiffskörper

Die Wirkungen der UWD auf einen Schiffskörper hängen ab von
– der Masse der Sprengladung,
– dem Abstand zwischen der detonierenden Ladung und dem Schiff,

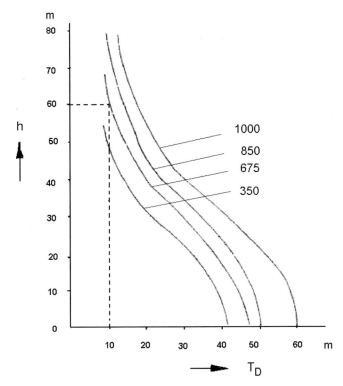

Bild 5.12: Höhe der Detonationsfontäne einer UWD in Abhängigkeit von der Detonationstiefe und der Masse der Sprengladung in kg

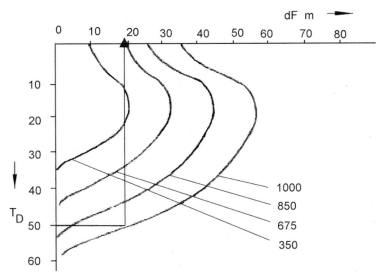

Bild 5.13: Durchmesser der Detonationsfontäne einer UWD in Abhängigkeit von der Detonationstiefe und der Masse der Sprengladung in kg

- der Lage der Sprengladung bezüglich Meeresgrund und Wasseroberfläche,
- der Beschaffenheit des Meeresgrundes,
- der Wassertiefe am Detonationsort und
- der konstruktiven Beschaffenheit des Schiffskörpers.

Für die Ausprägung der Detonationsparameter hat der Abstand der detonierenden Ladung vom Schiff charakteristische Bedeutung. Man unterscheidet daher Kontakt- und Abstandsdetonationen.

Bei einer Kontaktdetonation befindet sich der Schiffskörper ganz oder teilweise im Bereich der Gasblase. Dieser Fall tritt ein, wenn die Sprengladung unmittelbar am oder in der Nähe des Schiffskörpers detoniert, z. B. nach
- Kontakt des Schiffskörpers mit einer Berührungsmine
- Aufschlag eines Torpedos mit Aufschlagzünder
- Detonation von Haftladungen (z. B. MS "Arendsee", Luanda 1984)

Für durchschnittliche Ladungsmassen tritt der Effekt einer Kontaktdetonation noch bei Detonationsentfernungen von 6 bis 12 m vom Schiffskörper auf. Bei einer Kontaktdetonation ist der Hauptanteil der Detonationsenergie zum Schiff gerichtet. Das Umgebungsmedium Wasser wirkt als Verdämmung der Ladung. Der Hauptvernichtungsfaktor ist hier die Stoßwelle der Detonationsgase. In der Regel treten dadurch Zerstörungen der Außenhaut und ihrer Festigkeitsverbände (Spanten, Schotten u. a. m.) auf. Durch Kontaktdetonationen unter dem Schiff wird meist der gesamte Schiffsquerschnitt aufgerissen, wodurch die Längsfestigkeit des Schiffskörpers verloren geht. Bei kleineren Schiffen führt das fast immer zum Totalverlust. Bei Kontaktdetonationen von 100–200 kg TNT–Ladungen wurden an getroffenen Schiffen Lecks mit folgenden Durchmessern beobachtet:
2–6 m bei Detonation am Unterwasserschiffskörper
1–3 m bei Detonation an der Wasseroberfläche (Treibminen)

Bei einer Abstandsdetonation befindet sich der Schiffskörper außerhalb der Gasblase. Bei dieser Detonationsart kommen die Stoßwelle, die durch die Gasblase ausgelöste schiebende Strömung sowie sekundäre Stoßwellen voll zur Wirkung. Im Gegensatz zur Kontaktdetonation entwickelt sich hier die Stoßwelle im Wasser als charakteristischer Vernichtungsfaktor.

Bei einer vom Meeresgrund ausgehenden Detonation kann die Stoßwelle durch Reflexion am Grund verstärkt werden. Sand und Schlick besitzen relativ schlechte, Granit und kalkartiges Gestein hohe Reflexionseigenschaften. Das Maximum der Zerstörungswirkungen wird nur in einem bestimmten Abstand der Sprengladung vom zu zerstörenden Objekt erreicht, bei Überschreiten dieses Abstandes reduziert sich die Detonationswirkung.

Im Allgemeinen wird angenommen, dass Abstandsdetonationen in Entfernungen bis 100 m für ein Schiff noch gefährliche Wirkungen auch an der technischen Ausrüstung hervorrufen.

Nach dem Schweregrad der Wirkungen auf ein Schiff unterscheidet man nahe und entfernte Abstandsdetonationen. Als nahe Abstandsdetonation wird eine Detonation bezeichnet, die in weniger als 30 m Entfernung vom Schiff erfolgt, als entfernte Abstandsdetonation eine solche, deren Abstand zum Schiff 30 m übersteigt.

Für eine nahe Abstandsdetonation ist das Durchschlagen des Schiffskörpers charakteristisch. Dies verursachen die nahezu gleichzeitigen Wirkungen der Stoßwelle und der schiebenden Strömung der Gasblase. Die Zerstörungswirkungen naher Abstandsdetonationen sind meist größer als Kontaktdetonationen gleicher Ladungsmassen. Bei entfernten Abstandsdetonationen wirkt vorrangig die Stoßwelle als Zerstörungsfaktor. Für diese Detonationsart sind großflächige Deformationszonen typisch, die die Schiffsaußenhaut nicht durchschlagen. Die Zerstörungen verlaufen vor allem im Schiffsinneren, größere Schiffe sind wegen der größeren Oberfläche des Unterwasserkörpers häufig schwerer

betroffen als kleinere. Unter der Einwirkung des Druckimpulses und der schiebenden Strömung der Gasblase treten am Schiffskörper folgende Erscheinungen auf:
– Verschiebung des gesamten Schiffskörpers mit einer bestimmten Geschwindigkeit und Beschleunigung
– Biegeschwingungen von Schiffskörper und Anlagen
– Beschleunigungen der technischen Ausrüstungen durch übertragene Kräfte aus dem Schiffskörper

Orientierungsgrößen für die hohen Belastungen, denen ein Schiffskörper bei einer Minendetonation unter dem Kiel ausgesetzt ist, zeigt Tabelle 5.1.

G	R, m					
kg	50		100		150	
	s cm	v_{max} m/s	s cm	v_{max} m/s	s cm	v_{max} m/s
100	0,4	4,7	0,19	1,9	0,14	1,3
500	1,1	8,7	0.60	3,9	0,40	2,5
1000	1,7	11,2	0,90	5,1	0,65	3,3

Anmerkung: s – maximale Versetzung; v_{max} – maximale Geschwindigkeit des Schiffskörpers.

Tab. 5.1: Maximale Verschiebung und maximale Geschwindigkeit eines idealen steifen Schiffskörpers bei Detonation einer TNT-Ladung der Masse G im Abstand R mittschiffs unter dem Kiel

Aus Tabelle 5.1 kann abgeleitet werden, dass der Schiffskörper als Dämpfungsmedium für die Schwingungen wirkt, die durch Stoßwelle und Gasblase im Umgebungsraum einer UWD erzeugt werden. Die Schwingungen durchlaufen den Schiffskörper mit unterschiedlichen Frequenzen und mit Geschwindigkeiten von einigen tausend ms^{-1}. Durch die Übertragung der Detonationsenergie in extrem kurzen Intervallen an die Schiffsaußenhaut und an das Schiffsinnere kommt es zu Erschütterungen und Resonanzerscheinungen der Konstruktionselemente und Anlagen. Dies führt zu enormen komplexen Beanspruchungen (z. B. Schub-, Druck-, Biege-, Torsionsbeanspruchungen), die die Festigkeit der Bauteile übersteigen können. Diese so genannten Schockbelastungen können nur durch schiffbauliche Vorsorge gedämpft werden.

Die Tabellenwerte bestätigen auch, dass mit zunehmender Detonationstiefe die zerstörenden Auswirkungen auf ein Schiff absinken, bei Verdoppelung der Detonationstiefe von 50 auf 100 m fallen sie etwa um die Hälfte, bei weiterer Vergrößerung auf 150 m fallen sie auf etwa ein Drittel der Detonationswerte für 50 m. Diese Angaben untermauern die in den Kapiteln 5.2 und 5.6 getroffenen Aussagen, dass bei Wassertiefen von 50–60 m die größte Minengefahr besteht und bei Tiefen von mehr als 200–300 m der Mineneinsatz uneffektiv wird (vgl. dazu auch Anmerkung zu Tab. 5.3).

Als Folge der Energieübertragung sind die Zerstörungswirkungen in den der Schiffsaußenhaut am nächsten befindlichen Bereichen des Schiffsinnenraumes am größten, in weiter entfernten Stellen am geringsten. Daraus können z. B. günstige und ungünstige Aufenthaltsplätze für Besatzungsmitglieder ermittelt werden, wenn minengefährdete Gebiete durchlaufen werden müssen.

In Bild 5.14 sind die Detonationsfolgen über die Frequenzen des Schiffskörpers und das Lastvielfache ausgewiesen. Das Lastvielfache ist eine dimensionslose gerichtete Größe, die das Verhältnis der am Schiffskörper durch äußere Einwirkungen auftretenden Beschleunigung zur Erdbeschleunigung angibt. Entlang der Längs- (x-), Quer- (y-) und Hoch- (z-)achse eines Schiffes beträgt das Lastvielfache

1, wenn es sich in einem stationären Fahrtregime bei Geradeausfahrt durch Glattwasser befindet. Bei einer Minendetonation wirken dagegen in extrem geringer Zeit auf einen Schiffskörper extrem hohe Drücke, die hohe Beiträge für das Lastvielfache (Bild 5.14) liefern. Zahlenangaben zum Lastvielfachen in diesem Kapitel beziehen sich auf die Detonationswirkungen in Richtung der Hochachse eines Schiffes.

Untersuchungen zur Wirkung von Stoßwelle und Gasblase zeigen, dass in Wassertiefen von mehr als 200 m der Einsatz von Grundminen gegen Überwasserschiffe geringwahrscheinlich ist, der Einsatz von Ankertauminen dagegen erst bei Wassertiefen von mehr als 300 m.

5.7 Charakteristische Schäden durch Unterwasserdetonationen

5.7.1 Charakteristische Schäden beim Personal

Die Einwirkungen der Druckstöße aus UWD auf ein Schiff bewirken schockartig auftretende Überbelastungen. Sie können Verletzungen unterschiedlicher Schweregrade bei den an Bord befindlichen Personen hervorrufen sowie Schäden am Schiffskörper, an Anlagen und Ausrüstungen.

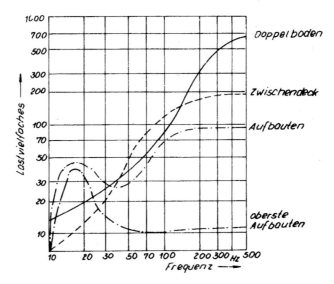

Bild 5.14: Verlauf des Lastvielfachen bei einer UWD in verschiedenen Bereichen eines Schiffes in Abhängigkeit von der Eigenfrequenz der Schiffsstrukturen

Am menschlichen Körper treten folgende charakteristische Verletzungen auf:
– Frakturen und Prellungen am Stützapparat, besonders am Bereich der Fuß-, Knie- und Hüftgelenke, an der Wirbelsäule sowie am Kopf
– Verletzungen durch abgelöste Teile (Trümmer, Splitter)
– Verbrennungen durch Explosionsfolgen (Brüche von Kraftstoff-, Heißwasser- und dampfführenden Leitungen, Berührungen mit elektrischen Anlagen)
– Störungen vegetativer Organfunktionen
– Nervenzusammenbruch
– Knalltrauma

Lastvielfaches Wirkungsdauer, s	Wirkungen	Aufprall-Geschwindigkeit, ms^{-1}	Wirkungen
$\dfrac{5}{1}$	Blutandrang oder Blutleere im Gehirn, Bewußtlosigkeit	3	Verletzungen
$\dfrac{15-30}{0,05}$	Erreichen der Bruchlast für Gewebe und Knochen	6	Schwellenwert für tödliche Verletzungen
$\dfrac{100}{20}$	Tödliche Gehirnverletzungen	10	Hohe Wahrscheinlichkeit für tödliche Verletzungen

Tab. 5.2: Wirkungen von Lastvielfachem und Aufprallgeschwindigkeit auf den Menschen

Der ungeschützte menschliche Organismus verträgt in Richtung Brust – Rücken ca. das 2–7-fache des Lastvielfachen in Richtung Kopf – Gesäß. Bild 5.14 und Tabelle 5.1 erlauben den Schluss, dass bei einer Minendetonation für den Aufenthalt von Menschen im Schiffsinneren wegen des hohen Lastvielfachen die größten Gefahren bestehen.

Menschen in liegender Körperstellung sind im Moment einer Minendetonation weniger verletzungsgefährdet als in stehender oder sitzender Körperhaltung. Bild 5.14 und Tabelle 5.1 lassen Rückschlüsse auf günstige Aufenthaltsplätze für das Personal zu:

Nach Möglichkeit sollte sich das Personal bei Fahrt unter Minengefahr in den obersten Aufbauten aufhalten.

5.7.2 Charakteristische Schäden am Schiff

Charakteristische Folgen von UWD am Schiffskörper und im Bereich der Anlagen und Ausrüstungen sind Deformationen, Materialrisse und -brüche. An der Schiffsaußenhaut können Deformationen sowie Risse in Plattengängen (häufig entlang der Schweißnähte) von beträchtlichen Ausmaßen auftreten. Experimentelle Untersuchungen haben gezeigt, dass bei Spitzendrücken von 0,8 bis 1 MPa (8 bis 10 kpcm^{-2}) eine Schiffsaußenhaut aus Stahl reißen kann, bei Spitzendrücken oberhalb von 1,5 bis 1,8 MPa (15 bis 18 kpcm^{-2}) treten Außenhautrisse mit großer Sicherheit auf.

Bei Detonationen einer 350 kg-Ladung in einer Entfernung von 10 m wurden an der Außenhaut eines Schiffes bis zu 35 MPa (350 kpcm^{-2}) gemessen. Erfahrungen besagen, dass die Kontaktdetonation einer Sprengladung von 100 bis 200 kg unterhalb der Wasserlinie ein Leck mit einem Durchmesser von 2 bis 6 m zur Folge hat, eine Kontaktdetonation gleicher Ladungsmasse an der Wasseroberfläche dagegen ein Leck mit einem Durchmesser von 1 bis 3 m. Detonationen von Ladungen von ca. 250 kg in einer Entfernung von ca. 25 m unter dem Kiel führen bei einem Zivilschiff zu mehr oder weniger starken Einknickungen des Schiffskörpers und damit zu dessen Verlust oder längerem Ausfall.

Erhebliche Wirkungen können die aus der Detonationsfontäne herabstürzenden Wassermassen im Oberdecksbereich auslösen. Menschen können verletzt oder über Bord gespült, Ladungsgüter und Ausrüstungen losgerissen oder beschädigt werden.

Im Schiffsinneren erzeugen die Schwingungen aus Stoßwelle und Gasblase besonders hohe Beanspruchungen bei unelastischen Bauteilen, wie z. B. Gusseisenkonstruktionen von Maschinenanlagen und starren Verbindungen. Häufig wurden Brüche oder Risse in Fundamenten, Lagern und Anlagenteilen registriert, die zum vollständigen oder teilweisen Ausfall von Antriebsanlagen, Stromversorgungsaggregaten und Bedienungselementen führten. Folgeschäden treten durch Splitterwirkungen, Veränderungen im Verhalten von Ladungsgütern aber auch durch Brände ein.

Die Minendetonation auf MS „Georg Schumann" erzeugte neben anderen schweren Schäden auch Materialbrüche an Elektromotoren, Schalttafeln und Rohrarmaturen aus Grauguss. Beim Minentreffer auf MS „Josef Wybitzki" (August 1984, polnischer Trockenfrachter, 12.000 BRT) entstanden für die Einsatzkräfte unerwartete Behinderungen durch Löschschaum, der aus gebrochenen Leitungsanschlüssen austrat.

Der Wassereinbruch infolge Lecks der angeführten Größen kann mit herkömmlichen Mitteln der Leckwehr nicht wirksam bekämpft werden. Die Hauptanstrengungen der Besatzung sind in solchen Fällen auf die Eingrenzung des Wassereinbruchs auf möglichst nur eine Abteilung zu richten. Wirksam kann auch die Unterstützung durch in der Nähe befindliche Schiffe sein, beispielsweise zum Lenzhalten, zum Unterfangen oder für Verletzte.

Ladungsmasse kg	Zerstörungsradius m	Beschädigungsradius m	Sicherheitsradius m
100	15	40	50
250	20	55	60
500	30	75	80
1000	40	110	120

Anmerkung: Die o. g. Tabellenwerte wurden für Kriegsschiffe mit Außenwandstärken von 10–15 mm Stahl ermittelt. Für Handelsschiffe sollen die Entfernungsangaben um einen Faktor 2 höher liegen.

Tabelle 5.3: Zerstörungs-, Beschädigungs- und Sicherheitsradien bei Unterwasserdetonationen in Abhängigkeit von der Ladungsmasse

In Tab. 5.3 sind Zerstörungs-, Beschädigungs- und Sicherheitsradien für Schiffe gegenüber UWD verschiedener Ladungsmassen angegeben. Wie die Tabelle 5.2 ausweist, übersteigen die Beschädigungsradien von Minen die Werte von ca. 100 m nicht nennenswert. Deshalb werden konstruktiv Ansprechradien der Zündsensoren von 100–150 m angestrebt.

Ausreichende Sicherheit vor UWD der gebräuchlichsten Minentypen, also von Ladungen bis 500 kg, kann demnach für ein ziviles Schiff erst auf Entfernungen von mehr als 150 m vom Minenort erreicht werden.

5.8 Mögliche Vorsorgemaßnahmen des Führungspersonals eines Schiffes bei Minengefahr

Beim Befahren eines minengefährdeten Gebietes kann die Schiffsleitung durch besonnene Maßnahmen das Risiko verringern, auf eine Mine aufzulaufen. Möglichen Detonationsfolgen aus Minentreffern kann in den Grenzen menschlichen Handlungsvermögens entgegengewirkt werden. Die nachfolgend aufgeführten Maßnahmen sind geeignet, die genannten Ziele zu erreichen:
– Stabile Kommunikation zwischen dem Führungspersonal und der Besatzung des Schiffes
– Umfassende Information über die Lage auf der Fahrtroute und am Fahrtziel
– Auswahl günstiger Fahrtrouten, wie Umfahren der Gefahrengebiete, Fahrten durch Gebiete mit größeren Wassertiefen gegebenenfalls unter Ausnutzung der Gezeiten
– Anlegen der individuellen Rettungsmittel
– Festlegen (ggf. Konkretisieren) von Sammelplätzen für die Besatzung (und ggf. die Passagiere), unperiodische Vollzähligkeitskontrollen
– Vollzähligkeitskontrollen

- Herstellung eines erhöhten Verschlusszustandes
- Organisation einer speziellen Minenbeobachtung mit optischen und technischen (z. B. radartechnischen) Mitteln im Sektor von Bb. 20° über voraus nach StB. 20° durch geübte Beobachter
- Vorbereitung der Mittel der Brand- und Leckwehr zum schnellstmöglichen Einsatz
- Vorbereitung eines Reserveführungsstandes mit entsprechenden Kommunikationsmitteln
- Bereitschaft zur Durchführung extremer Kurs- und Geschwindigkeitsmanöver
- Einnahme einer sehr geringen Fahrtstufe
- Anlegen der individuellen Rettungsmittel, Vorbereitung kollektiver Rettungsmittel zum sofortigen Gebrauch
- Durchführung spezieller Maßnahmen der Ladungssicherung
- Über Bord werfen kleiner Sprengkörper (Knallkörper)
- Abschreckungsmaßnahmen gegen Kampftaucher (Froschmänner) wie z. B.: unperiodisches Anlassen der Schiffspropeller auf Liegeplätzen und Reeden, demonstrative Beobachtung

Die geeignetste Form der Bordorganisation zur Realisierung dieser Maßnahmen ist das Ein-Wach-System.

Die angeführten Maßnahmen besitzen den Charakter von Empfehlungen. Sie zu verwirklichen, stößt nicht selten auf widersprüchliche Momente, dafür einige Beispiele:
- Das Laufenlassen der Schiffspropeller wird in vielen Häfen nicht zugelassen.
- Das Einnehmen einer risikoarmen Geschwindigkeit von 2–4 sm/h wird sich für viele größere Schiffe praktisch nur sehr schwer verwirklichen lassen.
- Die Auswahl günstiger Fahrtrouten zum Meiden minengefährdeter Gebiete wird vielfach nicht oder nur mit schwer realisierbarem Aufwand möglich sein. Der Gegner wird beim Legen von Minen auch Ausweichkurse weitgehend sperren. So bestanden beispielsweise für die DDR Schiffe MS „Halberstadt" und MS „Frieden" im Jahre 1972 keine Möglichkeiten, den Hafen von Haiphong zu verlassen, da das Hafengebiet und die vorgelagerten Gewässer vermint waren. Umgekehrt gingen im Jahre 1984 viele Handelsschiffe verschiedener Flaggen beim Anlaufen verminter nikaraguanischer Seegewässer und Häfen ein hohes Risiko ein.
- Die Minenbeobachtung bei Fahrt durch minengefährdete Gewässer ist monoton und ermüdend. Die Art der Beobachtung verlangt erfahrenes, diszipliniertes Personal. Ein häufiges Ablösen der Beobachter ist erforderlich. Die Minenbeobachtung soll aus möglichst großer Augenhöhe und vom Vorschiff erfolgen. Auf verschiedenen Schiffstypen wird aber die günstigste Augenhöhe zum Beispiel in einer Entfernung von ca. 140 m vom Bug entfernt, auf dem Peildeck, erreicht. Damit geht aber, wie nachfolgend noch gezeigt wird, etwa ein Drittel der für ein erfolgreiches Ausweichmanöver vor einer Treibmine mindestens notwendigen Ausmachentfernung verloren. Für die Bestimmung des Ausguckstandorts müssen also vertretbare Kompromisslösungen gefunden werden. Zum Ausguck steht auf einem Handelsschiff aber nur eine begrenzte Anzahl von Besatzungsmitgliedern zur Verfügung. Außerdem ist die Beobachtung in der Regel über längere Zeiträume zu organisieren, weil die Gefahrengebiete groß sind und gewöhnlich mit geringer Fahrtstufe durchlaufen werden. Hohe Anspannung und psychische Belastung insbesondere des Beobachtungspersonals sind die Folge.
- Auch eine nur in der Nähe und ohne vermeintliche Auswirkungen auf das eigene Schiff erfolgte Detonation eines Sprengkörpers, und sei es die kontrollierte Sprengung einer Mine auf Sicherheitsabstand, verlangt unverzüglich Sicherheitskontrollen der Schiffsräume und Aggregate.

Der vollständige oder teilweise Ausfall wichtiger Sicherheits- und Führungstechnik kann die Schiffsleitung zwingen, vorher konzipierte und erprobte Antihavariehandlungen radikal zu ändern. Das trifft insbesondere zu für Ausfälle von Stromerzeugern, Lenz-, Feuerlösch- und Beleuchtungsanlagen sowie Kommunikationsmitteln und Kontrolleinrichtungen. Trümmer, deformierte Konstruktionselemente,

Teile von Ladungsgütern oder ihre Reaktionsprodukte mit Seewasser schaffen unübersehbare Erschwernisse bei der Bekämpfung von Wassereinbruch und Bränden.

Der Kampf um die Erhaltung des Schiffes bei gleichzeitiger Bergung einer größeren Zahl Verletzter stellt unter solchen Bedingungen eine Schiffsleitung vor schwierige Führungsentscheidungen, das umso mehr bei geringen Besatzungsstärken, die für zivile Schiffe charakteristisch sind. Die Besatzung muss auf das schnelle und organisierte Verlassen des Schiffes vorbereitet sein.

Extreme Kurs- und Geschwindigkeitsmanöver sind zum Ausweichen vor Treibminen erforderlich. Solche Manöver setzen eine hohe Bereitschaftsstufe der Besatzung voraus. Treibminen werden häufig nach Minenleghandlungen eines Gegners in Seegebieten oder Fahrwassern festgestellt. Sie können mit einem taktischen Ziel ausgebracht werden oder als Folge technischer Unzulänglichkeiten der eingesetzten Minen sowie durch hydrometeorologische Ursachen auftreten. Die zivile Schifffahrt muss aber auch auf Wiederholungen von terroristischen Aktionen durch Aussetzen von Treibminen – vergleichbar wie 1984, Rotes Meer, s. Kap. 5.1.1 – vorbereitet sein.

Das Ausweichen eines Schiffes vor Treibminen ist durch geringe Ausmachentfernungen des Gefahrenobjekts, begrenztes Zeitlimit zum Handeln und energisches Manövrieren gekennzeichnet. Der Verlauf eines solchen Ausweichmanövers wird von unterschiedlichen Bedingungen abhängen; von objektiven, wie Schiffstyp, Beladungszustand, Wetterbedingungen und Schiffgeschwindigkeit sowie von subjektiven, wie Bordorganisation und Ausbildungsstand der Besatzung. Erfahrungen zeigen, dass Kursmanöver effektiver sind als Geschwindigkeitsmanöver. Allerdings kann in engen Fahrwassern das Aufstoppen als alleiniges Ausweichmanöver in Frage kommen.

Aus dem Manövrierverhalten des Schiffes können folgende Problemstellungen für einen erfolgreichen Manöververlauf abgeleitet werden:
1. Welche Ausmachentfernung zum Gefahrenobjekt ist mindestens erforderlich, um durch Einleiten eines Ruderlage-Manövers einen vorgegebenen Passierabstand zum Gefahrenobjekt zu erzielen?
2. Welche Zeit ist mindestens erforderlich, um bei vorgegebener (d. h. unter den gegebenen Umständen notwendiger) Ausmachentfernung zum Gefahrenobjekt ein wirksames Ausweichmanöver einzuleiten?

Praktisch werden beide Probleme über entsprechende Organisationsformen gelöst, im ersten Falle durch die Seeraumbeobachtung (z. B. zusätzlicher Minenausguck), im zweiten Falle durch erhöhte Manöverbereitschaft.

Bei einem Kursmanöver auf engstem Raum beeinflusst das Heck des Schiffes den Passierabstand zur treibenden Mine entscheidend. Bei Hartruder muss daher nach einem Zeitintervall die entgegengesetzte Hartruderlage eingenommen werden. Bild 5.16 zeigt die Abhängigkeit von Vorausweg und Querversetzung bei Reaktionszeiten von 10 s und 1 min für ein Handelsschiff vom Typ „Poseidon". Die Grafik weist aus, dass zum Erreichen eines Mindestabstandes von 50 m zur Mine diese auf eine Entfernung von 950 m entdeckt werden muss, wenn die Reaktionszeit des Schiffes eine Minute beträgt. Kann diese Zeit auf ein Sechstel verkürzt werden, ermöglicht eine Entdeckungsentfernung von 400 m noch ein sicheres Ausweichen. Ein allgemeines Manöverschema zeigt Bild 5.15. Das Ausweichmanöver soll die Treibmine auf die Luvseite des Schiffes bringen. Unterstützend bei diesem Manöver wirkt die große Angriffsfläche des Windes am Schiff, die die Querversetzung vergrößert. Das gilt besonders für Container- und Passagierschiffe.

Die schlechte Erkennbarkeit einer im Wasser treibenden Mine ist Ursache für geringe Zeitreserven zwischen dem Entdecken der Mine und dem Einleiten eines Ausweichmanövers. Das zwingt die Schiffsleitung zur Fahrt unter erhöhten Bereitschaftsstufen.

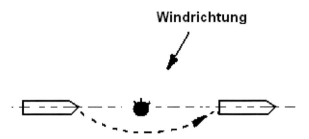

Bild 5.15: Schema eines Ausweichmanövers vor einer Treibmine

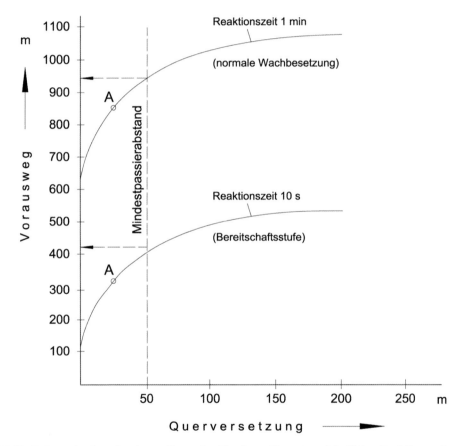

Bild 5.16: Bahnverlauf nach einem Hartruder-Manöver für unterschiedliche Reaktionszeiten eines Schiffes (Typ „Poseidon", Containerschiff, 12000 BRT) mit v = 16 kn. A – Einleitpunkt für Bahnrückführmanöver

Als verallgemeinernde Erkenntnis aus diesem Kapitel ergibt sich, dass auf Grund ihrer physikalischen Charakteristik am häufigsten Ankertauminen mit Ladungsmassen von 200 bis 300 kg in Wassertiefen bis 300 m zu erwarten sind, Grundfernzündungsminen dagegen mit Ladungsmassen von 500 bis 1000 kg in maximalen Wassertiefen von 50 bis 60 m.

Angesichts des weltweit zunehmenden Terrorismus nimmt die Wiederholungsgefahr für Attentate gegen Schiffe durch Sprengkörper in verschiedensten Ausführungen als Minen, Haftladungen o. ä. eher zu als ab.

Das Auflaufen auf eine Mine löst für ein ziviles Schiff schwerwiegende Schiffssicherungsprobleme aus. Ein Schiff mittlerer Größe erhält durch einen Minentreffer in der Regel gefährliche Schäden und kann sinken. Durch zweckmäßige, der jeweiligen Situation angepasste Verhaltensweisen und zielstrebige Führung der Besatzung bestehen Möglichkeiten, Minentreffer zu vermeiden oder Schäden aus Detonationen einzugrenzen. Für das Handeln ohne Erfolgsaussichten muss als Alternative das schnelle organisierte Verlassen des Schiffes durch die Besatzung sorgfältig vorbereitet sein.

5.9 Fallbeispiele

Fallbeispiel 1

Randbedingungen:

     Frachtschiff im Roten Meer
     Wetter gut; Sicht 3–4 sm; Lufttemperatur 37 °C
     Erhöhter Verschlusszustand Aufbauten
     Kurs 10°; Höhe Mokka

Ereignisablauf:

15.30	Coffee time Donnerstagnachmittag
15.45	Kapitän in die O-Messe
15.58	Plötzlicher gewaltiger Schlag gegen/im Schiff
	Schiff wird angehoben und fällt zurück, Lukendeckel heben sich
	Detonationsknall danach zu hören
	Wachhabender NO wird von den Füßen gerissen
	Sieht außen grauer Nebelschleier
	Brücke und Kartenraum zerstört (Geräte, Anlagen, Möbel)
	Maschinenbereich:
	Flurplatten fliegen hoch – Wachingenieur stürzt in die Bilge; Verletzungen am Bein
	Black out!
	Ingenieur und Assi verlassen den MR; Ingenieur ist nicht ansprechbar
	Schockzustand
	Chief in MR zur Kontrolle: Kein Wassereinbruch; Leitungen u. Ventile gebrochen
	Maschinen abgestellt, Schalttafel schwer beschädigt
	Kraftstoff strömt vom Tagestank in Richtung MR hinab: Hohes Brandrisiko!
	Rauchverbot!
16.05	Chief gibt Bericht über Situation an Kapitän
	Bootsalarm ausgelöst
16.10	Kontrolle Laderäume: Kein Wassereinbruch, d. h. Schiff ist schwimmfähig
	Winden aus Verankerungen gerissen
	Scherstöcke liegen im Unterraum
16.30	UKW wieder betriebsfähig
	Schlepper angefordert – Reede – später zur Werft

Ursache-Wirkungs-Kette

Verminung des Seeraumes Golf Suez u. Rotes Meer 1984
192 Minen von Jihad Organisation (Bekenner)
19 Schiffe wurden in 4 Wochen getroffen und schwer beschädigt

↓

Druckwelle trifft auf Schiffsboden

↓

Trägheitskräfte verursachen schwere Beschädigungen

↓

Schiff ist nicht mehr betriebsfähig
Kein Wassereinbruch

Bewertung des Safety Management (Notfallmanagement)

Risiko/Gefahr richtig erkannt?
Nicht möglich, da keinerlei Informationen vorlagen

Gefahrenentwicklung richtig bewertet?
Es wurden zwei Faktoren zunächst vorrangig geprüft bzw. vorausschauend veranlasst:
Wassereinbruch?
Rauchverbot wegen austretendem Kraftstoff!

Entschlussfassung/Entscheidungen?
Kontrolle Wassereinbruch und Auslösung Bootsalarm waren die zunächst wichtigsten Entscheidungen.

Ausführung der Handlungen?
Die Schiffsleitung hat alle Maßnahmen besonnen und zügig durchgeführt. Erste Versorgung des Verletzten

Fallbeispiel 2

Randbedingungen:
 Frachtschiff Küste Luanda
 Wetter: Windstille, ruhige See, kein Strom;
 Lufttemperatur: 27 °C; gute Sicht

Ereignisablauf:
03.40 Zwei Haftminenexplosionen im Vorschiffsbereich
   Schiff sackt vorne ab
03.46 Besatzung verlässt das Schiff
   Kapitän und ein Teil der Crew in der Nähe mit der Barkasse
07.00 Dieser Teil der Besatzung wieder an Bord
07.05 Schlepper fest
07.50 Schiffsheck auf Grund gesetzt in der Bucht von Luanda
   Reeder gibt später das Schiff auf
   Provisorisches Abdichten des Lecks
   Schiff außerhalb des Hoheitsgewässers von Angola versenkt

Ursache-Wirkungs-Kette

Detonation von zwei Haftminen am Vorschiff

↓

Große Lecköffnungen in zwei Abteilungen
Wassereinbruch im Bereich Vorschiff

↓

Abwehrleistung objektiv nicht vorhanden

↓

Verlassen des Schiffes

Bewertung des Safety Managements (Notfallmanagement)

Risiko/Gefahr richtig erkannt?
Nicht konkret möglich, da nur allgemeine Gefahrenlage bekannt.

Gefahrenentwicklung richtig bewertet?
Ja, eine Leckwehr zur Erhaltung der Schwimmfähigkeit des Schiffes war objektiv nicht gegeben.

Entschlussfassung/Entscheidungen?
Das Verlassen des Schiffes zum Schutz der Besatzung leitete sich zwingend aus der Bewertung der Situation ab.

Ausführung der Handlungen?
Das schnelle Verlassen des Schiffes war unter Berücksichtigung der Tageszeit straff organisiert.

Literaturverzeichnis

Adam, M.: Nekotorye aspekty primenenia minnogo oruzia v sovremennoj morskoj vojne. – In: Morskoj sbornik. Moskva. – (1984) 8. – S. 22–23

Adam, M.: Einige Aspekte des Einsatzes der Minenwaffe im modernen Seekrieg. In: Militärwesen. – Berlin 26 (1982) 12. – S. 69–71

Avarijnost mirovogo flota. In: Morskoj flot. – Moskva (1984) 8. – S. 56

Bode, G.: Sperrwaffentechnik. In: Jahrbuch der Wehrtechnik. – Koblenz. 1968. S.102–186. Folge 3.

Chronika prestuplenij. – In: morskoj flot. Moskva (1985) S. – 5. 63

Dolz, W.: Aspekte der Modernisierung der Minenwaffe in den NATO- Flotten. In: Militärwesen.- Berlin 29 (1985)8. – S. 65–71

Freercks, J.; Schütz, E.: Schockbelastungen aus Unterwasserdetonationen. – In: Marinerundschau. – Koblenz 79 (1982) 5. – S. 248–251

Galle, H.-D.: Minen – Eine Gefahr für die Schifffahrt. – Ingenieurhochschule für Seefahrt Warnemünde/Wustrow, 1. Auflage 1989

Haager Abkommen Nr. VIII vom 18. Oktober 1907 über die Legung von unterseeischenselbsttätigen Kontaktminen. In: RGBL. 1910 S. 231 if.

Heinze, H.: Handbuch Sprengtechnik. – Leipzig. 1980. – S. 549

Hiller, R.: Physikalische Vorgänge bei Unterwasserdetonationen. – In: Informationsdienst NVA Reihe Marinewesen. – 7 (1974) 6. S. 1–70

Hiller, R.: Unterwasserdetonationen und ihre Wirkungen auf Schiffe und Unterwasserbauten (I). – In: Militärtechnik. – Berlin 13 (1973) 9. – S. 400–404

Institut für Friedenssicherungsrecht und Humanitäres Völkerrecht der Ruhr-Universität Bochum: In: B 0-Fax 21.02.1991. – Nr. 19.

Jankowskij, V.: Minnaa blokada v planach kommandovania VMS NATO. – In: Morsekoj sbornik. – Moskva (1984) 5. – S. 26–30

Landwehrs, H.: Entwicklungsrichtungen moderner Seeminen. – In: Militärtechnik. – Berlin 25 (1985) 6. – S. 328–330

Landwehrs. H.: Das akustische Schiffsfeld und seine Ortung (I). In: Militärtechnik. – Berlin 14 (1974) 12. – S. 540–542

Landwehrs, H.: Hydrodynamische Schiffsfeld und seine Ausnutzung in Unterwasserwaffen In: Militärtechnik. – Berlin 16 (1976). – S.12–13

Nehring, St.: In: Meeresbiologie Beitrag 14/2005. Rostock. – S. 109–123

Online im Internet: Mine(Waffe) http://lexikon.freenet de. 2005

Online im Internet: WELCOME ON BORD. Bad Bevensen Seeminen.htm. 2003

Online im Internet: In: http//www.cultsoftessen.de/wbb2ltreaci, postid-6840, sid-c626d68a79356b63fb061 8b65023adc.htm. 2005

Rhadas, J.: Die Minenwaffe- Ihre Einsatzmöglichkeiten und Grenzen.- In: Marinerundschau.- Koblenz 82 (1985) 5.- S. 286–287

Sette; Goben: Shock in ships. – Naval Engeneers I. – /S.1/ (1963). – S. 528

Shubockin, E.; Kolpakov, A.; Muravcik, V.: Besopastnost vertoletov- tralcikov i protivominnych KVP pri podvodych vsrywach min. – In Morskoj sbornik. – Moskva (1988) 9. – S. 68–70

Sohst, H.: Die Northern-Barrage 1918 – eine der größten Minensperren der Seekriegsgeschichte. – In: Marinewesen. – Rostock (1970). – S. 1121 -1131

Wilke, J.: Die Unterwasserdetonation. – In: Soldat und Technik. – Frankfurt/Main 14 (1971) 2. – S. 74–77

Witt, H.: Grundlegende Probleme der Schocksicherheit von Schiffen. – Militärtechnik. – Berlin 24 (1984) 3. – S. 153–155

6 Schutz vor Giftstoffen

Dr. rer. nat. Dana Meißner; Dipl.-Ing. (FH) Ulrich Fielitz; Dipl.-Ing. (FH) Dirk Sedlaček

Abkürzungsverzeichnis

4-DMAP	4-Dimethylaminophenyl
CN	Chloracetophenon
EEBD	Emergency Egress Breathing Device
FID	Flammenionisationsdetektor
GC/MS	Gas chromatography / Mass Spectrometry
GGVSee	Gefahrgutverordnung See
ICSC	International chemical safety card
IDLH-Wert	Immediately Dangerous to Life or Health – maximale Fluchtkonzentration
IMDG-Code	International Maritime Dangerous Goods Code
IMS	Ionenmobilitätsspektrometrie
IPPC	International Plant Protection Convention
LC/MS	Liquid Chromatography / Mass Spectrometry
LD50	Letale Dosis, 50 % der Versuchstiere sterben bei Aufnahme dieser Dosis
LSD	Lysergsäuediäthylamid
MAK-Wert	maximale Arbeitsplatzkonzentration
MARPOL	International Convention for the Prevention of Pollution from Ships
MS	Mass Spectrometry
NOAEL-Wert	No Observed Adverse Effect Level
PID	Photoionisationsdetektor
ppb	parts per billion
ppm	parts per million
SOLAS	International Convention for the Safety of Life at Sea
TRGS	Technische Regeln zur Gefahrstoffverordnung
UEG	untere Explosionsgrenze

6.1 Begriffsbestimmungen

6.1.1 Gift

Alle Gefahrstoffe, die mit Schiffen transportiert werden bzw. im Schiffsbetrieb eingesetzt werden sowie die entsprechenden Transportvorschriften und Sicherheitsmaßnahmen, sind im International Maritime Dangerous Goods Code (IMDG-Code) aufgelistet und hinsichtlich ihrer Gefährlichkeit klassifiziert. Die Bundesrepublik hat in § 2 Satz 1 Nr. 1 der Gefahrgutverordnung See den IMDG-Code als Anlage in deutsches Recht übernommen. Der IMDG-Code besitzt somit seit 2004 Gesetzeskraft in der Bundesrepublik Deutschland. Der Code liefert auch die international gültige Begriffsbestimmung, was unter einem giftigen Stoff zu verstehen ist:

Giftige Stoffe sind Stoffe, die tödlich wirken können bzw. schwere Vergiftungen oder gesundheitliche Schäden beim Menschen verursachen, wenn sie verschluckt oder eingeatmet werden oder mit der Haut in Berührung kommen.

Die Wissenschaft, die sich mit dem Wesen und den Wirkungen von Giften befasst, ist die Toxikologie. Von dem griechischen Wortstamm leiten sich viele angelehnte Begriffe ab, wie z. B. toxisch (giftig), Intoxikation (Vergiftung) oder Toxin (Gift).

Die oben angeführte Definition ist problematisch, denn grundsätzlich können alle dem Organismus zugeführten Stoffe oberhalb einer gewissen Dosis Schaden anrichten. Dies gilt sogar für unverzichtbare Substanzen wie Vitamine, Nährstoffe und Wasser. Die Toxizität, also das Ausmaß der Giftwirkung in Abhängigkeit von der Dosis, wird von vielen Faktoren bestimmt.

Dazu gehören u. a.
– die Form der Verabreichung,
– die Löslichkeit in Körperflüssigkeiten (insbesondere bei oraler Aufnahme)
– der zeitliche Verlauf der Aufnahme,
– der Gesundheitszustand, Geschlecht, Gewicht und Alter der Person, die den Stoff aufnimmt,
– eine mögliche Toleranz durch frühere Gaben des Toxins,
– die Außentemperatur und
– die Absicht hinter der Zufuhr der Substanz.

Im Allgemeinen versteht man unter Giften solche Stoffe, die schon in kleinen Mengen und bei einmaliger Einnahme oder kurz andauernder Aufnahme dramatische Folgen für den Menschen haben können.

6.1.2 Giftaufnahme

Giftstoffe können im Wesentlichen auf drei Wegen in den menschlichen Körper gelangen (Bild 6.1):
– über den Verdauungstrakt durch Verschlucken
– über die Atmungsorgane durch Inhalation
– über die intakte Haut durch Resorption

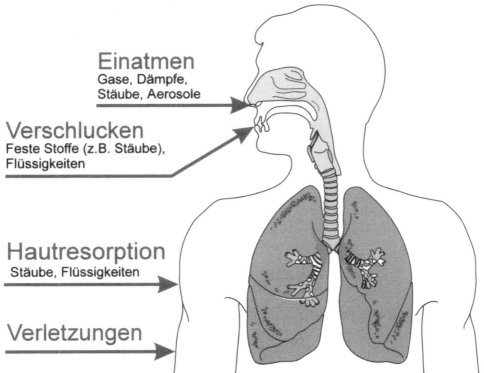

Bild 6.1: Möglichkeiten des Eindringens von Giften in den menschlichen Körper

Giftige Gase gelangen überwiegend durch die Atmung in den menschlichen Körper, zu kleinen Anteilen auch über die Haut. Giftige Flüssigkeiten können nicht nur (zumeist versehentlich) verschluckt werden, sondern auch in Form ihrer Dämpfe oder als feine Tröpfchen (Nebel, Aerosole) eingeatmet werden. Besonders für Flüssigkeiten gilt aber auch die Eintrittsmöglichkeit durch die Haut, wenn ohne Schutzkleidung mit ihnen gearbeitet wird.

Feste Giftstoffe können vor allem als Staub oder Dampf durch Inhalation in den Körper gelangen. Die Aufnahme fester Giftstoffe durch Verschlucken oder über die Haut hat im normalen Schiffsbetrieb kaum Bedeutung.

Zusammenfassend ist erkennbar, dass Giftstoffe an Bord in erster Linie dampf-, gas- oder staubförmig über die Atmungsorgane in den Körper gelangen.

6.1.3 Einteilung von Giften

Um die Schädlichkeit verschiedener Gifte miteinander vergleichen zu können, ist die Einführung eines Maßes für die Giftigkeit von Stoffen notwendig. Einen wichtigen Parameter für die Beurteilung der akuten Toxizität eines Stoffes stellen die aus Tierversuchen ermittelten LD50-Werte dar. LD steht dabei für Letale Dosis und die 50 besagt, dass unter den jeweiligen Versuchsbedingungen 50 % der Versuchstiere an dieser Dosis innerhalb eines bestimmten Zeitraumes sterben.

Nach den verschiedenen Möglichkeiten der Giftaufnahme unterscheidet man:

LD50 für akute orale Toxizität – ist die Dosis des einmalig verabreichten Stoffes, die bei der Hälfte der Versuchstiere innerhalb von 14 Tagen zum Tode führt. Das Ergebnis wird in Milligramm pro Kilogramm Körpergewicht des Versuchstieres ausgedrückt.

LD50 für akute dermale Toxizität – ist die Dosis des Stoffes, die bei ununterbrochenem Kontakt mit der nackten Haut der Versuchstiere über einen Zeitraum von 24 h bei der Hälfte der Versuchstiere innerhalb von 14 Tagen zum Tode führt. Das Ergebnis wird in Milligramm pro Kilogramm Körpergewicht des Versuchstieres ausgedrückt.

LD50 für akute Toxizität beim Einatmen – ist die Dampf-, Nebel- oder Staubkonzentration, die bei ununterbrochenem Einatmen über einen Zeitraum von einer Stunde bei der Hälfte der Versuchstiere innerhalb von 14 Tagen zum Tode führt. Das Ergebnis wird in Milligramm pro Liter Luft für Stäube und Nebel bzw. in ppm (parts per million) für Gase ausgedrückt.

Das Problem ist natürlich bei diesen Parametern, dass sie für Tiere (Ratten, Kaninchen) ermittelt wurden und somit nur bedingt auf den Menschen übertragbar sind. Aus erklärlichen Gründen hat man jedoch in den meisten Fällen keine andere Wahl als auf die bei Tierversuchen ermittelten Werte zurückzugreifen und davon auszugehen, dass die für Tiere giftigen Stoffe für den Menschen entsprechend giftig sind. So haben sich die LD50-Werte inzwischen in den internationalen Gefahrguttransportgesetzen durchgesetzt. Auf dieser Basis erfolgt auch im IMDG-Code die Einteilung der Gifte nach ihrer Gefährlichkeit.

Im IMDG-Code werden Gefahrstoffe in Verpackungsgruppen eingeteilt (siehe Tab. 6.1), wobei folgende Bedeutung vorliegt:

Verpackungsgruppe I – höchste Gefahr (einer Vergiftung)
Verpackungsgruppe II – mittlere Gefahr (einer Vergiftung)
Verpackungsgruppe III – geringe Gefahr (einer Vergiftung)

Dies sind:

Verpackungsgruppe	LD50 oral [mg/kg]	LD50 dermal [mg/kg]	LD50 inhalativ (1h) [ppm]
I	<= 5	<= 40	0–1000
II	> 5–50	> 40–200	1000–3000
III fest	> 50–200	> 200–1000	3000–5000
III flüssig	> 50–500	> 200–1000	3000–5000

Tab. 6.1: Einteilung giftiger Stoffe in die Verpackungsgruppen laut IMDG-Code

Name	Chemische Formel	LD50 inhalativ (1h) ppm
Phosgen, Carbonylchlorid	$COCl_2$	5
Stickstoffdioxid	NO_2	115
Blausäure, Cyanwasserstoff	HCN	169 (30 min)
Chlorgas	Cl_2	293
Schwefelwasserstoff	H_2S	712
Schwefeldioxid	SO_2	2520
Kohlenmonoxid	CO	3760
Ammoniak	NH_3	4000

Tab. 6.2: Einige LD50-Werte von giftigen Gasen

Es gibt im Zusammenhang mit der Gesundheitsgefahr bestimmter Stoffe weitere Parameter, die sich direkt auf die Wirkung dieser Stoffe auf den Menschen beziehen und die daher prinzipiell besser geeignet wären, um eine reale Einschätzung ihrer Giftigkeit zu leisten.

IDLH-Wert – Immediately Dangerous to Life or Health – maximale Fluchtkonzentration:
Der Wert gibt die maximale Grenzkonzentration gesundheitsgefährdender Stoffe in der Atemluft an, bei deren Auftreten eine Rettung aus der Gefahrenzone innerhalb von 30 min gerade noch möglich ist.

MAK-Wert – Maximale Arbeitsplatzkonzentration:
Der MAK-Wert (maximale Arbeitsplatzkonzentration) ist die höchstzulässige Konzentration eines Arbeitsstoffes als Gas, Dampf oder Schwebstoff in der Luft bei einer achtstündigen Exposition und einer durchschnittlichen Wochenarbeitszeit von 40 Stunden, bei der die Gesundheit der Beschäftigten nicht beeinträchtigt wird.

NOAEL-Wert – No Observed Adverse Effect Level:
Der NOAEL-Wert gibt die höchste Dosis an, die (einmalig) ohne erkennbare schädliche Einflüsse auf den Körper, seine Organe, seine Funktion, sein Wachstum oder seine Lebensdauer aufgenommen werden kann.

Das Hauptproblem besteht in der Verfügbarkeit dieser Werte für die Vielzahl von giftigen Stoffen, die heute transportiert werden. Sie können nicht experimentell ermittelt werden, ohne die Gesundheit von Menschen zu gefährden. Selbst wenn aus Erfahrungen solche Werte aufgestellt werden, scheint es problematisch, sie für alle Menschen verallgemeinert einzusetzen: Wenn dem einen eine Flucht aus einem gasverseuchten Bezirk bei einer bestimmten Konzentration noch gelingt, so muss das für eine andere Person nicht mehr zutreffen.

6.2 Ursachen für das Auftreten von Giftstoffen an Bord

Im modernen Schiffsbetrieb ist das Risiko einer Vergiftung eine permanente und reale Bedrohung. Diese kann sich aus dem Transport giftiger Ladung ergeben oder aus Arbeiten mit den vorhandenen technischen Systemen (z. B. Kühlmittel in Kühlsystemen) resultieren. Auch Havarien und Seenotfälle können mit dem Austritt bzw. dem Entstehen von giftigen Stoffen verbunden sein. So kann es zum Beispiel bei Bränden zum Freisetzen hochgiftiger Gase kommen. In Tabelle 6.3 sind die an Bord eines Seeschiffes auftretenden Vergiftungsrisiken übersichtlich dargestellt.

Ladung	Schiffsbetrieb	Havarie/Brand
Gefahrstoffe nach IMDG-Code: – Klasse 2.3 giftige Gase – Klasse 4.1 selbstzersetzliche Stoffe – Klasse 6 giftige und infektiöse Stoffe – Klasse 7 radioaktive Stoffe – Klasse 8 ätzende Stoffe – Klasse 9 verschiedene gefährliche Stoffe und Gegenstände – Sauerstoff verbrauchende bzw. verdrängende Ladung (z. B. vegetabile Güter)	– Säuren und Laugen – Lösungsmittel – Anstrichstoffe – Rostschutz- und Entrostungsmittel – Reinigungsmittel – Schmierstoffe – Kühlmittel – Frostschutzmittel – Entwesungs- und Pflanzenschutzmittel – Desinfektionsmittel	– Giftgase infolge der Verbrennung von Kunst- und Schaumstoffen – Löschmittel (Kohlendioxid, Halone) – unkontrolliert freigesetzte giftige Ladung – unkontrolliert freigesetzter Treibstoff – unkontrolliert freigesetzte Betriebsstoffe

Tab. 6.3: Vergiftungsmöglichkeiten an Bord von Seeschiffen

Ausgehend von diesem Gefährdungspotenzial ist es wichtig, sich über das Auftreten, die Erkennung, die Wirkungen von Giftstoffen sowie erforderliche Verhaltens- und Schutzmaßnahmen zu informieren.

6.2.1 Brände an Bord

Besondere Gefahrenschwerpunkte für akute Vergiftungen ergeben sich bei einem Schiffsbrand. Brandgase enthalten in Abhängigkeit von den Brandbedingungen neben festen und flüssigen Partikeln gasförmige Bestandteile unterschiedlicher Art und Konzentration.

Oft beginnt ein Schiffsbrand im Maschinenraum durch die Entzündung von austretendem und überhitztem Treibstoff. Bei der Verbrennung von Kohlenwasserstoffverbindungen (Holz, Erdgas, Erdöl, Diesel, Schweröl, Benzin) treten hauptsächlich Kohlenmonoxid und Kohlendioxid als Verbrennungsprodukte auf. Ein erhöter Anteil von Kohlenmonoxid entsteht dann, wenn die Verbrennung unter Sauerstoffmangel erfolgt, also etwa in abgeschlossenen Räumen. Vor allem Schwelbrände stellen diesbezüglich eine oft unterschätzte Gefahr dar!

Da Heizöl und Schweröl häufig noch einen hohen Anteil an Schwefel enthalten, muss bei Treibstoffbränden auch mit der Entstehung von größeren Mengen Schwefeldioxid gerechnet werden.

Häufig greift der Brand dann auf den gesamten Maschinenraum und letztendlich auch auf die Aufbauten und andere Teile des Schiffes über, so dass auch Kunststoffe (Kabelisolierungen, Anstriche,

Aufbauten, Einrichtungsgegenstände usw.) mit verbrennen. Dann erhöht sich die Zahl der entstehenden Verbrennungsprodukte drastisch und es muss mit solch hochgiftigen Gasen wie Cyanwasserstoff (Blausäure), Phosgen und Stickoxiden gerechnet werden.

Für die Seeschifffahrt und deren technische Aufsichtsorgane sowie für die Schiffbaukonstrukteure bedeutet das, die im Schiffbau eingesetzten Werkstoffe entsprechend den Forderungen der SOLAS auf ihre Eigenschaften hinsichtlich Brennbarkeit, aber auch hinsichtlich der stoffspezifischen Rauchentwicklung zu untersuchen, um schon durch ihre Auswahl einem optimalen baulichen Brandschutz gerecht zu werden.

In den meisten Fällen reichen die toxischen Auswirkungen des Rauches weit über den Bereich des Brandherdes hinaus. Der Rauch kann bereits lebensbedrohlich werden, noch bevor sich die Umgebungstemperatur durch den Brand wesentlich erhöht hat. Darum sind in der Regel die Menschenopfer bei Schiffsbränden nicht infolge von Verbrennungen, sondern durch Rauchvergiftungen zu beklagen.

In welcher Art und Weise sich die Gefahren toxischer Brand- und Reizgase in der Anfangsphase eines Brandes im jeweiligen Brandraum prinzipiell entwickeln, ist in Bild 6.2 schematisch dargestellt. Danach verringert sich die Sauerstoffkonzentration direkt oberhalb des Brandherdes sehr schnell, während sie in Bodennähe in maximaler Entfernung vom Brandherd im Raum nur langsam abfällt. Die Konzentration des giftigen Kohlenmonoxids steigt oberhalb des Brandherdes am steilsten an. Für andere Brandgase ergeben sich ähnliche Kurvenverläufe.

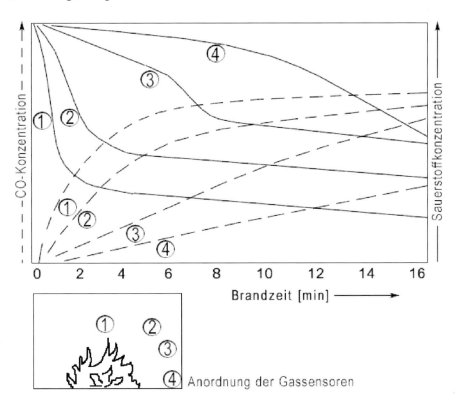

Bild 6.2: Prinzipielle örtliche Entwicklung von Gefahren durch toxische Brandgase

Diese Darstellung macht die Gefahr bei einem Schiffsbrand deutlich, bei dem die Flucht- und Rettungswege nach oben zu den Rettungsmitteln in den Bereich der höchsten Toxizität führen. Daraus lässt sich die Verhaltensregel ableiten, bei einem Brandausbruch im Maschinenraum den Fluchtweg ohne Atemschutzgerät nie innerhalb des Raumes, sondern immer über den Wellentunnel und den Notausstieg in der möglichst kürzesten Zeit anzutreten. Ebenso wird deutlich, dass auch Personen, die weit vom Brandherd entfernt sind, z. B. in den oberen Decks des Schiffes, stark gefährdet sind.

Die Flucht bzw. die Rettung von Personen bei einem Schiffsbrand sind aufgrund der schiffbaulichen Beschaffenheit, d. h. der Unterteilung in mehrere Decks und der Fluchtrichtung nach oben zu den Rettungsmitteln, mit hohen körperlichen Anstrengungen verbunden, die eine hohe Atemfrequenz nach sich ziehen. Unter diesen Bedingungen kann eine Vergiftung schneller erfolgen als unter normaler körperlicher Belastung, da in kürzerer Zeit mehr Gase eingeatmet werden.

6.2.2 Havarien an Bord

Unvorhersehbare Ereignisse, wie z. B. Kollisionen, Grundberührungen sowie technische Mängel, aber auch menschliches Versagen können zu Leckagen an Ladungs- oder Treibstofftanks, an Leitungen oder Ventilen führen. Derartige Havarien bilden somit einen potenziellen Gefahrenschwerpunkt für akute Vergiftungen an Bord eines Schiffes. Der Grad der Gefährdung der Besatzung hängt in solchen Fällen von der Art und der Konzentration des unkontrolliert ausgetretenen Giftstoffes sowie von der Größe und dem Ort der Leckage ab.

Eine rechtzeitige Erkennung der Gefährdung und die schnelle Einleitung folgerichtiger Schutz- und Abwehrmaßnahmen haben einen hohen Stellenwert, da die Aufnahme von Giftstoffen erfolgen kann, ohne dass der Betroffene sich der Gefahr bewusst ist. Außerdem ist der unkontrollierte Austritt von Gasen häufig mit einer Brand- und Explosionsgefahr verbunden.

In Bezug auf eine Vergiftungsgefahr ist die Havarie auf einem Gastanker infolge einer Leckage das gefährlichste Szenarium. Heute werden etwa 20 verschiedene Flüssiggase auf Gastankern transportiert. Jeder Seemann sollte über das transportierte Gas und seine Eigenschaften Bescheid wissen, insbesondere über seine Explosions- und Brandgefahr, Giftigkeit und seine Wasserlöslichkeit.

Bei einem Gasausbruch ist an Bord sofort „Chemischer Alarm" auszulösen. Im Vordergrund steht dann der persönliche Schutz jedes Besatzungsmitgliedes. An Bord von Gastankern muss jedes Besatzungsmitglied über ein persönliches Fluchthilfegerät (siehe Bild 6.3) verfügen. Laut SOLAS, (Kapitel II, Regelung 13, in Kraft seit 01.07.2002) müssen diese Geräte auf allen Seeschiffen in ausreichender Zahl mitgeführt werden!

Das Fluchthilfegerät ist sofort nach Ertönen des Alarms anzulegen. Danach erfolgt ein Rückzug aller Besatzungsmitglieder in den gasfreien Schutzraum. Dieser sollte vor Reiseantritt bestimmt werden und mit den entsprechenden Ausrüstungen und Vorräten für den Fall einer Havarie bestückt sein. Ist ein solcher Schutzraum nicht vorhanden, sind entsprechend dicht verschließbare Räume in den Aufbauten aufzusuchen (kollektive Hermetisierung).

Klappen, Außentüren, Schiffsfenster und Bulley's zu Wohn-, Überwachungs- und Aufenthaltsräumen sind wasserdicht zu schließen. Die Abdichtung von Fenstern und Türen ist durch feuchte Lappen, Decken usw. zu verstärken. Alle Lüfter für Zu- und Abluft sind sofort abzuschalten, denn, je geringer der Luftaustausch mit der Außenumgebung, umso geringer ist die Gefährdung durch eindringendes Gas. Der Hermetisierungszustand darf nicht durchbrochen werden. Die Elektroenergieversorgung und Nachrichtenverbindungen sind möglichst aufrecht zu erhalten.

Bild 6.3: Fluchthilfegerät, auch „Fluchtretter" (EEBD's – Emergency Egress Breathing Device)

Bild 6.4: Sicherheitsebenen Gashavarie

Notwendige Havariemaßnahmen sind nach entsprechender Entschlussfassung aus dieser gesicherten Position heraus durchzuführen. Einsatzkräfte sind dann unbedingt mit Pressluftatemgeräten und Gasschutzanzügen auszurüsten (personelle Hermetisierung).

Manche Gase, z. B. Ammoniak, lösen sich sehr gut in Wasser. 720 Liter Ammoniak lösen sich in einem Liter Wasser! Diese Eigenschaft kann bei einer Havarie genutzt werden, um die akute Vergiftungsgefahr zu verringern. Auf kleinerem Raum können Ammoniakwolken mit feinem Wasser-Sprühregen oder Wassernebel niedergeschlagen werden. Diese Wasser-Sprühregen sollten von der windwärts gelegenen Seite angewandt werden. Mit dieser Methode ist es möglich, bei geringen Windgeschwindigkeiten das gesamte Schiff zur Niederschlagung der Gaswolken in Wassernebel einzuhüllen (siehe Bild 6.5). Die Lösung von Ammoniak in Wasser wird als Salmiakgeist bezeichnet. Sie hat ätzende Wirkungen auf die Schleimhäute. Der Kontakt mit der entstehenden Lösung sollte daher vermieden werden.

Die extreme Volumenverringerung durch das Lösen des Gases in Wasser sollte bedacht werden. Eine solche Maßnahme in einem geschlossenen Raum oder Tank kann zur Implosion führen, wenn nicht für genügend Druckausgleich gesorgt wird. Auch bei alltäglichen Arbeiten, wie z. B. Waschen von Tanks oder Leitungen mit Wasser sollte daran gedacht werden!

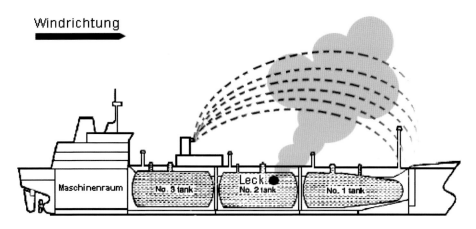

Bild 6.5: Möglichkeit der Niederschlagung von Gaswolken mittels Wassernebel

Sind alle getroffenen Gegenmaßnahmen erfolglos und ist das Verlassen des Schiffes unumgänglich, hat dies bei weiterer Gasgefährdung unter strikter Beachtung folgender Gesichtspunkte zu erfolgen:
– Atem- und Körperschutz für alle Besatzungsmitglieder beibehalten
– Nach Möglichkeit Aussetzen und Bemannen der Rettungsmittel auf der Luv-Seite
– Beachtung der Driftrichtung der Gaswolke beim Freikommen
– Schnellstmögliches Verlassen der Gefahrenzone

Die Gefahrenzone setzt sich zusammen aus einem inneren gesundheitsgefährlichen Gebiet mit hoher Gaskonzentration, das gleichzeitig das Gebiet der Brand- und Explosionsgefahr umschließt, und einer äußeren Zone, in der das Gas zwar noch nachweisbar ist, für die Gesundheit jedoch keine Gefahr mehr darstellt (Bild 6.6).

Windrichtung

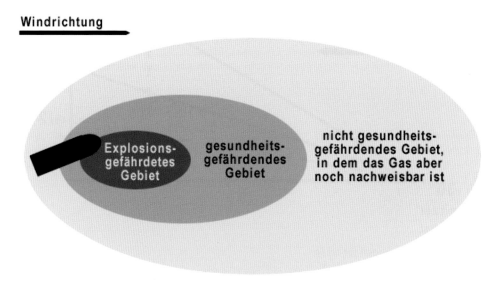

Bild 6.6: Vereinfachtes Modell der Gebiete mit Explosions- und Gesundheitsgefahr bei Gastanker-havarien

Die folgende Tabelle umfasst grobe Richtwerte der Ausbreitungsdistanzen in der Luft bei Austreten von Gasen bzw. verflüssigten Gasen auf See. Die angegebenen Daten sind in Zusammenhang mit dem in Bild 6.7 dargestellten Ausbreitungsmodell zu betrachten.

Gas	Ammoniak Vinylchlorid		Butan, Butadien, Ethen, Propan, Propen
Frei gewordene Gasmenge [t]	Brand- und Explosionsgefahr a in [m]	Gesundheitsgefahr a in [m]	Brand- und Explosionsgefahr und Gesundheitsgefahr a in [m]
0,1	200	1000	200
1	400	2000	400
10	1000	5000	1000
100	2000	10000	2000

Tab. 6.4: Richtwerte der Ausbreitung von Gasen in der Luft

Die Spezialschifffahrt (Tankschifffahrt, Offshore-Industrie) erhob mit ihren spezifischen Gefahren die Forderung nach Gasdichtigkeit und Feuersicherheit der in ihrem Bereich eingesetzten kollektiven Rettungsmittel. Das Rettungsboot soll unter diesen Voraussetzungen Schiffbrüchige aus der Gefahrenzone (brennende See, toxische Atmosphäre) herausbringen.

Ermöglicht wird das durch spezielle Rettungsboote mit folgenden Eigenschaften:
– nahezu vollständige Hermetisierung
– interner Luftvorrat (Atemluft und Verbrennungsluft für den Motor für mindestens 10 min)
– Erhalten eines leichten Überdrucks im Boot, um das Eindringen toxischer Gase auszuschließen
– feuerfestes Material
– äußeres Sprühwassersystem zur Kühlung

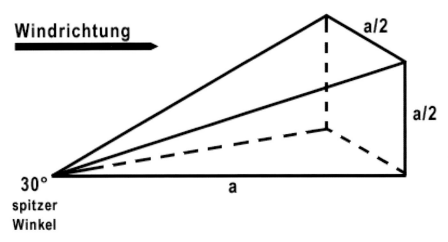

Windrichtung

a/2

a/2

30°
spitzer
Winkel

a

Bild 6.7: Ausbreitungsmodell für Gase

6.2.3 Ausgasende Ladung

Schwefelwasserstoff aus stark schwefelhaltigem Erdöl

Die natürlichen Erdölvorkommen enthalten oft Schwefel. Dieser Schwefel kann sich mit den Kohlenwasserstoffen im Erdöl verbinden, so dass das hoch giftige Gas Schwefelwasserstoff H_2S entsteht, welches dann aus dem Erdöl austritt. Bei Umschlagarbeiten kam es zu tödlichen Unfällen, weil Arbeiter ungeschützt Reparaturarbeiten an einer Erdölleitung vornahmen und dabei das giftige Gas einatmeten. Die Gefahr des Austritts von Schwefelwasserstoff ist umso höher einzuschätzen, je höher der Schwefelgehalt des transportierten Erdöls ist, wobei ein Schwefelgehalt von mehr als 2 % als hoch einzuschätzen ist.

Land	Name	Schwefelgehalt [%]
Nordsee	Brent	0,3
Norwegen	Ekofisk	0,2
Venezuela	Tia Juana	1,5
Nigeria	Forcados	0,2
Libyen	Zueitina	0,2
Iran	Agha Jari	1,4
Saudi-Arabien	Arabien Heavy	3,0

Tab. 6.5: Schwefelgehalte verschiedener Rohöle

Schwefelwasserstoff hat eine sehr niedrige Geruchsschwelle, d. h. den typischen Geruch nach faulen Eiern nimmt man schon bei sehr niedrigen, ungefährlichen Konzentrationen wahr. Bei höheren Konzentrationen wird der Reiz auf die Geruchszellen jedoch so stark, dass diese blockieren und die Geruchswahrnehmung eventuell ganz verschwindet. Die vermeintlich verschwundene Gefahr kann in Wahrheit lebensbedrohlich geworden sein!

Arbeiten in direktem Kontakt mit dem flüssigen Rohöl sollten daher immer an einem gut gelüfteten Ort mit entsprechender Schutzausrüstung (Schutzanzug, Schutzhandschuhe) stattfinden. Ist eine ausreichende Versorgung mit Frischluft nicht gewährleistet, sollte ein umluftunabhängiges Atemgerät während der Arbeiten benutzt werden.

Begasungsmittel aus Containern

Name	Phosphorwasser-stoff auch Phosphin	Methylbromid auch Brommethan	Sulfurylfluorid auch Sulfuryldifluorid
Chemische Formel	PH_3	CH_3Br	SO_2F_2
Verwendung	wird zur Bekämpfung von Schädlingen in Waren und Verpackungshölzern auch während des Transports von Containern eingesetzt. Nach Begasung durch ausländische Absender muss damit gerechnet werden, dass sich auch nach mehrwöchigem Transport noch gefährliche Gaskonzentrationen im Container befinden.		
Besonderheiten	Es handelt sich um weißes Pulver (Aluminiumphosphid oder Magnesiumphosphid), das mit Feuchtigkeit zu Phosphorwasserstoff reagiert. Das Pulver kann in Beuteln oder in Tablettenform vorliegen.	wird von Waren und Verpackungsmaterialien unterschiedlich adsorbiert und freigegeben. Bei tiefen Temperaturen kondensiert CH_3Br und wird u. a. von Holz aufgesogen. Daher kann die Gaskonzentration in der Raumluft nach Verschließen des Containers oder bei anschließender Erwärmung wieder ansteigen.	wird im Ausland unter dem Namen Vicane speziell zur Termitenbekämpfung eingesetzt, ist in den USA auch unter dem Markennamen ProFume zugelassen. In Deutschland wurde die Zulassung für die Bekämpfung von Holzschädlingen beantragt.
Geruch	leicht karbidartig	geruchlos	geruchlos
LC50 ppm inhalativ/1 h	20	850	3020
Freigabewert	0,01 ppm	0,5 ppm	1 ppm
Siedpunkt	– 88 °C	4 °C	– 55 °C
Messung	Prüfröhrchen Mobile Messgeräte	Prüfröhrchen Mobile Messgeräte	Prüfröhrchen
Vergiftungssymptome	akute Reizwirkung an den Atemwegen mit Engegefühl, Brennen, Schmerzen im Brustkorb, Vergiftungserscheinungen mit Übelkeit, Erbrechen, Schwindel, Kopfschmerz, Herzrhythmusstörungen	erst nach mehrstündiger Latenz: akuter Reiz an Haut, Augen und Atemwegen mit Jucken, Atemnot, Übelkeit und Schwindel, bei wiederkehrender Belastung Vergiftungserscheinungen am Zentralnervensystem (Kopfschmerz, Bewusstseinsstörung, Schwindel), mutagen	Störungen des Allgemeinbefindens mit Übelkeit, Erbrechen, Reizungen von Haut und Atemwegen, Husten und Engegefühl im Brustkorb, Lethargie
Erste Hilfe	Kleidung wechseln, Haut abspülen, bei Atemstillstand künstliche Beatmung mittels Beatmungsgerät, Schutz der Helfer beachten! Ärztliche Weiterbehandlung notwendig!		

Tab. 6.6: Eigenschaften häufig eingesetzter Begasungsmittel zur Schädlingsbekämpfung

Mit Schädlingsbekämpfungsmitteln begaste Container, besonders aus dem fernen Osten, sind inzwischen alltäglich geworden. Etwa 230 begaste Container passierten 2004 täglich den Hamburger Hafen.

Aufgrund strenger Regelungen der EU (International Plant Protection Convention – IPPC) zum Schutz gegen die Einschleppung von Schadorganismen werden Container, bzw. Ladungen und Verpackungsmaterial im Exportland begast und gehen ohne vorherige Lüftung auf die Seereise, so dass sich auch nach längerem Transport noch Gasreste in den Containern befinden können. Zum Einsatz kommen hierbei vor allem die geruchlosen Begasungsmittel Phosphorwasserstoff, Methylbromid und Sulfurylfluorid. Gelegentlich wurden auch Kohlenmonoxid oder Formaldehyd als Begasungsmittel identifiziert.

Diese zur Schädlingsbekämpfung verwendeten Mittel sind auch für Menschen sehr gefährlich. Neben verschiedenen Reizungen schädigen sie das Zentrale Nervensystem und gelten als krebserregend. Der in Deutschland gebräuchliche Einsatz von Methylbromid wurde daher im September 2002 verboten, bis Ende 2004 galt eine Übergangsfrist. Sulfurylfluorid ist in Deutschland nicht zugelassen, daher werden für dieses Gas häufig keine Kontrollmessungen vor dem Öffnen von Containern und Laderäumen durchgeführt!

Im Ausland wird es aber regelmäßig eingesetzt und sollte daher immer bei relevanten Ladungen und Containern, vor allem solchen, die Verpackungen aus Holz beinhalten, in Betracht gezogen werden! Vorschriftsgemäß müssen Container vor dem Betreten von außen durch Messung durch eine Messöffnung auf ihren Gasgehalt überprüft werden. Die Freigabewerte (nach TRGS 512) von 0,01 ppm für Phosphorwasserstoff, 0,5 ppm für Methylbromid und 1 ppm für Sulfurylfluorid dürfen dabei nicht überschritten werden. Hierbei ist zu beachten, dass stark adsorbierende Ladungen, wie z. B. Textilien, das Gas nur sehr langsam wieder an die Umgebung abgeben – auch nach Lüften kann nach einem erneuten Wiederverschließen die Gaskonzentration wieder über den Grenzwert steigen.

Container mit Begasungsmitteln gelten als Gefahrgut mit der UN-Nummer 3359, Klasse 9. Wegen der Schwierigkeit in der Beurteilung darf die Freigabe begaster Container nur durch besonders geschultes Personal erfolgen. Lieferanten und Importeure sind verpflichtet, begaste Container entsprechend zu deklarieren. Über die Freigabe von ehemals begasten Containern muss seit Juni 2004 eine Freigabebescheinigung den Frachtpapieren beigefügt und in Kopie im Container deutlich sichtbar angebracht sein (TRGS 512, Ziffer 11.3 Abs. 7). Empfänger müssen jedoch damit rechnen, dass Kennzeichnungen nicht angebracht oder frühzeitig entfernt wurden. Der IMDG-Code (deutsch) nennt internationale Anforderungen für den Transport begaster Container.

Hinweise zum Umgang mit begasten Beförderungseinheiten:
– Beschäftigte, die Container oder Fahrzeuge öffnen, prüfen oder entladen, sollen daraufhin geschult werden, wie verdächtige Container erkannt und welche Maßnahmen in diesen Fällen zu treffen sind.
– Über Frachtpapiere und Kennzeichnung der Container oder Fahrzeuge ist zu ermitteln, ob der Laderaum begast wurde und hierzu eine Freigabebescheinigung vorliegt.
– Bei Verdacht auf vorhergehende Begasung sind Messungen am ungeöffneten Container durchzuführen. Verdächtig sind z. B. Container mit verklebten Lüftungsschlitzen. Ggf. ist eine Freigabe entsprechend der Technischen Regel zur Gefahrstoffverordnung, TRGS 512 zu veranlassen.
– Ist nicht sicher auszuschließen, dass der Laderaum frei von Begasungsmitteln ist, so ist ein Befähigungsscheininhaber hinzuzuziehen. (Nr. 9.3 der TRSG 512, Stand Juni 2004).
– Bevor ein Betrieb mit der Freigabe beauftragt wird, sollte sich der Auftraggeber schriftlich bestätigen lassen, dass dieser über eine entsprechende Erlaubnis verfügt.

Kohlendioxid und Ethen aus vegetabiler Ladung

Obst und Gemüse sowie Kartoffeln sind lebende Organismen, deren Stoffwechselvorgänge, vor allem die Atmung, auch nach der Ernte und während des Weitertransports fortlaufen. Bei Ausfall der Kühlung und/oder schlechter bzw. unzureichender Ventilation kann der Sauerstoffgehalt der Laderaumluft durch die Atmung der vegetabilen Waren sinken und der Kohlendioxidgehalt entsprechend steigen.

Solche vegetabile Ladung nimmt Sauerstoff auf und bildet durch Abbauprozesse Kohlendioxid, Wasserdampf und Wärme. Kohlendioxid ist schwerer als Luft und lagert sich daher in den unteren Regionen des Laderaumes an. In der Praxis des Seetransports kam es bei Kontrollgängen in Laderäumen, die z. B. mit Zwiebeln, Kartoffeln, Äpfeln oder Orangen beladen waren, immer wieder zu tödlichen Unfällen. Eine besonders hohe Gefahr geht von geschlossenen Räumen mit vegetabiler Ladung aus, die nicht belüftet werden können.

Grundsätzlich ist der Luftsauerstoffgehalt vor Betreten dieser Laderäume zu prüfen!

Es besteht akute Erstickungsgefahr für den Menschen!

Früchte scheiden beim Reifeprozess auch Ethen aus, welches keine unmittelbar giftige Wirkung auf den menschlichen Organismus hat, aber ebenfalls zur Verdrängung des Sauerstoffs in der Raumluft beiträgt. Ethen ist etwas leichter als Luft. Es gibt starke, mittlere und schwache Ethenentwickler.

Früchte	Ethenproduktion µ l/kg·h]	
Ananas, Kirsche	0,01...0,1	sehr niedrig
Clementine, Paprika	0,1...1,0	
Banane, Tomate	1,0...10,0	
Aprikose, Avocado	10,0...100,0	sehr hoch
Apfel, Passionsfrucht	>100,0	

Tab. 6.7: Entwicklung von Ethen durch verschiedene Früchte

6.2.4 Giftstoffe im Schiffsbetriebsprozess

Während des tagtäglichen Schiffsbetriebs kommen bei verschiedenen Prozessen Chemikalien zum Einsatz, die bei unsachgemäßer Handhabung Vergiftungen verursachen können. Gerade bei diesen Stoffen führt oft Leichtsinn und Unbedachtheit zu Unfällen, weil die Arbeiten mit derartigen Substanzen immer wiederkehren und die verwendeten Mittel nicht als gefährlich betrachtet werden, da es sich ja „nur" um Putz- oder Lösungsmittel und dergleichen handelt.

Die im Schiffsbetriebsprozess verwendeten Chemikalien kann man nach ihrem Verwendungszweck in folgende Kategorien einteilen:
– Reinigungs-, Desinfektions- und Schädlingsbekämpfungsmittel
– Lösungsmittel, Anstrichstoffe, Rostschutzmittel, Schmierstoffe
– Säuren und Basen
– Komprimierte Gase, Kälte- und Feuerlöschmittel

Reinigungs-, Desinfektions- und Schädlingsbekämpfungsmittel

Für die Desinfektion von Sanitärbereichen werden häufig noch formaldehydhaltige Lösungen eingesetzt. Formaldehyd gehört zur Stoffgruppe der Aldehyde und ist ein giftiges, farbloses, brennbares Gas mit säuerlich stechendem Geruch. Er ist sehr gut löslich in Wasser und Alkohol. Bei üblicher Verdünnung treten keine gesundheitsgefährdenden Dämpfe und Gase auf. Formaldehyd in hochkonzentrierter wässriger Lösung (Formalin), wird an Bord nur selten verwendet.

Bei einem Einsatz von Formalin kann es zur Freisetzung von Formaldehyddämpfen kommen, die stark reizend wirken. Formaldehyd gilt als krebserregend. Im Zusammenhang mit hypochlorithaltigen Reinigungsmittel (Chlorreinigern) besteht ein besonderes Unfall- und Vergiftungsrisiko durch chemische Reaktionen mit Bestandteilen anderer Reinigungsmittel. So kann es beim Kontakt mit ammoniakhaltigen Reinigern zur Entwicklung gefährlicher Dämpfe kommen, mit Säuren (saure Sanitär- und WC-Reiniger) kommt es zur Entwicklung von giftigem Chlorgas. Verschiedene Reinigungsmittel sollten daher getrennt voneinander gelagert und nicht gleichzeitig eingesetzt werden.

Viele Reinigungs- und Desinfektionsmitteln enthalten hohe Anteile an Alkohol. Es besteht daher bei ihrer Anwendung erhöhte Brand- und Explosionsgefahr!

Bei Befall durch Schädlinge und Ratten werden Proviantlasten mit Schädlingsbekämpfungsmitteln begast. Dabei kommen heute vor allem Phosphorwasserstoff, Methylbromid und Blausäure zum Einsatz. Phosphin wird dabei vorrangig zur Schiffsbegasung auf offener See, auf Reede und in Seehäfen bei Anwesenheit der Besatzung bzw. der Wachbesatzung eingesetzt. Die hierfür durch den verantwortlichen Schiffsoffizier in einer gesonderten Arbeitsschutzbelehrung festgelegten Maßnahmen und Verhaltensweisen sind strikt zu befolgen. Sie beinhalten entsprechende Sicherheitshinweise, die der Vermeidung gefährlicher Komplikationen während und nach der Begasung dienen.

Begasungen mit Methylbromid und Blausäure werden an einem gesonderten Liegeplatz durch Spezialkräfte bei Abwesenheit der Besatzung vorgenommen. Es kann zu Vergiftungen kommen, wenn das Schiff vor ausreichender Belüftung wieder für die Besatzung freigegeben wurde oder sich noch Gasrückstände in Textilien, Polstern, Möbeln usw. befinden und längere Zeit direkt auf den Menschen einwirken (z. B. beim Schlafen). Ausreichende Frischluftzufuhr und regelmäßige Messungen der Gaskonzentration vor der Freigabe sind unbedingt notwendig.

Lösungsmittel, Anstrichstoffe, Rostschutzmittel, Schmierstoffe

Unter dem Begriff Lösungsmittel versteht man organische Flüssigkeiten, die einen Stoff lösen, ohne ihn chemisch zu verändern. Verschiedene Anstrichstoffe (Farben, Lacke, Rostschutzmittel) enthalten Lösungsmittel, um sie überhaupt streichfähig zu machen. Nach Auftragen der Farbe verdampft das Lösungsmittel langsam, und der Anstrich wird fest.

Zu den verbreitetsten Lösungsmitteln gehören:
- Benzin, Essigsäureester   (in Lacken, Farben, Verdünnern)
- Toluol, Xylol   (in Abbeizern)
- Tetrachlorkohlenstoff, Chloroform,
  n-Heptan, 2-Propanol   (in Fleckenentfernern, Entfettungsmitteln, Reinigungsmitteln)

Allen Lösungsmitteln gemeinsam ist ihre hautentfettende Wirkung, wodurch bei vernachlässigtem Schutz (Handschuhe) und schlechter Pflege (Hautschutzsalbe) Rauhigkeit, Rissigwerden sowie Hautpilzbefall eintreten kann. Die meisten Lösungsmittel können die Haut sehr leicht durchdringen, so dass dieser Weg der Giftaufnahme neben der Inhalation unbedingt zu beachten ist. Die Hautreinigung mit Verdünnern ist möglichst zu unterlassen und einer Verschmutzung der Haut mit Anstrichstoffen durch Tragen geeigneter Schutzkleidung vorzubeugen! Lösungsmitteldämpfe werden sehr schnell durch die Schleimhäute des Atemtraktes oder den Magen-Darm-Trakt aufgenommen. Sie schädigen je nach ihrer Art spezifische Organsysteme wie das Zentralnervensystem, das Herz-Kreislauf-System, das Atmungssystem sowie Leber und Nieren.

Eine Vergiftung äußert sich nach anfänglichen Reizungen der Schleimhäute durch Heiterkeit, Rauschzustände bis zur Bewusstlosigkeit. Bei Verbleib in der lösungsmittelhaltigen Luft kann Atemlähmung und Tod eintreten. Verunfallte sind daher unter Beachtung des Eigenschutzes aus der schädigenden Atmosphäre an die frische Luft zu bringen. Bei Atemstillstand muss künstlich beatmet werden. Infolge der schnellen Resorption ist mit Organschäden zu rechnen. Aus diesem Grund sollte stets eine funkärztliche Beratung unter Angabe des Lösungsmittels eingeholt werden, um eine gezielte Weiterbehandlung durchführen zu können.

Immer wieder kommt es zu Vergiftungen, weil versehentlich Lösungsmittel getrunken werden. Oberstes Gebot des Arbeitsschutzes ist hier, niemals Lösungsmittel oder Lösungsmittelreste in Flaschen und Behältnisse umzufüllen, die für die Aufbewahrung von Lebensmitteln und Getränken vorgesehen sind! Nach dem versehentlichen Trinken von Lösungsmitteln sollte nie Erbrechen herbeigeführt werden. Getrunkene Lösungsmittel sollten durch reichlich Kohlegabe und Abführmittel aus dem Körper entfernt werden. Bei Lösungsmitteln darf niemals Milch oder Alkohol verabreicht werden, da dies die Giftaufnahme beschleunigt. Es ist unbedingt funkärztliche Beratung einzuholen!

Achtung: Ständiger Umgang mit Lösungsmitteln kann zu schweren chronischen Vergiftungen führen, die sich oft zuerst an Schäden des Zentralnervensystems äußern (Schwindel, Müdigkeit, Depressionen).

Säuren und Basen

Säuren und Basen finden im Schiffsbetriebsprozess in kleinen Mengen Anwendung, vor allem in bestimmten labortechnischen Analysen wie z. B. der Kühlwasseruntersuchung. Oft werden sie nicht in reiner Form eingesetzt, wie z. B. in Entrostungsmitteln, Lötwasser, oder Metallbeizen (Säuren) bzw. als Atemkalk oder in Lösungen zur Filmentwicklung (Basen).

Zu den am häufigsten eingesetzten anorganischen Säuren gehören:
- Schwefelsäure H_2SO_4
- Salzsäure HCl
- Salpetersäure HNO_3
- Phosphorsäure H_3PO_4
- Flusssäure HF

Zu den am häufigsten eingesetzten organischen Säuren gehören:
- Essigsäure CH_3COOH
- Ameisensäure $HCOOH$
- Oxalsäure $(COOH)_2$

Zu den am häufigsten eingesetzten anorganischen Basen gehören:
- Natronlauge
- Kalilauge
- Salmiakwasser

Viele wässrige Säuren bilden ätzende Dämpfe und sind sehr geruchsintensiv. Auf allen feuchten Schleimhäuten des Rachens, der Nase und der Augen entfalten Säuredämpfe intensive Reizwirkungen. Auch die Haut kann durch den Kontakt mit diesen Dämpfen bereits verätzt werden. Bei direktem Kontakt der Säure mit der Haut kann es zu sehr schweren Verätzungen kommen. Bei Arbeiten mit Säuren und Laugen ist immer geeignete Schutzkleidung (Kittel, evtl. Schutzanzug, immer Handschuhe, immer Schutzbrille) zu tragen!

Die ersten Maßnahmen bei einer Verätzung bestehen aus einer Entfernung der Kleidung und einem Abspülen der betroffenen Haut mit viel Wasser.

Das am meisten gefährdete Organ nach Verschlucken von Säuren und Basen ist die Speiseröhre. Um diese abzuspülen sollen die Patienten ca. 300 ml Wasser trinken. Generell ist es günstig, so viel wie möglich nachtrinken zu lassen, ohne dass aber ein Erbrechen hervorgerufen werden sollte! Verätzte Augen sind ausgiebig zu spülen, am besten mit einer geeigneten Pufferlösung. *Das Auslösen von Erbrechen sowie die Gabe von medizinischer Kohle sind zu unterlassen!*

Es ist sofort ärztliche Beratung einzuholen bzw. ein Notarzt zu alarmieren. Der Notarzt kann den Inhalt des Magens über eine Magensonde abziehen. Der Patient erhält Sauerstoff und muss gegebenenfalls beatmet werden. Bei einem toxischen Lungenödem erhält der Patient Kortikoide intravenös. Zum Nachweis in der Luft gibt es für viele Säuredämpfe spezifisch anzeigende Prüfröhrchen.

Komprimierte Gase, Kälte- und Feuerlöschmittel

Verschiedene Gase werden an Bord in Stahlflaschen unter erhöhtem Druck transportiert. Dazu gehören Ethin (Acetylen), welches als Schweißgas eingesetzt wird und Gase, wie z. B. Kohlendioxid oder Halone, die als Feuerlöschmittel zum Einsatz kommen.

Ethin in reiner Form ist ein farb- und geruchloses Gas. Es ist hochentzündlich – Explosionsgefahr! Für den menschlichen Organismus ist Ethin ungiftig, wirkt jedoch narkotisierend und erstickend in hohen Konzentrationen. Da es etwas leichter als Luft ist, sammelt es sich in den oberen Bereichen von Räumen an.

Kohlendioxid ist ein geruchloses, nicht brennbares Gas, welches an Bord in CO_2-Feuerlöschanlagen benutzt wird. Kohlendioxid ist nicht giftig, beeinflusst jedoch durch seine sauerstoffverdrängende Wirkung Herzrhythmus und Atemfrequenz. Bereits Konzentrationen von 8–10 % können nach 30–60 Minuten tödlich sein. Kohlendioxid ist schwerer als Luft und sammelt sich daher bevorzugt in den unteren Bereichen von Räumen an.

Eine Kohlendioxidanlage darf nur ausgelöst werden, wenn die Personenfreiheit des mit dem Gas zu flutenden Raumes gewährleistet ist! Erstickungsgefahr!

Halone gehören zu den halogenierten Kohlenwasserstoffen. Sie wurden in den letzten Jahren als besonders wirksamer Zerstörer der Ozonschicht erkannt. Die Produktion der ozonzerstörenden Halone wurde daher in Deutschland Anfang der 90er Jahre verboten. Nur in speziellen Fällen dürfen Halonlöscher noch verwendet werden. In Entwicklungsländern müssen sie bis 2010 aus dem Verkehr gezogen sein. Unter Halon wurde in der Regel Bromtrifluormethan verstanden. Es wirkt in hohen Konzentrationen erstickend. Bromtrifluormethan ist deutlich schwerer als Luft und sammelt sich daher bevorzugt in den unteren Bereichen von Räumen an. Wird Halon als Löschmittel eingesetzt, können durch die Einwirkung des Feuers giftige Zersetzungsprodukte wie Kohlenmonoxid, Bromwasserstoff und Fluorwasserstoff entstehen.

Bei Unfällen mit den genannten Gasen sind die Verunglückten unter strenger Beachtung des Eigenschutzes (umluftunabhängiges Atemgerät) aus der schädigenden Atmosphäre an frische Luft zu bringen. Die Kleidung ist zu entfernen, da Gas noch allmählich daraus entweichen kann. Person warm und ruhig lagern, wenn nötig künstliche Beatmung mit einem Beatmungsgerät.

6.2.5   Terroristische Anschläge

Ganz allgemein kann man chemische Kampfstoffe als Gifte betrachten. Viele Stoffe des täglichen Gebrauchs, z. B. Kraftstoffe, Schädlingsbekämpfungs- und Reinigungsmittel oder Säuren können unter Umständen als effektive chemische Kampfstoffe eingesetzt werden. Sie werden in großer Vielfalt und Menge (auch auf Schiffen) transportiert, und ihre Beschaffung ist legal möglich. Aber auch die chemische Industrie birgt Gefahren, wie eine Reihe von Chemieunfällen weltweit zeigt, z. B. in Seweso/Italien 1976 (Dioxin), in Bhopal/Indien 1984 (Pestizide) und in Toulouse/Frankreich (Ammoniumnitrat), die mit den Vergiftungen durch chemische Kampfstoffe vergleichbar sind, da eine Vielzahl von Zwischenprodukten hinsichtlich Symptomen, Diagnose, Therapie und Schutzmöglichkeiten denen von Kampfstoffen gleicht. Eine gezielt herbeigeführte Katastrophe in einem Chemiebetrieb oder auch auf einem Gefahrgut transportierenden Schiff muss daher immer als mögliche terroristische Gefahr betrachtet werden.

Giftgase sind synthetisch hergestellte Substanzen, die für militärische Zwecke missbraucht werden können. Der Begriff „Giftgase" ist allerdings irrtümlich, da die meisten Substanzen bei normalen Temperaturen als Flüssigkeiten vorliegen. Der Einsatz von Giftgasen als chemische Waffe ist aus der Sicht von Terroristen effektiv und praktisch, da

– Gase sich schnell ausbreiten und der Gegner schwer ausweichen kann,
– sehr schnell viele Menschen vergiftet werden können,
– der Angreifer sich selbst gut gegen das Gas schützen kann und
– Giftgase in vielen Ländern militärisch oder industriell gelagert werden und relativ leicht beschafft werden können.

Die Einteilung der Giftgase ist nicht exakt wissenschaftlich festgelegt. Aus toxikologischer Sicht werden die Stoffe entweder nach ihrem Zielort oder nach der Art der Wirkung eingeteilt. Die verschiedenen Staaten haben eigene Bezeichnungen für die Kampfstoffe.

Einteilung	Chemischer Name	Kurzname
Nervenkampfstoffe	Dimethylphosphoramidocyansäureethylester	Tabun
	Methylfluorophosphonsäureisopropylester	Sarin
	Methylfluorophosphonsäure	Soman
	O-Ethyl-S-(2-(diisopropylamino)-ethyl)-methylthiophosphonat	VX
Hautkampfstoffe	Dichlordiethylsulfid	Lost, Yperit, S-Lost, Senfgas
	Trichlortriethylamin	Stickstoff-Lost
	Chlorvinyldichlorarsin	Lewisit
	Blutkampfstoffe	
	Cyanwasserstoff	Blausäure
	Chlorcyan	
	Arsenwasserstoff	Arsin
Lungenkampfstoffe	Trichlornitromethan	Chlorpikrin
	Carbonylchlorid	Phosgen
	Chlorameisensäuretrichlormethylester	Diphosgen
Psychokampfstoffe	Chinuclidinylbenzilat	BZ
	Lysergsäurediethylamid	LSD
	Meskalin	
	Tryptaminderivate	

Augenreizstoffe	Bromaceton	–
	Chloracetophenon	–
	o-Chlorbenzylidenmalodinitril	–
Nasen- und Rachenreizstoffe	Diphenylarsinchlorid	Clark I
	Diphenylarsincyanid	Clark II
	Phenarsazinchlorid	Adamsit

Tab. 6.8: Übersicht über chemische Kampfstoffe

Nervenkampfstoffe

Nervengifte blockieren Enzyme, die für die Übertragung von Nervenreizen im menschlichen Körper verantwortlich sind. Der Tod tritt letztendlich durch die Lähmung lebenswichtiger Organe ein. Die drei „klassischen" Nervengifte sind Tabun, Sarin und Soman, welche vor und während des Zweiten Weltkrieges in Deutschland entwickelt worden sind. Im Jahr 1955 wurde der erste V-Kampfstoff, das Amiton, synthetisiert. Später wurde das VX-Gas entwickelt. Diese Kampfstoffklasse ist in ihrer Wirkung auf den Menschen um ein Vielfaches giftiger als z. B. Tabun, Sarin oder Soman. Eine Aufnahme dieser Stoffe ist über die intakte Haut, die Atmungsorgane und die Augen möglich. 10 mg VX auf der ungeschützten menschlichen Haut sind die tödliche Dosis. Bei Sarin sind es mindestens 1,7 g.

Als therapeutisch wirksame Medikamente stehen eine Reihe von Substanzen zur Verfügung, die aber nur von erfahrenen und ausgebildeten Ärzten sinnvoll eingesetzt werden können und sollten. Ein wichtiges Antigift gegen die Wirkungen von Nervengiften ist das Atropin.

Möglichst rasch nach Auftreten von Symptomen sollten Spritzen von Atropin, Toxogonin und Valium intravenös gegeben werden, die Anwendung von Atropin ist je nach Stärke der Vergiftung über Stunden fortzusetzen. Künstliche Beatmung ist, falls notwendig, vorzunehmen.

Hautgifte

Hautschädigende Kampfstoffe (z. B. S-Lost, N-Lost, Lewisit) zerstören die betroffene Haut und verursachen Wunden, die nur sehr langsam heilen. Eine Einwirkung auf die Augen kann zur Erblindung führen. Ihre Dämpfe schädigen die Augen, Luftwege und Lungen sowie die inneren Organe, wenn sie in den Körper eingedrungen sind. Die ersten Anzeichen einer Vergiftung der Haut sind Rötungen. Nach 2-6 Stunden treten Juckreiz und Schmerzen auf. Später entwickeln sich Blasen.

Senfgas (Lost, Gelbkreuz) ist eine sehr giftige, relativ leicht herzustellende und über die Atemwege sowie über die Haut aufnehmbare Substanz (Siedepunkt 217 °C). Senfgas kann in flüssigem oder gasförmigem Zustand eingesetzt werden. Das Kampfmittel kann aber auch mittels Flugzeugen über bestimmten Gebieten versprüht werden. Es kann in Bomben abgeworfen oder in Granaten verschossen werden. Als Kampfstoff für einen terroristischen Einsatz könnte es z. B. auch aus Hochdruckbehältern, vor allem in geschlossenen Räumen verwendet werden. Es existieren Prüfröhrchen für dieses Kampfmittel.

Eine große Gefahr bilden die alten Senfgasgranaten auf dem Grund der Ostsee vor Bornholm. Immer wieder gelangen kleinere Mengen davon in die Netze der Fischer und können immer noch zu schweren Vergiftungen führen.

Achtung: Schutzanzüge werden von diesen Kampfmitteln durchdrungen.

Es existiert keine spezifische Behandlungsmöglichkeit, z. B. mit Antigiften, außer einer meist viele Wochen dauernden intensivmedizinischen Versorgung der Symptome. Die Schmerzen müssen mit Morphinen behandelt werden.

Blutgifte

Blutschädigende Kampfstoffe, wie z. B. Cyanwasserstoff oder Chlorcyan, dringen über die Atemwege in den menschlichen Organismus ein. Sie wirken durch Zerstörung der roten Blutkörperchen mit Schäden z. B. in Milz, Leber, Nieren. Die Vergiftungserscheinungen treten erst nach einigen Stunden auf. Die Aufnahme in den Körper erfolgt über die Atemwege und über die Haut.

Für Terroristen sind Blausäure oder Cyanide leicht zu beschaffen und können sowohl in geschlossenen Räumen, z. B. über Klimaanlagen, sowie theoretisch auch über das Trinkwasser missbräuchlich eingesetzt werden. Blausäure ist eine farblose, wasserklare Flüssigkeit (Siedepunkt 26 °C) und hat einen Geruch nach Bittermandeln. Der reine Stoff ist sehr lange haltbar. Es existieren Prüfröhrchen für dieses Kampfmittel.

Der Erfolg einer Therapie beruht in erster Linie auf einer möglichst raschen Behandlung. Hierzu gehört bei einer Aufnahme des Giftes über den Mund die Gabe von Aktivkohle, mit einer Dosierung von etwa 1 g Kohle pro Kilogramm Körpergewicht des Vergifteten. Vor allem ist aber sofort bei schweren Vergiftungen 4-DMAP zu verabreichen.

Durch die Gabe von 4-Dimethylaminophenyl (4-DMAP) wird Methämoglobin gebildet, welches die Cyanidionen bindet. Es genügt schon eine geringe Menge an Methämoglobin aus, um einen großen Teil des Cyanids zu binden. Die Wirkung ist geradezu verblüffend, da bereits bewusstlose Menschen, die kurz darauf verstorben wären, innerhalb von Minuten wieder zu Bewusstsein kommen.

Lungengifte

Lungenschädigende Kampfstoffe (z. B. Phosgen, Chlorcyan, Chlorpikrin) zerstören das Lungengewebe und können nach mehrstündiger (12 bis 24 Stunden) beschwerdefreier Zeit zu schweren Erkrankungen und zum Tod durch Ersticken führen. Die gefürchtetste Folge ist das toxische Lungenödem.

Bei normalem Atmosphärendruck und bei 20 °C ist Phosgen ein farbloses Gas (Siedepunkt: 8 °C), das nach faulen Äpfeln oder faulem Heu riecht. Die wichtigste Wirkung von Phosgen auf den Menschen besteht in der Reaktion mit Wasser, z. B. in der Lunge, zu Salzsäure und Kohlendioxid. Es gibt Prüfröhrchen für diesen Kampfstoff. Da Phosgen mit Wasser hydrolysiert, kann es bei einem Angriff hilfreich sein, ein feuchtes Tuch vor Mund und Nase zu halten, um die Vergiftung abzuschwächen.

Phosgen ist ein Zwischenprodukt der chemischen Industrie und wird daher auch heute noch in großtechnischem Maßstab hergestellt. Medikamente, die sich unmittelbar gegen das Phosgen bzw. dessen Wirkung richten, gibt es nicht. Der Betroffene braucht absolute Körperruhe, Auskühlung ist zu verhindern. Er sollte nichts trinken, da sich Wasser mit Phosgen zu Salzsäure und Kohlendioxid verbindet. Gabe von Kortisonpräparaten zur Bekämpfung von entzündlichen Prozessen sowie eines Lungenödems ist sinnvoll.

Psychokampfstoffe

Seit den sechziger Jahren gibt es Anstrengungen, Kampfstoffe zu entwickeln, die den Gegner nicht töten, sondern lediglich vorübergehend kampf- und handlungsunfähig machen sollen. Die Schwierigkeit liegt in der Ausbringung einer militärisch wirksamen Dosis. Bereits 75 μg/kg Lysergsäurediäthylamid (LSD) reichen aus, um Trugbilder, Angstpsychosen und Enthemmung hervorzurufen. LSD könnte als Wasserkontaminationsmittel oder in Aerosolform ausgebracht werden.

LSD-25 wirkt durch einen Eingriff in den Serotoninhaushalt des Körpers, was durch seine Ähnlichkeit mit diesem Nerventransmitterstoff möglich wird. Es kommt zu verstärkten ‚Querverschaltungen' zwischen sonst logisch getrennten Hirnregionen und dem Wegfall geistiger Filtermechanismen.

Bei der Behandlung ist entscheidend, dass bewaffnete Personen sofort entwaffnet werden, um eine mögliche Eigen- oder Fremdgefährdung zu vermeiden. Zur Entgiftung ist die Bekleidung gesondert abzulegen und der Körper mit Seifenwasser abzuwaschen. Augen sind mit sauberem Wasser auszuspülen. Im weiteren Verlauf ist die Antidotgabe von Physiostigmin Erfolg versprechend.

Reizstoffe

Reizstoffe sind für den militärischen Einsatz geeignete chemische Verbindungen, wie z. B. Adamsit, Clark I (Diphenylchlorarsin), Clark II (Diphenylcyanarsin) oder die bekannten Tränengase CN (Chloracetophenon) und CS. Sie erzielen bei normaler Konzentration eine kurzdauernde, heftige, aber ohne nachhaltige Folgen abklingende Reizwirkung. Nach ihrer Wirkungsart auf den menschlichen Körper werden die Reizstoffe eingeteilt in Augenreizstoffe und Nasen-Rachen-Reizstoffe. Die Stoffe werden entweder als Gase oder Aerosole eingesetzt.

Alle Augenreizstoffe verursachen einen starken Tränenfluss und reduzieren somit die Sehfähigkeit. Ist die Dosis sehr hoch, entsteht auch eine Reizwirkung im Rachen- und Nasenraum, sowie ein starker krampfhafter Lidschluss. Alle Beschwerden gehen von allein zurück! Bei der Anwendung von CN oder CS in geschlossenen Räumen werden allerdings rasch Konzentrationen erreicht, die unter Umständen tödlich sein können!

Nasen- und Rachenreizstoffe wurden früher als Blaukreuz bezeichnet. Nach kurzer Zeit verursachen sie starke Übelkeit, Kratzen im Hals, Atemnot und Beklemmungsgefühle. Der Name Clark leitet sich aus dem Begriff Chlor-Arsen-Kampfstoff ab.

Maßnahmen und Erste Hilfe

Für Zivilisten gibt es praktisch keine Abwehrmaßnahmen gegen den unerwarteten Einsatz chemischer Kampfstoffe. Maßnahmen lassen sich erst nach dem Eintreten eines derartigen Anschlags durchführen. Eine effektive Bekämpfung von Giftgasanschlägen ist daher nur im Vorfeld, also in der Verhinderung, machbar.

Der Aufenthalt in nicht betroffenen Räumen bietet bei einer Vorwarnung den sichersten Schutz. (Öffnungen mit Klebeband verschließen). Es ist zweckmäßig, im Notfallplan für derartige Zwecke einen Raum zu benennen, der nicht an Belüftungssysteme angeschlossen ist bzw. leicht davon abgetrennt werden kann. Achtung: Manche Gase sammeln sich bevorzugt in Bodennähe!
- Verseuchte Personen schnell an frische Luft bringen, verseuchte Kleidung entfernen.
- Beatmung nur mit Hilfe eines Atemgerätes, niemals Mund- zu- Mund beatmen (sonst Gefahr der Verseuchung des Retters). Retter müssen immer an Eigenschutz denken! Dies wird bei Giftgasunfällen häufig vergessen, da von dem Angriff oft nichts zu sehen oder zu riechen ist.
- Ausrüstung ausgewählter Personen an Bord mit ABC-Schutzmasken (Gasmasken); vom Hersteller angegebene Haltbarkeitsdauer des Filters beachten.
- Feuchte Tücher vor Mund und Nase pressen, dies kann die Vergiftung für kurze Zeit verlangsamen.
- Bei Verseuchung durch Kontaktgifte gilt: Kein Abwaschen der Haut mit Wasser, da das Eindringen des Giftes durch ein Aufweichen der Haut noch erleichtert wird.
- Gabe von Gegengiften durch medizinisch ausgebildete Personen.

6.3 Ausgewählte Giftstoffe – Charakterisierung, Bewertung und Erste Hilfe

6.3.1 Giftige Gase

Kohlenmonoxid CO

Physikalische und chemische Eigenschaften:

Aussehen:	farblos
Geruch:	geruchlos
Schmelzpunkt:	–205 °C
Siedepunkt:	–192 °C
Dichte (15 °C, 1 bar):	1,17 kg/m³, etwas leichter als Luft
Wasserlöslichkeit (20 °C, 1 bar):	0,03 g/l

Vorkommen:
Die toxikologisch wichtigste Quelle ist die unvollständige Verbrennung von Kohlenstoff und kohlenstoffhaltigen Verbindungen in Feuerungsanlagen und Motoren sowie bei Schwelbränden.

Toxikologische Wirkungen:
LD 50 inhalativ (1 h): 3760 ppm

Kohlenmonoxid beeinträchtigt als starkes Atemgift den Sauerstofftransport im menschlichen Körper, indem es sich an das Hämoglobin im Blut bindet. Ursache für die Entstehung der festen CO-Hämoglobin-Verbindungen ist die 200 bis 300 mal größere Affinität des Kohlenmonoxids zum roten Blutfarbstoff als die des Sauerstoffs, wodurch die in der Lunge normalerweise stattfindende Bindung von Sauerstoff an das Hämoglobin verhindert wird.

In Abhängigkeit von der Aufenthaltsdauer ist in kohlenmonoxidhaltiger Atmosphäre anfänglich mit Kopfschmerz und Schwindelgefühl zu rechnen. Bei weiterem Verbleib in dieser Umgebung kommt es zu rauschartigen Zuständen, Erregung, Kritiklosigkeit. Die Haut ist meistens hellrot. Diese Zustände gehen in Bewegungsunfähigkeit, Muskelkrämpfe und Zuckungen sowie schließlich in Bewusstlosigkeit, letztendlich in den Tod über. Bei körperlicher Anstrengung erfolgt rascher Symptomeintritt. Bei Exposition Schwangerer kann eine Fruchtschädigung auftreten.

Maßnahmen bei unbeabsichtigter Freisetzung:
Bei Gasaustritt Raum sofort verlassen, Personen warnen, für ausreichende Lüftung sorgen. Betreten des Bereiches mit umluftunabhängigem Atemschutzgerät, wenn die Ungefährlichkeit der Atmosphäre nicht nachgewiesen ist, ggf. Atemschutz-Filtergerät mit Spezialfilter CO (Einsatzbereich gemäß Spezifikation des Herstellers). Bei massiver Schadstoffentwicklung dicht schließender Chemie-Schutzanzug. Im Freien auf windzugewandter Seite bleiben, Bereich absperren. Zündquellen fernhalten.

Erste Hilfe:
Betroffenen unter Selbstschutz gegen den Wind aus der Gefahrenzone bergen und an die frische Luft bringen, durchgaste Kleidung vorsichtig entfernen. Person hinlegen, ruhig und warm halten. Bei Gefahr der Bewusstlosigkeit Lagerung und Transport in stabiler Seitenlage. Bei Atemstillstand künstliche Beatmung. Bei Atemnot Sauerstoff inhalieren lassen. Sofort funkärztliche Beratung einholen bzw. Notarzt zum Unfallort rufen. Transport liegend, bei Atemnot halbsitzend.

Blausäure HCN

Physikalische und chemische Eigenschaften:

Aussehen:	farblos
Geruch:	nach Bittermandel

Schmelzpunkt: −13,3 °C
Siedepunkt: 25,7 °C
Dichte (15 °C, 1 bar):   keine verlässlichen Angaben
Wasserlöslichkeit (20 °C, 1 bar):   in jedem Verhältnis in Wasser löslich

Vorkommen:
Blausäure bzw. ihre Verbindungen, die Cyanide, kommen in zahlreichen Lebensmitteln vor, so u. a. in den Kernen von Aprikosen, Kirschen oder in Mandeln. Auch Leinsamen oder Bambussprossen besitzen einen hohen Anteil an Cyaniden. Die Einnahme von nur 5–10 Bittermandeln kann bei einem Kind bereits tödlich enden. Bei der Verbrennung von Polyurethanen, also von häufig verwendeten Kunststoffen, wird Blausäure freigesetzt. Daher können u. U. sogar Wohnungsbrände zu tödlichen Blausäurevergiftungen führen. Ansonsten kommen Vergiftungen mit Blausäure in der metallverarbeitenden und chemischen Industrie, bei der Schädlingsbekämpfung, sowie bei der Verschwefelung organischen Materials vor. Weiterhin enthält Tabakrauch teilweise erhebliche Blausäurekonzentrationen. In der heutigen Zeit sind Blausäurevergiftungen aber auch häufig auf suizidale Absichten zurückzuführen.

Toxikologische Wirkungen:
LD 50 inhalativ (30 min): 169 ppm

Die Hauptaufnahmewege für Cyanwasserstoff (HCN) verlaufen über den Atemtrakt und die Haut. Äußere Anzeichen einer Vergiftung sind rosige Hautfarbe und ein mitunter schwer erkennbarer Bittermandelgeruch der Ausatemluft sowie reizende Wirkung auf Augen und Atemwege. Das Zentralnervensystem ist hinsichtlich einer HCN-Vergiftung das empfindlichste Organ. Symptome sind Benommenheit, Schwindelgefühl, Beschleunigung der Atemfrequenz, Übelkeit, Erbrechen, Angstgefühl. Schwere Vergiftungen führen schnell zu Koma, Krämpfen und zum Tod.

Maßnahmen bei unbeabsichtigter Freisetzung:
Bei Gasaustritt Raum sofort verlassen, feuchte Tücher vor die Atemwege halten, Personen warnen, für ausreichende Lüftung sorgen. Betreten des Bereiches mit umluftunabhängigem Atemschutzgerät, wenn die Ungefährlichkeit der Atmosphäre nicht nachgewiesen ist, ggf. Atemschutz-Filtergerät mit Spezialfilter. Bereits bei geringer Schadstoffentwicklung dicht schließender Chemie-Schutzanzug! Im Freien auf windzugewandter Seite bleiben, Bereich absperren. Zündquellen fernhalten.

Erste Hilfe:
Betroffenen unter Selbstschutz gegen den Wind aus der Gefahrenzone bergen und an die frische Luft bringen, durchgaste Kleidung vorsichtig entfernen. Person hinlegen, ruhig und warm halten. Bei Gefahr der Bewusstlosigkeit Lagerung und Transport in stabiler Seitenlage. Bei Atemstillstand künstliche Beatmung. Bei Atemnot Sauerstoff inhalieren lassen. Sofort funkärztliche Beratung einholen bzw. Notarzt zum Unfallort rufen. Transport liegend, bei Atemnot halbsitzend.

Schwefelwasserstoff H_2S

Physikalische und chemische Eigenschaften:
Aussehen: farblos
Geruch: in geringen Konzentrationen nach faulen Eiern, in hohen Konzentrationen geruchlos
Schmelzpunkt: −86 °C
Siedepunkt: −60,2 °C
Dichte (15 °C, 1 bar):   1,44 kg/m³, schwerer als Luft
Wasserlöslichkeit (20 °C, 1 bar):   3,6 g/l

Vorkommen:

Schwefelwasserstoff ist ein Faulgas. Es entsteht überall dort, wo menschliche, tierische oder pflanzliche Materie in Fäulnis übergeht. In Brunnenschächten, Jauchegruben und Abwasserkanälen können sich größere Mengen ansammeln. Außerdem tritt H_2S in Hochöfen, Erdölraffinerien, in Gaswerken, Kokereien sowie insbesondere auch in der Viskoseindustrie (Zellwoll-, Zellglas-, Kunstseideherstellung) auf. Schwefelwasserstoff kann aus stark schwefelhaltigem Erdöl ausgasen.

Toxikologische Wirkungen:
LD 50 inhalativ (1 h): 712 ppm

Schwefelwasserstoff wird nur in geringem Maße über die Haut aufgenommen. Einatmen führt bei Konzentrationen über 100 ppm zu Reizungen der Augen und der Atemwege, Übelkeit, Kopfschmerzen, Erregungszustände, Bewusstlosigkeit. Ab 150 ppm werden die Geruchsnerven gelähmt, so dass das Gas nicht mehr riechbar ist. Bei 1000 bis 1500 ppm tritt der Tod nach wenigen Minuten ein. Störungen des Zentralnervensystems und des Herzens können nach überstandener Vergiftung noch lange fortbestehen. Symptome einer chronischen H_2S-Vergiftung sind Kopfschmerzen, allgemeine Schwäche, Übelkeit, motorische Unruhe, Verwirrtheit, Gleichgewichtsstörungen, Störungen der Riech- und Hörnerven, Bindehautentzündung, Bronchitis und Lungenentzündung. Bei längerem Aufenthalt in Konzentrationen von 200–250 ppm kann es, auch mit Verzögerung, zum Lungenödem kommen.

Maßnahmen bei unbeabsichtigter Freisetzung:
Bei Gasaustritt Raum sofort verlassen, feuchte Tücher vor die Atemwege halten, Personen warnen, für ausreichende Lüftung sorgen. Betreten des Bereiches mit umluftunabhängigem Atemschutzgerät, wenn die Ungefährlichkeit der Atmosphäre nicht nachgewiesen ist. Bei massiver Schadstoffentwicklung dicht schließender Chemie-Schutzanzug. Im Freien auf windzugewandter Seite bleiben, Bereich absperren. Zündquellen fernhalten. Bei der Verbrennung entsteht giftiges, ätzendes Schwefeldioxid. Das austretende Gas kann mit Sprühwasser niedergeschlagen werden.

Erste Hilfe:
Betroffenen unter Selbstschutz gegen den Wind aus der Gefahrenzone bergen und an die frische Luft bringen, durchgaste Kleidung vorsichtig entfernen. Person hinlegen, ruhig und warm halten. Bei Gefahr der Bewusstlosigkeit Lagerung und Transport in stabiler Seitenlage. Bei Atemstillstand künstliche Beatmung. Bei Atemnot Sauerstoff inhalieren lassen. Sofort funkärztliche Beratung einholen bzw. Notarzt zum Unfallort rufen. Transport liegend, bei Atemnot halbsitzend.

Chlorwasserstoff HCl

Physikalische und chemische Eigenschaften:

Aussehen:	an feuchter Luft rauchend
Geruch:	stechend
Schmelzpunkt:	−114,8 °C
Siedepunkt:	−85,0 °C
Dichte (15 °C, 1 bar):	1,56 kg/m³, schwerer als Luft
Wasserlöslichkeit (20°C, 1 bar):	720 g/l

Vorkommen:
Hochkonzentrierte Salzsäure gibt Chlorwasserstoff an die Luft ab.
HCl ist ein in der Industrie viel verwendetes Reagens und wird dementsprechend großtechnisch produziert und transportiert. Chlorwasserstoff entsteht auch bei Bränden von bestimmten Kunststoffen, z. B. von Polyvinylchlorid.

Toxikologische Wirkungen:
LD 50 inhalativ (1 h): 2810 ppm

Chlorwasserstoff wirkt in Form der mit Feuchtigkeit der Luft und der Schleimhäute gebildeten Salzsäure. Es reizt stark die oberen Atemwege und die Augen, aber auch die Haut. Kleine Mengen Chlorwasserstoff in der Luft sind besser zu schmecken als zu riechen. An den Augen können Bindehautentzündungen hervorgerufen werden. Weitere Symptome sind Niesreiz, Stechen in der Brust, Heiserkeit, Erstickungsgefühl im Hals. Einatmen höherer Konzentrationen führt zu Nekrosen (Gewebeabsterben) in Nase, Nebenhöhlen und Rachen. Große Mengen wirken auch auf die tiefen Atemwege bis hin zum Lungenödem. Bei chronischer Einwirkung sind Entkalkungserscheinungen an den Zähnen sowie entzündliche Zahnfleischveränderungen zu beobachten.

Maßnahmen bei unbeabsichtigter Freisetzung:
Bei Gasaustritt Raum sofort verlassen, feuchte Tücher vor die Atemwege halten, Personen warnen, für ausreichende Lüftung sorgen. Betreten des Bereiches mit umluftunabhängigem Atemschutzgerät, wenn die Ungefährlichkeit der Atmosphäre nicht nachgewiesen ist. Bei massiver Schadstoffentwicklung dicht schließender Chemie-Schutzanzug. Im Freien auf windzugewandter Seite bleiben, Bereich absperren. Mit Feuchtigkeit entstehende Salzsäure bildet bei Reaktion mit Metallen Wasserstoff! Daher Zündquellen fernhalten. (HCl an sich ist nicht brennbar.)

Austretendes Gas kann mit viel Sprühwasser niedergeschlagen werden. Dabei entsteht giftige und ätzende Salzsäure, die aufgenommen und fachgerecht entsorgt werden muss, sonst besteht u. a. die Gefahr der massiven Korrosion von Konstruktionsteilen.

Erste Hilfe:
Betroffenen unter Selbstschutz gegen den Wind aus der Gefahrenzone bergen und an die frische Luft bringen, durchgaste Kleidung vorsichtig entfernen. Person hinlegen, ruhig und warm halten. Bei Gefahr der Bewusstlosigkeit Lagerung und Transport in stabiler Seitenlage. Bei Atemstillstand künstliche Beatmung. Bei Atemnot Sauerstoff inhalieren lassen. Sofort funkärztliche Beratung einholen bzw. Notarzt zum Unfallort rufen. Transport liegend, bei Atemnot halbsitzend. Bei Haut- bzw. Augenkontakt ausgiebig mit fließendem Wasser spülen.

Chlorgas Cl_2

Physikalische und chemische Eigenschaften:

Aussehen:	gelbgrün
Geruch:	stechend
Schmelzpunkt:	−101 °C
Siedepunkt:	−34,1 °C
Dichte (15 °C, 1 bar):	3,00 kg/m³, schwerer als Luft
Wasserlöslichkeit (20 °C, 1 bar):	7,6 g/l

Vorkommen:
Chlor existiert in der Natur nicht als freies Element, da es sehr reaktionsfreudig ist. Als Bestandteil von Salzen, wie z. B. Natriumchlorid und Kaliumchlorid, findet man es in vielen großen Salzlagerstätten. Im großindustriellen Maßstab wird Chlor vorwiegend durch Elektrolyse einer Natriumchloridlösung gewonnen.

Toxikologische Wirkungen:
LD 50 inhalativ (1 h): 293 ppm

Chlor bildet mit der Feuchtigkeit der Schleimhäute aktiven Sauerstoff und Salzsäure, die beide das Gewebe stark angreifen. Inhalation von etwa 3–6 ppm führt zur Reizung aller Schleimhäute mit Husten und Tränenfluss, bei längerer Einwirkung auch zu Bluthusten und Erstickungserscheinungen. 5–15 ppm verursachen dieselben Symptome in kürzerer Zeit, nach 3–7 Stunden kann sich danach eine Pneumonie, seltener ein Lungenödem entwickeln. Hohe Konzentrationen (über 50 ppm) wirken schnell tödlich. Flüssiges Chlor wirkt stark ätzend auf die Haut.

Maßnahmen bei unbeabsichtigter Freisetzung:
Bei Gasaustritt Raum sofort verlassen, feuchte Tücher vor die Atemwege halten, Personen warnen, für ausreichende Lüftung sorgen. Betreten des Bereiches mit umluftunabhängigem Atemschutzgerät, wenn die Ungefährlichkeit der Atmosphäre nicht nachgewiesen ist. Bereits bei geringer Schadstofffreisetzung dicht schließender Chemie-Schutzanzug! Im Freien auf windzugewandter Seite bleiben, Bereich absperren. Feuchtes Chlor wirkt korrosiv und reagiert mit nahezu allen Metallen unter Entzündung, wenn diese fein verteilt sind. Chlorgas an sich ist nicht brennbar, es fördert jedoch die Verbrennung. Zündquellen fernhalten!

Austretendes Gas kann mit viel Sprühwasser niedergeschlagen werden. Dabei entsteht Chlorwasser, welches weiter zu Salzsäure und Sauerstoff reagieren kann. Das Chlorwasser muss aufgenommen und fachgerecht entsorgt werden, sonst besteht u. a. die Gefahr der massiven Korrosion von Konstruktionsteilen. Kein Wasser in flüssiges Chlor bringen!

Erste Hilfe:
Betroffenen unter Selbstschutz gegen den Wind aus der Gefahrenzone bergen und an die frische Luft bringen, durchgaste Kleidung vorsichtig entfernen. Person hinlegen, ruhig und warm halten. Bei Gefahr der Bewusstlosigkeit Lagerung und Transport in stabiler Seitenlage. Bei Atemstillstand künstliche Beatmung. Bei Atemnot Sauerstoff inhalieren lassen. Sofort funkärztliche Beratung einholen bzw. Notarzt zum Unfallort rufen. Transport liegend, bei Atemnot halbsitzend. Bei Haut- bzw. Augenkontakt ausgiebig mit fließendem Wasser spülen, nicht reiben.

Ammoniak NH$_3$

Physikalische und chemische Eigenschaften:

Aussehen:	farblos, an der Luft rauchend
Geruch:	stechend
Schmelzpunkt:	−78 °C
Siedepunkt:	−33,4 °C
Dichte (15 °C, 1 bar):	0,72 kg/m^3 , leichter als Luft
Wasserlöslichkeit (20 °C, 1 bar):	520 g/l

Vorkommen:
Ammoniak ist ein Faulgas. Es entsteht bei Stoffwechselprozessen und beim Abbau von Eiweißen. Es ist Grundchemikalie für eine Vielzahl wichtiger chemischer Produkte, wie z. B. Düngemittel und wird daher in großen Mengen industriell hergestellt und zu Endverbrauchern transportiert.

Toxikologische Wirkungen:
LD 50 inhalativ (1 h): 4000 ppm

Ammoniak wirkt durch seine leichte Löslichkeit in Wasser wie andere Laugen ätzend auf Haut und Schleimhäute, hat aber eine stärkere Tiefenwirkung, da er leicht in die Zellen eindringt und dort zum Zellödem führen kann. Flüssiger und konzentrierter gasförmiger Ammoniak kann in hohem Maße in das Augeninnere eindringen und zur Erblindung führen. Die Folgen treten oft erst nach Tagen ein. Einatmen höherer Konzentrationen kann ein tödliches Lungenödem verursachen.

Maßnahmen bei unbeabsichtigter Freisetzung:
Bei Gasaustritt Raum sofort verlassen, feuchte Tücher vor die Atemwege halten, Personen warnen, für ausreichende Lüftung sorgen. Betreten des Bereiches mit umluftunabhängigem Atemschutzgerät, wenn die Ungefährlichkeit der Atmosphäre nicht nachgewiesen ist. Bei stärkerer Schadstofffreiset-

zung dicht schließender Chemie-Schutzanzug! Im Freien auf windzugewandter Seite bleiben, Bereich absperren.

Ammoniak brennt nur in hohen Konzentrationen bei hoher Temperatur und in sehr trockener Atmosphäre. Gas-Luft-Gemische sind explosionsfähig. Zündquellen fernhalten!

Austretendes Gas kann mit viel Sprühwasser niedergeschlagen werden. Dabei entsteht Ammoniakwasser, welches alkalisch reagiert. Die entstehende Lauge muss aufgenommen und fachgerecht entsorgt werden, sonst besteht u. a. die Gefahr der massiven Korrosion von Konstruktionsteilen. Achtung: Ammoniak löst sich extrem gut in Wasser. Beim Niederschlagen von Ammoniakgas mit Wasser kann es zu einer starken Volumenverringerung und damit zu Unterdrucken kommen – in geschlossenen Räumen besteht Implosionsgefahr! Kein Wasser in flüssigen Ammoniak bringen!

Erste Hilfe:
Betroffenen unter Selbstschutz gegen den Wind aus der Gefahrenzone bergen und an die frische Luft bringen, durchgaste Kleidung vorsichtig entfernen. Person hinlegen, ruhig und warm halten. Bei Gefahr der Bewusstlosigkeit Lagerung und Transport in stabiler Seitenlage. Bei Atemstillstand künstliche Beatmung. Bei Atemnot Sauerstoff inhalieren lassen. Sofort funkärztliche Beratung einholen bzw. Notarzt zum Unfallort rufen. Transport liegend, bei Atemnot halbsitzend. Bei Haut- bzw. Augenkontakt ausgiebig mit fließendem Wasser spülen, nicht reiben.

Schwefeldioxid SO$_2$

Physikalische und chemische Eigenschaften:

Aussehen:	farblos
Geruch:	stechend
Schmelzpunkt:	−76°C
Siedepunkt:	−10°C
Dichte (15 °C, 1 bar):	2,73 kg/m^3, schwerer als Luft
Wasserlöslichkeit (20 °C, 1 bar):	111 g/l

Vorkommen:
Schwefeldioxid entsteht vorrangig als unerwünschtes Nebenprodukt bei Verbrennungsprozessen durch Oxidation des Schwefels, der insbesondere in der Kohle und im Öl enthalten ist. Hauptquellen sind Energie- und Wärmegewinnungsanlagen. Schwefeldioxid entsteht auch bei Kunststoffbränden. Es wird außerdem bei der Erzverarbeitung, Zementherstellung, Zellstoffproduktion sowie der Erdölverarbeitung freigesetzt.

Toxikologische Wirkungen:
LD 50 inhalativ (1 h): 2520 ppm

Schwefeldioxid hat in Konzentrationen über 5 ppm eine reizende Wirkung auf die Schleimhäute der oberen Luftwege, bei höheren Konzentrationen auf die Schleimhäute des Auges und auf die tiefen Atemwege. Das wasserlösliche Gas bildet auf den feuchten Schleimhäuten schweflige Säure. Bei langfristiger Einwirkung kann sich ein Lungenödem mit Atemnot entwickeln, es besteht die Gefahr des Herz- und Kreislauf-Versagens. Am Auge kann es zu Verätzungen von Binde- und Hornhaut kommen. Sehr hohe Konzentrationen können schon bei kurzer Einwirkung durch einen Krampf zur Erstickung führen. 50–100 ppm werden über kurze Zeit gerade noch ertragen, 400 ppm über einige Minuten sind lebensbedrohlich. Bei lang anhaltender Inhalation kann es zu erhöhter Infektanfälligkeit kommen. Andererseits kann sich eine begrenzte Gewöhnung an Konzentrationen einstellen, die bei ungewohnten Personen bereits zu schweren Reizerscheinungen führen.

Maßnahmen bei unbeabsichtigter Freisetzung:
Bei Gasaustritt Raum sofort verlassen, feuchte Tücher vor die Atemwege halten, Personen warnen, für ausreichende Lüftung sorgen. Betreten des Bereiches mit umluftunabhängigem Atemschutzgerät, wenn die Ungefährlichkeit der Atmosphäre nicht nachgewiesen ist. Bei stärkerer Schadstofffreisetzung dicht schließender Chemie-Schutzanzug! Im Freien auf windzugewandter Seite bleiben, Bereich absperren.

Schwefeldioxid ist nicht brennbar. Feuchtes Gas greift zahlreiche Metalle an. Austretendes Gas kann mit viel Sprühwasser niedergeschlagen werden. Dabei entsteht schweflige Säure, welche sauer reagiert. Die entstehende Säure muss aufgenommen und fachgerecht entsorgt werden, sonst besteht u. a. die Gefahr der Korrosion von Konstruktionsteilen.

Erste Hilfe:
Betroffenen unter Selbstschutz gegen den Wind aus der Gefahrenzone bergen und an die frische Luft bringen, durchgaste Kleidung vorsichtig entfernen. Person hinlegen, ruhig und warm halten. Bei Gefahr der Bewusstlosigkeit Lagerung und Transport in stabiler Seitenlage. Bei Atemstillstand künstliche Beatmung. Bei Atemnot Sauerstoff inhalieren lassen. Sofort funkärztliche Beratung einholen bzw. Notarzt zum Unfallort rufen. Transport liegend, bei Atemnot halbsitzend. Bei Haut- bzw. Augenkontakt ausgiebig mit fließendem Wasser spülen, nicht reiben.

Stickoxide NOx

Physikalische und chemische Eigenschaften:

	NO	NO$_2$
Aussehen	farblos	bräunliches Gas
Geruch	geruchlos	Geringe Warnwirkung bei niedrigen Konzentrationen
Schmelzpunkt	−163,6 °C	−11,2 °C
Siedepunkt	−151,8 °C	21,1 °C
Dichte (15 °C, 1 bar)	1,25kg/m^3 vergleichbar mit Luft	1,95 kg/m^3 schwerer als Luft
Wasserlöslichkeit (20 °C, 1 bar)	0,06 g/l	hydrolisiert

Da ein großer Teil des NO luftchemisch zu NO$_2$ umgewandelt wird und NO eine niedrigere toxische Wirkung hat, beziehen sich alle weiteren Betrachtungen auf NO$_2$.

Vorkommen:
Stickoxide entstehen als unerwünschte Nebenprodukte bei Verbrennungsprozessen mit hohen Temperaturen wie vor allem in Kraftfahrzeugmotoren und Kraftwerken aber auch in der Chemieindustrie z. B. bei der Düngemittelherstellung. Die Stickoxide entstehen vorrangig durch die Oxidation des Luftstickstoffs, weniger durch Oxidation des in gebundener Form in den Brennstoffen vorhandenen Stickstoffs. Dabei wird zunächst ein hoher Anteil von Stickstoffmonoxid NO emittiert.

Toxikologische Wirkungen:
LD 50 inhalativ (1 h): 115 ppm

Stickstoffdioxidkonzentrationen über 20 ppm verursachen eine starke Reizung der Atemwege mit quälendem Hustenreiz, Schwindel, Kopfschmerzen und ggf. Erbrechen. Bei sehr hohen Konzentrationen kann nach kurzer Zeit der Tod eintreten (700 ppm nach 30 min sind tödlich). Eingeatmetes Gas bildet mit der Feuchtigkeit der Schleimhäute Salpetersäure, die schwere Lungenschädigungen hervorruft. Meist folgt ein symptomarmes Latenzstadium von 8–10 Stunden, mitunter auch 1–2

Tagen, an das sich ein schweres Lungenödem mit erneutem heftigen Hustenreiz, Atemnot und schaumig-rotbraunem Auswurf anschließt. In schweren Fällen folgen Bewusstlosigkeit und Tod durch Herz-Kreislaufversagen. Chronische Einwirkungen zeigen sich durch Kopfschmerzen, Schlaflosigkeit, Darmträgheit und Geschwüre der Schleimhäute, ferner auch chronische Bronchitis, Verdauungsstörungen und Bindehautentzündung.

Maßnahmen bei unbeabsichtigter Freisetzung:
Bei Gasaustritt Raum sofort verlassen, feuchte Tücher vor die Atemwege halten, Personen warnen, für ausreichende Lüftung sorgen. Betreten des Bereiches mit umluftunabhängigem Atemschutzgerät, wenn die Ungefährlichkeit der Atmosphäre nicht nachgewiesen ist. Bereits bei geringer Schadstofffreisetzung dicht schließender Chemie-Schutzanzug! Im Freien auf windzugewandter Seite bleiben, Bereich absperren.

Stickstoffdioxid ist nicht brennbar, fördert jedoch die Verbrennung. Feuchtes Gas greift zahlreiche Metalle an.

Austretendes Gas kann mit Sprühwasser niedergeschlagen werden. Dabei entsteht Salpetersäure, welche sauer reagiert. Die entstehende Säure muss aufgenommen und fachgerecht entsorgt werden, sonst besteht u. a. die Gefahr der Korrosion von Konstruktionsteilen, wenn möglich, mit Kalk neutralisieren.

Erste Hilfe:
Betroffenen unter Selbstschutz gegen den Wind aus der Gefahrenzone bergen und an die frische Luft bringen, durchgaste Kleidung vorsichtig entfernen. Person hinlegen, ruhig und warm halten. Bei Gefahr der Bewusstlosigkeit Lagerung und Transport in stabiler Seitenlage. Bei Atemstillstand künstliche Beatmung. Keine Flüssigkeitszufuhr! Bei Atemnot Sauerstoff inhalieren lassen. Sofort funkärztliche Beratung einholen bzw. Notarzt zum Unfallort rufen. Transport liegend, bei Atemnot halbsitzend. Bei Haut- bzw. Augenkontakt ausgiebig mit fließendem Wasser spülen, nicht reiben.

Phosgen (Carbonylchlorid) $COCl_2$

Physikalische und chemische Eigenschaften:
Aussehen:	farblos
Geruch:	wie verfaultes Heu, geringe Warnwirkung bei niedrigen Konzentrationen
Schmelzpunkt:	7,4 °C
Siedepunkt:	−128 °C
Dichte (20 °C, 1 bar):	3,4 kg/m³ , schwerer als Luft
Wasserlöslichkeit (20 °C, 1 bar):	hydrolysiert

Vorkommen:
Phosgen ist ein chemischer Kampfstoff und wurde (wird?) von einigen Ländern für diese Zwecke produziert. Darüber hinaus ist Phosgen ein wichtiges Zwischenprodukt der chemischen Industrie und wird auch heute in größeren Mengen vor allem zur Kunststoffherstellung produziert. Weiterhin kann es beim Schweißen in der Gegenwart von chlorierten Kohlenwasserstoffen freigesetzt werden. Phosgen kann auch bei der Verbrennung von chlorhaltigen Kunststoffen entstehen. Daher ist bei Wohnungs- und besonders bei Industriebränden größte Vorsicht angeraten.

Toxikologische Wirkungen:
LD 50 inhalativ (1 h): 5 ppm

Die wichtigste Wirkung von Phosgen auf den Menschen besteht in der Reaktion mit Wasser, z. B. in der Lunge, zu Salzsäure und Kohlendioxid. Außerdem wird eine Reihe von Stoffwechselenzymen blockiert. Die ersten Vergiftungssymptome zeigen sich in Tränenreiz, Husten und Atemnot. Der Tod kann erst viele Stunden später durch ein Lungenödem und einen Herzstillstand eintreten.

Bei der Entstehung eines Lungenödems kommt es zu Wasseransammlungen in den Lungenbläschen, wodurch die Sauerstoffaufnahme in den Körper so behindert wird, dass es zum Erstickungstod kommt.

Maßnahmen bei unbeabsichtigter Freisetzung:
Bei Gasaustritt Raum sofort verlassen, feuchte Tücher vor die Atemwege halten, Personen warnen, für ausreichende Lüftung sorgen. Betreten des Bereiches mit umluftunabhängigem Atemschutzgerät, wenn die Ungefährlichkeit der Atmosphäre nicht nachgewiesen ist. Bereits bei geringer Schadstofffreisetzung dicht schließender Chemie-Schutzanzug! Im Freien auf windzugewandter Seite bleiben, Bereich absperren.

Phosgen reagiert mit den meisten Metallen in Anwesenheit von Feuchtigkeit, wobei Wasserstoff entsteht. Zündquellen fernhalten! Austretendes Gas kann mit viel Sprühwasser niedergeschlagen werden. Dabei entsteht Salzsäure. Die entstehende Säure muss aufgenommen und fachgerecht entsorgt werden, sonst besteht u. a. die Gefahr der massiven Korrosion von Konstruktionsteilen.

Erste Hilfe:
Betroffenen unter Selbstschutz gegen den Wind aus der Gefahrenzone bergen und an die frische Luft bringen, durchgaste Kleidung vorsichtig entfernen. Person hinlegen, ruhig und warm halten. Bei Gefahr der Bewusstlosigkeit Lagerung und Transport in stabiler Seitenlage. Bei Atemstillstand künstliche Beatmung. Bei Atemnot Sauerstoff inhalieren lassen. Sofort funkärztliche Beratung einholen bzw. Notarzt zum Unfallort rufen. Transport liegend, bei Atemnot halbsitzend. Bei Haut- bzw. Augenkontakt ausgiebig mit fließendem Wasser spülen.

6.3.2 Lösungsmittel, Reinigungsmittel

Formaldehyd/Formalin

Formaldehyd gehört zur Stoffgruppe der Aldehyde und ist ein giftiges, farbloses, brennbares Gas mit säuerlich-stechendem Geruch. Es ist sehr gut löslich in Wasser und Alkohol.

Die wässrige Lösung von Formaldehyd (30–50 %) ist unter dem Namen Formalin bekannt.

Physikalische und chemische Eigenschaften(Formaldehyd-Lösung):

Aussehen:	flüssig, farblos
Geruch:	stechend
Schmelzpunkt:	$< -15\ °C$
Siedepunkt:	93–96 °C
Dichte (20 °C, 1 bar):	1,08 g/cm^3
Wasserlöslichkeit (20 °C, 1 bar):	unbegrenzt mischbar

Vorkommen:
Formaldehyd gilt als einer der wichtigsten organischen Grundstoffe der chemischen Industrie zur Herstellung so genannter Aminoplaste. Als Bindemittel werden diese überwiegend in Holzwerkstoffen, also z. B. Spanplatten eingesetzt. Medizinische und sonstige technische Anwendungen haben zwar einen relativ geringen prozentualen Anteil am Formaldehyd-Verbrauch, sind aber trotzdem von Bedeutung, da Formaldehyd entweder chemisch ungebunden ist und deshalb leicht freigesetzt wird (z. B. als Konservierungsstoff in Kosmetik) oder in hohen Dosen auf den Menschen einwirken kann (z. B. Desinfektion).

Eine weitere wichtige Quelle für die Emission von Formaldehyd sind unvollständige Verbrennungsprozesse, wie man sie z. B. bei Kraftfahrzeugen, Gießereien, Kleinfeuerungsanlagen (Hausbrandbereich) und Zigaretten findet. Formaldehyd spielt über Ausgasung aus den verschiedenen Materialien (Holzwerkstoffe, Bodenbeläge, Textilien, u. a.) eine wichtige Rolle bei der Verunreinigung von Innenraumluft.

Toxikologische Wirkungen:
Formaldehyddämpfe wirken stark reizend auf die Augen und die Schleimhäute der oberen Atemwege. Sie verursachen Atembeschwerden, Tränenfluss, Husten und Kopfschmerzen schon bei relativ niedrigen Konzentrationen. Diese Reizwirkungen verschwinden, wenn die Formaldehyd-Einwirkung beendet ist. Inhalation hoher Konzentrationen führt zur Nekrose der Schleimhäute, Kehlkopfschwellungen, Stimmritzenkrampf und Lungenödem. Die in der Literatur angegebenen Werte für toxikologische Wirkungen von Formaldehyddämpfen beim Menschen schwanken stark infolge unterschiedlicher Empfindlichkeit der untersuchten Personen.

Wässrige Formalinlösungen wirken reizend bis ätzend auf Schleimhäute, Augen und Haut. Es kommt zu einer Härtung, Gerbung und Anästhesierung der Haut. Bei wiederholtem Hautkontakt können allergische Reaktionen auch durch gering konzentrierte Formalinlösungen auftreten.

Bei Aufnahme durch den Mund verursacht Formalinlösung Brennen, Übelkeit, blutiges Erbrechen. Es kommt zu Verätzungen der Schleimhäute, der Speiseröhre und des Magens. Der Tod kann durch Nieren- oder Kreislaufversagen eintreten. Als tödliche Dosis gelten etwa 10–20 ml 35 % Formalinlösung.

Maßnahmen bei unbeabsichtigter Freisetzung:
Bei Gasaustritt Raum sofort verlassen, feuchte Tücher vor die Atemwege halten, Personen warnen, für ausreichende Lüftung sorgen. Betreten des Bereiches mit umluftunabhängigem Atemschutzgerät, wenn die Ungefährlichkeit der Atmosphäre nicht nachgewiesen ist. Bereits bei geringer Schadstofffreisetzung dicht schließender Chemie-Schutzanzug! Im Freien auf windzugewandter Seite bleiben, Bereich absperren. Zündquellen fernhalten!

Austretendes Gas kann mit viel Sprühwasser niedergeschlagen werden. Dabei entsteht Formalin. Die entstehende Lösung muss aufgenommen und fachgerecht entsorgt werden. Ausgetretene Formalinlösung mit flüssigkeitsbindenden Materialien aufnehmen (Sand, Kieselgur, Säurebinder, Sägespäne), Reste mit viel Wasser abspülen.

Beim Erhitzen auf 150 °C zerfällt Formaldehyd überwiegend in Methanol und Kohlendioxid, bei Temperaturen über 350 °C in Kohlenmonoxid und Wasserstoff.

Erste Hilfe:
Betroffenen unter Selbstschutz gegen den Wind aus der Gefahrenzone bergen und an die frische Luft bringen, durchgaste Kleidung vorsichtig entfernen. Person hinlegen, ruhig und warm halten. Bei Gefahr der Bewusstlosigkeit Lagerung und Transport in stabiler Seitenlage. Bei Atemstillstand künstliche Beatmung. Bei Atemnot Sauerstoff inhalieren lassen. Sofort funkärztliche Beratung einholen bzw. Notarzt zum Unfallort rufen. Transport liegend, bei Atemnot halbsitzend. Bei Haut- bzw. Augenkontakt ausgiebig mit fließendem Wasser spülen.

Nach Verschlucken kein Erbrechen herbeiführen, Wasser nachtrinken lassen, unverzüglich Arzt hinzuziehen.

Hexan (Leichtbenzin)

Physikalische und chemische Eigenschaften:

Aussehen:	flüssig, farblos
Geruch:	benzinartig
Schmelzpunkt:	–95,3 °C
Siedepunkt:	68,7 °C
Dichte (20 °C, 1 bar):	0,66 g/cm^3
Wasserlöslichkeit (20 °C, 1 bar):	unlöslich

Vorkommen:
Hexan ist ein Vertreter der Stoffgruppe der Alkane. Alkane kommen in der Natur hauptsächlich im Erdöl und Erdgas vor. Durch die petrochemische Aufbereitung dieser Produkte und andere technische Prozesse erhält man verschiedene Alkane und weitere Kohlenwasserstoffe, die entsprechend weiterverarbeitet werden.

Alkane haben vielfältige Verwendungsmöglichkeiten. Niedere Alkane dienen als Brenngase, höhere Alkane als Treibstoffe. Höhere Alkane werden auch als Lösungsmittel eingesetzt. Außerdem finden sie vielfältig Einsatz als Ausgangsstoffe der chemischen Industrie und werden daher in großen Mengen produziert und zur Weiterverarbeitung transportiert. Leichtbenzin besteht im Wesentlichen aus Hexan, Heptan und Oktan.

Toxikologische Wirkungen:
LD50 oral: > 5000 mg/kg

LD50 dermal: > 2000 mg/kg

LD50 inhalativ: > 5 mg/kg

Hexan ist fettlösend und kann daher leicht durch die Haut in den Körper eindringen. Die Verwendung als Hautreinigungsmittel kann zu entzündlichen Reaktionen bis hin zu Blasenbildung, Ekzemen und lokaler Nervenschädigung führen.

Die narkotische Wirkung von Leichtbenzin ist mit der des Ethers vergleichbar, allerdings gehen der Narkose sehr starke Erregung und Krämpfe voraus, und die Gefahr der tödlichen Atemlähmung ist größer. Eine nicht zur Atemlähmung führende Narkose durch Benzin ist meistens ungefährlich und hinterlässt kaum Nachwirkungen.

Bei längerer Dauer einer Benzinnarkose besteht jedoch die Gefahr einer Blutgefäßschädigung, die sich in Form von Lungenblutung, Lungenentzündung und Nierenschäden äußern kann. Die Inhalation ist gefährlicher als die orale Aufnahme. 1000 ppm in der Atemluft führen in 15 min zu Schläfrigkeit, Mattigkeit und Betäubung. Bei weiterer Einatmung (1 h) folgen Schwindel, Bewegungsstörungen und Übelkeit. Bei einer Benzinkonzentration von 7000 ppm traten solche Erscheinungen schon nach 5 min. auf; 10.000 ppm sind wahrscheinlich schnell tödlich, wie Tierversuche zeigen.

Schwache Benzinkonzentrationen führen chronisch eingeatmet zu einem charakteristischen ‚Benzinrausch‘, der mit Euphorie einhergeht. Auch Fälle von ‚Benzinsucht‘ sind bekannt.

Bei versehentlichem oder absichtlichem (Selbstmordversuch) Trinken, wird die Flüssigkeit oft rasch erbrochen und zum Teil über den Darm, die Nieren oder reichlicher über die Lungen wieder ausgeschieden, so dass es nur sehr selten zu Todesfällen kommt.

Maßnahmen bei unbeabsichtigter Freisetzung:
Bei Flüssigkeitsaustritt für ausreichende Lüftung sorgen. Personen warnen. Betreten des Bereiches mit umluftunabhängigem Atemschutzgerät, wenn die Ungefährlichkeit der Atmosphäre nicht nachgewiesen ist. Im Freien auf windzugewandter Seite bleiben, Bereich absperren. Es entstehen hoch-

explosive Gase! Brandgefahr! Zündquellen fernhalten! Maßnahmen gegen elektrostatische Aufladung treffen!

Austretende Flüssigkeit mit flüssigkeitsbindendem Material aufnehmen (z. B. Sand, Universalbinde-mittel, Kieselgur). Gebrauchten Flüssigkeitsbinder in geschlossenen gekennzeichneten Behältern bis zur fachgerechten Entsorgung aufbewahren.

Erste Hilfe:
Betroffenen unter Selbstschutz gegen den Wind aus der Gefahrenzone bergen und an die frische Luft bringen, durchtränkte Kleidung vorsichtig entfernen. Person hinlegen, ruhig und warm halten. Bei Gefahr der Bewusstlosigkeit Lagerung und Transport in stabiler Seitenlage. Bei Atemstillstand künstliche Beatmung. Bei Atemnot Sauerstoff inhalieren lassen. Sofort funkärztliche Beratung ein-holen bzw. Notarzt zum Unfallort rufen. Transport liegend, bei Atemnot halbsitzend. Bei Haut- bzw. Augenkontakt ausgiebig mit fließendem Wasser spülen.

Nach Verschlucken kein Erbrechen herbeiführen, Wasser nachtrinken lassen, medizinische Kohle geben, unverzüglich Arzt hinzuziehen.

Essigsäure(ethyl)ester (Ethylacetat)

Physikalische und chemische Eigenschaften:

Aussehen:	flüssig, farblos
Geruch:	fruchtig
Schmelzpunkt:	$-83\ °C$
Siedepunkt:	$77\ °C$
Dichte (20 °C, 1 bar):	$0{,}9\ g/cm^3$
Wasserlöslichkeit (20 °C, 1 bar):	$85\ g/l$

Vorkommen:
Ethylacetat, auch Essigsäureethylester genannt, wird als Reinigungs- und Lösungsmittel in vielen Branchen genutzt, beispielsweise in der Farb- und Lackindustrie sowie der Elektronik- und Glasin-dustrie. Ebenso wird es für die Produktion von Sprengstoffen, Filmen, Kunstleder und Kunstseide benötigt. Die großtechnische Produktion erfolgt auf unterschiedlichen Wegen, meistens auf der Basis von Ethen.

Toxikologische Wirkungen:
LD50 oral: > 5000 mg/kg
LD50 dermal: > 18000 mg/kg
LD50 inhalativ (8 h): 1600 mg/l

Die Dämpfe des technischen Essigesters verursachen Reizungen der Schleimhäute und Zahn-fleischentzündungen. Niedrige Konzentrationen führen zu Schläfrigkeit und Benommenheit. Hier liegt eine besondere Gefahr durch mögliche Folge-Unfälle wegen mangelnder Konzentrationsfähigkeit auf bestimmte andere Gefahren während der Arbeit. Größere Mengen können eingeatmet eine tödliche Narkose zur Folge haben. Häufiges Waschen der Hände mit einem Gemisch aus Essigester und Spiritus kann zu Hauterkrankungen führen.

Essigsäureethylester wird gelegentlich bewusst „geschnüffelt", um sich in rauschartige Zustände zu versetzen. Dabei werden auch essigesterhaltige Stoffe, wie z. B. Klebstoffe oder Farben benutzt. Die angestrebten psychischen Wirkungen sind eine leichte Bewusstseinstrübung, euphorische Zustände und das Abschalten von Alltagsproblemen. Bei chronischem Gebrauch kann es zu Leberschäden, zentralnervösen Abbauerscheinungen durch kurzzeitigen Sauerstoffmangel im Gehirn und bei Überdosierungen zur Atemlähmung kommen. Bei langjährigen Konsumenten von Lösungsmitteln wurden auch Gehirnschäden mit Gedächtnis- und Antriebsausfällen beobachtet.

Maßnahmen bei unbeabsichtigter Freisetzung:
Bei Flüssigkeitsaustritt für ausreichende Lüftung sorgen. Personen warnen. Betreten des Bereiches mit umluftunabhängigem Atemschutzgerät, wenn die Ungefährlichkeit der Atmosphäre nicht nachgewiesen ist. Im Freien auf windzugewandter Seite bleiben, Bereich absperren. Es entstehen hochexplosive Gase! Brandgefahr! Zündquellen fernhalten! Maßnahmen gegen elektrostatische Aufladung treffen! Bei Brand können Ethanol und Essigsäure entstehen.

Austretende Flüssigkeit mit flüssigkeitsbindendem Material aufnehmen (z. B. Sand, Universalbindemittel, Kieselgur). Gebrauchten Flüssigkeitsbinder in geschlossenen gekennzeichneten Behältern bis zur fachgerechten Entsorgung aufbewahren.

Erste Hilfe:
Betroffenen unter Selbstschutz gegen den Wind aus der Gefahrenzone bergen und an die frische Luft bringen, durchtränkte Kleidung vorsichtig entfernen. Person hinlegen, ruhig und warm halten. Bei Gefahr der Bewusstlosigkeit Lagerung und Transport in stabiler Seitenlage. Bei Atemstillstand künstliche Beatmung. Bei Atemnot Sauerstoff inhalieren lassen. Sofort funkärztliche Beratung einholen bzw. Notarzt zum Unfallort rufen. Transport liegend, bei Atemnot halbsitzend. Bei Haut- bzw. Augenkontakt ausgiebig mit fließendem Wasser spülen.

Nach Verschlucken kein Erbrechen herbeiführen, Wasser nachtrinken lassen, medizinische Kohle geben, unverzüglich Arzt hinzuziehen.

6.3.3 Säuren

Salzsäure

Konzentrierte Salzsäure ist eine etwa 38%-ige wässrige Lösung, entsprechend den Lösungseigenschaften der Salzsäure ist dies die maximal erreichbare Konzentration.

Physikalische und chemische Eigenschaften:

Aussehen:	flüssig, farblos
Geruch:	stechend
Schmelzpunkt:	$-25\ °C$
Siedepunkt:	$85\ °C$
Dichte (20 °C, 1 bar):	$1,18\ g/cm^3$
Wasserlöslichkeit (20 °C, 1 bar):	in jedem Verhältnis löslich

Vorkommen:
Salzsäure wird unter anderem zum Reinigen von Kalkrückständen an Fliesen verwendet.

Sie ist auch ein wichtiger Hilfsstoff für Laborversuche. Industriell wird Salzsäure als Zwischenprodukt zur Herstellung zahlreicher Stoffe, wie z. B.PVC, zum Herauslösen von Metallen bei der Erzaufbereitung, zum Ätzen von Metallen und bei der Holzverzuckerung zur Glucosegewinnung eingesetzt.

Toxikologische Wirkungen:
LD 50 inhalativ (1 h): 3100 ppm

Das Einatmen der Dämpfe führt zur Reizung und Entzündung der Mund- und Nasenschleimhaut und später zu Rachenentzündung, Kehlkopfentzündung, Bronchitis und mitunter zu Lungenentzündung oder zum Lungenversagen. Einatmung höherer Konzentrationen hat einen Stimmritzenkrampf oder eine Stimmritzenschwellung zur Folge. Die Zähne werden angegriffen. Auf der Haut ruft konzentrierte

Salzsäure schwere Verätzungen in Form von Rötungen und Blasen mit brennenden Schmerzen hervor. Nach dem Trinken von Salzsäure entstehen schmerzhafte Verätzungen in Rachen, Speiseröhre und Magen, die tödlich wirken können.

Maßnahmen bei unbeabsichtigter Freisetzung:
Bei Flüssigkeitsaustritt für ausreichende Lüftung sorgen. Personen warnen. Betreten des Bereiches mit umluftunabhängigem Atemschutzgerät, wenn die Ungefährlichkeit der Atmosphäre nicht nachgewiesen ist. Bei stärkerer Schadstofffreisetzung dicht schließender Chemie-Schutzanzug! Im Freien auf windzugewandter Seite bleiben, Bereich absperren.

Salzsäure selbst ist nicht brennbar.
Salzsäure reagiert mit Metallen unter Bildung von Wasserstoff. Zündquellen fernhalten! Größere Mengen ausgetretene Flüssigkeit mit flüssigkeitsbindendem Material aufnehmen (z. B. Sand, Universalbindemittel, Kieselgur). Neutralisieren, z. B. durch Aufwerfen von Kalk, Kalksand oder Soda. Gebrauchten Flüssigkeitsbinder in geschlossenen gekennzeichneten Behältern bis zur fachgerechten Entsorgung aufbewahren.

Kleinere Mengen mit viel Wasser verdünnen, dabei kann es zu Wärmeentwicklung kommen!

Erste Hilfe:
Betroffenen unter Selbstschutz gegen den Wind aus der Gefahrenzone bergen und an die frische Luft bringen, durchtränkte Kleidung vorsichtig entfernen. Person hinlegen, ruhig und warm halten. Bei Gefahr der Bewusstlosigkeit Lagerung und Transport in stabiler Seitenlage. Bei Atemstillstand künstliche Beatmung. Bei Atemnot Sauerstoff inhalieren lassen. Sofort funkärztliche Beratung einholen bzw. Notarzt zum Unfallort rufen. Transport liegend, bei Atemnot halbsitzend. Bei Haut- bzw. Augenkontakt ausgiebig mit fließendem Wasser spülen.

Nach Verschlucken kein Erbrechen herbeiführen, Wasser nachtrinken lassen, medizinische Kohle geben, unverzüglich Arzt hinzuziehen.

Schwefelsäure H_2SO_4

Schwefelsäure ist eine farblose, geruchlose, ölige Flüssigkeit. Konzentrierte Schwefelsäure enthält meist 95-96 Gewichtsprozent H_2SO_4, der Rest ist Wasser. Verdünnte Schwefelsäure ist ungefähr 10%-ig.

physikalische und chemische Eigenschaften der 37%-igen Säure („Akkusäure"):

Aussehen:	flüssig, farblos
Geruch:	geruchlos
Siedepunkt:	ca.100 °C
Dichte (20 °C, 1 bar):	1,28 g/cm^3
Wasserlöslichkeit (20 °C, 1 bar):	in jedem Verhältnis löslich

Vorkommen:
Schwefelsäure ist eine der am häufigsten produzierten Chemikalien. Die Anwendungsmöglichkeiten sind sehr vielfältig. Man verwendet Schwefelsäure z. B. zum Aufschließen von Erzen, zur Herstellung von Düngemitteln und Tensiden, als Katalysator oder als Trockenmittel. Schwefelsäure ist in vielen Akkus und Batterien enthalten. Wenn eine Batterie ausläuft, könnte es sich demnach um Schwefelsäure handeln.

In der Lebensmittelindustrie wird Schwefelsäure als technischer Hilfsstoff eingesetzt, um modifizierte Stärke und Casein herzustellen und Trinkwasser aufzubereiten.

Toxikologische Wirkungen:
LD 50 inhalativ (2 h): 510 ppm
Letale Dosis für den Menschen (oral): 1–5 ml konzentrierte Schwefelsäure

Konzentrierte Schwefelsäure zerstört organische Stoffe wie Zucker, Baumwollgewebe oder Haut unter Bildung von schwarzem Kohlenstoff. Das Einatmen der Dämpfe führt zur Verätzung und Entzündung der Mund- und Nasenschleimhaut und später zu Rachenentzündung, Kehlkopfentzündung, Bronchitis und mitunter zu Lungenentzündung oder zum Lungenversagen. Auf der Haut ruft Schwefelsäure schwere Verätzungen in Form von Rötungen und Blasen mit brennenden Schmerzen hervor. Nach dem Trinken von Schwefelsäure entstehen schmerzhafte Verätzungen in Rachen, Speiseröhre und Magen, die tödlich wirken können.

Maßnahmen bei unbeabsichtigter Freisetzung:
Bei Flüssigkeitsaustritt für ausreichende Lüftung sorgen. Personen warnen. Betreten des Bereiches mit umluftunabhängigem Atemschutzgerät, wenn die Ungefährlichkeit der Atmosphäre nicht nachgewiesen ist. Bei stärkerer Schadstofffreisetzung dicht schließender säurebeständiger Chemie-Schutzanzug! Im Freien auf windzugewandter Seite bleiben, Bereich absperren.

Schwefelsäure selbst ist nicht brennbar, bei Umgebungsbränden können giftige Gase, wie z. B. Schwefeldioxid entstehen. Wasser ist als Löschmittel von Umgebungsbränden nicht geeignet (extreme Wärmeentwicklung!).

Schwefelsäure ist stark hygroskopisch, d. h. sie zieht Feuchtigkeit aus der Luft an. Beim Vermischen mit Wasser, was unter starker Wärmeentwicklung vor sich geht, darf sie nur in kleinen Mengen in das Wasser eingegossen werden. Schwefelsäuredämpfe können jedoch mit Sprühwasser niedergeschlagen werden.

Verdünnte Schwefelsäure reagiert mit einigen Metallen unter Bildung von Wasserstoff. Zündquellen fernhalten! Größere Mengen ausgetretene Flüssigkeit mit flüssigkeitsbindendem Material aufnehmen (z. B. Sand, Universalbindemittel, Kieselgur). Neutralisieren, z. B. durch Aufwerfen von Kalk, Kalksand oder Soda. Gebrauchten Flüssigkeitsbinder in geschlossenen gekennzeichneten Behältern bis zur fachgerechten Entsorgung aufbewahren.

Erste Hilfe:
Betroffenen unter Selbstschutz gegen den Wind aus der Gefahrenzone bergen und an die frische Luft bringen, durchtränkte Kleidung vorsichtig entfernen. Person hinlegen, ruhig und warm halten. Bei Gefahr der Bewusstlosigkeit Lagerung und Transport in stabiler Seitenlage. Bei Atemstillstand künstliche Beatmung. Bei Atemnot Sauerstoff inhalieren lassen. Sofort funkärztliche Beratung einholen bzw. Notarzt zum Unfallort rufen. Transport liegend, bei Atemnot halbsitzend. Bei Haut- bzw. Augenkontakt ausgiebig mit fließendem Wasser spülen.

Nach Verschlucken kein Erbrechen herbeiführen, Wasser nachtrinken lassen, medizinische Kohle geben, unverzüglich Arzt hinzuziehen.

6.3.4 Feuerlöschmittel

Kohlendioxid CO_2

Physikalische und chemische Eigenschaften:

Aussehen:	farblos
Geruch:	geruchlos
Schmelzpunkt (5,2 bar):	–56,6 °C
Siedepunkt (Sublimation):	–78,5 °C

Dichte (15 °C, 1 bar):   1,85 kg/m^3 , schwerer als Luft
Wasserlöslichkeit (20 °C, 1 bar):   1,7 g/l

Vorkommen:
Die wichtigste Quelle ist die Verbrennung von Kohlenstoff und kohlenstoffhaltigen Verbindungen in Feuerungsanlagen und Motoren sowie bei Schwelbränden. Weltweit werden mehrere Millionen Tonnen CO_2 im Jahr hergestellt. Verwendet wird es zum Beispiel in Feuerlöschern, als Treibgas in Spraydosen, als Zusatz zu Mineralwasser, Limonade und Bier. An Bord wird es vor allem als Löschmittel oder als Gas zur Inertisierung von explosionsgefährdeten Räumen bzw. Tanks verwendet.

Toxikologische Wirkungen:
Kohlendioxid an sich ist ungiftig, kann jedoch durch die Verdrängung von Sauerstoff zu Vergiftungserscheinungen und Erstickung führen. Kohlendioxid erfüllt im Organismus lebenswichtige physiologische Funktionen: die ausgeatmete Luft enthält ca. 4 % CO_2. Die Inhalation von 4–5 % kann bei längerer Exposition zur Bewusstlosigkeit führen. Bei Konzentrationen von 8–10 % treten Atemnot, beschleunigter Herzschlag, Kopfschmerzen, Ohrensausen, Schwindel, Bewegungsstörungen, Krämpfe und schließlich Bewusstlosigkeit auf. Konzentrationen über 20 % wirken tödlich, wobei Betroffene plötzlich zusammenbrechen können und der Tod bereits nach wenigen Minuten eintritt. Der Tod kann bei schweren Gehirnschäden auch noch nach mehreren Tagen eintreten.

Maßnahmen bei unbeabsichtigter Freisetzung:
Bei Gasaustritt Raum sofort verlassen, Personen warnen, für ausreichende Lüftung sorgen. Betreten des Bereiches mit umluftunabhängigem Atemschutzgerät, wenn die Ungefährlichkeit der Atmosphäre nicht nachgewiesen ist. Im Freien auf windzugewandter Seite bleiben, Bereich absperren. An der Austrittsstelle von flüssigem Kohlendioxid ist eine starke elektrostatische Aufladung möglich.

Erste Hilfe:
Betroffenen unter Selbstschutz gegen den Wind aus der Gefahrenzone bergen und an die frische Luft bringen, durchgaste Kleidung vorsichtig entfernen. Person hinlegen, ruhig und warm halten. Bei Gefahr der Bewusstlosigkeit Lagerung und Transport in stabiler Seitenlage. Bei Atemstillstand künstliche Beatmung. Bei Atemnot Sauerstoff inhalieren lassen. Sofort funkärztliche Beratung einholen bzw. Notarzt zum Unfallort rufen. Transport liegend, bei Atemnot halbsitzend. Bei Erfrierungen Erwärmung durch Körperwärme, nicht reiben! Wunden keimfrei abdecken, ärztliche Weiterbehandlung.

6.4 Nachweis von Giftstoffen

Im Prinzip ist man heute in der Lage, jede im Schadensfall zu erwartende chemische Substanz zu identifizieren, egal, ob die Ursache der Freisetzung ein Unfall, ein Anschlag oder ein kriegerischer Einsatz ist. Die entscheidende Frage ist nur, wann, wie schnell und mit welchem technischen Aufwand.

6.4.1 Massenspektrometrie

Spätestens seit dem zweiten Golfkrieg im Jahre 1991 ist z. B. die mobile Massenspektrometrie (s. u.) ein fester Begriff für Militärs, Zivilschutz- und Katastrophenschutz wie Feuerwehrkräfte geworden.

Die grundlegende Funktionsweise eines Massenspektrometers (MS) kann wie folgt beschrieben werden: Die zu untersuchende Probe wird in das MS eingebracht, verdampft und ionisiert. Als bewegte geladene Teilchen lassen sich die Ionen in einem Analysator auf verschiedene Weisen nach ihrem Masse-zu-Ladungs-Verhältnis auftrennen und anschließend detektieren. Bei sehr komplexen Proben ist es nützlich, diese mit einem vorangestellten Trennverfahren aufzutrennen, bevor man sie dem

Massenspektrometer zuführt. Daher wird Massenspektrometrie oft zusammen mit Gas- oder Flüssigkeits-Chromatographen betrieben. Diese Koppelungen sind bekannt unter den Kürzeln GC/MS (Gas Chromatography/Mass Spectrometry); beziehungsweise LC/MS (Liquid Chromatography/Mass Spectrometry).

Der Aufbau eines MS lässt sich somit in folgende Hauptkomponenten aufgliedern: Probenaufgabesystem, Ionisierung, Massentrennung und Detektion (Bild 6.8).

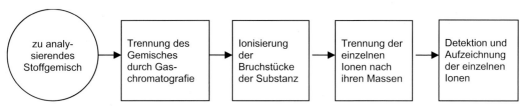

Bild 6.8: Hauptkomponenten eines Massenspektrometers

Bild 6.9 zeigt das Massenspektrum von Ethanol. Ethanol hat die Summenformel C_2H_5OH und damit eine molare Masse von 46 g/mol. Man erkennt im Massenspektrum den Peak für das gesamte Molekül, aber auch für einzelne Bruchstücke des Moleküls. So gibt es inzwischen für sehr viele verschiedene chemische Substanzen Massenspektren, die in Datenbanken abgespeichert wurden. Zur Analyse einer unbekannten Substanz werden die analysierten Daten mit den Spektren in der Datenbank verglichen, um so die gesuchte Substanz zu ermitteln.

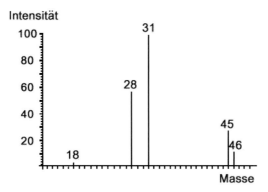

Bild 6.9: Massenspektrum von Ethanol

Das bekannteste mobile Massenspektrometer, welches auch zur Ausstattung des ABC-Spürpanzers Fuchs zählt, ist das MM1. Es findet in einer zivilen Version Verwendung bei Berufsfeuerwehren sowie einigen Landesumweltämtern. Inzwischen stehen auch kleinere mobile Massenspektrometer (Gewicht ca. 50 kg) für die zivile Nutzung zur Verfügung, die auch in der Schifffahrt eingesetzt werden.

Derzeit (2005) verfügen folgende Mehrzweckschiffe der Wasser- und Schifffahrtsverwaltung der Bundesrepublik Deutschland über ein mobiles GC/MS-System:
– Wasser- und Schifffahrtsamt Cuxhaven (Schiff „Neuwerk")
– Wasser- und Schifffahrtsamt Wilhelmshaven (Schiff „Mellum")
– Wasser- und Schifffahrtsamt Lübeck (Schiff „Scharhörn")

Der Vorteil der Massenspektrometrie besteht darin, dass im Prinzip jede Substanz detektiert und in Verbindung mit einer geeigneten Datenbank auch identifiziert werden kann. Eine Probennahme aus der Luft, dem Wasser und dem Boden ist möglich. Die Nachweisgrenzen dieser Technologie liegen, je nach Substanz, zwischen wenigen ppm und einigen Promille. Die Bedienung muss infolge der Komplexität in Schulungen erlernt werden und bedarf einiger Erfahrung und Routine.

6.4.2 Ionenmobilitätsspektrometrie

Im Bereich der Detektion chemischer Kampfstoffe stellt die Ionenmobilitätsspektrometrie heute weltweit die Standardmethode dar. Eine Vielzahl von Herstellern bietet kleine tragbare Geräte (unter 1 kg Gewicht) zu günstigen Preisen an.

Die Ionenmobilitätsspektrometrie (IMS) ist ein etabliertes Verfahren zur Detektion flüchtiger Substanzen. Die zu untersuchende Probe wird zunächst ionisiert. Die erzeugten Ionen driften dann in einem elektrischen Feld gegen die Strömungsrichtung eines Gases. Je nach ihrer Masse, Ladung und Geometrie haben die Ionen eine unterschiedliche Driftgeschwindigkeit, woraus sich die Möglichkeit ihrer Auftrennung ergibt. Das entsprechende Spektrum zeigt dann die Ionensignale mit der dazugehörigen Zeit, die die einzelnen Ionen für die Bewältigung der Driftstrecke benötigten (Bild 6.10).

Die Identifizierung der Substanz erfolgt durch Abgleich des ermittelten Spektrums mit Spektren, die in einer entsprechenden Datenbank gespeichert sind.

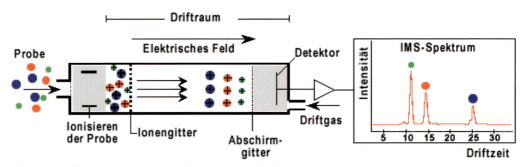

Bild 6.10: Prinzip der Entstehung eines Ionenmobilitätsspektums

Der Methode der IMS werden jedoch einerseits durch die eingeschränkte Datenverarbeitungsleistung der eingesetzten Mikroprozessoren in einem tragbaren Gerät sowie andererseits durch die Messmethode selbst Grenzen gesetzt: Sie eignet sich im Wesentlichen nur zum Nachweis polarisierbarer Gase. Dennoch ist die IMS-Technologie eine sehr empfindliche Messmethode.

IMS-Geräte sind in der Regel menügeführt und somit leicht zu bedienen. Schon nach kurzer Einführung ist ein ungeübter Benutzer in der Lage, das Gerät fachgerecht einzusetzen. Luftfilter und Batterien sind die einzigen Verbrauchsmaterialien.

Infolge der aktuellen Bedrohungslage stehen neben denen von bekannten chemischen Kampfstoffen zunehmend auch Datensätze von Industriechemikalien zur Verfügung. Neben den in Tabelle 6.9 gezeigten Chemikalien können auch fluorierte oder chlorierte Kohlenwasserstoffe detektiert, aber nicht unbedingt identifiziert werden. Insgesamt sind IMS-Geräte als sehr verlässlich und wenig querempfindlich einzustufen.

Die typischen Nachweisgrenzen von IMS-Kampfstoffalarmgeräten liegen etwa zwei Größenordnungen unter den letalen Dosen dieser Kampfstoffe (z. B. Lewisit, Blausäure, Phosgen).

Industriechemikalie	Nachweisgrenze in ppm	LD50 inhalativ (1h) in ppm
Chlor	0,5	293
Ammoniak	25	4000
Schwefeldioxid	2,0	2520
Fluorwasserstoff	3,0	966
Arsenwasserstoff	0,05	20
Phosphortrichlorid	0,2	104 (4h)

Tab. 6.9: Typische Nachweisgrenzen eines IMS-Gerätes für ausgewählte Industriechemikalien im Vergleich mit ihren LD50-Werten

6.4.3 Flammenionisationsdetektoren und Photoionisationsdetektoren

Der Flammenionisationsdetektor – kurz FID – ist ein Detektor für organische Verbindungen (Kohlenwasserstoffe). Er wird in der Regel mit einem vorgeschalteten Gaschromatographen (GC) eingesetzt, der die Trennung des zu analysierenden Substanzgemisches realisiert. Einsatzgebiete des FID sind die Abwasseruntersuchung bezüglich flüchtiger Kohlenwasserstoffe sowie die Raum- und Außenluftüberwachung.

Im Flammenionisationsdetektor brennt eine Knallgasflamme zwischen zwei Elektroden. Zu analysierende Substanzen werden durch einen Trägergasstrom in die Flamme transportiert und dort thermisch ionisiert. Dadurch wird im elektrischen Feld ein messbarer Ionenstrom erzeugt, der am angeschlossenen Schreiber als Peak aufgezeichnet wird. Das Detektorsignal ist über einen weiten Konzentrationsbereich linear proportional zur Menge des Kohlenwasserstoffanteils der zu untersuchenden Substanz. Deshalb kann die Konzentration eines Kohlenwasserstoffs aus dem Signal ohne Kalibrierung abgeschätzt werden, so dass der Detektor gut zur Quantifizierung verwendet werden kann.

Auch bei dieser Messmethode erfolgt die eindeutige Identifizierung der Substanzen durch Vergleich des aufgenommenen Spektrums mit Spektren bereits vermessener reiner Substanzen aus einer Datenbank. FID-Messgeräte liefern einen sicheren Nachweis der jeweiligen Substanz und deren Konzentration, wenn sich die Substanzdaten in der Vergleichsdatenbank des Gerätes befinden. Ist dies nicht der Fall, so kann nur eine Aussage getroffen werden, dass und in welcher Konzentration ein Kohlenwasserstoff anwesend ist.

FID-Geräte sind tragbar (Gewicht unter 5 kg) und haben einen Messbereich von in der Regel 0,1 bis 2000 ppm. Die Bedienung ist einfach und schnell erlernbar.

Nachteilig ist, dass ein FID auf viele anorganische Verbindungen, wie z. B. H_2O, CO_2, CO, SO_2 oder NH_3 nicht anspricht. Bei hoher Belastung kann die Empfindlichkeit des Gerätes stark abnehmen. Die Verwendung von Wasserstoff als Brenngas kann außerdem bei einem mobilen Einsatz logistische und sicherheitstechnische Probleme mit sich bringen.

Der Photoionisationsdetektor (PID) arbeitet ähnlich wie ein FID, nur, dass zur Ionisierung der zu messenden Moleküle UV-Strahlung verwendet wird. Er ist für die quantitative Analyse bekannter organischer und anorganischer Gase und Dämpfe sowie für den kontinuierlichen unspezifischen Nachweis unbekannter chemischer Stoffe geeignet. Der PID erfasst eine breite Palette von Industriechemikalien, wie sie in der chemischen Produktion, auf Deponien und beim Transport von Chemikalien vorkommen.

Photoionisationsdetektoren sind als leichte tragbare Geräte im Handel und einfach in ihrer Bedienung.

6.4.4 Gasspürpumpen und Prüfröhrchen

Gerade auf Schiffen kommt nach wie vor die Gasspürpumpe mit den dazugehörigen Prüfröhrchen zum Einsatz. Sie sind jedoch nur zur quantitativen Bestimmung eines bekannten Gases geeignet, nicht zur Identifizierung unbekannter Stoffe.

Die Kombination aus Gasspürpumpe und Prüfröhrchen bildet ein Messsystem, mit dem die Konzentration von inzwischen ca. 200 gefährlichen, explosiven oder toxischen Gasen und Dämpfen quantitativ bestimmt werden kann.

Prüfröhrchen sind Glasröhrchen, die ein chemisches Präparat enthalten, das auf den zu analysierenden Stoff mit Farbänderung reagiert. Die entsprechenden Reagenzien sind auf einem Trägermaterial (z. B. Silicagel) aufgebracht. Vor dem Gebrauch werden die Glasspitzen des zugeschmolzenen Röhrchens an den vorgesehenen Stellen abgebrochen. Das aufgebrochen Röhrchen schließt man dann an eine Balgpumpe an, mit der ein definiertes Volumen durch das Prüfröhrchen gepumpt werden kann. Die Länge der danach verfärbten Reaktionszone im Röhrchen ist ein Maß für die Konzentration des Stoffes in der analysierten Atmosphäre.

Die Weiterentwicklung dieser Technik hat in den letzten Jahren mehrere Vereinfachungen und Verfeinerungen hervorgebracht. So gibt es inzwischen ultrasensitive Gasprüfröhrchen für den ppb-Bereich. Diese messen in Verbindung mit einer elektrischen Gasspürpumpe Substanzen wie Formaldehyd, Ammoniak, Dichlorbenzol oder Toluol in winzigen Spuren (ppb = Part per Billion). Gasprüfröhrchen haben häufig eine große Querempfindlichkeit. Das heißt, dass eine größere Anzahl von Stoffen durch die gleiche Farbreaktion, also durch dasselbe Röhrchen detektiert wird. Daraus folgt, dass beim Vorhandensein komplexer Stoffgemische oder auch chemisch ähnlicher Substanzen (z. B. Methanol und Ethanol) nur eine Summenkonzentration ermittelt werden kann.

Wenn völlig unklar ist, welche Art von Gas sich in der zu untersuchenden Atmosphäre befindet, sollte zunächst eine Probennahme mit einem Multitest-Röhrchen erfolgen, das bereits grundlegende Unterscheidungen zwischen mehreren Gasen ermöglicht (Bild 6.11).

Bild 6.11: Multitest-Röhrchen der Firma COMPUR MonitorsGmbH & Co.KG für anorganische Gase

Nachweisbare Verbindungen des Multitest-Röhrchens mit Nachweisgrenze (ppm)

Ammoniak	NH_3	(5)
Amine		(5)
Schwefeldioxid	SO_2	(10)
Essigsäure		(15)
Chlorwasserstoff	HCl	(20)
Chlor	Cl_2	(5)
Stickstoffdioxid	NO_2	(5)
Schwefelwasserstoff	H_2S	(10)
Kohlenmonoxid	CO	(10)
Phosphin	PH_3	(2)
Acetylen	C_2H_2	(10)

Für die Prüfröhrchenmessungen werden keinerlei Spezialkenntnisse benötigt. Die Messung geht schnell, da für die meisten Messungen nur ein einziger Pumpenhub notwendig ist, so dass innerhalb kürzester Zeit der Messwert abgelesen werden kann.

Wichtig! Das System kommt ohne Hilfsenergie aus und kann daher auch in explosionsfähiger Atmosphäre verwendet werden.

6.5 Technische Maßnahmen zum Schutz vor Giftstoffen

6.5.1 Kennzeichnung, Verpackung und Stauung

Die Verpackung und Kennzeichnung sowie die notwendigen Maßnahmen bei Transport und Lagerung von Gefahrstoffen werden durch den IMDG-Code international geregelt. IMDG-Code bedeutet International Maritime Dangerous Goods Code. Der IMDG-Code ist letztendlich eine Liste von Gefahrstoffen, die zu jedem Stoff die entsprechende Gefährdung und die daraus resultierenden Sicherheitsmaßnahmen für den Transport mit Seeschiffen auflistet.

Die 75. Sitzung des Schiffssicherheitsausschusses hat im Mai 2002 abschließend entschieden, dass die Anbindung des IMDG-Codes an SOLAS erfolgt. Damit wird der IMDG-Code automatisch für die SOLAS-Unterzeichner verbindlich. In der Bundesrepublik Deutschland wurde der IMDG-Code als fester Bestandteil in die GGVSee aufgenommen und damit in verbindliches deutsches Recht überführt. Die unter die Vorschriften des Codes fallenden Stoffe (einschließlich Mischungen und Lösungen) sind entsprechen der von ihnen ausgehenden vorherrschenden Gefahr einer der Klassen 1–9 bzw. ihren Unterklassen zugeordnet:

1. Explosive Stoffe und Gegenstände mit Explosivstoff
   Unterklasse 1.1 Stoffe und Gegenstände, die massenexplosionsfähig sind
   Unterklasse 1.2 Stoffe und Gegenstände, die die Gefahr der Bildung von Splitter- und Wurfstücken aufweisen, die aber nicht massenexplosionsfähig sind
   Unterklasse 1.3 Stoffe und Gegenstände, von denen eine Brandgefahr sowie eine geringe Gefahr durch Luftstoß oder Splitter-, Spreng- und Wurfstücke oder beidem ausgeht, die aber nicht massenexplosionsfähig sind
   Unterklasse 1.4 Stoffe und Gegenstände, die keine große Gefahr darstellen
   Unterklasse 1.5 sehr unempfindliche massenexplosive Stoffe
   Unterklasse 1.6 Extrem unempfindliche, nicht massenexplosivfähige Stoffe

2. Gase
   Unterklasse 2.1 Entzündbare Gase
   Unterklasse 2.2 Nicht entzündbare ungiftige Gase
   Unterklasse 2.3 Giftige Gase

3. Entzündbare Flüssigkeiten

4. Entzündbare feste Stoffe, selbstentzündliche Stoffe; Stoffe, die in Berührung mit Wasser entzündbare Gase entwickeln
   Unterklasse 4.1 Entzündbare feste Stoffe
   Unterklasse 4.2 Selbstentzündliche Stoffe
   Unterklasse 4.3 Stoffe, die bei Berührung mit Wasser entzündbare Gase entwickeln

5. Entzündend (oxidierend) wirkende Stoffe und organische Peroxide
   Unterklasse 5.1 Entzündend (oxidierende) Stoffe
   Unterklasse 5.2 Organische Peroxide

6. Giftige und infektiöse Stoffe
   Unterklasse 6.1 Giftige Stoffe
   Unterklasse 6.2 Infektiöse Stoffe

7. Radioaktive Stoffe

8. Ätzende Stoffe

9. Verschiedene gefährliche Stoffe und Gegenstände

Die Klassifizierung muss durch den Hersteller oder Vertreiber oder Versender oder, sofern dies im IMDG-Code festgelegt wird, durch die zuständige Behörde erfolgen. Die zu transportierenden Gefahrstoffe müssen entsprechend ihrer Klassifizierung gekennzeichnet werden. Bild 6.12 zeigt die laut IMDG-Code vorgeschriebenen Kennzeichen für Gefahrstoffe der einzelnen Klassen.

Güter der Klasse I – also Explosivstoffe – sind im IMDG-Code außerdem in bestimmte Verträglichkeitsgruppen eingeteilt. Es gibt 13 Verträglichkeitsgruppen, die mit A, B, C, D, E, F, G, H, J, K, L, N, S bezeichnet werden. Im Folgenden wird vereinfacht eine Auswahl der Verträglichkeitsgruppen dargestellt:

A   Zündstoffe

B   Zündmittel

C   Treibstoffe

D   Sprengstoffe

E   Munition ohne Sprengladung

F   Munition mit Sprengladung

G   Pyrotechnische Munition

K   chemische Kampfstoffe

Es ist genau vorgeschrieben, welche Explosivstoffe gemeinsam gestaut werden dürfen und welche nicht. So soll z. B. verhindert werden, dass bestimmte Sprengstoffe gemeinsam mit ihren Zündstoffen transportiert werden. Die entsprechende Verträglichkeitsgruppe muss bei Stoffen der Klasse 1 mit auf dem Gefahrensymbol enthalten sein (Bild 6.13).

	A	B	C	D	E	F	G	H	J	K	L	N	S
A	X												
B		X											X
C			X	X	X		X					X	X
D			X	X	X		X					X	X
E			X	X	X		X					X	X
F						X							X
G			X	X	X		X						X
H								X					X
J									X				X
K										X			X
L											X		
N			X	X	X							X	X
S		X	X	X	X	X	X	X	X	X		X	X

Tab. 6.10: Zulässige gemischte Stauung für Güter der Klasse 1

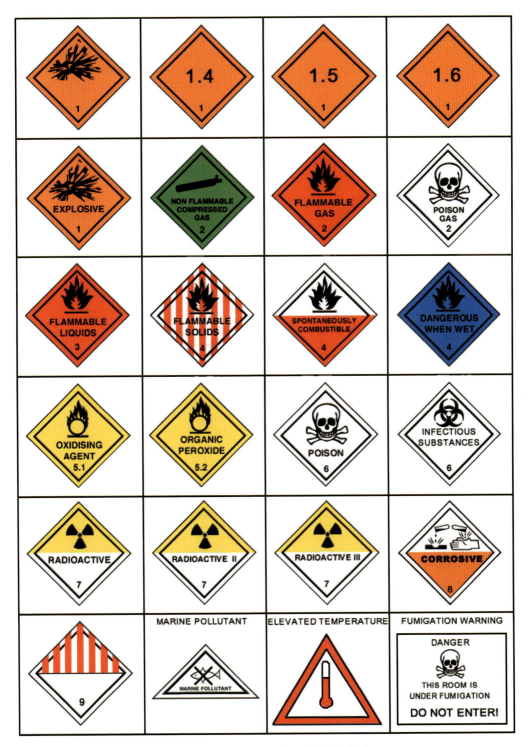

Bild 6.12: Kennzeichnung von Gefahrstoffen entsprechend IMDG-Code

Eine Anzahl gefährlicher Stoffe der verschiedenen Klassen wurde nach den Kriterien für die Auswahl von Meeresschadstoffen im Sinne der Anlage III des Internationalen Übereinkommens MARPOL 73/78 auch als Stoffe gekennzeichnet, die die Meeresumwelt schädigen. Solche Meeresschadstoffe sind zusätzlich zu ihrer Kennzeichnung als Gefahrstoff einer bestimmten Klasse als MARINE POLLU-TANT zu kennzeichnen. Das entsprechende Kennzeichen ist ebenfalls in Bild 6.12 dargestellt.

Entsprechend gekennzeichnet werden müssen auch Güter, die erwärmt transportiert werden müssen, z. B. Bitumen. Weiterhin gilt eine strenge Kennzeichnungspflicht für alle Transporteinheiten (z. B. Container), die unter Begasung, z. B. mit Schädlingsbekämpfungsmitteln transportiert werden (siehe Bild 6.12) So markierte Beförderungseinheiten nicht betreten!

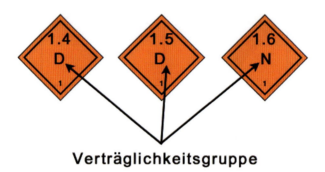

Verträglichkeitsgruppe

Bild 6.13: Darstellung der Verträglichkeitsgruppe auf Gefahrensymbolen von Explosivstoffen

Die Verpackung der Gefahrstoffe muss entsprechend dem Grad der Gefährlichkeit der Substanzen erfolgen. Dabei werden im IMDG-Code drei Verpackungsgruppen unterschieden:
– Verpackungsgruppe I: höchste Gefahr (z. B. sehr giftig)
– Verpackungsgruppe II: mittlere Gefahr (z. B. giftig)
– Verpackungsgruppe III: geringe Gefahr (z. B. gesundheitsschädlich)

Die Verpackungen der einzelnen Verpackungsgruppen müssen vorgeschriebenen Standards entsprechen und bestimmte Bedingungen erfüllen, wie z. B. Fallhöhe ohne Beschädigung oder Dichtigkeit bis zu einem bestimmten Überdruck. Die Verpackung erfolgt in der Regel durch den Hersteller.

Neben der Kennzeichnung muss für jeden Gefahrstoff durch den Hersteller ein Sicherheitsdatenblatt erarbeitet werden, welches Bestandteil der Ladungsunterlagen sein sollte. Jede Person, die an Bord oder in der Hafenanlage Umgang mit gefährlichen Substanzen hat, muss schriftliche Informationen über die Eigenschaften und Gefahren sowie Sicherheitsmaßnahmen im Umgang mit diesen Substanzen erhalten. Diese Funktion erfüllt das Sicherheitsdatenblatt.

Ein Sicherheitsdatenblatt muss die folgenden grundlegenden Informationen enthalten:

Identifikation (Name der Substanz; Name, Adresse und Telefonnummer des Herstellers)
– Zusammensetzung, Information über die Inhaltsstoffe
– Mögliche Gefahren
– Erste Hilfe Maßnahmen
– Maßnahmen zur Brandverhinderung bzw. Brandbekämpfung
– Maßnahmen im Falle eines unkontrollierten Austritts
– Handhabung und Lagerung
– Expositionsbegrenzung und persönliche Schutzausrüstung

- Physikalische und chemische Eigenschaften
- Stabilität und Reaktivität
- Angaben zur Toxikologie
- Angaben zur Ökologie
- Transportbedingungen
- Entsorgung
- Nationale Regelungen und Vorschriften
- Sonstige Angaben

Sicherheitsdatenblätter werden international unter verschiedenen Bezeichnungen publiziert:
- International chemical safety card ICSC
- chemical safety card
- chemical info-sheet
- material safety data sheet
- product safety data sheet
- health and safety data
- safety data sheet

Beim Verladen von Gefahrgut an Bord muss darauf geachtet werden
- dass die Verpackung der Ladung unbeschädigt ist,
- dass die Ladung entsprechend gekennzeichnet ist,
- dass die Ladung mit den Ladungspapieren und den dort aufgeführten Kennzeichnungen übereinstimmt,
- dass eventuelle für die Sicherheit des Transportes notwendige Zusätze (Stabilisatoren) zugesetzt wurden und dass die Wirksamkeit des Zusatzes für die Dauer der Reise ausreichend ist,
- dass alle im IMDG-Code und auf dem Sicherheitsdatenblatt vorgeschriebenen Sicherheitsvorkehrungen eingehalten werden und
- dass nur miteinander verträgliche Ladungen zusammen gestaut werden.

6.5.2 Technische Warnsysteme – Gasmesstechnik

Gasgefährdete Räume können mit verschiedenen fest installierten oder mobilen Gasmessgeräten überwacht werden. Bei Überschreiten bestimmter Konzentrationen wird ein Alarm ausgelöst. Es gibt verschiedene Arten von Gasmesssensoren, die sich in ihrem Funktionsprinzip unterscheiden. Dementsprechend sollte vor dem Einsatz eines solchen Messgerätes sicher sein, dass es für das zu messenden Gas, insofern dieses bekannt ist, auch zuverlässige Ergebnisse liefern kann.

Wärmetönung – WT

Das Messprinzip der Wärmetönung wird häufig bei Mess- und Warngeräten für explosible Gase eingesetzt. Es beruht auf der katalytischen Verbrennung des zu analysierenden Gases. Die Messung erfolgt mit Hilfe einer „Wheatstoneschen Brückenschaltung". Einer der Sensoren, der Detektor-Sensor (D-Sensor), ist katalytisch aktiv, d. h. an seiner Oberfläche wird der zu messende Stoff mit Umgebungssauerstoff verbrannt, wobei eine bestimmte Wärmemenge freigesetzt wird. Es kommt zu einer Temperaturerhöhung des Sensors und damit zur Widerstandsänderung des Messelementes. Infolge dieser Widerstandsänderung wird die Wheatstonesche Brücke verstimmt. Es wird eine Spannung zwischen den Brückenzweigen messbar, die proportional der bei der Verbrennung freigesetzten Wärmemenge ist. Der Kompensations-Sensor (K-Sensor) ist katalytisch inaktiv. Dadurch kann am K-Sensor keine Verbrennung stattfinden. Die Aufgabe des K-Sensors ist es, Störgrößen wie Temperatur, Luftdruck und Feuchte weitestgehend zu kompensieren (siehe Bild 6.14).

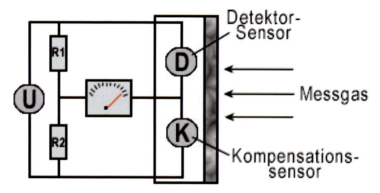

Bild 6.14: Messprinzip - Wärmetönung

Das beim Wärmetönungs-Messverfahren entstehende Signal ist abhängig von der Energie, die bei der Verbrennung, als Summe erfasst, am D-Sensor entsteht. Bei der Kalibrierung auf ein bestimmtes Gas wird dem Messgerät eine genau bekannte Konzentration dieses Gases (Prüfgas) zugeführt und die Verstärkung der Brückenspannung so eingestellt, dass die Anzeige am Explosions-Warngerät dieser zugeführten Konzentration entspricht.

Sicherheitskalibrierung:
Der Vorteil des Wärmetönungs-Messverfahrens liegt in seiner einzigartigen Fähigkeit, alle brennbaren Gase und Dämpfe zu detektieren. Bei einer Sicherheitskalibrierung wird das Messgerät auf ein Gas kalibriert, auf das der Wärmetönungs-Sensor am unempfindlichsten reagiert. Dadurch ist eine rechtzeitige Alarmierung immer sichergestellt, unabhängig von dem anfallenden Gas.

Bei diesem Messprinzip ist zu beachten, dass bestimmte Stoffe sich irreversibel mit dem Katalysator verbinden können und ihn so unwirksam machen. Diese so genannten Katalysatorgifte sind insbesondere Schwermetallverbindungen (Blei, Quecksilber usw.) sowie Schwefel- und Halogenverbindungen. Sollen solche Gase und Dämpfe bestimmt werden bzw. besteht die Möglichkeit ihrer Anwesenheit, so sind spezielle, weitgehend vergiftungsfeste Sensoren oder Infrarotgeräte einzusetzen. Außerdem sollte der Sensor regelmäßig mit Prüfgasen auf seine Empfindlichkeit hin überprüft werden.

Elektrochemisch – EC

Eine elektrochemische Messzelle besteht aus zwei oder drei Elektroden, an die eine bestimmte Referenzspannung angelegt wird, und einem ionenleitenden Elektrolyten. Zum Messgas hin ist die Zelle mit einer Membrane gegen das Austreten des Elektrolyten abgedichtet. Die Elektroden bestehen meistens aus Membranen mit aufgebrachtem Platin oder Gold. Das zu analysierende Gas diffundiert durch die Membran zur Arbeitselektrode, an der es elektrochemisch umgesetzt wird, d. h. es findet eine Stoffumwandlung statt. Dabei werden Elektronen freigesetzt, die zur Gegenelektrode diffundieren. Zwischen der Arbeits- und der Gegenelektrode fließt somit ein messbarer elektrischer Strom, der proportional der an der Arbeitselektrode umgesetzten Gasmenge ist (siehe Bild 6.15).

Die Referenzelektrode wird benötigt, um die Spannung zwischen der Arbeits- und der Gegenelektrode konstant zu halten. Viele Gase reagieren nur bei einer ganz bestimmten Referenzspannung. Elektrochemische Messzellen gibt es für eine Reihe unterschiedlicher Gase wie z. B. H_2S, HCN, CO, Cl_2, SO_2, H_2, NO und NO_2.

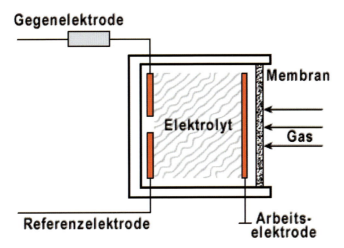

Bild 6.15: Elektrochemische Messzelle

Durch die Verwendung von unterschiedliche Katalysatoren, Elektroden, Elektrolytlösungen und Referenzspannungen werden elektrochemische Messzellen auf die Messung ganz bestimmter Gase optimiert. Querempfindlichkeiten sollen so möglichst gering gehalten werden. Ihre Einsatzmöglichkeiten in Gasgemischen sind aufgrund von Querempfindlichkeiten und der Notwendigkeit von Sauerstoff für einige Reaktionen dennoch begrenzt.

Elektrochemische Messzellen für Sauerstoff

Für die Sauerstoffmessung wird häufig das elektrochemische Messprinzip angewandt. Bei der Sauerstoffmesszelle werden Blei- und Gold-Elektroden eingesetzt. Der Sauerstoff diffundiert durch eine gasdurchlässige Membran in das Innere der elektrochemischen Messzelle. Zwischen Arbeitselektrode und Gegenelektrode wird eine der Konzentration des Sauerstoffs in der zu messenden Atmosphäre entsprechende elektrische Spannung erzeugt.

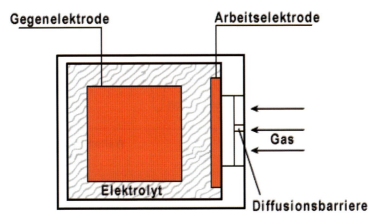

Bild 6.16: Elektrochemische Sauerstoffmesszelle

Elektrochemische Sauerstoff-Messzellen messen entweder Vol.-% oder den Partialdruck. Vol.-% gibt das Sauerstoffvolumen im Gasgemisch (z. B. Luft) in Prozent an. Reine Trockenluft enthält 20,93 Volumenprozent Sauerstoff. Der Partialdruck ist definiert als der Druck, den ein Gas ausüben würde, falls es nur allein das Volumen der Gasmischung bei gleicher Temperatur einnehmen würde. Der Partialdruck von Sauerstoff hängt vom Gesamtdruck ab und beträgt bei trockener Luft und normalem äußeren Luftdruck (Meereshöhe 1,013 bar) 0,21 bar. Da sich der Luftdruck in Abhängigkeit von der geodätischen Höhe ändert, ändert sich dementsprechend auch der Partialdruck von Sauerstoff. Er nimmt mit zunehmender Höhe ab und in tiefen Minen zu. Demgegenüber ist das Signal einer Vol.-% messenden Messzelle von der geodätischen Höhe des Messortes unabhängig.

Infrarot – IR

Das Infrarot-Messverfahren nutzt die Eigenschaft einiger Gase, Licht in bestimmten Wellenlängen-bereichen zu absorbieren. Zu diesen Gasen zählen alle heteroatomigen Gase, z. B. CO_2, CH_4, NO_2 und C_2H_2.

Das Infarotlicht geht von einem geheizten Draht oder einer Lampe aus und durchstrahlt die Messzel-le, in die das zu analysierende Gas eindiffundieren kann. Das Gas absorbiert einen Teil des Lichtes und schwächt dadurch die ursprünglich von der Strahlungsquelle ausgehende Strahlungsenergie. Das Ausmaß dieser Schwächung ist proportional der Konzentration des zu bestimmenden Gases. Die durch die Absorption hervorgerufene Energieabnahme der Infrarotstrahlung wird mit Sensoren gemessen. Die von der Strahlungsquelle ausgesandte Strahlungsenergie wird parallel ständig durch eine Referenzmessung bestimmt, so dass sich das Messsignal durch eine Differenzbildung aus ursprünglicher Strahlungsenergie und geschwächter Strahlung ergibt. Damit bleibt die Messgenau-igkeit auch bei sich verändernder Strahlungsquelle oder verschmutztem Spiegel voll erhalten.

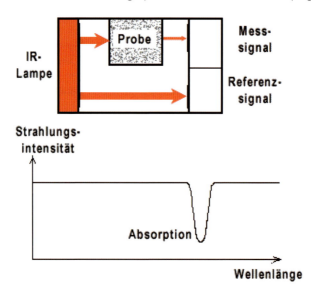

Bild 6.17: Infrarotsensor

Der Einsatz der Infrarotmethode ist auch bei sauerstoffarmer oder -freier Atmosphäre sowie bei An-wesenheit hoher Gaskonzentrationen möglich. Die Infrarotmethode kann auch bei Anwesenheit von Katalysatorgiften wie Silikonen, Schwefelverbindungen, Halogenen und Bleiverbindungen eingesetzt werden.

Weitere Vorteile sind:
– hohe Selektivität
– sehr genaue und reproduzierbare Messergebnisse auch bei sehr niedrigen bzw. sehr hohen Konzentrationen
– widerstandsfähig gegenüber Katalysatorgiften
– gute Langzeitstabilität

6.5.3 Gasmesstechnik an Bord

Die SOLAS, Kap. II-2 fordert sowohl für alle Tankerarten als auch für Ro-Ro-Schiffe, die Kraftfahrzeuge mit gefüllten Tanks transportieren, das Vorhalten mobiler Gasmesstechnik für explosible und toxische Gase. Die Gassensorik ist so auszulegen, dass alle aus dem Prozess und aus der Ladung möglichen toxischen und explosiblen Gasemissionen erkannt werden können, um Gefährdungen begegnen zu können.

Wie bereits dargestellt, existieren für unterschiedliche Gasarten geeignete Messtechniken.

Neben der Auswahl geeigneter Messtechnik spielt die Pflege und Überwachung der Geräte auf ihre Wirksamkeit eine entscheidende Rolle. Das Herzstück eines jeden Gaswarngerätes ist der eingesetzte hochempfindliche Sensor. Bei aller Verschiedenheit der Sensortypen besitzen sie alle eine gemeinsame Eigenschaft: Sensoren können je nach Typ im praktischen Einsatz in Abhängigkeit von der Betriebsdauer und ihrer gastechnischen Belastung ihre Messeigenschaften ändern (Drift). Die möglichen durch Drift entstehenden Anzeigefehler und deren Korrekturen werden im Folgenden beschrieben.

Die möglichen Anzeigefehler sind in erster Linie die „Nullpunktverschiebung" und die „Empfindlichkeitsveränderung".

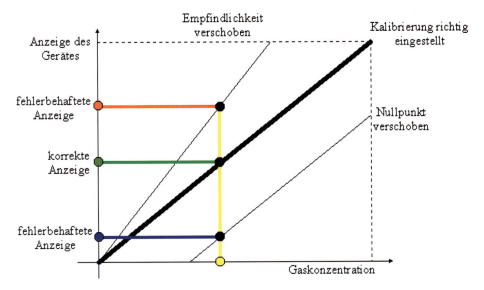

Bild 6.18: Veranschaulichung der Anzeigefehler

Die allgemeine Darstellung (Bild 6.18) verdeutlicht die fehlerhafte Anzeige bei Nullpunkt- und/oder Empfindlichkeitsverschiebungen. Eine fehlerhafte Anzeige vermittelt falsche Werte, die u. U. eine Gefahr nicht erkennen bzw. falsch bewerten lassen.

Die Prüfung eines Gasmessgerätes hat daher in zyklischen Abständen zu erfolgen. Diese Prüfung erfolgt in aller Regel durch Kalibrierung. Die Reihenfolge der Kalibrierung eines Gasmessgerätes ist unbedingt einzuhalten!
1. Nullpunkt nachstellen
2. Empfindlichkeit einstellen

Der Nullpunkt wird mit Hilfe von so genanntem „Nullgas" eingestellt, d. h. der Sensor wird mit einem Gas belegt, das nahezu 0 % der Zielgaskonzentration besitzt (z. B. synthetische Luft). Für die Nullpunkteinstellung ist in aller Regel eine „gasfreie Umgebung" ausreichend. Anschließend wird am Potentiometer für den Nullpunkt (Bezeichnung „NULL") die Anzeige auf den Nullpunkt einjustiert. Die Empfindlichkeit wird mit einem Prüfgas eingestellt. Die definierte Konzentration des Prüfgases sollte zwischen 60 und 70 % des Messbereichswertes liegen.

Bei der Einstellung der Empfindlichkeit sind folgende Schritte zu beachten:
1. Die Strömung des Prüfgases sollte etwa 0,5 bis 1 l/min betragen.
2. Die Leitung und der Begasungsadapter sind einige Zeit (30 s bis 1 min) vorzuspülen, um Fehler durch Absorption oder Adsorption zu vermeiden.
3. Am Potentiometer für Empfindlichkeitseinstellung (Bezeichnung „Cal") wird die Anzeige auf die Prüfgaskonzentration eingestellt.

Bei kleineren Nullpunkt- und Empfindlichkeitsabweichungen können die Werte an den entsprechenden Prüfbuchsen mittels Spannungsmessgerät über dazugehörige Potentiometer eingestellt werden. Die einzustellenden Spannungswerte sind vom Hersteller vorgegeben. Eventuelle Nichtlinearität von Gasmessgeräten wird ebenfalls vom Hersteller angezeigt. Gesondert sei auf die Kalibrierung von Sauerstoffmessgeräten hingewiesen:

Mess- und Warngeräte für Sauerstoff werden vorzugsweise in „sauberer" Umgebungsluft (20,9 Vol.-%) kalibriert. Zur Nullpunkteinstellung ist der Sensor mit 100 % Stickstoff zu begasen.

Lebenswichtiger Hinweis:
Sollte sich ein Messgerät nicht mehr einstellen lassen (Empfindlichkeit und/oder Nullpunkt) ist entweder der Sensor oder das gesamte Messgerät auszutauschen.

Praktische Gestaltung der Gasmessung
Die Gasmessung sollte für vorsehbare Gefahren ausgelegt werden, da eine Ausrüstung für alle möglichen Gefahrenfälle (z. B. Terrorakte) unter Berücksichtigung ihrer Eintrittswahrscheinlichkeit einen nicht vertretbaren Aufwand beinhalten würde.

In einer Checkliste sind folgende Fragen für die Sicherheit im Sinne Safety zu beantworten:
– Welche Gasarten sind zu detektieren?
– Sind die zu detektierenden Gase leichter, schwerer oder genau so schwer wie Luft?
– Wie sind die Spritz- und Fließeigenschaften der zu detektierenden Gase im flüssigen Aggregatzustand?
– Welche davon sind toxisch nach dem bereits beschriebenen LD50 Kriterium?
– Wie hoch sind die MAK-Werte der toxischen Gase?
– Welche davon sind explosibel und wie hoch ist die UEG?

Im Weiteren sind die räumlichen und Ventilationsbedingungen festzustellen:
– Luftgeschwindigkeitsverteilung
– Luftwechsel pro Zeiteinheit

- Lage der möglichen Gasaustrittsstellen
- Feststellung des Verstellungsgrades
- Analyse des Luftstromes von der Zuluft bis zur Abluft

Diese Überlegungen sollten auch für die aus dem Schiffsbetrieb (Propulsion, Energieerzeugung und -verteilung) entstehenden Gefahren vorgenommen werden. Zur Detektion der verschiedenen Gasarten bieten sich die o. g. verschiedenen Methoden an.

Der nächste Schritt zu einer hinreichend sicheren Gefahrendetektion ist die Auswahl der Messbereiche. Die Messbereiche sollten so gewählt werden, dass der MAK-Wert und die UEG immer „full scale", also 100 % anzeigen. Die Messtechnik ist so zu konfigurieren, dass bei 50 % der UEG/MAK-Werte eine Gefahrenanzeige stattfindet. Im Folgenden eine kurze Übersicht zu Eigenschaften der einzelnen Messtechniken:

Verfahren	Eigenschaften
elektrochemisch	Lineares Anzeigeverhalten
	Hohe Empfindlichkeit
	Einfache Handhabung
	Begrenzte Standzeiten
	Geringer Preis
Infrarot	Geringe Querempfindlichkeit/hohe Selektivität
	Hohe Messgenauigkeit
	Nur heteroatomige Gase (z. B. NO_2, CO_2, kein H_2)
Wärmetönung	Hohe Messgenauigkeit
	Summenmessung aller brennbaren Gase und Dämpfe
	Große Standzeiten
	Geringer Preis
Wärmeleitung	Großer Messbereich (bis 100 Vol.-%)
	Hohe Querempfindlichkeit
Chemosorption	Gute Nullpunktstabilität
	Einfache Handhabung
	Nicht lineares Anzeigeverhalten
	Hohe Querempfindlichkeit
	Geringer Preis
Halbleiter – Multisensor	Hohe trainierbare Selektivität
	Große Standzeiten
	Einsatz bei nahezu allen Gasen
	Resistent gegen Verschmutzung
	zurzeit noch hoher Preis

Tab. 6.11: Eigenschaften der Gasmesstechnik

6.6 Fallbeispiele

6.6.1 Tödlicher Unfall durch Schädlingsbekämpfungsmittel

Situation:

Ein Frachtschiff wurde gegen Schädlinge durch Spezialkräfte mit Methylbromid begast. Nach der Durchführung von Gasmessungen in allen Bereichen wurde das Schiff am späten Nachmittag für die Besatzung freigegeben. Nach der Übernahme des Schiffes durch die Wachbesatzung wurde der Dienstbetrieb wieder aufgenommen. Die restliche Besatzung sollte erst am nächsten Tag eintreffen. Gegen 21 Uhr kamen jedoch bereits zwei Besatzungsmitglieder an, die vom Wachoffizier provisorisch in eine Kammer eingewiesen wurden. Die beiden Personen legten sich gegen 22:30 Uhr zur Ruhe, einer auf die in der Kammer befindliche unbezogene Koje, der andere auf die Backskiste.

Beim Wecken am nächsten Morgen gegen 7:00 Uhr konnte bei dem in der Koje liegenden Besatzungsmitglied nur noch der Tod festgestellt werden, das andere Besatzungsmitglied trug keinerlei Schäden davon.

Bewertung:

Das eingesetzte Schädlingsbekämpfungsmittel wird, besonders aus Textilien, erst nach und nach freigesetzt. So besteht die Gefahr, dass nach zunächst ausreichender Lüftung und anschließender Gasmessung kein Restgas mehr gefunden wird und der Raum als gasfrei freigegeben wird. Bleibt der Raum im weiteren Verlauf jedoch unbelüftet, kann eventuell noch in Textilien gespeichertes Gas allmählich freigesetzt werden und erneut eine gesundheitsgefährdende Atmosphäre entstehen.

Die Matratzen der Koje enthielten noch geringe Mengen Methylbromid, das im Laufe der Nacht allmählich freigesetzt wurde. Der direkt darauf schlafende Mann atmete diese ausströmenden Gase unmittelbar ein. Methylbromid wirkt bereits bei einer Konzentration von 0,09 Vol.-% innerhalb einer Stunde tödlich. Augrund der langen Inhalationsdauer (ca. 8,5 h) durch den Schlafenden kann die Gaskonzentration noch geringer gewesen sein, denn für die Wirkung ist das Produkt aus Konzentration und Zeit ausschlaggebend.

Das auf der mit Kunstleder bezogenen Backskiste liegende Besatzungsmitglied erlitt durch das Restgas keinen Schaden, da dieses nicht in die Polsterung eindringen und somit nicht dort gespeichert werden konnte.

Schlussfolgerungen:

Polstermöbel, Matratzen und andere Textilien sind nach Begasungen besonders intensiv und lange zu durchlüften, da die giftigen Gase von ihnen absorbiert und erst nach und nach wieder freigesetzt werden. Gasprüfungen in Aufenthaltsräumen sollten mehrmals erfolgen, bei Einsatz hochgiftiger Gase im Abstand von einem Tag, bis die endgültige Freigabe für die Besatzung erfolgt.

6.6.2 Tödlicher Unfall durch Sauerstoffmangel

Situation:

Auf einem Frachtschiff wurden frische Kokosnüsse in Süßöltanks geladen. Nach dem Öffnen der Tanks im Bestimmungshafen stieg ein Hafenarbeiter in den Süßöltank ein und brach kurz darauf am Boden zusammen. Ein Offizier, der dies sah, stieg daraufhin sofort die Leiter hinunter, um Hilfe zu leisten. Kurze Zeit danach brach er ebenfalls zusammen. Beide Personen erstickten und konnten nur noch tot geborgen werden.

Bewertung:

Durch die Atmungsprozesse der vegetabilen Ladung wurde während der Überfahrt der Sauerstoffgehalt im Süßöltank stark reduziert und die Tankatmosphäre durch ausgeschiedenes Kohlendioxid angereichert. Da Kohlendioxid deutlich schwerer als Luft ist, reicherte es sich am Boden des Tanks an. Der Süßöltank wurde nicht ausreichend ventiliert. Das Öffnen des Tankdeckels reichte nicht aus, um am Boden des Tanks einen ausreichenden Gasaustausch zu bewirken. Nach späteren Messungen ergab sich, dass die CO_2-Konzentratiom am Tankboden ca. 20 Vol.-% und die O_2-Konzentration nur noch etwa 7 Vol.-% betrug. 20 Vol.-% Kohlendioxid in der Atemluft wirken sofort tödlich, somit musste der Erstickungstod beim Erreichen des Tankbodens schon nach wenigen Atemzügen eintreten. Selbst nach einem sofortigen Erkennen der Gefahr wäre eine Flucht nicht mehr möglich.

Schlussfolgerungen:
Die am Unfall beteiligten Personen waren sich über die möglichen Gefahren beim Transport von vegetabiler Ladung nicht bewusst. Hier besteht ein erhöhter Schulungsbedarf von Hafenpersonal und Schiffsbesatzungen.

Prinzipiell gelten folgende Regelungen vor dem Betreten gasgefährdeter Räume:
- Überprüfen der Gasatmosphäre im zu betretenden Tank auf Explosionsgefahr und auf Gesundheitsgefahr
- bei Betreten gasgefährdeter geschlossener Räume Druckluftatemgerät benutzen bzw. bereit halten
- Einstieg nur angeseilt mit Sicherungsposten, so dass eine Rettung durch Hochziehen möglich ist
- Retter müssen immer auf Eigenschutz achten (umluftunabhängiges Atemgerät)

6.6.3 Tödlicher Unfall durch Schwelbrand

Situation:
Nach einer Feier an Bord eines Seeschiffes begab sich ein Matrose in stark angetrunkenem Zustand in seine Kammer und legte sich mit einer angezündeten Zigarette in seine Koje. Er schlief ein, wobei ihm die Zigarette aus dem Mund fiel. Sie entzündete die unter ihm befindliche Weichschaummatratze. Der entstehende Schwelbrand breitete sich etwa handtellergroß aus und verlosch dann. Am nächsten Morgen wurde das Besatzungsmitglied tot aufgefunden.

Bewertung:
Die brennende Zigarette löste einen Schwelbrand des Matratzenbezuges und der Schaumstofffüllung der Matratze aus. Schaumstoffmatratzen bestehen aus Polyurethan-Schaum, der bei Verbrennung größere Mengen der hochgiftigen Gase Kohlenmonoxid und Cyanwasserstoff freisetzt. Diese Gase wurden durch den Matrosen durch die direkte Nähe seines Kopfes unmittelbar eingeatmet. Kohlenmonoxid wirkt ab einer Konzentration von 0,8 Vol.-% und Cyanwasserstoff ab einer Konzentration von 0,03 Vol.-% sofort tödlich. Durch die längere Inhalationszeit während des Schlafens können die aufgetretenen Konzentrationen auch geringer gewesen sein.

Schlussfolgerungen:
Auch harmlos erscheinende Schwelbrände besitzen durch die freigesetzten hochgiftigen Gase eine hohe Gesundheitsgefahr. Rauchen im Bett ist dadurch sehr gefährlich und sollte auf dem Schiff verboten sein. Das Verbot sollte in der Brandschutzordnung des Schiffes verankert sein und regelmäßig kontrolliert werden. Übermäßiger Alkoholgenuss birgt erhöhte Gefahren durch verminderte Aufmerksamkeit.

Literaturverzeichnis

„Aus der Sprache des Öls", Herausgeber: Mineralölwirtschaftsverband e.V., Hamburg, 12. überarbeitete Auflage, Juli 2001, Saphir Druck+Verlag Ribbesbüttel

Becker, Miriam „Riskante Reinlichkeit", In: Arbeit und Gesundheit 7/2004, S. 6–8; Herausgeber: Hauptverband der gewerblichen Berufsgenossenschaften (HVBG)

EG-Sicherheitsdatenblätter gemäß TRGS 220 der Firma AIR LIQUIDE, 2002–2005

GUV-I 8504 Gesetzliche Unfallversicherung Informationen „Informationen für die Erste Hilfe bei Einwirken gefährlicher chemischer Stoffe", Ausgabe August 1999, aktualisierte Fassung März 2004

International Maritime Dangerous Goods Code, Herausgeber: International Maritime Organization

Klein, Stefan: „Schleichende Gefahr", In: Gefährliche Ladung 8/2004, S. 28–29, Herausgeber: Storck-Verlag, Hamburg

Manual on co-operation in combatting marine pollution, Vol. III – Response to chemical spills from tankers, Baltic marine environment protection commission, Helsinki Commisssion, 1990

Online im Internet: In: www.gifte.de, Sep. 2005

Rietz, G.: „Gefahren durch Brandgase aus technischer Sicht", In: Unser Brandschutz, Berlin 27 (1980)6, S. 53–54

Scharnow, R.: Seetransport von Kühl- und Gefriergut, Weiterbildung an Bord Nr. 48, Herausgeber: Sozialwerk für Seeleute e.V., Hamburg 1992

Schnurpfeil, R.: „Vor-Ort-Detektion chemischer Agenzien", In: Handbuch „Biologische Gefahren. Beiträge zum Bevölkerungsschutz", S. 83 ff., Herausgeber: Bundesamt für Bevölkerungsschutz und Katastrophenhilfe, 2004

Wengler, Frank: „ Handbuch der Gasmeßtechnik", Herausgeber: GfG – Gesellschaft für Gerätebau mbH, 3. Auflage, Dortmund, März 1997

7 Schutz vor den schädigenden Wirkungen der Kernstrahlung

Dr.-Ing. Michael Gräber, Kapitän auf großer Fahrt

Formelzeichen		Maßeinheit
A	Aktivität	Bq
C	CO_2-Konzentration	Vol.-%
D	Energiedosis	Gy
d	Durchdringungslänge	m (cm)
H	Äquivalentdosis	Sv
H_w	Eindringtiefe der Wellenwirkung	m
K	Belastungskoeffizient	m³/(h · Person)
k_s	Schutzkoeffizient	
kγ	Dosiskonstante für γ–Strahlung	mGy · m²/(h · GBq)
M_A	Flächenmasse	g/cm²
$n_{d½}$	Anzahl der Halbwertschichten	Sv/Gy
$n_{T½}$	Anzahl der vergangenen Halbwertzeiten	
P	Energiedosisleistung	Gy/h
Q	Qualitätsfaktor	
r	Abstand zur Quelle	m
t	Zeit	h
V	spezifisches Raumvolumen	m³/Person
v_w	Windgeschwindigkeit	m/s
ρ	Dichte	g/cm³

7.1 Strahlenschutz als Schiffssicherheitsproblem

In den letzten Jahrzehnten entwickelte sich durch die zunehmende Anwendung der Atomenergie in den verschiedensten Wirtschaftszweigen ein auch für die Seeschifffahrt neuartiges Gefahrenpotenzial: Ionisierende Strahlung von künstlichen radioaktiven Stoffen.

In analoger Weise wie die traditionellen Disziplinen der Schiffssicherheit richtet der Strahlenschutz, hier als Schutz vor den schädigenden Wirkungen ionisierender Strahlung zu verstehen, besondere Anstrengungen auf die Verhütung zusätzlicher Strahlenexpositionen im Falle von Seeunfällen und Katastrophen. In derartigen Situationen können erste Schutzmaßnahmen vor Ort nur durch die Seeleute selbst erfolgen. Der Erfolg solcher Maßnahmen hängt von der Sachkenntnis des Bordpersonals zum Thema Strahlenschutz ab. Dieses Kapitel soll diesem Personenkreis, in erster Linie den Schiffsoffizieren, mit der Darstellung einiger wichtiger Grundlagen zum Strahlenschutz helfen, sich der eventuell in Vergessenheit geratenen exakten physikalischen Zusammenhänge zu erinnern, vor allem aber soll es handhabbare Sicherungs und Schutzmaßnahmen auf der Grundlage von ingenieurtechnischen Abschirmungs und Dosisabschätzungen anbieten.

Die physikalischen Eigenschaften der Radionuklide, die Art und Weise ihres Transports durch Luft und Wasser sowie ihre Weiterverbreitung durch biologische Organismen zeigen, dass die Küstenlinie keine wirksame Barriere gegen radioaktive Stoffe darstellt. Die Problemstellungen des Strahlenschutzes im Seeverkehr werden daher nicht allein durch das Seeunfallgeschehen selbst beeinflusst, sondern darüber hinaus durch mögliche schwere Störfälle in kerntechnischen Anlagen an Land u n d auf See oder die böswillige Anwendung radioaktiver Stoffe.

Der wachsende Transport radioaktiven Materials durch Schiffe, die zunehmende Ausbreitung kerntechnischer Anlagen in maritimen und küstennahen Bereichen, aber auch die vielfältigen militärischen Anwendungen der Atomenergie in Waffensystemen und Antriebsanlagen schaffen für den Seeverkehr neuartige Sicherheitsprobleme. Obwohl immer davon ausgegangen werden kann, dass kerntechnische Anlagen hohen Sicherheitsanforderungen entsprechen, zeigen die Erfahrungen der Anwendung der Atomenergie in allen Ländern, dass durch technische Ausfälle, vor allem aber durch menschliches Versagen, Störfälle eintreten, durch die nicht selten Menschen Strahlenexpositionen erleiden, die für sie mit bedeutenden Risiken für Leben und Gesundheit verbunden sind.

Es besteht ein hohes gesellschaftliches Interesse, die Strahlenexposition von Personen auch in der Schifffahrt auf einem, den Umständen nach vertretbar niedrigem Niveau zu halten. Dieses wiederspiegeln die Forderungen, die durch den Gesetzgeber für den Seetransport radioaktiver Güter weitgehend auch in internationaler Abstimmung getroffen wurden. Seinen praktischen Niederschlag findet dieses in den hohen Sicherheitsanforderungen an die Verpackung und an die Transporttechnologie von radioaktiven Gütern. Beide Komponenten zusammengenommen schließen eine Gefährdung beim normalen, störungsfreien Seetransport praktisch aus.

Das Interesse an Schutz und Sicherheit von Strahlungsquellen im Seeverkehr besteht weltweit und zeigt eine zunehmende Tendenz. Das drückt sich z. B. in dem Bemühen einer großen Anzahl von Staaten aus, das Atomrecht auf den Gebieten Bau und Betrieb von Offshore-Kernkraftwerken, Deponie radioaktiver Abfälle auf oder unter dem Meeresgrund, Seetransport radioaktiver Stoffe und Schifffahrt mit Kernenergieantrieb auszubauen und aktuellen Forderungen anzupassen.

Ausgangspunkt solcher Bemühungen ist die Überlegung, dass bei schweren Kernreaktorhavarien, Unfällen mit Produkten des nuklearen Brennstoffkreislaufes oder Terror- bzw. Sabotageakten in nuklearen Anlagen die Freisetzung erheblicher Mengen radioaktiver Stoffe zu erwarten ist. Dieses könnte große Land- und auch Seegebiete radioaktiv kontaminieren und zu beträchtlichen Strahlenexpositionen bei Menschen und biologischen Organismen und ihrer Umwelt führen. Ebenso vermögen Terrorakte unter Einbeziehung von Kern- oder radiologischen Waffen, Havarien mit Kernwaffen oder Fehler bei der Erprobung derartiger Waffen unkontrollierte Aktivitätsfreisetzungen auszulösen.

Unübersehbare, auch menschheitsbedrohende radiologische Folgen ergeben sich im Falle militärischer Anwendungen von Kern- und radiologischen Waffen. In Erinnerung sind noch die schwerwiegenden Schädigungen durch ionisierende Strahlung infolge der Atombombenabwürfe auf Hiroshima und Nagasaki, die 35.000 Strahlentote und mehrere hunderttausend Strahlenkranke forderten, weiterhin die radioaktiven Niederschläge der Kernwaffentestexplosionen, von denen der Bikinitest der USA (1954) als markantes Beispiel einer maritimen Umweltkatastrophe bekannt wurde. Aber auch havariebedingte Aktivitätsfreisetzungen aus Kernreaktoren nach schweren Störfällen, wie z. B. die Reaktorunfälle von Windscale 1957 und Tschernobyl 1986, führten zu ungewollten Strahlenexpositionen bei Menschen mit z. T. tödlichem Ausgang und zu lang anhaltenden ökologischen Belastungen.

Die Art der Störfälle, die durch nukleare Anlagen, durch den Transport und die Deponie von Radionukliden sowie durch militärische Aktivitäten hervorgerufen werden können, ist vielseitig. Eine Analyse solcher Vorfälle, die für die Seeschifffahrt relevant waren, ließ folgende Schwerpunkte erkennen:
- Verlust radioaktiver Stoffe während des Transports zum Bestimmungsort
- Auffinden radioaktiver Stoffe während des Produktionsprozesses an Bord (z. B. beim Fischen, beim Umschlag von Ladungsgütern)
- unkontrollierte Freisetzung radioaktiver Stoffe aus kerntechnischen Anlagen oder Transportbehältnissen durch Brände, chemische Explosionen, Flugzeugabstürze, Kollisionen oder Elementarereignisse
- Freisetzung ionisierender Strahlung durch Erprobung, Oberflächlichkeiten bei täglichen Routinehandlungen und Anwendungen konventioneller und nuklearer Waffensysteme

Für die Schifffahrt sind hauptsächlich folgende Quellen für mögliche Strahlenexpositionen zu erwarten: Radioaktiv kontaminierte Luft, radioaktiv kontaminiertes Seewasser, abgelagerter radioaktiver Fallout auf Schiffsoberflächen, radioaktive Ladungsgüter, Aktivitätsaufnahmen über die Nahrungskette, Direktstrahlung aus radioaktiven Wolken und militärischen Waffensystemen.

Die Schwere der möglichen Katastrophenfolgen zwingt auch die Schifffahrt, vorsorgliche Maßnahmen sowohl durch entsprechende Technik und Ausrüstungen als auch in der Ausbildung der Seeleute zum Schutz vor den schädigenden Wirkungen der ionisierenden Strahlung zu treffen. Für derartige Vorsorgemaßnahmen des Strahlenschutzes sind in Abhängigkeit von der Zielstellung und den ökonomischen sowie technischen Möglichkeiten ihrer Realisierung folgende Grundfragen zu beantworten:

1. Welche Schutzwirkungen werden durch den Schiffskörper und seine Ausrüstung erreicht (Aspekt der schiffbaulichen Konstruktion)?
2. Welche technischen Möglichkeiten besitzt eine Besatzung zur Messung und Dosimetrie ionisierender Strahlung (Aspekt des technischen Ausstattungsgrades)?
3. Welche Qualifikation besitzt eine Schiffsbesatzung, eine durch ionisierende Strahlung hervorgerufene Gefährdungssituation zu erkennen und radiologisch richtig zu bewerten (Aspekt der Ausbildung)?
4. Welche strahlenschutzgerechte Verhaltensstruktur kann eine Schiffsbesatzung entwickeln und praktisch realisieren, die der entstandenen Gefährdungssituation entspricht (Aspekt der Organisation von Handlungen)?

Diese Problemstruktur des Strahlenschutzes steht bei aller fachlichen Spezifik in guter Übereinstimmung mit der Problemstruktur von Brandschutz, Leckwehr, Gift und Gesundheitsschutz.

Eine Reihe von grundlegenden Verhaltensweisen aus diesen Bereichen der Schiffssicherheit, insbesondere beim Einleiten der ersten Handlungen, wirkt für den Strahlenschutz unterstützend. So würde z. B. bei einem Brand, der von einer Freisetzung radioaktiver Stoffe begleitet ist, die Herstellung des Verschlusszustandes eine erste Barriere darstellen zum Schutz der Besatzung vor der Ausbreitung des Feuers und dem Zutritt von Rauchgasen und radioaktiven Stoffen in das Schiffsinnere. Der Strahlenschutz an Bord eines Schiffes kann also nur effektiv als Bestandteil der Schiffssicherheit und im Komplex mit den Maßnahmen der Schiffssicherung gewährleistet werden.

7.2 Ursachen von Strahlenbelastungen

7.2.1 Ionisierende Strahlung und ihre Quellen

Unter ionisierender Strahlung versteht man alle Strahlungen, die bei der Wechselwirkung mit Stoffen direkt oder indirekt Ionen erzeugen.

Direkt ionisierende Strahlung besteht aus geladenen Teilchen, z. B. α-Teilchen, Protonen, Elektronen (β-Teilchen), deren kinetische Energie ausreicht, um durch Stoß Ionen zu erzeugen.

Indirekt ionisierende Strahlung besteht aus Photonen (γ-Strahlung) oder Neutronen, die direkt ionisierende Teilchen freisetzen oder eine Kernumwandlung einleiten können.

Dieses Kapitel wird sich im Wesentlichen auf die γ-Strahlung beschränken. Sie umfasst einen relativ kleinen Bereich des elektromagnetischen Spektrums, nämlich den oberhalb von 10^{15} Hz. Sie ist also höherfrequent (kurzwelliger) als das ultraviolette Licht.

Ein charakteristisches Merkmal ionisierender Strahlung besteht in der hohen Energie, deren Träger die Teilchen bzw. Quanten sind. Die Energie dieser Strahlungen wird in Elektronenvolt (eV) oder in

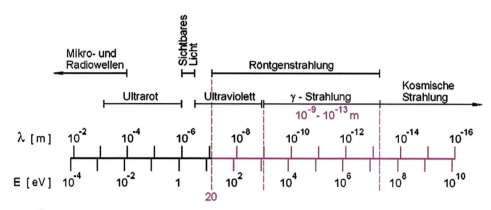

Bild 7.1: Übersicht über das elektromagnetische Spektrum

Vielfachen dieser Einheit ausgedrückt, gebräuchlich sind keV und MeV. Ein Elektronenvolt ist die kinetische Energie, die ein Ladungsträger mit der Elementarladung e = $1{,}602{.}10^{-19}$ C nach Durchlaufen einer Potentialdifferenz von 1 Volt besitzt (1 eV = $1{,}602{.}10^{-19}$ Ws). Diese Maßeinheit stellt ein allgemeines Energiemaß dar und dient nicht zur Angabe kinetischer Energie!

Quellen ionisierender Strahlung können natürlichen Ursprungs sein wie z. B. die Höhenstrahlung oder die Strahlung von Radionukliden aus dem natürlichen Umfeld oder technischen Vorgängen bzw. Anlagen entstammen wie z. B. Kernexplosionen, Kernreaktoren, Röntgenröhren und Beschleunigungsanlagen. Die für die Schifffahrt typischen Risiken (s. Kapitel 7.1) entstehen durch Radionuklide und hierbei insbesondere durch solche, die Gammastrahlung emittieren.

Die Umwandlung jedes Radionuklids ist ein statistischer Vorgang und erfolgt auf eine nur für dieses Nuklid typische Weise, die gekennzeichnet ist durch
– die Emissionswahrscheinlichkeiten von Teilchen und Quanten je Zerfall,
– die Energien der Teilchen und Quanten und
– die Halbwertzeit der Kernumwandlung

Dadurch ist es möglich, sie mit physikalischen Methoden, wie Messen von Energiespektren und auch Beobachten des Abklingverhaltens zu identifizieren. Radioaktive Strahlungsquellen werden durch ihre Aktivität, Halbwertzeit und die abgestrahlten Energien beschrieben.

Die Aktivität (A) ist die Anzahl der Kerne einer radioaktiven Substanz, die sich im Zeitintervall umwandeln. Sie ist der Anzahl der noch nicht umgewandelten Kerne direkt proportional. Die Einheit der Aktivität ist die abgeleitete SI-Einheit 1/Sekunde (s^{-1}) mit dem eigenen Namen Becquerel (Bq), die ältere, SI-fremde Einheit ist das Curie (Ci) (1Ci = 37 GBq). Aus dem Verhältnis von vorhandenen instabilen Kernen und der Aktivität ergibt sich die Halbwertzeit. Die Halbwertzeit 1/2 ist die Zeit, in der sich die Hälfte der vorhandenen instabilen Kerne eines Radionuklids umwandelt.

In Bild 7.2 wird das Abklingen einer radioaktiven Quelle grafisch dargestellt, die nur ein Radionuklid enthält. Das Abklingen einer solchen Quelle kann man mit Hilfe der Halbwertzeit ingenieurtechnisch wie folgt beschreiben:

$$A_2 = A_1 \times 2^{-n_{T_{1/2}}} \qquad\qquad [7.1]$$

A_1 = Aktivität zum Zeitpunkt 1; A_2 = Aktivität zum Zeitpunkt 2
$n_{T_{1/2}}$ = Anzahl der vergangenen Halbwertzeiten zwischen den Zeitpunkten 1 und 2

Anzahl der Halbwertzeiten

Bild 7.2: Abklingen der Aktivität in Abhängigkeit von der Anzahl der Halbwertzeiten $T_{1/2}$

Nach Ablauf einer Halbwertzeit ist die Aktivität auf 50 %, nach 5 Halbwertszeiten auf 3 %, nach 10 Halbwertzeiten auf 0,1% der Aktivität vom Zeitpunkt t = 0 abgeklungen. Handelt es sich bei der Quelle um ein Radionuklidgemisch, kann das Abklingen nicht so einfach berechnet werden, weil der Aktivitätsanteil jedes einzelnen Radionuklids und die jeweilige Halbwertzeit in die Berechnung einbezogen werden müssen. Deshalb kann man hier nicht mit Halbwertzeiten arbeiten, sondern berücksichtigt das Abklingen in bestimmten Zeitintervallen durch Exponentialgleichungen.

Die Halbwertzeiten der bekannten Radionuklide liegen in einem Größenbereich von 10^{-10}s bis 10^{18} Jahren. Inaktive Stoffe können nur durch intensive Neutronenstrahlung z. B. in Kernreaktoren oder bei Kernwaffendetonationen sowie durch Beschuss in Beschleunigungsanlagen in Radionuklide umgewandelt (aktiviert) werden.

Neutroneninduzierte Radionuklide haben oft sehr kurze Halbwertzeiten z. B. Cl-38 (37 min), Cu-64 (12,7 h), Na-24 (15 h), I-131 (8,02 d), verfügen aber häufig über sehr hohe β- und γ-Energien. Die Aktivitätsinduktion durch Höhenstrahlung ist außerordentlich gering, es entsteht fast ausschließlich C-14 (5.730a).

Inaktive Stoffe, die durch Radionuklide mit α-, β-, oder γ-Strahlung bzw. durch Röntgenstrahlung belastet werden, können dadurch nicht selbst radioaktiv werden!

7.2.2 Ausbreitung ionisierender Strahlung

Die Emission von Teilchen und Quanten einer punktförmigen Quelle erfolgt gleich verteilt nach allen Richtungen. Ionisierende Strahlung breitet sich im luftleeren Raum, der frei ist von elektrischen, magnetischen oder Schwerefeldern, geradlinig aus. Dies hat zur Folge, dass ihre Flussdichte (Teilchen oder Quanten je Flächeneinheit und Zeit, die auf eine senkrecht zur Ausbreitungsrichtung liegende Fläche auftreffen) mit wachsendem Abstand zur Quelle abnimmt, aber auf der Oberfläche einer Kugel, in deren Mittelpunkt sich die Quelle befindet, an allen Punkten gleich ist. Da die Anzahl der Teilchen oder Quanten im Raumwinkel unabhängig vom Radius konstant ist, verhält sich die Flussdichte also umgekehrt proportional zur Kugeloberfläche und ist damit vom Quadrat des Kugelradius abhängig.

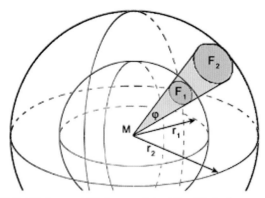

M = Kugelmittelpunkt
r_1 = Radius der inneren Kugel
r_2 = Radius der äußeren Kugel
φ = Raumwinkel
F_1 = Kreisfläche auf innerer Kugel
F_2 = Kreisfläche auf äußerer Kugel
$F_1 = \varphi \cdot 4 \cdot \pi \cdot r_1^2$
$F_2 = \varphi \cdot 4 \cdot \pi \cdot r_2^2$

$F_1/F_2 = r_1^2/r_2^2$
Fl = Flussdichte
Fl = 1/F

Bild 7.3: Flächenverhältnisse auf der Oberfläche konzentrischer Kugeln

Da jedes von der Quelle emittierte Teilchen oder Quant Energie transportiert, ist die Dosisleistung P für ein konkretes Radionuklid proportional der Flussdichte Fl.

Deshalb gilt:

$$\frac{P_1}{P_2} = \frac{r_2^2}{r_1^2} \qquad [7.2]$$

P_1 = Dosisleistung im Abstand r_1 – und P_2 = Dosisleistung im Abstand r_2 von der Quelle

Für den praktischen Strahlenschutz ist die Erkenntnis, dass die Dosisleistung quadratisch zum Abstand abnimmt, äußerst wichtig. Dies wird besonders deutlich, wenn in geringem Abstand zur Strahlenquelle gehandelt werden muss, denn jede geringe Abstandsvergrößerung bringt eine deutliche Minderung der Dosisleistung. Eine Verdopplung des Abstandes zur Strahlenquelle reduziert die Dosisleistung auf ein Viertel!

Da die oben genannten Bedingungen im natürlichen Umfeld auf der Erde nicht gegeben sind, wird die geradlinige Ausbreitung gestört. So können schwere und geladene Teilchen durch Felder beeinflusst werden. Zusätzlich wird es zu Wechselwirkungsprozessen mit Atomen kommen, die sich in der Ausbreitungsrichtung befinden.

7.3 Strahlungsarten und ihre wesentlichen Wechselwirkungsprozesse

7.3.1 Physikalische Wechselwirkungsprozesse

Trifft ionisierende Strahlung auf stoffliche Materie, so wird Energie auf diese übertragen. Die Energieübertragung erfolgt über Elementarprozesse zwischen Teilchen und Quanten einerseits und den Atomen des bestrahlten Stoffes andererseits, so genannte Wechselwirkungsprozesse. Bei allen Wechselwirkungsprozessen übertragen die Teilchen ihre Energien über mehrere aufeinander folgende Stoßprozesse. Um beispielsweise ein α-Teilchen der Anfangsenergie von 1 MeV vollständig abzubremsen, sind bis zu 30.000 Einzelstöße erforderlich. Folge der Energieübertragungsvorgänge sind physikalische, chemische und biologische Effekte.

Wechselwirkungsprozesse geladener Teilchen mit Atomen werden in Anlehnung an die klassische Mechanik als elastische oder inelastische Stöße mit Hüllenelektronen oder Atomkernen gedeutet. Dabei wird das geladene Teilchen aus seiner ursprünglichen Bahn unter Energieverlust mehr oder weniger abgelenkt oder „gestreut". Die wichtigsten Wechselwirkungsvorgänge sind
– Anregung und Ionisation von Atomen durch Stöße mit Hüllenelektronen (Ionisationsbremsung) und
– Erzeugung von Bremsstrahlung im elektrischen Feld der Atomkerne (Strahlungsbremsung).

Ionisationsbremsung ist ein Wechselwirkungsprozess, bei dem geladene Teilchen ihre Bewegungsenergie durch Stöße mit Hüllenelektronen der Atome verlieren. Bei komplizierten inneratomaren Prozessen wird Anregungsenergie als Licht oder Röntgenstrahlung frei. Die Abgabe der Anregungsenergie als sichtbares Licht wird u. a. zum Nachweis ionisierender Strahlung genutzt.

Schwere geladene Teilchen (z. B. Alpha-Teilchen) besitzen relativ große Massen. Die je Weglängeneinheit erzeugte Anzahl Ionenpaare (spezifische Ionisation) ist außerordentlich hoch. Deshalb beträgt die Reichweite von Alpha-Teilchen in Luft nur wenige cm und in biologischen Geweben sogar weniger als 1 mm. So reichen bereits dünne Papierschichten für eine vollständige Abschirmung aus. Der Schutz vor α-Strahlung kann an Bord auf Grund der geringen Reichweite in Luft und der ausreichenden Abschirmwirkung einfacher Arbeitsschutzbekleidung bereits durch den Schutz vor Inkorporation gewährleistet werden.

Strahlungsbremsung hat nur für leichte geladene Teilchen Bedeutung. Leichte geladene Teilchen (Beta-Teilchen) besitzen die gleiche Masse wie Hüllenelektronen. Diese Teilchen erfahren unter dem Einfluss elektrischer Kräfte in der Nähe von Atomkernen eine Beschleunigung. Beschleunigte Ladungsträger emittieren Energie in Form elektromagnetischer Strahlung (Bremsstrahlung). Diese wird technisch u. a. in der Röntgenröhre (Elektronenstrahlröhre) genutzt. Die bei der Abschirmung von Betastrahlung auftretende Bremsstrahlung ist vom Abschirmmaterial abhängig und erreicht meist nicht die von Röntgenröhren abgestrahlte Energie. Beta-Strahlung mit den an Bord zu erwartenden Energien wird bereits durch Schichtdicken aus Wasser oder Plaste von 4 cm vollständig abgeschirmt.

Auch bei Wechselwirkungen von Photonen (z. B. Gamma-Strahlung) mit Materie sind mehrere Elementarprozesse möglich, deren Auftreten von der Strahlungsenergie und dem bestrahlten Material abhängig sind. Dabei wird die Strahlung durch schwere Materialien deutlich besser abgeschirmt als durch leichte. Die Strahlenschwächung wird durch ein Exponentialgesetz ausgedrückt. Da es außer der Strahlenschwächung zu Streustrahlung kommt, muss diese in die Berechnung einbezogen werden. Dies geschieht durch einen Aufbaufaktor, der wiederum von Energie und Material abhängig ist.

Für genaue Berechnungen sind deshalb eine Reihe von Unterlagen und Kenntnisse über das konkrete Radionuklid nötig, die an Bord meist nicht vorhanden sind.

Da an Bord aber keine Quellen mit so hohen Aktivitäten und damit so hohen Dosisleistungen zu erwarten sind wie in der Nuklearindustrie, kann man in Notfällen auf ingenieurtechnische Abschätzungsverfahren zurückgreifen. Sie sind ungenauer, aber für Notabschätzungen ausreichend.

7.3.2 Wirkung von Abschirmungen

Für den praktischen Strahlenschutz besitzen die Reichweite und die Schwächung von Strahlung große Bedeutung.

Vergleichbar mit der Einführung der Halbwertszeit für die Beschreibung des Abklingverhaltens der Aktivität einer Quelle (Gleichung (7.1) hat es sich als ingenieurtechnisch günstig erwiesen, die Dicke (d) eines Materials, das die Dosisleistung auf die Hälfte ihres ursprünglichen Wertes schwächt, als Halbwertsdicke ($d_{1/2}$) zu bezeichnen.

Deshalb gilt:

$$P_1 = P_0 \times 2^{-n_{d_{1/2}}} \qquad\qquad [7.3]$$

P_0 bzw. P_1 sind die Dosisleistung vor bzw. hinter dem Absorber
$n_{d_{1/2}}$ ist die Dicke des Absorbers in Anzahl der Halbwertsdicken

Diese Berechnungsmethode wird in den meisten Fällen für Bordbedingungen ausreichend genaue Abschätzungen ermöglichen, vor allem wenn die Halbwertsdicken für das vorhandene Radionuklid bekannt sind. Da hierbei Streuungseffekte nicht ausreichend berücksichtigt werden, kann es bei dicken Abschirmungen aus leichten Materialien zur Überschätzung der Schutzwirkung kommen. Bedingt durch die Wechselwirkungsprozesse sind die Halbwertsdicken sowohl von der Strahlungsenergie als auch vom Abschirmmaterial abhängig. Werden Halbwertsdicken für konkrete Radionuklide angegeben, z. B. Co-60, sind Energien und deren Emissionswahrscheinlichkeit berücksichtigt.

Energie MeV	Wasser cm	Aluminium cm	Eisen cm	Blei cm
0,2	23,3	9,4	1,8	0,1
0,5	20,9	8,9	3,0	0,7
0,8	21,7	9,2	3,2	1,3
1,0	22,4	9,6	3,4	1,6
1,5	24,5	10,5	3,7	2,2
2,0	26,7	11,4	4,0	2,4
3,0	30,5	12,8	4,3	2,5
4,0	33,8	13,5	4,5	2,4
6,0	38,7	14,4	4,5	2,2

Material	Dichte ρ [g/cm^3]
Wasser	1,0
Aluminium	2,7
Eisen	7,86
Blei	11,3

Tab. 7.1: Halbwertsdicken d$_{1/2}$ ausgewählter Materialien in Abhängigkeit von der γ-Energie

Um die oben genannten Streuungseffekte zu berücksichtigen, wird für ingenieurtechnische Abschätzungen gern mit einem Schutzkoeffizienten k_s gerechnet, wobei eine Materialstärke, die einen Schutzkoeffizienten von $k_s = 2$ hervorruft, die Halbwertsdicke ist.

$$P_1 = P_0 \times k_s^{-1} \qquad\qquad [7.4]$$

Bei mehrschichtigen Abschirmungen gilt:

$$P_1 = \frac{P_0}{k_{s1} \times k_{s2} \times k_{s3}} \qquad\qquad [7.5]$$

wobei k_{s1} der Schutzkoeffizient der 1., k_{s2} der Schutzkoeffizient der 2. und k_{s3} der Schutzkoeffizient der 3. Abschirmung ist.

Abb. 7.4 zeigt Diagramme, die zur Bestimmung des Schutzkoeffizienten dienen.

7.3.3 Größen zur Beschreibung von Strahlenwirkungen

Strahlenwirkungen können nur über die Strahlungsenergie bewertet werden, die durch Wechselwirkungsprozesse an das bestrahlte Material übertragen und dort in andere Energieformen umgewandelt wird. Die für das Verständnis dieses Kapitels wichtigste und universelle Größe zur Beschreibung von Strahlungswirkungen ist die Energiedosis. Sie ist das Maß für die übertragene Energie an das Absorbermedium. Dieses ist durch seine Masse, also Volumen und Dichte gekennzeichnet. Die Einheit der Energiedosis ist J kg^{-1} mit dem eigenen Namen Gray (Gy).

1 Gray = J kg^{-1} (als SI-fremde Einheit war das Rad (rd) „Radiation Absorbed Dose" gebräuchlich (1 Gy = 100 rd)

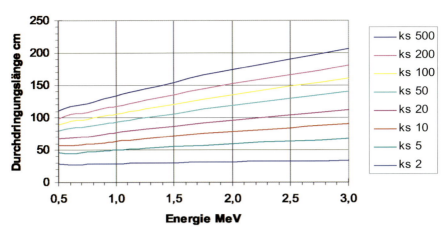

Bild 7.4.1: Abschirmmaterial Wasser ρ = 1,0 g cm⁻³

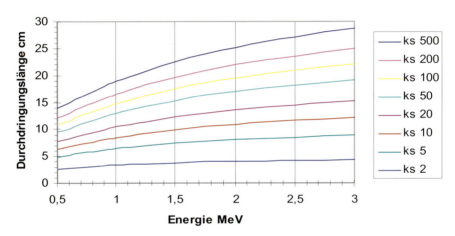

Bild 7.4.2: Abschirmmaterial Eisen ρ = 7,86 g cm⁻³

Bild 7.4: Wandstärken für Wasser und Eisen zur Erzielung eines bestimmten Schwächungskoeffizienten nach Sauermann

Die Energiedosisleistung P ist der Zuwachs der Energiedosis im Zeitintervall. Die Einheit der Energiedosisleistung ist Gy.s⁻¹. Energiedosis und Energiedosisleistung sind universelle Größen, d. h. sie sind anwendbar für alle Strahlungsarten und beliebige Energiebereiche.

Die biologischen Wirkungen der verschiedenen Strahlungsarten sind bei gleicher Energiedosis unterschiedlich. Die Ursache dafür liegt in der unterschiedlichen spezifischen Ionisation der verschiedenen Strahlungsarten.

Schwere geladene Teilchen und Neutronen erzeugen bei gleicher Energiedosis eine größere biologische Wirkung als Gamma- oder Betastrahlung. Diese unterschiedliche Strahlenqualität wird durch einen Qualitätsfaktor Q berücksichtigt.

Strahlungsart		Q
β-, γ- und Röntgenstrahlung		1
Neutronen,		
Energie	<10 keV	5
	10–100 keV	10
	>100 keV–20 MeV	20
	> 20 MeV	5
α-Teilchen		20

Tab. 7.2: Qualitätsfaktoren

Zur Beschreibung der biologischen Wirkung einer Strahlung dient die Äquivalentdosis H, die mit Hilfe des Qualitätsfaktors Q und der Energiedosis D ausgedrückt wird:

$$H = Q \times D \qquad\qquad [7.7]$$

Da Q ein dimensionsloser Faktor ist, muss H als Energiedosis interpretiert werden. Um die Äquivalentdosis deutlich von der Energiedosis zu unterscheiden, wurde die Einheit Sievert (Sv) eingeführt. Die Äquivalentdosis dient im Strahlenschutz zur Bewertung der Strahlenexposition von Personen und zur Angabe von Grenzwerten. Die SI-fremde Einheit der Äquivalentdosis ist das Rem (rem) „Rad Equivalent Man" (1 Sv = 100 rem).

Analog zu den vorangegangenen Dosisleistungsbeziehungen ist die Äquivalentdosisleistung der Zuwachs an Dosis je Zeiteinheit. Ihre Maßeinheit ist Svh^{-1}. Äquivalentdosis und Äquivalentdosisleistung sind errechnete Größen, sie sind nicht unmittelbar messbar.

7.3.4 Messung ionisierender Strahlung

Da ionisierende Strahlung nur über ihre Wirkungen bestimmt werden kann, kommt es zu Schwierigkeiten bei der Messung der Energiedosis bzw. Energiedosisleistung, weil unterschiedliche Stoffe die Strahlungsenergie unterschiedlich absorbieren. Hinzu kommen Unterschiede in der Art und Weise der Energieübertragung durch die verschiedenen Strahlungsarten, wodurch zusätzliche messtechnische Probleme entstehen.

In der Strahlungsmessung werden daher Wege zur indirekten Messung der Strahlungsenergie über gut messbare Strahlenwirkungen, z. B. durch Schwärzung einer Fotoemulsion, die Ionisation von Gasen, Lichtemissionen in Kristallen oder die Ionisation von Halbleitern gesucht. Als besonders günstig für handliche Strahlungsmessgeräte erwies sich die Messung von Ionisationserscheinungen von Gasen in entsprechenden Messkammern und die Ionisation von Halbleitern. Auf dieser Basis arbeitet gegenwärtig die Mehrzahl der einfachen und kleinen Strahlungsmessgeräte. Es gibt keine universell einsetzbaren Strahlungsmessgeräte, die für alle Bereiche genaue Ergebnisse liefern.

Strahlungsmessgeräte sind immer nur für konkrete Strahlungsarten konzipiert und auf festgelegte Energiebereiche kalibriert. Man muss ihre Einsatzbereiche genau kennen und einhalten, um verlässliche Angaben zu erhalten!

Werden die in den Bedienungsanleitungen beschriebenen Messbedingungen nicht eingehalten, sind grobe Messfehler vorprogrammiert. So können z. B. auch Geiger-Müller-Zählrohre oder Ionisationsmesskammern mit dünnem Metall- oder Kunststoffmantel neben der γ-Strahlung, die man messen wollte, noch höherenergetische β-Strahlung messen. Durch zusätzliche dünne Abschirmungen kann diese aber plötzlich vollständig absorbiert werden, was zu falschen Einschätzungen von Wirkungen eingeleiteter Strahlenschutzmaßnahmen führt. Viele Messgeräte für Gamma- und Röntgenstrahlung sind auf die Äquivalentdosisleistung kalibriert und zeigen in der Maßeinheit Sievert (mSv) bzw. µSv an.

Unter Bordbedingungen sind außer den in den Bedienungsanleitungen vorgesehenen Prüfmöglichkeiten noch weitere realisierbar, die bei unvorhergesehenen Messwerten genutzt werden sollten. So u. a.
– Messungen in allen höheren Messbereichen, da Messgeräte meist über mehrere Bereiche verfügen, die durch unterschiedliche Detektoren realisiert werden,
– Testmessungen in tief gelegenen Räumen, die in den letzten Tagen nicht belüftet wurden (gute Abschirmung, keine Kontamination) und
– Testmessung nach prophylaktischer Dekontamination der Sonde mit Spiritus, wasserdicht verpackt in Pütz oder Badewanne mit Trinkwasser (gute Abschirmung).

Treten bei den beiden letztgenannten Maßnahmen keine deutlich niedrigeren Messwerte auf, so ist die Messgenauigkeit des Gerätes anzuzweifeln.

7.4 Biologische Wirkungen ionisierender Strahlung

Das Leben auf der Erde ist seit seiner Existenz ionisierender Strahlung ausgesetzt. Sie ist gerade wegen ihrer speziellen Wirkung auf lebende Zellen an der entstandenen Artenvielfalt nicht unwesentlich beteiligt.

Wird der menschliche Körper ionisierender Strahlung ausgesetzt, spricht man in Fachkreisen von Strahlenexposition. Da man davon ausgeht, dass eine Strahlenexposition erst bei Überschreitung von Grenzwerten eine Belastung für den Körper darstellt, wird auf den vordem gebräuchlichen Begriff Strahlenbelastung verzichtet. Wegen der besseren Verständlichkeit wird in diesem Kapitel der alte Begriff bewusst weiter benutzt.

Um Risiken einschätzen zu können, denen Besatzungsmitglieder bei Einwirkung ionisierender Strahlung ausgesetzt sind, muss man Vorstellungen über die Strahlenbelastung haben, mit denen jeder Mensch im normalen Leben ständig konfrontiert wird. Mit Beginn des Bergbaus, der Erfindung der Elektronenstrahlröhre, der Nutzung der Atomenergie u. a. m. treten zusätzlich zur natürlichen Strahlenbelastung so genannte zivilisatorische Strahlenbelastungen auf.

Natürliche Strahlenbelastungen sind solche, die ohne den Einfluss des Menschen zustande kommen, zivilisatorische Strahlungen werden ursächlich durch die Tätigkeit des Menschen hervorgerufen (siehe Bild 7.5 und 7.6).

7.4.1 Mechanismus der biologischen Strahlenwirkungen

Jeder biologischen Strahlenwirkung gehen Energieübertragungsvorgänge von Teilchen und Quanten auf Atome und Moleküle des biologischen Gewebes voraus. Obwohl etwa 95 % der übertragenen Strahlungsenergie auf Wärmeenergie entfällt, gehen die entscheidenden schädigenden Strahlenwirkungen nicht von dieser Wärme aus, sondern von den durch Teilchen und Quanten ausgelösten physikalischen und nachfolgenden chemischen Elementarprozessen. Diese führen zu biochemischen Veränderungen der Zellen. Die strahlenbiologischen Wirkungsmechanismen, insbesondere bei Absorption geringer Strahlendosen, sind nicht vollständig geklärt, an ihrer Erforschung wird intensiv gearbeitet.

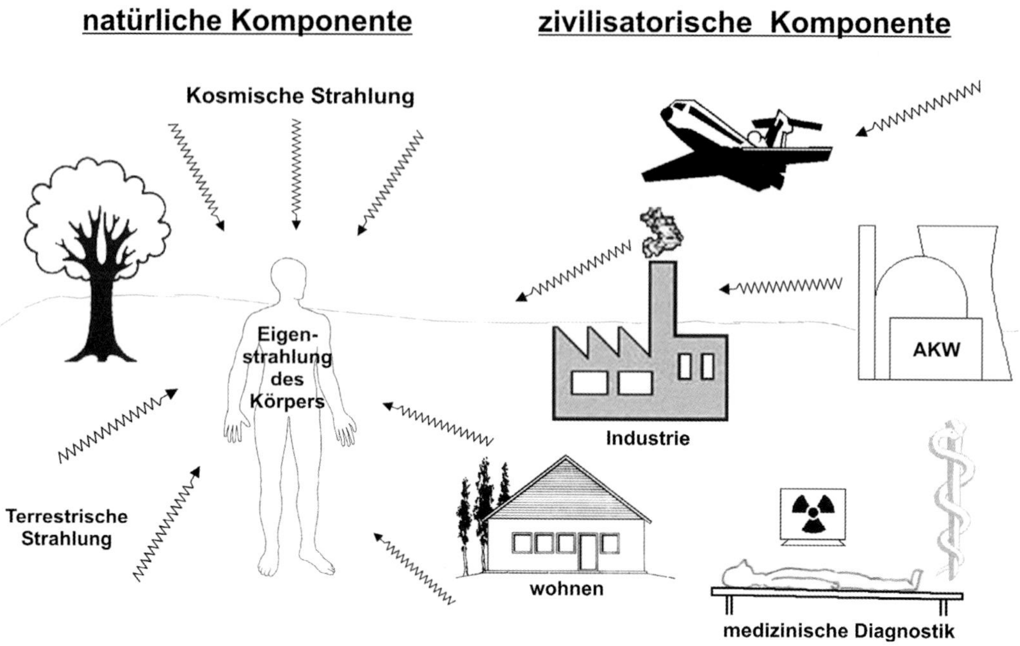

natürliche Komponente   zivilisatorische Komponente

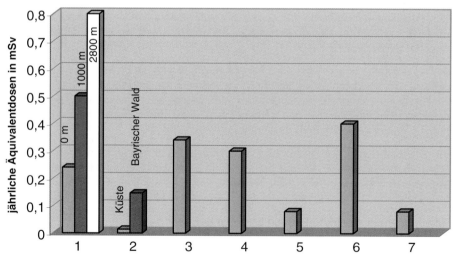

Bild 7.5: Strahlenbelastung des Menschen

1: Höhenstrahlung, 2: terrestrische Strahlung, 3: Eigenstrahlung, 4: Röntgendiagnostik,
5: 3 Flugstunden, 6: Wohnen, 7: Anwendung Kernenergie

Bild 7.6: Quellen und jährliche Dosen durch natürliche und zivilisatorische Strahlenbelastung in Deutschland

Die biologischen Strahlenwirkungen werden primär von der Art der Strahlung und ihrer Energie beeinflusst (vergl. Tab. 7.2 Qualitätsfaktoren). In bestimmtem Maße sind sowohl die einzelne Zelle als auch der menschliche Körper insgesamt in der Lage, durch Reparaturmechanismen auch Strahleneinflüssen entgegenzuwirken. Das ist von verschiedenen Faktoren abhängig, wie z. B. von Alter, Geschlecht, genetischer Konstitution, Gesundheitszustand und Ernährungszustand. Ein biologisches Gewebe erholt sich umso schneller, je höher seine Stoffwechselaktivität ist.

Die biologischen Strahlenreaktionen verlaufen über physikalische, physiko-chemische, chemische und biologische Phasen. Die Prozesse in den ersten 3 Phasen dauern nur Bruchteile von Sekunden, die biologische Phase erstreckt sich über Stunden und Jahre. In der biologischen Phase der Strahlenreaktionen kommt es zu örtlichen Stoffwechselstörungen der Zellen, zu Störungen in der Tätigkeit der Organe, ihres funktionellen Zusammenwirkens und zu Störungen im Zentralnervensystem mit weiteren nachfolgenden Fernwirkungen. Die Strahlensensibilität der Zellen hängt ab von ihrer Funktion und Herkunft. Am meisten gefährdet sind die DNS-Moleküle der Zellkerne, die die Träger genetischer Informationen sind. Am strahlenresistentesten ist das Knochen- und Muskelgewebe.

7.4.2 Systematik der Strahlenschäden

Strahlenschäden können nach verschiedenen Gesichtspunkten systematisiert werden. Es hat sich durchgesetzt, Strahlenschäden nach der Art ihrer biologischen Wirkungen und ihrem Zufallscharakter zu unterscheiden. Nach ihrer biologischen Wirkung unterscheidet man somatische und genetische, nach ihrem Zufallscharakter stochastische und nichtstochastische Schäden.

Somatische Strahlenschäden sind biologische Strahlenwirkungen an Körperzellen des bestrahlten Organismus selbst. Somatische Frühschäden sind akute Strahlenwirkungen, die bereits in einem Zeitraum von Stunden oder Wochen nach der Bestrahlung zu pathologischen Veränderungen des Organismus führen (z. B. Verbrennungen, Haarausfall). Somatische Spätschäden sind Strahlenwirkungen, die erst Jahre oder Jahrzehnte nach Strahlungseinwirkungen pathologische Veränderungen hervorrufen (z. B. Krebs).

Genetische Strahlenschäden sind Strahlenwirkungen an den Fortpflanzungszellen. Diese Wirkungen zeigen sich nur an den zur Zeit der Exposition noch nicht gezeugten Nachkommen.

Stochastische Strahlenschäden sind zufällig. Ihr Schweregrad hängt nicht von der Dosis ab. Mit zunehmender Dosis nimmt die Wahrscheinlichkeit für das Auftreten eines Strahlenschadens zu. Bereits geringe Dosen können schädigende Wirkungen erzeugen. Andererseits können sehr geringe Strahlendosen auch heilende Wirkung haben (z. B. Radonkuren gegen Rheuma).

Nichtstochastische Strahlenschäden sind erst oberhalb eines Schwellenwertes klinisch nachweisbar. Ihr Schweregrad nimmt mit der Dosis zu. Für die biologischen Strahlenwirkungen gilt im Allgemeinen, dass ihr Schweregrad zunimmt, wenn das Zeitintervall für die absorbierte Gesamtdosis abnimmt, also die eine hohe Dosisleistung herrschte. Eine einmalige Dosisaufnahme von 40 Gy ist z. B. mit hoher Wahrscheinlichkeit tödlich. Die gleiche Dosis über einen Zeitraum von 40 Jahren verteilt braucht dagegen im Allgemeinen keine sichtbaren Wirkungen zu hinterlassen. Es gilt daher, je größer die Dosisleistung ist, der der menschliche Körper ausgesetzt ist, umso größere Schäden sind zu erwarten.

7.4.3 Gesetzliche Grenzwerte

Der Schutz der Gesundheit erfordert wegen der Unvermeidlichkeit wiederholter Aufnahmen auch kleiner Strahlendosen bei Tätigkeiten in Strahlungsfeldern die Festlegung von Dosisgrenzwerten. Grundlage solcher Grenzwerte ist die Überlegung, nicht stochastische Strahleneffekte zu vermeiden und das Risiko für stochastische Effekte unter den allgemein akzeptierten Risikowerten für tödliche Unfälle in den so genannten „sicheren Industrien" zu halten.

Zur Festlegung von Grenzwerten wird die effektive Äquivalentdosis H benutzt. Sie ist als Körperdosis definiert und setzt sich aus der äußeren gemessenen Personendosis und der inneren, berechneten effektiven Äquivalentdosis zusammen.

Den Empfehlungen der ICRP (International Commission on Radiation Protection) folgend wurden in praktisch allen Industriestaaten gesetzliche Grundlagen für den Strahlenschutz geschaffen. In den EU-Staaten gelten die EURATOM-Richtlinien zum Strahlenschutz.

In der Bundesrepublik Deutschland erfolgte die Umsetzung der EURATOM-Richtlinien durch das Atomgesetz (AtG)/20/ und eine Vielzahl nachgeordneter Gesetze und Verordnungen. In der Strahlenschutzverordnung (StrlSchV) wurden in §§ 46, 47 und 54–59 u. a. Dosisgrenzwerte festgelegt, die außer in der medizinischen Diagnostik nicht überschritten werden dürfen. Durch andere Fristen in der Folgedosis und besondere Schutzvorschriften für Frauen und Jugendliche gehen diese Sicherheitsbestimmungen über die der ICRP hinaus.

Im § 55 Absatz 1 wird als Grenzwert für beruflich strahlenexponierte Personen (das sind Personen, die in Strahlenschutzbereichen arbeiten und deren berufliche Strahlenbelastung mit Personendosimetern überwacht wird) im Kalenderjahr mit 20 mSv festgelegt. „Die zuständige Behörde kann im Einzelfall eine effektive Dosis von 50 mSv zulassen, wobei für fünf aufeinanderfolgende Jahre 100 Millisievert nicht überschritten werden dürfen." Für die individuelle Strahlenbelastung von einzelnen Personen aus der Bevölkerung – also auch die Seeleute – gilt der Grenzwert von 1 mSv im Kalenderjahr (§ 46 (1)).

Die §§ 50, 52 und 53 regeln Maßnahmen zur Begrenzung von Strahlenexpositionen in besonderen Situationen. Für Störfälle an Bord können diese Paragraphen nur dann exakt eingehalten werden, wenn Fachpersonal mit entsprechenden Messgeräten sowie genaue Ladungsunterlagen mit an Bord sind. Im § 51 ist die Pflicht zu Handlungen und der Information bei Unfällen (§ 3 (2) 35. „Ereignisablauf, der für eine oder mehrere Personen eine effektive Dosis von mehr als 50 mSv zu Folge haben kann;") und radiologischen Notsituationen (lt. § 3 (2) 22. Möglichkeit der Dosisaufnahme > 5 mSv für Bevölkerung) festgeschrieben.

„§ 51 Maßnahmen bei sicherheitstechnischen Ereignissen
(1) bei radiologischen Notstandssituationen, Unfällen und Störfällen sind unverzüglich alle notwendigen Maßnahmen einzuleiten, damit die Gefahr für Menschen und Umwelt auf ein Mindestmaß beschränkt werden. Der Eintritt einer radiologischen Notstandssituation, eines Störfalls oder eines sonstigen sicherheitstechnisch bedeutsamen Ereignisses ist der atomrechtlichen Aufsichtsbehörde und, falls dies erforderlich ist, auch der für die öffentliche Sicherheit zuständigen Behörde sowie den für den Katastrophenschutz zuständigen Behörden unverzüglich mitzuteilen." Für einzelne handelnde Besatzungsangehörige kann nach gründlicher Vorausberechnung der möglichen Strahlenbelastung und Ausschluss günstigerer Handlungsvarianten der § 59 Berücksichtigung finden.

„§ 59 Strahlenexposition bei Personengefährdung und Hilfeleistung
(1) Bei Maßnahmen zur Abwehr von Gefahren für Personen ist anzustreben, dass eine effektive Dosis von mehr als 100 Millisievert nur einmal im Kalenderjahr und eine effektive Dosis von mehr als 250 Millisievert nur einmal im Leben auftritt.

(2) Die Rettungsmaßnahmen dürfen nur von Freiwilligen über 18 Jahren ausgeführt werden, die zuvor über die Gefahren dieser Maßnahmen unterrichtet worden sind.

(3) Die Körperdosis einer bei Rettungsmaßnahmen eingesetzten Person durch eine Strahlenexposition bei den Rettungsmaßnahmen ist unter Berücksichtigung der Expositionsbedingung zu ermitteln. Die Rettungsmaßnahme und die ermittelte Körperdosis der bei der Rettungsmaßnahme eingesetzten Personen sind der zuständigen Behörde unverzüglich mitzuteilen. …"

Da die normale Besatzung nicht zum Kreis der beruflich strahlenexponierten Personen gehört und damit nicht über Personendosimeter verfügt, ist die Strahlenbelastung durch eine lückenlose Dokumentation der Expositionszeiten und der herrschenden oder erwarteten Ortsdosisleistung zu belegen. Nur durch lückenlose und sorgsame Aufzeichnungen der Strahlungssituation ist es Experten möglich, nötigenfalls auch nachträglich Organdosen zu berechnen. Die an Bord gefertigten Berechnungen und Belege sind unverzüglich, spätestens nach Erreichen des Heimathafens, der zuständigen Behörde vorzulegen. Es ist dafür Sorge zu tragen, dass die betroffenen Personen einem ermächtigten Arzt vorgestellt werden.

7.5 Strahlenschutz unter Bordbedingungen

7.5.1 Transportbestimmungen als vorbeugender Strahlenschutz

Wie für den Transport der anderen gefährlicher Stoffe gibt es auch für den Transport radioaktiver Güter umfangreiche nationale und internationale Transportvorschriften. Wegen der Gefährlichkeit dieser Stoffe ist die Einhaltung der Transportvorschriften durch den Transporteur, z. B. den Reeder und die Schiffsleitung, notwendig und von staatlichen und internationalen Kontrollorganen zu überprüfen.

Die bestehenden nationalen Vorschriften, wie die GGVSee (Verordnung über die Beförderung gefährlicher Güter mit Seeschiffen) basieren hauptsächlich auf internationalen Empfehlungen und Vorschriften. Deshalb ist der IMDG-Code (International Maritime Dangerous Goods-Code) eine Anlage der GGVSee. Die Vorschriften des IMDG-Cods Klasse 7 setzen Empfehlungen der IAEA (International Atomic Energy Agency) für den Seetransport um. Die Voraussetzungen für die Beförderung radioaktiver Stoffe sind in den Paragrafen 16 bis 18 StrlSchV festgelegt. Im § 17(1) 3a) ist die Zuständigkeit GGVSee für den genehmigungsfreien Transport explizit ausgewiesen.

Die Transport und Verpackungsvorschriften für radioaktive Stoffe dienen dem vorbeugenden Strahlenschutz und werden wesentlich durch die Aktivität des Stoffes determiniert. Bei einer sehr geringen Radioaktivität ist es beispielsweise möglich, die Stoffe wie normales Frachtgut zu behandeln. Mit steigender Aktivität muss ein höherer Verpackungsaufwand betrieben werden und es sind strengere Transportvorschriften einzuhalten. Der Grenzwert für die Einordnung radioaktiver Stoffe unter die Bestimmungen dieser Verordnung liegt bei der spezifischen Aktivität von 74 Bq/g. Allerdings kann bei sehr kleiner Masse des radioaktiven Stoffes und geringer Überschreitung des angegebenen Grenzwertes oder bei einer Verbindung des radioaktiven Stoffes mit anderen Stoffen und der damit verbundenen starken Reduzierung der Gefährdung, von den Vorschriften abgewichen werden. In solchen Fällen sollte die zuständige Schifffahrtsbehörde oder ein der IAEA unterstehendes nationales Amt konsultiert werden.

Verpackung

Die Verpackung hat im Allgemeinen folgende Funktionen zu erfüllen:
– Schutz des Gutes und der Umwelt
– Rationalisierung der TUL-Prozesse
– Informationsübermittlung

In diesem Zusammenhang spielt selbstverständlich die Schutzfunktion die entscheidende Rolle. Eine einhundertprozentige Sicherheit, die eine Beschädigung oder Zerstörung der Verpackung unter allen Umständen ausschließt, ist aber nicht erreichbar. Durch einen hohen Verpackungsaufwand hält man das Risiko sehr klein. Die Verpackung für radioaktive Güter besteht fast immer aus mehreren Teilen mit unterschiedlichen Funktionen. So werden z. B. absorbierende Materialien, Einrichtungen zur Abschirmung der Strahlung, Kühlaggregate oder Wärmeschutzvorrichtungen, Abstandsteile und Stoßdämpfer eingesetzt. Die Verpackung kann außerdem spezielle Befestigungsvorrichtungen aufweisen.

Die Verpackung der radioaktiven Stoffe muss folgende Aufgaben erfüllen:
– sicheren Einschluss des radiaktiven Stoffes
– Abschirmung der Strahlung auf ein zulässiges Niveau
– Verhinderung eines kritischen Zustandes
– Wärmeableitung

Die beiden letzten Punkte treffen nur für spaltbares Material zu. Wegen der differierenden Eigenschaften der Stoffe muss die Verpackung sowohl an die Aktivität als auch an die besonderen Eigenschaften des Radionuklids angepasst werden. Die zu verwendende Verpackung muss von der zuständigen Behörde des Ursprungslandes und u. U. auch von jedem Land, durch das der Stoff transportiert wird, genehmigt sein. Dies wird bei fast allen Transporten von Brennstoffkassetten der Fall sein. Entsprechende Vermerke über die vorliegende Verpackungsgenehmigung müssen in den Transportdokumenten enthalten sein. Sie sind eine wichtige Voraussetzung zum Transport der radioaktiven Güter.

Kategorien und Transportkennzahl

In der für den Seetransport und Hafenumschlag zuständigen GGVSee werden Frachtstücke mit radioaktivem Inhalt in drei Kategorien eingeteilt.
1. Kategorie I – weiß
   Bei Frachtstücken dieser Kategorie darf die Äquivalentdosisleistung an ihren Außenflächen 5 µSv/h nicht überschreiten. Ein Container ist hier einzuordnen, wenn er kein Frachtstück mit einer höheren Kategorie als I enthält.
2. Kategorie II – gelb
   Frachtstücke dieser Kategorie dürfen an ihren Außenflächen eine maximale Äquivalentdosisleistung von 500 µSv/h nicht überschreiten. Für Container ist diese Kategorie zutreffend, wenn die gesamte Transportkennzahl der Frachtstücke 1,0 nicht übersteigt und er kein Frachtstück der nuklearen Sicherheitsklasse III enthält.
3. Kategorie III – gelb
   Die Einstufung in diese Kategorie erfolgt, wenn bei Frachtstücken eine Äquivalentdosisleistung von maximal 2 mSv/h an den Außenflächen gemessen wird. Die Transportkennzahl darf nicht größer als 10 sein. Ein Container wird dieser Kategorie zugeordnet, wenn die gesamte Transportkennzahl der Frachtstücke 1,0 überschreitet, er Frachtstücke der nuklearen Sicherheitsklasse III enthält oder der Transport unter besonderen Bedingungen stattfindet.

Die Transportkennzahl wurde eingeführt, um die Stauung und Trennung radioaktiver Stoffe zu erleichtern. Sie ist ein Maß für die maximale, in einem Meter Abstand von der Oberfläche des Frachtstücks gemessen Äquivalentdosisleistung in mrem/h (1 mrem/h = 10 µSv/h). Bei Frachtstücken der nuklearen Sicherheitsklassen II und III ist es die größere der beiden Zahlen,
– entweder die in 1 m Abstand gemessene Äquivalentdosisleistung
– oder die Ergebniszahl, wenn man 50 durch die zulässige Anzahl derartiger Frachtstücke dividiert.

Bei Containern ergibt sich die Transportkennzahl aus der Summe der Transportkennzahlen aller in ihm enthaltenen Frachtstücke. Sie wird prinzipiell auf die erste Stelle nach dem Komma aufgerundet.

Kennzeichnung

Die Kennzeichnung der radioaktiven Stoffe muss mit den für die Kategorie zutreffenden Strahlungskennzeichen nach IMDG-Code Klasse 7 erfolgen. Gefahrenkennzeichen der Klasse 7 des IMDG-Codes siehe Kap. 6, Bild 6.12.

Auf den Gefahrenkennzeichen ist die enthaltene Aktivität sowie bei den Kategorien II und III zusätzlich die Transportkennzahl anzugeben. Ist ein Gegenstand, der einen radioaktiven Stoff enthält, von der Kennzeichnungspflicht ausgenommen, so muss das Wort „RADIOACTIVE" auf der Verpackung angebracht sein. Davon ausgenommen sind radiolumineszierende Geräte (z. B. Uhren).

Neben den Gefahrenkennzeichen sind bei Frachtstücken mit Stoffen geringer spezifischer Aktivität oder bei festen radioaktiven Stoffen mit geringer Aktivität, wenn sie in eine der entsprechenden Kategorien gehören noch die Aufdrucke „RADIOACTIVE LSA" oder „RADIOACTIVE LLS" auf der Verpackung anzugeben. Außer dem ist die Typbezeichnung der Frachtstücke und bei Frachtstücken über 50 kg auch die Masse des Stückes auf der Verpackung anzubringen. Wenn mehrere Frachtstücke eines Absenders zusammen transportiert werden, ist eine Kennzeichnung mit „FULL LOAD" (GESCHLOSSENE LADUNG) notwendig. Die Größe der Gefahrenkennzeichen und die weiteren Bestimmungen zur Anbringung sind der allgemeinen Einführung des IMDG-Codes zu entnehmen.

Ein Container beispielsweise muss an allen vier Außenwänden mit den zutreffenden und mindestens 250 x 250 mm großen Gefahrenkennzeichen markiert sein.

Treten neben Radioaktivität noch andere Gefahreneigenschaften auf (z. B. giftig, korrosiv usw.), sind die Frachtstücke mit den entsprechenden Kennzeichen zusätzlich auf der Verpackung zu markieren und in den Verschiffungspapieren nach der üblichen Art und Weise zu vermerken.

Staumaßnahmen

Die Staumaßnahmen sind abhängig von der durch das Gut hervorgerufenen Äquivalentdosisleistung und begrenzen gleichzeitig die Menge der zu transportierenden Güter der Kategorien II und III. Frachtstücke der Kategorie I unterliegen normalerweise keiner Begrenzung. Für Stoffe der Kategorie II und III gibt es eine Begrenzung für jede Gruppe von Frachtstücken oder Containern, die bei der Summe der Transportkennzahlen (transport index) von 50 liegt. Gruppen von Frachtstücken mit der Transportkennzahl 50 müssen mindestens 6 m voneinander getrennt sein. Für das gesamte Schiff darf die Summe der Transportkennzahlen 200 nicht übersteigen. Eine direkte bzw. unmittelbare Zusammenstauung mit Stückgütern (ausgenommen sind Sackgüter) darf erfolgen, wenn der Wärmefluss an der Oberfläche 15 W/m² nicht übersteigt.

Radioaktive Stoffe sind getrennt von Wohn-, Aufenthalts und häufig benutzten Arbeitsräumen unterzubringen. In diesen Räumen darf die Äquivalentdosisleistung einen Wert von 7,5 µSv/h nicht erreichen. Hierbei ist zu beachten, dass die Expositionszeit von Personen in diesen Räumen unter 720 h im Jahr liegen muss, denn sonst würden die zulässigen Belastungsgrenzwerte überschritten. Weiterhin sind Trennungen von unentwickeltem Foto und Filmmaterial sowie von Postsäcken notwendig.

Die Bedingungen für die Trennungen dieser Ladungen sind Trennungstabellen bzw. -diagrammen des IMDG-Codes zu entnehmen. Die Handhabung dieser Unterlagen wird im Abschnitt des IMDG-Codes ebenfalls erläutert. Eingangsgrößen in die Tabellen bzw. Diagramme sind die Summe der Transportkennzahlen, die Ladungsdicke der neutralen Ladung und die Reisedauer. Daraus erhält man den erforderlichen Mindestabstand zwischen den radioaktiven Stoffen und den Wohn- und Arbeitsräumen oder dem Foto und Filmmaterial.

7.5.2 Möglichkeiten zur Gefahrenbewertung im Bordbetrieb

Die größten gesundheitlichen Schädigungen sind zu erwarten, wenn Radionuklide in den Körper gelangen (Inkorporation). Dies kann durch Einatmung (Inhalation) staub- oder gasförmiger Radionuklide, Aufnahme durch den Magen-Darmtrakt (Ingestion), über Verletzungen der Haut (Wundresorption) oder Diffusion durch die Haut erfolgen. Der Körper kann die radioaktiven nicht von den inaktiven Stoffen unterscheiden und behandelt beide entsprechend ihren chemischen Eigenschaften gleich. Im günstigsten Fall werden sie gleich wieder ausgeschieden. Die Anlagerung erfolgt vorzugsweise in so genannten kritischen Organen. So lagern sich z. B. Jod-131 nur in der Schilddrüse, u. a. Sr-90 vorwiegend auf der Knochenoberfläche und u. a. alle Cadmiumnuklide vorwiegend an der Magenwand an. Der Abbau der Radionuklide kann durch biologische Halbwertzeiten beschrieben werden.

Die Abschätzung der inneren Strahlenbelastung und deren Wirkung auf den Organismus ist äußerst kompliziert und ausschließlich Fachkräften nach aufwändigen Messungen mit speziellen Messanordnungen möglich. Da hier sehr lang wirkende und auch noch an einzelnen Punkten konzentrierte Strahlenbelastungen auftreten, ist eine hohe biologische Wirksamkeit zu erwarten, besonders weil alle Strahlungsarten, die beim konkreten Zerfall auftreten, direkt, also ohne Abstand oder Abschirmung, auf die Zelle wirken.

Auch wenn die Aktivität an den betroffenen Stellen sehr klein ist, ist die Wirkung wegen der langanhaltenden Einwirkung und des Abstandes im µm-Bereich außerordentlich hoch (Abstandsgesetz). Zusätzlich sind Probleme der Radiotoxizität zu beachten. Eine der Hauptaufgaben des Strahlenschutzes muss es also sein, das Eindringen von Radionukliden in den Körper zu verhindern. Mit Bordmitteln ist eine Abschätzung einer inneren Strahlenbelastung nicht möglich.

Kommt es zur Kontamination von Personen durch radioaktive Stoffe, ist nicht nur die Gefahr einer Inkorporation, auch durch kleine Wunden oder über Schleimhäute, sehr hoch, sondern durch den direkten Kontakt mit der Haut ist auch diese stark gefährdet. Außerdem ist der Abstand zur Quelle, selbst wenn „nur" die Kleidung kontaminiert wurde, sehr gering. Es ist sehr schwierig, die Haut wieder zu reinigen. Dies erfolgt am besten mit normalen Waschmitteln, auch unter Zusatz von Zitronensaft, mit Benutzung einer weichen Handbürste. Eine Verletzung der Haut (wund scheuern) muss ausgeschlossen werden. Ohne Messgeräte ist die Abschätzung der Strahlenbelastung einer kontaminierten Person an Bord nicht möglich. Für die Gefahrenbewertung ist die Kenntnis der Ortsdosisleistung für die konkreten Aufenthalts- und Arbeitsorte sowie die Verweilzeit an diesen Stellen unerlässlich. Außerdem muss eine weitere Kontamination oder Inkorporation ausgeschlossen werden.

Sollte es nach Unfällen trotz Einhaltung aller Vorschriften zu Beschädigungen der Verpackung radioaktiver Stoffe aus der Ladung kommen, kann man die Quelle meist als punktförmig annehmen. Des Weiteren ist sowohl das Radionuklid als auch die Aktivität aus den Ladungspapieren bekannt. Bei bekannter Dosisleistungskonstante k_γ kann man die Dosisleistung, auch hinter einer bekannten Abschirmung, wie folgt berechnen:

$$P = A \times k_\gamma \times r^{-2} \times k_s^{-1} \qquad\qquad [7.6]$$

A = Aktivität; k_γ = Dosisleistungskonstante; r = Abstand von Quelle bis Berechnungspunkt; k_s = Schutzkoeffizient

Radionuklid	k_γ	Radionuklid	k_γ	k_γ $\left[\dfrac{mGy \times m^2}{h \times GBq}\right]$
Na-24	0,495	J-131	0,0598	
Co-60	0,351	Cs-137	0,0884	
Kr-85	$4{,}3 \times 10^{-4}$	Ra-226	0,251	

Tab. 7.3: k_γ- **Werte ausgewählter Radionuklide**

Durch die k_γ-Werte, die auch in den Ladungspapieren angegeben sein können, werden die dem Radionuklid eigenen Energien sowie die Häufigkeit ihres Auftretens berücksichtigt, so dass die Dosisleistung sehr gut bestimmt werden kann.

Eine Quelle kann als punktförmig betrachtet werden, wenn der Abstand zu ihr mindestens das Fünffache ihrer größten Ausdehnung beträgt.

Da eine Gefährdung auch wesentlich durch die Aufenthaltsdauer im Strahlenfeld bestimmt wird, ist diese für jede betroffene Person zu berücksichtigen und mit den Grenzwerten zu vergleichen.

$$H = P \times t \times Q \hspace{4cm} [7.7]$$

H = Äquivalentdosis; P = Energiedosisleistung ; t = Aufenthaltszeit ; Q = Qualitätsfaktor

Wird z. B. für den Fahrstand auf der Brücke eine Dosisleistung von 3 µGy/h berechnet oder gemessen, ist davon auszugehen, dass der Wachoffizier pro Wache eine Gesamtdosis von 12 µSv aufnimmt. Wenn er in der übrigen Zeit keiner weiteren Strahlenbelastung aus diesem Vorfall ausgesetzt ist, könnte er an diesem Arbeitsplatz insgesamt 333,3 Stunden (83 Wachen) arbeiten (Grenzwert 1000 µSv/a). Er dürfte nach diesen 41,5 Tagen aber im Kalenderjahr keiner weiteren beruflichen Strahlenbelastung ausgesetzt werden.

Trotz der im Schiffbau relativ dünnen Wände und Decks, können sie eine erhebliche Abschirmung darstellen, wenn sie nicht senkrecht durchstrahlt werden. Denn durch die Abweichungen von der Senkrechten wachsen die Photonenweglängen durch das Material mit dem Sekans (cos^{-1}) dieses Winkels. Da die Dosisleistung nicht linear von der Photonenweglänge durch das Material abhängt, wächst die Abschirmwirkung noch stärker als diese. Da noch Decksbalken, Stringer und weitere Einbauten in den Strahlengang kommen, die man bei Berechnungen kaum berücksichtigen kann, wird das Ergebnis in der Praxis noch günstiger ausfallen.

Wenn Messgeräte an Bord sind, ist es immer sicherer, die Ortsdosisleistung zu messen, da durch schiffbauliche Einbauten oder Ladungsteile, die als Abschirmungen wirken, schwer kalkulierbare Bereiche entstehen können, die aber für den Strahlenschutz sehr wichtig sind. In solchen Fällen ist es wichtig, die gefährdeten Bereiche am Boden zu kennzeichnen. In Bild 7.7 ist ein solches Beispiel hinter einem Tank dargestellt. Die als „Halbschatten" bezeichneten Bereiche können mit Übergängen deutlich höhere Dosisleistungswerte aufweisen als der „Kernschattenbereich".

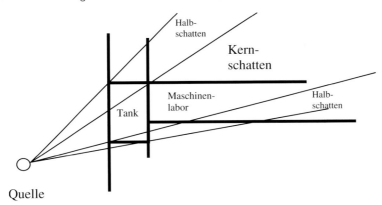

Bild 7.7: Mögliche Strahlensituation hinter einem Tank

7.5.3 Abschätzung möglicher Strahlenbelastung über kontaminiertem Seewasser

Durch Fallout, Einleitung von Radionukliden in das Seewasser oder vergleichbare Ereignisse kann es zu großräumigen Kontaminationen des Seewassers kommen. Es wird davon ausgegangen, dass sich die Radionuklide im Seewasser lösen oder in ihm schweben und so in homogener Verteilung bis zu einer bestimmten Durchmischungstiefe vorliegen. Dieser große durchmischte Wasserkörper stellt eine ausgedehnte Volumenquelle dar, in der die Schwächung auch für Gammastrahlung berücksichtigt werden muss.

Die exakte Bestimmung der Durchmischungstiefe ist nur solchen Schiffen möglich, die über sehr empfindliche Lotanlagen verfügen, mit denen sich saline (durch den Salzgehalt bedingte) oder thermische Sperrschichten bestimmen lassen. Da die Windsee auch in tropischen Gebieten die oberflächennahe Schicht durchmischt, kann davon ausgegangen werden, dass ab etwa einer Stunde nach Aktivitätseintrag auf die Oberfläche das betroffene Wasservolumen bis mindestens zur Eindringtiefe der Wellenwirkung (H_w) homogen durchmischt wird.

$$H_w = 1{,}3 \times v_w^{1,5} \qquad\qquad [7.8]$$

H_w Eindringtiefe der Wellenwirkung in m,
v_w Windgeschwindigkeit über der Wasseroberfläche in m/s

Durch Wärmekonvektion kommt es zu wesentlich größeren Durchmischungstiefen. Diese Wärmekonvektion wirkt in den Tropen und Subtropen aber erst ab etwa eine Stunde nach Sonnenuntergang bis etwa eine Stunde nach Sonnenaufgang. Zweimonatskarten, die die durchschnittliche Durchmischungstiefe durch Wärmekonvektion für den Atlantik zwischen 20° S und 70° N zeigen, liegen im BSH vor.

Die Dosisleistung über See ist abhängig von der auf dem Wasser erreichten spezifischen Flächenaktivität und der Durchmischungstiefe. Meist wird es der Besatzung eines Schiffes nicht möglich sein, Kenntnisse über die ursprüngliche spezifische Flächenaktivität zu erhalten. Bei großflächigen Kontaminationen besteht eventuell die Möglichkeit Mess- oder Berechnungswerte zu erfahren, die die Dosisleistung über einer ebenen Fläche bei vergleichbarer Kontamination betreffen. In den durchmischten Volumen wird eine äußerst starke Verringerung der Radionuklidkonzertration eintreten, die ein proportionales Sinken der Dosisleistung bewirkt. Aufgrund der Wirkung von Abstand und Abschirmung wird die Proportionalität erst ab einer Durchmischungstiefe erreicht, die von der Energie des Radionuklids bestimmt wird. Für Cs-137 ist dies 1,5 m, während es für Na-24 1,9 m ist.

Windstärke in Bft	mittlere Durch-mischungstiefe m	Cs-137 % zu Land	Fallout % zu Land
	auf Eis 0	100	100
1	1,5	2,5	3,4
2	4	1,0	1,3
3	11	0,4	0,5
4	20	0,2	0,3
5	35	0,12	0,15
6	50	0,08	0,1
7	75	0,05	0,07
8	95	0,04	0,06

Tab. 7.4: Dosisleistung über durchmischten Seewasservolumen als prozentuales Verhältnis zur Dosisleistung über einer ebenen Fläche

In Tab. 7.4 wird das Verhältnis der Dosisleistung über einem durchmischten Seewasservolumen zu der über einer ebenen Fläche dargestellt, die mit gleicher spezifischer Flächenaktivität bei gleichartigem Fallout kontaminiert wurde. Die Spalte Durchmischungstiefe gilt für die mittlere Windgeschwindigkeit der entsprechenden Windstärke; die nächste Spalte wurde für Cs-137 (W = 0,661 MeV), als das vorherrschende Radionuklid bei Unfällen in AKW und Wiederaufbereitunganlagen berechnet, während die Spalte Fallout für ein hoch energetisches Radionuklidgemisch gilt, vergleichbar mit dem Kernwaffenfallout bei einem Spaltproduktalter von einer Stunde.

Der Abstand senkrecht über sehr ausgedehnten Volumenquellen hat nur sehr geringen Einfluss auf die Dosisleistung. Theoretisch ist die Dosisleistung über unendlich ausgedehnten Volumenquellen konstant.

Durch die Windwirkung kommt es auch zu einer vertikalen Verdriftung des kontaminierten Wassers. Die oberen Wasserschichten driften wesentlich schneller als die tiefer liegenden. Da durch den Windeinfluss gleichzeitig eine vertikale Durchmischung erfolgt, muss zwangsläufig am Rand kontaminierter Volumen eine wesentlich stärkere Verringerung der spezifischen Volumenaktivität als in zentraleren Gebieten auftreten. Trotz eventuell anfänglich deutlicher Kontaminationsgrenze wird diese mit fortschreitender Zeit undeutlicher.

Beim Durchfahren kontaminierter Seegebiete wird der Unterwasserbereich stärker belastet als die unteren zentralen Decksregionen. Der gegen Strahlung von oben sonst gut abgeschirmte Maschinenraum erhält durch die Außenhaut, die Wärmetauscher und die Seewasserleitungen Strahlung. Da die spezifische Volumenaktivität um mehrere Größenordnungen geringer ist als Strahlenquellen an Deck, wird die zu erwartende Dosisleistung gering sein. Außerdem wirken die Rohrbündel und das Kühlwasser des inneren Kreislaufs als Abschirmung. Trotzdem sollte in derartigen Fällen die unmittelbare Nähe der Wärmetauscher gemieden und die herrschende Dosisleistung gemessen werden. Um die spezifische Volumenaktivität so gering wie möglich zu halten, sollten die Tiefsauger benutzt werden.

7.6 Gefahrenabwehr

Die Gefahr für den Menschen geht von der akkumulierten Körperdosis aus. Unter der Voraussetzung, dass eine Inkorporation von Radionukliden nicht berücksichtigt werden braucht und von einer einmaligen Aufnahme und einer annähernd konstanten Aktivität ausgegangen werden kann, darf die Äquivalentdosis nach Gleichung 7.10 berechnet werden.

Von dieser vereinfachten Gleichung kann man alle Strahlenschutzmaßnahmen ableiten:
- Inkorporation verhindern
- Abstand vergrößern (wirkt quadratisch)
- Abschirmungen nutzen oder aufbauen (Schichtdicke wirkt exponentiell)
- Aktivität senken (Dekontamination) (lineare Wirkung)
- Expositionszeit senken (lineare Wirkung)

In der Bordpraxis sind Schutzmaßnahmen möglichst so zu organisieren, dass mehrere Schutzmöglichkeiten parallel wirksam werden.

7.6.1 Verhinderung der Kontamination von Personen und von Inkorporation radioaktiver Stoffe

Wegen der hohen Gefährdung von Personen durch Kontamination mit radioaktiven Stoffen oder gar ihre Inkorporation, müssen solche Ereignisse unbedingt vermieden werden. Dies geschieht am günstigsten, wenn die Menschen von der Umgebung möglichst vollständig isoliert werden können, weil die Kontamination von Luft, Lebensmitteln, der Bekleidung oder gar der Haut eine Aufnahme ermöglichen. An Bord eines Schiffes sind vielfach bessere Voraussetzungen für eine solche Isolation einzelner Personen oder ganzer Gruppen gegeben als an Land.

Eine vollständige persönliche Hermetisierung wird z. B. durch das Tragen eines Chemieschutzanzuges und schwerer Atemschutztechnik erreicht. Auch das Anlegen eines Überlebensanzuges, oder von Ölzeug zusammen mit Schutzhandschuhen und Brandschutzmaske mit Filter verhindern eine Kontamination der Haut weitgehend und sichern, dass keine Aerosole oder Stäube aufgenommen werden. Radioaktive Gase werden allerdings durch normale Filter nicht zurückgehalten. Die oben genannte Schutzbekleidung schirmt die Alphastrahlung vollständig ab, schwächt die Betastrahlung deutlich, hat aber gegen die Gammastrahlung keine Wirkung. Die Schutzbekleidung lässt sich aber wesentlich besser dekontaminieren als normale Bekleidung oder die Haut und wird nach Gebrauch abgelegt. Dadurch wird die äußere Belastung durch die eventuell noch anhaftenden Radionuklide beendet.

Das Ablegen der dekontaminierten Kleidung muss sehr sorgfältig in so genannten Schleusenbereichen erfolgen, damit keine Kontamination verschleppt wird. Leider wird es nur sehr selten möglich sein die Schleuse vor dem Öffnen unter Überdruck zu setzen, damit keine äußere Atmosphäre ins Schiffsinnere eindringt. Es muss also dafür Sorge getragen werden, dass beim Öffnen der Aufbauten so wenig Außenluft wie möglich eindringen kann.

Nur wenige Schiffe, z. B. Gastanker, aber auch Kriegsschiffe, verfügen über hermetisierbare Bereiche und funktionsfähige Schleusensysteme. Diese Bereiche können durch Regenerierungs- oder spezielle Filterventilationsanlagen belüftet werden, wobei für dort verwandte Filter die gleichen Einschränkungen gelten wie für Filter von Atemschutzgeräten. Normale Schiffsaufbauten sind bei hergestelltem Verschlusszustand und verschlossener Klimaanlage erheblich dichter als normale Wohnhäuser. Wie auch bei Chemieunfällen kann man die Besatzung recht schnell und für einige Zeit sehr wirkungsvoll in speziellen Räumen an Bord hermetisiert unterbringen. Dies könnten z. B. momentan nicht genutzte Ladekühlräume, Bereiche der Kühl- oder Getränkelasten aber auch unbelüftete Wellentunnel sein.

Bei einer vollständigen Hermetisierung ohne Luftzufuhr wird die Überlebenszeit durch die im Raum vorhandene Luftmenge begrenzt. Stoffwechselbedingt sinkt die Sauerstoffkonzentration im Raum, während die Konzentration des Kohlendioxids steigt. Dabei ist es die CO_2-Konzentration, die zuerst für Menschen gefährliche Grenzwerte erreicht. Gegenwärtig wird davon ausgegangen, dass die CO_2-Konzentration der Luft auch in Notsituationen 4 % nicht überschreiten sollte, da bei 5 % CO_2– in der Einatemluft und einer Einwirkzeit von 30 Minuten bereits erste bleibende Schäden eintreten können.

CO_2-Konzentration in Vol.-%	Symptome
0,025 – 0,035	normale Konzentration in der Luft
0,09 – 0,5	keine Auswirkungen
0,5	MAK- Wert
1,8	Luftbedarf steigt um 50 %
2,5	Luftbedarf steigt um 100 %
3,0	schwach narkotische Wirkungen Verminderung des Hörvermögens Anstieg von Blutdruck und Puls
4	Luftbedarf steigt um 300 %, Kopfschmerzen
5	Vergiftungserscheinungen nach 30 min Schwindel, Schweißausbruch, (IDLH-Wert, Fluchtkonzentration)
8	Schwindel, Bewusstseinsverlust
9	deutliche Atemnot, Abnahme des Blutdrucks, Blutandrang, Tod nach 4 h
12	plötzlicher Bewusstseinsverlust und Tod in wenigen min
20	Narkose, Tod durch Ersticken

Tab. 7.5: Reaktionen des menschlichen Körpers auf bestimmte Kohlendioxyd-Konzentrationen

Die zu erwartende CO_2-Konzentration lässt sich sowohl für unbelüftete als auch für belüftete Räume berechnen. Für unbelüftete Räume gilt:

Aufenthaltszeit bei vorgegebener CO_2-Konzentration und zu erwartende CO_2-Konzentration bei gegebener Verweilzeit

$$t = C \times V \times 0.01 \times K^{-1} \qquad\qquad\qquad [7.9]$$

t = Aufenthaltszeit in h
V = spezifische Raumvolumen in m^3/Person
K = Belastungskoeffizient
C = CO_2-Konzentration in Vol %

Werte für Belastungskoeffizienten: $\dfrac{m^3}{h \times Person}$

belastungsfrei K = 0,02 ... 0,03
leicht belastet K = 0,03 ... 0,05
stark belastet K = 0,05 ... 0,08

$$C = 100 \times K \times t \times V^{-1} \qquad\qquad\qquad [7.10]$$

Bereits aus den Gleichungen ist ersichtlich, dass zwischen der Raumgröße, der Belastung, der CO_2-Konzentration und auch der Aufenthaltszeit lineare Zusammenhänge bestehen.

Für eine erste Abschätzung eignet sich folgende Faustregel für in Ruhe befindliche Personen:
In nicht belüfteten Räumen stellt sich bei 1 m^3 Luft pro Person (in Ruhe) bei 1 Stunde Aufenthaltszeit eine CO_2-Konzentration von 2 % ein.

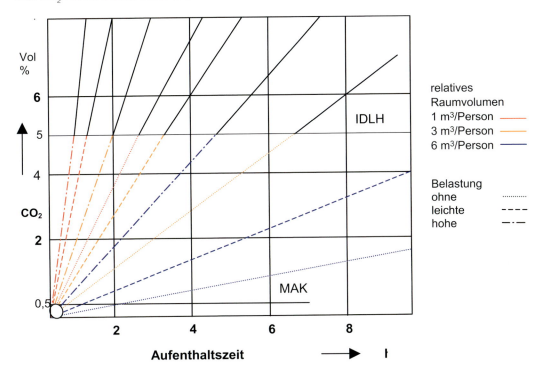

Bild 7.8: CO_2-Konzentration in unbelüfteten Räumen in Abhängigkeit von Aufenthaltszeit, Belastung und relativen Raumvolumen

Um die CO_2-Produktion so niedrig wie möglich zu halten sind unnötige Tätigkeiten zu vermeiden und verständliche Erregung weitestgehend zu dämpfen. Nötigenfalls sind Beruhigungsmittel zu verabreichen. Besonders in kühlen Räumen wird die höchste CO_2-Konzentration nicht am Boden sondern etwa in Brust- bis Kopfhöhe sitzender Personen gemessen, da die Ausatemluft deutlich wärmer als die Umgebungstemperatur ist. Deshalb ist es wichtig, dass die Bildung von CO_2-Nestern verhindert wird. Dafür reicht es aus, einen kleinen Ventilator so einzusetzen, dass eine leichte Luftzirkulation im Raum entsteht. Hitzestau ist zu vermeiden und sich bildender Schweiß sollte abgetupft werden. Während des Aufenthalts in unbelüfteten hermetisierten Räumen sollte die Nahrungsaufnahme vermieden werden, weil dadurch der Stoffwechsel und damit die CO_2-Produktion erhöht wird. Es muss unbedingt vermieden werden, dass Flaschen mit kohlensäurehaltigen Getränken mit in solche Räume gelangen, da ihr Öffnen fatale Folgen für die Insassen hat.

Für belüftete Räume (Filterventilationsanlage) eignet sich folgend Faustregel:
Bei in Ruhe befindlichen Personen reicht ein 2-facher stündlicher Luftwechsel aus, um eine CO_2-Konzentration von 2 % ständig zu halten. Ein 8-facher Luftwechsel sichert auch bei starker Belastung eine CO_2-Konzentration unterhalb 1 %.

Die Verhinderung von Ingestion ist auf Schiffen ebenfalls einfacher zu realisieren als für die normale Bevölkerung unter entsprechenden Bedingungen an Land. Die Lebensmittel lagern zentral und gut von der Außenwelt abgeschlossen in den Lasten. Konserven, die ja zusätzlich durch Blech-, Glas oder Plastikumhüllungen von der Umwelt getrennt sind, werden in ausreichender Menge an Bord mitgeführt und sind ständig verfügbar. Es muss lediglich darauf geachtet werden, dass die Schwanenhälse oder Belüftungsstutzen der Trinkwassertanks durch Filter, das könnten dicke Putzlappen- und Wattebälle sein, gegen das Eindringen von radioaktiven Stäuben geschützt werden und dass ab dem Öffnen der Konserven bis zum Verzehr des Lebensmittels keine Kontamination erfolgen kann. Wenn Konserven nicht ausgesprochen hochgradig und über einen sehr langen Zeitraum kontaminiert sind, kann man davon ausgehen, dass die Radionuklide nicht durch die Verpackung diffundieren. Eine Beeinträchtigung des Geschmacks oder der Haltbarkeit von bestrahlten Lebensmitteln ist erst bei sehr hohen Strahlendosen (in Bereich von kGy) zu erwarten, die unter den genannten Umständen keinesfalls erreicht werden können.

Eine tatsächliche Aktivierung (also das Radioaktivwerden von vorher stabilen Atomen) ist durch das Einwirken von Beta oder Gammastrahlung in dieser Situation nicht möglich.

7.6.2 Nutzung und Schaffung von Abschirmungen

Wenn sich bei der Gefahrenbewertung herausstellt, dass die Ortsdosisleistung an Aufenthaltsorten oder Arbeitsplätzen so groß ist, dass bis Reiseende die jährliche Grenzdosis erreicht werden kann, müssen besser geschützte Bereiche gesucht oder geschaffen werden. Wenn es möglich wäre, die Quelle ohne Gefährdung der Handelnden so umzustauen, dass sich der Abstand zu Arbeits- und Aufenthaltsräumen vergrößert und/oder Schiffs- oder Ladungsteile als Abschirmung wirken, wäre dies die optimale Lösung. Leider wird dies nur selten möglich sein. Voraussetzung dafür wäre, dass kein radioaktives Material austreten und damit das Schiff oder die Umwelt kontaminiert werden kann.

Eine zeitweise Verlegung der Aufenthaltsräume der Besatzung in besser geschützte Bereiche des Schiffs ist eine weitere Möglichkeit. Bild 7.7 zeigt als Beispiel die Wirkung eines gefluteten Tanks. Man sollte gegebenenfalls prüfen, ob Kofferdämme geflutet werden könnten. Ähnliche Wirkungen lassen sich erreichen durch die Nutzung von möglichst homogenen Ladungspartien wie Container, Sackgut oder gefüllte Fässer.

Für eine grobe Abschätzung der abschirmenden Wirkung kann man davon ausgehen, dass gleiche Flächenmassen M_A annähernd gleiche Abschirmwirkung haben. Das bedeutet, dass hinter einer Fläche, die als Abschirmung wirkt, die gleiche Masse Abschirmmaterial ähnliche Abschirmwirkung hat. Entsprechend der Dichte der Materialien ist die Dicke der Schicht unterschiedlich.

$$M_A = \rho \times d \qquad\qquad [7.11]$$

wobei M_A die Flächenmasse; ρ die Dichte des Abschirmmaterials und d die Durchdringungslänge für das Erreichen der Schutzwirkung ist

$$d_2 = d_1 \times \rho_1/\rho_2 \qquad\qquad [7.12]$$

Der Index 1 bezeichnet die Daten des Mediums, für das die Abschirmwirkung bekannt ist, ρ_2 ist die Dichte des vorhandenen Abschirmmaterials, d_2 die gesuchte Abschirmungsdicke.

Wenn z. B. bei der Gefährdungsanalyse festgestellt wird, dass Personen an einem nicht verzichtbaren Arbeitsplatz zu stark belastet werden, kann man eine nötige Abschirmung wie folgt ermitteln:

Beispiel:
Am Fahrstand der Brücke wird eine Dosisleistung von 30 µSv/h gemessen. Um die Grenzwerte nicht zu überschreiten, muss die Dosisleistung auf maximal 1,5 µSv/h gesenkt werden.
1. Nötigen Schutzkoeffizienten berechnen: Nach 7.4 ist $k_s = P_0/P_1 = 30/1{,}5 = 20$
2. Durch Vergleichsabschirmung ausreichende Materialstärke bestimmen:
   Nachdem am gleichen Ort ein stählerner Vorschlaghammer mit einer Materialstärke von 8 cm direkt vor den Detektor gehalten wurde, beträgt die Dosisleistung noch 3,7 µSv/h. Nach (7.4) ist $k_s = P_0/P_1 = 30/3{,}7 = 8{,}1$

Zum Vorgehen:
Wie in Bild 7.9 gezeigt, wird in der Nähe der Materialstärke 8 cm eine Parallele zur Kurve $k_s = 10$ so eingetragen, dass sie einem k_s-Wert vom 8,1 entspricht. Dort wo sie die Materialstärke 8 cm schneidet, geht man senkrecht nach oben bis zur Kurve $k_s = 20$ und liest links die nötige Materialstärke, hier 11 cm ab. Geht man vom Schnittpunkt nach unten kann man die vorherrschende Energie von etwa 1,1 MeV ablesen. Diese Methode ist aus verschiedenen Gründen nicht genau, aber für Notabschätzungen ausreichend.

Um einen Schutzfaktor von $k_s = 20$ zu erreichen, würde man also eine Eisenabschirmung mit einer Stärke von 11 cm benötigen. Will man die Abschirmung aus Sackgut mit Zucker erreichen, müssen die Säcke so gestapelt werden, dass eine Wandstärke von mindestens [(7.12) $d_2 = d_1 \times \rho_1/\rho_2 = 11 \times 7{,}86/1{,}61 = 53{,}7$ cm] 54 cm entsteht.

Solche Abschätzungen ermöglichen schnelle Entscheidungen und sind auch eine gute Hilfe für den Fall, dass keine anderen Werte (Halbwertdicken) für genauere Berechnungen zur Verfügung stehen. Um sicher zu gehen wird man grundsätzlich etwas überdimensionieren, zumal die Wandstärken fast immer durch die Abmessungen der zur Verfügung stehenden Materialen gegeben sind. Dies entbindet aber niemanden von einer Kontrolle der tatsächlich erreichten Abschirmwirkung.

In ungünstigen Fällen kann es sein, dass nur einzelne Arbeitsplätze, wie z. B. der Fahrstand auf der Brücke abgeschirmt werden kann. Das wäre bei wenig Seegang auch gut mit Sackladung möglich. Der Fußboden kann ausgeflurt und unter den Brückenfenstern mehrere Lagen hoch eine Wand gestaut werden. Wie im Abschnitt 7.5.2 beschrieben, müssen die geschützten Bereiche mit Messgeräten überprüft und gekennzeichnet werden.

Die Findigkeit der Seeleute für sinnvolle Improvisationen muss in solchen Fällen voll ausgeschöpft werden, da Außenstehende die konkreten Möglichkeiten nicht voll überblicken können. Da Umstauarbeiten oder Erstellen von Abschirmungen im Strahlungsfeld ablaufen müssen, ist es unabdingbar, dass sie minutiös geplant und äußerst diszipliniert ausgeführt werden. Besonders bei höheren Dosisleistungswerten muss die Strahlenbelastung der einzelnen Besatzungsangehörigen auf die Minute genau erfasst und dokumentiert werden, damit die Einhaltung der Grenzwerte garantiert werden kann. Ohne vorherige möglichst genaue Berechnung der zu erwartenden Belastung darf nicht gehandelt werden.

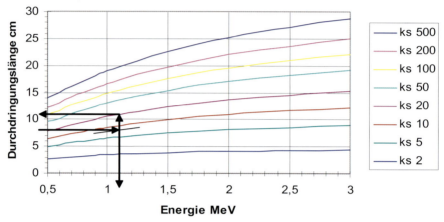

Bild 7.9: Abschirmmaterial Eisen ρ = 7,86 g cm^{-3} mit ks = 8,1

7.6.3 Verhinderung der Kontamination von Schiffsteilen und die Wirkung von Dekontaminationsmaßnahmen

Nach Katastrophen kann es zu Fallout radioaktiver Stoffe kommen. Wenn es nicht gelingt den möglichen Falloutgebieten auszuweichen, muss die Besatzung und das Schiff vor den Folgen weitestgehend geschützt werden. Am Wichtigsten ist es, einen möglichst hermetischen Verschlusszustand des Schiffes herzustellen, um eine Kontamination des Schiffsinneren oder wenigstens von Rückzugsräumen für die Besatzung zu verhindern.

Wenn sich Fallout auf dem Schiff ablagert, stellt dies eine Flächenquelle dar. Besonders in den oberen Räumen der Aufbauten (Brücke, Funkraum) kann dies zum Auftreten solcher Dosisleistungswerte führen, die auch bei Vermeidung von Inkorporation und direkter Kontamination von Personen zum Überschreiten der Grenzwerte führt. Ein weitgehender Schutz wenigstens vor der Ablagerung der Radionuklide wäre ein Sprühwasserdom über das gesamte Schiff. Außer Kriegsschiffen werden nur wenige Spezialschiffen z. B. Chemikalien- oder Gastanker über Wasserschutzsysteme verfügen, mit denen dies wenigstens partiell möglich ist. Aber bereits mit einfachen Mittel können Aufbautenbereiche und auch Luftansaugschächte für den Maschinenraum sowie die Entlüftungsöffnungen der Frischwassertanks provisorisch geschützt werden.

Werden die Speigatten und Decksabläufe der oberen Decks verstopft und Sprühstrahlrohre so angebracht, dass sie die Decks der Aufbauten, besonders das Peildeck abdecken, wird schon sehr viel erreicht. Der Wasserschutzvorhang wird einen Teil des Fallouts ableiten. Was an Deck noch ankommt, fällt auf eine Wasserschicht von annähernd der Dicke der Syllhöhen und wird durch die Schiffsbewegungen nach außenbords oder die unteren Decks abgeleitet. Falls keine Sprühstrahlrohre verfügbar sind reicht es, dort einen Feuerlöschanschluss etwas aufzudrehen, um so das Deck zu überfluten. Die Wasserschicht stellt eine Abschirmung dar und bewirkt zusätzlich, dass die Radionuklide sich nicht in Ecken oder Farbrissen absetzen können. Im Fallout befinden sich häufig Radionuklide mit sehr hohen β-Energien. Durch die Absorption von β-Teilchen im Wasser wird außerdem verhindert, dass beim Auftreffen auf Metallteile Bremsstrahlung entsteht.

Die Beschickung des Feuerlöschsystems und auch die Kühlwasserzufuhr für die Wärmetauscher der Hauptmaschine und der Hilfsdiesel sollten über die Tiefsauger erfolgen, um die Aktivitätskonzentration des an Bord kommenden Wassers und die damit verbundene Belastung möglichst klein zu halten.

Nach dem sicheren Ende des Fallouts und dem Abschalten des „Wasserschutzsystems" müssen umfangreiche Messungen zur Situation, beginnend in den oberen Aufbauten, durchgeführt werden. Hierbei wird sich auch die Wirkung des „Wasserschutzsystems" zeigen. An Hand der Ergebnisse ist zu überprüfen, ob und in welchen Bereichen eine Dekontamination durch die Besatzung erfolgen muss oder ob dies Spezialkräften überlassen werden kann. Meistens wird es nötig sein, mindestens bestimmte Bereiche, z. B. Peildeck, Brückennocken, Rettungsmittel, Verkehrsgänge, Eingangsbereiche und Manöverstationen baldmöglichst zu dekontaminieren.

Da es sich bei der Kontamination durch Fallout oder Ladung fast ausschließlich um nicht festhaftende Kontamination handelt, besteht wegen der Gefahr der Weiterverbreitung von radioaktiven Stoffen eine Dekontaminationspflicht (§ 44 StrlSchV), wenn die Oberflächenkontamination das Zehnfache der zugelassenen Werte (Anlage III) überschreitet.

Eine Dekontamination muss grundsätzlich von oben nach unten und von vorn nach achtern erfolgen. Das Arbeiten muss unter Vollschutz erfolgen.

Die Erfahrungen aus Kernwaffentests und dem Tschernobyl-Störfall haben gezeigt, dass sich an senkrechten Flächen nur etwa 10 % von dem Fallout ablagert, als auf waagerechten Flächen. Deshalb wird es meist ausreichend sein, Masten, Schornstein, Containergerüste u. Ä. einfach abzuspulen, während die Decks, aber auch vordere oder luvseitige Spiegel, in weiteren Arbeitsgängen mit Dekontaminationsmittel behandelt und Decks besser gründlich geschrubbt werden müssen.

Als Dekontaminationsmittel steht Außenbordswasser in ausreichendem Maße zur Verfügung. An den zugänglichen Stellen hat sich das Arbeiten mit Sprühstrahlrohren als erheblich effektiver erwiesen, als mit Vollstrahl. Der Grund dafür ist die größere Ablösearbeit von Wassertröpfchen gegenüber einem permanenten Strahl. Das Zumischen von einfachen, möglichst nicht stark schäumenden Waschmitteln könnte durch Schaumbildnerinjektoren erfolgen.

Für die Minimierung der Strahlenbelastung ist es wesentlich günstiger, große Flächen schnell, wenn auch grob zu dekontaminieren als in gleicher Zeit kleine Stellen sehr gründlich. Diese Flächen müssen später nochmals bearbeitet werden, weil sie nicht sauber genug sind oder durch ablaufendes Waschwasser nochmals kontaminiert werden. Untersuchungen haben ergeben, dass die Strahlenbelastung so um Größenordnungen kleiner ist als bei anderem Vorgehen.

Auch hierbei gilt der Grundsatz: Zuerst die den Aufenthaltsorten nahe gelegenen Flächen bearbeiten.

Um die Strahlenbelastung vor allem für das zur Dekontamination eingesetzte Personal so niedrig wie möglich zu halten, ist zuerst dessen Standort und die unmittelbare Nähe zu dekontaminieren, von dem ausgehend man, den konkreten Bedingungen entsprechend, in gehöriger Entfernung durch bloßes Spulen wesentliche Anteile der Kontamination nach Außenbords wäscht. Die handelnden Personen befinden sich also immer auf der „sauberen" Fläche. Nach jeder Dekontamination muss der Erfolg durch Messungen kontrolliert werden. Die dabei gemessenen Dosisleistungswerte bilden die Grundlage für die Dosisberechnung und damit gegebenenfalls Zeitbegrenzung für das handelnde Personal des nächsten Durchgangs. Da die Dosisleistung während der Arbeit stetig sinkt, kommt es zu einer leichten Überschätzung der aufgenommenen Strahlendosis und man befindet sich deshalb „auf der sicheren Seite".

Beim zweiten Waschgang sollten zusätzlich Decksbesen zum Schrubben eingesetzt werden. Der Zusatz einfacher Waschmittel, vor allen an fettigen Stellen, ist dringend anzuraten. An Deck sollten einfache Sperren errichtet werden, z. B. durch Feuerlöschschläuche, die verhindern, dass abfließendes Wasser sich vor den Aufbauten oder Schleusen staut.

Dekontaminationsversuche zeigten, dass sich relativ intakte neue Farbflächen recht gut dekontaminieren lassen. Ein einmaliges Abbürsten mit Waschmittellösung und sofortiges Nachspülen mit Frischwasser brachte bei senkrechten Flächen Dekontaminationserfolge von durchschnittlich 90 %. Wiederholungen der Prozedur zeigten dann allerdings keine nennenswerten Erfolge. Die verbliebene Aktivität lag in diesen Fällen bei 2 %. Nach dem dritten Durchgang sollte man sich deshalb, falls unbedingt nötig, nur noch um „heiße Stellen" kümmern, da der Aufwand meist nicht mehr den Nutzen rechtfertigt. Eine absolute Dekontamination ist praktisch nicht möglich. Es ist deshalb zu überprüfen, ob weitere Maßnahmen wie z. B. Sperrung der betroffenen Bereiche oder Abschirmung der Flächen bzw. Gegenstände sinnvoller sind als die Dekontamination mit anderen Mitteln, z. B. Abtragen der Oberfläche, so lange fortzusetzen bis die zulässigen Grenzwerte erreicht werden. Wichtig ist, dass die nicht festhaftende Kontamination beseitigt oder ihre Verschleppung verhindert wird, z. B. durch Versieglung (Überstreichen der Fläche mit Lackfarbe).

Lassen sich unverzichtbare Bedienelemente nicht ausreichend genug reinigen, kann eine Verschleppung von Kontamination durch Abkleben mit Klebstreifen oder Abdecken mit Folie verhindert werden. Da von solchen Teilen kein nennenswerter Beitrag zur Gesamtdosis zu erwarten ist, kann dann mit ihnen trotzdem, aber möglichst kurzzeitig, gearbeitet werden.

Besonders sorgfältig und überlegt muss in den Schleusenbereichen gehandelt werden, damit sich die Personen beim Ablegen der Schutzbekleidung nicht selbst kontaminieren, keine Kontamination in saubere Bereiche verschleppt wird und die Schutzbekleidung eventuell für weitere Benutzung zur Verfügung bleibt.

Eine Kontamination des Decks durch Ladung darf im Hafen oder innerhalb von Territorialgewässern und Anschlusszonen nur mit ausdrücklicher Genehmigung der zuständigen Landesbehörden nach außenbords beseitigt werden. Hier sollten unbedingt Spezialkräfte der betroffenen Staaten eingesetzt werden. Auch auf hoher See muss der Aktivitätseintrag in die Umwelt, hervorgerufen durch radioaktive Ladung, möglichst völlig unterbleiben. Bei großflächigem Fallout in diesen Gebieten stellt sich die Frage nicht, da das Schiff ja hier ein Teil der belasteten Umwelt ist.

7.7 Handlungsalgorithmen beim Auftreten ionisierender Strahlung

Vorkommnis beim Transport deklarierter radioaktiver Ladung

Kommt es durch Unfälle zur Beschädigung der Verpackung radioaktiver Güter, sollte wie folgt gehandelt werden:
– Fluchtartiges Verlassen des betroffenen Bereiches möglichst in Richtung Aufbauten
  Ausnahme: bei niedrigaktiven flüssigen Gütern Blitzhandlung, um auslaufendes Gut an Ausbreitung zu hindern, z. B. durch Hinwerfen von Kleidungsteilen oder saugfähiger Dinge, die gerade zur Hand sind
– Information der Besatzung über Ereignis und die Sperrung betroffener Bereiche
– Verhinderung der Kontamination von Personen
– Verschleppung von etwaiger Kontamination in die Aufbauten verhindern
– Befolgen der Handlungsempfehlungen lt. Ladungspapiere

– Messen der Dosisleistung rund um das beschädigte Gut, beginnend von den Aufbauten bei gleichzeitiger Dokumentation der Ergebnisse, Annäherungsgrenze bei Erreichen einer Dosisleistung von 200 µGy/h (200µSv/h) – Ausnahme: Rettung von Personen
– in Bereiche höherer Dosisleistung nur bei Notwendigkeit und erst nach Abschätzung einer zu erwartenden Gesamtdosis vordringen
– Innerhalb von Territorialgewässern Information der zuständigen Behörden
– Information der Reederei
– Vergleichen der gemessenen Dosisleistung mit der zu erwartenden lt. Transportunterlagen. Ist gemessene Dosisleistung kleiner oder nicht mehr als 20 % höher als zu erwartende, kann ohne Bedenken mit den angegebenen Aktivitäten und Energien gerechnet werden
– Auswertung der Messergebnisse und Festlegung gesperrter Bereiche (Kap. 7.5.2)
– Abschätzung von Abschirmmaßnahmen und ihre organisatorische Planung
– Ermittlung der Dosisaufnahme handelnder Personen bei Durchführung der Abschirmungsmaßnahmen (Kapitel 7.7)
– Durchführung der notwendigen Maßnahmen bei Überwachung und Dokumentation der Dosisaufnahme für jede handelnde Person
– Kontrolle der erreichten Ergebnisse

Entdecken nicht deklarierter radioaktiver Ladung
– Messen der Dosisleistung rund um das verdächtige Gut, beginnend mit den Aufbauten bei gleichzeitiger Dokumentation der Ergebnisse
– Untersuchung des näheren Stauorts auf etwaige Kontamination
– Abklären des Gefährdungspotenzials
– Ggf. Absperren gefährlicher Bereiche
– Bei höheren Dosisleistungswerten – Strahlenschutzmaßnahmen wie in Kapitel 7.1 beschrieben
– Information der Reederei
– Vor Meldung an Behörden die rechtlichen Konsequenzen prüfen

Nukleare Katastrophen
– Auswertung der Warnmeldung
– Prüfen, ob Falloutgebiet oder kontaminierte Bereiche umgangen werden können; Besatzung würde dann nicht der Gefahr einer Kontamination oder Ingestion radioaktiver Stoffe ausgesetzt, und unnötige Strahlenbelastung vermieden. Für kontaminierte Schiffe werden eventuell Häfen gesperrt, stark kontaminierte Kühlwasserkreisläufe können wegen alter Ablagerungen zu radioaktivem Sondermüll werden
– Information der Besatzung
– Messausrüstung überprüfen, gegenwärtigen Messwert z. B. an Deck als Nullpegel annehmen, auf See wird er, abhängig von der Ladung, in der Nähe von 0,06 µSv/h liegen. Das Messgerät durch Einpacken in Folie vor direkter Kontamination schützen
– Bei Gefahr starker Kontamination hermetisierbare Bereiche für die Besatzung vorbereiten
– Schleusen einrichten
– „Wasserschutzsystem" vorbereiten
– Kurs so absetzen, dass das gefährdete Gebiet möglichst spät, erst nach sicherem Falloutende erreicht wird, die tatsächliche Lage des betroffenen Gebietes und die Zeiten von Falloutbeginn und Falloutende können vom Schiff praktisch nie bestimmt werden, man ist auf Prognosen der Landstationen angewiesen. Je später die Falloutspur erreicht wird, umso tiefer ist die Durchmischung (siehe Kapitel 7.5.3, Tab. 7.4). Je später die Falloutspur erreicht wird, umso weiter ist die Dosisleistung wegen Abklingen der Aktivität bei Kernwaffenunfällen gesunken, bei AKW-Unfällen hat dies kaum Auswirkungen

Die Dosisleistung über der Spur kann wie folgt abgeschätzt werden:

$P_{t2} = P_{t1} \cdot (t_2/t_1)^{-m}$ wobei t_1 die Zeit zwischen der Detonation und der 1. Messung über der Spur, P_{t1} der dazugehörige Messwert, t_2 die Zeit zwischen der Detonation und dem Berechnungszeitpunkt, P_{t2} die dort zu erwartende Dosisleistung und m ein empirischer Abklingkoeffizient ist. Für Unfälle in AKW: m = 0,3, für Kernwaffenfallout: m = 1,2

- Bei Annäherung an das Falloutgebiet ständig die Messwerte beobachten und durch einseitiges Abschirmen des Sensors überprüfen, ob die etwaige Erhöhung des Messwertes durch das Wasser oder die Atmosphäre hervorgerufen wird.
  Eine Verdopplung des Nullpegels, ohne Annäherung an die Küste, bedeutet, dass das durch Fallout bedrohte Gebiet erreicht wurde, – vollständigen Verschlusszustand herstellen, Zulüftungen sperren, Sperrung der Außenbereiche – bei Strahlung von oben – „Wasserschutzsystem" zuschalten, wenn möglich separate Zulüftung für Haupt- und Hilfsmaschinen bei Strahlung von unten – Seewasser an Deck bedeutet Kontamination – Dosisleistungsmessung an den Wärmetauschern im Maschinenraum
- Ständige Messungen in den Wach- und Aufenthaltsbereichen und ihre Dokumentation
- Hermetisierung nur bei hohen Dosisleistungswerten und/oder sichtbaren Niederschlägen. Wenn es in Gebieten mit radioaktiv kontaminierter Luft zu feuchten Niederschlägen kommt, spricht man von Washout, im Niederschlag sind Radionuklide gelöst
- Information an die zuständigen Behörden oder die warnende Landstation

7.8 Fallbeispiele

Die Schiffsleitung von MS „St." wird unmittelbar vor Auslaufen aus dem Hafen M. durch den Supervisor inoffiziell darüber informiert, dass sich wahrscheinlich ein nuklearer Unfall ereignet hat, denn an Hafenpersonal und Bevölkerung seien Jodtabletten ausgegeben worden. Sofortige Rückfragen bei Agentur und Hafenamt wurden abschlägig beantwortet.

Nach Auslaufen werden mit dem an Bord befindlichen Strahlungsmessgerät Messungen durchgeführt, nachdem es überprüft und als i. O. befunden wurde (das Gerät verfügte nicht über eine eigene Quelle). Der Detektor war ein Geiger-Müller-Zählrohr, der durch eine Stahlumhüllung geschützt ist.

Folgende Messergebnisse wurden ermittelt:
Oberdeck: 0,25 – 0,30 mGy/h
Laderäume (Erz):   0,15 – 0,20 mGy/h
Wohnbereich (Fußboden):   bis 0,05 mGy/h

1. Was wurde gemessen? Gammastrahlung, da Alpha- und Betastrahlung durch Stahlumhüllung des Detektors absorbiert wird, Q = 1 mSv/mGy
   Schlussfolgerung: Besatzung vor weiterer Kontamination und vor Ingestion radioaktiver Stoffe schützen, weitere Verschleppung von Kontamination verhindern, Proviantlasten sichern, – wurde durchgeführt –
2. Risikoabschätzung: Reisezeit bis zum Löschhafen 10 Tage, äußere Belastung bei ständigem Aufenthalt in den Aufbauten (10 × 24 h × 0,05 mGy/h × 1 mSv/mGy=) 12 mSv, wenn innere Belastung durch Ingestion vernachlässigbar klein eingeschätzt wird. Entsprechend damaliger gesetzlicher Grenzwerte tolerierbar, lag unterhalb des Jahresgrenzwertes für beruflich strahlenexponierte Personen Gruppe B; für Frauen und Jugendliche unter 18 Jahren würde Grenzwert überschritten, – Abschätzung erfolgte, Abbergen der betroffenen Personen – wurde erwogen – wäre wegen sehr schweren Wetters äußerst gefährlich geworden

3. Abschätzung der Kontamination – erfolgte nicht

Nach dem Unfall von Tschernobyl wurden über der Erde in unmittelbarer Nähe des Werkes Dosisleistungswerte von 0,3 mGy/h gemessen, auf einem Schiff in stürmischer See wäre dieser Wert wegen der geringen Fläche nicht erreichbar,

Ausnahme bei Kernwaffendetonation in relativ großer Nähe (siehe auch Kap. 7.5.3, Tab. 7.4)

4. Weitere Überprüfung des Messgerätes (siehe Kap. 7.3.4) – erfolgte nicht.

Als Ursache der Fehlmessungen wurde durch Spezialisten der staatlichen Behörde ein Haarriss in der benutzen Messsonde ermittelt, der die unterschiedlichen Messwerte bei veränderter Sondenhaltung erklärte. Die 2. Sonde des Geräts, für den höheren Bereich bestimmt, war intakt.

Die durch die Reederei umgehend informierten staatlichen Stellen schlossen nach sofort durchgeführten Messungen auf Schiffen mit gleicher Ladung auf einen Messgerätefehler, waren aber wegen völliger Unkenntnis der Bordbedingungen und der schlechten Wetterlage (Messungen an Bord des MS „St.") nicht in der Lage, der Besatzung zu helfen

MS „F" lud in L. mit eigenem Geschirr Container nach Syrien. Ein Container IMDG-Klasse 8 Corrosive verzögerte das Ladeende, da die Papiere unklar waren. Schließlich wurde der recht schwere Container als letzter in der obersten Lage gestaut und gelascht. Nach Auslaufen berichtete der Bootsmann, dass ihm am Container mehrere Reihen mit Schrauben aufgefallen waren, und der Gangwayposten stellte fest, dass dieser offensichtlich an der Pier ständig unter Bewachung stand. Daraufhin wurde mit einem Strahlungsmessgerät direkt an der Containerwand eine Dosisleistung von 1,2 µSv/h gemessen. Eine Sichtkontrolle ergab, dass der Container dicht und keine Ladung ausgetreten war.

Das Schiff befand sich zu diesem Zeitpunkt bereits außerhalb der Territorialgewässer. Die Fuß- und Handbelastung der mit Lascharbeiten betrauten Personen wurde für eine Arbeitszeit am Container von etwa 12 Min. ermittelt (1 h × 1,2 µSv/h = 0,12 µSv) und als unbedenklich eingestuft, auch im Hinblick auf das Entlaschen, zumal eine Messung an den Handflächen keinen Hinweis auf eine etwaige Kontamination ergab.

Festlegung:
– Periodische Kontaminationskontrollen am Container
– Entlaschen und Löscharbeiten durch gleichen Personenkreis wie beim Laden mit Schutz durch Ölzeug und Schutzhandschuhe mit nachfolgender Kontaminationsmessung
– interne Information der Reederei

Der Container wurde im Löschhafen offensichtlich erwartet und wurde sofort ohne Zwischenlagerung abtransportiert.

Literaturverzeichnis

Bundesanstalt für Arbeitsschutz, TRGS 900, MAK-Werte 1989. – Regelwerke – Rw 5.

Dortmund 1990. – 160 S.

Fennel, W., Prandke, H.; Lass, H.: On the Penetration Depthof Wind Wafe Mixing in the Tropical Ocean. – In: Atmosphere Newsletter Nr. 22, – S.12–13. – University of Washington, 1983

Gesetz über die friedliche Verwendung der Kernenergie und den Schutz gegen ihre Gefahren (Atomgesetz) vom 23.Dezember 1959 (BGBl. I S. 814) in der Fassung der Bekanntmachung vom 15. Juli 1985 (BGBl. I S 1565) (BGBl. III 751-1) zuletzt geändert durch Gesetz zur Neuordnung der Sicherheit von technischen Arbeitsmitteln und Verbraucherprodukten vom 6. Januar 2004 (BGBl. I S. 2,15) In: Atomgesetz mit Verordnungen 25. Auflage Nomos Verlagsgesellschaft, Baden-Baden 2005, ISBN 3-8329-0955-9, – 567 S.

Gräber, M.: Theoretische und experimentelle Untersuchungen zur Berechnung der Energiedosisleistung über radioaktiv kontaminierten Seewasserflächen und daraus ableitbare Handlungsmöglichkeiten für die Führung von Zivilschiffen in solchen Gebieten. – Diss. A. – Warnemünde 1987 Ingenieurhochschule für Seefahrt Warnemünde/Wustrow – 117 S.

Gräber, M.: Grundlagen zum Strahlenschutz in der Handels- und Fischereiflotte der DDR. – Studie –. Ingenieurhochschule für Seefahrt Warnemünde/Wustrow. – 1987. – 36 S.

Grimmsehl, E.: Lehrbuch der Physik, Bd.4. Struktur der Materie. – Leipzig, 1988. – 614 S.

Huber, G.: Minimale Lüftungsraten in Wohn- und Arbeitsräumen. – Diss. A. – Eidgenössische Technische Hochschule Zürich. – 1982

Ivanow, V. I.; Maskovic, V. P.: Sbornik zasac po dozimetrii i zasite ot ioniziruusih izlucenij. – Moskau, 1980.– 246 S.

Lamb, P. J.: On the mixed-layer climatologie of the north and tropical Atlantic. – In: Tellus . – Stockholm , 361 (19849, 3 . – S. 292–305

Leichnitz, K.: Dräger – Prüfröhrchen – Taschenbuch, 7. Ausgabe. – Lübeck 1988

Müller, G.: Experimentelle Untersuchung der Oberflächendrift mit Hilfe von Driftkarten in der Arkona- und Beltsee. – Diss. A. – Rostock-Warnemünde, 1982. Akademie der Wissenschaften der DDR. – 169 S.

Nörenberg, Th.: Untersuchung typischer Belastungsfälle für Schiffsbesatzungen in Schutzräumen. Konsequenzen für die Entwicklung und Beeinflussung des Mikroklimas auf Handelsschiffen. – Diplomarbeit. – Ingenieurhochschule Warnemünde/Wustrow. – 1988

Petzold, W.; Krüger, H.: Strahlenphysik, Dosimetrie und Strahlenschutz, Bd.1, 2. überarbeitete Auflage

Sauermann, P. F.: Abschirmpraxis – aus 25 Jahren Erfahrung. – KFA Jülich GmbH, 1985 181 S.

Sauter, E.: Grundlagen des Strahlenschutzes. – München 1983

Schuricht, V. u. a.: Strahlenschutzphysik. – Berlin, 1975. – 422 S.

Stolz, W.: Messung ionisierender Strahlung. – Berlin, 1985. – 157 S.

Verordnung über den Schutz vor Schäden durch ionisierende Strahlen (Strahlenschutzverordnung – StrlSch v) vom 20.Juli 2001 (BGBl. I S. 1714 ber. I 2002 S. 1459) (BGbl. III 751-1-8). Geändert durch Verordnung zur Veränderung der Röntgenverordnung und anderer atomrechtlicher Verordnungen vom 18. Juni 2002 (BGBl. I S. 1869,1903), In: Atomgesetz mit Verordnungen 25. Auflage Nomos Verlagsgesellschaft, Baden-Baden 2005, ISBN 3-8329-0955-9, – 567 S.

Verordnung über die Beförderung gefährlicher Güter mit Seeschiffen (Gefahrgutverordnung, GGV-See)

Zillmann, K.: Experimentelle Untersuchungen zu Arbeits- und Überlebensbedingungen in speziellen abgeschlossenen Räumen eines Handelsschiffes für Einzelpersonen und kleine Kollektive unter verschiedenen physischen Belastungen. – Diplomarbeit . – Ingenieurhochschule für Seefahrt Warnemünde/Wustrow 1985. – 56 S.

Weiterführende Literatur:

Krieger, H.: Grundlagen der Strahlungsphysik und des Strahlenschutzes. – B.G. Teubner Verlag/ GWV Fachverlage GmbH Wiesbaden 2004. – 622 S. – ISBN 3-519-00487-9

8 Überleben im Seenotfall

Dr.-Ing. Horst Tober, Kapitän auf großer Fahrt; Dr.-Ing. Michael Baldauf; Dr.-Ing. habil. Burkhard Brühe, Doz. i. R., Kapitän auf großer Fahrt; Prof. Dr.-Ing. Wolfgang Förster, Kapitän auf großer Fahrt; Prof. Dr.-Ing. habil. Joachim Hahne; Dr. med. Eberhard Peter

Abkürzungsverzeichnis

a	Vertikalbeschleunigung
Ah	Augeshöhe
AMVER	Automated Mutual Vessel Reporting System Schiffsmeldesystem
AT	Treibankerfläche
B	individuelle CO_2-Abgabe
C_{CO2}	CO_2-Konzentration
c_{WT}	Widerstandsbeiwert eines Treibankers
$c_{WÜW}$	Widerstandsbeiwert der Überwasserfläche
c_{WUW}	Widerstandsbeiwert der Unterwasserfläche
DGzRS	Deutsche Gesellschaft zur Rettung Schiffbrüchiger
D_G	Drift infolge Gezeitenströmung
D_M	Drift infolge Meeresströmung
D_R	resultierende Drift
D_S	Drift infolge Seegang
D_T	Drift infolge Triftströmung
D_W	Drift infolge Wind
EPIRB	Emergency Position-Indicating Radio Beacon – Seenotfunkboje
ERW	Erkennungsreichweite
f	Luftfeuchte
F	Kraft (N)
F_L	Winddruckkraft
F_S	Schleppkraft
F_W	hydromechanischer Widerstand des Rettungsfloßes
F_{WT}	hydromechanischer Widerstand des Treibankers
F_Z	Zugkraft
FM 13	Wetterschlüssel
GH	Hebelarm der statischen Stabilität
GMDSS	Global Maritime Distress and Safety System – Weltweites Maritimes Not- und Sicherheitssystem
Gw	Grenzwert
h	Höhe (m)
IAMSAR	International Aeronautical and Maritime Search and Rescue Manual – Internationales Handbuch für die aeronautische und maritime Suche und Rettung
IMO	International Maritime Organization – Internationale Seeschifffahrts-Organisation
INMARSAT	Satellitengestütztes Informationssystem
K_D	Driftkurs
KSA	Kälteschutzanzug
L	individueller Luftwechsel
ME	Manövereinleitung
OSC	On Scene Co-ordinator – Leiter einer Suche am Unfallort
P (A)	Wahrscheinlichkeit des Eintretens von A

PSN$_A$	Anfangsposition
PSN$_U$	Unfallposition
RB	Rettungsboot
RCC	Rescue Co-ordination Centre – Rettungsleitstelle
RF	Rettungsfloß
RMS	Rettungsmittelsystem
RSB	Rescue Boot
RW	Rettungsweste
SAR	Search and Rescue – Internationales Übereinkommen über die maritime Suche und Rettung
SOLAS	Safety of Life at Sea – Internationales Übereinkommen zum Schutz menschlichen Lebens auf See
SP	Seitenpeilung
STCW	Standards of Training, Certification and Watchkeeping – Internationales Übereinkommen über Standards für die Ausbildung, Zeugniserteilung und den Wachdienst
t	Trimm des Schiffes
T	Temperatur (°C)
T$_L$	Temperatur der Luft
ÜW/UW	Überwasser/Unterwasser
V	individueller Luftraum
v$_{DW}$	Driftgeschwindigkeit
v$_L$	Windgeschwindigkeit
v$_{LA}$	absolute Windgeschwindigkeit
v$_S$	Geschwindigkeit des Schiffes
WDA	Wasserdruckauslöser
α	Auslagewinkel
ϕ	Schlagseitenwinkel
ρ	Dichte
φ	Stabilitätsumfang

8.1   Die Eigenrettung Schiffbrüchiger

8.1.1   Grundlagen und Einordnung

Unfälle auf See ereignen sich ebenso, wie in anderen Bereichen der Wirtschaft auch. Das ist durch Statistik belegbar. Nicht jeder Unfall auf See ist automatisch ein Seenotfall. Die realen technischen, organisatorischen und personellen Voraussetzungen zum Zeitpunkt des Eintritts des Unfalls sowie die Zweckmäßigkeit eingeleiteter Maßnahmen der Besatzung zur Abwehr der aus dem Unfall resultierenden Gefahren entscheiden darüber, ob sich ein Seeunfall zu einem Seenotfall entwickelt. Objektive Kriterien zur Bewertung liegen nicht vor. Es handelt sich dabei um einen allgemein akzeptierten Schwellwert, der durch folgende Prämissen gekennzeichnet ist:

– Erreichung eines bestimmten Stadiums des Unfallverlaufs
– Mit herkömmlichen Mitteln und Methoden ist eine Aufrechterhaltung des normalen Schiffsbetriebes nicht mehr gegeben
– Die allgemeine Aufgabenerfüllung ist nicht mehr gewährleistet. Die Zielfunktion „Gefahrenabwehr" ändert sich in „Rettung von Menschenleben"
– Es besteht akute Lebensgefahr für die betroffenen Personen an Bord. Aus Besatzung und Fahrgästen werden Schiffbrüchige
– Die neue Zielsetzung heißt Überleben auf See

Sinnvoll ist die Einteilung des Überlebensprozesses in Phasen. Damit sind spezifische Probleme und Anforderungen besser zuzuordnen. Der Überlebensprozess beginnt mit der Entscheidung zum Verlassen des Schiffes und endet mit der Aufnahme/Erstversorgung der Schiffbrüchigen.

Phasen sind:

– Vor dem Verlassen	Pre-abandonment
– Verlassen und Freikommen	Abandonment
– Aufenthalt	Survival
– Erkennung/Auffinden	Detection
– Aufnahme/Rettung	Retrieval/Rescue

8.1.2 Die Phase „Vor dem Verlassen" des Schiffes

Die Entscheidungsfindung zum Verlassen des Schiffes

Grundlage der Entscheidung ist immer eine Bewertung der Situation
– objektiv bei Erreichen von Grenzwerten oder aus dem zeitlichen Verlauf mit deutlich erkennbarem Ergebnis,
– subjektiv als Ergebnis vorausschauender Analyse und
– subjektiv als Ergebnis einer Fehlbewertung.

Die geänderte Zielstellung (Gefahrenabwehr-Rettung von Menschenleben) muss als Zäsur erkennbar sein und zu einem Schwerpunktwechsel in den Entscheidungen und Handlungen führen. Zahlreiche Fallbeispiele zeigen diesen Sprung in der Bewertung und Entscheidung nicht.

Ausgangssituation:
Auf das installierte Rettungsmittelsystem mit seinen technischen, technologischen und personellen Komponenten wirken
– der Zeitfaktor (Zugriffszeit, Auswahl von Elementen, Qualität von Handlungen u. a.),
– externe Bedingungen (auf Schiff, Rettungsmittel und die Menschen) und
– interne Bedingungen (Krängung, Trimm, Brand, Explosion, Toxizität).

Damit entsteht prinzipiell ein erhebliches Defizit zwischen theoretisch installiertem und praktisch vorhandenem Rettungsmittelsystem. Die Bewertung des noch verfügbaren Potenzials ist daher wichtigste Grundlage aller folgenden Entscheidungen zum Verlassen des Schiffes mit den Komponenten
– verfügbare Technik, auch zeitbezogen (Zugriffszeit),
– mögliche/notwendige Technologien und
– verfügbare personelle Kapazität (qualitativ/quantitativ).

Inhalte dieser Bewertung sind dann technische, technologische, medizinische, psychologische Fragestellungen. Diese Gesamtbewertung stellt einen hohen Anspruch an die Schiffsführung und ist in der Regel nur in Teamarbeit und durch bestimmte kognitive Vorarbeit zu erreichen (Modellbildung zu vorgedachten Notsituationen).

Es gibt keinen allgemein gültigen Algorithmus, da unterschiedlichste Rettungsmittelsysteme sowie spezifische interne und externe Bedingungen vorliegen werden. Vorgedachte Szenarien sollten dann auch Grundlage von Schulungen und Übungen sein (Modellbildung in allen Ebenen). Die Festlegung des Zeitpunktes zum Verlassen des Schiffes ist eine der wichtigsten Fragen mit erheblicher Gesamtwirkung auf die folgenden Phasen des Prozesses.

Bewertungsgrundlagen können sein:
– Erkenntnis des unvermeidlichen Unterganges

- Erkenntnis zur Entwicklung der Überlebensbedingungen
- Notwendiges Zeitvolumen zum Vorbereiten und Verlassen
- Notwendige/vorgesehene Maßnahmen zum Verlassen (z. B. Manöver)
- Erkennen technischer Grenzen von Rettungsmitteln (z. B. Krängung u. a.)

Bei dieser schwierigen Bewertung besteht ein großer subjektiver Spielraum mit der Möglichkeit von Fehlentscheidungen und Unterlassungen, die in der Regel kaum umkehrbar sind.

Bedingungen und Einflussfaktoren der Entscheidung können sein:
- Krängung, Trimm mit Wirkung auf die Verfügbarkeit von Rettungsmitteln
- Festlegung einer Seite zum Verlassen
- Manövriermöglichkeit des Schiffes zur Unterstützung des Verlassens, Leeschutz
- Technologie des Verlassens – Mittel, Wege, Methodik und besondere Maßnahmen wie: Schutz von Rettungsmitteln bei Brand und vorzeitiges Aussetzen zur Sicherung, Zugriff zu individuellen Rettungsmitteln, Reserven
- Transport von Flößen, Methode des Aussetzens, Hilfen zum Verlassen, Abstieg
- Sicherung beim Sprung, Sicherung auf dem Weg durchs Wasser (Drift)
- Transport Verletzter, Hilfebedürftiger u. Ä. (z. B. Sorgfaltspflicht gegenüber Fahrgästen)

Erforderlich ist eine rechtzeitige und exakte Information an die Besatzung. Das Konzept muss darin erkennbar sein. Ohne kognitive Vorbereitung und vorherige Schulung ist das kaum möglich.

Notwendig ist ebenfalls eine rechtzeitige und exakte Information nach außen.

Die Erklärung des Eintritts eines Seenotfalls trifft der Kapitän. Nunmehr konzentrieren sich alle Maßnahmen sowie die Verwendung vorhandener Mittel ausschließlich auf die Rettung der Menschen. Die neu erklärte Situation an Bord ist durch folgende Merkmale bestimmt:
- Der Schiffsführungsprozess wird zu einem Überlebensprozess für den Menschen
- Das Schiff als Aufenthalts- und Lebensraum steht für den Menschen nicht mehr uneingeschränkt zur Verfügung
- Gefahren, Belastungen, Ungewissheit wachsen progressiv mit der Zeit
- Handlungserfordernisse ergeben sich zeitabhängig aus verfügbaren Informationen aus dem Gesamtverlauf
- Das Führungspersonal befindet sich jetzt in einer Situation, die außerhalb des Stadiums der Routine liegt

Es sei an dieser Stelle erwähnt, dass moderne Arbeitssysteme in der Schifffahrt sozio-technische Systeme sind, deren Zuverlässigkeit von der interaktiven Wirkung ihrer Teilzuverlässigkeiten bestimmt ist:
- Zuverlässigkeit der Technik
- Zuverlässigkeit des Menschen (Personal)
- Zuverlässigkeit in der Organisation der Arbeit

Im Rahmen dieses Kontextes nimmt die menschliche Zuverlässigkeit einen sehr hohen Stellenwert ein. Ungeachtet dieser Tatsache wird der technischen Zuverlässigkeit nach wie vor große Aufmerksamkeit gewidmet. Systemelemente Personal und Organisation spielen dagegen bisher eher eine untergeordnete Rolle.

Die Aussicht auf Überleben auf See wird also generell durch die Zuverlässigkeit dieses Systems unter Beachtung des aktuellen Zustandes bestimmt. Alle erforderlichen Handlungen zur Umsetzung der Zielfunktion ergeben sich zwangsläufig aus der Bewertung des jeweils aktuellen Systemzustandes. Hierzu benötigt das Führungspersonal jedoch zuverlässige Informationen aus dem komplexen System, um sich dieses bewusst zu machen und es gleichzeitig zu verstehen. In dieser Kausalität liegt sowohl das Grundproblem als auch die Bedeutung des zuverlässigen Funktionierens des Menschen hinsichtlich des Gesamterfolges.

Der erfolgreiche situationsbezogene Einsatz vorhandener Rettungsmittel wird dabei das Gesamtergebnis wesentlich bestimmen. Die Gesamtheit der an Bord vorhandenen Rettungsmittel wird als Rettungsmittelsystem (RMS) bezeichnet.

Rettungsmittelsysteme auf Seeschiffen

Bei der „Rettung aus Seenot" ist ein strategischer Grundsatz, dass die an Bord mitgeführten technischen Mittel umfassend und effektiv eingesetzt werden. Für den Einsatz selbst ergeben sich daraus entscheidungsrelevante Aspekte, wie Verfügbarkeit, Anordnung, Anforderungen, Einschränkungen bis hin zur Verknüpfung mit Kräften, Mitteln und Verfahren.

Sie umfassen alle technischen Mittel zur Rettung im Seenotfall, ihre Zusammensetzung, Anordnung, Einrichtung und Ausrüstung entsprechend den Anforderungen aus den möglichen Prozessen im Seenotfall auf einem konkreten Schiff und unter Berücksichtigung der Anforderungen an und durch den potenziellen Nutzer (Bild 8.1).

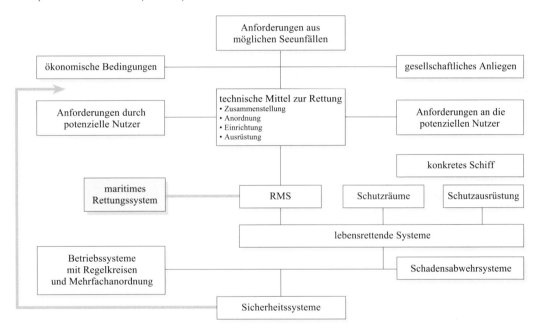

Bild 8.1: Strukturelle Zuordnung und Wechselwirkungen zum RMS an Bord

Die entscheidende Rolle des RMS bei der „Rettung aus Seenot" liegt darin begründet, dass
- vor dem Einfluss vieler Faktoren mit ihren negativen Wirkungen auf die Schiffbrüchigen in bestimmtem Maße nur das komplexe und aufeinander abgestimmte System der Rettungsmittel schützt und
- ein Überleben auf See ohne Rettungsmittel nur in Ausnahmefällen möglich ist.

Die ausschließliche Einordnung des RMS als technisches Mittel ist unzureichend. Berücksichtigung müssen auch die zu seiner Handhabung erforderlichen Fähigkeiten, Fertigkeiten und Gewohnheiten sowie die weiteren Leistungsvoraussetzungen (s. Bild 8. 2) der Nutzer finden.

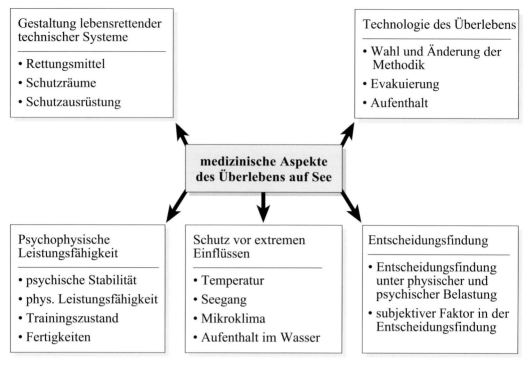

Bild 8.2: Wichtige Einflussbereiche medizinischer Aspekte beim „Überleben auf See"

Unabhängig von der technischen Ausführung und Anordnung von Rettungsmitteln bleiben für das RMS die prinzipiellen Aufgaben bestehen:
– Eigenrettung
– Fremdrettung
– Person über Bord-Rettung

In Tabelle 8.1 werden die daraus abgeleiteten wichtigsten Anforderungen an das RMS im Zusammenhang mit schiffsbezogenen und personellen Aspekten dargestellt. Durch eine Vielzahl von technischen Lösungen und Maßnahmen wird angestrebt, für alle möglichen Arten von Seeunfällen der Schiffsbesatzung Rettungsmittel zur Verfügung zu stellen. Das war und ist nur bis zu einer bestimmten Grenze möglich, da hohe technische Leistungsfähigkeit mit einer entsprechenden technischen Spezialisierung verbunden ist. Das gewollte Erreichen einer hohen Wirksamkeit der Rettungsmittel muss deshalb auch zukünftig zu einem ausgewogenen System aus verschiedenen RM führen (Tab. 8.1).

Kollektive Rettungsmittel

Kollektive Rettungsmittel mit ihrer spezifischen Zweckbestimmung sind in der Schifffahrt erst seit dem vorigen Jahrhundert gebräuchlich. Der Untergang der „Titanic" gab erst den Anlass zur Ausarbeitung des 1. Internationalen Schiffssicherheitsvertrages von 1914, der eine für alle Personen ausreichende Rettungsbootkapazität auf seegehenden Schiffen vorsah. Bis zur Gegenwart erfolgte mit wechselnder Intensität und in verschiedenen Zeitabschnitten die Entwicklung verschiedener kollektiver Rettungsmittel (Bild 8.3).

	Eigenrettung	Person über Bord	Fremdrettung
Zustand des Schiffes	Verlust der Schwimmfähigkeit /Stabilität, Temperaturniveau unerträglich u. a.	In betriebsfähigem Zustand	In betriebsfähigem Zustand
Anforderungen an die Besatzung	Zwang zum Verlassen für alle Personen; Beginn des Überlebens auf See	Einsatz einer Gruppe für eine begrenzte Zeit; kein unbedingter Zwang	Einsatz einer Gruppe für eine begrenzte Zeit, kein unbedingter Zwang
Anforderungen an das RMS	Sicheres Aussetzen aller RM, Gewährleistung von Überlebensbedingungen und hoher Schutz vor Umweltbedingungen	Sicheres Aussetzen und sichere Wiederaufnahme, zuverlässiger Antrieb, gute Manövrierbarkeit, minimale Ausrüstung, Aufnahme von Einzelpersonen	Sicheres Aussetzen und sichere Wiederaufnahme, zuverlässiger Antrieb, minimale Ausrüstung, Aufnahme größerer Personengruppen

Tab. 8.1: Anforderungen an die kollektiven Rettungsmittel zur Schaffung von Überlebensbedingungen bei verschiedenen Seenotsituationen

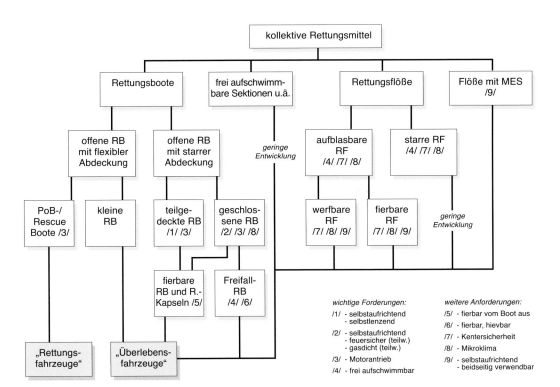

Bild 8.3: Entwicklungstendenzen bei kollektiven Rettungsmitteln

Rettungsboote (RB)

Aus der Analyse von Seeunfällen kristallisieren sich sehr deutlich die wichtigsten Anforderungen an Rettungsboote heraus. Die über einen langen Zeitraum eingesetzten offenen Boote genügen diesen Anforderungen, die das Ergebnis von Erfahrungen und Analysen sind, nicht.

Solche Anforderungen sind:
– Höhere Festigkeit gegenüber mechanischen Belastungen (Stöße, Schläge, Zugkräfte)
– Schutz der Insassen gegenüber extremen Umwelteinflüssen durch möglichst vollständige feste Abdeckungen
– Hohe Stabilität
– Sinksicherheit
– Hohe Kentersicherheit
– Motorantrieb mit hoher Betriebssicherheit und ausreichender Leistung
– Gute Handhabbarkeit ohne technische Möglichkeiten für Fehlschaltungen

Die Regel 41 von SOLAS legt verbal und nur qualitativ fest, dass voll besetzte Rettungsboote eine gute Stabilität haben müssen und diese auch in geflutetem Zustand (Niveauausgleich) gewährleistet sein muss. Diese pauschale Forderung berücksichtigt nicht das Einwirken von Kräften durch Wind, Seegang, Verlagerung von Personen im Rettungsboot bzw. außen am Rettungsboot hängenden Personen. Ein rechnerischer Nachweis der Stabilität ist deshalb schwierig und entspricht nicht allen möglichen Bedingungen im Seenotfall. Trotz der Vorgabe von Mindestwerten für Freibord und Stabilität sind herkömmliche, offene Rettungsboote nicht kentersicher.

Eine neue Qualität bezüglich der Stabilität wird durch so genannte selbstaufrichtende/aufrichtbare Rettungsboote erreicht. Der Standardtyp ist das geschlossene (wasserdichte) Boot; teilweise kommen auch halbgeschlossene Boote zum Einsatz. Durch die Dachform bzw. durch zusätzliche Auftriebskörper wird in der Überkopflage ein Rückdrehmoment erzeugt, das ohne weitere Krafteinwirkungen zur Normalschwimmlage führt. Eine wichtige Voraussetzung dafür ist, dass es zu keiner Schwerpunktverlagerung im Rettungsboot kommt (Anschnallen aller Insassen).

Nachfolgend einige wichtige Anforderungen/Parameter:
– große positive Anfangsstabilität
– große positive Hebelarme bis $\phi = 90°$
– Stabilitätsumfang $\phi = 180°$ (Bild 8.4)
– Arretierung der Insassen in Sitzposition
– Wasserdichtigkeit und große Festigkeit der Dachkonstruktion
– zusätzlich selbstlenzend für den Fall eines Wassereinbruchs durch Beschädigungen bzw. offene Luken (teilgedeckte Boote)

Das Grundprinzip des Selbstlenzens besteht darin, dass bei allen Beladungszuständen des Bootes ein positiver Höhenunterschied des Wassers im Boot zum Wasserspiegel außen besteht. Voraussetzungen hierzu sind: Der Tiefgang des vollbesetzten Bootes muss in Höhe des Innenbodens liegen. Der Innenboden und jeder andere nicht benötigte Raum ist wasserdicht abzuschließen, damit möglichst wenig Freiraum für eindringendes Wasser verbleibt.

Es entsteht so bei beliebiger Überflutung des Bootes eine Differenz zwischen Innenwasserspiegel und Schwimmwasserlinie, die einen natürlichen Druckunterschied schafft. Über spezielle Bodenventile läuft dadurch das eingedrungene Wasser bis auf eine Restmenge ab (Bild 8.5).

Die Spezialschifffahrt, hier vor allem die Tankschifffahrt, sowie die Offshore-Industrie, führten mit ihren spezifischen Gefahren zur Forderung nach *Feuersicherheit* und *Gasdichtigkeit* der in ihrem Bereich eingesetzten kollektiven Rettungsmittel. Das Rettungsboot als mobiles Rettungsmittel soll unter die-

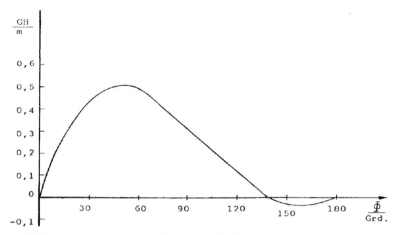

Bild 8.4: Stabilitätskurve eines selbstaufrichtenden Rettungsbootes

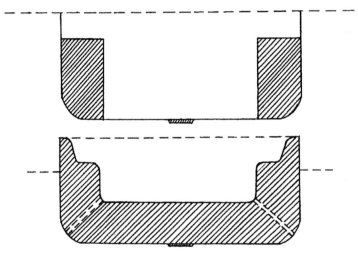

**Bild 8.5: Bootsquerschnitt und Schwimmlage bei konventionellen und selbstlenzenden Rettungsboo-
ten**

sen Voraussetzungen Schiffbrüchige aus der Gefahrenzone (brennende See, toxische Atmosphäre)
herausbringen. Ermöglicht wird das durch

- eine nahezu vollständige Hermetisierung,
- einen internen Luftvorrat (Atemluft und Verbrennungsluft für den Motor für mindestens 10 min.),
- Erhaltung eines leichten Luftüberdrucks im Boot, um das Eindringen toxischer Gase auszuschließen,
- isolierendes Material (glasfaserverstärkte, nicht brennbare Plaste) und
- ein äußeres Sprühwassersystem zur Kühlung.

Als mögliche Außentemperatur durch die brennende See wurden Temperaturen von T = 1200 ...
1300 °C angesetzt. Nachstehend einige Ergebnisse norwegischer „Brandversuche" (Bild 8.6a, b):

- max. Lufttemperatur innen T_L: 33 °C
- max. Oberflächentemperatur innen, oberhalb der Wasseroberfläche T_I: 70 °C

– geringe Spuren von CO_2 ab t_{CO_2}: 3,5 min.
– keine feststellbaren Anteile von CO, Phosgen, Chlorkohlenwasserstoffen (innen)
– relative Luftfeuchte: ϕ = 45–60 %
– Überdruck innen wirksam ab Pi: 2 min

Bild 8.6a: Vor dem Brandversuch mit aktiviertem Sprühsystem   **Bild 8.6b: Rettungsboot in der brennenden See**

Moderne geschlossene Rettungsboote sind technisch so ausgestattet, dass sie prinzipiell auch durch eine Person alleine zu Wasser gebracht und betrieben werden können.

Erreicht wird das durch
– die Auslösung/Steuerung des Aussetzvorganges vom Rettungsboot aus,
– eine auch unter Last wirksame Zentralauslösung der Heißhaken und
– die Zusammenfassung der Motor- und Ruderbedienung mit den o. g. Bedienelementen in einem Fahrstand.

Der in Bild 8.7 dargestellte Längsschnitt eines modernen geschlossenen Rettungsbootes zeigt die wichtigsten konstruktiven und technischen Details.

Ein problematischer Vorgang beim Einsatz von kollektiven Rettungsmitteln ist und bleibt der Aussetzvorgang (s. a. Pkt. 8.1.3). Ein Qualitätssprung wurde hier in den 80er Jahren mit der Erprobung und Einführung von *Freifall-Rettungsbooten* (FFRB) erreicht. Folgende Aussetztechnologien sind damit prinzipiell möglich:
1. Abfieren/Aufnehmen mittels Davit
2. Aussetzen durch freien Fall (besetzt)
3. freies Aufschwimmen aus der Aufstellposition durch automatische Freigabe beim Untergang des Schiffes (Bild 8.8)

Das Aussetzen durch freien Fall ist bei einer Schlagseite von ϕ = 20° und einem Trimm t = 10° des Schiffes möglich. Die durchschnittliche Aufstell-/Fallhöhe beträgt bei einem 10.000 tdw-Schiff 15 m. Die hohen Beschleunigungskräfte werden konstruktiv-technologisch durch eine entsprechende Formgebung, einen geeigneten Eintauchwinkel und durch eine zweckorientierte Ausstattung (Pols-

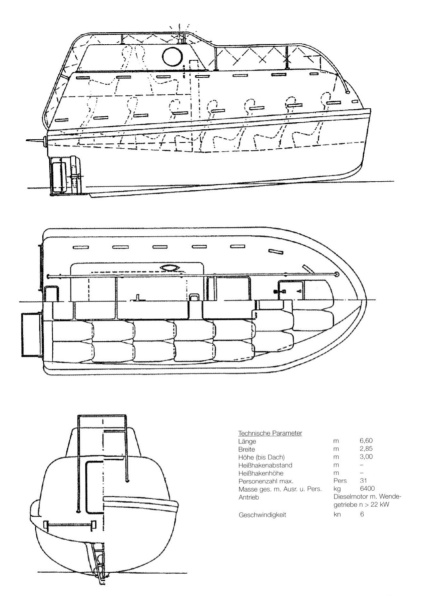

Technische Parameter

Länge	m	6,60
Breite	m	2,85
Höhe (bis Dach)	m	3,00
Heißhakenabstand	m	–
Heißhakenhöhe	m	–
Personenzahl max.	Pers	31
Masse ges. m. Ausr. u. Pers.	kg	6400
Antrieb		Dieselmotor m. Wendegetriebe n > 22 kW
Geschwindigkeit	kn	6

Bild 8.7: Längsschnitt, Drauf- und Seitenansicht eines modernen geschlossenen Rettungsbootes (Dokumentation Schiffswerft Rechlin GmbH)

tersitze, Haltegurt u. a.) auf ein verträgliches Maß reduziert. Die Aufprallbeschleunigung selbst wirkt nur über einen Zeitraum von 100–200 Millisekunden. Sie erreicht Durchschnittswerte von a = 6–7 g; die Extremwerte gehen bis a =15 g (Bilder 8.9–8.12).

Eine durch SOLAS 74, Kap. III zugelassene Variante kollektiver Rettungsmittel sind die so genannten Rettungskapseln. Trotz ihrer veränderten Formgebung gleichen sie in den meisten Parametern den geschlossenen Rettungsbooten. Das betrifft die Abdeckung, Feuerfestigkeit, Stabilität u. a. (Bild 8.13). In der Schifffahrt haben sie bisher nur vereinzelt Eingang gefunden. Wesentlich häufiger gehören sie zum Rettungsmittelsystem auf Offshore-Einrichtungen.

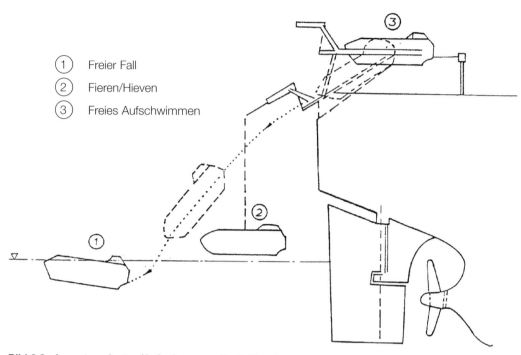

1. Freier Fall
2. Fieren/Hieven
3. Freies Aufschwimmen

Bild 8.8: Aussetzvarianten/Aufnahme von Freifallbooten

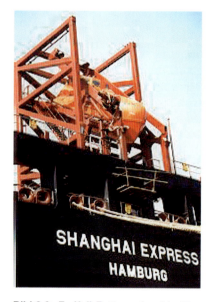

**Bild 8.9: Freifall-Rettungsboot in Ab-
wurfposition**

Bild 8.10: Rettungsboot im freien Fall

Bild 8.11: Rettungsboot während des Auftauchens

Bild 8.12: Rettungsboot beim Freikommen vom Schiff

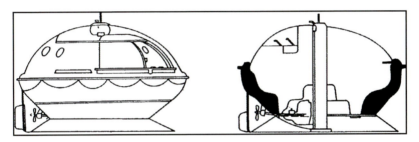

Bild 8.13: Rettungskapsel

Eine andere technische Lösung für ein kollektives Rettungsmittel war die „Free-Floating-Section". Sie hat sich in der Schifffahrt nicht durchgesetzt. Ebenfalls vorwiegend für den Einsatz in der Offshore-Industrie vorgesehen ist die in Bild 8.14 dargestellte Kombination „geschlossenes Rettungsboot/Aussetzvorrichtung". Die erste Bewegung weg von der Plattform wird hier durch einen mechanischen Entspannungsimpuls des elastischen Auslegers der Aussetzvorrichtung erreicht.

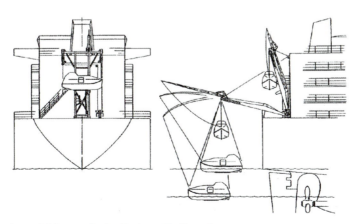

Bild 8.14: Aussetzvorrichtung mit elastischem Erstimpuls

Rettungsflöße (RF)

Die Anfänge der Entwicklung von aufblasbaren Booten gehen in das Jahr 1845 auf den Engländer P. Halket zurück. Hauptanwender waren in der Folge die Marine und die Luftstreitkräfte verschiedener Länder. Erst über die Luftfahrt kehrte das aufblasbare Boot, jetzt als Rettungsfloß, in die Schifffahrt zurück. SOLAS 1960 ließ Flöße schon als gleichwertiges Rettungsmittel neben Rettungsbooten zu. Viele Fischereifahrzeuge, Kriegsschiffe, Fahrgastschiffe u. a. führen ausschließlich Rettungsflöße als kollektive Rettungsmittel mit. Nicht zuletzt aus diesem Grund ist eine sehr hohe Einsatzhäufigkeit bei Seeunfällen in der gesamten Seeschifffahrt zu verzeichnen.

Wesentliche Gründe für die hervorragende Rolle der Rettungsflöße (RF) im Rettungsmittelsystem sind:
- geringer Platzbedarf
- schnelle Verfügbarkeit
- automatisches Aufschwimmen
- nahezu wartungsfrei
- geringes Gewicht (< 185 kp)
- elastische Konstruktion
- ökonomisch günstige Lösung

In der Konstruktion, im Material und in der Entwicklungszielstellung des RF liegen folgende „Nachteile" begründet:
- keine Kentersicherheit
- kein aktiver Antrieb
- keine Feuersicherheit
- kein Gasschutz
- geringere Wärmedämmung gegenüber dem RB
- reduzierte Ausrüstung gegenüber dem RB
- bei falscher Handhabung leicht beschädigbar

Die Entwicklung der letzten Jahre ergab neben wichtigen Veränderungen/Verbesserungen im Detail auch erste Ansätze für generell neue Qualitätsmerkmale, wie die Kentersicherheit durch Selbstaufrichten oder beidseitige Verwendbarkeit. Es wird damit schrittweise eines der größten Probleme beim Einsatz von Rettungsflößen gelöst.

Der Kraftaufwand beim Besetzen aus dem Wasser konnte durch halbstarre Leitern oder aufblasbare Rampen verringert werden. Ringförmige Anordnungen von Wassersäcken am Außenrand des Unterbodens verleihen dem Rettungsfloß eine höhere Kentersicherheit. Eingearbeitete Fenster ermöglichen eine Beobachtung nach außen auch bei geschlossenen Einstiegen. Der Einsatz konusförmiger Treibanker führte zu einer Verringerung der Drift und stellt einen gewissen Kenterschutz dar.

Die grundsätzliche konstruktive Konzeption des Rettungsfloßes sieht zwei getrennte, übereinander liegende Trageschläuche und einen aufblasbaren Boden vor. Das Dach richtet sich bei den meisten Modellen beim Aufblasen selbsttätig auf. Die Tragfähigkeit und Stabilität sind für die jeweils angegebene Personenzahl auch bei Beschädigung eines Trageschlauchs gegeben. Das Aufblasen wird automatisch oder durch Hand ausgelöst; die Verpackungshülle wird dabei geöffnet. Das Druckgas befindet sich in Druckbehältern unter dem Floßboden. Passagierschiffe, Fähren u. Ä. Seefahrzeuge bringen häufig fierbare Rettungsflöße zum Einsatz, die auch werfbar sind.

Rescue-Boote (RSB)

Die vorgenannten Hauptaufgaben sehen auch den Einsatz von Rettungsmitteln bei der Rettung anderer Schiffbrüchiger vor (Fremdrettung). Für diesen Zweck eignen sich moderne geschlossene Boote nur bedingt. Besonders deutlich wird dieses Missverhältnis zwischen konstruktiver Spezialisierung und weitgespanntem Aufgabenbereich mit der Einführung des Freifallbootes. Auch die ausschließliche Ausstattung mit Rettungsflößen lässt die Probleme „Person über Bord", das Zusammenführen der eigenen Rettungsmittel und Personen sowie die Fremdrettung ungelöst.

Diese Gründe führen zu einer verstärkten Entwicklung und Ausstattung von Seeschiffen mit Rescuebooten. Dabei handelt es sich überwiegend um aufblasbare oder halbstarre Boote. Sie sind robust, schnell, wendig und auch noch bei schwierigen Wetterlagen aussetzbar und wieder aufnehmbar (Bild 8.15).

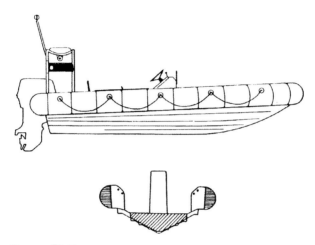

Bild 8.15: Modernes Rescue-Boot

Bei den Seenotrettungsdiensten und in der Hochseefischerei liegen umfangreiche Einsatzerfahrungen vor. Die Einsatzkonzeption verlangt, dass das Rescue-Boot ein unter nahezu allen Bedingungen aus- und einsetzbares, sehr manövrierfähiges und zuverlässiges Rettungsfahrzeug sein muss. Moderne Ausführungen besitzen für extreme Wetterlagen einen Kenterschutz und Motoren, die auch nach einem Kentern sofort wieder betriebsbereit sind.

Eine Neuentwicklung mit zusätzlichen Eigenschaften (selbstaufrichtend, höhere Geschwindigkeit) sind die so genannten Fast Rescue-Boote (FRB). Größere Fahrgastschiffe müssen ein solches FRB mitführen. Rescue-Boote komplettieren das aus heutiger Sicht optimale System kollektiver Rettungsmittel an Bord von Seeschiffen, das aus Freifall-Rettungsboot, fierbaren und damit auch werfbaren Rettungsflößen und einem Rescue-Boot bestehen könnte.

Individuelle Rettungsmittel

Die ursprüngliche und vorrangige Aufgabe der individuellen Rettungsmittel ist die Sicherung von Einzelpersonen im Wasser gegen das Ertrinken durch Verleihung eines zusätzlichen und ständigen Auftriebs. Dabei ist der Anteil der persönlichen Mitwirkung durch den Nutzer unterschiedlich hoch.

Die einfachste und gebräuchlichste Form der individuellen Rettungsmittel ist der Rettungsring. Seine vorgeschriebenen Merkmale können detailliert der Regel 31 in den Änderungen zum Kapitel III der SOLAS-Konvention 1974 entnommen werden; Art und Umfang der Ausstattung von Schiffen mit Rettungsringen legt prinzipiell die Regel 7 fest.

Sein Einsatz erfolgt überwiegend durch Rettungskräfte und ermöglicht insbesondere in Verbindung mit selbstzündenden Rettungslichtern und selbstaktivierenden Rettungsring-Rauchsignalen die gute Markierung einer Unfallposition. Beim Einsatz der Rettungsringe ist zu beachten, dass die Sicherung nur so lange wirksam ist, wie sich der Schiffbrüchige selbst am Ring festhalten kann.

Rettungswesten (RW):
Rettungswesten haben die Sicherung einer Person im Wasser ohne deren Zutun und auch bei Störung (z. B. Seegang) aufrechtzuerhalten. Zur Erfüllung dieser Forderung bedurfte es eines historisch sehr langen Entwicklungsweges. Die bis zum II. Weltkrieg gebräuchlichen Schwimmwesten erzeugten zwar genügend Auftrieb, wirkten aber der so genannten „Nicktendenz" des Kopfes nicht entgegen. Zur Erläuterung soll kurz auf die hydrostatischen Zusammenhänge eingegangen werden:

In senkrechter Lage im Wasser taucht ein Mensch so tief ein, dass sich die Atmungsorgane unter Wasser befinden (Tiefe ist abhängig von der Lungenfüllung). Um den Kopf über Wasser zu halten, ist ein Auftrieb von etwa 45 N erforderlich. In dieser Lage befindet sich jedoch der menschliche Körper in einem labilen Gleichgewicht, das durch zirkulär angreifenden Auftrieb und damit entstehendem Anheben des Körpers noch verstärkt wird (Wirkung ehemaliger Schwimmgürtel). Ein Halten in dieser Position erfordert ausgleichende Bewegungen. Entspannt sich der Körper (durch Ermüdung, Unterkühlung o. a.), so fällt aufgrund der anatomischen Gegebenheiten der Kopf auf die Brust, wodurch eine vornüberneigende Tendenz entsteht. Eine stabile Lage ist erst erreicht, wenn die Rückenpartie gerade in der Wasseroberfläche liegt und Kopf und Arme herunterhängen.

Es ergeben sich damit insgesamt die nachfolgend genannten Kriterien, die ein solches Rettungsmittel erfüllen muss:
– Genügend Auftrieb, um den Kopf über Wasser zu halten (Forderung: Der Mund muss sich 12 cm über der Wasseroberfläche befinden)
– Drehung des Körpers in eine ohnmachtssichere stabile Rückenschräglage, um ein Vornüberkippen des Kopfes, aber auch ein Überspülen des Kopfes von hinten zu verhindern (Winkelbereich etwa 20 ... 60°)
– Auftriebsreserve zur schnellen Wiederherstellung der stabilen Rückenschräglage bei Störung durch Seegang, Schwimmen u. Ä. (Forderung: in einer Zeit von t = 5 s)
– Anordnung des Auftriebs am Körper in einer Form, die auch ein seitliches Abkippen des Kopfes verhindert

Zur Gewährleistung dieser Eigenschaften muss ein individuelles Rettungsmittel einen Auftrieb von mindestens F_q=120 N besitzen, der nach dem in Bild 8.16a–d dargestellten Prinzip angeordnet ist.

Individuelles Rettungsmittel und Körper des Trägers bilden im Wasser eine Einheit mit einem definierten Gesamtauftrieb, der im gemeinsamen Formschwerpunkt angreift. Dabei muss der Formschwerpunkt immer über dem Gewichtsschwerpunkt liegen und dort verbleiben bzw. bei zwangsgestörter Lage stets dorthin zurückkehren, damit die den hydrostatischen und biologisch notwendigen Verhältnissen entsprechende gewichtsstabile Rückenschräglage gewährleistet bleibt (selbstaufrichtende Tendenz).

In diesem Zusammenhang ist es wichtig, dass das Rettungsmittel sicher und fest am Körper des Trägers angebracht wird und diese Lage auch bei Bewegung und nach längerem Aufenthalt im Wasser beibehält. Zu lockeres Anlegen birgt nicht nur die Gefahr des Herausrutschens aus der Rettungsweste in sich, es verändert auch die Lage des Systems Mensch/Rettungsmittel im Wasser, wodurch die notwendigen Eigenschaften nicht mehr gewährleistet sind.

Ein weiteres Problem stellt das Springen aus größeren Höhen mit angelegten individuellen Rettungsmitteln dar. (Forderung: Beim Springen ins Wasser aus einer Höhe von 3 m, mit den Beinen vorweg, darf sich die Rettungsweste nicht verschieben, keine Stöße verursachen und keine Schmerzempfindung hervorrufen).

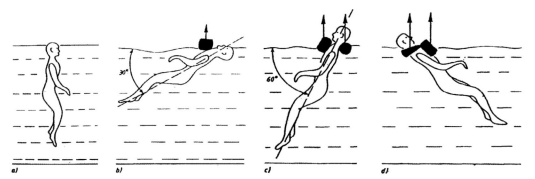

Bild 8.16: **Auftriebsverteilung und ihre Wirkung auf die Lage im Wasser und Kräfte beim Sprung**
  a) **Lage ohne zusätzlichen Auftrieb**
  b) **Rückenschräglage bei Konzentration des Auftriebs auf der Brust**
  c) **Ideale Rückenschräglage bei Verteilung des Auftriebs auf Brust und Nacken**
  d) **wie c) mit zusätzlicher Abstützung des Kopfes**

Bei Sprüngen aus Höhen von nicht weniger als 4,5 m sind Stöße auf die Halswirbelsäule zu erwarten, die eine Gefahr für den Springenden darstellen. Das gilt besonders für individuelle Rettungsmittel, bei denen relativ starre Auftriebskörper eingesetzt werden. Es ist deshalb beim Springen unbedingt erforderlich, das Rettungsmittel mit beiden Händen nach unten zu drücken, um so den Stoß weitestgehend abzufangen (Bild 8.16e–f).

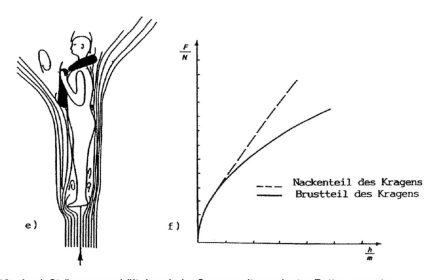

Bild 8.16e–f: e) **Strömungsverhältnisse beim Sprung mit angelegter Rettungsweste**
  f) **Prinzipieller Verlauf der einwirkenden Kräfte auf die Rettungsweste in Abhängigkeit von der Sprunghöhe**

Arbeitsschwimmwesten erfüllen die Anforderungen an individuelle Rettungsmittel nicht und zählen in diesem Sinne auch nicht dazu. Zugelassen für individuelle Rettungsmittel sind aufblasbare oder feste Auftriebskörper. Für beide lassen sich Vor- und Nachteile in Konstruktion und Einsatz aufzählen. In den letzten Jahren war ein zunehmender Einsatz aufblasbarer Westen festzustellen. Das technologisch begründete Hauptargument ist dabei eine gewollte geringstmögliche Störwirkung durch das angelegte Rettungsmittel vor dem direkten Einsatz im Wasser. Vor allem aus Kostengründen kommen in jüngster Zeit verstärkt Rettungswesten aus halbstarrem Schaummaterial an Bord. Rettungswesten sind zusätzlich mit einer Sicherungsleine (2 m), einem Licht und einer Signalpfeife ausgestattet. Einen zusätzlichen Kälteschutz bieten sie nicht.

Kälteschutzanzüge (KSA):
Ein Hauptproblem Schiffbrüchiger ist in den meisten Seegebieten die Gefahr der Unterkühlung. Das gilt für den Aufenthalt in Rettungsmitteln, vor allem aber für den Aufenthalt im Wasser. Um diesem Problem zu begegnen, wurden in den 70er Jahren die Kälteschutzanzüge für Seeleute entwickelt. Dazu wurden vor allem Erfahrungen aus dem Seeunfallgeschehen, aus der Taucherei sowie der Luftfahrt/Raumfahrt genutzt. Wegen eines gewollten maximalen Kälteschutzes ging die Entwicklung in Richtung Trockenanzug.

Nassanzüge sind an den Abschlüssen (Arme, Beine) nicht wasserdicht. Trockenanzüge sind wasserdicht. In den meisten Fällen besitzen sie ein spezielles isolierendes Innenfutter. Bei einigen Modellarten ist diese Aufgabe durch unter dem Anzug zu tragende Kleidung zu erfüllen.

Die Hauptfunktionen eines solchen Kälteschutzanzuges sind
– Gewährleistung eines ausreichenden Auftriebs in der ohnmachtssicheren Lage, die durch Zutun des Trägers erreicht werden kann,
– erhebliche Reduzierung der Wärmeabgabe und
– Verbesserung der optischen Erkennbarkeit.

Der Auftrieb wird durch das Anzugsmaterial (Isolierschicht), durch die eingeschlossene Luft und die Rettungsweste erzeugt. Der Auftrieb liegt weit über der erforderlichen Größe. Die anfängliche Forderung nach automatischer Herstellung einer ohnmachtssicheren Lage im Wasser führte zu sehr großvolumigen Westen, was die Nutzung aufblasbarer Westen erforderlich machte. Diese Forderung wurde dahingehend geändert, dass der Träger des Anzuges selbst eine solche Lage herstellen können muss.

Die Mehrzahl der eingesetzten Kälteschutzanzüge behindert den Träger bei notwendigen Tätigkeiten im Rettungsprozess erheblich. Ein neuer Anzug berücksichtigt diesen Umstand und besitzt eine Gestaltung mit wesentlich besserer Beweglichkeit des Trägers. Solche Anzüge können als gleichwertiger Ersatz an Bord eingesetzt werden (Wetterschutzanzüge).

Sie sind durch folgende Anforderungen gekennzeichnet:
– Mindestauftrieb von 70 Newton
– Die Hitzebelastung herabsetzendes Material
– Handschuhe und Kapuze in Bereitschaft
– Tasche für ein tragbares Handsprechfunkgerät
– Seitliches Gesichtsfeld von mindestens 120°
– Der Träger muss mindestens 25 m schwimmen und ein Überlebensfahrzeug besteigen können
– Er muss anderen helfen können, Arbeiten im Überlebensprozess durchführen und ein Rescue-Boot fahren können

Wärmerückhaltevermögen:
Bei einer Wassertemperatur von 5 °C darf nach der ersten halben Stunde die KKT um nicht mehr als 1,5 °C/h sinken.

Die typische Lage im Wasser ist in Bild 8.17 zu sehen. Das Außengewebe ist orange eingefärbt, öl- und alkalienbeständig und von hoher Reißfestigkeit. Die hohe Schutzwirkung gegen Unterkühlung ist ein Qualitätssprung in der Entwicklung individueller Rettungsmittel. Die internationale Schifffahrt hat über die Änderungen zu SOLAS 74 in den Regeln 7, 21 und 33 die Mindestausrüstung mit Rettungsanzügen vorgeschrieben. Diese Regelungen tragen auch dem hohen ökonomischen und organisatorischen Aufwand für die Ausrüstung und Wartung Rechnung.

Bild 8.17: Person mit Kälteschutzanzug im Wasser

Kommunikation und Sofortmaßnahmen

Sofortmaßnahmen vor dem Verlassen des Schiffes:
Die Sofortmaßnahmen dienen dem Grundsatz, dass bei einem Seeunfall die Sicherheit von Personen Priorität hat. Daraus ist abzuleiten, dass, sofort nach Eintritt eines Unfalls oder bei seinem vorhersehbaren aber unabwendbaren Eintritt, die Bewertung der Situationsmerkmale, die Entscheidung, Handlungsplanung und Realisierung sich an dieser Grundforderung orientieren müssen. Es gilt auch heute, dass der sicherste Aufenthaltsort auf See das Schiff selbst ist. Diese These schließt auch folgenden Zusammenhang ein:

Wenn in Folge eines Seeunfalles keine hinreichende Sicherheit für den Erhalt des Schiffes bzw. für die Gewährleistung von Aufenthaltsbedingungen besteht, dann sind unmittelbare Entscheidungen zu treffen und Maßnahmen einzuleiten, die das Überleben auf See auch nach einem eventuellen Verlassen des Schiffes gewährleisten.

Für die Steuerung des Unfallverlaufes bedeutet das:
Der Erhalt des Schiffes und das Überleben auf See sind als parallele und zusammenhängende Probleme zu lösen. Aus diesem Zusammenhang lassen sich die Notwendigkeit und die Art von so genannten Sofortmaßnahmen ableiten. Der Sinn dieser Sofortmaßnahmen besteht über das oben Genannte hinaus darin, dass
– sie einen unnötigen Zeitverzug verhindern,
– wichtige Entscheidungen/Maßnahmen nicht vergessen werden,
– keine Verschlechterung der Situation hervorgerufen wird,
– sie als abrufbereites Wissen bei mehreren Personen vorhanden sind und
– sie meist allgemeingültiger Natur sind.

Im Folgenden werden wichtige Sofortmaßnahmen dargestellt:

Dringlichkeitsmeldung

Die Dringlichkeitsmeldung ist sehr frühzeitig bei unklarer Entwicklung des Unfallverlaufs oder bei nicht sofort erkennbarer Notsituation abzusetzen. Durch sie werden die Schifffahrt und Landeinrichtungen über die
– Unfallposition,
– Situation,
– eventuell notwendige Unterstützung und
– die Möglichkeiten des Überganges in eine Seenotsituation informiert.

Notmeldung

Eine Notmeldung wird abgegeben, wenn vorausschauend oder akut
– Lebensgefahr für die Besatzung besteht oder
– mit dem Totalverlust des Schiffes zu rechnen ist.

Die einfachste Form der Notmeldung besteht im Abgeben der „Internationalen Notsignale" laut Internationalem Signalbuch.

Funktechnisch ist eine Notmeldung nach den bekannten Verfahrensweisen vorzugsweise auf den Not- und Anruffrequenzen/-kanälen auszustrahlen. Der Einsatz von automatisch aufschwimmbaren Seenotfunkbojen (EPIRB) und des satellitengestützten Systems INMARSAT stellen qualitativ neue Kommunikationsmöglichkeiten dar.

Der sich aus dem Notfallverlauf ergebende Aufbau bzw. Ablauf einer Notmeldung stellt die wesentlichen Angaben wie Name/Rufzeichen, Position, Art des Unfalls, Art der Hilfeleistung an den Anfang. Die Gefahr einer plötzlichen Unterbrechung der Kommunikation ist ein wichtiges Argument für diese Verfahrensweise.

Information der Besatzung:
Der Standardalarm zum Verlassen eines Schiffes lässt keine Aussagen über die spezifische Situation zu. Operativ notwendige Zusätze bzw. Änderungen im geplanten Ablauf erfordern Zusatzinformationen (Durchsagen, schiffsinterner Funkverkehr, Melder). Dazu gehören auch unmittelbar nach Unfalleintritt Informationen über die Möglichkeit/Notwendigkeit einer Evakuierung der Besatzung.

Sicherung der Rettungsmittel:
Es handelt sich hier um eine strategische Maßnahme zur Gewährleistung der Rettung im Seenotfall. Damit wird der Besatzung eine Rückzugsmöglichkeit gesichert, wenn der Erhalt der Aufenthaltsbedingungen bzw. des Schiffes im Verlauf des Unfallverlaufs nicht länger möglich ist.

Sicherung der Rettungsmittel bedeutet hier:
– Vorbereitende Maßnahmen für den äußerst kurzfristigen Einsatz der Rettungsmittel
– Sicherung der Rettungsmittel am Aufstellort gegen schädigende Einwirkungen
– Sicherung des Zugangs zu den Rettungsmitteln
– Verbringen der Rettungsmittel an einen sicheren Ort
– Teilbesetzung

Teilevakuierung:
Die Teilevakuierung ist eine Maßnahme, die laut See-Unfallanalyse zu wenig genutzt wird. Sie stellt eine Lösung dar, um die Zahl gefährdeter Personen möglichst gering zu halten. Eine spezifische Situationsgruppe, d. h. auf Grund ihrer persönlichen Voraussetzungen und Funktionen geeignete/ausgewählte Besatzungsmitglieder verbleiben länger an Bord, um das Schiff bzw. die Aufenthaltsmöglichkeiten doch zu erhalten bzw. wieder herzustellen. Sie setzen sich dadurch erhöhten Gefahren aus. Die Teilevakuierung stellt insbesondere eine Entscheidungs-/Handlungsvariante dar für Schiffe mit
– hoher Besatzungszahl,
– mit Personen, die nicht für die Abwehrmaßnahmen geeignet sind und
– mit Passagieren.

Die Durchführbarkeit einer Teilevakuierung hängt u. a.
– vom Unfallverlauf (insbesondere von seinem Zeitverhalten),
– von den Umgebungsbedingungen,
– von der Zusammensetzung und vom Umfang des Rettungsmittelsystems ab.

Funkberatung:
Die stabiler werdenden Kommunikationsmöglichkeiten nach außen machen eine Funkberatung bei einem Seeunfall zunehmend möglich. Damit ist eine wesentliche Unterstützung bei der Erarbeitung von Entscheidungen im Seenotfall vorhanden. Das betrifft sowohl die Klärung spezieller Sachfragen als auch die Koordination der Maßnahmen mit den Rettungskräften.

Anforderung von Unterstützung:
Eine solche Anforderung hängt sehr eng mit der Art und dem Zeitpunkt der Meldung nach außen zusammen. Eine Unterstützung von außen vergrößert immer den Handlungsraum und/oder das Zeitvolumen. Die Anforderung von Unterstützung sollte möglichst gezielt erfolgen. Auswahlkriterien könnten u. a.
– die Schiffsgröße,
– die Manövriereigenschaften,
– die Ausrüstung und
– der Ausbildungs-/Erfahrungsstand der Besatzung sein.

Der Einsatz von AIS im Notfall

Dieser Abschnitt beschreibt den Einsatz des Automatischen Identifizierungssystems (AIS) zur Unterstützung der Handlungen in Seenotfällen. Das System kann prinzipiell zur Unterstützung der erforderlichen Kommunikation bei jeder Art von Seenotfällen eingesetzt werden. Da AIS noch ein relativ neues technisches Hilfsmittel für die Schiffsführung ist, dessen Bekanntheitsgrad noch nicht grundsätzlich vorausgesetzt werden kann und der einfache Verweis auf AIS in vielen unterschiedlichen Kapiteln vermieden werden soll, wird der Einsatz des Systems zusammen mit einer kurzen Systemvorstellung in diesem Abschnitt nachfolgend kompakt beschrieben.

Das Automatische Identifizierungssystem – Kurzüberblick:
Allgemein anerkannt ist, dass ein automatisches Meldesystem (Transponder) an Bord von Seeschiffen durch die gesicherte Identifizierung und die dadurch verbesserten Überwachungsmöglichkeiten des Seeverkehrs zweifellos erhebliche Vorteile für die Sicherheit der Schifffahrt bringt. Ausgelöst durch verheerende Tankerunglücke (u. a. Exxon Valdez, Braer) mit dramatischen Umweltschäden wurden mit Beginn der 90er Jahre erste Schritte zur Anwendung automatischer Identifizierungssysteme in der Seeschifffahrt unternommen und eine AIS-Ausrüstungspflicht für alle unter die SOLAS-Konvention fallenden Schiffe beschlossen. Das in der Seeschifffahrt eingesetzte AIS besteht vereinfacht aus den drei Hauptkomponenten
– Positions- Empfänger (GNSS/GPS) inklusive Antenne,
– Kommunikationsprozessor und
– Sende-/Empfangseinheit inklusive VHF-Antenne.

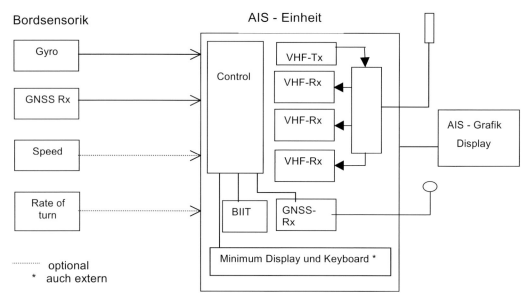

Bild 8.18: Blockbild eines mobilen AIS

Aufgabe des Systems ist es, neben der automatischen Identifizierung, der Schiffsführung weitere wichtige Daten von anderen Fahrzeugen zur Verfügung zu stellen. Der Datenaustausch soll dabei kontinuierlich und im Wesentlichen ohne manuelle Eingriffe des Nautikers automatisch gewährleistet werden. Zum Datenaustausch werden die mobilen maritimen UKW-Frquenzbereiche genutzt. Die Systemreichweite entspricht, abhängig von der Antennenhöhe, etwa der quasi-optischen Reichweite anderer UKW-Anwendungen. Die Ausbreitung ist aufgrund der größeren Wellenlängen besser als die von Radar. Daher ist es möglich, Daten auch mit Fahrzeugen auszutauschen, die sich hinter Landbedeckungen (sofern diese nicht zu hoch sind), Fahrwasserkrümmungen u. ä. Objekten befinden. Üblicherweise sind im freien Seeraum Reichweiten von nominal 20 Seemeilen und mehr vorhanden.

Mit Hilfe von Repeater-Stationen kann insbesondere in Küstengebieten der Abdeckungsbereich sowohl für Schiffe als auch für VTS-Verkehrszentralen beträchtlich erweitert werden. Über AIS werden standardmäßig folgende Daten ausgetauscht:
– Schiffsname
– Rufzeichen und MMSI-Nr.
– Position, bestimmt durch den angeschlossenen Navigationssensor
– Kurs und Geschwindigkeit über Grund
– Heading (Kurs durchs Wasser) sowie
– Drehgeschwindigkeit (Drehrate – rate of turn)

Neben diesen dynamischen und statischen Datensätzen können weiterhin reisebezogene Daten sowie auch sicherheitsrelevante Nachrichten mittels AIS ausgetauscht werden. Da die entsprechenden Informationen kontinuierlich „an alle" in den Relationen Schiff-Schiff (ship to ship) und Schiff-Land (ship to shore) ausgesendet werden, wird das AIS auch als Broadcast AIS oder 4S-Transponder bezeichnet. Zur Gewährleistung des automatischen kontinuierlichen Sende- und Empfangsregimes wird ein so genanntes selbstorganisierendes Zeitschlitzverfahren verwendet.

Anwendungen in Notfällen:
Die Anwendung von AIS im laufenden ungestörten Schiffsbetrieb, wie zur Navigation und Kollisionsverhütung ist nicht Gegenstand dieser Publikation und wird hier nicht weiter betrachtet. An dieser Stelle soll vielmehr ausschließlich auf die Verwendung der Sicherheitsmeldungen und den Einsatz von AIS im Notfall näher eingegangen werden.

Sicherheitsmeldungen (Safety-related messages) – Allgemeines:
Jedes AIS-Gerät enthält eine Option zur Eingabe sowie zum Senden und Empfangen von kurzen Sicherheitsmeldungen (SRM). Kurze Sicherheitsmeldungen sind zunächst frei formatierbare Textnachrichten, die per manueller Eingabe, adressiert entweder an einen speziellen Empfänger oder als „Broadcast"-Nachricht an alle Schiffe und Landstationen im Empfangsbereich gesendet werden.

Das Vorhalten der Kommunikationsmöglichkeit für kurze Sicherheitsmeldungen war ursprünglich u. a. für die zusätzliche Verbreitung wichtiger Navigations- oder Wetterwarnungen o. ä. Sachverhalte in Form eines standardisierten oder frei formatierten Textes zu einem sicherheitsrelevanten Sachverhalt (z. B. gesichteter Eisberg, Tonne vertrieben o. ä.) gedacht. Solche Nachrichten können wahlweise adressiert an einen speziellen Empfänger (über die MMSI-Nr.) oder an alle Teilnehmer gesendet werden.

Der Meldungsinhalt soll dabei so kurz wie möglich gefasst sein. Prinzipiell ist dieser AIS Nachrichtentyp zum gegenwärtigen Zeitpunkt (Erscheinungsdatum) noch nicht eindeutig definiert und spezifiziert, um ihn für möglichst viele Fälle offen zu halten.

Die Sicherheitsmeldungen sind zwar nur als ein zusätzliches Mittel zur Verbreitung maritimer Sicherheitsmeldungen vorgesehen. Jedoch sollte deren Bedeutung weder über- noch unterschätzt werden. Nutzer sind aufgefordert, sowohl Sicherheitsmeldungen mit AIS zu verbreiten als auch empfangene Nachrichten bei der Schiffsführung entsprechend sorgfältig zu berücksichtigen.

Es gibt bisher keine Pflicht, in Notfällen eine AIS-Nachricht abzusetzen. Zur guten Seemannschaft sollte aber dennoch gehören, sich in Notfällen aller verfügbaren Mittel zum Herbeirufen von Hilfe zu bedienen. Es sei hier exemplarisch auf den Tod eines Seemannes verwiesen, der nach einem Person-über-Bord-Unfall in einem Hafen nur noch tot geborgen werden konnte, weil er nicht schnell genug aus dem Wasser gerettet werden konnte. Dies geschah, obwohl u. a. ein DGzRS-Boot einsatzbereit und mit betriebsbereitem AIS in unmittelbarer Nähe zum Unfallort lag, das über den Unfall jedoch nicht informiert war. Ein einfacher Knopfdruck zur Auslösung der Person-over-Board-Sicherheitsmeldung am AIS-Gerät hätte möglicherweise in diesem Fall Leben retten können.

Senden und Empfangen von sicherheitsrelevanten Nachrichten:
AIS bietet als Redundanz zu GMDSS die Möglichkeit, sicherheitsrelevante Nachrichten an ein bestimmtes AIS-Objekt (wie z. B. Schiff, Landstation, AIS ausgerüstete Flugzeuge (SAR)) oder im Broadcast-Verfahren an alle im Empfangsbereich vorhandenen AIS-Objekte zu senden bzw. von diesen genannten AIS-Objekten Nachrichten zu empfangen. Für verschiedene Not- und Gefahrensituationen an Bord stellen unterschiedliche Gerätehersteller vordefinierte Nachrichten zur Verfügung. Dadurch wird die Handhabung für den Nautiker vereinfacht und ist im Seenotfall schnell und sicher realisierbar.

Die standardisierten AIS-Sicherheitsnachrichten werden generell im Broadcast-Modus (an alle) ausgesendet. Einige AIS-Installationen besitzen einen speziellen Knopf, um direkt zur Menüauswahl der zu sendenden Sicherheitsnachricht zu kommen, während bei anderen Herstellern z. T. auch so genannte Hot Keys bzw. Funktionstasten dafür definiert werden können.

Eine Beispielliste der Broadcast-Sicherheitsmeldungen (DEBEG 3400) ist nachfolgend dargestellt:

1.	Fire, Explosion	Feuer, Explosion
2.	Collision	Kollision
3.	Grounding	Grundberührung
4.	Danger of capsizing	Kentergefahr
5.	Sinking	Sinken
6.	Disabled/adrift	manövrierunfähig/treibend
7.	Undesigned Distress	weitere Notlagen
8.	Abandoning ship	Verlassenes Schiff
9.	Piracy/armed robbery attack	Piratenangriff
10.	EPIRB Emission	EPIRB-Aussendung (über AIS weitergeleitet)

Diese Nachrichten enthalten neben der Seeunfallart die wichtigsten für schnelle Hilfeleistungen erforderlichen Daten. Diese werden automatisch zur Unfallmeldung hinzugefügt (siehe Bild 8.18b):
– Position
– Zeit
– Schiffsname
– Rufzeichen
– MMSI

Nach Auswahl einer Nachricht ist das Aussenden der Nachricht, gemäß der Bedienanweisungen des Herstellers zu aktivieren. Des Weiteren kann der Nautiker auch benutzerdefinierte Nachrichten (frei formatierbare) eingeben und im Broadcast-Verfahren bzw. an einen bestimmten Adressaten verschicken. Für den Fall, dass solche standardisierten vorgefertigten Texte für Sicherheitsmeldungen nicht verfügbar sind, wird dringend empfohlen, wenigstens für die wichtigsten Notfälle solche Standardtexte selbst zu definieren und abzuspeichern. Im oben dargestellten Beispiel fehlt beispielsweise ein Meldungstext für den Person-Over-Board-Unfall. Eine entsprechende Sicherheitsnachricht nach dem Vorbild der anderen Unfallnachrichten (Grounding, collision etc.) sollte als nutzerdefinierte („user defined") Nachricht unter Zuhilfenahme des Bedienerhandbuches vorbereitet und abgespeichert werden. Denn es ist einleuchtend, dass im Ereigniseintritt nicht mit einer möglicherweise komplizierten manuellen Eingabeprozedur Gebrauch von AIS gemacht werden wird.

Hinsichtlich ergänzender Informationen zu Schiffsunfällen, die mittels AIS-Sicherheitsnachricht ausgetauscht werden könnten, werden u. a. auch Menge und Art einer besonderen Ladung angesehen (z. B. wenn die Ladung im Falle eines Brandes spezielle Löschmittel erfordert). Ebenso werden im

Falle einer notwendigen Bergung landseitig vielfältige Daten zum Schiff selbst abgefragt. Die Vorbereitung entsprechender „user defined" kann in solchen Fällen zum Gewinn von Zeit für Maßnahmen zur
Bekämpfung eines eingetretenen Notfalls beitragen, da die abgefragten Informationen dann schnell
und einfach mittels AIS übertragen werden können.

Beim Empfang einer sicherheitsrelevanten Nachricht wird herstellerabhängig ein akustisches und/
oder visuelles Aufmerksamkeitssignal vom AIS-Gerät ausgegeben, welches durch den Empfänger
zu quittieren ist.

MERKE:

Im Notfall ist jedes verfügbare Mittel zum schnellstmöglichen Herbeirufen von Hilfe zu nutzen. Alle
unter die SOLAS-Konvention fallenden Schiffe sind mit AIS-Geräten ausgerüstet, welche das Aussenden und den Empfang von sicherheitsrelevanten Nachrichten in Form frei formatierbarer Texte
ermöglichen. Auch wenn keine Pflicht zur Nutzung von AIS im Notfall besteht, sollte im Sinne guter
Seemannschaft von dieser Option Gebrauch gemacht werden.

8.1.3 Die Phase „Verlassen und Freikommen"

Grundlagen und Bedingungen

Die Ausgangssituation für die Evakuierung Schiffbrüchiger wird dadurch charakterisiert, dass sich
der Unfallfolgeprozess mit einer zunehmenden Gefährdung für die Besatzung entwickelt und die
Maßnahmen zum Erhalt des Schiffes bzw. der Verweilbedingungen nicht erfolgreich sind. Es werden
einige der wichtigsten und schwerwiegendsten Entscheidungen des Prozesses überhaupt zu fällen
sein:

– Ist das Schiff zu verlassen?
– Welches ist der spätestmögliche Zeitpunkt für eine planmäßige, sichere Evakuierung?

Kompliziert werden die Entscheidungen durch die gegenwärtig nicht ausreichend vorhandenen objektiven Bewertungskriterien und -methoden. Die Nutzung der Kenntnisse über grundsätzliche Zusammenhänge gewinnt damit an Bedeutung. Diese müssen ständig durch aktuelle Informationen und Erkenntnisse ergänzt und der Entscheidung zugeführt werden.

Einer Entscheidung zum Verlassen des Schiffes liegt auch die Feststellung zugrunde, dass Überlebensbedingungen nur noch oder zumindest in höherem Maße als an Bord, durch Rettungsmittel gewährleistet werden können. Das ist eng verbunden mit der Forderung, dass das Rettungsmittelsystem auch noch unter Extrembedingungen wirksam sein soll.

Wirksam kann es aber nur werden, wenn es auch unter extremen hydrometeorologischen Bedingungen gelingt, die vorhandene Technik mit Hilfe geeigneter Verfahren bereitzustellen. Die konkreten Wetterbedingungen, die Art der vorhandenen Rettungsmittel, der Schiffstyp und die Qualifikation der Besatzung bestimmen den Erfolg des Aussetzvorganges. In den Bildern 8.19 und 8.20 ist dargestellt, dass unter gewissen Bedingungen, wie z. B. Seegang, Krängung, Roll- und Stampfverhalten, nur bestimmte Aussetzverfahren eine ausreichende Sicherheit für die Schiffsbesatzung in der Phase „Verlassen" bieten.

In extremen Fällen bleibt nur der Sprung ins Wasser mit angelegtem individuellem Rettungsmittel, um schwimmend das leer ausgesetzte bzw. automatisch frei aufschwimmende Rettungsmittel zu erreichen.

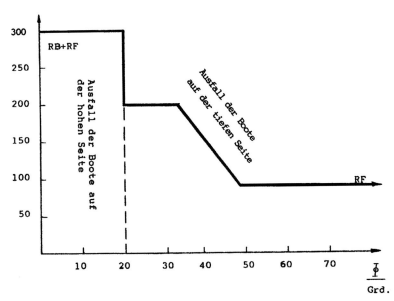

Bild 8.19: Verfügbarkeit kollektiver Rettungsmittel in Abhängigkeit von der Schlagseite des Schiffes

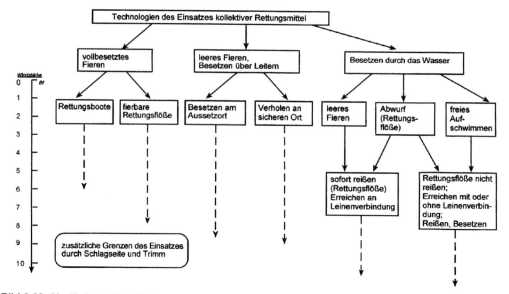

Bild 8.20: Verfügbarkeit kollektiver Rettungsmittel und Grenzen der Anwendbarkeit verschiedener Aussetztechnologien in Abhängigkeit von der Windstärke

Die strategischen Zielstellungen für das Evakuieren Schiffbrüchiger sind:
- Alle Personen einschließlich Verletzter und Handlungsunfähiger sind sicher und möglichst trocken in ein kollektives Rettungsmittel zu bringen.
- Möglichst alle Rettungsmittel sind einzusetzen bzw. mitzuführen (Redundanz an Überlebenskapazität, Ausrüstung, Platz, bessere Erkennbarkeit u. a.).
- Auswahl der sichersten Technologie innerhalb des vorhandenen Zeitlimits.
- Nutzung aller weiteren zusätzlichen Hilfsmittel (Schwimmhilfen, Kommunikationsmittel, Ausrüstung u. a.).

Logische Folgeentscheidungen betreffen die Alarmierung/Information der Besatzung, die Notmeldung und die Einzelaufgaben für die Besatzung. Dominierende Faktoren, die teilweise entscheidungsrelevanten Charakter haben, sind:
- Personenzahl sowie psychische und physische Leistungsfähigkeit und Leistungsbereitschaft
- Zahl der Personen, Art und Verfügbarkeit der Rettungsmittel
- weitere schiffsinterne Faktoren
- externe Faktoren

Als entscheidungsrelevante Einzelfaktoren kristallisieren sich heraus:

Art des Seeunfalls	– Wassereinbruch mit Tiefertauchung, Stabilitätsänderung, Schlagseite, Einschränkung der Manövrierfähigkeit, Ausfall technischer Anlagen, Brand mit Temperaturerhöhung/Verqualmung und toxischen Gasen
Zeitpunkt	– Jahreszeit, Tag oder Nacht, Art des Dienstbetriebes
Seegebiet	– hohe See, Küste, Revier, Hafen
Manövriereigenschaften	– Geschwindigkeit, Steuerbarkeit
hydrometeorologische Faktoren	– Wind, Seegang, Temperaturen, Niederschläge, Eisbildung
Kommunikationsmittel	– schiffsintern, nach außen
Schiffsmeldesysteme	– Selbstbeteiligung, Beteiligung anderer Schiffe

Spätestens zu dem Zeitpunkt, da durch einen weiteren Aufenthalt an Bord das menschliche Überleben nicht mehr gesichert werden kann, ist die Entscheidung zur Evakuierung zu realisieren. Es erfolgt eine Prüfung, in deren Ergebnis

– der Gesamteinsatz des RMS bestätigt wird, oder
– eine Teilnutzung als sicherer angegeben wird,
– nur eine Teilnutzung möglich ist,
– die Nutzung kollektiver Rettungsmittel ausgeschlossen wird.

Der Extremfall ist zweifellos die Entscheidung für den ungesicherten Sprung in das Wasser ohne ein kollektives Rettungsmittel. Im Bild 8.21 werden wichtige Entscheidungsschritte dargestellt. Am Anfang der Entscheidungen steht u. a. der wichtige Vergleich zwischen zwei zeitlich orientierten technologischen Größen, zwischen der Verweilzeit und der erforderlichen Evakuierungszeit. Die „Verweilzeit" könnte auf der Basis einer Prognose zur Entwicklung der wichtigsten Einflussfaktoren ermittelt werden.

Die „Evakuierungszeit" wäre aus der technologischen Durchschnittszeit und der Zeitzugabe für Unfall- und umgebungsspezifische Besonderheiten zu bilden. Die „Verfügbarkeit" bezeichnet das Vorhandensein sowie die Erreichbarkeit der Rettungsmittel an Bord.

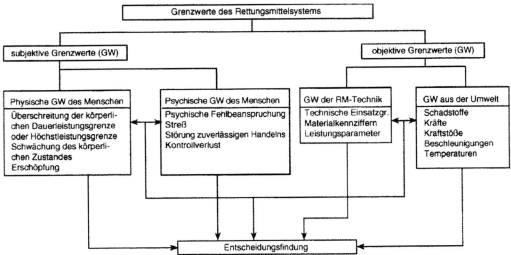

Bild 8.21: Systematisierung ausgewählter Grenzwerte für die Entscheidungsfindung beim Einsatz von RMS

Die Notfallplanung zum Verlassen:
Die Notfallplanung ist eine kognitive Vorarbeit zur Beherrschung des Prozesses „Verlassen des Schiffes". Sie erfordert einerseits eine tiefgründige Analyse der technischen, technologischen und personellen Voraussetzungen und Bedingungen zum Verlassen des konkreten Schiffes und andererseits ein Vordenken zu möglichen Notsituationen auf diesem konkreten Schiff. Das Ergebnis dieser Vorarbeit sind dann spezifische Notfallpläne. Diese sind somit grundsätzlich schiffs- und situationsbezogen. Als Form ist nach den Vorgaben des ISM-Codes das Fließdiagramm zu benutzen. In den Bildern 8.22a, b, c wird versucht, Anregungen zur Erstellung von Notfallplänen für verschiedene Schiffstypen und ausgewählte Situationen zu geben.

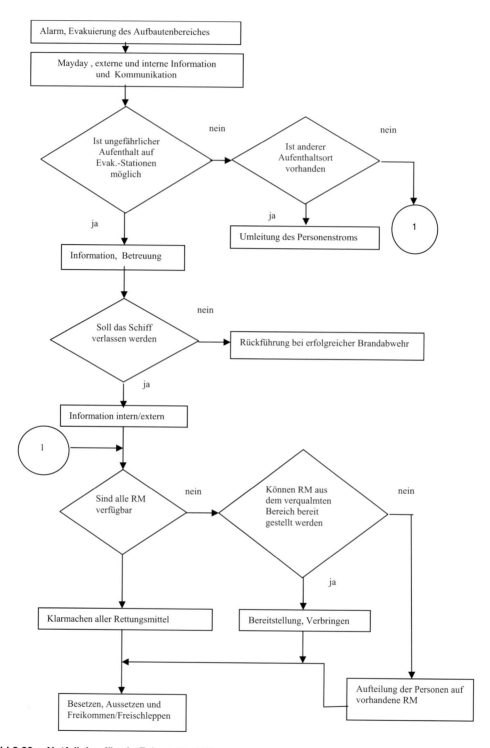

Bild 8.22a: Notfallplan für ein Fahrgastschiff

Fließdiagramm „Verlassen des Schiffes" (Containerschiff)
Ausrüstung mit fierbaren Booten und Rettungsflößen

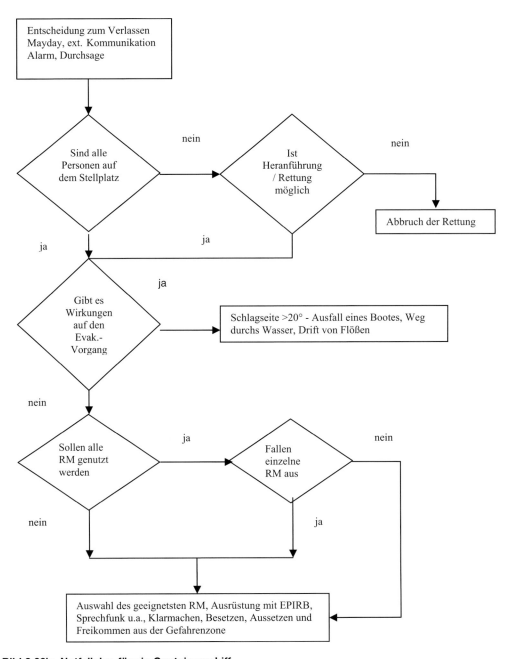

Bild 8.22b: Notfallplan für ein Containerschiff

Fließdiagramm „Verlassen des Schiffes" (Tankschiff)
Ausrüstung mit Freifall-Rettungsboot und fierbarem Floß

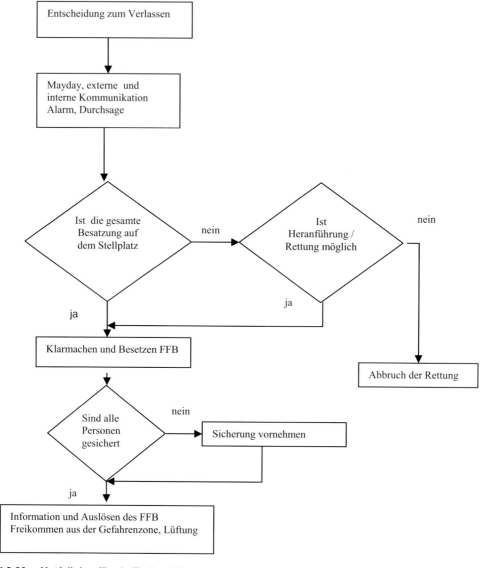

Bild 8.22c: Notfallplan für ein Tankschiff

Das Aussetzen/Freikommen kollektiver Rettungsmittel

Rettungsboote:
Die Vorbereitungen zum Aussetzen eines Rettungsbootes sind bei den verschiedenen Boots- und Davittypen nahezu gleich. Allgemeine Handlungsfolgen und Besonderheiten enthalten die Borddokumentationen.

Das Aussetzen ist die kritischste Phase beim Einsatz eines Rettungsbootes. Hauptgefahren sind die Beschädigung des Bootes und/oder die Verletzung der Insassen durch Schläge gegen die Bordwand beim Rollen des Schiffes und die Wirkung von Brechern beim Aussetzen und Freikommen. Ziel muss es sein, diesen Vorgang möglichst schnell und gefahrlos abzuschließen. Theoretisch wäre dazu eine Fiergeschwindigkeit erforderlich, die ein Fieren seitlich aufgestellter Boote in einer halben Rollperiode gestattet.

Sind bei extremem Seegang besonders starke Schläge gegen die Bordwand zu erwarten, sollte das Boot mit möglichst geringer Besatzung abgefiert werden, um die Masse klein zu halten. Ein Besetzen muss dann über Hilfsmittel oder gesichert auf dem Wege durch das Wasser erfolgen.

Das Freikommen vom Schiff ist mit VV und hart Ruderlage zu empfehlen. Rückwärts sind konventionelle Rettungsboote schlecht steuerfähig, moderne selbstaufrichtende Boote dagegen bei Windeinfluss teilweise besser als in Vorausfahrt. Hier empfiehlt sich besonders in Luv ein ZV-Manöver mit hart Ruder nach Luv. Nach Freikommen ist eine Position aufzusuchen, die seitlich zur Driftrichtung versetzt liegt. Das Rettungsmittel gerät so nicht in den Bereich treibender Gegenstände und Ölfelder. Die Distanz ist je nach Gefährdung (insbesondere Ölfelder) festzulegen (100 ... 300 m) (Bild 8.23).

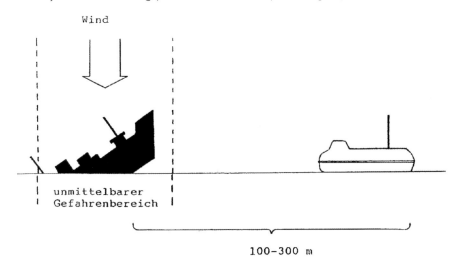

Bild 8.23: Abstand und Lage zueinander beim Freikommen

Die Freifallvariante ist auch noch möglich, wenn Schlagseite und Vertrimmung die technisch bedingten Grenzen herkömmlicher Davitanlagen überschreiten. Erprobungen und praktische Übungen bestätigen die Eignung dieser grundsätzlich neuen Methode zum Verlassen des Schiffes. Ein Teil der inzwischen installierten Freifallsysteme sieht als dritte Variante das freie Aufschwimmen aus der Aufstellposition vor. Diese passive Variante enthält viele zusätzliche potenzielle Risiken und wäre bei der Evakuierung nur als letzte Möglichkeit zu nutzen.

Wichtig für die Entscheidungsfindung bei der Evakuierung ist die Einschränkung der Möglichkeiten für eine Teilevakuierung, da nur das eine Freifall-Rettungsboot vorhanden ist.

Wichtig ist, dass vor dem Freifall alle Insassen auf ihren Einzelplätzen mit Gurten gesichert sein müssen. Zu einem neuen Problem wird damit z. B. die Mitführung Geschädigter bzw. handlungsunfähiger Personen, die der Hilfe bedürfen.

Rettungsflöße:
Rettungsflöße sind grundsätzlich so angeordnet und gesichert, dass das automatische Aufschwimmen beim plötzlichen Untergang des Schiffes gesichert ist. Der planmäßige Einsatz von Rettungsflößen ist unter Bordbedingungen kaum zu trainieren und soll deshalb in seinen wichtigsten Schritten dargestellt werden. Grundsätzlich ist vor dem Handabwurf zu prüfen, ob die Reißfangleine und die Sollbruchleine am Schiff befestigt sind, damit das Floß gesichert ist.

Danach sind folgende Handlungen durchzuführen:
- Lösen der Haltegurte
- Lösen der Sicherung an der Floßlagerung (meist Kippvorrichtung mit automatischem Abrollen)
- Reißen des Floßes durch kräftigen Zug an der Reißfangleine, nachdem diese vollständig aus dem Behälter gezogen ist (22 ... 24 m)
- Falls erforderlich und möglich, Anbringen einer zweiten Leine zum besseren Besetzen des Floßes
- Besetzen je nach Möglichkeit über Leitern oder auf dem Wege durch das Wasser

Beachte: Beim Besetzen durch das Wasser unbedingt Einhaken der eigenen Sicherheitsleine an der Reißfangleine (s. a. Drift von Flößen)! Nicht auf das Floß springen (Gefahr der Beschädigung und von Verletzungen)!
- Lösen des Floßes (Kappen der Reißfangleine mittels Messer im Floß).
- Falls andere Rettungsmittel vorhanden sind, ist vorher eine Leinenverbindung herzustellen (zusammenbleiben).
- Freikommen entsprechend den Bedingungen unter Nutzung der Paddel und der Treibanker. Wegen der Gefahren im Heckbereich des Schiffes ist ein Freikommen in Richtung Vorsteven günstiger.

Die mit einer Aufhängevorrichtung versehenen fierbaren Rettungsflöße sind genauso gelagert wie werfbare Flöße und damit auch von Hand abwerfbar und automatisch aufschwimmbar. Ihre Einführung erfolgte auf Schiffen, auf denen die Aussetzhöhe mehr als 4,5 m betrug. Zum Aussetzen ist eine besondere Fiereinrichtung (Einarmkran) vorhanden, die in der Regel nur zum Fieren ausgelegt ist.

Bei Schlagseite ist konstruktiv ein Fieren auf der hohen Seite ohne Berührung der Bordwand bis zu einem Winkel von $\phi = 20$ Grad gelöst. Kraftstöße durch Schlag gegen die Bordwand werden im Gegensatz zu Rettungsbooten von Flößen zwar besser kompensiert, zu bedenken ist jedoch eine Gefährdung der Floßbesatzung durch mögliche gegenseitige Verletzungen. Diese Gefahr kann durch entsprechendes Verhalten (z. B. Liegen) gemindert werden (Bild 8.24).

Handlungsablauf beim Aussetzen:
- Das Floß wird der Verpackung entnommen (Plastehalbschalen mit Schnellverschluss) und an die Fiereinrichtung gehängt.
- Das geschlossene Paket wird außenbords geschwenkt und erst hier, wie beim werfbaren Floß beschrieben, gerissen.
- Es liegt nach dem Aufblasen in Höhe des Bootsdecks an der Außenhaut der Aufbauten an und wird durch zwei Leinen gegen Pendelbewegungen gesichert.
- Die Reißfangleine wird mit dem äußeren Ende am Schiff befestigt.

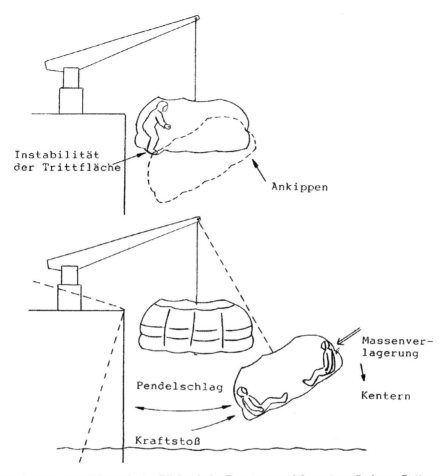

Bild 8.24: Statische und dynamische Effekte beim Besetzen und Aussetzen fierbarer Rettungsflöße

- Das Floß wird in dieser Position von der gesamten Floßbesatzung bestiegen. Dabei ist auf gleichmäßige Belastung zu achten.
- Das Fieren geschieht nach Lösen der Halteleinen durch Lösen der Bremse vom Floß aus.
- Das Freikommen erfolgt nach Lösen des Hakens (meist selbständig) analog zu werfbaren Flößen.

Die Notwendigkeit der automatischen Freigabe von automatisch aufblasbaren Rettungsflößen ergibt sich aus der Tatsache, dass es aus verschiedenen Ursachen zu plötzlichen Kenterunfällen von Schiffen kommen kann. Auch dann muss dem noch vom Schiff freischwimmenden Schiffbrüchigen ein intaktes kollektives Rettungsmittel zur Verfügung stehen. Bei Rettungsflößen bietet sich eine solche Lösung von den konstruktiven Bedingungen her an. Mit Hilfe des hydrostatischen Wasserdruckauslösers (WDA) wird es technisch ermöglicht, dass in einer Wassertiefe von nicht mehr als 4 m das RF freigegeben wird (Bild 8.25a).

Das jetzt aufschwimmende Rettungsfloß, welches über die Sollbruchstelle – eine Leine oder ein Draht mit einer Bruchfestigkeit von 2000 N – mit dem Schiff fest verbunden ist, zieht die etwa 24 m lange Reißfangleine aus dem Floß und löst letztlich den Aufblasvorgang aus. Das aufgeblasene RF

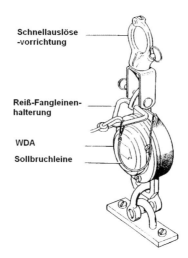

Schnellauslöse
-vorrichtung

Reiß-Fangleinen-
halterung

WDA

Sollbruchleine

Bild 8.25a: Beispiel für einen automatischen Wasserdruckauslöser (WDA)

mit seinem zunehmenden Auftrieb bewirkt beim weiteren Sinken des Schiffes das Reißen der Soll-bruchstelle und notfalls sogar der 22 mm starken Reißfangleine an der jeweils schwächsten Stelle (Bild 8.25b) (s. a. Leitfaden für die Ausbildung im Rettungsbootdienst). Bei dieser Lösung besteht der Nachteil darin, dass das Rettungsfloß an der Wasseroberfläche in der richtigen Schwimmlage sehr schnell vom Wind vertrieben wird.

Eine bessere Lösung ist gegeben, wenn der Aufblasvorgang in diesem Fall nicht automatisch aus-gelöst wird. Den an der Unfallstelle Schwimmenden steht dann das weniger schnell treibende unauf-geblasene RF zur Verfügung, das erst nach dem Zusammenführen aller Schiffbrüchigen aufgeblasen werden sollte. Diese Möglichkeit des Einsatzes von RF im Extremfall sollte von der Schiffsleitung in die Überlegungen hinsichtlich einer Evakuierung mit einbezogen werden.

Psychische Probleme dürften bei fierbaren Flößen für ungeübte Personen eine relativ große Rolle spielen. Bei Neubauten werden daher als gleichwertiger Ersatz generell so genannte Marine Evacua-tion Systems (Slide- oder Chute-Systeme) installiert.

Marine Evacuation Systems:
Eine aufblasbare Rutsche (Slide) oder ein senkrecht angeordneter Schlauch (Chute) sind die Grund-elemente solcher Evakuierungssysteme. Es handelt sich bei der Slide um eine für die Schifffahrt modifizierte Lösung, die sich in der Luftfahrt schon seit vielen Jahren bewährt.

Die ein- oder zweispurige Rutsche wird nach Auslösung durch Druckgas aufgeblasen und stabili-siert (derzeitig bekannte Maximallänge 27 m). Zugleich mit der Rutsche wird eine am unteren Ende befestigte Plattform aufgeblasen (Bild 8.26). Von hier aus erfolgt die Verteilung der Schiffbrüchigen in die zusätzlich anzulagernden kollektiven Rettungsmittel, vorzugsweise Rettungsflöße. Ähnlich ist die Grundkonzeption bei der Chute. Über solche Marine Evacuation Systems gelangen relativ schnell viele Personen von Bord und trocken in die Rettungsmittel. Es handelt sich um geeignete Lösungen insbesondere für Fähren, Passagierschiffe u. Ä. mit ihrer großen Zahl ungeübter Personen. Besonders für diesen Personenkreis stellt die Rutsche die technologische Lösung mit der geringsten psychologischen Barriere dar. Erprobungen belegen auch den Einsatz bei der Evakuierung auf festes Eis. Bei der Chute dürfte der psychologische Aspekt von größerer Bedeutung sein.

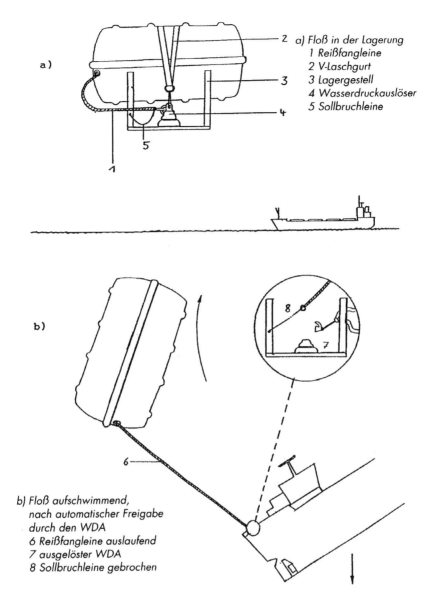

a)

2 a) Floß in der Lagerung
  1 Reißfangleine
  2 V-Laschgurt
3   3 Lagergestell
  4 Wasserdruckauslöser
4   5 Sollbruchleine

b)

b) Floß aufschwimmend,
  nach automatischer Freigabe
  durch den WDA
  6 Reißfangleine auslaufend
  7 ausgelöster WDA
  8 Sollbruchleine gebrochen

Bild 8.25b: Ablauf der Freigabe eines Rettungsfloßes

Weg durchs Wasser/Sprung:
Grundsätzlich sollte der Weg durchs Wasser als Evakuierungsvariante nur bei Zeitnot, schwerem Wetter oder vergleichbaren Situationen gewählt werden. Andererseits stellt der Weg durchs Wasser mit der Einführung des Kälteschutzanzuges eine sichere und sinnvolle Technologie dar. Immer sollte dabei eine Leinensicherung vorzugsweise zum Rettungsmittel erfolgen (z. B. an der Reißfangleine des RF). Die Schutzwirkung des Kälteschutzanzuges lässt diesen Weg auch bei sehr niedrigen Wassertemperaturen zu. Ein gesicherter Sprung mit dem Kälteschutzanzug (immer von der tiefstmöglichen Stelle aus) birgt offensichtlich weniger Verletzungsgefahren als das Wegfieren im kollektiven Rettungsmittel bzw. das Hinabsteigen/-klettern am Schiff bei schwerem Wetter.

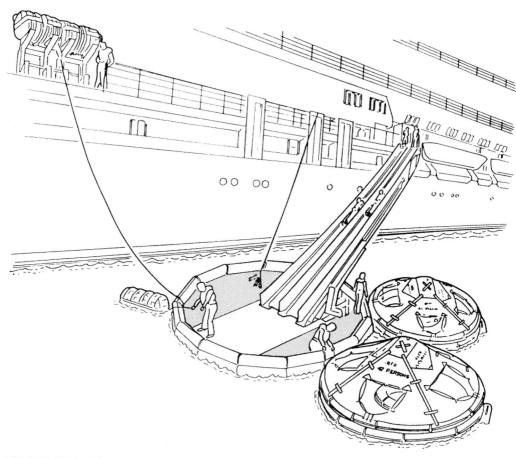

Bild 8.26: Marine Escape Slide

Ob mit oder ohne individuelles Rettungsmittel: der ungesicherte Sprung ist die letzte zu wählende Variante einer Evakuierung Schiffbrüchiger. Ist sie unumgänglich, sollten mehrere Personen gleichzeitig bzw. kurz nacheinander springen.

Maßnahmen bei einem plötzlichen Schiffsverlust:
1. Anlegen, zumindest aber die Mitführung des individuellen Rettungsmittels.
2. Bei einem extrem schnell ablaufenden Schiffsuntergang, bei dem keine Zeit zum Aussetzen kollektiver Rettungsmittel verbleibt, ist davon auszugehen, dass die mitgeführten Rettungsflöße automatisch freigegeben werden und in aufgeblasenem Zustand aufschwimmen. Das Aufschwimmen gehört zu den möglichen Einsatzvarianten von Freifall-Rettungsbooten. Bei herkömmlichen Booten ist ein Aufschwimmen bedingt möglich, wenn vorher alle Sicherungen/Laschings gelöst wurden.
3. Das Freikommen der Schiffbrüchigen vom sinkenden Schiff muss mit aller Kraft erfolgen, um die Gefahr durch aufschießende Gegenstände und Öl zu minimieren. Es sollte unter Beachtung der konkreten Bedingungen (Schlagseite, brennende See oder Öl, Seegang, Driftverhalten, längsseits schwimmende Decksladung, schlagende Ladegeschirre u. a.) an der günstigsten Stelle erfolgen.

Unabhängig davon ist ein auftreibendes Rettungsmittel am ehesten zu erreichen, wenn sich die Schiffbrüchigen leewärts bewegen. Das Zusammenbleiben der Schiffbrüchigen ist besonders in einer solchen Situation oberstes Gebot.

4. Bei starkem Seegang oder Wind besteht die Gefahr, dass die Rettungsflöße nicht erreicht werden können (s. Drift). Daraus würde sich für die Brückenwache zwangsläufig die Aufgabe ableiten, das Aufschwimmen der Rettungsflöße in ungeöffnetem Zustand zu gewährleisten (Lösen der Sollbruchleine genügt!).

5. Das Reißen der Leine von Rettungsflößen im Wasser kann eine Person ausführen. Der Aufblasvorgang ist vor allem in Abhängigkeit von der Wassertemperatur (Kräfteverlust) hinauszuzögern, damit möglichst alle Schiffbrüchigen das Rettungsfloß erreichen.

8.1.4 Die Phase „Aufenthalt in kollektiven Rettungsmitteln/im Wasser"

Die Phase „Aufenthalt" ist die durchschnittlich längste Phase im Rettungsablauf auf See. Auch dieser Abschnitt ist durch eine Reihe von Entscheidungen und Maßnahmen der Schiffbrüchigen möglichst günstig zu gestalten. Der Aufenthalt in kollektiven Rettungsmitteln bedeutet für die Schiffbrüchigen vor allem entsprechende technische Voraussetzungen vorzufinden, die das Überleben ermöglichen.

In der Phase Aufenthalt wirken besonders viele Einflussfaktoren der Umwelt, mit denen sich die Schiffbrüchigen ohne fremde Hilfe auseinandersetzen müssen. Besonders erschwerend wirkt sich aus, dass die Aufenthaltsdauer und damit auch die Einwirkzeit der Einflussfaktoren meist nicht prognostizierbar sind.

Die Zielstellung, während des gesamten Aufenthaltes die hinreichenden Überlebensbedingungen aufrechtzuerhalten, ist außer von den konstruktiven Gegebenheiten der Rettungsmittel auch wesentlich von den Kenntnissen und den Handlungen der Schiffbrüchigen abhängig. Wesentliche Einflussfaktoren beim Aufenthalt in einem kollektiven Rettungsmittel sind im Bild 8.27 dargestellt.

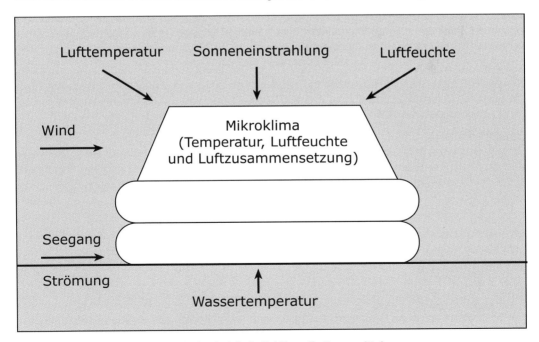

Bild 8.27: Einflussfaktoren beim Aufenthalt in kollektiven Rettungsmitteln

Der Extremfall für Schiffbrüchige ist zweifellos der direkte Aufenthalt im Wasser, bei dem sich insbesondere die Wirkung des Einflussfaktors „Wassertemperatur" dramatisch verschärft. Im Wesentlichen ist die Wirkung der Einflussfaktoren komplexer Natur und von den spezifischen Bedingungen sowie den relativen und absoluten Werten der Einflussfaktoren abhängig. Eine komplexe Bewertung der Gesamtwirkung ist daher kaum möglich. Im Folgenden sollen wichtige Teilprobleme der Phase Aufenthalt erörtert und bewertet werden.

Verhalten kollektiver Rettungsmittel in der See

Die Drift

Allgemein gilt der Grundsatz, dass Schiffbrüchige möglichst in der Nähe der Unfallposition bleiben sollen, um das Auffinden durch Retter zu erleichtern. Dem wirkt auf See die mehr oder weniger immer vorhandene Drift entgegen. Ihr kann passiv durch Bremsmittel (Treibanker u. Ä.) und aktiv durch Antriebsmittel (Motor, Riemen, Segel) entgegengewirkt werden. Mit der Drift auf See besteht einer der wichtigsten Einflussfaktoren auf die Entscheidungsfindung im Rettungsablauf, insbesondere auf die Aufgabenstellungen beim Auffinden von Schiffbrüchigen.

Verursacht wird die Drift durch mehrere, meist komplex wirkende hydrometeorologische Faktoren:

Wind:
Die direkte Wirkung des Windes auf die Drift von Rettungsmitteln besteht im Schub auf deren Überwasserteil. Bei entsprechenden Windstärken und einem Driftobjekt mit relativ großem Überwasseranteil kann er zum dominierenden Faktor der Ortsveränderung werden. Die möglichst genaue Kenntnis dieses Faktors wird damit zu einer wichtigen Planungsgröße bei Rettungsoperationen.

Triftströmung:
Sie entsteht durch die Wirkung der Windschubkraft auf die Wasseroberfläche, indem durch Reibung Oberflächenwasser nachgeschleppt wird und durch die Reibung zwischen den Wasserschichten. Es kann angenommen werden, dass bei konstantem Wind nach sechs bis zwölf Stunden eine solche Triftströmung entsteht. Der Übertragungskoeffizient von der Windgeschwindigkeit auf die Geschwindigkeit der Triftströmung wird international unterschiedlich angegeben und liegt nach praktischen Versuchen bei etwa 3 % an der Oberfläche und bei 1–1,4 % in 0,5 m Tiefe.

Meeresströmungen:
Sie wirken auf alle Arten von Rettungsmitteln und können in Richtung und Stärke grundsätzlich von allen anderen Driftfaktoren abweichen. Wichtige Quellen für die entsprechenden Daten sind die Seehandbücher, Monatskarten, vor allem aber die Faxkarten der Wetterdienste.

Gezeitenströmung:
Driftrelevante Werte nehmen sie vor allem in Schelfgebieten, Randmeeren und Buchten an. Schwierig wird die Bestimmung des Einflusses der Gezeiten auf die Drift durch deren kurzfristige Änderungen in Geschwindigkeit und Richtung. Zur Datengewinnung sind die in der Schiffsführung üblichen Unterlagen und Verfahren geeignet.

Seegang:
Als gesichert kann heute gelten, dass es auch durch Seegang zu einem Massetransport, also einem Drifteffekt kommt. Für die Wirkung des Seegangs als Driftfaktor ist seine Tiefenwirksamkeit von entscheidender Bedeutung, gekoppelt mit der Wellenhöhe und -länge. Qualitative Werte lassen sich gegenwärtig nicht sicher ermitteln bzw. von denen des Windschubs und der Oberflächenströmung trennen.

Die Ortsveränderung eines Rettungsmittels bzw. einer Person im Wasser ist weiterhin von driftbeeinflussenden Faktoren des Objektes selbst abhängig.

Parameter des Driftobjektes

Als driftbeeinflussende Parameter sind vor allem von Bedeutung:

- die Art des Rettungsmittels/Driftobjektes
- die Größe des Objektes
- das Verhältnis der angeströmten ÜW- und UW-Flächen
- die An- und Umströmungsbedingungen
- der Tiefgang
- der Einsatz von Brems- bzw. Antriebsmitteln

Wie die driftverursachenden Faktoren wirken sie komplex und gegenseitig. Ihre driftrelevante Haupt-wirkung liegt bei der Geschwindigkeit. Solche Parameter wie Tiefgang, Brems- und Antriebsmittel, An- und Umströmungsbedingungen können sich während der Drift ändern. Wichtige Wechselwir-kungen bestehen u. a. zwischen den Über- und Unterwasseranteilen des Rettungsmittels sowie zwi-schen dem Einsatz von Treibankern und der Art des Rettungsmittels (Rettungsboot/Rettungsfloß).

Wegen der relativ geringen Geschwindigkeit driftender Rettungsmittel oder Personen im Wasser ist die Corioliskraft in ihrer direkten Wirkung vernachlässigbar klein. Indirekt wirkt sie über den Einfluss auf die Richtung von Wind und Strömungen. In der Zusammenfassung stellt die Drift die komplexe Wirkung der genannten Faktoren dar. Zu den wichtigsten driftvermindernden Maßnahmen gehört der frühestmögliche Einsatz aller im Rettungsmittel vorhandenen Treibanker oder sonstigen Brems-mittel.

Das Bewegungsverhalten kollektiver Rettungsmittel

Eine entscheidende Komponente für die Qualität von Überlebensbedingungen kollektiver Rettungs-mittel ist deren Verhalten im Seegang. Kollektive Rettungsmittel reagieren unterschiedlich auf die Seegangserregung. Während Rettungsflöße und herkömmliche offene Rettungsboote nahezu den Bewegungen der Wasseroberfläche folgen, besitzen geschlossene selbstaufrichtende Rettungsboo-te infolge ihrer besonderen Form- und Gewichtsparameter ein ausgeprägtes Übertragungsverhalten, wie es qualitativ von Schiffen bekannt ist. Dieses Verhalten ist u. a. durch deutliche Resonanzbereiche gekennzeichnet, in denen vor allem starke Rollbewegungen im Bereich von Quersee und Stampfbe-wegungen bei Gegensee, die mit zunehmender Geschwindigkeit erheblich anwachsen, auftreten.

Ergebnis sind überwiegend Vertikalbeschleunigungen bis zu Werten von $a^\gamma = 1$ g in bestimmten Frequenzbereichen, die als besonders Kinetose fördernd bekannt sind und eine erhebliche Be-lastung für Menschen darstellen. Neben der Gefahr von Verletzungen besteht dadurch in solchen Rettungsbooten eine besondere Kinetoseanfälligkeit. Sie wird erheblich verstärkt durch Geruchsreize bei ungenügendem Luftwechsel und durch die fehlende Raumorientierung infolge eingeschränkter Sicht. In Seeversuchen gemessene Beschleunigungswerte liegen bereits bei Bf. 4 wesentlich über der bisher für Schiffsbewegungen ermittelten Reizschwelle für Kinetose und außerdem in niedrigeren Frequenzbereichen.

Die vorliegenden Ergebnisse gestatten folgende Bewertung des Bewegungsverhaltens geschlosse-ner selbstaufrichtender Rettungsboote.

1. Das Bewegungsmuster im Seegang sowie der Frequenzbereich unterscheiden sich wesentlich von denen eines Schiffes. Eine Erfahrung und Gewöhnung durch Training ist damit nicht gege-ben.
2. Der stochastische Charakter des Bewegungsablaufes ist infolge von Reaktionen auch auf kleine Wellen im Seegangsbild wesentlich ausgeprägter als bei einem Schiff. Die Reaktionen des Men-schen auf derart stochastische Bewegungen bestehen überwiegend in statischer Muskelarbeit (ständige Muskelanspannung), die eine außerordentliche physische Belastung darstellt.

Bewegungen in Bereichen der Resonanz mit Perioden von etwa T = 2–5 s führen teilweise zu Beschleunigungen, denen der Mensch nicht mehr mit Ausgleichs- oder Schutzreaktionen entgegenwirken kann. Das macht notwendige Tätigkeiten im Boot nahezu unmöglich und führt zu erheblichen Verletzungsgefahren.

Kinetose, Seekrankheit

Kinetoseauslösung:
Die Entstehung der Kinetose ist an ein funktionsfähiges Gleichgewichtsorgan gebunden. Bis zum zweiten Lebensjahr gibt es praktisch keine Kinetose (Schalt- und Wahrnehmungszentren sind noch nicht ausgereift), danach steigt die Anfälligkeit rasch bis zum 13. Lebensjahr an, um dann allmählich bis zum 55. Lebensjahr abzufallen. Kinetosen nach dem 55. Lebensjahr sind selten. Langzeitadaptation und Abnahme der Aktivität zentraler Regulationsmechanismen scheinen hierfür verantwortlich zu sein. Die Anfälligkeit des Menschen beträgt bei ausreichend intensiver Reizeinwirkung 99 %. Allerdings gibt es große Unterschiede in der individuellen Widerstandsfähigkeit. Die kombinierte Wirkung nahezu aller, die Kinetose auslösenden Faktoren führt beim Aufenthalt in Rettungsmitteln bei der Mehrzahl der Insassen zur Ausbildung einer schweren Kinetose.

Die Kinetose darf nicht als isoliertes vestibuläres Problem angesehen werden. Optische und vestibuläre Reize können jede für sich Kinetose auslösen, gemeinsam haben sie synergistische Effekte. Die Kombination von Winkel- und Linearbeschleunigungen fördern die Kinetoseauslösung. Am nachhaltigsten wirken vertikale Beschleunigungen mit einer Frequenz von etwa 0,4 Hz (Maximum bei 0,27 Hz).

Die zahlreichen Auslösemechanismen (Beschleunigungen, optokinetische Reize, Beschleunigungswirkungen auf die inneren Organe) lassen erkennen, dass das Zusammenwirken des Vestibularapparates mit anderen sensorischen Systemen gestört ist. Die Folge ist eine Reizüberflutung der Zentren des vegetativen Nervensystems und das Entstehen einer schweren vegetativen Symptomatik, die alle Organsysteme erfasst. Die schrittweise Ausprägung der Symptome und die unterschiedliche Wirkung gleicher Reizgrößen bei verschiedenen Menschen hängen vom Regulationszustand und der Regulationsfähigkeit der Zentren des vegetativen Nervensystems ab. Die Kinetoseempfindlichkeit ist nachts geringer als am Tage.

Aktive körperliche oder geistige Tätigkeiten verhindern, bzw. verzögern die Kinetoseentstehung oder mindern deren Symptomatik.

Begünstigend wirken:
- Passivität; Lärm; üble Gerüche
- Hypothermie, bevorzugt bei Körpertemperaturen von 34 bis 32 °C
- Erhöhter CO_2-Gehalt der Umgebungsluft (entstehende Hyperkapnie)
- Sauerstoffmangel in der Umgebungsluft (entstehende Hypoxie)
- gestörte Person-Umwelt- Beziehung, neurotische Reaktionen
- Angst, besonders mit körperlicher Symptomatik

Symptome:
Vor dem Ausbruch der klassischen Symptomatik entstehen bereits funktionelle Abweichungen in den Organ- und Systemfunktionen, die sich im Allgemeinbefinden nur geringfügig widerspiegeln.

Anzeichen dieser (latenten) Form der Kinetose sind:
- motorische Unruhe
- klebriger Schweiß auf der Stirn
- unmotiviertes Gähnen, Blässe
- Mundtrockenheit oder vermehrter Speichelfluss

Die Minderung der Leistungsfähigkeit kann in diesem Stadium bereits erheblich sein.

Subjektive Symptome der manifesten Kinetose sind:
– flaues Gefühl im Magen, Übelkeit
– Hitzegefühl, Schwindelgefühl, Kopfschmerz
– Müdigkeit, Schlafbedürfnis
– Antriebsarmut, Apathie, Depressive Verstimmungen

Objektive Symptome der ausgeprägten Kinetose sind:
– vermehrter Speichelfluss
– Aufstoßen, Rülpsen (Regurgieren), Erbrechen
– Blässe oder fahlgrüne Gesichtsfarbe (gelegentlich Hautrötung)
– Schweißabsonderung
– Abwendung von der Aufgabe
– tiefe Depression bis hin zur Selbstaufgabe

Es liegt eine deutliche Einschränkung, bzw. der Verlust der körperlichen Leistungsfähigkeit vor. Das langdauernde Erbrechen führt zu schweren Störungen im Flüssigkeits- und Elektrolythaushalt und vermindert die Überlebenschancen erheblich.

Eine gezielte Senkung der Kinetoseempfindlichkeit (Habituation) ist möglich. Wiederholte Einwirkung verschiedener Beschleunigungsreize, z. B. beim Sport, bieten gute Voraussetzungen für eine hohe Kinetosefestigkeit. Durch ständige Wiederholung kann dieser Trainingseffekt lange erhalten bleiben. Nach längerer Pause geht dieser Effekt jedoch verloren, bzw. er schwächt sich ab und muss gezielt wiederhergestellt werden.

Überlebensbedingungen in kollektiven Rettungsmitteln (Mikroklima)

Mikroklimatische Verhältnisse und ihre Änderung können während des Aufenthalts in geschlossenen Rettungsmitteln eine wesentliche Rolle spielen. Die neuesten Entwicklungen auf diesem Gebiet verstärken die Bedeutung mikroklimatischer und gastechnischer Prozesse bei der Rettung im Seenotfall. Der als Schutzfunktion gegen extreme äußere Einflüsse gewollte Abschluss kollektiver Rettungsmittel führt zum Aufbau eines Mikroklimas mit zum Teil erheblichen Auswirkungen und Konsequenzen für die Insassen. Beeinflusst wird dieser Prozess vor allem durch die
– äußeren Klimafaktoren,
– Parameter des Rettungsmittels,
– Personenzahl,
– Bedienungstechnologie des Rettungsmittels,
– die Zeitdauer des Verschlusszustandes u. a.

Von besonderer Bedeutung sind die chemischen Komponenten CO_2 und O_2-Konzentrationen in der Raumluft. Geht man davon aus, dass ein geschlossenes kollektives Rettungsmittel einen kleinen Raum mit geringer passiver Belüftung darstellt, muss bei hoher Raumbelegung infolge des Atemprozesses eine starke Zunahme des CO_2-Anteils und ein Absinken des O_2-Anteils folgen. Der derzeitige Kenntnisstand besagt, dass weit früher kritische CO_2-Werte eintreten als zu niedrige O_2-Werte. Die besondere Gefahr einer letalen CO_2-Konzentration in der Raumluft besteht darin, dass der Betroffene schmerzfrei einschläft.

Für die Entwicklung der CO_2-Konzentration kann die theoretische Beziehung

$$C_{CO_2} = \frac{B}{L} \times 100 \, (1 - e^{-\frac{L \times T}{V}})$$

angesetzt werden, wobei

B = individuelle CO_2-Abgabe in l/min × Person
L = individueller Luftwechsel in l/min × Person
V = individueller Luftraum in l/ Person
T = Aufenthaltszeit in Minuten

Rechnungen und praktische Konzentrationsmessungen ergaben, dass in geschlossenen Rettungsbooten und in Rettungsflößen bereits nach einer Zeit T = 20...30 min CO_2-Konzentrationen von 2...3
Vol.-% eintreten können. Solche Werte sind bereits als Grenzwerte anzusehen (Bild 8.28).

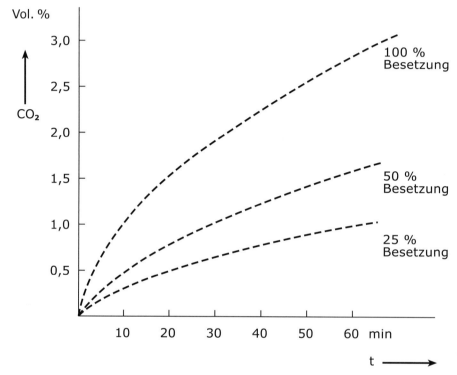

**Bild 8.28: Qualitative Entwicklung der Kohlendioxid-Konzentration in einem geschlossenen Rettungs-
mittel**

Die letale Dauerkonzentration von 5 Vol.-% wurde in Rettungsflößen (bei Windstille) bereits nach
t = 60 min und in geschlossenen Rettungsbooten nach t = 90 min nachgewiesen. Lebensbedroh-
liche Konzentrationen sind ohne Zweifel zu erwarten, wenn voll besetzte kollektive Rettungsmittel
über längere Zeit verschlossen bleiben müssen und insbesondere ein Lüftungseffekt durch Windan-
strömung fehlt. Ein solcher Effekt tritt besonders bei Rettungsflößen im Seegang ein, indem durch
die Bewegungen des Floßes ein Pumpeffekt entsteht. Konzentrationsmessungen ergaben in solchen
Fällen Werte von etwa 1 Vol.-% .

Höhere Werte sind jedoch auch bei Windeinfluss möglich, wenn infolge physischer und psychischer
Belastung der Personen deren individuelle CO_2-Abgabe größer ist. Bei Lüftungsmaßnahmen ist möglichst eine kurzzeitige, aber vollständige und intensive Lüftung des Gesamtraums anzustreben.

Ein zweiter Einflussfaktor des Mikroklimas ist die thermische Komponente als Wertepaar von Lufttemperatur und Luftfeuchte. Die große Wärme- und Feuchtigkeitsabgabe der Personen führt zu

kritischen Raumluftzuständen, wenn bereits Außenlufttemperaturen von T = 15 °C vorliegen. Die Luftfeuchte steigt in jedem Falle schnell auf Werte von F = 90...100 %. Bei einem Anstieg der Raumlufttemperatur auf T = 35 °C wird nahezu die Grenze des Thermoregulationsvermögens des Menschen erreicht. Es besteht die Gefahr des Hitzestaus. Höhere Temperaturwerte werden ertragen, wenn die Luftfeuchte durch Lüftung reduziert werden kann und eine Wärmeabgabe ermöglicht wird.

Das gilt besonders für den Fall, dass Kälteschutzanzüge oder Kälteschutzhilfen getragen werden. Diese sind in solchen Fällen zu öffnen bzw. abzulegen, wenn die Bedingungen es gestatten (z. B. Kentergefahr bei Rettungsmitteln). Die in der Regel kombinierte Wirkung nahezu aller bekannten Kinetose auslösenden Faktoren führt bei völligem Verschluss solcher modernen Rettungsmittel bereits bei geringer Intensität und nach kurzer Zeit zu einer hohen Belastung des Menschen. Die Vielzahl der Belastungsgrößen und ihre teilweise erhebliche Wirkungsintensität können im Extremfall die Grenzen des menschlichen Leistungsvermögens erreichen. Ihre Bewertung durch den Boots- oder Floßführer, aber auch durch Rettungskräfte, und die Ableitung geeigneter Maßnahmen ist daher eine wichtige Größe im Rettungsprozess.

Das Trinken von Seewasser:
Störungen des Flüssigkeitshaushaltes betreffen sowohl den Wasser- als auch den Elekrolythaushalt, da beide eng miteinander gekoppelt sind. Störungen des Flüssigkeitshaushaltes können auf einem Missverhältnis zwischen Aufnahme und Abgabe (Bilanzstörung) oder unphysiologischer Verteilung (Verteilungsstörung) von Elektrolyten oder Wasser herrühren. Diese betreffen primär den Extrazellulärraum (Flüssigkeitsraum außerhalb der Körperzellen), der Intrazellulärraum wird sekundär beeinflusst. Exzessive Zufuhr von Natriumsalzen, etwa durch Seewassertrinken, oder verminderte Wasserzufuhr können die Eliminationskapazität der Nieren oder aber deren Harnkonzentrierungsfähigkeit überschreiten. Natrium ist das wichtigste Stellglied bei der Regulation des Flüssigkeitshaushaltes. Das Trinken von Seewasser in einer Seenotsituation reduziert in dramatischer Weise die Überlebenswahrscheinlichkeit des Schiffbrüchigen, da die Nieren die Natriumzufuhr nicht mehr kompensieren können und eine primäre Störung des Natriumhaushaltes eintritt. Zum besseren Verständnis sei Folgendes ausgeführt: Die Körperflüssigkeiten des Menschen enthalten 0,9 % Kochsalz (Natriumchlorid), als „physiologische Kochsalzlösung". D. h. in einem Liter Flüssigkeit sind 9,0 Gramm Kochsalz enthalten. Die maximal mögliche Salzkonzentration des Urins kann 2,0 % betragen, das sind 20 Gramm. Wird z. B. ein Liter Seewasser mit einem Salzgehalt von 3,5 % getrunken, das sind 35,0 Gramm Seesalz, muss vom Organismus soviel Wasser zur Verfügung gestellt werden, dass das überschüssige Salz, in diesem Beispiel 15,0 Gramm, physiologisch gelöst oder aber ausgeschieden werden kann. Es entsteht ein zusätzlicher Bedarf von etwa einem Liter Körperwasser. Da das überschüssige Salz im extrazellulärem Raum verbleibt, wird den Körperzellen Flüssigkeit entzogen. Bei einer normalen Flüssigkeitsbilanz und bei der Möglichkeit, den zusätzlichen Wasserbedarf des Körpers durch Trinken zu decken, toleriert der Organismus diese Salzzufuhr. Besteht jedoch bereits eine Dehydratation, (Wassermangel) z. B. durch Schwitzen, längerem Treiben im Wasser, mit hierdurch verursachter Immersionsdiurese (vermehrte Urinausscheidung), vorangegangenes Dursten, dann ist diese Wassermenge gar nicht vorhanden und die Nieren sind nicht fähig den Natriumüberschuss auszuscheiden, die Dehydratation wird zunehmen. Es entwickelt sich eine schwerwiegende Störung des Wasser- und Salzhaushaltes, die auch als „Salzvergiftung" (Hypertone Hyperhydratation) bezeichnet wird und der körperliche Zustand des Schiffbrüchigen verschlechtert sich rapide."

Symptome:
– Fieber
– Desorientierung
– Krämpfe
– tiefe Bewusstlosigkeit (Koma)

Wassermangel, Wasserverlust (Dehydratation)

Zweithäufigste Todesursache für Schiffbrüchige ist nach der Hypothermie der Wasserverlust durch Durst, Trinken oder Verschlucken von Seewasser, oder als Folge der Kinetose.

Störungen der Wasserbilanz gehen stets mit Störungen des Elektrolythaushaltes einher. Die Regulation des Wasserhaushaltes ist eng mit der Regulation des Natriumhaushaltes verknüpft. Der Körperwassergehalt des Menschen ist altersabhängig und beträgt beim Erwachsenen etwa 60 % des Körpergewichtes, beim Säugling etwa 75 %, bei alten Menschen etwa 55 %. Der Körperwassergehalt der Frauen liegt 5 % bis 10 % unter dem von gleichaltrigen Männern. Der Wassergehalt wird sehr konstant gehalten und schwankt langfristig nur geringfügig (0,2 % des Körpergewichtes).

Flüssigkeitsräume:
Bei organunabhängiger Betrachtungsweise der Wasserverteilung ist zwischen dem in den Körperzellen befindlichen Wasser (intrazellulärer Flüssigkeitsraum) und dem außerhalb der Körperzellen befindlichem Wasser (extrazellulärer Flüssigkeitsraum) zu unterscheiden. Auf den extrazellulären Flüssigkeitsraum entfallen 35 % des Wasserbestandes (20 bis 30 % des Körpergewichtes), auf den intrazellulären Flüssigkeitsraum entfallen 65 % des Wasserbestandes, (30 bis 40 % des Körpergewichtes).

Der Wasserbedarf des Menschen ist sehr variabel, Schwitzen bei hohen Umgebungstemperaturen, bei körperlicher Schwerarbeit, oder übermäßige Salzaufnahme beeinflussen ihn wesentlich. Die .Wasserbilanzierung erfolgt durch Trinken, bzw. Dursten und durch Anpassung der Urinmenge. Die Durstschwelle liegt bei Wasserverlusten von 0,5 % bis 1 % des Körpergewichtes. Durst (regulatorischer Durst) entsteht spätestens nach Wasserverlusten von 2 % des Körpergewichtes.

Einer Wasseraufnahme von 2500 ml pro Tag steht eine Wasserabgabe von durchschnittlich 2500 ml gegenüber. Der minimale Wasserbedarf des Erwachsenen beträgt etwa 1500 ml pro Tag. Diese ergeben sich aus dem physikalisch bedingten Verlust von etwa 900 ml durch Verdunstung über die Haut und durch die Lungen, sowie 500 ml, um die, bei normaler Ernährung entstehenden, harnpflichtigen Substanzen bei maximaler Urinkonzentration auszuscheiden. Übersteigt die Wasserabgabe, bzw. der Wasserverlust die Wasseraufnahme, entsteht das Bild der Dehydratation.

Schweregrad	Prozentualer Verlust	Symptome
leichte Dehydratation	2 % bis 5 %	Durst, trockene Mundschleimhaut, Reizbarkeit, verminderte körperliche Leistungsfähigkeit, evtl. Schwindelgefühl, Übelkeit, Müdigkeit, dunkler Urin
mäßige Dehydratation	5 % bis 10 %	Kopfschmerz, Schwindel, Aufhören der Ausscheidungen
schwere Dehydratation	10 % bis 20 %	Seh- und Hörstörungen, beginnendes Delirium, Verminderung des Hautturgors, Lebensgefahr

Tab. 8.2: Schweregrade der Dehydratation, bezogen auf den Verlust des Körpergewichts

Das Trinken von 25 % bis 50 % der täglich benötigten Mindestmenge an Wasser verlängert die Überlebensmöglichkeit beträchtlich, verglichen mit der Zeit, die bei völligem Wasserentzug überlebbar wäre.

Flüssigkeits- und Elektrolytausgleich, Rehydratation

Getränke:
Die Rehydrierung ist mehr als eine einfache Wiederauffüllung und sie schließt zahlreiche physiologische Wechselwirkungen ein. Der Ausgleich der Disproportionen in der Flüssigkeitsbilanz innerhalb

des Organismus ist Teil des Rehydrierungsvorganges. Für die Rehydratation ist es von Bedeutung, dem Körper Wasser und Elektrolyte in einer Form anzubieten, die eine schnelle Beseitigung der Dysbalancen ermöglicht. Damit werden Voraussetzungen geschaffen, um die eingetretenen Gesundheitsstörungen wirksam behandeln zu können. Da Wasser hauptsächlich im Dünndarm resorbiert (aufgenommen) wird, ist die Zeit, welche die Flüssigkeit benötigt um den Magen zu passieren (Magenpassagezeit), ein wesentliches Kriterium für die Verfügbarkeit der aufgenommenen Flüssigkeitsmenge.

Hierbei sind die Temperatur der Flüssigkeit und die darin enthaltene Kohlenhydratmenge von entscheidender Bedeutung. Der wichtigste Einflussfaktor ist die enthaltene Kohlenhydratmenge. Konzentrationen über 5 % verlangsamen die Magenentleerungsrate deutlich. Die Flüssigkeitsaufnahme im Dünndarm stellt einen passiven Prozess dar. Reines Wasser wird sehr langsam aufgenommen, Glucose (Zucker) und Natriumzugaben (z. B. Kochsalz) aktivieren diesen Prozess und erhöhen die Wasserresorptionsrate. Andere Elektrolyte zeigen diese Wirkung nicht. Wird der Nährstoffgehalt der Flüssigkeit zu hoch, kommt es zu einem Einstrom von Wasser in den Dünndarm und die Dehydratation wird zunehmen.

Mit Wasser oder Mineralwasser erreicht man eine Resorptionsrate von ca. 1 ml pro Zentimeter Dünndarm in der Stunde. Isotone Sportgetränke (6 % bis 8 % Kohlenhydrate plus Kochsalz) erreichen eine Resorptionsrate von 4ml und mehr. Fruchtsäfte und colahaltige Getränke haben einen sehr hohen Kohlenhydratanteil und sind zur Rehydrierung nicht geeignet, da es zu einem Einstrom von Wasser aus dem Blut in den Dünndarm kommt, kurzfristig ist ein Einstrom von 3 bis 7 ml Wasser pro Zentimeter Dünndarm möglich. Die Dehydratation wird also zunehmen.

Getränketemperatur:
Sowohl sehr kalte als auch sehr warme Getränke verhindern die Magenentleerung. Getränke mit einer Temperatur um 37 °C zeigten die kürzesten Magenpassagezeiten und können damit nach kurzer Zeit im Dünndarm zügig resorbiert werden.

Gut geeignet	mäßig	zweifelhaft	schlecht
Wasser mit Zuckerzusatz z. B. leicht gesüßter Tee, sog. isotone Sportgetränke Zusatz einer Prise Kochsalz im Tee, Getränke in Körpertemperatur	Wasser, Mineralwasser	verdünnte Fruchtsäfte verdünnte colahaltige Erfrischungsgetränke	unverdünnte Fruchtsäfte, unverdünnte colahaltige Getränke, eiskalte Getränke, alhoholhaltige Getränke, heiße Getränke

Tab. 8.3: **Verschiedene Getränke und ihre rehydrierende Wirkung**

Hyperthermie

Hitzeerschöpfung, Hitzschlag, Wärmestau, Sonnenstich

Vorbemerkungen:
Der Regelbereich der Körperkerntemperatur umfasst die Temperaturen von 33–41 °C.

Die thermische Neutralzone bei 50 % Luftfeuchte liegt für einen bekleideten Erwachsenen bei 26 °C (nackt bei 28 °C). Die obere kritische Temperatur liegt bei 30 bis 32 °C, die untere zwischen 26 bis 28 °C. In diesen Bereichen hat die Wärmebildung ihr Minimum, Änderungen der Umgebungstemperatur sind hier für die Wärmebildung indifferent (Indifferenztemperatur). Hinreichend große Änderungen der Umgebungstemperatur führen in Abhängigkeit von der Zeit zu Störungen der Thermoregulation. Veränderungen der Hautdurchblutung (Vasomotorik) und Schweißsekretion sind die grundlegenden Mechanismen der Thermoregulation. Bei Überforderung dieser Möglichkeiten kommt es zu einem unkontrolliertem Anstieg der Körpertemperatur, dem stets ein erheblicher Flüssigkeits- und Elektrolytverlust vorausgeht. Der Wärmestau kann zu Temperaturen führen, bei denen schwerwiegende Veränderungen des Zellstoffwechsels eintreten.

Bei der diagnostischen Wertung der Hitzeschäden muss bedacht werden, dass sich Symptome der prognostisch günstigen, regulativ bedingten Störungen (Hitzekollaps, Hitzeerschöpfung), mit prognostisch ungünstigen Symptomen des beginnenden Versagens der Thermoregulation überschneiden können. Daher ist zu Beginn einer Hitzeschädigung, durch die zunächst einheitlichen Symptome, der weitere Verlauf nie zweifelsfrei vorauszubestimmen. Auch bei optimaler Behandlung ist die Prognose der Hitzeschäden schlecht, es besteht jedoch keine absolute Korrelation zwischen der Höhe der Körpertemperatur und einem tödlichen Ausgang.

Störungen thermoregulativer Vorgänge

Hitzekollaps, Hitzeerschöpfung durch Wasser- und Salzverlust, Hitzekrämpfe

Symptome:
- Hitzegefühl, Rötung des Gesichts, zunächst starke Schweißabsonderung
- Durst, Mundtrockenheit
- allgemeine Schwäche, Schwindelgefühl, Kopfschmerzen
- Übelkeit, Flimmern vor den Augen
- Pulserhöhung in Ruhe bis auf 120 Schläge pro Minute
- beschleunigte Atmung, evtl. mäßige Temperaturerhöhung
- trockene Haut, Blässe
- bei Hitzekrämpfen zusätzlich typisches Muskelfibrillieren

Schocksymptome ohne, bzw. mit geringer (38,5 °C) Temperaturerhöhung sprechen für eine Hitzeerschöpfung.

Versagen der Thermoregulation
Hitzschlag, (Wärmestau), Sonnenstich
Eine grundsätzliche Trennung zwischen Hitzschlag und Sonnenstich ist nicht möglich. Infolge besonderer Gegebenheiten kommt es beim Sonnenstich bereits zu bedrohlichen Veränderungen ohne dass eine Temperaturerhöhung vorliegt.

Hitzschlag
Symptome:
- stetiger Anstieg der Körpertemperatur bis auf 41 °C oder höher
- Versiegen der Schweißsekretion, trockene, heiße Haut
- Pulserhöhung auf mehr als 130 Schläge pro Minute und darüber hinaus
- oberflächlicher, fadenförmiger Puls
- weite Pupillen
- generalisierte Krämpfe
- Bewusstlosigkeit, Koma

Schocksymptome mit erhöhter Körpertemperatur (über 39 °C) sprechen für einen Hitzschlag

Sonnenstich
Die Schädigung entsteht durch direkte Sonneneinstrahlung auf den unbedeckten Kopf. Dies hat eine mittelbare Reizung der Hirnhäute und das Entstehen eines Hirnödems zur Folge sowie die zentrale Störung der Thermoregulation.

Symptome:
- Kopfschmerzen, Schwindel, Ohrensausen
- Desorientiertheit
- Krämpfe, Delirium

Eine Temperaturerhöhung muss nicht vorliegen, sonst Körpertemperatur bis 42 °C möglich.

Führung und Handhabung kollektiver Rettungsmittel in der Phase Aufenthalt

Im Vergleich zu den anderen Phasen der Rettung im Seenotfall liegt beim Aufenthalt in kollektiven Rettungsmitteln eine durchschnittlich geringere Entscheidungs- und Handlungsdichte vor. Im Zusammenhang mit der Nutzung der Rettungsmittel gelten auch zukünftig die bekannten Regeln und Verfahrensweisen während des Aufenthaltes. Dazu gehören als wichtige Sofortmaßnahmen:
- Zusammenführen der RM
- Organisation/Verteilung der Aufgaben
- Versorgung Geschädigter
- Fortsetzung/Aufbau der Kommunikation
- Verbesserung der Erkennbarkeit u. a.

Im Folgenden werden besondere Probleme dargestellt, die Kenntnisse und eine hohe Entscheidungs- und Handlungssicherheit erfordern.

Kentern

Das Kentern eines offenen RB führt zwangsläufig zum Aufenthalt der Schiffbrüchigen im Wasser und damit zu einer akuten Lebensgefahr. Auch bei der weiteren Benutzung des gekenterten Bootes sind die Aufenthaltsbedingungen insbesondere für handlungsunfähige Personen extrem ungünstig und die Ausrüstung des Bootes steht nicht bzw. nur noch eingeschränkt zur Verfügung.

Geschlossene Rettungsboote müssen lt. SOLAS-Konvention selbstaufrichtend sein. Voraussetzung ist, dass alle Personen auf den vorgesehenen Plätzen durch Gurte fixiert sind und dadurch die Lage des Gewichtsschwerpunktes nicht verändert wird. Die konstruktiv gelöste zusätzliche Auftriebsverteilung macht dann für das Aufrichten keine speziellen Handlungen der Insassen erforderlich. Die Konvention fordert darüber hinaus ein gesichertes Selbstaufrichten auch bei gefluteten Boot. Der Nachweis dieser Fähigkeit durch Tests ist Voraussetzung für die Zulassung als Rettungsmittel.

Infolge hydrometeorologischer Einflussfaktoren können leere oder nur mit wenigen Personen besetzte Rettungsflöße kentern. Von entscheidender Bedeutung ist dabei die Windgeschwindigkeit. Durch die Umströmung des RF entsteht am Floßdach aufgrund der erhöhten Geschwindigkeit ein Unterdruck (Bild 8.29).

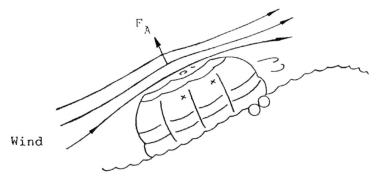

Bild 8.29: Aerodynamische Strömungsverhältnisse an einem Rettungsfloß

Bei gleich bleibendem Innendruck kommt es zu einem Auftrieb, der zum Anheben des Floßes an der dem Wind zugewandten Seite führt. Damit sind die Voraussetzungen für die Wirksamkeit des Staudruckes unter dem Floßboden gegeben (Bild 8.30).

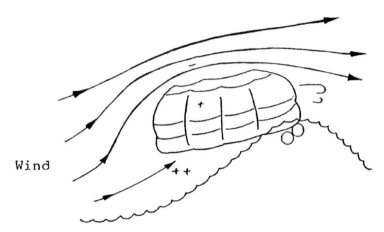

Bild 8.30: Beginn des Kenterns infolge der Druckverhältnisse am Rettungsfloß

Bei hohen Windgeschwindigkeiten führen diese Druckverhältnisse dann zum Kentern, wenn dem nicht durch entsprechende Verteilung der Massen entgegengewirkt wird. Der Drehpunkt ist der dem Wind abgewandte Teil des unteren Trageschlauches des RF. Bei Anflug eines Hubschraubers zur Aufnahme von Personen aus dem Floß werden die Umströmungsverhältnisse besonders bei Anflug gegen den Wind gestört. Durch die Insassen des RF müsste eine Massenverlagerung vorgenommen werden. Prinzipiell besser wäre es, der Hubschrauber senkte sich aus einer Höhe H > 40 m von oben zur Aufnahme der Schiffbrüchigen ab.

Maßnahmen zur Vermeidung des Kenterns von Rettungsflößen, die nur mit einer geringen Anzahl von Schiffbrüchigen besetzt sind:
1. Das Rettungsfloß ist stets in eine solche Lage zu bringen, dass sich die Druckgasflaschen in Luv befinden. Dazu sind beide Treibanker auf der Gasflaschenseite anzubringen (Bild 8.31).
2. Da der Aufenthalt der Personen in Lee nicht zur Stabilität beiträgt, haben sich die Schiffbrüchigen möglichst in Luv aufzuhalten. Auch die Ausrüstung sollte hier festgezurrt werden.
3. Die Öffnung beider Floßeinstiege führt zur Erhöhung der Kentergefahr. Es sollte entsprechend den Erfordernissen (Ausguck, Einsatz von Pyrotechnik, Lüftung) stets der Einstieg in Lee geöffnet werden.
4. Hubschrauber können Rettungsflöße infolge der erzeugten hohen Luftgeschwindigkeiten zum Kentern bringen! Aus diesem Grunde sind RF, die mit wenigen Personen besetzt sind, in einer Höhe von H > 40 m nicht gegen den Wind anzufliegen. Die Kentergefahr wird durch Anflug von oben gemindert.

Aufrichten und Besetzen aus dem Wasser:
Das Aufrichten offener Rettungsboote ist praktisch nicht möglich. Dagegen sprechen
– die Verteilung von Auftrieb und Gewichtsschwerpunkt,
– die relativ hohe Gesamtmasse (1 Tonne und mehr),
– das nur kleine durch Personen erreichbare aufrichtende Moment und
– die nicht vorhandenen konstruktiven und technischen Hilfsmittel.

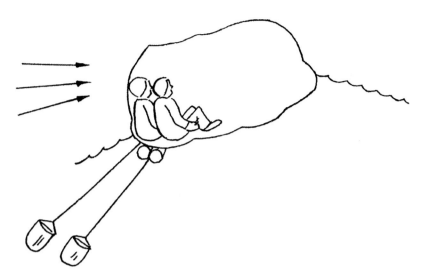

Bild 8.31: Richtiges Verhalten zur Vermeidung des Kenterns

Das Besetzen eines offenen Rettungsbootes in Normalschwimmlage aus dem Wasser heraus gehört zu den physisch und technologisch schwierigsten Aufgaben. Ihre erfolgreiche Bewältigung setzt Fertigkeiten und Gewohnheiten sowie den Vollbesitz körperlicher Kräfte voraus. Die Erfahrungen aus den Seeunfällen belegen, dass vorausgegangene physische Belastungen und niedrige Wassertemperaturen die körperliche Aktivität stark einschränken. Hilfe von außen bzw. aus dem Boot heraus ist erforderlich.

Damit Rettungsboote sich selbst aufrichten können, ist ein hoher Verschlussgrad Voraussetzung. Das bedeutet für geschlossene Rettungsboote eine drastische Reduzierung der Möglichkeiten des Besetzens aus dem Wasser heraus und die unumgängliche Unterstützung von innen und/oder außen. Hinzu kommt die aus den gleichen Gründen eingeschränkte Möglichkeit für Hilfeleistungen von innen. Als technische Lösung für dieses Problem kann die Ausstattung von geschlossenen Rettungsbooten mit einer Klappe oder Bergeplattform in Höhe der Wasserlinie angesehen werden. Schwierigkeiten und Gefahren ergeben sich hier bei seegangsbedingten starken Bewegungen des Bootes.

Wenn davon ausgegangen wird, dass in besonders kritischen Situationen das Besetzen der Rettungsflöße nur noch aus dem Wasser heraus erfolgen kann bzw. nach dem Aufrichten gekenterter RF erfolgen muss, so spielen gerade hier die Leistungseigenschaften zur schnellen Durchführung dieser Handlungen eine dominierende Rolle. Fehlversuche können dazu führen, dass neben dem objektiv entstehenden Kräfteverlust psychische Aspekte (Handlungslähmung) angemessenes Handeln erheblich stören. Aus diesem Grunde ist anzustreben, durch zweckmäßiges Handeln im ersten Versuch die Aufgabe zu lösen. Zweifellos ist hierbei die gegenseitige Unterstützung von besonderer Bedeutung. Nur wenn die Bein- und Armkräfte koordiniert maximal zum Einsatz gelangen, wird die Überwindung der ca. 50 cm Freibordhöhe möglich (Bild 8.32).

Bei Seegang wird der nötige Kraftaufwand um ca. 30 % anwachsen, so dass eine Person mit einem Gewicht von G = 750 N Zug-Druckkräfte von insgesamt F = 1000 N aufbringen muss. Das Besetzen von RF im Seegang sollte stets so erfolgen, dass die Möglichkeit des Kenterns ausgeschlossen wird (Bild 8.33). Die Gesamtmasse eines Rettungsfloßes, seine Schwimmlage im gekenterten Zustand und die speziellen technischen Vorrichtungen lassen das Aufrichten prinzipiell zu.

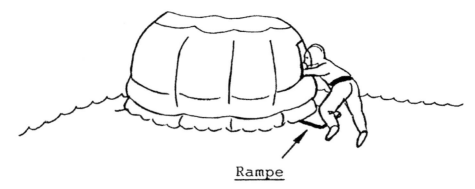

Rampe

Bild 8.32: Günstige Variante beim Besetzen eines Rettungsfloßes aus dem Wasser

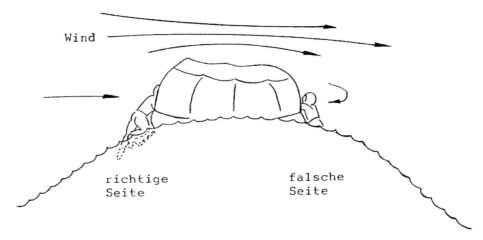

Wind

richtige Seite

falsche Seite

Bild 8.33: Besetzen eines Rettungsfloßes bei Windeinfluss

Besteht die Aufgabe darin, ein gekentertes RF wieder aufzurichten, so gelingt dies durch Einsatz des Körpergewichtes. Entscheidend ist die Verlagerung des Körperschwerpunktes über den Rand des Floßbodens hinaus (Bild 8.34). Dabei ist zu beachten, dass eine zu weite Auslage, d. h. eine Maximierung des Hebelarmes l_1 keine sinnvolle Lösung darstellt. Wenn der Auslagewinkel I über 30° ansteigt, nimmt der Hebelarm l_2 wieder stärker ab und reduziert trotz zunehmender Zugkraft das aufrichtende Moment (Bild 8.35).

Falls eine Person ein gekentertes RF in einer Auslage von α = 30–40° nicht aufgerichtet bekommt, ist die Aufgabe nur durch Einsatz einer weiteren Person zur Erhöhung des Körpergewichtes bei gleicher Auslage zu lösen. Im Seegang wachsen die aufzubringenden Kräfte infolge der Trägheitskräfte noch beträchtlich an. Die mit den Händen einzuleitenden Kräfte Fz können dabei das 1,5fache des Körpergewichtes betragen.

Zu beachten ist, dass nach dem Eintauchen des Körpers der den Aufrichtvorgang durchführenden Person in das Wasser infolge des dann wirksamen Auftriebs wesentlich geringere Kräfte auf das Floß ausgeübt werden können. Das ist auch eine Ursache dafür, dass es nicht gelingt, den Aufrichtvorgang von RF auch gegen geringe Windstärken erfolgreich zu Ende zu führen.

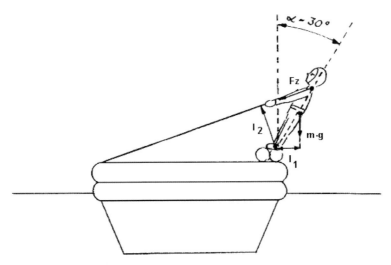

Bild 8.34: Optimale Kräfteverteilung beim Aufrichten eines gekenterten Rettungsfloßes (günstiger Auslagewinkel)

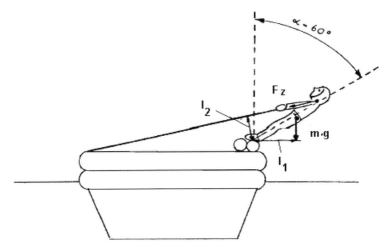

Bild 8.35: Ungünstige Kräfteverteilung beim Aufrichten eines gekenterten Rettungsfloßes (zu großer Auslagewinkel)

Voraussetzungen für eine sichere Handhabung von Rettungsflößen sind fundierte Kenntnisse sowie in einer breiten praktischen Ausbildung erworbene Fertigkeiten. Als Erkenntnis aus einem mehrjährigen umfangreichen Training mit Rettungsflößen lassen sich folgende Grundsätze für das Aufrichten und Besetzen formulieren:

1. Die Maßnahme ist so in Angriff zu nehmen, dass ein Erfolg in kürzester Frist mit größter Wahrscheinlichkeit eintritt, d. h. die kollektive Unterstützung beim Besetzen wirksam werden lassen und beim Aufrichten größerer RF zwei Personen von vornherein zur Vergrößerung des Aufrichtmomentes einsetzen.
2. Unterbesetzte RF sind bei Seegang zur Vermeidung der Kentergefahr stets in Luv zu besetzen.

3. Beim Aufrichtvorgang ist auf eine gestreckte Körperhaltung zu achten. Ruckartige Bewegungen führen nicht zum Erfolg, da für das Herausfließen der Wassermassen aus dem Floßdach eine längere Zeit notwendig ist.

4. In der Phase des Aufrichtens hat die den Aufrichtvorgang durchführende Person in der Rückenlage mit beiden Händen das fallende RF abzufangen und sich freizuschwimmen, sonst besteht die Gefahr, sich in unter dem Floß befindlichen Leinen zu verfangen (Bild 8.36). Die Handlungsfolge ist in den Bildern 8.37a–c dargestellt.

5. Der Aufenthalt im gekenterten Floß stellt zunächst keine Gefahr für die Insassen dar. Panikartiges Verlassen des Floßes ist unangebracht. Die Sicherung der Personen und geordnetes Auftauchen sind notwendig.

Bild 8.36: Richtiges Verhalten in der letzten Phase des Aufrichtens eines gekenterten Rettungsfloßes

Bild 8.37a: Richtige Position zu Beginn der Aufrichtphase

Bild 8.37b: Rettungsfloß bei Kippen in die aufrechte Schwimmlage

Bild 8.37c: Korrektes Abfangen des Rettungsfloßes durch die aufrichtende Person

Schleppen von Rettungsmitteln

Die Schleppbarkeit kollektiver Rettungsmittel ist eine grundsätzliche Forderung der SOLAS-Konvention. Die Notwendigkeit dazu besteht
- beim Freikommen vom Unfallschiff
- bei der Zusammenführung von Rettungsmitteln
- bei der Aufnahme Schiffbrüchiger
- bei der Befreiung aus gefährlichen Annäherungen an Riffe, brennende See, Treibgut, Eis u. a.
- bei Seegang

Beim Schleppen von geschlossenen Rettungsbooten haben erste Tests unter realen Bedingungen zu folgenden Ergebnissen geführt:
- Der hohe Angriffspunkt der Zugkräfte (vorderer Heißhaken), Formgebung und die Schwerpunktlage führen zu ausgeprägtem Gieren und Krängen
- Bei Seegang Bf 4 und Schleppgeschwindigkeiten von $v_s \geq 5$ sm/h kommt es zu einer starken Zunahme der o. g. Effekte mit der Tendenz zum Querschlagen

Aus der Analyse von Seeunfällen geht hervor, dass in mehreren Fällen den noch an Bord befindlichen Besatzungsmitgliedern durch das plötzliche Reißen der Verbindungsleine kein Rettungsfloß mehr zur Verfügung stand.

Die Ursache für den Bruch der Reißfangleine ist im anwachsenden Strömungswiderstand infolge Tiefertauchung der angeströmten Vorkante des RF zu sehen (Bilder 8.38a, b, c,). Die Kräfte steigen sehr schnell auf $Fs \geq 10$ kN bei Schleppgeschwindigkeiten $v_s = 5$–6 sm/h. Diese stellt bei den zurzeit vorhandenen Schleppanordnungen eine maximal zulässige Geschwindigkeit dar. Bei Schleppgeschwindigkeiten von $v_s \geq 5$ sm/h können bei RF 12 und RF 20 Schleppkräfte auftreten, die zum Bruch der kombinierten Reißfangleine führen.

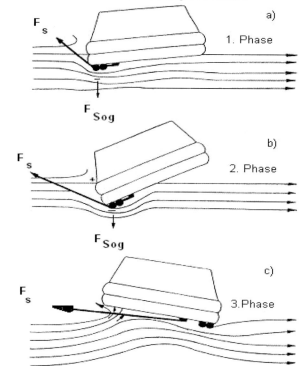

Bild 8.38: Darstellung des Stromlinienverlaufes beim Schleppen eines Rettungsfloßes
a) bei einer Geschwindigkeit $v_s = 2$ kn
b) bei einer Geschwindigkeit $v_s = 5$ kn
c) bei veränderter Schleppanordnung mit $v_s = 5$ kn

Höhere Geschwindigkeiten könnten nur erreicht werden, wenn das RF bei entsprechender Formstabilität und hinten liegendem Krafteinleitungspunkt zum Gleiter wird. Die Bilder 8.39a, b zeigen diese Effekte im Realversuch.

Bild 8.39: Realversuche zum Schleppen von RF
   a) veränderte Schwimmlage infolge der Umströmung der Vorkante-
      Beginn des Unterschneidens
   b) Floß als Gleiter

Überlebensbedingungen beim Aufenthalt Schiffbrüchiger im Wasser

Der Aufenthalt von Personen im Wasser stellt immer eine Extremsituation bei der Rettung aus Seenot dar. Die akute Lebensgefahr wird vor allem durch niedrige Wassertemperaturen und Seegang herbeigeführt. Zu beachten ist bei diesen Angaben, dass von normal bekleideten und mit einer Rettungsweste versehenen Personen ausgegangen wird.

Tod im Wasser/Ursachen für den Tod im Wasser

1. Ertrinkungstod, klassisches Ertrinken, primärer Ertrinkungstod

2. Unmittelbarer Reflextod (ist selten)

Kaltes Wasser im Temperaturbereich von 0 °C bis 10 °C ist für die Thermorezeptoren der Haut ein außerordentlich starker und spezifischer Reiz, der eine Reihe reflektorischer Vorgänge bewirkt. Bei untrainierten und nicht abgehärteten Personen kann ein so genannter „Kälteschock" ausgelöst werden. Beim Eintauchen in Wasser mit Temperaturen unterhalb 4 °C ist ein Reflextod möglich. Ursache ist eine reflektorische Kreislaufdysregulationen oder die akute Freisetzung von Histamin. Mit steigender Wassertemperatur nimmt die reflektorische Wirkung des Kaltwasserreizes ab und die auskühlende Wirkung rückt in den Vordergrund.

3. Mittelbarer Reflextod, so genanntes nachfolgendes Ertrinken

Diese Reflexe sind Schutzreflexe, die durch das Eintauchen ins Wasser, bzw. durch das Eindringen von Wasser in den Mund und/oder in die Atemöffnungen ausgelöst werden. Sie sind nur von wenigen Personen willensmäßig zu unterdrücken, z. B. Hustenreflex, Schluckreflex, Stimmritzenreflex. Da diese Reflexe im Wasser bzw. mit dem Kopf unter Wasser ablaufen, sind die Folgen fatal: Atemstörung – Sauerstoffmangel des Blutes – Sauerstoffmangel des Gehirns – Bewusstlosigkeit – Ertrinken. Die größte Bedeutung hat der so genannte Wind- u. Wetter-Reflex (Ebbecke Reflex).

4. „Zufälliger Tod im Wasser", Tod aus innerer Ursache bei bestehenden Organerkrankungen außerhalb einer Seenotsituation, auch als „Badetod" bezeichnet

5. Hypothermie

Der Wärmeverlust des Schiffbrüchigen beim Aufenthalt im Wasser ist abhängig von der Wassertemperatur, der Aufenthaltsdauer, der Ausrüstung und vom Verhalten. Modifiziert wird der Wärmeverlust durch individuelle Faktoren wie Alter, Geschlecht, Hautfaltendicke, Muskelmasse, Trainingszustand/Kondition, Kälteadaptation. Die untere Grenze der thermischen Neutralzone im Wasser, das ist der Bereich in dem die Wärmebildung ihr Minimum hat, liegt für den Menschen in Abhängigkeit von der Hautfaltendicke zwischen 31 °C und 36 °C Wassertemperatur. Beim Aufenthalt im Wasser mit niedrigerer Temperatur können die Wärmeverluste für eine gewisse Zeit durch Steigerung der Stoffwechselprozesse um das 4- bis 5-fache ausgeglichen werden. Wenn die Stoffwechselreserven erschöpft sind, überwiegt der Wärmeverlust und ein stetiges Absinken der Körperkerntemperatur ist die Folge.

Ertrinken

1. Primäres Ertrinken, unmittelbares Ertrinken

Definition: Ersticken durch Untertauchen in einer Flüssigkeit

Die pathophysiologischen Vorgänge sind kompliziert und nicht eindeutig geklärt. Der zeitliche Ablauf wird in verschiedene Stadien bzw. Phasen eingeteilt, die jedoch nicht sicher abgrenzbar sind. Grundsätzlich kann folgende Einteilung vorgenommen werden:
- Tiefe Einatmung und Atemanhalten nach dem Untergehen für 20 bis 30 Sekunden
- Einsetzen der Atmung unter Wasser (Atemzwang durch Reizung des Atemzentrums, CO_2-Wirkung)
- Erstickungskrämpfe für mehrere Minuten
- Atempause, Schnappatmung, Tod

Bis zum Atemstillstand vergehen etwa 4 bis 5 Minuten, den die Herztätigkeit noch 2 bis 3 Minuten überdauert. Danach Zeichen des klinischen Todes.

2. Sekundäres Ertrinken, „Beinahe-Ertrinken", Near Drowning

Definition: Alle Fälle, in denen der akute Ertrinkungsunfall mindestens 24 Stunden überlebt wird.

Personen, die den akuten Ertrinkungsunfall überlebt haben, sind nicht außer Gefahr. Bei einem Teil der „Beinahe-Ertrunkenen" entwickelt sich nach der Primärrettung ein schweres Lungenödem als Folge des in die Lungen eingedrungenen Wassers. Es besteht ein freies Intervall von Stunden oder Tagen.

Symptome:

Die Diagnose, bzw. der Verdacht ist in erster Linie aus dem Unfallhergang bzw. aus der Anamnese zu stellen. Es ist stets von einem „Beinahe-Ertrinken" auszugehen, wenn der Verunglückte
- mit einem Atemstillstand im Wasser treibt,
- bewusstlos im Wasser treibt oder wenn
- nach erfolgreicher Primärrettung eine Verschlechterung des Allgemeinbefindens eintritt.

Die entstehenden Symptome sind zunächst uncharakteristisch. Hinweise geben Beschwerden, welche die Atmung und die Lungen betreffen. Möglich sind
- Schmerzen hinter dem Brustbein,
- atemabhängige Schmerzen im Brustkorb,
- diskrete Atembehinderung, evtl. Atemnot,
- evtl. Reizhusten,
- erhöhte Atemfrequenz,
- diskrete Blaufärbung der Lippen,
- Kopfschmerzen,
- beschleunigte Herzschlagfrequenz,
- Bewusstseinslage normal, Bagatellisieren des Erlebten und
- evtl. Bewusstseinsstörungen.

3. Erste Hilfe

Sämtliche Maßnahmen folgen grundsätzlich den üblichen ABC-Regeln.

Nur bei Rettung in den ersten Minuten des Ertrinkens sind die Reanimationsaussichten gut, in sehr kaltem Wasser sind wesentlich längere Zeiten (30 bis 45 Minuten) möglich.

Eine Unterscheidung zwischen Süßwasser- und Salzwasserertrinken ist für die nichtärztliche Ersthilfe nicht erforderlich. Das sich entwickelnde Krankheitsbild ist unter Bordbedingungen nicht beherrschbar. Die Sterblichkeitsrate liegt bei 25 bis 35 %. Klinische Kontrolle über einen Zeitraum von mindestens 24 Std. ist dringend notwendig.

Mit der Einführung der Kälteschutzanzüge wurde insbesondere der Unterkühlungsgefahr von Personen im Wasser entgegengewirkt. Die eingearbeiteten/unterzuziehenden Isoliermaterialien haben zusammen mit dem Anzug ein hohes Wärmerückhaltevermögen und verlängern die möglichen Aufenthaltszeiten erheblich. Bekannte und untersuchte Modelle gewährleisten folgende Bedingungen:
– Wassertemperatur: 0–2 °C Verringerung der Körpertemperatur weniger als 2 °C nach 6 Std.
– Wassertemperatur: 8–9 °C Handlungsfähigkeit für mindestens 12 Std.

Bei niedrigen Wassertemperaturen wird das Wärmerückhaltevermögen des Kälteschutzanzuges durch seinen hohen Überwasseranteil zusätzlich verbessert. Andererseits stellt dieser hohe Überwasseranteil bei hohen Lufttemperaturen und intensiver Sonneneinstrahlung (Tropengebiete) möglicherweise ein zusätzliches Problem dar. Im Zusammenwirken mit entsprechend hohen Wassertemperaturen, mit den isolierenden Materialien und dem dichten Abschluss des Anzuges könnte es zu Wärmestaueffekten kommen.

Erste Untersuchungen sagen aus, dass bei Wassertemperaturen von +30 bis +33 °C nach 6 Std. keine gefährdende Erhöhung relevanter Körperzustände zu verzeichnen ist.

Der Seegang nimmt beim Aufenthalt im Wasser vor allem über die Beschleunigung und das mögliche Überfluten der Personen Einfluss. Direkte Kinetosesymptome konnten bei Versuchen unter Realbedingungen bis Seegang der Stärke 3 auch nach mehreren Stunden nicht festgestellt werden.

Nur wenige Typen von Rettungswesten und Kälteschutzanzügen gewährleisten bisher einen sicheren Schutz gegen das mögliche periodische Überspülen der Atemöffnungen handlungsunfähiger Personen. Positiv wirkt sich eventuell die Verteilung der Windangriffsflächen an Kälteschutzanzügen mit großvolumigen Rettungskragen aus, die zu einer Lage mit den Füßen nach Luv und damit zu einem gewissen Überflutungsschutz führt. Die Änderung der Forderung nach einem automatischen Drehen in die Rückenlage hat jedoch zu wesentlich kleineren Auftriebskörpern an Kälteschutzanzügen geführt, so dass dieser Effekt kaum noch vorhanden ist. Der Überflutungsschutz bleibt damit ein nach wie vor zu lösendes Problem.

Auch beim Aufenthalt im Wasser können bei intensiver Sonneneinstrahlung auf ungeschützten Körperteilen Verbrennungen eintreten. Dieser Gefahr, vor allem im Gesichtsbereich, unterliegen handlungsunfähige Personen ohne entsprechende Kleidung/Schutzmittel.

Zusätzliche Gefahren beim Aufenthalt im Wasser entstehen durch ausfließende Treibstoffe und Öle, durch gefährliche Güter, Treibgut und Eis. Hierfür gibt es durch den Kälteschutzanzug bisher nur eingeschränkte Schutzmöglichkeiten. Auch hier besteht noch Entwicklungsbedarf.

Vor allem in tropischen Seegebieten besteht beim Aufenthalt im Wasser eine potenzielle Gefahr durch Raubfische und Seevögel. Gesicherte Angaben zu diesen Gefahren und zu möglichen Schutzmaßnahmen sind nicht bekannt.

Wichtige Hinweise zum Aufenthalt im Wasser:
1. Wärmeabgabe einschränken (Kleidung nicht ablegen, Körperoberfläche verringern, z. B. durch HELP/CLINCH)
2. Nur die notwendigsten Bewegungen machen (Wärmeaustausch wird sonst erhöht; Energie sparen)
3. Unbedingt zusammen bleiben (gegenseitige Unterstützung, leichteres Auffinden)
4. Gefahrengebiete rechtwinklig zur Windrichtung verlassen (Drift bedenken)

Hypothermie

Definition: Der Abfall der Körperkerntemperatur unter 36 °C (35,5) wird als Hypothermie bezeichnet. Bei der Zuordnung der Temperatur zu den Unterkühlungsstadien ist für praktische Belange jedoch die Angabe der Körpertemperatur gebräuchlich. Synonym werden die Begriffe Auskühlung, akzidentelle Unterkühlung, oder Unterkühlung verwendet. Die Hypothermie ist für Schiffbrüchige die häufigste Todesursache, auch wenn sie sich im Rettungsmittel befinden.

Zahlreiche Tabellen listen die Überlebenszeiten im Wasser in Abhängigkeit von der Wassertemperatur und anderer Parameter auf. Diese Werte sind Richtwerte, es gibt zahlreiche Beispiele für das Überschreiten und Unterschreiten dieser Zeiten. Erwiesen ist, dass bei ungeschütztem Nacken die Zeit bis zum Eintreten der Bewusstlosigkeit deutlich verkürzt wird, ebenso beeinflussen positive oder negative Emotionen die Überlebenszeit, z. B. nahende Rettung oder nicht erkennbare Rettungsabsicht (vorbeifahrendes Schiff).

Wassertemperatur in °C	Zeit bis zum Eintreten des Bewusstseinsverlustes	Zeit bis zum Eintreten des Todes
0 bis 4 *	15 Minuten	15 bis 60 Minuten
4 bis 10	30 bis 60 Minuten	1 bis 2 Stunden
10 bis 15	2 bis 4 Stunden **	6 bis 8 Stunden
15 bis 20 20 bis 25	3 bis 7 Stunden** 12 Stunden	nicht bestimmt nicht bestimmt

* Reflextod möglich; ** bei ungeschütztem Nacken kürzere Zeiten
  Tabelle nach GERMAN, verändert

Tab. 8.4: Zeit bis zum Eintreten des Bewusstseinsverlustes

Unbeeinflusst führt die allgemeine Unterkühlung über sechs verschiedene Phasen der Körperreaktionen zum Tod. Die Todesursachen bei der Unterkühlung sind:
- „Fading away", d. h. Reduktion des Zellstoffwechsels durch Unterschreitung des Reaktionsoptimums der lebenswichtigen Fermentsysteme bis zum Erlöschen aller Lebensprozesse
- Abnahme der Erregbarkeit der Hirnzentren bis zum Erliegen ihrer Funktion
- Herzrhythmusstörungen, Herzkammerflimmern ab 29 °C Bluttemperatur
- Herzstillstand in Systole (beim Zusammenziehen), so genanntes „Stoneheart", das Stoneheart ist nicht reanimierbar
- Herzleistungsschwäche infolge der stark erhöhten Blutviskosität

Die Einteilung in Phasen ist für die nichtärztliche Ersthilfe und in der Notfallmedizin nicht verwendbar. Für praktische Zwecke wird deshalb eine Einteilung der Hypothermie in drei Stadien vorgenommen. Einige Autoren benennen den Scheintod (vita minima) als viertes Stadium.

Stadium 1 der Hypothermie, Körpertemperatur 35,5–34 °C
Symptome:
- Frösteln
- blaurote Verfärbung der Lippen
- blasse Haut der Hände und des Gesichts
- Muskelzittern
- Schmerzempfindungen in den Füßen, in den Knien und im Genitalbereich

Physiologisch ist dieses Ausmaß der Unterkühlung unbedenklich. Beim Aufenthalt in kaltem Wasser entsteht jedoch eine mittelbare Lebensbedrohung durch die Einschränkung der Greiffunktion der Hände und des kältebedingten Nachlassens der groben Kraft. Die sich ausbildende Fingersteifigkeit führt zum Verlust der Fähigkeit feinmotorische und zielgerichtete Bewegungen auszuführen. Die Bewegungsabläufe sind verlangsamt. Die Selbst- und gegenseitige Hilfe ist in diesem Stadium nur noch in geringem Umfang bzw. nicht mehr möglich. Angebotene Hilfsmittel oder Rettungseinrichtungen können gegebenenfalls nicht mehr benutzt werden. Die allgemeine Aktivität des Unterkühlten kann nach kurzer Zeit bereits vermindert sein.

Stadium 2 der Hypothermie, Körpertemperatur 34–30 °C [34 bis 24]
Symptome:
- Leitsymptom ist das Aufhören des Muskelzitterns und eine beginnende Muskelsteifigkeit. Es bestehen eine gesteigerte Schmerzempfindlichkeit im Kopf und Nacken sowie starke Gelenk- und Muskelschmerzen.
- Atemrhythmusstörungen (Muskelsteifigkeit der Atemmuskulatur)
- Sprachstörungen (Muskelsteifigkeit der Gesichtsmuskeln)
- Bei einer Körpertemperatur von 32 °C lässt die Schmerzempfindung nach.
- Es entwickelt sich eine durch nichts zu überwindende Müdigkeit und eine zunehmende Teilnahmslosigkeit als Ausdruck einer beginnenden Bewusstseinstrübung.
- Durch die tiefgreifenden Störungen des Zellstoffwechsels ist die Bildung körpereigener halluzinogener Substanzen möglich (Adrenochrom und Adrenolutin). in diesem Falle entsteht das Bild des „Kälteirrsinns" bzw. der „Kälteidiotie". Schiffbrüchige, die ohne Hilfsmittel im Wasser treiben, ertrinken in diesem Stadium.

Stadium 3 der Hypothermie, Körpertemperatur weniger als 30 °C
Symptome:
- Tiefe Bewusstlosigkeit (Koma)
- Die Schmerzempfindung ist aufgehoben („Kältenarkose")
- Voll ausgebildete Muskelsteifigkeit
- Ohne apparative Hilfsmittel sind keine aktiven Lebensfunktionen mehr nachweisbar
- Dieser Zustand wird auch als „Scheintod" bezeichnet „Vita minima".

Therapie:
Die Rettungskette muss sich zum Verunglückten hin entwickeln. Die Aufnahme aus dem Wasser bedeutet nicht, dass der Unterkühlte außer Gefahr ist. Bei Temperaturen über 32 °C ist eine aktive Erwärmung nicht erforderlich. Therapeutischer Grundsatz ist die Unterbrechung der Kälteexposition und die Zufuhr von Wärme und Energieträgern in ausreichender Menge, sowie der Schutz vor weiteren Wärmeverlusten.

Die externe Wärmezufuhr kann bei einer Körpertemperatur von 35,5 °C abgebrochen werden, wieder einsetzendes Muskelzittern ist kein Grund die Maßnahmen zu beenden. Transport und Aufnahme sollten in der Horizontalen erfolgen.

Maßnahmen:
- Mit der durchnässten Kleidung in trockene Decken hüllen, darüber eine wasserdichte Folie o. Ä. und unter Deck bringen
- Beim Stadium 1 der Hypothermie genügen warme Kleidung, der Aufenthalt in einem warmen Raum, mit Zucker gesüßte Getränke und Ruhe
- Stadium 2 und 3 sind dringend therapiebedürftig und müssen behandelt werden
- Zufuhr von Wärme als Wärmepackungen, die erste Packung stets in den Nacken
- Eine Überwachung ist weiterhin erforderlich

- Keine Medikamente verabreichen
- Keinen Alkohol geben

Mögliche Komplikationen bei der Wiedererwärmung:
- Nachkühlungsphaenomen, „After drop", bis 15 Minuten nach Ende der Kälteexposition
- Gefahr des „Bergungstodes" bei aktiver oder passiver Bewegung des Unterkühlten
- Wiedererwärmungskollaps
- Atemrhythmusstörungen
- Muskelschmerzen
- Störungen der Thermoregulation
- Achtung! Der Herzmuskel des Unterkühlten ist äußerst infarktgfährdet. Sämtliche Bewegungen und Manipulationen haben behutsam zu erfolgen.

Sonderfälle:
„Unterkühlung ohne Unterkühlung"
Auskühlung bei gleichzeitiger starker physischer Beanspruchung, z. B. bei Rettungsarbeiten oder Versuchen der Selbstbefreiung etc. kann bereits bei relativ geringen Senkungen der Körpertemperatur zu schweren Störungen der Körperfunktionen führen und das klinische Bild des zweiten oder dritten Stadiums der Auskühlung bieten. Insbesondere werden hierbei tiefgreifende Störungen der Herztätigkeit beobachtet, die bis zum Herzstillstand führen können. Ähnliches gilt für tagelange Kälteexpositionen.

Die Behandlungsgrundsätze sind die Gleichen wie die vorher beschriebenen. Entscheidend ist das klinische Bild.

Tauchfuß:
Schon bei Wassertemperaturen von 15 °C kann sich infolge längerdauernder Engstellung der Blutgefäße in den Beinen, besonders in den Füßen, eine lokale Stoffwechselstörung mit Gewebszerstörung (Nekrose) entwickeln. Ähnliche Verhältnisse bestehen bei durchnässtem und beengendem Schuhwerk (so genannter „Schützengrabenfuß"), z. B. im Rettungsfloß.

Lokale Erfrierungen:
Bei im Wasser treibenden Schiffbrüchigen sind bereits bei Umgebungstemperaturen um 10 °C und geringen Windgeschwindigkeiten Kälteschäden des Gesichts, besonders der Nase und der Ohren möglich.

8.1.5 Die Phasen „Auffinden und Aufnahme"

Die Phase Auffinden wird im Kapitel 8.2 ausführlich aus Sicht des Retters behandelt. An dieser Stelle sollen die wesentlichen Probleme und Aufgaben aus Sicht der Schiffbrüchigen dargestellt werden. Ein schnelles Auffinden durch Rettungskräfte hängt in erster Linie von der Genauigkeit der Informationen zum Unfallort, zum Unfallzeitpunkt und von den herrschenden hydrometeorologischen Bedingungen im Unfallgebiet ab.

Von entscheidender Bedeutung ist, ob und in welcher Qualität auch nach dem Verlassen des Schiffes zwischen Rettungsmitteln und Rettern eine Kommunikation besteht. Im Idealfall wird dann die Rettung der Schiffbrüchigen zu einer Zielfahrt und Aufnahme. Anderenfalls schließt sich nach Erreichen eines angenommenen Unfallgebietes in der Regel eine Suche nach den Schiffbrüchigen an.

Eine der wichtigsten Aufgaben von Rettungsmittelführern ist daher die Aufnahme und Aufrechterhaltung einer Kommunikation mit allen verfügbaren Mitteln. Neben EPIRB`s, SART`s und Handsprechfunkgeräten spielen nach wie vor pyrotechnische Signalmittel eine Rolle. Deren zweckmäßiger Einsatz (wenn Rettungsfahrzeuge eben in Sicht kommen) erleichtert das Auffinden erheblich.

Die Phase „Aufnahme" ist oft das schwächste Glied in einer Rettungskette, da die Ausgangssituation besonders bei fehlender Kommunikation denkbar ungünstig ist. In der Regel kennt der Retter den Zustand der Schiffbrüchigen, besonders deren Leistungsfähigkeit nicht. Die Schiffbrüchigen kennen weder Technik, noch Technologie, Kenntnisse und Motivation des Retters (vor allem bei zivilen Rettungskräften).

Da eine Rettung jedoch nur bei gutem Zusammenspiel beider Partner erfolgreich sein kann, bestehen hier die denkbar schlechtesten Voraussetzungen und Bedingungen. Das gilt besonders bei hoher Vorbelastung von Schiffbrüchigen und unter extremen Umgebungsbedingungen (Seegang, niedrige Wassertemperaturen).

Erforderlich ist hier eine gegenseitige Information über folgende Inhalte:
– Zustand der Schiffbrüchigen – Bewertung der Leistungsfähigkeit (Achtung: Selbstüberschätzung der Leistungsfähigkeit)
– Abstimmung der Technologie der Aufnahme
– Abstimmung der Reihenfolge der Aufnahme
– Besondere Sicherungsmaßnahmen

Ohne Kommunikation und verantwortungsbewusste Bewertung bleibt eine Aufnahme ansonsten eine Zufallsgröße mit vielen Unsicherheiten. Bei hoher Vorbelastung von Schiffbrüchigen ist eine besonders hohe Absicherung durch persönliche körperliche Unterstützung durch den Retter erforderlich (s. a. horizontale Aufnahme bei Unterkühlung).

Hier zeigt sich auch die besondere Bedeutung einer straffen Leitung bis zum Abschluss einer Rettungsaktion. Der einzelne Schiffbrüchige (besonders Fahrgäste) kann in Unkenntnis über die realen Rettungschancen Fehleinschätzungen und Fehlhandlungen vornehmen, die die Rettung in Frage stellen.

Erforderlich ist daher:
– eine generelle Einweisung und Festlegung der Reihenfolge der Aufnahme
– eine Betreuung und Sicherung auffälliger Personen (Panikmanagement)
– die Schaffung absoluter Klarheit bezüglich Leitung und Befehlsgewalt
– die Sicherstellung geeigneter Unterstützung (Stellvertreter u. a.)

Fazit: Im Extremfall sind Komplexität, Schwere und Dynamik der Bedingungen, Anzahl und Umfang der Probleme, Bedeutung einzelner Faktoren usw. eine anspruchsvolle Leitungsaufgabe für einen Offizier und damit eine kognitive komplexe Aufgabe!

Sie sollte Gegenstand eines „On board-training" sein.

8.2 Suche und Rettung durch Rettungskräfte (Fremdrettung)

8.2.1 Internationale Regelungen zur Suche und Rettung

Bei der Planung einer Rettungsoperation wird von folgenden Aspekten ausgegangen:
Von der humanistischen Zielstellung her ist die sicherste Verfahrensweise im jeweils zulässigen Zeitrahmen zu wählen. In diese Grundforderung eingebettet ist die Notwendigkeit, die schnellstmögliche Rettungsmethode zu wählen, um dem degressiven Abfall der Überlebenschancen zu begegnen. Nachgeordnet sind solche Fragen wie z. B. die schonendste Verfahrensweise, ökonomische Aspekte u. a. Vorbereitende und flankierende Festlegungen zur Rettung Schiffbrüchiger sind in den internationalen Konventionen SOLAS, STCW, SAR enthalten.

Die Pflicht des Kapitäns zur Rettung Schiffbrüchiger wird in der Regel 10 des Kapitels V der SOLAS-Konvention fixiert. Danach ist er bei Kenntnisnahme eines Seenotfalles verpflichtet, Schiffbrüchigen schnellstmöglich zu Hilfe zu kommen und sie darüber zu informieren. Diesbezügliche Abweichungen und ergänzende Regelungen werden in weiteren Abschnitten der Regel dargelegt. Mit dem Beitritt eines Staates zur SOLAS-Konvention erhält diese Pflicht Gesetzeskraft.

Der Schlüssel zum Erfolg einer Rettungsoperation, vor allem bei einem internationalen Zusammen-wirken, liegt in
– einfachen,
– verabredeten/gleichen
– eindeutigen
Entscheidungen und Maßnahmen.

Vorgaben, Vorschläge und Empfehlungen inhaltlicher und methodischer Art sind im Handbuch IAMSAR der IMO/ICAO enthalten. Das IAMSAR ist als Handbuch für die Suche und Rettung durch Handelsschiffe konzipiert worden und gehört zur Pflichtausrüstung seegehender Schiffe. Es ist durch die Schiffsoffiziere zur Vorbereitung und Durchführung von Rettungsoperationen zu nutzen. Seine Hauptabschnitte sind:
– Koordination der Such- und Rettungsoperation
– Maßnahmen des Schiffes in Not
– Maßnahmen des hilfeleistenden Schiffes
– Hilfe durch ein SAR-Luftfahrzeug
– Planung und Leitung der Suche
– Kommunikation
– Luftfahrtunfälle über See

8.2.2 Schiffsmeldesysteme und deren Hilfe bei der SAR

Nur ein geringer Teil der Meeresoberfläche kann durch Rettungsdienste überwacht und einsatzmäßig abgesichert werden. Das führt zu der auch noch in Zukunft gültigen Situation, dass der wichtigste potenzielle Retter von Schiffbrüchigen die Schifffahrt selbst ist. Das bedeutet aber auch, dass die Kenntnis über die Position und die Eignung von Schiffen im Bereich des Unfallortes zu einem ent-scheidenden Faktor für eine schnelle und effektive Rettung wird.

Aufbauend auf amerikanische Erfahrungen aus dem 2. Weltkrieg wurde Anfang der fünfziger Jahre das erste System zur Registrierung und Mitkopplung von Zivilschiffen im Nordatlantik installiert. In den Folgejahren gab es Erweiterungen und neue, regionale Meldesysteme im Indischen Ozean und im Pazifik. Technisch wurden die Systeme durch den Einsatz leistungsfähiger Nachrichtentechnik und Computer laufend verbessert. Sie verarbeiten eine Fülle von Informationen und sind in der Lage, detaillierte Angaben zu liefern.

Schiffsmeldesysteme haben vor allem für die Rettung aus Seenot eine eminente Bedeutung:
1. Höhere Sicherheit für das eigene Schiff:
   Die Position des Schiffes wird durch die periodisch eingehenden Meldungen und durch das Mit-koppeln des Rechners laufend aktualisiert und ist abrufbar. Das Auffinden wird dadurch auch bei Nichtmeldung bzw. Überfälligkeit erleichtert.
2. Höhere Sicherheit für alle anderen Schiffe:
   An Hand der aktuellen Datenübersicht über alle beteiligten Schiffe können die vorzugsweise als Retter in Frage kommenden Schiffe herausgefiltert und direkt angesprochen werden. Bei der Auswahl werden auch die gespeicherten sicherheitsrelevanten Parameter dieser Schiffe berück-sichtigt.

Die Hauptelemente eines modernen Schiffsmeldesystems sind die hohe Ortungsgenauigkeit moderner Navigationssysteme und ein stabiles, schnelles Kommunikationssystem. Das aus dem o. g. amerikanischen System hervorgegangene AMVER-System arbeitet heute als führendes System weltweit unter Beteiligung von mehreren zehntausend zivilen Schiffen.

8.2.3 Die Pflichten von Küstenstaaten (Such- und Rettungsdienste)

Weniger als 5 % der Seegebiete der Erde gehören zum Wirkungsbereich von Such- und Rettungsdiensten. Eine lückenlose Überdeckung auf der Basis von Abkommen zwischen den Anliegerstaaten gibt es nur in einigen Randmeeren wie z. B. Nordsee/Ostsee oder an den Küsten einzelner Staaten. Die historischen Anfänge moderner Rettungsdienste liegen in England und Westeuropa. Heute besteht das Personal der Rettungsdienste, in Abhängigkeit vom Charakter der Organisation, aus hauptamtlichen Kräften und/oder Freiwilligen. Der Organisationscharakter ist international unterschiedlich und reicht von militärischen Einheiten bis zu gemeinnützigen Vereinen. Einige SAR-Dienste existieren teilweise im militärischen Bereich und in der Off-shore-Industrie.

Die Wirksamkeit der organisierten Rettungskräfte wird jährlich mit einer großen Zahl erfolgreicher Einsätze belegt. Die Gründe liegen sowohl in der durchweg hohen Einsatzbereitschaft und Professionalität des Personals als auch in einer teilweise vorzüglichen und technisch speziell gestalteten Ausrüstung. In Deutschland wird diese Aufgabe von der „Deutschen Gesellschaft zur Rettung Schiffbrüchiger" (DGzRS) übernommen, häufig im Zusammenwirken mit Einsatzkräften der Bundesmarine.

Das Rettungsleitzentrum (RCC), von dem die Rettungsaktionen an der deutschen Küste koordiniert und geführt werden (SAR-Gebiet), befindet sich in Bremen. Bild 8.40 zeigt einen modernen Seenotkreuzer im Einsatz.

Bild 8.40: Moderner Seenotkreuzer im Einsatz

Das übereinstimmende Prinzip der SAR-Dienste ist ihr Zusammenwirken mit der Schifffahrt und mit anderen Diensten und Institutionen an Land (örtliche/regionale Behörden, Hilfsorganisationen, medizinische Einrichtungen u. a.). Gemeinsam ist ihnen auch die jeweilige Einrichtung zentraler Leitstellen (Rescue Co-ordination Centre). Über diese „RCC" laufen alle koordinierenden Maßnahmen, wie auch die Einsatzleitung der eigenen Kräfte mit ihren unterschiedlichen Wirkungsbereichen (s. Tab. 8.5).

Einheit		Reichweite/Einsatz	Kapazität
ERL	Extra long range aircraft	1200 sm/2,5 h Suche	
VLR	Very long range aircraft	1000 sm/2,5 h Suche	
LRG	Long range aircraft	750 sm/2,5 h Suche	
MRG	Medium range aircraft	400 sm/2,5 h Suche	15 Personen
SRG	Short range aircraft	150 sm/2,5 h Suche	6–15 Personen
Hel-H	Heavy helicopter	200 sm/3,5 h Suche	1– 5 Personen
Hel-M	Medium helicopter	200 sm/3,5 h Suche	
Hel-L	Light helicopter	100 sm/2 h Flugdauer	
RV	Rescue vessel	200–600 sm/10–30 kn	
RB	Rescue boat	Küstenvorfeld	

Tab. 8.4: Einsatzmöglichkeiten von SAR-Einheiten

Die Tätigkeit der SAR-Dienste ist aufeinander abgestimmt und in bestimmtem Umfang reglementiert (s. a. SAR-Konvention). Die SAR-Konvention soll ein Mindestmaß an vorbereitenden Maßnahmen zum Seeunfallgeschehen durch die Organisation, Ausstattung und Ausbildung der SAR-Dienste gewährleisten.

8.2.4 Planung und Durchführung einer Suche und Rettung

Der Erfolg von Rettungsoperationen auf See, meistens unter Beteiligung von Fahrzeugen und Landstellen verschiedener Staaten, hängt maßgeblich vom koordinierten Planen und Vorgehen ab. Dieser Grundgedanke des einheitlichen Handelns bestimmt wesentlich den Inhalt des o. g. IAMSAR-Handbuches für die Suche und Rettung durch Handelsschiffe. Um dabei über eventuelle Sprachschwierigkeiten hinweg zu kommen, hat die IMO Empfehlungen zu den entsprechenden Aufgabenstellungen gegeben.

Sofortmaßnahmen bei Erhalt einer Notmeldung

Hintergrund der Empfehlungen von Sofortmaßnahmen sind folgende Fakten:
Die Überlebenschance für Schiffbrüchige nimmt mit fortschreitender Zeit immer schneller (degressiv) ab. Fehlentscheidungen am Anfang des Prozesses stellen möglicherweise das Überleben grundsätzlich in Frage. Vorausgedachte und aus Erfahrungen abgeleitete Sofortmaßnahmen verhindern subjektiv begründete Zeitverzögerungen bzw. Versäumnisse und Auslassungen.

Die wichtigsten Maßnahmen bei Erhalt einer Seenotmeldung auf einem Schiff sind:
- Bestätigung und Weiterleitung der Notmeldung Peilung des Notsenders und Peilwache auf den Notfrequenzen
- Information an die Schiffbrüchigen über: Name/Rufzeichen, Position, Geschwindigkeit, voraussichtliche Ankunftszeit, rechtweisende Peilung zum Unfallfahrzeug
- ständige Hörwache auf den Notruffrequenzen einschließlich UKW – Kanal 16
- ständige Radarbeobachtung
- zusätzliche Beobachter bei Annäherung
- Parallel dazu ist die Notmeldung auf allen Notfrequenzen zu wiederholen

Die genannten Sofortmaßnahmen sind generell durchzuführen und können anhand der konkreten Situation erweitert werden. Das Schiff, das den Notverkehr leitet oder führt, übermittelt bzw. aktualisiert alle Informationen für das zuständige Rettungskoordinationszentrum.

Handlungen in der Zulaufphase

Planung der Rettungsmaßnahmen:
Planungsaufgaben zur Rettung entstehen automatisch für das erste informierte bzw. zuerst eintreffende Rettungsfahrzeug. In der Zulaufphase kann diese Aufgabe auch durch andere Schiffe übergeben/übernommen werden. Eines der ersten Ergebnisse dieser Planung ist die Festlegung des Koordinators der Suche und Rettung durch Handelsschiffe (On Scene Co-ordinator, OSC). Wichtige Kriterien für die Auswahl des OSC sind:
– Umfassende Kommunikationsmöglichkeiten
– Erfahrene Besatzung
– Hohe Wetterstabilität des Schiffes

Befinden sich unter den Rettungseinheiten spezielle SAR-Fahrzeuge oder militärische Einheiten, kann diese Aufgabe von solchen Kräften übernommen werden. Dies gilt jedoch nicht generell und automatisch und wird in der Regel zwischen allen anwesenden Fahrzeugen abgestimmt. Die generelle Zielstellung der weiteren Planungstätigkeit ist die schnelle und sichere Aufnahme der Schiffbrüchigen. Dies kann eine sehr umfangreiche und komplexe Aufgabe sein, bei deren Lösung eine Unterstützung durch zuständige Rettungsleitstellen (RCC) erfolgen muss. Die wichtigsten Schritte in der Planung und im Ablauf eines solchen Prozesses aus Sicht eines hilfeleistenden Schiffes sind im Bild 8.41 dargestellt.

Der erste Schritt ist die Bestimmung der Unfallposition. Im günstigsten Fall ist die Position dem Unfallschiff genau bekannt, ist nur mit den verfahrenstypischen Fehlern behaftet und wird aktuell übermittelt. Schwierig ist das Bestimmen der Position von Schiffen, die nach einer bestimmten Zeit vermisst werden bzw. überfällig sind. Dann ist die Unfallposition bei bekanntem Kurs ein fehlerbehaftetes, langgestrecktes Gebiet.

Im IAMSAR werden dazu nur verallgemeinerte Angaben zu Luft- und Wasserfahrzeugen auf der Basis der Zahl ihrer Antriebsmaschinen gemacht. Der Vorteil eines stetigen und präzisen Navigationssystems und einer Beteiligung am Schiffsmeldesystem wird an dieser Stelle des Rettungsprozesses deutlich.

Die Ermittlung der Drift beruht auf einer quantitativen Bewertung der im Abschnitt 8.1.4 dargestellten Driftfaktoren. Für die meist dominierende Wirkung des Windes liegen inzwischen Diagramme vor, die das Ergebnis eigener und fremder Untersuchungen sind und sich auf ausgewählte Rettungsmittel und Betriebszustände stützen. Im Beispiel wurde für ein Rettungsfloß die Vorausberechnung der Drift unter folgenden Annahmen vorgenommen:
Wind- und Driftgeschwindigkeit des Floßes sind konstant; der Einfluss des Seegangs blieb unberücksichtigt. Die Windgeschwindigkeit wurde auf eine Höhe von $h = 0,5$ m über der Wasseroberfläche bezogen (Bild 8.42). Die Ablenkung des Triftstroms infolge Corioliskraft wurde nicht erfasst.

Modellversuche und eigene Experimente unter realen Seebedingungen ergänzten die Untersuchungen und führten zu den in Bild 8.43a und 8.43b dargestellten Ergebnissen und Möglichkeiten der Ermittlung der windbedingten Drift.

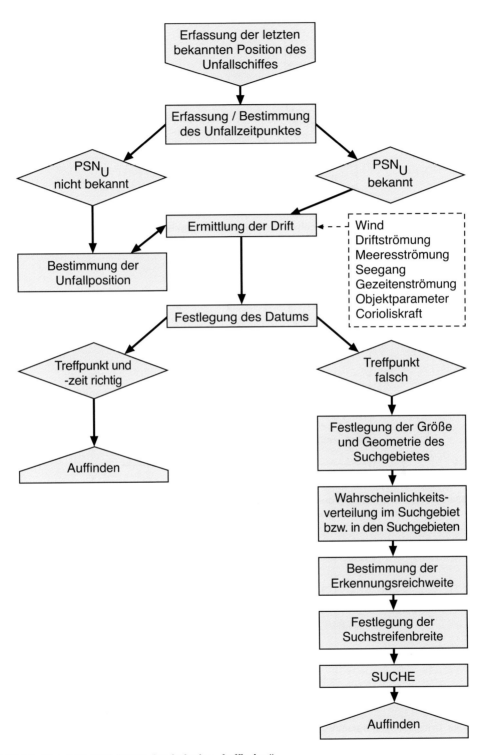

Bild 8.41: Flussbild zur Lösung der Aufgabe „Auffinden"

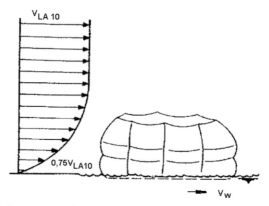

Bild 8.42: Profil der Anströmungsgeschwindigkeit in Abhängigkeit von der Höhe

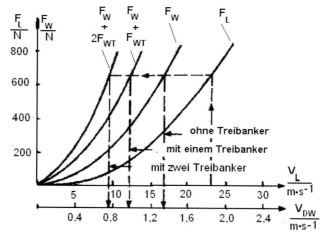

Bild 8.43a: Grafische Ermittlung der Driftgeschwindigkeit v_{DW} des Rettungsfloßes RF 20 in Abhängigkeit von der Winddruckkraft F_L bei Einsatz von einem bzw. zwei Treibankern

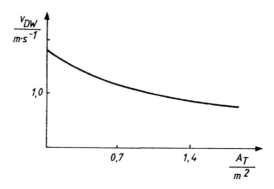

Bild 8.43b: Driftgeschwindigkeit v_{DW} in Abhängigkeit von der Fläche des Treibankers

Näherungsweise kann die windbedingte Driftgeschwindigkeit von Rettungsflößen nach folgender Beziehung ermittelt werden:

$$v_{DW} = 0,03 \text{ bis } 0,08 \times v_{LA\,10}$$

v_{DW}	Driftgeschwindigkeit in ms^{-1}
v_{LA}	absolute Windgeschwindigkeit in 10 m Höhe in ms^{-1}
0,03	Rettungsfloß besetzt, 2 Treibanker
0,08	Rettungsfloß unbesetzt, kein Treibanker

Analoge Untersuchungen zur Drift geschlossener Rettungsboote unter ausgewählten Bedingungen führten zu vorläufigen Ergebnissen (Bild 44). Wichtig ist die Feststellung, dass das geschlossene Rettungsboot bei Windstärken bis Bf 4–5 auch bei Einsatz von zwei Treibankern weiterhin quer zum Wind liegen bleibt, was die windbedingte Driftgeschwindigkeit wiederum erhöht und starke Rollbewegungen zulässt.

Ein neues Driftproblem ist mit der Einführung des Kälteschutzanzuges entstanden. Seine relativ große Überwasser-Fläche führt bei frei schwimmenden Personen im Wasser nach ersten Untersuchungen zu folgenden Driftgeschwindigkeiten:

$v_{LA} = 0,9$ ms^{-1}	(Bf 1)	:	$v_{DW} = 0,5$ sm h^{-1}
$v_{LA} = 2,45 - 4,4$ ms^{-1}	(Bf 2–3)	:	$v_{DW} = 1,0$ sm h^{-1}

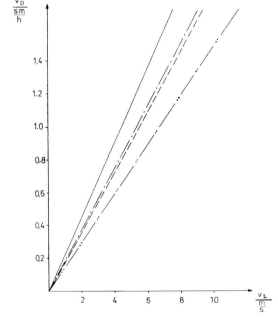

Bild 8.44: Rechnerisch ermittelte Driftgeschwindigkeit eines unbesetzten, geschlossenen, selbstaufrichtenden Rettungsbootes (6,7 m) ohne Treibanker in Abhängigkeit von der Windgeschwindigkeit und bei verschiedenen Verhältnissen von $c_{wüw} : c_{wuw}$

experim. Wert u. Wert für $c_{wüw} : c_{wuw}$	= 1,2/0,5
$c_{wüw} : c_{wuw}$	= 0,8/0,5
---- „ ---	= 1
--- „ --	= 1,2/0,8

Für internationale Rettungsoperationen ist im IAMSAR ein Driftdiagramm mit einem hohen Verallgemeinerungsgrad für Rettungsflöße in verschiedenen Betriebszuständen enthalten (Bild 8.45).

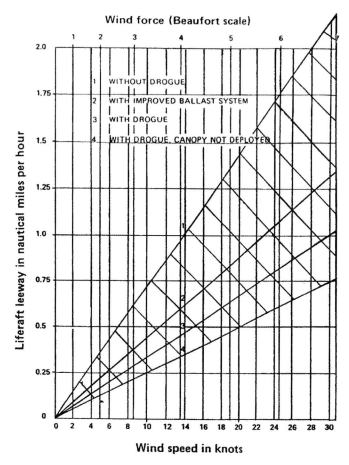

Bild 8.45: Driftdiagramm für Rettungsflöße (IAMSAR)

Die Ermittlung der Drift dient letztendlich dazu, zu einem beliebigen Zeitpunkt die jeweils aktuelle Position der Schiffbrüchigen zu ermitteln. Diese aktuelle Position wird das Datum genannt. Vektoriell dargestellt, wäre das Datum immer der Endpunkt der Resultierenden aller Driftfaktoren zu einem bestimmten Zeitpunkt.

Hinweise im Zusammenhang mit der Drift:
1. Beim Verlassen des Schiffes ist darauf zu achten, dass eine ständige Leinen-Verbindung zum Rettungsfloß gehalten wird. Die Chancen, ein aufgeblasenes, unbesetztes Rettungsfloß ohne Treibanker schwimmend einzuholen, sind bereits bei Windgeschwindigkeiten von $V_{LA} = 3\ ms^{-1}$ gering.
2. Um im Wasser schwimmenden Personen in der Seenotsituation eine Chance zum Erreichen des Rettungsfloßes zu geben, sind auch aus diesem Grunde beide vorhandenen Treibanker sofort nach dem Aufblasen auszubringen.

Vorbereitungen an Bord

Schon während der Zulaufphase sind die technischen, seemännischen, medizinischen und organisatorischen Vorbereitungen für die Aufnahme der Schiffbrüchigen zu treffen. Dazu gehören auch die Einweisung der eigenen Besatzung und die Absprache mit anderen Rettungseinheiten und, wenn nachrichtentechnisch möglich, auch mit den Schiffbrüchigen. Nachfolgend eine Übersicht über die wichtigsten vorbereitenden Maßnahmen zur Aufnahme von Schiffbrüchigen:

Organisatorische Maßnahmen:
– Aufnahmestrategie entwickeln und daran alle anderen Maßnahmen orientieren
– Zuweisung von Funktionen, Aufgaben und Sonderaufgaben an die Besatzungsmitglieder
– Vorbereitung von Personen für den Einsatz in Rettungsmitteln bzw. im Wasser
– Festlegungen zur Leitung der operativen Gruppen an Bord bzw. in den Rettungsmitteln
– Aufbau/Prüfung eines zuverlässigen Kommunikationssystems einschließlich Reservelösung zwischen den Einsatzgruppen und der Operationsleitung

Seemännische Maßnahmen:
– Alle kollektiven Rettungsmittel in Bereitschaft bringen
– Anlegen individueller Rettungsmittel für den festgelegten Personenkreis
– Bereitstellung eines aufzublasenden Rettungsfloßes als Übernahmeplattform längsseits
– Ausbringen Jolltau längs Schiff zum Festmachen von Booten und Flößen
– Ausbringen von Leinen, Netzen etc.
– Bereitstellung von Signalmitteln und Leinenwurfgeräten

Medizinische Maßnahmen:
– Bereitstellung von Krankentragen und anderen geeigneten Transportmitteln
– Grundsätzliche Hinweise zur Ersten Hilfe an die Besatzung geben
– Vorbereitung der Räumlichkeiten, Einrichtungen und Mittel zur Wiederbelebung/Wiedererwärmung
– Bereitstellung von medizinischer Ausrüstung und Medikamenten

Technische Maßnahmen:
– Decksmaschinen wie Winden, Krane und Ladegeschirr betriebsbereit machen
– Prüfung/Schaffung geeigneter Beleuchtung
– Eventuelle Sonderregelungen für den Maschinenbetrieb abstimmen

8.2.5 Vorbereitung einer Suche

Die Festlegung des Suchgebietes:
Im Gesamtprozess der Rettung Schiffbrüchiger nimmt die Suche eine entscheidende Position ein. Die Extremfälle bei der Suche sind
– die Zielfahrt und
– die erfolglose Suche.

Die Suche wird von einer Reihe von Faktoren bzw. Komplexen bestimmt:

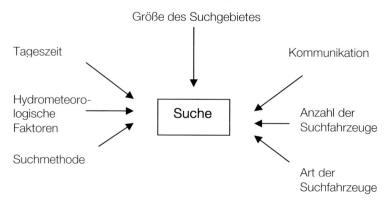

Dazu bestehen häufig noch Wechselbeziehungen zwischen den einzelnen Komplexen (z. B. Zahl der Suchfahrzeuge und Suchmethodik). Unter den Voraussetzungen, dass alle anderen Faktoren bzw. Komplexe als gegeben betrachtet werden und die Frage nach der geeigneten Suchmethode zeitlich später liegt, gewinnen Lage, Größe und geometrische Figur des potenziellen Suchgebietes eine entscheidende Bedeutung.

Bei der Bestimmung des Suchgebietes ist prinzipiell davon auszugehen, dass es eine Anzahl von Fehlern und Ungenauigkeiten gibt, die zu berücksichtigen sind. Dazu gehören unter anderem
– eine durch das jeweilige Ortungsverfahren bedingte Ungenauigkeit in der Positionsbestimmung,
– eventuelle subjektive Fehler bei der Ortsbestimmung,
– Versegelungsfehler für den Zeitraum von der Bestimmung der Position bis zu dessen Übermittlung,
– Übermittlung ungenauer Angaben zu den hydrometeorologischen Faktoren,
– Parameter der/des Rettungsmittel (s),
– Zeitdauer der Drift,
– Zeitraum von der Bestimmung der Position bis zur Übermittlung.

Die Zeit selbst geht außerdem auch in viele der wirkenden Faktoren mit ein. Bei genauer Kenntnis aller Einflussfaktoren und sicherer Ausgangsposition würde sich das Suchgebiet theoretisch auf einen Punkt reduzieren und aus der Suche würde eine Zielfahrt werden. Die zur Zeit gültige Methode zur Festlegung des Suchgebietes ist im IAMSAR vorgegeben. Um das Datum wird als Suchgebiet ein von einem Quadrat eingeschlossener Kreis mit einem Radius von 10 sm festgelegt.

Die Genauigkeit bei der Ermittlung der Drift hängt von der Genauigkeit möglichst aller Einzelangaben ab. Sie kann nach bekannten durchschnittlichen Werten unter Berücksichtigung ihrer prozentualen Verteilung oder nach aktuellen Angaben aus dem Gebiet erfolgen.

Bestimmt wird die Drift (D) durch den Driftkurs (K_D) und die Driftgeschwindigkeit des Driftobjektes (v_D).

$$D = f (K_D, v_D)$$

Beide Faktoren sind Sammelfaktoren, welche die Wirkung verschiedener hydrometeorologischer und physikalischer Größen auf das jeweilige Objekt verkörpern.

$$v_D = v_W + v_T + v_M + v_G + v_S$$

$$K_D = K_W + K_T + K_M + K_G + K_S$$

W   =   Wind
T   =   Triftströmung
M   =   Meeresströmung
G   =   Gezeitenströmung
S   =   Seegang

Die Ermittlung eines punktförmigen Suchgebietes wäre somit durch Vektoraddition theoretisch möglich. Voraussetzung für ein solches Vorgehen wäre, dass die quantitativen Drifteigenschaften des konkreten Such-Objektes, z. B. eines kollektiven Rettungsmittels, und genaue Werte für die hydrometeorologischen Faktoren bekannt sind. Eine solche Kalkulation ist an Bord kaum möglich und sollte vom zuständigen RCC übernommen werden.

8.2.6   Die Durchführung der Suche

Bei der Suche Schiffbrüchiger handelt es sich im Sinne der Suchtheorie um eine „systematische" und „stetige" Suche. Das entscheidende Kriterium für eine Suchmethode ist ihre Durchführbarkeit in der Praxis. Dieser Gesichtspunkt hat zu den im IAMSAR enthaltenen Methoden geführt. Bei der Auswahl/Entwicklung der dort empfohlenen Suchmethoden hatten die Einheitlichkeit und die Einfachheit Priorität.

Bei der Suche gilt der Grundsatz, dass das erste ankommende Fahrzeug bei Nichtantreffen der Schiffbrüchigen im Datum sofort mit der Suche beginnt.

Suchmethoden nach IAMSAR

Methode „Vergrößerndes Rechteck":
Sie ist vorgesehen für ein Einzelschiff bei ungenauem Datum und unbestimmter Driftrichtung. Die Suche beginnt im Datum als dem Bereich mit der höchsten Wahrscheinlichkeit des Aufenthaltes der Schiffbrüchigen.

Sektor-Suchmethode:
Vorgesehen ist diese Methode ebenfalls für ein Einzelschiff. Sie geht von einem relativ genauen Datum aus und wird auch beim Außersichtkommen eines Person-über-Bord-Verunfallten empfohlen. In der Bahnführung und für das Manövrieren ist sie kompliziert. Schon abgesuchte Gebiete werden mehrmals durchfahren.

Parallelbahn-Methoden:
Im IAMSAR werden Methoden für die zeitlich und räumlich parallele Suche von zwei und mehr Schiffen vorgeschlagen. Die Suche beginnt, nachdem sich die Fahrzeuge in Dwarslinie formiert haben. Die Startlinie liegt dabei 10 sm vor dem Datum und der erste Teil des „Tracks", der „Sweep", endet 10 sm danach (s. a. IAMSAR). Die Geschwindigkeit der Sucheinheiten richtet sich, wenn Sichtweite und Seegang keine Einschränkungen erfordern, nach dem langsamsten Fahrzeug.

Kombinierte Methode Schiff/Luftfahrzeug:
Das Schiff fährt hierbei auf der wahrscheinlichen Driftbahn des Suchobjektes entsprechend der Festlegung des OSC. Das Luftfahrzeug fliegt dazu rechtwinklig alternierende Kurse und kontrolliert dadurch einen relativ breiten Streifen. Das Schiff dient vor allem dem Luftfahrzeug als Orientierungshilfe. Wesentliche Voraussetzung für ein erfolgreiches Zusammenwirken ist eine direkte und stabile Kommunikation.

Neben der gewollten Einfachheit und Einheitlichkeit der Suche nach IAMSAR bestehen auch Aspekte, die deren Wirksamkeit einschränken:

- Nicht bei allen Methoden beginnt die Suche im Gebiet mit der höchsten Wahrscheinlichkeit des Aufenthaltes der Schiffbrüchigen.
- Ungeklärt ist die Einordnung später hinzukommender Fahrzeuge.
- Änderungen der Sichtweite/Ortungsreichweiten führen bei den meisten IAMSAR-Methoden zu komplizierten und uneffektiven Änderungen im Ablauf.

Um jedoch eine effektive Suche zu ermöglichen, sind im Wesentlichen zwei Forderungen zu erfüllen:
- Das Suchgebiet ist möglichst schnell mit Erkennungsbereichen zu „bedecken".
- Die Suche hat in der Reihenfolge abnehmender Wahrscheinlichkeiten zu erfolgen.

Als theoretisch optimale Lösung lässt sich dafür eine spiralförmige Suchbahn ansetzen; es gibt keine schnellere Möglichkeit, eine Fläche (Suchgebiet) mit Teilflächen (Erkennungsbereiche) lückenlos zu bedecken. Die notwendigen Voraussetzungen für eine solche Lösung wären ein annähernd kreisförmiges Suchgebiet und ein Manövrierverhalten der Sucheinheiten, das kontinuierliche Kursänderungen in kleinsten Schritten zulässt.

Zur Vereinfachung und in der Praxis durchführbar sollten deshalb geradlinige Suchbahnabschnitte analog der Methode „Vergrößerndes Rechteck" gefahren werden. Diese Verfahrensweise kommt dem theoretischen Optimum am nächsten und sollte das grundlegende und einheitliche Prinzip der Suche auf See sein.

Folgende Schritte machen die o. g. Verfahrensweise auch für mehrere Sucheinheiten anwendbar (Bild 8.46):
- Die Suche beginnt für alle Einheiten in Driftrichtung in Höhe des Datums.
- Die mittlere Sucheinheit beginnt genau im Datum, die weiteren Einheiten nehmen gleichmäßig nach beiden Seiten quer zur Driftrichtung Aufstellung. Der Abstand zueinander entspricht der doppelten Erkennungsreichweite.
- Nach Möglichkeit wird der Anfangskurs in die wahrscheinlichste Driftrichtung gelegt.
- Die Suchbahnen werden entsprechend der nautischen Bedingungen und der Erkennungsbedingungen mit Maximalgeschwindigkeit abgelaufen.

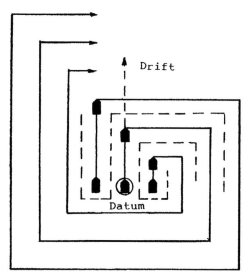

Bild 8.46: Schema der optimalen Suchmethode für mehrere Sucheinheiten bei annähernd quadratischem Suchgebiet

Erforderlich ist, dass während der Suche prinzipiell parallele Suchbahnabschnitte eingehalten werden. Auch hier wären Abweichungen gleichbedeutend mit Lücken bzw. Dopplungen im Suchschema. Immer erfordert das Abfahren der Suchkurse hohe Seemannschaft und genaue Fahrweise. Präzise Navigation, vor allem bei geringen Abständen zueinander, sowie häufige und gleichzeitige Kursänderungen erfordern ein diszipliniertes Fahren im Verband. Auf Grund der Manövriereigenschaften werden die Kursänderungspunkte der Suchbahnen Kurvenstücke sein. Die Geschwindigkeiten der Sucheinheiten sind so abzustimmen, dass sie alle gleichzeitig ihren nächsten Kursänderungspunkt erreichen, bei genauer Einhaltung ihrer Bahn zu jeder Zeit den geringsten möglichen Abstand zueinander haben.

Durch die gleichzeitige Bewegung des Suchobjektes könnten sonst Erkennungslücken auftreten. Die größten relativen Geschwindigkeitsdifferenzen treten beim Abfahren kurzer Suchabschnitte auf. Das ist generell am Anfang der Suche und bei rechteckigen Suchgebieten auf den kurzen Bahnabschnitten der Fall.

Das „Einfädeln" von später hinzukommenden Sucheinheiten in die Suchformation kann an jedem Kursänderungspunkt erfolgen, eine wesentliche Erhöhung der Effektivität der Suche, die bei den zur Zeit gültigen IAMSAR-Methoden nicht möglich ist. Der Startpunkt für jede hinzukommende Sucheinheit liegt in Richtung des gerade befahrenen Suchbahnabschnittes der äußeren Sucheinheit bzw. um 90° versetzt in Kursänderungsrichtung. Der Abstand ist entsprechend der Suchstreifenbreite zu wählen.

Sinngemäß würde auch das gleichzeitige Einfädeln mehrerer Sucheinheiten ablaufen (Bild 8.47). Neben der schlagartig höheren Effektivität der Suche werden auf diese Weise Dopplungen in den Suchbahnabschnitten, Lücken in der Erkennung und sich kreuzende Kurse der Sucheinheiten vermieden. Diese Suchmethode lässt bei einer Änderung der Erkennungsreichweite (z. B. Niederschlag, Seegang) für eine dann erforderliche Änderung der Suchstreifenbreite generelle Möglichkeiten zu.

Nur in Ausnahmefällen wird während der Suche eine stationäre Situation vorliegen. Solche Bedingungen wie
- hohe Driftgeschwindigkeit,
- Richtungswechsel der Drift,
- Ungenauigkeiten in der Position des Suchgebietes und
- langsame Suchgeschwindigkeit

verlangen u. U. eine Verlagerung des Suchgebietes, die möglichst identisch mit der aktuellen Drift des Suchobjektes sein muss. Eine absolut fließende Verlagerung des Suchgebietes wird praktisch nicht möglich und nicht erforderlich sein. In Frage kommt unter realen Bedingungen nur eine periodische Verlagerung. Je kleiner und häufiger sie ist, umso höher wird die Auffindwahrscheinlichkeit sein.

8.2.7 Die funktechnische Ortung Schiffbrüchiger

Das Auffinden Schiffbrüchiger ist letztendlich nur möglich, wenn eine Ortung und/oder Erkennung vorangegangen ist. Zur funktechnischen Ortung werden fast ausschließlich bekannte Funkortungsverfahren genutzt. Eine mögliche Einteilung der zurzeit bekannten bzw. eingesetzten Funkortungsverfahren für die Suche könnte wie folgt aussehen:

Bei der aktiven Funkortung erfolgt die Abgabe von Signalen vom Rettungsmittel aus, während bei der passiven Funkortung das Suchobjekt durch funkelektronische Mittel des Suchfahrzeuges ausgemacht wird.

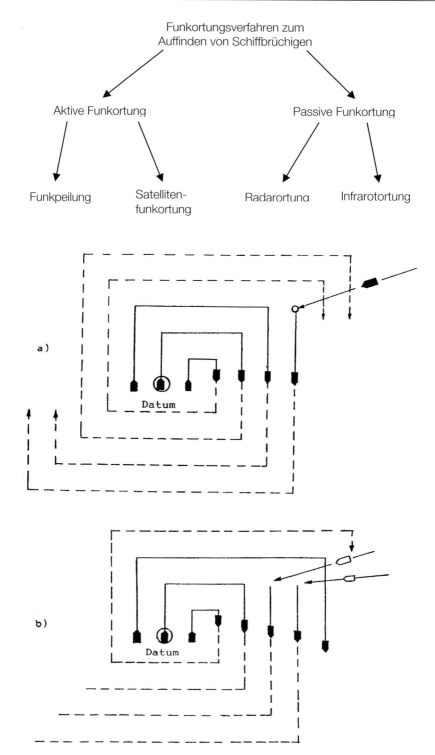

Bild 8.47: Möglichkeiten der Einordnung hinzukommender Sucheinheiten bei schon laufender Suche

Die Funkpeilung

Sie ist das älteste Verfahren zur funktechnischen Ortung von Schiffbrüchigen über größere Entfernungen. Voraussetzung ist die Tätigkeit eines entsprechenden Senders vom Rettungsmittel bzw. vom Unfallschiff aus. Durch ein Suchfahrzeug ist nur eine Richtungsbestimmung (Zielfahrt) zu den Schiffbrüchigen, bei zwei oder mehr Fahrzeugen die Positionsbestimmung durch Kreuzpeilung der Signale möglich. Neben den fest installierten Sendeanlagen an Bord existiert für den Seenotfall eine Reihe von Sende- bzw. Empfangsgeräten:

Seenot-Funkboje (EPIRB), (Bild 8.48a, b):
Sie tritt bei Schiffsuntergang automatisch in Aktion, kann aber auch manuell ausgelöst werden. Arbeitsfrequenzen: 2182 kHz, 121,5 MHz, 243 MHz. Die Reichweite liegt leistungsabhängig bei ca. 70 sm. Teilweise sind die Seenot-Funkbojen zusätzlich mit Radarreflektor, Blitzleuchte und Farbstoff ausgerüstet. Die Seenot-Funkboje ist besonders effektiv im Zusammenwirken mit Satelliten. Zu unterscheiden ist zwischen der EPIRB für das Schiff und 2 EPIRB zur Mitnahme in Rettungsmitteln.

Sprechfunkgeräte:
Verständigungsmittel für den Nahbereich im UKW-Bereich; peilbar nur durch spezielle Anlagen.

Kleinstsender:
Arbeitsfrequenz im UKW-Bereich; Peilung nur durch spezielle Anlagen; Reichweite bis 20 sm; einfache Bedienung; teilweise auch Betrieb im Wasser möglich.

Bild 8.48a: Seenot-Funkboje (EPIRB), kombiniert mit Radar-Transponder (SART)

Bild 8.48b: Seenot-Funkboje (EPIRB), vorwiegend für Luftfahrzeuge und Rettungsmittel

Einsatz von Satelliten

Der Einsatz von Satelliten schafft die Voraussetzung für die Einrichtung globaler Notfunksysteme (s. a. INMARSAT u. a.). Erforderlich dazu sind neben den Basisstationen Satelliten auf polaren oder geostationären Bahnen. Zur Erprobung wurden als Arbeitsfrequenzen bisher 121,5 und 243 MHz sowie 406 oder 406,1 MHz (low power-Frequenzen) benutzt.

Arbeitsweise: Durch günstige vertikale Ausbreitungsbedingungen der Notsignale werden sie durch mindestens einen Satelliten empfangen und an die Basisstation weitergeleitet. Es erfolgt die Auswertung und Ortsbestimmung der durch Dopplerfrequenztechnik gewonnenen Information.

> mögliche Reichweite: global und zu jeder Zeit
> Genauigkeit: weniger als 1 sm Abweichung

Infrarot-Anlagen

Anlagen nach diesem Funktionsprinzip sind in letzter Zeit verstärkt in verschiedenen Bereichen zum Einsatz gekommen.

Grundprinzip:
Auswertung elektromagnetischer Strahlung in Form von Wärmestrahlung; Messung der Temperaturdifferenz des Suchobjektes zur Umgebung.

Die Wirksamkeit wird, unabhängig von den technischen Parametern der Anlage, vor allem durch die Höhe der Temperatur, durch die Temperaturdifferenz zur Umgebung und durch die Größe der Abstrahlungsfläche bestimmt. Durch den senkrechten Austritt der Wärmestrahlung ergibt sich die effektivste Anwendung durch Luftfahrzeuge. Prinzipiell wäre auf diese Weise die Erkennung Schiffbrüchiger auch im Wasser möglich, ohne dass diese über Hilfsmittel zur Erkennung verfügen.

Die Radar-Ortung

Sie dient zur Ortung im nahen und im mittleren Entfernungsbereich. Ihre Wirksamkeit wird bestimmt durch die
– Leistungsparameter der Sende-/Empfangsanlage,
– Rückstrahleigenschaften des Suchobjektes, und die
– hydrometeorologischen Einflussfaktoren.

Das Kriterium für die Leistungsfähigkeit einer Radaranlage, auch für die Suche, ist ihre „Technische Auffassungsreichweite". Ihre größten Reserven zur Verbesserung liegen, bei vorgegebenen Parametern der Anlage und bei unbeeinflussbaren hydrometeorologischen Einflussfaktoren, in der Verbesserung der Rückstrahleigenschaften des Suchobjektes. Die Rückstrahleigenschaften werden im Wesentlichen durch die Zielhöhe und die effektive Echo-Fläche (Material, Größe der Normalebene, Rückstrahldiagramm) bestimmt.

Die Entwicklung geht hier vom herkömmlichen Radarreflektor über di-elektrische Linsen zu Abtast-Frequenz-Radarbaken (Radar-Transponder). Der Radar-Transponder hat hier sowohl eine aktive als auch eine passive Charakteristik. Die Bake spricht auf die Abtastung durch einen Radarstrahl an und gibt ein Antwortsignal. Dieses Antwortsignal ergibt eine auffällige Leuchtfleckkette auf dem Empfängerbildschirm. Bei Annäherung verändern sich die Leuchtflecke zu Kreissegmenten und bei einem Abstand < 100 m zu konzentrischen Kreisen um das Radarecho des Rettungsmittels. Parallel dazu ist im Lautsprecher des Transponders der Empfang eines sich analog verändernden Tones zu hören (Bild 8.49).

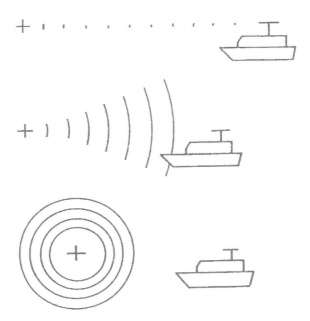

Bild 8.49: Veränderung der Radaranzeige bei einer Abtast-Frequenz-Radarbake in Abhängigkeit vom Abstand zwischen Radarbake und Radargerät

Die Radar-Ortung bildet in den meisten Fällen den Abschluss der funktechnischen Suche und liegt vor bzw. parallel zur optischen Erkennung. Sie erlaubt über das Erkennen hinaus auch durch eine Sucheinheit die sofortige Ermittlung der Position.

Der Seegang beeinflusst die Radar-Ortung durch Bewegung des Reflektors und bei Empfängernähe durch Seegangsreflexe. Dadurch kann bei schlechter Sicht bzw. nachts in unmittelbarer Umgebung des Suchfahrzeuges ein toter Bereich bezüglich der Ortung bestehen. Echos eines Winkel-Radarreflektors sind bei Seegang 4–5 im Bereich von 0,0–0,3 sm Distanz vom Sender/Empfänger nicht bzw. nur sehr kurzzeitig herauszufiltern. Eine im Wasser schwimmende Person mit einem auf der Brust befestigten Winkelreflektor (a = 15 cm, F = 2,1 m²) konnte bei Seegang 2 nur im Bereich von 0,5–0,7 sm, und dort nur sporadisch, als Echo erkannt werden. Die nachfolgende Tabelle 8.6 gibt eine Übersicht über ermittelte Erkennungsreichweiten eines am Rettungsfloß angebrachten Winkel-Radarreflektors mit einer Seitenlänge a = 24,5 cm und einer äquivalenten Echofläche von 59 m².

Die Bestimmung der Suchstreifenbreite folgt den Festlegungen im IAMSAR, wonach die Suchstreifenbreite das 1,5-fache der Erkennungsreichweite betragen soll.

Reflektor-höhe (m)	Anzahl Reflekt.	Ortungsreichweite (sm) max.	opt.	Seegang (Bf)	Suchstreifenbreite (sm) max.	opt.
1,1	1	2,65	1,8	1–2	4,0	2,70
2,0	1	3,10	2,5	4	4,7	3,75
3,0	1	4,25	3,0	3–4	6,0	4,50
1,1	2	4,20	3,0	4	6,0	4,50

Tab. 8.6: Ortungsreichweiten in Abhängigkeit von verschiedenen Bedingungen für herkömmliche Radarreflektoren

Die Anordnung von zwei Reflektoren in 1,1 m Höhe ergab neben der deutlich größeren Ortungs-reichweite ein wesentlich besser auszumachendes, größeres und stabileres Echo. Die Abhängigkeit der Ortungsreichweite zeigt einen annähernd linearen Verlauf. Um eine lückenlose Radarsuche auch bei Seegang und schlechter bzw. fehlender optischer Sicht zu gewährleisten, sollten mehrere Such-fahrzeuge in Keilformation bzw. abwechselnd versetzter Dwars-Linie fahren. Auf diese Weise würde der Störungsbereich bei einem Schiff durch Seegangsreflexe jeweils im sicheren Ortungsbereich des vorausfahrenden bzw. des nachfolgenden Fahrzeuges liegen.

8.2.8 Die optische Erkennung Schiffbrüchiger

Die optische Erkennung ist bei der Suche auf See durch keine andere Art der Erkennung ersetzbar. Sie ist Voraussetzung für die eigentliche Aufnahme der Schiffbrüchigen von einem Unfallfahrzeug, aus einem kollektiven Rettungsmittel oder direkt aus dem Wasser.

Unter den Möglichkeiten der Wahrnehmung und des Kontaktes mit der Umwelt hat der Gesichtssinn eine absolute Vorrangstellung.

Der Grenzbereich, bei dem eine optische Wahrnehmung auf See gerade noch möglich ist (visuelle Schwelle), liegt bei einer Hornhautbeleuchtungsstärke von etwa 2 bis10 lx.

Wichtige Einflussfaktoren auf die optische Erkennung

Die optische Erkennung wird von einer Vielzahl von Faktoren beeinflusst. Neben den inneren Fak-toren, vornehmlich physiologische Vorgänge, sind es die äußeren Faktoren, die vor allem durch die Tageszeit und die hydrometeorologischen Bedingungen bestimmt werden.

Ausgewählte Einflussfaktoren auf die optische Erkennung auf See zeigt Bild 8.50.

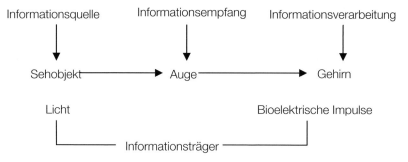

Innere Faktoren – funktionelle Eigenschaften des Sehapparates

Die Adaption, der Kontrast, die Blendung sind Faktoren bzw. physiologische Gegebenheiten, die für den Erkennungsprozess bei der Suche von prinzipieller Bedeutung sind. Darüber hinaus können aber auch weitere Faktoren wie das Farbensehen, die Akkomodation, die Sehschärfe u. a. im realen Fall eine dominierende Rolle spielen.

Durch die Adaption wird die optimale Sehleistung beim jeweiligen Beleuchtungsgegenstand er-möglicht. Der Adaptionszustand wird besser, je mehr Zeit zur Verfügung steht; die Anpassung ist umso schneller erreicht, je geringer der Leuchtdichteunterschied ist. Die Adaption verläuft bei der Anpassung an ein höheres Leuchtdichteniveau schneller, als in umgekehrter Richtung. Bei der Dun-keladaption, als der für die Suche auf See bedeutungsvolleren Adaptionsrichtung, existiert zwischen der 3. und der 8. Minute ein kritischer Bereich, in dem z. B. die notwendige Zeit zum Erkennen eines Lichtreizes wieder ansteigt (Bild 8.51).

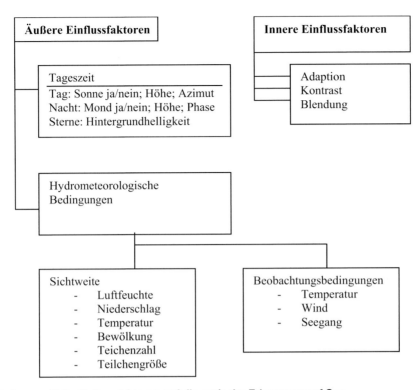

Bild 8.50: Ausgewählte Einflussfaktoren auf die optische Erkennung auf See

Für eine nahezu 100%-ige Dunkeladaption benötigt das menschliche Auge etwa eine Stunde. Um für die optische Erkennung auf See eine hinreichende Wahrnehmungsempfindlichkeit zu erreichen, ist eine Adaptionszeit von 20 Minuten erforderlich. Das ist besonders nachts bei der Suche nach Schiffbrüchigen von Bedeutung, da es sich hier meist um schwache Lichtreize handelt. Die Lokaladaption als spezieller Vorgang bewirkt, dass bei starrer Blickrichtung lichtschwache Objekte nach kurzem Erkennen nicht mehr wahrgenommen werden. Bei der Beobachtung des Seeraumes ist deshalb mit kleinen, schnellen Änderungen der Blickrichtung zu arbeiten.

Bei größeren Änderungen des Leuchtdichteniveaus im Gegensatz zum bestehenden Adaptionszustand kommt es zu Blendungserscheinungen. Bei einer punktförmigen Blendquelle nahe der Blickrichtung wächst die Blendgefahr mit der dritten Potenz. Das hat Bedeutung für die Wahl von Beobachtungsstandorten bei der Suche.

Äußere Faktoren

Bei den äußeren Faktoren geht es vor allem um den grundlegenden Einfluss der Tageszeit und der Summe der hydrometeorologischen Bedingungen auf den Erkennungsprozess. Die äußeren Faktoren sind variabel und häufig instabil. Die Bedeutung der äußeren Faktoren für die Erkennung eines Objektes ergibt sich daraus, dass sie außer von der Lichtquelle und der Unterschiedsempfindlichkeit des Sehorgans maßgeblich von den optischen Eigenschaften der Atmosphäre abhängt.

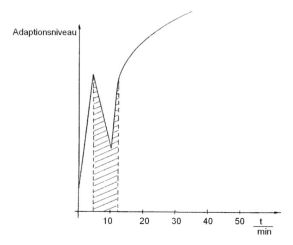

Bild 8.51: Rückgang des Adaptionsniveaus (Leuchtdichteempfindlichkeit des Auges) während der 3. bis 10. Minute der Anpassungszeit

Objektive Grenzen sind der Erkennungsreichweite durch die Krümmung der Erde, durch die konvexe Krümmung der Lichtstrahlen und durch die Brechungsverhältnisse der Luft gesetzt. Daraus resultieren jeweils die

– geodätische Sichtweite,
– geografische Sichtweite und die
– wahre Sichtweite.

Die Tageszeit

Bei den Aussagen zur Tageszeit geht es im Zusammenhang mit der optischen Erkennung um grundlegende Leuchtdichteunterschiede im Suchgebiet, die durch den Sonnenstand bestimmt werden. Unter Tageslichtbedingungen ist somit vor allem die Höhe der Sonne über dem Horizont und ihr Azimut, bezogen auf die Blickrichtung des Beobachters, von Interesse. Diese Angaben dienen nicht nur der Beschreibung der allgemeinen Leuchtdichte, sondern erlauben auch qualitative Aussagen zur Blendung, zur Hintergrundhelligkeit und zum Kontrast.

Zur Beurteilung der optischen Erkennung unter Nachtbedingungen wird häufig der Begriff „Reichweite" und vor allem der Begriff „Praktische Reichweite" herangezogen. In diesen Begriffen ist der aktive Vorgang des Beleuchtens und des Suchens enthalten. Damit hat z. B. die Scheinwerferleistung neben den hydrometeorologischen Bedingungen einen entscheidenden Einfluss auf die Reichweite. Wichtiger für die optische Erkennung Schiffbrüchiger nachts ist aber die passive Erkennung, d. h. die Wahrnehmung von Nachtrettungsleuchten, pyrotechnischen Mitteln usw. Analog zu leuchtenden Seezeichen wird in diesem Zusammenhang häufig der Begriff „Tragweite" benutzt.

Hydrometeorologische Faktoren

Unter der Voraussetzung, dass das Suchobjekt und die Sehleistung des Beobachters als gegeben betrachtet werden, bestimmen die hydrometeorologischen Faktoren maßgeblich die Erkennungsreichweite. Nur die exakten und quantitativen Festlegungen sowohl zu den Beobachtungsbedingungen als auch zu den Objekten nach sinnvollen und vereinbarten Parametern ergeben einen Maßstab für die Beurteilung der Erkennungssituationen. Deshalb sollten für die Erkennung auf See und insbesondere für die Suche die o. g. unzureichenden Begriffe wie Sicht, Sichtweite, Tragweite usw.

durch den Begriff „Erkennungsreichweite" ersetzt werden. Er baut sowohl auf der Gesamtleistung des Sehorgans als auch auf die Einflussfaktoren auf.

Unter der *„Erkennungsreichweite"* ist die durchschnittliche Maximaldistanz zu verstehen, die bei definierten Bedingungen das Erkennen eines festgelegten Objektes erlaubt.

Eine einzelne meteorologische Größe kann zum entscheidenden Einflussfaktor werden; die zunehmende Dichte des Niederschlags kann z. B. bei vorher günstigen Erkennungsbedingungen zu einer plötzlichen, unabwendbaren und sehr starken Verringerung der Erkennungsreichweite führen. Die hydrometeorologischen Faktoren betreffen aber auch die Beobachtungsbedingungen bezüglich des Beobachters. Da die optische Erkennung an Personen gebunden ist, können z. B. Wind, Seegang, Temperaturen u. a. Einfluss auf den Erkennungsvorgang nehmen.

Optische Erkennungsreichweiten bei der Suche Schiffbrüchiger

Die in den Tabellen 8.7–8.9 aufgeführten Erkennungsreichweiten beziehen sich auf konkrete Objekte mit bekannten Parametern. Berücksichtigt werden die Tageszeit, meteorologische Sichtweiten, Bewölkung, Niederschlag u. a. Die verschiedenen Augeshöhen der Beobachter reichen von 5 bis 10 m. Da für die Suche Schiffbrüchiger entscheidend ist, dass das Objekt erst einmal erkannt wird, entsprechen die Angaben den durchschnittlichen maximalen Erkennungsreichweiten.

Messungen zum Adaptionsverhalten belegen das Auftreten der kritischen Phase zwischen der dritten und der achten Beobachtungsminute und eine deutliche Verkürzung der Adaption z. B. durch die Verwendung orangefarbener Kartenraumbeleuchtung.

Objekt	Tages-zeit	Sicht Nach FM 13	Bewöl-kung	Auges-Höhe [m]	Erkennuns-reichweite [sm]	Bemerkungen
RF 20/25	Tag	94	8/8	7,4	2,37	
RF 20/25	Tag	96	8/8	7,4	3,25	
RF 20/25	Tag	94	8/8	7,4	1,90	leichter Regen
RF 20/25	Tag	97	6/8	7,4	2,52	
RF 20/25	Tag	97	4/8	7,4	2.96	Sonne voraus, $h_s = 55°$
RF 20/25	Tag	98	1/8	7,4	4,13	Sonne voraus, $h_s = 35°$
RF-Leuchte	Nacht	96	1/8	7,4	2,60	
RF-Leuchte	Nacht	96	7/8	7,4	2,55	
RF 25 mit Reflexfolie	Nacht	96	7/8	7,4	0,60	Einsatz eines 1000 W-Scheinwerfers

Tab. 8.7: Optische Erkennungsreichweiten unterschiedlicher Objekte in Abhängigkeit von verschiedenen Parametern

Beobachtungsobjekt	Hydrometeorologische Bedingungen	Tageszeit	ERW in sm
Person ohne Hilfsmittel	gut	Tag	0,45
Person mit Rettungsring	gut	Tag	0,50
Person mit Rettungsweste	gut	Tag	0,68
Person ohne Hilfsmittel	mäßig	Tag	0,27
Person mit Rettungsring	mäßig	Tag	0,26
Person mit Rettungsweste	mäßig	Tag	0,41
Person mit Rettungsweste und AS-Helm	mäßig	Tag	0,44
Person mit AS-Helm	mäßig	Tag	0,51
Person mit Rettungsring und AS-Helm	mäßig	Tag	0,65
Person ohne Hilfsmittel	mäßig	Dämmerung	0,12
Person ohne Hilfsmittel	gut	Nacht	0,05
Person ohne Hilfsmittel, Scheinwerfer	gut	Nacht	0,13
Person mit AS-Helm, Scheinwerfer	gut	Nacht	0,21
Person mit Rettungsweste und Nachtrettungsleuchte	gut	Nacht	0,65
Person mit Rettungsring und Notblinkleuchte	gut	Nacht	1,36
Person ohne Hilfsmittel, Scheinwerfer	mäßig	Nacht	0,11
Person mit AS-Helm, Scheinwerfer	mäßig	Nacht	0,16
Person mit Rettungsweste und Nachtrettungsleuchte	mäßig	Nacht	0,95
Person mit Rettungsring und Notblinkleuchte	mäßig	Nacht	0,58

Bemerkung: gute Bedingungen = Sichtweite 96–97; Wind Bf 3; Seegang 3, mäßige Bedingungen = Sichtweite 95; Wind Bf 4–5; Seegang 4–5

Tab. 8.8: Durchschnittlich maximale Erkennungsreichweite von Personen im Wasser bei „Suchfahrt" in Abhängigkeit von verschiedenen Bedingungen

Ah (m)	Hydrometeorologische Bedingungen		ERW (sm)
	Sichtweite nach FM 13	Sonne/Bewölkung	
3,0	93	Sonne	0,79
3,0	94	bedeckt	0,42
3,0	94–95	Sonne	0,66
3,0	96	bedeckt	0,55
3,0	97	Sonne	0,65
3,0	97	bedeckt	0,73
3,0	98	Sonne, SP 90°	0,44
3,0	98	Sonne, SP 90°	0,77

Bemerkung: SP = Seitenpeilung

Tab.8.9: Experimentell ermittelte Erkennungsreichweiten einer Person im Wasser (mit Kälteschutzanzug, am Tage, bei unterschiedlichen Bedingungen)

Wichtige Hinweise zur optischen Erkennung

Nach einem relativ stetigen Abfall der Erkennbarkeit von Objekten auf See erfolgt im Grenzbereich ein sehr schneller, sprunghafter Übergang zur Nichterkennung. Bei der Anpassung an eine sehr geringe Umfeldleuchtdichte (Dunkelheit) existiert zwischen der dritten und der achten Minute ein kritischer Bereich, in dem sich die Sehleistungen wieder verschlechtern. Für eine nahezu 100%-ige Dunkelanpassung benötigt das menschliche Auge etwa eine Stunde.

Um für die optische Beobachtung auf See bei Dunkelheit eine hinreichende Wahrnehmungsempfindlichkeit zu erreichen, ist eine Adaptionszeit von 20 Minuten erforderlich. Die Blendgefahr wächst mit der dritten Potenz der Leuchtdichte einer punktförmigen Blendquelle. Um die Wirkung der Lokaladaption auszuschalten, ist bei der Beobachtung bzw. bei der Suche nach lichtschwachen Objekten mit kleinen, schnellen Änderungen der Blickrichtung zu arbeiten.

Bei der optischen Erkennung auf See sollte mit dem Begriff „Erkennungsreichweite" (ERW) gearbeitet werden. Dieser Begriff ist quantitativ bestimmbar und an konkrete Objekte und Bedingungen gebunden. Die „Erkennungsreichweite" ist die durchschnittliche Maximaldistanz, die bei definierten Bedingungen das Erkennen eines bestimmten Objektes erlaubt. Vor allem die Tageszeit und die meteorologischen Bedingungen bestimmen maßgeblich die Erkennungsreichweite.

Neben der absoluten Flächengröße eines Objektes wird eine entscheidende Verbesserung der ERW durch eine größere Höhenausdehnung des Objektes erreicht. Ein diesbezüglicher Qualitätsumschlag tritt bei einer Objekthöhe ab h = 1 m ein. In diesem Zusammenhang ist auch der vermutete, aber nicht eingetretene Zuwachs an Erkennungsreichweite bei Einsatz eines Kälteschutzanzuges zu sehen. Der Flächenzuwachs und die Kontrastwirkung bei Benutzung eines Kälteschutzanzuges bringen jedoch eine Verbesserung der ERW aus der Luft mit sich.

Die Farbgebung der Rettungsmittel kommt bei Lichteinfall aus vorderlichen Richtungen erst relativ spät zur Wirkung. Auf Grund der gleichartigen elektrischen Leuchten am Rettungskragen und am Kälteschutzanzug unterscheiden sich die ERW für Nachtbedingungen nicht.

Eine Vergrößerung der Augeshöhe der Beobachter an Bord bringt nur einen relativ geringen Zuwachs an ERW. Nachweislich wichtiger ist eine optisch ungestörte und eine wettergeschützte Position des Beobachters. Die hohen Anforderungen an die Beobachter bei einer längeren optischen Suche erfordern eine angepasste Organisation des Einsatzes der Besatzung.

8.2.9 Die Aufnahme von Schiffbrüchigen

Unter der „Aufnahme" ist die Gesamtheit aller Maßnahmen zum Verbringen der Schiffbrüchigen aus dem Wasser, aus kollektiven Rettungsmitteln oder vom Unfallfahrzeug in oder auf ein Rettungsfahrzeug zu verstehen. Häufig, aber sachlich falsch, wird für die Aufnahme Schiffbrüchiger der Begriff „Rettung" verwendet. Chronologisch kann die Aufnahme zu verschiedenen Zeitpunkten ansetzen. Extreme Zeitpunkte sind:
– unmittelbar nach dem Unfall als Variante des „Verlassens des Unfallschiffes";
– im Anschluss an die Phase „Aufenthalt" im Rettungsmittel oder im Wasser.

In den meisten Fällen bedeutet die Aufnahme das Ende der akuten Gefahr für den Schiffbrüchigen bzw. den Beginn der Versorgung und die Ausschaltung lebensbedrohlicher äußerer Einwirkungen. Für geschädigte Personen ist das nicht immer gleichbedeutend mit dem Überleben, da der Erfolg der medizinischen Versorgung oft nicht abzusehen ist bzw. eine umfassende Versorgung unmittelbar nach der Aufnahme nicht immer sofort erfolgen kann.

Die verschiedenen prinzipiellen Möglichkeiten der Aufnahme Schiffbrüchiger zeigt Bild 8.52. Es ist ausgeschlossen, eine generelle Reihen- bzw. Rangfolge der verschiedenen Aufnahmevarianten anzugeben. Die Anwendung und Beachtung der gegebenen Hinweise sind letztlich von den konkreten Bedingungen abhängig. Sinngemäß gelten sie auch für den Sonderfall der Aufnahme bei einem „Person-über-Bord-Unfall".

Die Notwendigkeit des Vorhandenseins einer entsprechenden Ausrüstung und eines Trainings für die Aufnahme Schiffbrüchiger ergibt sich aus der Tatsache, dass in weiten Bereichen der Schifffahrt militärische bzw. spezielle Rettungseinheiten auf Grund der großen Entfernungen zwischen Unfallort und Stützpunkt nicht oder nicht rechtzeitig zum Einsatz kommen können. Das Training der Aufnahme Schiffbrüchiger sollte analog zu allen Maßnahmen des Schiffssicherheitsdienstes erfolgen und den Erwerb von Kenntnissen, Fähigkeiten, Fertigkeiten und Gewohnheiten umfassen. Der Schwierigkeitsgrad ist dabei stufenweise zu erhöhen. Vor allem die Befähigung zur Bewertung der Gefahr für Retter und Schiffbrüchige und eine praktische Ausbildung sind dabei unumgänglich und erhöhen neben der Sicherheit der eigenen Besatzung auch die der Schiffbrüchigen.

Folgende Aufstellung umfasst wichtige und allgemein gültige Grundsätze zur Planung und Durchführung der Aufnahme:
– Als grundsätzliche Voraussetzung für die erfolgreiche Aufnahme ist die Minimierung der dafür benötigten Zeit oberste Zielsetzung.
– Das Risiko für die Schiffbrüchigen ist so klein wie möglich zu halten.
– Schnelle oder sogar plötzliche Änderungen/Verschlechterungen der Situation (Wetter, Seegang, Sicht, Niederschlag, plötzlicher Untergang) sind einzukalkulieren.
– Es ist zu berücksichtigen, dass den Schiffbrüchigen oft die nötige Übersicht fehlt und dass psychisch bedingtes Fehlverhalten sowie der Abbruch ihrer eigenen unterstützenden Maßnahmen auftritt.
– Bei der Planung und Durchführung der Aufnahme Schiffbrüchiger ist das Hinzukommen weiterer Fahrzeuge als ein ganz wesentlicher Aspekt der Sicherheit und Effektivität zu berücksichtigen.
– Die straffe Führung und sichere Nachrichtenverbindungen zwischen allen Beteiligten sind ein Schlüssel zum Erfolg. Dazu gehört auch, dass der Leiter der Aufnahme nicht mit Einzelaufgaben belastet wird und möglichst immer Sichtkontakt zum Aufnahmevorgang hat.
– Der Ausguck ist zu verstärken und vorrangig auf Personen im Wasser sowie auf entfernte und auf schnell driftende Objekte/Personen zu orientieren.
– Prinzipiell ist der Weg der eingesetzten kollektiven Rettungsmittel aus Sicherheits- und Effektivitätsgründen so kurz wie möglich zu halten.

Bezogen auf die Schiffbrüchigen sollte eine Reihenfolge der Aufnahme wie folgt aussehen:
– Personen ohne individuelle Rettungsmittel
– Kranke und Verletzte
– Kinder und Frauen
– Passagiere
– Besatzung

Räumlich gesehen ist von außen nach innen vorzugehen. In jedem Falle sind Schiffbrüchige bei der Aufnahme, ob aus dem Wasser, aus Rettungsmitteln oder vom Unfallschiff zu sichern. Die Aufnahme sollte aus medizinischen Gründen möglichst horizontal erfolgen.

Aufnahme durch Wasserfahrzeuge:
Die direkte Aufnahme durch ein Schiff bedeutet bei Einhaltung des entsprechenden Sicherheitsabstandes generell ein geringes Risiko für die Retter und ermöglicht die konzentrierte Nutzung technischer Hilfsmittel an Bord. Außerdem gestattet sie gute und direkte Kommunikationsmöglichkeiten zwischen Schiffbrüchigen und Rettern bzw. zur Operationsleitung.

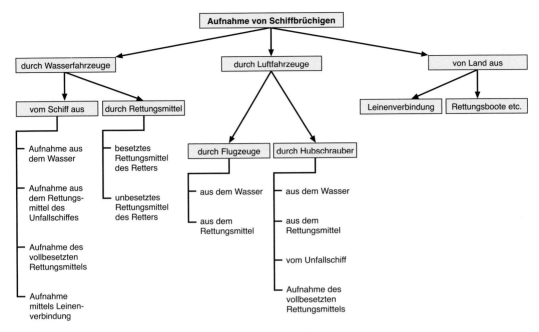

Bild 8.52: Prinzipielle Möglichkeiten der Aufnahme Schiffbrüchiger

Aufnahme aus dem Wasser:

In Abhängigkeit von der Schiffsgröße, den Manövriereigenschaften und den Umgebungsbedingungen ist so nahe wie möglich in Luv an die Personen im Wasser heranzufahren. Bei starkem Rollen des Schiffes kann die Aufnahme am Vorsteven sicherer sein. Mindestens bis zur Wasserlinie sind vorher Leinen, Netze, Leitern, Rettungsringe, Flöße außenbords zu bringen (Bild 8.53).

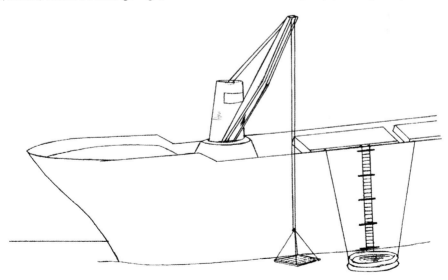

Bild 8.53: Einsatz von Rettungsfloß und Rettungskescher als „boarding station" bei der Aufnahme Schiffbrüchiger

441

Bei zumutbaren Bedingungen sind Besatzungsmitglieder der Rettungsfahrzeuge zur Unterstützung und Sicherung im Wasser einzusetzen. Dabei sind sie mit Schwimmweste und Leine zu sichern und gegebenenfalls mit Kälteschutzanzügen auszurüsten.

Aufnahme aus dem Rettungsmittel des Unfallschiffes:
Ob die Aufnahme aus dem Rettungsmittel in Luv oder Lee erfolgt, kann nur an Ort und Stelle entschieden werden und hängt vor allem vom Seegang, den Schiffsbewegungen und den Drifteigenschaften ab. Meistens wird die Leeseite genutzt. Dem Rettungsmittel ist so schnell wie möglich Windschutz zu geben. Die Aufnahmestelle muss besonders nachts deutlich gekennzeichnet und beleuchtet werden. Grundsätzlich ist als erstes eine stabile Leinenverbindung herzustellen. Es kann sich als notwendig erweisen, das Rettungsmittel erst in eine bessere oder sichere Position zu schleppen. Ist ein Längsseitsgehen nicht möglich oder zu gefährlich, können die Schiffbrüchigen gesichert und durch das Wasser aufgenommen werden. Hierbei kann ebenfalls der Einsatz von Rettungspersonal im Wasser erfolgen. Auch bei der Aufnahme aus dem Rettungsmittel sind individuelle Rettungsmittel weiterhin zu tragen und die Schiffbrüchigen sind grundsätzlich zu sichern.

Für die Aufnahme von Geschädigten ist eine Krankentrage, ein Netz oder ähnliches vorzubereiten. Bei schwierigen Bedingungen lässt man das leere Rettungsmittel treiben und setzt eine entsprechende Meldung ab oder man muss das Rettungsmittel schleppen.

Aufnahme mittels Leinenverbindung:
Voraussetzungen für diese Variante sind gleichbleibender Abstand und Lage zueinander durch gleiches Driftverhalten oder entsprechendes Manövrieren des Retters. Für den letzteren Fall sind gute Manövriereigenschaften und Erfahrungen des seemännischen Personals auf dem Rettungsfahrzeug Bedingung. Die Herstellung der ersten Leinenverbindung erfolgt vorzugsweise mit einem Leinenwurfgerät, möglich ist aber auch das Treibenlassen einer Schwimmleine mit einem auffälligen und gut driftenden Schwimmkörper. Das unbeabsichtigte Steifkommen der Leinenverbindung durch Seegang, Drift und Manöver ist einzukalkulieren. Generell ist durch eine Leinenverbindung der Einsatz eines Rettungsmittels oder der Transport durch das Wasser möglich. Der Transport durch das Wasser ist immer als letzte Möglichkeit anzusetzen. Als gut geeignet zu diesem Zweck haben sich bisher Rettungsflöße und Schlauchboote erwiesen. Bei mehrfachem Einsatz ist die Leinenverbindung nach beiden Seiten beizubehalten und das Rettungsmittel als horizontaler Lift zu benutzen.

Aufnahme des besetzten Rettungsmittels:
Diese Variante ist nur bei guten Seebedingungen und entsprechenden technischen Voraussetzungen (Krane, Ladegeschirr) möglich. Sie macht die Einzelaufnahme überflüssig und kann dadurch schneller sein. Besonders für geschädigte Personen stellt sie eine schonende Variante dar.

Aufnahme durch Rettungsmittel des Retters:

Aufnahme durch ein besetztes kollektives Rettungsmittel des Retters. Diese Variante kommt zur Anwendung, wenn
– das Unfallschiff selbst keine bzw. keine einsatzfähigen kollektiven Rettungsmittel mehr hat;
– die Seebedingungen, die Art des Rettungsmittels und der Ausbildungsstand der Besatzung des Retters das erlauben.

Vorrangig ist ein motorgetriebenes Rettungsmittel zu benutzen, das möglichst dicht am Unfallschiff bzw. an den im Wasser befindlichen Personen zu Wasser gebracht werden muss. Die Fahrtdauer eines Rettungsbootes zu einer weiter entfernt liegenden Aufnahmeposition wird erfahrungsgemäß oft unterschätzt. Die Dauer der Rettungsoperation und das Risiko werden für alle Beteiligten unnötig erhöht.

Zu den Vorbereitungen gehört die Schaffung einer stabilen Nachrichtenverbindung einschließlich Reservevarianten und die zusätzliche Ausrüstung z. B. mit Signalmitteln, Leinen, individuellen Rettungsmitteln, Wärmeschutzmitteln, medizinischer Ausrüstung, Lampen usw. Die Bordwand kann bei rollendem Schiff mit Fendern oder anderen polsternden Materialien versehen werden. Bei einer Zusammenstellung der Besatzung des Rettungsmittels wären folgende Auswahlkriterien zu berücksichtigen:
– Qualifikation
– Trainingszustand
– physische und psychische Eignung
– Spezialkenntnisse und praktische Erfahrungen

Vor dem Aussetzen sind verschiedene Aufnahme- und Rückkehrvarianten sowie Kommunikationswege zu planen und mit der Besatzung abzusprechen. Für eine solche eventuell eintretende Situation ist ein eindeutiges und gesondertes Abbruchsignal für den Einsatz des Rettungsmittels zu vereinbaren. Vorteilhaft und anzustreben ist, wie auch bei anderen Aufnahmevarianten, der ständige Sichtkontakt zwischen Rettungsschiff und eingesetztem kollektiven Rettungsmittel. Bei starkem Seegang sollte aus Sicherheitsgründen eine kurze Leinenverbindung zwischen dem Heck des Rettungsmittels und dem Unfallschiff dem Längsseitsgehen vorgezogen werden. Diese Leinenverbindung muss rasch lösbar/kappfähig sein und sich durch den Einsatz des Antriebsmittels konstant halten lassen. Die Übernahme der Schiffbrüchigen vom Unfallschiff in das Rettungsmittel kann dann leinengesichert auch durch das Wasser erfolgen. An welcher Stelle am Unfallschiff diese Übernahme erfolgt, ist von den konkreten Bedingungen abhängig. Der Heckbereich des Unfallschiffes ist dabei prinzipiell als besonders gefährdet anzunehmen (Bild 8.54).

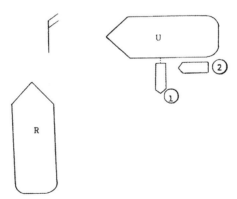

Bild 8.54: Position der Schiffe und Rettungsmittel bei Aufnahme durch das Rettungsboot des Retters (1) bzw. des Rettungsbootes des Unfallschiffes (2)

Der Einsatz von Öl zur Wellenberuhigung ist bei dieser Variante möglich und bei entsprechenden Seegangsverhältnissen angebracht. Es kann sich als notwendig erweisen, das Rettungsmittel besetzt oder unbesetzt in eine günstigere Position zu schleppen bzw. es nach der Aufnahme der Schiffbrüchigen und des Rettungspersonals auf das Rettungsschiff treiben zu lassen. Es ist zu bedenken, dass zu diesem Zeitpunkt auch das Rettungspersonal selbst physisch und psychisch stark belastet ist.

Aufnahme durch ein unbesetztes kollektives Rettungsmittel des Retters:
Bei zu großer Gefahr für den Retter/das Rettungspersonal wird vorzugsweise ein aufblasbares Rettungsfloß benutzt. Das Rettungsfloß wird an Deck aufgeblasen und mit einer schwimmfähigen Leine

um die Tragschläuche herum gesichert. Gesicherter Ballast kann das Seeverhalten des Floßes bei der Leerfahrt verbessern (Bild 8.55).

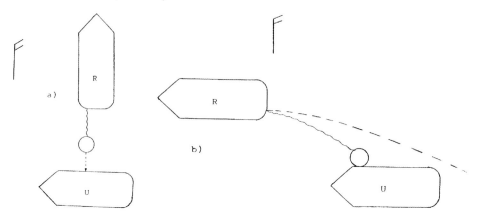

Bild 8.55a, b: Aufnahme durch ein unbesetztes Rettungsmittel des Retters
b) Treibenlassen eines leinengesicherten Rettungsfloßes
a) Nachschleppen eines Rettungsfloßes

Treibenlassen des Rettungsmittels:
Nach den o. g. Vorbereitungen kommt das Rettungsfloß oder Boot zum Einsatz, wenn seine Driftgeschwindigkeit größer als die des Unfallschiffes ist. Aus der Luvposition heraus driftet es ohne Treibanker an loser Schwimmleine zum Unfallschiff. Driftet das Unfallschiff schneller, kann das Rettungsfloß an loser Leine mit möglichst beiden ausgebrachten Treibankern in Lee auf das Unfallschiff „warten". Während des Besetzens sollten der Sichtkontakt und genügend Lose in der Leine gewahrt bleiben. Mit den Schiffbrüchigen sind möglichst vorher deutliche und eindeutige Signale für den Abschluss des Besetzens des Rettungsmittels zu vereinbaren. Am geeignetsten und in der Regel am ehesten verfügbar sind pyrotechnische Mittel. Das Freikommen vom Unfallschiff kann durch vorsichtiges Manövrieren des Rettungsschiffes unterstützt werden. Die gleiche Vorsicht ist beim Heranholen des Rettungsmittels walten zu lassen, um den Bruch der Leine zum besetzten Rettungsfloß bzw. ein Unterschneiden zu verhindern.

Schleppen eines unbesetzten Rettungsmittels zum Unfallschiff:
Die Vorbereitungen entsprechen den o. g. Maßnahmen. Bei der Durchführung wird auch hier am günstigsten ein aufblasbares Rettungsfloß vorzugsweise in Luv unmittelbar an das Unfallschiff heran geschleppt bzw. lässt man es das letzte Stück driften. In dieser letzten Phase und solange das Floß am Unfallschiff liegt, ist die Verbindungsleine lose zu halten. Die weiteren Maßnahmen entsprechen der vorher beschriebenen Verfahrensweise.

Aufnahme Schiffbrüchiger durch Luftfahrzeuge

Aufnahme durch Flugzeuge:
Der Einsatz von Flugzeugen bei der Rettung Schiffbrüchiger liegt vor allem im Bereich der Suche. Darüber hinaus bestehen aber auch direkte und indirekte Möglichkeiten der Aufnahme. Voraussetzungen hierfür sind
– die Fähigkeit zu wassern,
– die Möglichkeit vom Wasser aus wieder zu starten und
– geringer bis maximal mäßiger Seegang.

Die günstigste Art der Aufnahme ist direkt aus dem Wasser bzw. aus einem aufblasbaren, kollektiven Rettungsmittel. Handelt es sich um starre Rettungsboote, können diese wegen der Gefahr der Beschädigung des Flugzeuges/-bootes nur bei extrem günstigen Seegangsbedingungen längsseits gebracht werden. Bei ungünstigen Bedingungen ist diese Variante ebenso ausgeschlossen, wie eine direkte Übernahme vom Unfallfahrzeug. Die Annäherung an die Schiffbrüchigen erfolgt in Schwimmlage des Flugzeuges und gegen den Wind; wegen der besseren Manövrierfähigkeit erfolgt das mit dem Heck des Flugzeuges voran gegen den Wind. Die Aufnahmekapazität solcher Flugzeuge/-boote ist in der Regel auf ca. 8 Personen begrenzt.

Aufnahme durch Hubschrauber:
Über seine Möglichkeiten bei der Suche Schiffbrüchiger hinaus ist der Hubschrauber zur Aufnahme Schiffbrüchiger gut geeignet. Das geschieht vor allem unter Ausnutzung seiner Fähigkeit zur Standschwebe (meist in 5–15 m Höhe) über dem Unfallfahrzeug, über einem Rettungsmittel oder direkt über dem Wasser (Bild 59). Spezialhubschrauber sind auch in der Lage, bei ruhigem Wetter zu wassern. Diese Möglichkeiten, gepaart mit der relativ hohen Fluggeschwindigkeit bis zu 250 kmh^{-1} und einer durchschnittlichen Reichweite von 400 km, machen den Hubschrauber zu einem universellen und effektiven Rettungsmittel auf Randmeeren, in den Küstenbereichen der Ozeane, sowie von Trägerschiffen oder von Off-shore-Plattformen aus.

Die Aufnahme durch Hubschrauber ist für beide beteiligten Seiten nicht ungefährlich. Für das optimale Heranführen eines Hubschraubers sind möglichst folgende Angaben zu machen:
– aktuelle Position
– Kurs
– Geschwindigkeit
– Wetter- und Sichtbedingungen
– Windrichtung und -geschwindigkeit
– vorhandene Funkfrequenzen und -kanäle

Sofern das noch möglich ist, sollte das Unfallschiff mit dem Bug schräg in den Wind gedreht werden und langsame Fahrt machen bzw. auf „Stopp" liegen.

Um einen elektrostatischen Schock zu vermeiden, muss das Aufnahmegerät oder das Hievseil erst das Deck oder die Wasseroberfläche berühren, ehe damit gearbeitet wird. Beleuchtungen sind auf die Aufnahmestelle und auf gefährliche Hindernisse, wegen der Blendgefahr aber nie auf den Hubschrauber zu richten. Wegen des hohen Lärmpegels können bei Abwicklung der Aufnahme nur einfache aber eindeutige Zeichen (Handzeichen, Lichtsignale) zur Anwendung kommen.

Grundsätzlich dürfen das Aufnahmegerät oder das Hievseil nicht am Schiff oder am Rettungsmittel befestigt werden (Bild 8.56).

Aufnahme aus dem Wasser:
Der Anflug des Hubschraubers erfolgt hierbei und ebenso auch bei allen anderen Aufnahmevarianten gegen den Wind. Als Aufnahmegeräte für die Aufnahme Schiffbrüchiger aus dem Wasser kommen vor allem folgende Mittel zum Einsatz:
– die Rettungsschlinge
– die Netzboje
– der Rettungskescher

Die Rettungsschlinge ist abgepolstert, schwimmfähig und orange eingefärbt. Das Anlegen hat so zu erfolgen, dass die Schlinge vor der Person zusammenläuft. Damit werden ein sicherer und bequemer Halt sowie eine begrenzte Handlungsfähigkeit gewährleistet. Die Netzboje, ein Ring von etwa 1 m Durchmesser mit sich mehrfach kreuzenden Gurtbändern, kommt kaum noch zum Einsatz.

Bild 8.56: Aufnahme Schiffbrüchiger aus einem Rettungsfloß durch einen Hubschrauber

Mit Ausnahme des Rettungskeschers haben alle o. g. Aufnahmegeräte den entscheidenden Nachteil, dass hilflose Personen damit nicht aufgenommen werden können. Als Möglichkeit besteht für solche Situationen das vorherige Absetzen eines Schwimmtauchers/Rettungsschwimmers.

Mit dem Rettungskescher können gleichzeitig oder aufeinanderfolgend mehrere Personen aufgenommen werden. Durch seinen verstellbaren Tiefgang ist es möglich, auch ohne personelle Unterstützung im Wasser, hilflose Personen aufzunehmen. Das geschieht durch aktives Schleppen mit einer optimalen Geschwindigkeit von ca. 2 smh^{-1}.

Durch den starken Luftstrom des Rotors (etwa 30 ms^{-1}) treten bei der Aufnahme aus dem Wasser Sichtbeeinträchtigungen und Behinderungen durch Spritzwasser auf. Innerhalb und außerhalb des Starkwindringes sind die Strömungsgeschwindigkeiten wesentlich geringer.

Aufnahme aus einem kollektiven Rettungsmittel:
Besondere Schwierigkeiten entstehen hierbei durch die seegangsbedingten Bewegungen des Rettungsmittels. Das bedeutet eine erhöhte Verletzungsgefahr und das Risiko des Außenbordsfallens. Eine geeignete Sicherung der Personen (Sicherheitsleine) ist notwendig. Die Seegangsbedingungen und die Drift des Rettungsmittels, vor allem beim Auftreffen des Rotor-Luftstromes, erschweren schon das zielgerichtete Niederbringen des Aufnahmegerätes.

Bei der Benutzung eines Rettungssitzes ist eine direkte personelle Unterstützung erforderlich, so dass sie nur als Notvariante anzusehen ist. Praktiziert wird auch die Aufnahme aus einem Rettungsfloß als Zwischenstation, wenn eine direkte Aufnahme von Bord nicht möglich oder zu gefährlich ist.

Aufnahme von kollektiven Rettungsmitteln:
Prinzipiell ist es möglich, fierbare Rettungsflöße, kleine Rettungsboote oder Rettungskapseln aufzunehmen. Begrenzt wird dies durch die Tragkraft bzw. mögliche Lasthakenbelastung des jeweiligen Hubschraubertyps. Die Aufnahme eines kompletten kollektiven Rettungsmittels mit Insassen stellt eine wesentliche Steigerung der Effektivität bei der Rettung Schiffbrüchiger u. a. aus folgenden Gründen dar:
– Es wird nur ein Bruchteil der sonstigen Zeitdauer benötigt.
– Für die Hubschrauberbesatzung bedeutet das nur einen Anflug und nur eine Standschwebe in geringer Höhe.

- Es besteht keine Gefahr durch das Besetzen eines Aufnahmegerätes.
- Für geschädigte Personen bedeutet es einen schonenden Transport.

Zu den Voraussetzungen für diese Aufnahmetechnologie gehören die Eignung des Rettungsmittels zur Aufhängung und mindestens eine handlungsfähige Person im Rettungsmittel oder der Einsatz von Rettungspersonal zum Einhaken des Hievseils. Die Untersuchungen zu dieser Methode sind noch nicht abgeschlossen. Als Probleme treten die hohen Belastungen des Hubschraubers, das Flugverhalten des Rettungsmittels und die Auswirkungen auf die Insassen auf.

Die Aufnahme Schiffbrüchiger von Land aus:
Diese Art der Aufnahme Schiffbrüchiger erfolgt vor allem bei küstennahen Grundberührungen oder bei der Annäherung Schiffbrüchiger an eine Küste.

Notwendig wird sie zur Überwindung der Brandung oder gefährlicher Küstenabschnitte.
Zum Einsatz kommen dabei Hubschrauber, Boote, Amphibienfahrzeuge und Leinenwurfgeräte. Die notwendigen Maßnahmen dieser Art gehören in der Regel zum Tätigkeitsbereich von Seenotrettungsdiensten o. ä. Spezialkräften. Der Einsatz von Booten setzt z. B. eine entsprechende Verteilung entlang der Küste voraus.

Bei schwierigen Bedingungen (starke Brandung, Klippen) ist der Einsatz von Leinenwurfgeräten sicherer und wirkungsvoller. Mittels einer solchen Leinenverbindung können dann Rettungsflöße, Schlauchboote, Hosenbojen o. a. geeignete Transportmittel zur Aufnahme eingesetzt werden.

Für die Aufnahme Schiffbrüchiger von Land aus gibt es spezielle, international gültige Hand-, Flaggen- und pyrotechnische Signale (s. Internationales Signalbuch).

Der Zustand des Schiffbrüchigen bei der Aufnahme:
Das Ende der Seenotsituation sollte für Schiffbrüchige auch das Ende der Lebensbedrohung sein. Das setzt voraus, dass die Aufnahme an Bord das unvermeidbare Risiko nicht überschreitet, da die körperliche Belastbarkeit infolge der durchlebten Strapazen als erheblich reduziert angesehen werden muss.

Grundsätzlich sollte die Aufnahme in der Horizontalen erfolgen, weil hierbei die Herz-Kreislaufveränderungen durch den Wegfall des hydrostatischen Druckes deutlich geringer sind, als bei der Aufnahme in vertikaler Position. Bei der Aufnahme aus Rettungsmitteln kann der wiederholte Lagewechsel zu Komplikationen führen.

Der Zustand Schiffbrüchiger, die aus dem Wasser oder aus Rettungsmitteln geborgen werden, ist gekennzeichnet durch
- Funktionsstörungen oder Schädigungen infolge der Hypothermie,
- hochgradige Erschöpfung,
- psychische Schädigung, auffällige Verhaltensweisen,
- Dehydratation und Kinetosefolgen,
- Hautschädigungen durch Sonne und Wasser,
- Verunreinigungen durch Ladungsöl und Ladungsbestandteile, besonders der Sinnesorgane, sowie Mund und Nase und
- Verletzungen und Intoxikationen.

Bei Schiffbrüchigen, die im Wasser trieben, kompliziert sich die Situation durch Fehlregulationen des Kreislaufs, im Sinne eines Schockes, die durch den plötzlichen Wegfall des hydrostatischen Umgebungsdruckes beim Hieven bzw. Herausheben aus dem Wasser ausgelöst werden.

Erstmaßnahmen an Bord nach erfolgreicher Aufnahme:
- Feststellen des Zustandes, die ABC-Regel gilt uneingeschränkt, der gestörte Funktionskreis bestimmt die Maßnahmen, keine Zeit für Diagnostik verwenden
- vor weiterem Wärmeverlust schützen, Wiedererwärmung
- Labung
- Behandlung lokaler Schäden, bzw. Verletzungen, Reinigung
- psychische Betreuung

Bei der Komplexität der Vorgänge ist das Vorliegen mehrerer Schädigungen, die sich in ihrer Wirkung potenzieren (Polytrauma), wahrscheinlich. Die nichtärztliche Ersthilfe, die mit einfachen und beschränkten Mitteln vorgenommen werden muss, stößt hier sehr schnell an ihre Grenzen. Dies gilt besonders dann, wenn mehrere Schiffbrüchige gleichzeitig versorgt werden müssen. Die Erhaltung bzw. die Wiederherstellung lebenswichtiger Funktionen kann hierdurch in Frage gestellt sein oder unmöglich werden.

Damit ergibt sich dann auch die Notwendigkeit einer sicheren Todesfeststellung.

Todesfeststellung

Definition des Todes: Der physiologische Tod ist ein Hirntod. Hört die Leistung des ZNS auf, so erlöschen im Zusammenhang hiermit auch alle anderen Organfunktionen. Handelt es sich um äußere Ursachen, so wird das Eintreten des Todes in erster Linie davon abhängen, welche Organe bzw. Organsysteme von der Schädigung betroffen sind. Der Nachweis des Hirntodes ist ohne technische Hilfsmittel nicht möglich.

In der Ersthilfe und in der Intensivmedizin ist zwischen klinischem und biologischem Tod zu unterscheiden.

Klinischer Tod:
Damit wird eine etwa 3–5 Min. dauernde Phase nach klinischem Kreislaufstillstand bezeichnet, in der die im Gehirn einsetzenden Veränderungen noch reversibel sind, sofern es gelingt die Sauerstoffversorgung wiederherzustellen.

Der klinische Tod ist gekennzeichnet durch unsichere Todeszeichen, diese sind:
- fehlender Nachweis der Herztätigkeit
- Atemstillstand
- Bewusstlosigkeit
- grau-blaue Verfärbung von Haut und Schleimhäuten
- weite, lichtstarre Pupillen
- Reflexlosigkeit

Unsichere Todeszeichen erlauben, auch in ihrer Gesamtheit, keine Todesfeststellung. Bei Unterkühlten kann die Dauer des klinischen Todes weit über den angegebenen Zeitraum hinausgehen. Kann die Sauerstoffversorgung des Gehirns nicht wiederhergestellt werden, erfolgt ein schrittweiser Übergang in den biologischen Tod.

Biologischer Tod:
Der biologische Tod ist definiert als irreversible Beendigung aller Lebensvorgänge. Der biologische Tod ist gekennzeichnet durch sichere Todeszeichen.

Sichere Todeszeichen sind:
- Bläulich violette Verfärbungen der Haut neben den aufliegenden Körperpartien, so genannte „Totenflecke", infolge des absinkenden Blutes. Dort, wo der Körper aufliegt, findet man keine Ver-

färbungen, weil der Aufliegedruck die Hautkapillaren leerdrückt. Die Totenflecke sind in den ersten Stunden des Todes wegdrückbar und lageveränderlich
– Ausbildung der Totenstarre
– trübe, trockene Hornhaut der Augen
– Weichwerden der Augäpfel
– So genannte Leichenkälte durch fortschreitende Auskühlung. Das Ausmaß des Temperaturabfalls hängt von zahlreichen Faktoren ab

Erst nach dem Auftreten sicherer Todeszeichen dürfen Reanimationsmaßnahmen beendet werden.

Zeitliche Abfolge des Entstehens sicherer Todeszeichen:
Totenflecke: Beginn des Entstehens 30 Min. bis 1 Std. nach Todeseintritt, beginnend hinter den Ohren und im Nackenbereich. Vollständig ausgeprägt nach 2 Stunden. Die Totenflecke sind zunächst noch wegdrückbar und lageveränderlich. Nach 6 bis 12 Stunden sind sie teilweise fixiert.

Totenstarre: Beginn ab der 2. Stunde, möglich 6 bis 8 Std. nach Todeseintritt voll ausgeprägt. Meist beginnend in der Gesichtsmuskulatur und dann fortschreitend in die unteren Muskelregionen. Lösung der Totenstarre nach 36 bis 48 Std., beginnend in der gleichen Reihenfolge, sie ist in Abhängigkeit von der Umgebungstemperatur nach 60 Std. beendet.

Durch Maßnahmen der nichtärztlichen Ersthilfe kann die Entstehung sicherer Todeszeichen hinausgezögert, aber nicht verhindert werden. Totenflecke fehlen nie, sie sind das sicherste Zeichen für den eingetretenen biologischen Tod.

Todesfeststellung bei Unterkühlten:
Durch die Reduktion der Stoffwechselvorgänge bei abgekühltem Körperkern sinkt der Sauerstoffbedarf des Gehirns und anderer lebenswichtiger Organe deutlich ab. Bei einer Körperkerntemperatur von 30 °C beträgt er etwa die Hälfte des Normalwertes und wird bei weiter absinkender Temperatur bis auf ein Minimum reduziert (man spricht von einer vita minima), die Überlebenszeiten verschiedener Organe werden hierdurch deutlich verlängert. Ein Herzstillstand von 10 Minuten kann unter diesen Bedingungen unbeschadet überstanden werden. Spektakulär anmutende Berichte über Wiederbelebungen von Lawinenopfern, ertrunkenen Kindern und unter einer Eisdecke treibenden Personen sind unter diesem Aspekt zu betrachten. Beim Stadium 3 der Hypothermie sind Lebenszeichen ohne technische Hilfsmittel nicht nachweisbar. Da Totenflecke als sicheres Todeszeichen fehlen, ist die Diagnose „Scheintod" zulässig.

Deshalb:
– Keine Zeit verlieren mit der Suche nach sicheren Todeszeichen
– Mit der Reanimation beginnen
– Wiedererwärmung beginnen
– Auf eine Reanimationsdauer von 2 Std. einrichten

8.3 Person über Bord-Unfall

Der Person über Bord-Unfall stellt einen Sonderfall im Komplex der Rettung aus Seenot dar. Seine Bedeutung als Unfallart in der internationalen Schifffahrt wird durch Zahlen über den tödlichen Ausgang solcher Unfälle unterstrichen, die in der gleichen Größenordnung wie Personenverluste infolge Schiffsunterganges liegen.

Verschiedene Statistiken weisen aus, dass nur etwa 5–10 % der so Verunfallten lebend geborgen werden konnten. Die grundlegende Besonderheit dieser Unfallart besteht darin, dass sich solche Unfälle entweder für alle Beteiligten überraschend und unvorhergesehen ereignen (z. B. Arbeitsunfälle) oder von der Besatzung als potenziellem Retter längere Zeit unbemerkt bleiben (z. B. durch den Verunfallten beabsichtigte oder leichtfertig herbeigeführte Unfälle). Hinsichtlich der Überlebenschancen für den Verunfallten sind damit von vornherein äußerst ungünstige Voraussetzungen vorhanden. Es leiten sich daraus zwei Problemkreise ab:

1. Im täglichen Schiffsbetrieb ist alles zu unternehmen, um Unfälle dieser Art auszuschließen.
2. Es ist ein Kenntnis- und Trainingsstand zu schaffen, der eine optimale Handlungsweise aller Beteiligten zur schnellstmöglichen und sicheren Rettung einer so verunfallten Person garantiert.

Auf den zweiten Problemkreis soll im Weiteren näher eingegangen werden. Es gibt in der internationalen Schifffahrt seit langem nahezu einheitliche und erprobte Verfahren zur schnellen Aufnahme solcher verunfallten Personen, z. B. die „Person über Bord-Rolle", Rückführmanöver für das Schiff, Suchmethoden nach IAMSAR und Regelungen über die Informationsweitergabe und die Unterstützung durch Dritte. Diese Verfahren und Mittel zur Aufnahme haben aber überwiegend nur in solchen Fällen zum Erfolg geführt, in denen günstige Bedingungen für den Verunfallten bestanden, der Unfall sofort oder relativ frühzeitig bemerkt wurde und die Maßnahmen ohne Verzug, fachlich exakt und schnell eingeleitet und durchgeführt wurden. Ausgewertete Unfalldaten ergaben jedoch auch ernsthafte Mängel und Probleme, die bei relativ günstigen Bedingungen eine erfolgreiche Rettung verhinderten. Dies waren z. B.:

– Der Unfall wurde zwar sofort bemerkt, die Gefahr für den Verunfallten wurde jedoch wegen der günstigen hydrometeorologischen Bedingungen unterschätzt. Die Maßnahmen waren deshalb dem Gefährdungsgrad nicht angemessen.
– Der Unfall wurde als solcher nicht eindeutig erkannt. Es wurden deshalb erst nach zeitaufwendigen Durchsuchungen des Schiffes und nach eindeutiger Klarheit über den Unfall Maßnahmen eingeleitet.
– Der Unfall wurde erst später bemerkt. Die Voraussetzungen und Bedingungen für ein Auffinden des Verunfallten wie Erkennungsreichweiten von Personen im Wasser, Driftunterschiede zwischen Personen im Wasser und Schiffen, die Genauigkeit einer Rückführung und Ortsbestimmung wurden nicht exakt beachtet oder waren nicht ausreichend bekannt.
– Es bestand ständig Sichtkontakt zum Verunfallten und es herrschten günstige hydrometeorologische Bedingungen. Es wurde jedoch wertvolle Zeit vergeudet, indem das Rettungsboot in einem zu großen Abstand vom Verunfallten ausgesetzt wurde.
– Die hydrometeorologischen Bedingungen waren so ungünstig, dass eine Aufnahme nach herkömmlicher Technologie (Einsatz des Rettungsbootes oder des Rescue-Bootes) nicht oder nicht schnell genug gelang.
– Sofortmaßnahmen der Unfallzeugen und Maßnahmen der Brückenwache waren nicht umfassend genug bzw. wurden verspätet und teilweise falsch eingeleitet, so dass ein zu großer Zeitverzug eintrat.

Nur durch die richtige und schnelle Ausführung aller Handlungen lassen sich auf Grund der besonderen Ursachen, Gefahren und Bedingungen beim Person über Bord-Unfall die potenziell geringen Überlebenschancen erhöhen.

Um noch vorhandene Lücken und Unsicherheiten zu beseitigen und damit ein optimales Notfall-Management zu erreichen, sollen im Folgenden das bisher vorhandene Wissen auf diesem Gebiet zusammengestellt sowie Entscheidungen und Handlungsrichtlinien formuliert werden. Dazu wird die Problematik „Person über Bord" in folgende Aspekte und Teilprozesse gegliedert:

– Ursachen des Unfalls und Folgen für den Verunfallten
– Sofort bemerkter PoB-Unfall und Sofortmaßnahmen
– Später bemerkter PoB-Unfall
– PoB in besonderen Situationen
– Erkennung von Personen im Wasser
– Aufnahme und Erstversorgung

8.3.1 Ursachen und Folgen des Unfalls

Zu den Ursachen von Person über Bord-Unfällen gibt es in Statistiken unterschiedliche Angaben. Es lassen sich daraus etwa folgende prozentualen Bereiche angeben:
- Arbeitsunfälle   30…50 %
- Unfälle infolge Alkoholmissbrauchs   25…35 %
- Suizid   20…40 %

Allein aus dieser Sicht der Ursachen lassen sich einige Besonderheiten ableiten, die sowohl die Bedingungen für den Verunfallten als auch die Voraussetzungen zur Rettung durch die Schiffsbesatzung wesentlich beeinflussen.

Arbeitsunfälle treten in der Regel unvorhersehbar und überraschend ein. Sie werden jedoch überwiegend sofort bemerkt. Oft ereignet sich das Über-Bord-Gehen als Folge mechanischer Einwirkung auf den Verunfallten. Dadurch sind als erste mögliche Bedingungen bereits Verletzungen bzw. der Tod vor dem Sturz außenbords möglich. Ein solcher Sturz ist damit in der Regel völlig anders zu werten als ein Sprung in das Wasser aus gleicher Höhe (z. B. Suizidabsicht). Neben der vorausgegangenen möglichen Verletzung wirken in jedem Fall das plötzliche Bewusstwerden der lebensbedrohlichen Gefahr und der oft extreme und nicht erkennbare Kraftstoß beim Aufschlagen auf das Wasser, insbesondere mit dem Rücken. Die beiden letztgenannten Aspekte können eine derart starke psychophysische Wirkung haben, dass in vielen Fällen ein Schockzustand eintreten wird. Dieser Zustand muss für den Beobachter nicht unbedingt erkennbar sein. Das Verhalten des Verunfallten im Wasser (z. B. zügiges Schwimmen, Geben von Erkennungszeichen mit den Armen) lässt keinen sicheren Schluss auf seine Leistungsfähigkeit und die zu erwartenden eigenen Handlungen bis zur sicheren Aufnahme zu. Ein solcher Schockzustand ist bei jedem PoB-Unfall generell anzunehmen. Damit ist auch der Gefährdungsgrad für den Verunfallten grundsätzlich als außerordentlich hoch anzusetzen.

Anders zu werten ist dagegen ein bewusster Sprung in das Wasser, wie er z. B. bei Suizidabsichten zu erwarten ist. Die Gefährdung durch den Sprung selbst kann hier als wesentlich geringer eingeschätzt werden. Demgegenüber steht als Nachteil das überwiegend sehr späte Bemerken des Unfalls. Über diese primären Gefahren durch die Unfallursache selbst und eine mögliche Kälteschockwirkung hinaus, die in vielen Fällen sofort zum Tod des Verunfallten führen werden, wirken weitere Aspekte, die die Überlebenswahrscheinlichkeit im Wasser wesentlich reduzieren.

In der Mehrzahl der Fälle wird der Verunfallte kein individuelles Rettungsmittel tragen.

Die Kleidung wird dem Aufenthalt im Wasser nicht angemessen sein, um insbesondere der Unterkühlung entgegenzuwirken (s. Tab. 2). An diesen Bedingungen zeigt sich besonders die Wichtigkeit des Zeitproblems bei der Durchführung der Rettungsaktion.

Zur oft befürchteten Gefahr der Verletzung durch den laufenden Propeller des Schiffes gibt es in Berichten und in der Fachliteratur keine Aussagen. Aus theoretischer Sicht (Achterschiffsformen und Lage der Propeller, Eintauchtiefe einer Person und Auftauchzeit, Abstand von der Bordwand durch den Sturz/Sprung u. a.) kann jedoch davon ausgegangen werden, dass diese Gefahr gering ist.

Der entscheidende Umstand bei Person über Bord ist jedoch, falls nicht infolge des Unfalls oder des Sturzes und/oder infolge Kälteschocks sofort der Tod eingetreten ist, ob und zu welchem Zeitpunkt der Unfall von der Brückenwache oder von anderen Personen bemerkt wird und ob ggf. der Zeitpunkt eines erst später bemerkten Unfalls bestimmt werden kann. Mit Verlängerung der Aufenthaltszeit im Wasser ergeben sich zwangsläufig zwei voneinander zu trennende Problemstellungen.

Zum einen besteht die Aufgabe für die Schiffsleitung, den Verunfallten durch optimale Manöver und sofort eingeleitete Maßnahmen schnellstmöglich aufzufinden und aufzunehmen. Die Auswirkungen von Fehleinschätzungen, Verzögerungen aller Art und fehlenden und ungenauen Informationen zum

Unfallzeitpunkt auf die Verlängerung der Aufenthaltszeit und damit auf die Überlebenschance des Verunfallten, werden offenkundig. Zum anderen wirken über die Zeit alle o. g. physischen Faktoren und Gefahren, die bei Erreichen ihrer Grenzwerte oder bei Eintritt bestimmter Ereignisse das Überleben ausschließen.

Neben den in der Fachliteratur genannten medizinischen Aspekten sollten vom Verunfallten zusätzlich folgende Gesichtspunkte beachtet werden:
- Eine unmittelbare Gefahr besteht durch den Sturz außenbords selbst. Es ist deshalb zu versuchen, möglichst günstig zu Wasser zu kommen und schnellstmöglich vom Schiff freizuschwimmen, um die Gefahr von Verletzungen zu verringern.
- Kleidungsstücke sind nicht auszuziehen, sie ziehen nicht unter Wasser. Die Dichte der Bekleidungsmaterialien ist fast immer geringer als die von Wasser, so dass ein leichter Auftrieb vorhanden ist,

  z. B.:   Wolle: $\rho = 0,5$ bis $0,6$ t/m^3

              Leder: $\rho = 0,8$ bis $0,85$ t/m^3

              Gummi: $\rho \approx 1,0$ t/m^3
- Versuchen, im Kielwasser des Schiffes zu bleiben und möglichst die Kräfte zu schonen.
- Besonders in der Phase der Rettung ist ruhiges und besonnenes Verhalten angebracht. Verausgabung der Kräfte kann zum plötzlichen Zusammenbruch führen.
- Bei Erreichen eines Rettungsringes oder anderer schwimmender Gegenstände muss der Verunfallte durch angebrachte Leinen oder durch Kleidungsstücke unbedingt eine Sicherung am Ring vornehmen, damit bei Nachlassen der Kräfte u. Ä. ein weiteres Überwasserhalten möglich ist.

Bei der weiteren Behandlung des Person über Bord-Unfalls ist eine Trennung in „sofort bemerkte" und „später bemerkte" wegen der völlig anderen Reihenfolge und Spezifik der Maßnahmen notwendig.

8.3.2 Sofort bemerkter Person über Bord-Unfall

Für die Erreichung der Zielstellung „Minimierung der Zeit" sind beim sofort bemerkten Unfall die besten Bedingungen gegeben, da sich hier die einzelnen Teilhandlungen zeitlich recht gut beschreiben lassen. Das erfordert jedoch die exakte Kenntnis hinsichtlich der notwendigen Handlungen und deren optimaler Ausführung. Folgende Maßnahmen sind in chronologischer Reihenfolge durchzuführen:

Maßnahmen des/der Unfallzeugen

Das Verhalten sowie die Maßnahmen des/der Unfallzeugen bestimmen wesentlich den weiteren Verlauf der Rettungsaktion. Hauptproblem ist dabei die Aufrechterhaltung des Sichtkontaktes zum Verunfallten. Bleibt dieser Kontakt erhalten, reduziert sich die Rettungsaktion auf eine Zielfahrt und die Aufnahme des Verunfallten. Bei Verlust dieses Sichtkontaktes kann sich die Zeit infolge der dann notwendigen Suchfahrt wesentlich vergrößern.
1. Erste wichtige Handlung des Unfallzeugen ist das Werfen eines Rettungsringes. Das dient sowohl der vorläufigen Sicherung des Verunfallten als auch der Markierung der Unfallposition/Aufrechterhaltung des Sichtkontaktes.
2. Gleichzeitig bzw. sofort danach ist die Brückenwache durch den Ruf „Person über Bord" unter Angabe der Schiffsseite Bb. /Stb. über den Unfall zu informieren.
3. Beobachtung des Verunfallten und Anzeige der Richtung durch deutliche Armbewegung und/ oder Ansage der Seitenpeilung.

Maßnahmen der Brückenwache

1. Die Brückenwache hat bei Erhalt der Information einen weiteren Rettungsring mit Rauchsignal und Nachtrettungslicht (Person über Bord-Boje) auszulösen. Parallel hierzu ist die Schiffsposition festzuhalten.

2. Gleichzeitig ist das Kommando „Hart Ruder Stb./Bb." (allgemein nach der gemeldeten Unfallseite oder auch nach der günstigsten oder möglichen Seite) zu geben und auszuführen. Dieses Manöver ist überzuleiten in das entsprechende Rückführmanöver. Bei einem frei fahrenden Frachtschiff mit normalen Manövriereigenschaften kommt als optimales Rückführmanöver unter den Bedingungen eines Sichtkontaktes nur der Single Turn (270°-Manöver) in Frage. Allgemein bleibt bei diesem Manöver das Ruder hart über gelegt, bis eine Kursabweichung von 240° erreicht ist. Die Maschine sollte bis zu diesem Zeitpunkt mit VV laufen. Wird jetzt das Ruder mittschiffs gelegt, wird selbst bei größeren Schiffen (etwa 7000 TEU) die Drehung um 270° ohne größere zusätzliche Rudermanöver erreicht. Mit Ruder mittschiffs sollte gleichzeitig und spätestens die Maschine auf Stop beordert werden, da ansonsten mit der unmittelbar wieder einsetzenden Fahrterhöhung ein Aufstoppen des Schiffes am Unfallort in der Regel nicht möglich ist. Mit einem frühest möglichen ZV-Manöver können dann selbst größere Schiffe am Unfallort die Fahrt mühelos auf v < 5 kn reduzieren, bei der das Aussetzen eines Rescue-Bootes möglich ist. Sollte bei einem manöverträgen Schiff die Ausgangsposition nicht erreicht werden können, ist die Strecke/Zeit zu ermitteln, um die das Manöver verzögert werden muss (Single Delayed-Turn). Im praktischen Fall wird diese Verzögerung automatisch durch den Verzug im Informationsweg und bei der Ausführung des Ruderkommandos entstehen. Nur in Ausnahmefällen (z. B. extrem geringe Sichtweite bei Nebel u. Ä.) kann es günstiger sein, von dem zeitlich optimalen Single-Turn abzuweichen und durch ein anderes Rückführmanöver auf Gegenkurs den Unfallort zu erreichen. Der nach IAMSAR empfohlene Williamson-Turn genügt dieser Zielstellung, ist jedoch zeitlich das längste Manöver mit dem größten Vorausweg des Schiffes. Die mit hart Ruder eingeleitete Drehung soll bei einer Kursänderung um 60° mit hart Gegenruder aufgefangen und in eine Gegendrehung bis zum Gegenkurs geführt werden.
Die Gegenbahn wird auf diese Weise in der Regel nicht exakt erreicht. Wird etwa 20° vor Erreichen des Gegenkurses die Drehbewegung energisch aufgefangen, bleibt der seitliche Abstand zur Gegenbahn relativ klein. Dieses Manöver muss jedoch unter verschiedenen Bedingungen mehrmals gefahren werden, um die gewollte Genauigkeit in der Rückführung zu erreichen. Nachteil bleibt in jedem Falle, dass selbst bei sehr guten Sichtbedingungen der Sichtkontakt objektiv verloren geht, während er beim Single-Turn unter den gleichen Bedingungen erhalten bleibt.
Günstiger ist es, einen entsprechend verzögerten Scharnow-Turn zu fahren, bei dem das Schiff sicher den Unfallort durchläuft. Selbst bei größeren Schiffen genügt hierzu eine Verzögerung von etwa 3 Schiffslängen. Eine Gegenüberstellung der drei genannten Rückführmanöver mit und ohne Verzögerung (Williamson-Turn jeweils ohne Verzögerung) zeigen die Bilder 8.57 und 8.58.

3. Nächste Handlung ist das Auslösen der Rolle (Generalalarm oder eine andere festgelegte Rolle) durch Alarmanlagen und Typhon. Letzteres hat insbesondere Bedeutung als Information für den Verunfallten sowie für andere in der Nähe befindliche Fahrzeuge.

4. Mit Auslösen der Rolle ist als erstes die verstärkte Beobachtung zur weiteren Aufrechterhaltung des Sichtkontaktes zu organisieren.

5. Entsprechend den Bedingungen (vor allem Seegang, Wassertemperatur u. a.) ist die Methode der Aufnahme festzulegen und vorzubereiten.

6. Weitere Aufgaben für zusätzliches Brückenpersonal sind das Führen der Dokumentation sowie andere notwendige Handlungen zur Vorbereitung der Aufnahme und Erstversorgung des Verunfallten. Grundsätzlich hat der Wachoffizier alle Maßnahmen bis zur Übernahme des Kommandos durch den Kapitän eigenständig zu planen und durchzuführen.

Aufgaben des Kapitäns

Der Kapitän übernimmt bei Eintreffen auf der Brücke die Weiterführung der vom Wachoffizier begonnenen Aufgaben. Insbesondere sind durch ihn folgende weiterreichende Handlungen durchzuführen:

1. Bestätigung oder Korrektur der vom Wachoffizier festgelegten Methode der Aufnahme (s. oben) bzw. der eventuell erforderlichen Suchmethode. Beim sofort bemerkten Person über Bord-Unfall wird bei Verlust des Sichtkontaktes die im IAMSAR beschriebene „Sektorsuchmethode" (Sector Search Pattern) empfohlen. Sie gewährleistet bei relativ genau bekannter Lage des Unfallortes sowie durch die erfolgte Markierung mittels Rettungsring ein optimales Absuchen des Suchgebietes.
2. Informationen an die Schifffahrt und eventuelle Aufforderung zur Hilfeleistung bei der Suche (und Aufnahme) sowie Information an den Reeder. In der Regel wird dies durch eine Dringlichkeitsmeldung (PAN PAN) eingeleitet.
3. Letztendlich hat der Kapitän nach Beratung mit dem zuständigen RCC (Rescue Co-ordination Centre) und nach Abstimmung mit dem Reeder auch über den Abbruch einer erfolglosen Suche zu entscheiden.

8.3.3 Später bemerkter Person über Bord-Unfall

Bewertung der Situation und Entscheidungsfindung

Bei entsprechenden Anzeichen eines Unfalls (Vermisstenmeldung u. Ä.) ist es im Sinne o. g. Zielstellung falsch, sich erst absolute Klarheit über den Verbleib einer Person durch zeitaufwendiges Durchsuchen des Schiffes zu verschaffen. Sinngemäß muss auch hier gelten, dass durch ein schnelles Entscheiden und Handeln ein Minimum an Zeitverzögerung erreicht werden muss. Grundsätzlich wäre parallel zum Durchsuchen des Schiffes ohne Verzögerung so zu handeln wie bei einem sofort bemerkten Unfall. Der Zeitverzug in der Reisedurchführung steht in keinem Verhältnis zum Nachteil einer zu spät eingeleiteten Rückführung und Suche.

Die erheblichen Zeitverzögerungen bei einer etwa 30 Minuten dauernden Kontrolle während unveränderter Marschfahrt verlängern die Aufenthaltsdauer des Verunfallten nicht nur um eine Stunde, sondern vergrößern auch die Ungenauigkeiten in der Rückführung und Suche. Die Wahrscheinlichkeit einer erfolgreichen Suche und Aufnahme des Verunfallten wird allein aus dieser Sicht wesentlich geringer. Hinzu kommt die Wirkung einer verlängerten Aufenthaltszeit abhängig von der Wassertemperatur (Unterkühlung) und eine damit verbundene unvergleichlich größere physische und psychische Belastung. Durch eine solche Zeitverzögerung sinken die Überlebenschancen für den Verunfallten auf ein Minimum und die Rettung wird zu einer Zufallsgröße. Setzt man zusätzlich Nachtbedingungen voraus, bei denen die Erkennungsreichweite von Personen im Wasser ohne Hilfsmittel (z. B. Notleuchte, Reflexfoliestreifen) selbst bei guten hydrometeorologischen Bedingungen nur bei etwa 0,05 sm liegt, ist die Chance einer erfolgreichen Suche und Rettung nahezu Null.

Problematisch ist beim später bemerkten Person über Bord-Unfall fast immer die Ermittlung des Zeitraumes oder Zeitpunktes, zu dem sich der Unfall wahrscheinlich ereignet hat. Damit wird das Auffinden des Verunfallten zum zentralen Problem bei dieser Kategorie.

Die chronologische Handlungsfolge muss hier sein:

1. Sofortige Bahnrückführung des Schiffes. Im Gegensatz zur Zielfahrt beim sofort bemerkten Unfall geht es hier um eine schnelle und exakte Rückführung des Schiffes mit Gegenkurs auf der gleichen Bahn. Das geschieht am zweckmäßigsten mit Hilfe des Scharnow-Turn. Hierbei wird mit hart Ruder eine Kursänderung bis 240° durchlaufen und danach mit hart Gegenruder auf den Gegenkurs eingesteuert. Der entstehende „tote Sektor" um den Unfallort beträgt selbst bei sehr großen

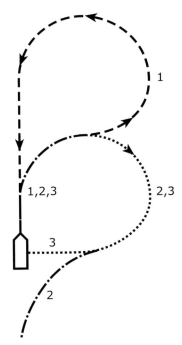

Bild 8.57: Gegenüberstellung der Rückführmanöver Williamson-Turn (1), Scharnow-Turn (2) und Single-Turn (3)

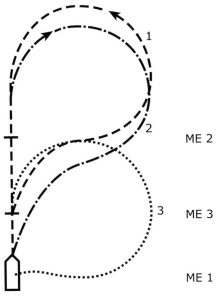

Bild 8.58: Gegenüberstellung der Rückführmanöver Williamson-Turn (1), Scharnow-Turn verzögert (2) und Single-Turn verzögert (3)

Schiffen nur 1–2 Schiffslängen und kann bei Bedarf durch eine geringe Verzögerung in der Manövereinleitung ausgeschlossen werden. Die Annäherung an die Gegenbahn ist wesentlich besser als beim Williamson-Turn. Weitere Vorteile sind der Zeitgewinn und die einfachere Durchführung.

2. Auslösen der Rolle (Generalalarm o. a.) mit den Schwerpunktaufgaben, die Suche durch die Organisierung der Beobachtung sowie die Aufnahme durch Vorbereitung der technischen Mittel einzuleiten und zu sichern.

3. Information an die Schifffahrt und das zuständige RCC. Diese Information muss verbunden sein mit der Bitte um Hilfeleistung bei der Suche (PAN PAN). Sie muss so früh wie möglich erfolgen, um alle erreichbaren Kräfte in diese Aufgabe einzubeziehen.

4. Festlegung der Suchmethode. Dabei wird in Abhängigkeit von der möglichen Genauigkeit bei der Ermittlung der Unfallposition sowie der Anzahl der Sucheinheiten eine Suchmethode festgelegt, die die größte Wahrscheinlichkeit des Auffindens des Verunfallten garantiert.

5. Markierung der Position. Bei Erreichen der wahrscheinlichen Unfallposition ist sofort eine Markierung durch einen Rettungsring o.a. geeignete Schwimmkörper mit möglichst guten Erkennungs- und Ortungseigenschaften vorzunehmen, deren Drift etwa der eines Menschen im Wasser entsprechen sollte. Es ist damit ein Orientierungspunkt für die Suche gegeben.

6. Durchführung der Suche. In der Regel wird es sich bei einem später bemerkten Person über Bord-Unfall im Vergleich zum sofort bemerkten Unfall mit Verlust des Sichtkontaktes um ein wesentlich größeres Suchgebiet handeln. Es müssen deshalb andere Suchmethoden angewandt werden (z. B. Methode des vergrößernden Rechtecks oder kombinierte Methoden mit Luftfahrzeugen).

7. Aufnahme des Verunfallten. Die Aufnahme des Verunfallten erfolgt nach den im Kapitel 4 formulierten Grundsätzen und Verfahren in Abhängigkeit von den herrschenden Bedingungen.

8. Abbruch der Suchaktion. Eine Suchaktion wird abgebrochen unter Beachtung der vorab dargestellten medizinischen Zusammenhänge. Sie erfolgt grundsätzlich in Abstimmung mit dem zuständigen RCC.

8.3.4 Person über Bord in besonderen Situationen

Fischereifahrzeug mit ausgebrachtem Fanggerät:
Die Maßnahmen durch Unfallzeugen und Brückenwache sind bei sofort bemerktem Person über Bord-Unfall identisch mit den im vorangegangenen Abschnitt beschriebenen. Eine Besonderheit besteht in der Rückführung des Schiffes. Bei der relativ geringen Fahrstufe und in Abhängigkeit von den Manövriereigenschaften sowie infolge der Behinderung durch das ausgebrachte Fanggerät, ist das Aufstoppen des Schiffes mit evtl. zusätzlichem Hieven des Gerätes das optimale Manöver. Die Aufnahme erfolgt entsprechend den Bedingungen. Günstig ist in der Regel der Einsatz eines Einsatzbootes. Bei einem später bemerkten Unfall ist wie in Abschnitt 8.3.3 beschrieben zu verfahren.

Fahren im Konvoi:
Bei sofort bemerktem Unfall sind auf jeden Fall die im vorhergehenden Abschnitt beschriebenen Sofortmaßnahmen durch den Unfallzeugen zur Sicherung der Person und zur Markierung der Unfallposition einzuleiten. Das betrifft auch das Auslösen der Person über Bord-Boje durch die Brückenwache. Wegen der Manövrierbehinderung im Konvoi wird nach sofortiger Information an den Chef des Konvois durch diesen ein geeignetes Fahrzeug mit der Aufnahme des Verunfallten beauftragt. Bei Konvoifahrt im Eis hat es sich bewährt, alle Fahrzeuge durch Ausscheren in die Eiskante aufzustoppen. Weitere Maßnahmen zur Aufnahme sind entsprechend den hier herrschenden Bedingungen (besonders Zeitfaktor) und den technischen Möglichkeiten einzuleiten. Bei später bemerktem Unfall wird ebenfalls auf Anweisung des Chefs des Konvois nach dem im vorhergehenden Abschnitt beschriebenen Verfahrensweg vorgegangen. Am effektivsten ist in solchen Situationen der Einsatz eines Helikopters.

Unsere Aufgabe:
Suche und Rettung auf See.
Bei jedem Wetter.
Rund um die Uhr.

Die DGzRS,
gegründet am 29. Mai 1865,
wird ausschließlich durch
freiwillige Beiträge und
Spenden, ohne jegliche
öffentlich-staatliche Mittel,
finanziert.

Schirmherr des
Rettungswerkes ist der
Bundespräsident.

Mensch und Meer...

Deutsche Gesellschaft zur Rettung Schiffbrüchiger

Werderstraße 2 · D-28199 Bremen
Postbank Nl. Hamburg (BLZ 200 100 20) 7046-200

Fahren in flachen und engen Gewässern:
Allgemein gilt hier, dass Manöver mit dem Schiff nicht oder nur in begrenztem Maße möglich sind. Bei sofort bemerktem Unfall haben die Sofortmaßnahmen wie bei Konvoi-Fahrt zu erfolgen. Gelingt es nicht, durch Einsatz eigener Mittel die Aufnahme durchzuführen, geschieht dies nach Information an das zuständige RCC durch Spezialkräfte. Gleichzeitig sind durch Information an die Schifffahrt (PAN PAN) mit der Bitte um Hilfeleistung alle weiteren Möglichkeiten der Suche und Rettung durch in der Nähe befindliche See- oder Luftfahrzeuge zu nutzen. Bei später bemerktem Unfall bleibt in der Regel nur die Information an das zuständige RCC und die damit folgende Suche und Rettung durch Spezialkräfte. In Sonderfällen ist zusätzlich die Schifffahrt um Hilfeleistung zu ersuchen.

8.3.5 Die Aufnahme und Erstversorgung eines Verunfallten

Bei Sichtkontakt bzw. beim Auffinden besteht die Aufgabe, den Verunfallten schnell, entsprechend den herrschenden Bedingungen mittels geeigneter Technologie und unter Beachtung medizinischer Aspekte sicher aufzunehmen. Die bisher praktizierte Standardmethode auf Großschiffen sieht grundsätzlich den Einsatz eines Rettungsbootes, Rescue-Bootes oder auch Schlauchbootes vor, wobei ein direktes Ansteuern des Verunfallten und in der Regel dessen aktive Mitwirkung bei der Aufnahme vorausgesetzt werden. Die Auswertung zahlreicher Unfälle hat ergeben, dass solche Manöver mit Booten oft nicht zum Erfolg führten oder nur durch aktive Mithilfe des Verunfallten erfolgreich beendet werden konnten.

Ursachen für den Misserfolg waren:
– Ungenügende Erfahrungen des Bootsführers im Umgang mit dem Boot
– Die Drifteigenschaften wurden falsch eingeschätzt oder wurden nicht beachtet Beim Ansteuern mussten Korrekturen vorgenommen werden
– Es gelang objektiv nicht, in die Nähe des Verunfallten zu manövrieren. Die Manövriereigenschaften des Bootes waren dazu nicht geeignet, insbesondere bei Rückwärtsmanövern und bei mittleren bis schweren Seebedingungen
– In der Nähe des Verunfallten wurden weitere Mittel wie Reserveantrieb, Leinen, Ringe u. a. nicht ausreichend genutzt, um die Aufnahme schnell abzuschließen

Diese genannten Probleme bei der Aufnahme durch Boote haben sich mit der Einführung geschlossener Rettungsboote noch verstärkt. Die eingeschränkte Sicht für den Bootsführer, die größere Driftgeschwindigkeit infolge des hohen Aufbaus und leistungsstärkere Antriebe gestatten kaum noch eine direkte Ansteuerung des Verunfallten und eine unmittelbare Aufnahme durch die Bootsbesatzung. Für den Verunfallten besteht die Gefahr von Verletzungen bzw. des Überlaufens. Andererseits wird bei Einhaltung eines notwendigen Sicherheitsabstandes zum Verunfallten infolge schneller Drift und Drehung des Bootes beim Aufstoppen sehr schnell eine Distanz erreicht, die entweder von der Besatzung oder vom Verunfallten schnell zu überwinden ist. Hier ergibt sich ein Unsicherheitsbereich beim Einsatz von Booten, der unbedingt auszuschalten ist. Bedenkt man weiterhin, dass der Verunfallte psychisch und physisch stark belastet ist, sind Fehlverhaltensweisen nicht auszuschließen. Er mobilisiert dann unter Umständen seine letzten Kraftreserven, um sich aus dieser für ihn lebensbedrohlich erscheinenden Situation schnell zu befreien. Die Folge kann ein plötzlicher Zusammenbruch aller Kräfte sein. Trotz scheinbar ausreichender Leistungsfähigkeit des Verunfallten haben Retter in solchen Situationen besondere Sicherung und Unterstützung zu geben. Die sicherste Variante ist hier ein Einsatzschwimmer. Das Manöver sollte wie folgt gefahren werden:
– Das Aussetzen des Bootes bei Seegang sollte bei einer Lage des Schiffes von 30° zur Seegangsrichtung erfolgen, damit Rollbewegungen möglichst gering sind und ein ausreichender Leeschutz für das Boot besteht. Das Arbeiten mit einer Fangleine kann sinnvoll sein. Moderne selbstaufrichtende Boote oder Rescue-Boote kommen bei Fahrt des Schiffes unter 5 kn am besten ohne

Fangleine frei. Bei gestopptem Schiff in Luv ist ein Freikommen geschlossener Rettungsboote mit hart Ruder und zurück voll am günstigsten.

- Das Boot wird mit maximaler Geschwindigkeit an den Verunfallten herangeführt. Der letzte Abschnitt sollte dabei eine Geradeausstrecke sein. Wegen der eingeschränkten Sicht bei geschlossenen Booten im Voraussektor ist ein seitlicher Abstand von 2–3 m zum Verunfallten einzuhalten. Am Bug des Bootes hält sich ein Mitglied der Bootsbesatzung (mit Kälteschutzanzug und Sicherheitsleine) zum Sprung bereit. Eine zweite Person führt die Sicherheitsleine.
- Die Fahrt des Bootes wird erst 2–3 Bootslängen vor dem Verunfallten durch Reduzierung auf Standgasfüllung verringert. Nach Abtouren des Motors kann ausgekuppelt und umgekuppelt werden.
- Das Boot hat zu dieser Zeit die Position des Verunfallten nahezu erreicht. Es läuft mit etwa 1/3 der VV-Geschwindigkeit und liegt noch gut im Ruder. Der Verunfallte bleibt durch den seitlichen Abstand gut im Blickfeld des Bootsführers.
- Der Einsatzschwimmer springt in unmittelbare Nähe des Verunfallten und sichert diesen bis zur Aufnahme. Gleichzeitig mit dem Sprung wird durch ein kurzes „Zurück voll" das Boot aufgestoppt. Eine Gefährdung der Personen im Wasser ist kaum vorhanden, sie befinden sich bei exakter Manöverausführung Mitte Boot. Außerdem ist ein Verholen mit der Sicherheitsleine möglich. Selbst bei Motorausfall kann die Aufnahme ohne Zeitverzug abgeschlossen werden.
- Die Aufnahme erfolgt entsprechend medizinischen Forderungen besonders bei Unterkühlungsgefahr horizontal (after drop).

Der Einsatz eines Rettungsschwimmers sollte auch bei anderen Bootstypen (offene Rettungsboote, Rescue-Boote) erfolgen und kann in Erweiterung der vorgestellten Variante auch für solche Situationen in Erwägung gezogen werden, in denen wegen zu schwerer See das Aussetzen von Booten nicht mehr möglich ist. Eine Person über Bord-Aufnahme könnte dann so erfolgen, dass das Schiff in Luv des Verunfallten heranmanövriert wird und in Lee der Einsatz des Rettungsschwimmers im Wasser sowie die Aufnahme erfolgen. Es ergibt sich dadurch selbst bei schwierigen hydrometeorologischen Bedingungen, bei denen bisher kaum eine Überlebenschance für Verunfallte bestand, eine beherrschbare und vertretbare Variante der Aufnahme. Eine medizinisch notwendige horizontale Aufnahme ist durch Nutzung eines selbst gefertigten Netzes/Keschers möglich (s. auch Kapitel 8.2.9).

Zusätzliche Maßnahmen beim Einsatz von Rettungs- und Rescue-Booten sind:
- Das Klarmachen und Klarhalten des Reserveantriebes
- Das Bereithalten eines Rettungsringes mit Sicherheitsleine
- Die Aufrechterhaltung einer sicheren Kommunikation mit dem Schiff (Informationsaustausch und Manöveranweisungen für den Bootsführer)
- Vorbereitungen zur Aufnahme und zur ersten medizinischen Versorgung des Verunfallten

8.3.6 Notfallplanung für Person über Bord-Unfälle

Wegen der teilweise unterschiedlichen Reihenfolge von Maßnahmen empfehlen sich getrennte Notfallpläne für den:
- sofort bemerkten Unfall,
- später bemerkten Unfall und
- Unfall in besonderen Situationen

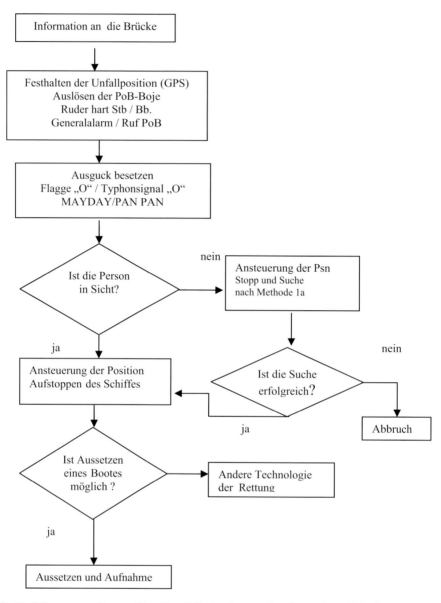

Bild 8.59: Fließdiagramm „Person über Bord" (hohe See – sofort bemerkter Unfall)

Fallbeispiele „Person über Bord"

Fallbeispiel 1:

Randbedingungen:

    Frachtschiff

    Freier Seeraum, Kapitän, Wachoffizier u. Matrose auf der Brücke

    Wind Bf 2; See 2; Sicht 10 sm;

    Wassertemperatur T= 16 °C

Ereignisablauf:

12.30   Arbeitsunfall – eine Person fällt vom Brückendeck außenbords
            Ruf „Mann über Bord – Steuerbord"
            WO schaltet Ruder auf Handbetrieb
            Abwurfeinheit ausgelöst
            Kapitän übernimmt und weist „Hart Steuerbord" an
            „Mann über Bord-Rolle" ausgelöst

12.32   Drehkreis zur Hälfte durchlaufen
            Verunfallter ist zu erkennen – ruhige Schwimmbewegungen
            Rettungsringe sind 40 bzw. 100 m entfernt vom Verunfallten

12.33   Reduzierung der Fahrt auf VL

12.35   Schiff wird aufgestoppt durch ZV

12.35   Rettungsboot ausgesetzt

12.37   Boot legt ab – Entfernung vom Verunfallten ca 50 m

12.39   Kurz vor dem Verunfallten
            Beim Umsteuern des Motors fällt der Motor aus
            Das Boot treibt am Verunfallten vorbei
            Riemen unklar; Rettungsring mit Sicherheitsleine unklar
            Einsatz von gesicherter Person untersagt vom Bootsführer

12.40   Springt eine Person von Bord, um zu helfen
            Der Verunfallte geht unter

12.55   Dringlichkeitsmeldung

13.30   bis

14.30   Suche in der Nähe der Rettungsringe

16.00   Boot an Bord genommen
            Suche bis zur Dämmerung

Ursache-Wirkungs-Kette

Person sichert sich an einem brüchigen Rohr

Sicherung bricht und Person fällt rückwärts außenbords
Schreckerlebnis mit Auswirkungen auf Physis und Psyche

Bedienungsunsicherheit beim Rettungsboot führt zur
Zeitverzögerung

↓

Leistungsreserve beim Verunfallten aufgebraucht

↓

Person geht unter, weil kein individuelles RM

Bewertung des Safety Managements (Notfallmanagement)

Risiko/Gefahr richtig erkannt?
Ja, weil alle Sofortmaßnahmen von der Schiffsleitung unmittelbar und in der richtigen Reihenfolge eingeleitet wurden.

Gefahrenentwicklung richtig bewertet?
Die Bewertung der eigenen Möglichkeiten war grundsätzlich richtig.

Entschlussfassung/Entscheidungen?
Der Einsatz eines unerfahrenen Nautikers als Bootsführer war nicht optimal.

Ausführung der Handlungen?
Bis zur Annäherung waren alle Handlungen optimal. Die Handlungen zur Vorbereitung der Aufnahme des Verunfallten waren nicht vorausschauend. Die Risiken waren dem Bootsführer nicht bewusst.

Fallbeispiel 2:

Randbedingungen:
>   Freier Seeraum
>   Wind Bf 2
>   Strom 0,2 sm
>   Wassertemperatur t = 16 °C

Ereignisablauf:

02.12	Ausguck meldet Hilfeschreie – zwei Schreie hintereinander
	Meldung der Schreie an WO
	Anweisung an Ausguck: Umgebung mit Taschenlampe absuchen
02.14	Anweisung vom WO: Jede Kammer überprüfen, ob einer fehlt
02.16	Kapitän auf Brücke
	Ergebnis der Vollzähligkeitskontrolle: Ein Crewmitglied fehlt!
02.30	Befehl vom Kapitän: Auf Gegenkurs gehen – Williamson-Turn
02.33	Auf Gegenkurs
02.38	MüB-Manöver ausgelöst
02.47	Boot klar zum Aussetzen
02.50	Position erreicht: Maschine Stopp; Scheinwerfer an; vergrößernde Drehkreise gefahren;
03.37	Sicherheitsmeldung abgesetzt; Brest bestätigt;
06.45	Suchflugzeug auf Position
09.25	Suchflugzeug stellt Suche ein
09.39	Britisches Schiff auf Position
11.30	Suche wird eingestellt

Ursache-Wirkungs-Kette

Person fällt außenbords – kein Suizid

↓

Person schreit im Sturz
Schreckerlebnis mit Auswirkungen auf Physis und Psyche

↓

Überprüfung auf Vollzähligkeit

↓

Leistungsreserve beim Verunfallten aufgebraucht

↓

Person geht unter, weil kein individuelles RM

Bewertung des Safety Managements (Notfallmanagement)

Risiko/Gefahr richtig erkannt?
Grundsätzlich ja.

Gefahrenentwicklung richtig bewertet?
Der Zeitfaktor wurde nicht berücksichtigt. Das Risiko bei PüB hinsichtlich später bemerkter Unfälle war nicht hinreichend bekannt. Der Faktor Strom blieb unberücksichtigt. Die Suche erfolgte auf der festgehaltenen Position über Grund.

Entschlussfassung/Entscheidungen?
Die Entscheidungen zur Rettung des möglichen Verunfallten wurden sehr spät getroffen.

Ausführung der Handlungen?
Das Rückführmanöver war zweckmäßig. Die Informationen extern waren sinnvoll. Die Manöver entsprachen zwar nicht den IMO-Empfehlungen, können aber ebenso erfolgreich sein. Suchgebiet wurde nicht optimal festgelegt, weil der Verunfallte bei Suchbeginn bereits bis zu 0.5 sm vertrieben sein kann.

Fallbeispiel 3:

Randbedingungen:
      Tankschiff
      Freier Seeraum – Mittelmeer
      Wind: Bf 8–9 mit starker Dünung
      Brecher gehen über Back und Tankdeck
      Fahren unter erhöhten Verschlusszustand

Ereignisablauf:

09.35	Rettungsfloß wird durch überlaufende See aus der Halterung gerissen – Achterkante Back- und unter Rohrleitungen gespült
09.45	Schiff wird beigedreht, See kommt von achtern, Schiff liegt ruhig, 1. Offz., Bootsmann und 2 Matrosen zum Sichern des Rettungsfloßes
10.08	Plötzlich eine hohe See von achtern – ein Matrose wird außenbords gespült Abstand vom Schiff 30 bis 40 m
10.10	Mann über Bord-Rolle ausgelöst und Verständigung zum Verunfallten mit Handzeichen
10.11	Schiff wird gedreht und Ring geworfen Verunfallter erkennt zwar den Ring, kann ihn aber wegen der Drift nicht erreichen
10.13	Dringlichkeitsmeldung mit Bitte um Hilfeleistung
10.25	Boot 1 wird besetzt und ausgeschwungen
10.28	Position des Verunfallten erreicht und Boot zu Wasser gelassen. Es werden zwei Ringe geworfen, der Verunfallte erreicht einen Ring! Das Boot ist mit 7 Personen besetzt – es wird mit laufenden Motor gefiert Vorderer Heißhaken wird zu früh ohne Kommando vom Bootsführer gelöst – Boot nimmt Wasser – Motor fällt aus. Achteren Heißhaken gelöst – Boot treibt achter aus – Motor wieder gestartet
11.05	Verunfallten erreicht und aufgenommen – Motor fällt wieder aus Tanker (84.000 tdw!) manövriert an das Rettungsboot heran – Verbindung mit Wurfleine

11.17 Rettungsboot achtern längsseits
Bootsinsassen werden vor Übernahme mit Leinen gesichert
Boot wird an der Bordwand stark beschädigt
11.35 Verunfallter und Bootsbesatzung vollzählig an Bord, Boot kann nicht an Bord eingeholt werden
11.40 Manöverende und Fortsetzung der Reise

Ursache-Wirkungs-Kette

Person wird bei Sicherungsarbeiten außenbords gespült

↓

Schreckerlebnis mit Auswirkungen auf Physis und Psyche
Psychische Unterstützung durch Signale per Hand und Typhon

↓

Vorbereitung Rettungsbootseinsatz zur Aufnahme

↓

Unsicherheit bei der Bedienung der Aussetzvorrichtung
Erhöhtes Risiko für Bootsinsassen

↓

Sicherung der verunfallten Person durch Rettungsring

↓

Ausfall Motor im RB erfordert Manöver vom Schiff

↓

Aufnahme aller Personen vom RB an Bord des Schiffes

Bewertung des Safety Managements (Notfallmanagement)

Risiko/Gefahr richtig erkannt?
Grundsätzlich ja, aber vorausschauende Risikoabwägung nicht umfassend.

Gefahrenentwicklung richtig bewertet?
Ist differenziert zu beurteilen, Risiko für die Bootsbesatzung war infolge des Seeganges sehr hoch. Bedienungsfehler dürfen in einer solchen Situation dann nicht auftreten. Psychische Aspekte nicht erwartet.

Entschlussfassung/Entscheidungen?
Die Entscheidungen zur Rettung des Verunfallten wurden in der einzig richtigen Rang- und Reihenfolge getroffen.

Ausführung der Handlungen?
Das Manöver war zweckmäßig. Die Informationen extern waren sinnvoll. Die Sicherungsmaßnahmen wurden zuverlässig ausgeführt. Beim Aussetzen des Rettungsbootes gab es eine Unsicherheit in der Bedienung, die auch aus der sehr angespannten und risikovollen Situation heraus erklärt werden kann.

Fallbeispiel 4:

Randbedingungen:

       Frachtschiff

       Freier Seeraum

       Wind: Bf 0–2; Dünung mit ca. 2 m quer zum Wind,

       Wassertemperatur $T_w = 28\ °C$

       Lufttemperatur $T_L = 30\ °C$

Ereignisablauf:

Bei einer Kontrolle nach dem Manöver wird festgestellt, dass an der Motorbarkasse einige kleine Reparaturen durchzuführen sind. Dazu gehört die Reparatur an der Notreling. Das beauftragte Crew-mitglied führt zunächst aber noch andere Arbeiten weiter aus. Plötzlich stellt man fest, dass die Notreling außenbords hängt. Ein Matrose entdeckt eine achteraus treibende Person.

Ein Matrose lief daraufhin zur Brücke, um den Vorfall zu melden, kehrte aber wieder um und lief nach achtern. Seine Absicht, einen Ring zu werfen führte er nicht aus, da nach seiner Ansicht der Verunfallte bereits zu weit entfernt vom Schiff war. Der hinzukommende Bootsmann meldete den Vorfall über Funk zur Brücke.

10.45   WO löst Alarm „Person über Bord" aus

10.46   Kapitän übernimmt die Leitung; Einleitung Rückführmanöver

10.52   Schiff ist auf Gegenkurs

11.00   Verunfallter gesichtet an Steuerbord voraus ca. 1000 m

           Barkasse ausgesetzt

11.03   Ausguck erkennt weiterhin die Person und will die Barkasse lenken

           Barkasse reagiert nicht

           Schiff nimmt Kurs in Richtung Verunfallten, Person außer Sicht

11.25   Person wieder entdeckt 500 m an Steuerbord querab

           Nochmals die Barkasse und ein Rettungsboot zum Verunfallten beordert

           Ausguck erkennt die Person in 400 m Steuerbord in Richtung 45°

           Als die Boote die Unfallstelle annähernd erreicht hatten, war die Person außer Sicht.

11.45   Dringlichkeitsmeldung abgesetzt

12.00   Boote wieder an Bord genommen

12.00   bis Einbruch Dunkelheit Suche

Ursache-Wirkungs-Kette

Person fällt außenbords – kein Suizid

↓

Schreckerlebnis mit Auswirkungen auf Physis und Psyche

↓

Kein Ring für psychische Stabilität

↓

In großer Entfernung zum Verunfallten das Schiff aufgestoppt

↓

Keine Zielfahrt zum Verunfallten

Bewertung des Safety Managements (Notfallmanagement)

Risiko/Gefahr richtig erkannt?
Grundsätzlich ja

Gefahrenentwicklung richtig bewertet?
Ist differenziert zu beurteilen. Das Risiko für die Bootsbesatzung war infolge der Wetterbedingungen sehr gering. Psychische Aspekte beim Verunfallten nicht bedacht, d. h. der Wurf des Ringes und weitere Signale zum Verunfallten.
Die Überlebenswahrscheinlichkeit auch bei sofort bemerkten PüB-Unfällen ist sehr gering.
Die Unterkühlungsgefahr war in diesem Fall gering.

Entschlussfassung/Entscheidungen?
Die Entscheidungen zur Rettung des Verunfallten wurden grundsätzlich in der richtigen Rang- und Reihenfolge getroffen.

Ausführung der Handlungen?
Die ausgeführten Manöver waren nicht optimal. Das Schiff hätte ohne Gefährdung wesentlich näher beim Verunfallten aufstoppen können. Das hätte Zeitersparnis und Mobilisierung von Leistungsreserven beim Verunfallten gebracht. Die Barkasse hätte leichter die Zielfahrt wegen optischer Erkennung des Verunglückten durchführen können.

Literaturverzeichnis

Arndt, B.; Koopmann, W.: Selbstaufrichtendes Bordrettungsboot . – Hansa, 112. Jahrgang. 1975. Nr. 11

Benedict, K.; Hilgert, H.: Mann über Bord: Manöverfestlegung zur schnellen Bahnrückführung. – Seewirtschaft 19 (1987) 5

Berufsverband Deutsche Psychologen, Sektion Arbeits- und Betriebspsychologie, Hrsg.: Arbeitspsychologische Fortbildung von Sicherheitskräften, 2. Auflage, 1987

Bernhardt, U.; Arnhold, T.: Gefahrenrelevantes Wissen im Betrieb. – In: Psychologie der Arbeitssicherheit, 4. Workshop 1988, Hrsg.: B. Ludborzs, Asanger Verlag Heidelberg 1986, S. 95–101

Brühe, B.: Ein Beitrag zur Modellierung des Prozesses „Schiffssicherung", insbesondere des Teilprozesses „Überleben auf See", als Voraussetzung für eine prozessorientierte Entscheidungsfindung. – Rostock, 1990. -HS für Seefahrt, Warnemünde-Wustrow, Diss. B

Brühe, B.: Untersuchungen zum Auffinden von Schiffbrüchigen unter besonderer Berücksichtigung ihrer optischen Erkennung nach einer effektiven Suchmethodik. – Rostock, 1983. – HS für Seefahrt, Warnemünde-Wustrow, Diss. A

Brühe, B.; Tober, H.: Schiffseigenes Rettungsmittelsystem. – Rostock, IH für Seefahrt, Warnemünde-Wustrow, 1986. – F/E-Bericht

Deutsche Gesellschaft zur Rettung Schiffbrüchiger: Bericht über das Symposium „Unterkühlung im Seenotfall". – Cuxhaven, 1980

Deutsche Gesellschaft zur Rettung Schiffbrüchiger: Bericht über das 2. Symposium „Unterkühlung im Seenotfall". – Cuxhaven, 1982

Esser, R.: Die Katastrophe als sicherheitswissenschaftliches Problem, Sicherheitswissenschaftliche Monographien Bd. 9, Gesellschaft für Sicherheitswissenschaft, Bergische Universität – GH Wuppertal, 1985

Forster, B.: Praxis der Rechtsmedizin 1986

German, E. E.: Ucebnik spezialnoy fisiologii; Castj I. (Lehrbuch der speziellen Physiologie, Teil 1) Leningrad 1955

Gorgas, Ahnefeld: Rettungsassistent und Rettungssanitäter, 2. Auflage 1982

Gottchalch, H.; Stadler, M.: Seefahrtspsychologie, Werkstattberichte Arbeit und Technik WB 5, Bonn 1990

Hacker, W.: Arbeitspsychologie – VEB Deutscher Verlag der Wissenschaften, Berlin 1986

Hahne, J.: Einflussfaktoren auf die Wirksamkeit von Rettungsmitteln, insbesondere von Rettungsflößen. – Rostock, 1979. – Universität Rostock, Diss. B

Hahne, J. u. a.: Überleben auf See. – Transpress VEB Verlag für Verkehrswesen. – Berlin, 1985

Hahne, J.; Tober, H.; Brühe, B.: Rettung aus Seenot. – Dt. Kommunal-Verlag, 1997

Hahne, J. u. a.: Entwicklung und Bewertung von Anforderungen für den Einsatz geschlossener Rettungsmittel im Seenotfall. – Forschungsbericht Fb 742. – Schriftenreihe der Bundesanstalt für Arbeitsschutz. – Dortmund 1996

Hause, D. J.: Marine Survival and Rescue Systems, University Press, Cambridge, 1988

Herrmann, R.: Immersion suits and life-jackets-scientific testing. – Proceedings of 3rd International Conference on Environmental Ergonomics. – Helsinki 8–12. August 1988

IAMSAR-Manual (Volume 3) – International aeronautical and maritime search and rescue manual, London, IMO/ICAO, 1999

Ilbeeygui, R. und Reiter, Chr.: Synopsis und Atlas der Gerichtsmedizin

Internationales Signalbuch nach IMO-Res. Nr. A 113 (v.) vom 25. Oktober 1967

International Life Saving Appliances (LSA)-Code – Internationaler Rettungsmittel-Code. – IMO 1998

Israel, S.: Wasser- und Elektrolytsubstitution bei schweißbedingter Dehydratation
Med. u. Sport 22, (1982) Heft 1

Koermann, C.: Medizinische Untersuchungen am Rettungsanzug-See, – Rostock, 1986 – MDV, F/E-Bericht, unveröffentlicht

Low, A.: Individual protection against hypothermia at sea. – International symposium on naval medicine. – Kiel, May 25–27. 1990

Low, A.: Der Weg zu einem modernen Rettungsmittel – Kälteschutzanzüge. – Hansa 122, 10, 11, 14 (1985)

Papenfuß, W.: (Hrsg.) Luftfahrtmedizin, 1990, Brandenburgisches Verlagshaus

Peter, E.: Überleben auf See – medizinische Aspekte; Teilthema: Bergung aus dem Wasser bei Mann über Bord-Unfällen, F/E Bericht 1982 (unveröffentlicht)

Reimann; Prokop; Geserick: Vademecum Gerichtsmedizin 5. Auflage

Ruppert, F.; Frieling, E.: Psychologisches Handeln in Betrieben und Organisationen, Verlag Hans Huber, Bern, Stuttgart, Toronto, 1988

Ruppert, A.: Arbeitsplatzgestaltung unter Berücksichtigung der menschlichen Fähigkeiten zur Gefahrenwahrnehmung. – In: Arbeit in moderner Technik, Referate der 26. Fachtagung zur arbeits- und betriebspsychologischen Fortbildung in der BR Deutschland. – Lübeck, 1984, Hrsg.: Sektion Arbeits- und Betriebspsychologie im BdP, Duisburg, 1984

SAR 1979: Internationales Übereinkommen über die maritime Suche und Rettung. – Hamburg, 1979

Scharnow, U.: Seemannschaft Bd. 4, Schiffssicherheit, Transpress Verlag Berlin, 1982

Schmidt, R. F. und Tews, G.: Physiologie des Menschen

Schröder, H. J.: Kinetose, Verkehrsmedizin 35 (1985) 2

Schwerd, W.: Rechtsmedizin 1986

See-Berufsgenossenschaft: Leitfaden für die Ausbildung im Rettungsbootdienst. – Hamburg, 1986

Siegenthaler, W.: Klinische Pathophysiologie, 8. Auflage

SOLAS 1974: Internationales Übereinkommen zum Schutz des menschlichen Lebens auf See. – London, 1974

STCW 1978: Internationales Übereinkommen über Standards für die Ausbildung, Zeugniserteilung und den Wachdienst. – London, 1978

Subklew, Ch.: Theoretische und experimentelle Untersuchungen zu einigen Problemen beim Einsatz von individuellen und kollektiven Rettungsmitteln. – Rostock, 1983. – IH für Seefahrt Warnemünde-Wustrow, Diss. A

Tober, H.: Ein Beitrag zur Bewertung von Sicherheitstechnik zum Schutz des Menschen im Seenotfall am Beispiel des Bewegungsverhaltens und des Mikroklimas geschlossener selbstaufrichtender Rettungsboote. – Rostock, 1991. – Universität Rostock. – Diss. A

Tober, H.: Zu einigen Aspekten von „Mann über Bord"-Unfällen. – Seewirtschaft 19 (1987) 19

Tober, H.: Ursachen, Folgen und Maßnahmen bei „Mann über Bord" – Unfällen. – IH für Seefahrt Warnemünde-Wustrow (unveröffentlicht)

Zwiener, U.: Allgemeine und klinische Pathophysiologie 1993

http://www.seefunknetz.de/bootsmnr.htm

Stichwortverzeichnis

Inserentenverzeichnis